普通高等教育"十二五"规划教材

全国高等医学院校
中医药类系列教材

中西医结合内科学

哈木拉提·吾甫尔　卜　平　主编

科学出版社
北　京

内 容 简 介

本教材包括十篇内容，除绪论外分别阐述了呼吸系统疾病、循环系统疾病、消化系统疾病、泌尿系统疾病、血液系统疾病、内分泌系统疾病、风湿性疾病、神经系统疾病与理化因素所致疾病。每一疾病又大致分病因和发病机制，病理，临床表现，实验室及其他检查，诊断与鉴别诊断，中医病因病机，中医诊断及病证鉴别，治疗，转归、预防与调护进行介绍，采用中西医对照而内容分别介绍的形式，以避免学生在学习过程中将中医学和西医学的定义及诊疗思路混淆，使学生建立清晰的诊疗思维。在中医辨证论治中，采用证候、治法、方药的介绍形式，以达到直观、透彻的学习效果。

本教材贯彻"实用"、"新颖"、"全面"的原则，充分考虑了高等医学院校中西医结合专业学生的特点、学习环境等因素，强调中西医结合临床思维方法和实践技能相结合。本教材适用于全国高等医学院校中西医结合专业，也可作为临床医师、执业医师考试及研究生入学考试的参考书。

图书在版编目（CIP）数据

中西医结合内科学／哈木拉提·吾甫尔，卜平主编.
—北京：科学出版社，2013
全国高等医学院校中医药类系列教材
ISBN 978-7-03-037329-8

Ⅰ.①中… Ⅱ.①哈… ②卜… Ⅲ.①中西医结合—内科学—医学院校—教材 Ⅳ.①R5

中国版本图书馆 CIP 数据核字（2013）第 078502 号

丛书策划：潘志坚　方　霞／责任编辑：闵　捷　余　杨
责任印制：刘　学

科学出版社 出版
北京东黄城根北街 16 号
邮政编码：100717
http://www.sciencep.com

南京展望文化发展有限公司排版
上海欧阳印刷厂有限公司印刷
科学出版社发行　各地新华书店经销

*

2013 年 5 月第　一　版　开本：889×1194　1/16
2013 年 5 月第一次印刷　印张：26 3/4
字数：977 000

定价：58.00 元

全国高等医学院校中医药类系列教材

专家指导委员会

主任委员 吕志平

副主任委员 王亚利

　　　　　　 哈木拉提·吾甫尔

　　　　　　 曹文富

委　　员（按姓氏笔画排序）

卜　平（扬州大学）	王　茹（河北医科大学）
王　滨（内蒙古医科大学）	王四平（河北医科大学）
王亚利（河北医科大学）	王志文（河北联合大学）
牛　阳（宁夏医科大学）	方朝义（河北医科大学）
卢　勇（新疆医科大学）	吕志平（南方医科大学）
刘晓伟（南方医科大学）	安冬青（新疆医科大学）
李　波（内蒙古医科大学）	李义凯（南方医科大学）
杨　柳（南方医科大学）	杨思进（泸州医学院）
张一昕（河北医科大学）	张再康（河北医科大学）
张星平（新疆医科大学）	范利国（山西大同大学）
罗　仁（南方医科大学）	周迎春（南方医科大学）
孟庆才（新疆医科大学）	赵国平（暨南大学）
赵春妮（泸州医学院）	郝福明（内蒙古医科大学）
哈木拉提·吾甫尔（新疆医科大学）	贺松其（南方医科大学）
贾春生（河北医科大学）	钱　静（扬州大学）
徐志峰（河北医科大学）	黄　泳（南方医科大学）
曹文富（重庆医科大学）	彭　康（南方医科大学）
董尚朴（河北医科大学）	韩雪梅（内蒙古医科大学）
湖　波（内蒙古医科大学）	翟　伟（内蒙古医科大学）

全国高等医学院校中医药类
系列教材

《中西医结合内科学》编委会

主　　编　哈木拉提·吾甫尔　卜　平
副 主 编　李风森　丁英钧
　　　　　　李继安　陈景亮
　　　　　　杨思进
编　　委（按姓氏笔画排序）
丁英钧（河北医科大学）　　　　　　　　卜　平（扬州大学）
王淑美（重庆医科大学）　　　　　　　　白　雪（泸州医学院附属中医医院）
包天佑（青海大学）　　　　　　　　　　朱玲玲（南方医科大学）
伍　平（海南医学院）　　　　　　　　　刘敬霞（宁夏医科大学）
李风森（新疆医科大学附属中医医院）　　李继安（河北联合大学）
杨思进（泸州医学院附属中医医院）　　　张　锁（内蒙古医科大学）
张金锋（山西大同大学）　　　　　　　　张春晖（河北北方学院）
陈景亮（暨南大学）　　　　　　　　　　林　雪（新疆医科大学附属中医医院）
哈木拉提·吾甫尔（新疆医科大学）　　　徐海荣（扬州大学）
学术秘书　李　争（新疆医科大学附属中医医院）

全国高等医学院校中医药类
系列教材

总　序

教材建设是教学改革的重要组成部分,是提高高等院校教学质量、培养优秀人才的关键之一。如何进一步做好新时期教材建设工作,教育部在《关于"十二五"普通高等教育本科教材建设的若干意见》中已明确指出:坚持育人为本,适应不同类型高等学校需要和不同教学对象需要,编写推介一大批符合教育规律和人才成长规律的具有科学性、先进性、适用性的优秀教材,进一步完善具有中国特色的普通高等教育本科教材体系。中医药事业的不断发展,对中医药人才培养质量、知识结构、专业能力、综合素质提出了新的更高的要求,改进和完善中医药类本科教材的重要性和必要性日益突出,成为中医药事业发展的基础性工程。

为了进一步提高高等医学院校中医药类本科教材的质量,更好地把握高等医学院校和综合性大学中医药类专业本科教学改革和课程体系建设,满足高等医学院校中医药类专业本科的培养要求和教学需求,打造教师"易讲"、学生"乐学"的系列教材,科学出版社和全国高等医学院校中医药类教材专家指导委员会共同组织了供高等医学院校中医药类专业本科生使用的"全国高等医学院校中医药类系列教材"的编写项目。我们采用了"跨校、跨区域合作,出版社协助"的模式,由全国十余所高等医学院校中医药类专业的教学名师、优秀学科带头人、教学一线的教授专家共同参与,以"明确培养方向,优化编写体例,打造学生'乐学'教材"为原则,以教育部新版的教学大纲和国家中医执业医师、执业中药师资格考试要求为依据,充分吸收现有各版本中医药类教材的特色与合理之处并有所创新,努力打造遵循中医药教育规律、满足高等医学院校中医药类专业的培养目标需求、具有时代精神的高品质教材。

本系列教材是科学出版社和全国高等医学院校中医药类教材专家指导委员会首次合作项目,各方领导高度重视,从教材规划到编写和编辑的各个环节,精心组织,层层把关,步步强化,意在提高教材的内在质量。在教材内容组织上,力争概念准确,理论体系完整,知识点完备,内容精练,切合教学实际和临床实践所需,体现"创新性"和"实用性";在教材版式设计上,力求编排新颖,版式紧凑,形式多样,主体层次清晰,类目与章节安排合理、有序,体现"清晰性"、"易读性"及"实用性"。

在本系列教材策划、主编遴选及审定稿等过程中,得到了全国各高等医学院校的大力支持,在此致以衷心的感谢!让我们为成功打造中医药类本科精品教材共同努力!

全国高等医学院校中医药类教材专家指导委员会

2012 年 7 月

前　言

为推动中西医结合事业发展，推进高等院校教材改革、知识更新，传播新科学、新理论，搭建医学理论与临床实践的桥梁，科学出版社和全国高等医学院校中医药类教材专家指导委员会特组织全国相关专家、教师及临床一线医师编写了本教材。

本教材主要介绍中西医结合内科学的专业基础理论、各系统常见病的西医诊断与治疗及中医辨证论治。为了突出精品意识，体现时代性，适应目前人才培养的需要，本教材根据新的教学大纲、执业医师考试大纲及教学的需要，确定教学内容，并认真汲取以往《中西医结合内科学》教材及《内科学》、《中医内科学》等教材的精华，结合有关医学院校的教学经验，由新疆医科大学等全国十余所院校集体编写。

本教材紧扣中西医结合执业医师考试大纲，遵循高等教育教学规律，编写过程中注意理论与临床实践之间的合理衔接，同时融入新的知识和理论，结合笔者的教学及临床实践经验，力求实现中西医结合内科学教材内容的系统性和知识的新颖性。教材坚持理论联系实际的原则，力求处理好继承与发扬的关系，在重点介绍具有实用价值的中西医内科学基本理论、基本技能的同时，适当吸收了近年来中医药研究和西医研究的新进展、新技术和新成果。编写采用中、西医诊疗系统分别论述的形式，避免学生在学习过程中出现定义、理论体系的混淆。本教材内容从课程性质、任务出发，注意构筑中西医结合知识体系框架与能力素质结构，强调科学思维和创新精神的培养。本教材适用于全国高等医学院校中西医结合专业，也可作为临床医师、执业医师考试及研究生入学考试的参考书。

本教材的绪论由哈木拉提·吾甫尔编写；呼吸系统疾病中急性气管-支气管炎、支气管扩张症、支气管哮喘、慢性支气管炎由哈木拉提·吾甫尔编写，急性上呼吸道感染和肺部感染性疾病、肺结核、慢性阻塞性肺疾病、肺源性心脏病、呼吸衰竭、肺血栓栓塞症、间质性肺疾病、原发性支气管肺癌、多器官功能障碍综合征由李风森编写；循环系统疾病中心力衰竭、心律失常、心搏骤停与心脏性猝死由刘敬霞编写，高血压、冠状动脉粥样硬化性心脏病、心脏瓣膜病由杨思进编写，心肌疾病、休克由林雪编写；消化系统疾病中胃食管反流病、食管癌、胃癌、胆囊炎、肝硬化、原发性肝癌、急性胰腺炎由卜平编写，慢性胃炎、消化性溃疡、溃疡性结肠炎、上消化道出血由张春晖编写；泌尿系统疾病中肾病综合征、急性肾衰竭、慢性肾衰竭由丁英钧编写，肾小球肾炎、IgA肾病、尿路感染由王淑美编写；血液系统疾病中缺铁性贫血、特发性血小板减少性紫癜由伍平编写，再生障碍性贫血、白细胞减少症和粒细胞缺乏症、白血病由朱玲玲编写；内分泌系统疾病中甲状腺功能亢进症Graves病、甲状腺功能减退症由徐海荣编写，糖尿病及水、电解质代谢和酸碱平衡失常由李继安编写；风湿性疾病由包天佑与张金锋联合编写；神经系统疾病中癫痫、急性脑血管病由陈景亮编写，重症肌无力由白雪编写；理化因素所致疾病由张锁编写。

在本教材的编写过程中，笔者力求处理好继承与发展的关系，西医学内容力求先进，同时注重体现中医学特色，并有所创新，强调概念准确、知识点重点突出，体现教材的科学性、系统性、先进性和实用性，以便使教学更好地为临床服务。但由于水平所限，不足之处在所难免，敬请各位教师、学生和读者对本教材提出宝贵意见，以便以后修订提高。

主　编

2012 年 12 月

目　　录

总序
前言

第一篇　绪论　001

第二篇　呼吸系统疾病　005

第一章　急性上呼吸道感染与急性气管-支气管炎　007
　　第一节　急性上呼吸道感染　007
　　第二节　急性气管-支气管炎　010
第二章　肺部感染性疾病　013
　　第一节　肺炎　013
　　第二节　肺脓肿　020
第三章　支气管扩张症　025
第四章　肺结核　029
第五章　支气管哮喘　036
第六章　慢性支气管炎与慢性阻塞性肺疾病　044
　　第一节　慢性支气管炎　044
　　第二节　慢性阻塞性肺疾病　048
第七章　肺源性心脏病　056
第八章　呼吸衰竭　062
第九章　肺血栓栓塞症　066
第十章　间质性肺疾病　071
第十一章　原发性支气管肺癌　076
第十二章　多器官功能障碍综合征　084

第三篇　循环系统疾病　089

第十三章　心力衰竭　091
　　第一节　急性心力衰竭　094
　　第二节　慢性心力衰竭　098
第十四章　心律失常　109
第十五章　心搏骤停与心脏性猝死　122
第十六章　高血压　129
第十七章　冠状动脉粥样硬化性心脏病　140
　　第一节　心绞痛　140
　　第二节　心肌梗死　147
第十八章　心脏瓣膜疾病　154
第十九章　心肌疾病　160
第二十章　休克　164

第四篇　消化系统疾病　171

第二十一章　胃食管反流病　173
第二十二章　食管癌　178
第二十三章　慢性胃炎　184
第二十四章　消化性溃疡　189
第二十五章　胃癌　196
第二十六章　溃疡性结肠炎　202
第二十七章　胆囊炎　208
第二十八章　肝硬化　212
第二十九章　原发性肝癌　220
第三十章　急性胰腺炎　228
第三十一章　上消化道出血　235

第五篇　泌尿系统疾病　241

- 第三十二章　肾小球肾炎　243
  - 第一节　急性肾小球肾炎　243
  - 第二节　慢性肾小球肾炎　247
- 第三十三章　肾病综合征　251
- 第三十四章　IgA 肾病　258
- 第三十五章　尿路感染　262
- 第三十六章　急性肾衰竭　268
- 第三十七章　慢性肾衰竭　273

第六篇　血液系统疾病　281

- 第三十八章　缺铁性贫血　283
- 第三十九章　再生障碍性贫血　288
- 第四十章　白细胞减少症和粒细胞缺乏症　294
- 第四十一章　白血病　298
  - 第一节　概述　298
  - 第二节　急性白血病　299
  - 第三节　慢性髓细胞白血病　306
- 第四十二章　特发性血小板减少性紫癜　310

第七篇　内分泌系统疾病　315

- 第四十三章　甲状腺功能亢进症　317
  - Graves 病　317
- 第四十四章　甲状腺功能减退症　324
- 第四十五章　糖尿病　329
- 第四十六章　水、电解质代谢和酸碱平衡失常　343
  - 第一节　水、钠代谢失常　343
  - 第二节　钾代谢失常　347
  - 第三节　酸碱平衡失常　349

第八篇　风湿性疾病　355

- 第四十七章　风湿热　357
- 第四十八章　类风湿关节炎　364
- 第四十九章　系统性红斑狼疮　372

第九篇　神经系统疾病　379

- 第五十章　癫痫　381
- 第五十一章　急性脑血管病　388
- 第五十二章　重症肌无力　397

第十篇　理化因素所致疾病　403

- 第五十三章　急性中毒概述　405
- 第五十四章　中毒　410
  - 第一节　有机磷杀虫剂中毒　410
  - 第二节　急性一氧化碳中毒　413

第一篇 绪论

中西医结合内科学

内経紹介

第一篇

中西医结合医学是综合运用中、西医药学理论与方法,以及在综合运用中产生的新理论、新方法,研究人体与结构、人体与环境(自然和社会)的关系等,探索并解决人类健康、疾病及生命问题的科学。中西医结合内科学是其他中西医结合临床各科的基础,是中西医结合医学的重要组成部分。所谓中西医结合内科学是以中、西医学基本理论和技能,运用中西医结合的临床思维方法,研究内科疾病的病因、病机、诊治、预防及调护规律的一门临床学科。

一、中西医结合的现状及存在的问题

中西医结合的提法在我国已经有几十年的时间,在临床方面取得了许多令人满意的成果。中西医结合充分吸收两种医学特长,并使之相互沟通、相互融合、相互促进、相互补充,对继承发展中医药学,促进我国医学和世界医学的进步具有重要意义。纵观中西医结合的历史,主要有以下几种形式:对疾病进行西医诊断的同时,再结合中医辨证,即西医辨病,中医辨证,在治疗上采取西药结合中药治疗;对某一疾病,中、西医两种诊断,两种治疗同时运用;通过对中药及有效方剂的药理研究,得到该药或该方对人体状态(主要是疾病状态)的资料后,在西医诊断下运用该药或该方;用现代医学的一些理论来解释中医理论。

中西医结合医学发展也面临着问题与挑战。怎样建立和完善中医标准化诊疗体系和疗效评价体系一直是中医药学科存在的关键问题;辨证与辨病相结合,提高诊断和治疗的准确性;吸收利用先进科学技术不断提高诊断水平;中药有效组分辨析、提取及创新中药复方的研究等。

二、中西医结合内科学的临床思维

中、西医学是在不同的历史条件下和科技文明的基础上建立起来的医学科学。中医内科学运用中医学理论和临床思维方法研究并阐明内科疾病的病因、病机、证候、诊断、辨证论治规律和转归,以及预防、康复与调摄等;西医内科学则是运用西医学的基础理论和临床思维方法,阐释内科疾病的病因病理、临床表现、实验室及辅助检查结果、诊断与鉴别诊断、治疗护理措施,以及预防、预后等。中医学立足于整体,以取类比象方法认识疾病过程,在辨病同时突出辨证论治,调整机体阴阳动态平衡。西医学着重于实验分析方法,借助现代检测手段按结构层次对人体进行纵向深入的还原性分析,使其对疾病的诊疗深入到细胞、分子水平。中西医结合的临床辨证思维方式使中、西医学优势互补,更好地解决内科临床问题,从而成为我国独具特色的临床内科学。

在中、西医学相对立而存在、相比较而发展的过程中,彼此都在演变,不断相互借鉴,不断完善自己的理论方法体系和临床实践体系。中、西医学研究的对象是人体,各自在阐释疾病和提出治疗方案时,通过不同的方式都最终使患者机体由病理的不平衡状态恢复或接近生理平衡,这就使两种医学理论思维在临床效果上达到了统一。在临床实践过程中逐渐形成了以"辨病与辨证相结合"、"宏观辨证与微观辨证相结合"、"中西医药优势互补"的临床新思维。在临床诊断过程中,既充分运用西医学的技术方法对疾病进行定性定位诊断,同时又严格按照中医理论方法对疾病及其各阶段表现的"证"进行全面分析,结合西医学对"证"研究的一些微观指标,对中医病证进行诊断;在临床治疗上,中、西医药方法配伍使用,以提高疗效。在这种中西医结合的临床思维方式指导下,可克服中医学对疾病微观认识的不足;弥补西医学对疾病发病过程机体整体反应及个体差异性重视不够的不足,使临床工作者对疾病及其防治取得更准确的认识,而且在临床实践中取得更大的自由。

三、中西医结合内科学的学习注意事项

中医学认为人是一个有机整体,人体各个组成部分之间,在结构上是不可分割的,在生理上是相互联系、相互支持而又相互制约的,在病理上也是相互影响的,形成了独特的整体观念。这一理念始终贯穿在中医学对生理、病理、诊法、辨证、治疗等各个方面的理性认识中。西医内科学则借助先进的仪器和设备,从局部和微观的角度去阐明某个器官甚至某个细胞、某个分子的功能特点,这一点是中医内科学无法比拟的,但是也易造成"一叶障目,不见泰山"的弊端。因

此，在学习中西医结合内科学时，应强调在观察分析和研究处理问题时，既要注重事物本身所存在的整体性，也应长于体察，注重细节，真正做到整体和局部、宏观和微观的完美结合。

中医理论对疾病病因病机的认识，以及以阴阳五行学说为核心，其特点是抽象、概括能力强，长于非逻辑思维而拙于逻辑形式，治疗以辨证论治作为临床诊治的基本规范，做到"同病异治"、"异病同治"。而现代科研是以实验和检测为主，以循证研究为首要方法，重视逻辑推理和实证研究，强调疾病的规范化治疗。因此，做到中医理论与现代科研方法的有机结合，是学好中西医结合内科学的必由之路。

中西医结合内科学作为一门新兴的临床学科，它是中西医结合临床各门学科的基础，其基本理论和思维方法对学习其他学科具有重要的启迪作用。因此，认真学习中西医结合内科学内容，掌握中、西医学相结合治疗内科疾病的理论和方法，发挥中西医结合的特点和优势，将为学习其他学科内容及临床诊疗工作打下基础，从而更好地为广大患者服务，为国民的健康事业提供保障。

（哈木拉提·吾甫尔）

第二篇 呼吸系统疾病

中西医结合内科学

第一章
急性上呼吸道感染与急性气管-支气管炎

第一节 急性上呼吸道感染

急性上呼吸道感染（acute upper respiratory tract infection），简称上感，为外鼻孔至环状软骨下缘包括鼻腔、咽或喉部急性炎症的概称。通常病情较轻，病程短，可自愈，预后良好。

本病属于中医学"感冒"范畴，又称"伤风"、"冒寒"、"重伤风"等。

【病因和发病机制】

急性上感有70%~80%由病毒引起，包括鼻病毒、冠状病毒、腺病毒、流感病毒和副流感病毒以及呼吸道合胞病毒、埃可病毒和柯萨奇病毒等。另有20%~30%的上感为细菌引起。淋雨、受凉、气候突变、过度劳累等可降低呼吸道局部防御功能，致使原存的病毒或细菌迅速繁殖，或者直接接触含有病原体的患者喷嚏、空气以及污染的手和用具诱发本病。

【病理】

可有炎症因子参与发病，使上呼吸道黏膜血管充血和分泌物增多，伴单核细胞浸润，浆液性及黏液性炎性渗出。继发细菌感染者可有中性粒细胞浸润及脓性分泌物。

【临床表现】

一、普通感冒

为病毒感染引起，俗称"伤风"，又称急性鼻炎或上呼吸道感染。起病较急，主要表现为鼻部症状，如喷嚏、鼻塞、流清水样鼻涕，也可表现为咳嗽，咽干、咽痒或烧灼感，甚至鼻后滴漏。一般经5~7天痊愈，伴并发症者可致病程迁延。

二、急性病毒性咽炎和喉炎

由鼻病毒、腺病毒、流感病毒、副流感病毒以及肠病毒、呼吸道合胞病毒等引起。临床表现为咽痒和灼热感，咽痛不明显，咳嗽少见。急性喉炎多为流感病毒、副流感病毒及腺病毒等引起，临床表现为明显声嘶，讲话困难，可有发热、咽痛或咳嗽，咳嗽时咽喉疼痛加重。

三、急性疱疹性咽峡炎

多由柯萨奇病毒A引起，表现为明显咽痛，发热，病程约为1周。查体可见咽部充血，软腭、腭垂、咽及扁桃体表面有灰白色疱疹及浅表溃疡，周围伴红晕。多发于夏季，多见于儿童，偶见于成人。

四、急性咽结膜炎

主要由腺病毒、柯萨奇病毒等引起。表现为发热，咽痛，畏光，流泪，咽及结膜明显充血。病程4~6天，多发于夏季，由游泳传播，儿童多见。

五、急性咽、扁桃体炎

病原体多为溶血性链球菌，其次为流感嗜血杆菌、肺炎链球菌、葡萄球菌等。起病急，咽痛明显，伴发热、畏寒，体温可达39℃以上。查体可发现咽部明显充血，扁桃体肿大、充血，表面有黄色脓性分泌物。有时伴有颌下淋巴结肿大、压痛，而肺部查体无异常体征。

【实验室及其他检查】

一、血液检查

因多为病毒性感染，白细胞计数常正常或偏低，伴淋巴细胞比例升高。细菌感染者可有白细胞计数与中性粒细胞增多和核左移现象。

二、病原学检查

因病毒类型繁多,且明确类型对治疗无明显帮助,一般无需明确病原学检查。需要时可用免疫荧光法、酶联免疫吸附法、血清学诊断或病毒分离鉴定等方法确定病毒的类型。细菌培养可判断细菌类型,并做药物敏感试验以指导临床用药。

【诊断与鉴别诊断】

一、诊断

根据鼻咽部的症状和体征,结合周围血象和阴性胸部X线检查可作出临床诊断。一般无需病因诊断,特殊情况下可进行细菌培养和病毒分离,或病毒血清学检查等确定病原体。

二、鉴别诊断

本病需与初期表现为感冒样症状的其他疾病鉴别。

1. 过敏性鼻炎 起病急骤,常表现为鼻黏膜充血和分泌物增多,伴有突发的连续喷嚏、鼻痒、鼻塞、大量清涕,无发热,咳嗽较少。多由过敏因素引起。如脱离变应原,数分钟至1~2小时内症状即消失。

2. 流行性感冒 为流感病毒引起,可为散发,亦可小规模或大规模流行。起病急,鼻咽部症状较轻,但全身症状较重,伴高热、全身酸痛和眼结膜炎症状。也可用PCR方法检测患者分泌物以鉴别病毒。

【中医病因病机】

感冒的病因以感受风邪为主,在不同季节可有夹寒、夹热等变化,常与人体正气强弱有密切关系。其病位主要在肺卫,一般以实证居多,若虚体感邪,则为本虚标实之证。

【中医诊断及病证鉴别】

一、诊断

(1) 临床特征:卫表及鼻咽症状,如恶风或恶寒、发热、鼻塞、流涕、咳嗽、喷嚏、头痛、咽痛、肢体痛楚等,夹暑、夹湿、夹燥等兼证。

(2) 时行感冒:呈流行性,在同一地区、同一时期发病人数剧增,症状类似,病情较普通感冒为重,突然起病,恶寒、发热(常高热),周身酸痛,疲乏无力。

(3) 病程一般为3~7日,普通感冒一般不传变,时行感冒可传变入里,变生他病。

(4) 四季皆可发病,以冬、春两季为多。

二、病证鉴别

1. 风温 风温初起症状与感冒类似,但病势急骤,热势较高,汗出后不易迅速退清,咳嗽、胸痛、头痛较剧,传入营血可见神昏、谵语、惊厥。感冒发热多不高,或无热,以解表宣肺药即可汗出热退身凉,病势轻、病程短,不传变,预后好。

2. 时行感冒 时行感冒病情较重,发病急,全身症状显著,可以发生传变,化热入里,继发或合并他病,具有广泛的传染性、流行性。普通感冒在气候变化时发病率可以升高,但无明显流行特点。若感冒1周以上不愈,发热不退,或反见加重,应考虑继发他病。

【治疗】

一、治疗思路

中医历代医家倡导治未病,防重于治,首先,注意预防,应加强体育锻炼,提高机体的御寒能力,保持室内通风。其次,发挥中医药治疗的特色和优势,辨证施治。针对外感六淫之邪不同,采用疏风散邪之法,以驱邪外出,对症状较重者可给予西药对症处理。

二、西医治疗

由于目前尚无特效抗病毒药物,故以对症处理为主,同时戒烟,注意休息,多饮水,保持室内空气流通和防治继发细菌感染。

(一) 对症治疗

对有急性咳嗽、鼻后滴漏和咽干的患者应给予伪麻黄碱治疗以减轻鼻部充血,亦可局部滴鼻应用,必要时适当加用解热镇痛类药物。

（二）抗生素治疗

目前已明确普通感冒无需使用抗生素。除非有白细胞升高、咽部脓苔、咯黄痰和流脓涕等细菌感染证据，可根据当地流行病学史和经验用药，选择口服青霉素、第一代头孢菌素、大环内酯类或喹诺酮类，极少需要根据病原菌选用敏感的抗生素。

（三）抗病毒药物治疗

由于目前有药物滥用造成流感病毒耐药现象，所以，如无发热，免疫功能正常，一般无需应用抗病毒药物。对于免疫缺陷患者，可早期常规使用。可选用利巴韦林和奥司他韦，奥司他韦有较广的抗病毒谱，对流感病毒、副流感病毒和呼吸道合胞病毒等有较强的抑制作用，可缩短病程。

三、中医治疗

辨证论治

1. 风寒束表

证候：恶寒重，发热轻，无汗，头项疼痛，肢节酸痛，鼻塞，声重，喷嚏，流涕，咳嗽，口不渴，或渴喜热饮，苔薄白，脉浮紧。

治法：辛温解表，宣肺散寒。

方药：荆防败毒散加减。

药用羌活、柴胡、前胡、枳壳、茯苓、荆芥、防风、桔梗、川芎、甘草等。若表寒重加麻黄、桂枝以增强辛温散寒之力；表湿重加羌活、独活或羌活胜湿汤祛风除湿。

2. 风热犯表

证候：恶寒轻，或微恶风，发热较著，头胀痛、面赤、咽喉乳蛾红肿疼痛，鼻塞，喷嚏，流稠涕，咳嗽痰稠，口干欲饮，舌边尖红，苔薄黄，脉浮数。

治法：辛凉解表，宣肺清热。

方药：银翘散或葱豉桔梗汤加减。

药用连翘、银花、苦桔梗、薄荷、竹叶、生甘草、荆芥穗、淡豆豉、牛蒡子等。若头胀痛甚加桑叶、菊花清利头目；咳嗽痰多加前胡、杏仁以止咳化痰；身热较著加生石膏、大青叶以清热。

3. 暑湿伤表

证候：发热，微恶风，汗少，汗出热不退，鼻塞流浊涕，头昏重胀痛，胸闷脘痞，泛恶，心烦口渴，小便短赤，口渴黏腻，渴不多饮，苔薄黄腻，脉濡数。

治法：清暑祛湿解表。

方药：新加香薷饮。

药用香薷、银花、鲜扁豆花、厚朴、连翘。若暑热盛者加黄连、栀子、青蒿、黄芩以清暑泄热；湿困卫表加豆卷、藿香、佩兰以芳香化湿；心烦、小便短赤加竹叶、赤茯苓、六一散以清热利湿；呕恶加陈皮、半夏、竹茹以化湿合中；纳呆加神曲、麦芽、鸡内金以健脾化湿。

4. 表寒里热

证候：发热，恶寒，无汗，鼻塞，声重，心烦，口渴，咽痛，咳嗽气急，痰黄黏稠，便秘尿赤，苔黄，脉数。

治法：解表清里，宣肺疏风。

方药：柴葛解肌汤合麻杏石甘汤加减。

药用柴胡、葛根、黄芩、羌活、白芷、芍药、桔梗、麻黄、杏仁、石膏、甘草等。时行感冒，邪热壅肺，身热咳喘者，加桑白皮、知母、芦根、银翘以清热祛痰。

5. 气虚感冒

证候：恶寒发热，无汗，或热势不高，鼻塞流涕，头痛身楚，咳嗽痰白，咳痰无力，平素神疲体倦，乏力，舌质淡，苔薄白，脉浮无力。

治法：益气解表，调和营卫。

方药：参苏饮。

药用人参、紫苏叶、葛根、姜半夏、前胡、茯苓、木香、枳壳、桔梗、陈皮、炙甘草。若气虚较甚者，亦可用补中益气汤加味；若表虚自汗，易感风邪者，可用玉屏风散加减。

6. 阴虚感冒

证候：发热，手足心热，微恶风寒，无汗或有汗，或盗汗，头昏心烦，口干，干咳少痰，鼻塞流涕，舌红少苔，脉细数。

治法：滋阴解表。

方药：加减葳蕤汤。

药用生玉竹、生葱白、桔梗、东白薇、淡豆豉、苏薄荷、炙甘草、红枣。若表证较重者加荆芥、防风以祛风解表；若咳嗽，咽干，咳痰不爽者，可加牛蒡子、瓜蒌皮、射干等以利咽化痰。

【转归、预防与调护】

一般而言，感冒属轻浅之疾，只要能及时而恰当地治疗，可以较快痊愈。但对老人、婴幼儿、体弱患者及时感重证，必须加以重视，防止发生传变，或夹杂其他疾病。此外，病情之长短与感邪的轻重和正气的强弱有关。

平时加强身体锻炼，增强正气卫外能力，养成经常性户外活动习惯。保持室内外环境卫生和个人卫生，使室内空气时常新鲜，并有充足的阳光照射。患感冒时，多饮开水，饮食宜清淡、忌油腻辛辣燥热，保持充足的睡眠。在感冒流行季节，要建议患者少去公共场所活动，防止交叉感染。

（李风森）

第二节　急性气管-支气管炎

急性气管-支气管炎（acute tracheobronchitis）是由生物、物理、化学刺激或过敏等因素引起的急性气管-支气管黏膜炎症。多为散发，无流行倾向，年老体弱者易感，临床症状主要为咳嗽和咳痰。常发生于寒冷季节或气候突变时，也可由急性上呼吸道感染迁延不愈所致。

本病属于中医学"咳嗽"范畴，常是卫外不固，感受风寒、燥热等外邪，肺失宣降所致，主要症状为咳嗽、咯痰等。

【病因和发病机制】

一、微生物

病原体与上呼吸道感染类似，常常为病毒、细菌感染。近年来衣原体和支原体感染明显增加，在病毒感染的基础上继发细菌感染亦较多见。

二、物理、化学因素

冷空气、粉尘、刺激性气体或烟雾（如二氧化硫、二氧化氮、氨气、氯气等）的吸入，均可刺激气管-支气管黏膜引起急性损伤和炎症反应。

三、过敏反应

常见的吸入致敏原包括花粉、有机粉尘、真菌孢子、动物毛皮排泄物；或对细菌蛋白质的过敏，钩虫、蛔虫的幼虫在肺内的移行均可引起气管-支气管急性炎症反应。

【病理】

气管、支气管黏膜充血水肿，淋巴细胞和中性粒细胞浸润，同时可伴纤毛上皮细胞损伤、脱落，黏液腺体肥大增生。合并细菌感染时，分泌物呈脓性。

【临床表现】

一、症状

起病较急，通常全身症状较轻，可有发热。初为干咳或少量黏液痰，随后痰量增多，咳嗽加剧，偶伴血痰。咳嗽、咳痰可延续2～3周，如迁延不愈，可演变成慢性支气管炎。伴支气管痉挛时，可出现程度不等的胸闷气促。

二、体征

查体可无明显阳性表现，也可以在两肺听到散在干、湿啰音，部位不固定，咳嗽后可减少或消失。

【实验室及其他检查】

周围血白细胞计数可正常。由细菌感染引起者，可伴白细胞总数和中性粒细胞百分比升高，血沉加快，痰培养可发现致病菌，X线胸片检查大多为肺纹理增粗，少数无异常发现。

【诊断与鉴别诊断】

一、诊断

根据病史、咳嗽和咳痰等呼吸道症状,两肺散在干、湿性啰音等体征,结合血象和X线胸片,可作出临床诊断。病毒和细菌检查有助于病因诊断。

二、鉴别诊断

本病需与下列疾病相鉴别。

1. 流行性感冒　起病急骤,发热较高,全身中毒症状(如全身酸痛、头痛、乏力等)明显,呼吸道局部症状较轻。流行病史、分泌物病毒分离和血清学检查,有助于鉴别。

2. 急性上呼吸道感染　鼻咽部症状明显,咳嗽轻微,一般无痰,肺部无异常体征,胸部X线检查正常。

【中医病因病机】

中医学认为急性气管-支气管炎的发生和发展,主要是外感所致,而脏腑功能失调,肺的卫外功能减弱是引发本病发生的重要内因。外感咳嗽为六淫之邪,从口鼻或皮毛而入,侵袭肺系,或因吸入烟尘、异味气体,肺气被郁,肺失宣降。多因起居不慎,寒温失宜,或过度疲劳,肺的卫外功能减退或失调,以致在天气冷热失常,气候突变的情况下,外邪入客于肺,导致咳嗽。

【中医诊断及病证鉴别】

一、诊断

咳嗽有声,或咳吐痰液。外感咳嗽,起病急,病程短,常伴有恶寒发热等表证;内伤咳嗽多为久病,常反复发作,病程较长,常伴其他脏腑失调症状。

二、病证鉴别

1. 肺痨　咳嗽为其四大主症之一,以干咳,或痰中带血,或咳血痰为特征,常伴有低热、盗汗、形体消瘦,X线胸部检查能确定病灶所在。

2. 肺胀　兼有咳嗽、咳痰,但有久患咳、痰、喘等病史,以胸部膨满,喘咳上气,烦躁心慌,甚至面目紫黯、肢体浮肿等症为主要表现,病程长,缠绵难愈。

【治疗】

一、治疗思路

急性气管-支气管炎的中医中药治疗以宣肺化痰止咳为主,兼以疏散外邪。咳嗽较剧者可考虑使用西医止咳药物。由病毒引起者一般不必应用抗生素。如继发细菌感染,表现为高热,痰黄稠或呈脓性,或原有慢性呼吸系统疾病,或高龄,既往患有冠心病、糖尿病等基础疾病者,可选用适当的抗生素治疗,也可根据细菌种类及药敏试验结果选用有效抗生素。

二、西医治疗

(一)对症治疗

咳嗽无痰或少痰,可用右美沙芬、喷托维林(咳必清)镇咳。咳嗽有痰而不易咳出,可选用盐酸氨溴索、溴己新(必嗽平)、桃金娘油提取物化痰,也可雾化帮助祛痰。较为常用的为兼顾止咳和化痰的复方甘草合剂,也可选用中成药止咳祛痰。发生支气管痉挛时,可用平喘药如茶碱类、β_2激动剂等,发热可用解热镇痛药对症处理。

(二)抗生素治疗

有细菌感染证据时可使用抗生素。可以首选新大环内酯类、青霉素类,亦可选用头孢菌素类或喹诺酮类等药物。多数患者口服抗生素即可,症状较重者可经肌内注射或静脉滴注给药,少数患者需要根据病原体培养结果指导用药。

(三)一般治疗

多休息,多饮水,避免劳累。

三、中医治疗

辨证论治

1. 风寒袭肺

证候:咽痒咳嗽声重,气急,咯痰稀薄色白,常伴鼻塞、流清涕、头痛、肢体酸楚、恶寒发热、无汗等表证,舌苔薄白,脉浮或浮紧。

治法：疏风散寒，宣肺止咳。

方药：三拗汤合止嗽散。

药用麻黄、杏仁、白前、橘红、百部、紫菀、桔梗、甘草等。若咳嗽较甚者加矮地茶、金沸草祛痰止咳；咽痒甚者加牛蒡子、蝉衣祛风止痒；鼻塞声重加辛夷花、苍耳子宣通鼻窍；若夹痰湿，咳而痰黏，胸闷，苔腻者，加半夏、厚朴、茯苓燥湿化痰；表寒未解，里有郁热，热为寒遏，咳嗽音哑，气急似喘，痰黏稠，口渴心烦，或有身热者，加生石膏、桑白皮、黄芩解表清里。

2. 风热犯肺

证候：咳嗽频剧，气粗或咳声嘎哑，喉燥咽痛，咯痰不爽，痰黏稠或稠黄，咳时汗出，常伴鼻流黄涕、口渴、头痛、肢楚、恶风、身热等表证，舌苔薄黄，脉浮数或浮滑。

治法：疏风清热，宣肺止咳。

方药：桑菊饮。

药用桑叶、菊花、杏仁、连翘、薄荷、桔梗、甘草、芦根等。若咳嗽甚者加前胡、枇杷叶、浙贝母清宣肺气，化痰止咳；肺热内盛加黄芩、知母清肺泄热；咽痛，声哑，加射干、山豆根清热利咽；若风热伤络，见鼻衄或痰中带血丝者，加白茅根、生地凉血止血；夏令夹暑加六一散、鲜荷叶清解暑热。

3. 风燥伤肺

证候：喉痒干咳，连声作呛，咽喉干痛，唇鼻干燥，无痰或痰少而粘连成丝，不易咯出，或痰中带有血丝，口干，初起或伴鼻塞、头痛、微寒、身热等表证，舌质红干而少津，苔薄白或薄黄，脉浮数或小数。

治法：疏风清肺，润燥止咳。

方药：桑杏汤。

药用桑叶、杏仁、沙参、象贝母、香豉、栀子皮、梨皮等。若津伤较甚者加麦冬、玉竹滋养肺阴；热重者酌加生石膏、知母清肺泄热；痰中夹血加生地、白茅根清热凉血止血。

另有凉燥伤肺证，乃燥证与风寒并见，表现干咳少痰或无痰，咽干鼻燥，兼有恶寒发热、头痛无汗、舌苔薄白而干等症。用药当以温而不燥，润而不凉为原则，方取杏苏散加减。药用苏叶、杏仁、前胡辛以宣散；紫菀、款冬花、百部、甘草温润止咳。若恶寒甚，无汗，可配荆芥、防风以解表发汗。

【转归、预防与调护】

本病转归与身体素质、正气强弱、病位深浅、病情轻重、诊治是否得当有关。外感咳嗽多属暴病，病位较浅，病情较轻，及时诊治，容易治愈；若迁延失治、误治，反复发作，损耗正气，则可转为内伤咳嗽。久咳必伤脾及肾，所谓肺不伤不咳，脾不伤不久咳，肾不伤不喘，病久则咳喘并作。

预防的重点在于提高机体卫外功能，增强皮毛腠理御寒抗病能力，遇有感冒及时诊治。若常自汗出者，必要时可予玉屏风散服用。

（哈木拉提·吾甫尔）

第二章 肺部感染性疾病

第一节 肺 炎

肺炎(pneumonia)是指终末气道、肺泡和肺间质的炎症,可由病原微生物、理化因素、免疫损伤、过敏及药物所致。肺炎属于多发病、常见病。

本病与中医学"肺热病"相类似,可属于"咳嗽"、"喘证"、"肺炎喘嗽"等病证范畴,常以咳嗽、发热等为主症。

【病因和发病机制】

正常的呼吸道免疫防御机制(支气管内黏液-纤毛运载系统、肺泡巨噬细胞等细胞防御的完整性等)使气管隆突以下的呼吸道保持无菌。是否发生肺炎决定于两个因素:病原体和宿主因素。如果病原体数量多,毒力强和(或)宿主呼吸道局部和全身免疫防御系统损伤,即可发生肺炎。病原体可通过下列途径引起肺炎:① 空气吸入;② 血行播散;③ 邻近感染部位蔓延;④ 上呼吸道定植菌的误吸。肺炎还可通过误吸胃肠道的定植菌(胃食管反流)和通过人工气道吸入环境中的致病菌引起。

一、细菌性肺炎

(一) 肺炎链球菌肺炎

肺炎链球菌为革兰染色阳性球菌,多成双排列或短链排列。有荚膜,其毒力大小与荚膜中的多糖结构及含量有关。根据荚膜多糖的抗原特性,肺炎链球菌可分为86个血清型。成人致病菌多属1~9及12型,以第3型毒力最强,儿童则多为6、14、19及23型。机体免疫功能正常时,肺炎链球菌是寄居在口腔及鼻咽部的一种正常菌群,其带菌率常随年龄、季节及免疫状态的变化而有差异。机体免疫功能受损时,有毒力的肺炎链球菌入侵人体而致病。因病变开始于肺的外周,故叶间分界清楚,累及胸膜,可引起渗出性胸膜炎。

(二) 葡萄球菌肺炎

葡萄球菌为革兰染色阳性球菌,可分为凝固酶阳性的葡萄球菌(主要为金黄色葡萄球菌,简称金葡菌)及凝固酶阴性的葡萄球菌(如表皮葡萄球菌和腐生葡萄球菌等)。葡萄球菌的致病物质主要是毒素与酶,其致病力可用血浆凝固酶来测定,阳性者致病力较强。金葡菌凝固酶为阳性,是化脓性感染的主要原因,但其他凝固酶阴性的葡萄球菌亦可引起感染。近年亦有耐甲氧西林金葡菌(MRSA)在医院内暴发流行的报道。

另外,常见的能导致肺炎的细菌还有肺炎克雷伯菌、铜绿假单胞菌、大肠埃希菌、卡他莫拉菌、军团菌等,其临床表现、病理改变等都有所区别。

二、肺炎支原体肺炎

肺炎支原体是介于细菌和病毒之间、兼性厌氧、能独立生活的最小微生物。主要通过呼吸道传播,健康人吸入患者咳嗽、打喷嚏时喷出的口、鼻分泌物而感染,引起散发呼吸道感染或小流行。支原体肺炎以儿童及青年人居多,婴儿间质性肺炎亦应考虑本病的可能。发病前2~3天直至病愈数周,皆可在呼吸道分泌物中发现肺炎支原体。肺炎支原体的致病性可能与患者对病原体或其代谢产物的过敏反应有关。

三、肺炎衣原体肺炎

肺炎衣原体属于衣原体科,引起人类肺炎的还有鹦鹉热衣原体。肺炎衣原体形态不一,原体致密,呈球状,直径0.2~0.4 μm。肺炎衣原体主要通过人-人传播,可能主要是通过呼吸道的飞沫传染,也可能通过污染物传染。年老体弱、营养不良、慢性阻塞性肺疾病(chronic obstructive pulmonary diseases,COPD)、免疫功能低下者易被感染。

四、病毒性肺炎

引起成人肺炎的常见病毒为流感病毒(甲、乙型)、腺病毒、副流感病毒、呼吸道合胞病毒和冠状病毒等。免疫抑制宿主为疱疹病毒和麻疹病毒的易感者；骨髓移植和器官移植者易患巨细胞病毒和疱疹病毒性肺炎。患者可同时受1种以上病毒感染，并常继发细菌感染，免疫抑制宿主还常继发真菌感染。呼吸道病毒可通过飞沫与直接接触传播，且传播迅速、传播面广，病毒性肺炎为吸入性感染。

五、真菌性肺炎

生长在土壤中的真菌将孢子播散到空气中，可能被吸入肺部引起肺真菌感染。如曲霉、奴卡菌、隐球菌、荚膜组织胞浆菌等。这些真菌都可以被吸入肺部引起肺真菌感染。当机体免疫力下降时，有些口腔寄生真菌可经呼吸道吸入引起肺部感染，如念珠菌、放线菌等。另外，颈部、膈下病灶中的真菌感染亦可直接蔓延，或循淋巴结、血液系统到达肺部引起肺炎。

六、非感染性肺炎

（一）放射性肺炎

放射线可损伤肺组织，其炎症程度与接受的放射线剂量关系密切，剂量愈大，放射性肺炎程度愈严重，严重者可发展为肺广泛纤维化，甚至发生呼吸衰竭或急性呼吸窘迫综合征。

（二）吸入性肺炎

主要为吸入胃内容物及消化道的细菌。由于胃酸等的刺激，可产生急性肺部炎症反应，肺组织损害程度与吸入胃液浓度、吸入量以及消化道细菌的吸入量等有关。

【病理】

由于引起肺炎的病因不同，所发生的病理变化也不尽相同。

一、细菌性肺炎

（一）肺炎链球菌肺炎

病理改变有充血期、红色肝变期、灰色肝变期及消散期。表现为肺组织充血水肿，肺泡内浆液渗出及红、白细胞浸润，白细胞吞噬细菌，继而纤维蛋白渗出物溶解、吸收，肺泡重新充气。病变消散后，肺组织结构多无损坏，不留纤维瘢痕。极个别患者肺泡内纤维蛋白吸收不完全，甚至有成纤维细胞形成，形成机化性肺炎。

（二）葡萄球菌肺炎

经呼吸道吸入的肺炎常呈大叶性分布或呈广泛的、融合性的支气管肺炎。支气管及肺泡破溃可使气体进入肺间质，并与支气管相通。坏死组织或脓液阻塞细支气管，形成单向活瓣作用，产生张力性肺气囊肿。浅表的肺气囊肿若张力过高，可溃破，形成气胸或脓气胸，并可形成支气管胸膜瘘。皮肤感染灶（疖、痈、毛囊炎、蜂窝织炎、伤口感染）中的葡萄球菌可经血循环抵达肺部，引起多处肺实变、化脓及组织破坏，形成单个或多发性肺脓肿。

二、肺炎支原体肺炎

肺部病变呈片状或融合成支气管肺炎、间质性肺炎和细支气管炎。肺泡内可含少量渗出液，并可发生灶性肺不张。肺泡壁与间隔有中性粒细胞、单核细胞及浆细胞浸润。支气管黏膜充血，上皮细胞肿胀，胞浆空泡形成，有坏死和脱落。胸腔可有纤维蛋白渗出和少量渗出液。

三、肺炎衣原体肺炎

基本病理变化是一种化脓性细支气管炎，继而发生支气管肺炎或间质性肺炎。

四、病毒性肺炎

病毒侵入细支气管上皮引起细支气管炎。感染可波及肺间质与肺泡而致肺炎。单纯病毒性肺炎多为间质性肺炎，肺泡间隔有大量单核细胞浸润。炎性介质释出，直接作用于支气管平滑肌，致使支气管痉挛，临床上表现为支气管反应性增高，病变吸收后可留有肺纤维化。

五、真菌性肺炎

基本病理变化为凝固性坏死、细胞浸润和化脓。肺部可有过敏反应、化脓性炎症反应或形成慢性肉芽肿。

六、非感染性肺炎

（一）放射性肺炎

主要病理改变为肺血管特别是毛细血管损伤、充血、水肿及细胞浸润，淋巴管扩张和透明膜形成。急性变化有可能自行消散，但常引起肺结缔组织增生、纤维化和玻璃样改变。慢性期肺泡广泛纤维化，肺脏收缩，毛细血管内膜增厚、硬化及管腔狭窄或阻塞而导致肺循环阻力增高和肺动脉高压。

(二)吸入性肺炎

吸入物刺激引起支气管痉挛,随后产生急性炎症反应和周围炎性物质浸润,引起肺泡上皮细胞破坏、变性,并累及毛细血管壁,使血管壁通透性增加,液体渗出,引起水肿及出血性肺炎。由于肺泡毛细血管膜的破坏,形成间质性肺水肿,肺泡内水肿吸收后,可遗留肺纤维化。

【临床表现】

一、细菌性肺炎

(一)肺炎链球菌肺炎

1. 症状 发病前常有受凉、淋雨、疲劳、醉酒、病毒感染史,多有上呼吸道感染的前驱症状。起病多急骤,高热,寒战,全身肌肉酸痛,体温通常在数小时内升至39~40℃,高峰在下午或傍晚,或呈稽留热,脉率随之增速。可有患侧胸部疼痛,放射到肩部或腹部,咳嗽或深呼吸时加剧。痰少,可带血或呈铁锈色,胃纳锐减,偶有恶心、呕吐、腹痛或腹泻,易被误诊为急腹症。

2. 体征 早期肺部体征无明显异常,仅有胸廓呼吸运动幅度减小,叩诊稍浊,听诊可有呼吸音减低及胸膜摩擦音。肺实变时叩诊浊音、触觉语颤增强并可闻及支气管呼吸音。重症感染(重症肺炎)时可伴休克、急性呼吸窘迫综合征及神经精神症状,表现为神志模糊、烦躁、呼吸困难、嗜睡、谵妄、昏迷等。累及脑膜时有颈抵抗及出现病理反射。

(二)葡萄球菌肺炎

1. 症状 本病起病多急骤,寒战、高热,体温多高达39~40℃,胸痛,脓性痰,量多,带血丝或呈脓血状。毒血症状明显,全身肌肉、关节酸痛,体质衰弱,精神委靡,病情严重者可早期出现周围循环衰竭。院内感染者通常起病较隐匿,体温逐渐上升,老年人症状可不典型。血源性葡萄球菌肺炎常有皮肤伤口、疖痈和中心静脉导管置入等,或静脉吸毒史。

2. 体征 早期可无体征,常与严重的中毒症状和呼吸道症状不平行,其后可出现两肺散在湿啰音。病变较大或融合时可有肺实变体征,气胸或脓气胸则有相应体征。血源性葡萄球菌肺炎应注意肺外病灶,静脉吸毒者多有皮肤针口和三尖瓣赘生物,可闻及心脏杂音。

二、肺炎支原体肺炎

1. 症状 患者的大多数症状为上呼吸道或气管-支气管炎的症状,支原体肺炎是经典的非典型肺炎,起初有数天到1周的无症状期;继而乏力,头痛,咽痛,肌肉酸痛,咳嗽明显,为发作性干咳,夜间为重,也可以产生脓痰,一般为中等发热,也可以不出现发热。可伴有鼻窦和耳部的疼痛。

2. 体征 可以见到的体征有咽部和鼓膜充血,颈淋巴结可肿大。少数病例有斑丘疹、红斑,胸部可无明显异常,约半数患者听诊可闻及干性或湿性啰音。

三、肺炎衣原体肺炎

1. 症状 症状可轻可重,与其他肺炎相比在症状和体征上无特异性。初起常为上呼吸道感染的症状如咽痛、声嘶、流涕和与此相应的咽炎、喉炎及鼻窦炎,其中以咽痛最为常见,1~4周后出现社区获得性肺炎最常见的症状——发热和咳嗽,咳嗽以干咳为主。

2. 体征 肺部检查可无阳性体征,部分患者可有干、湿啰音。

四、病毒性肺炎

1. 症状 不同病毒临床表现有所不同。开始都有咽干、咽痛、鼻塞、流涕、发热、头痛和全身酸痛等上呼吸道感染症状,累及肺部时表现为咳嗽,以干咳为主,气急,胸痛,持续高热,可有少量白色黏痰。

2. 体征 早期肺部体征不明显,病变部位呼吸音减弱,散在干、湿性啰音。重症病毒性肺炎可见吸气三凹征和鼻翼扇动,肺部可闻及较为广泛的干、湿啰音,并可出现休克、心力衰竭体征。

五、真菌性肺炎

(一)肺念珠菌病

1. 症状 临床表现常为不能解释的持续发热、呼吸道症状,而体征轻微,血源播散型常出现念珠菌败血症和休克。肺部病变进展最终导致呼吸衰竭。通常,肺念珠菌病按感染部位和临床表现可分为支气管炎型、支气管-肺炎型及肺炎型。

2. 体征 检查可发现口腔、咽及支气管黏膜上被覆散在点状白膜,胸部偶尔闻及干性啰音。

（二）肺曲霉病

1. **症状** 临床上主要有侵袭性肺曲霉病、曲霉肿及变应性支气管肺曲霉病三种类型。侵袭性肺曲霉病症状以干咳、胸痛常见，部分患者有咯血，病变广泛时出现气急和呼吸困难，甚至呼吸衰竭。曲霉肿可有刺激性咳嗽，常反复咯血，甚至发生威胁生命的大咯血。变应性支气管肺曲霉病患者喘息，畏寒，发热，乏力，刺激性咳嗽，咳棕黄色脓痰，偶带血。

2. **体征** 病变部位可闻干、湿啰音，可有肺部实变体征。

六、非感染性肺炎

（一）放射性肺炎

1. **症状** 常见症状为刺激性干咳、气急和胸痛，呈进行性加重。伴感染时可有低热，体温一般在38℃左右。放射性物质损伤肋骨时可出现胸痛，严重者可因广泛肺纤维化而出现进行性呼吸困难、发绀，甚至呼吸衰竭。

2. **体征** 放射部位皮肤萎缩和硬结，出现色素沉着。继发感染时肺部可听到干、湿啰音和胸膜摩擦音。重症者可见端坐呼吸，发绀，呼吸音减低，亦可闻及细小的爆裂音。伴发肺源性心脏病时可出现右心衰的体征。

（二）吸入性肺炎

1. **症状** 多见于高龄或伴有脑卒中后遗症的患者，或醉酒、麻醉、气管插管、气管切开及昏迷的患者，儿童每因误吸引起。患者常有吸入诱因史，初期有呛咳、气急，吸入后逐渐出现呼吸困难、发绀、咳淡红色浆液性泡沫状痰，并发细菌感染时咳大量脓性痰。如为气管食管瘘引起的吸入性肺炎，则每每在进食后有痉挛性咳嗽、气急，昏迷患者无此表现。

2. **体征** 急性期双肺可听到较多湿啰音，伴哮鸣音，有时可见局限性肺实变体征。

【实验室及其他检查】

一、周围血象检查

大多数细菌性肺炎，血白细胞计数增高，多在 $10 \times 10^9 \sim 20 \times 10^9 / L$，中性粒细胞多在80%以上，并有核左移，可见细胞内毒性颗粒等。年老体弱、酗酒、免疫功能低下者的白细胞计数可不增高，但中性粒细胞的百分比仍增高。

肺炎支原体肺炎感染时，血白细胞总数正常或略增高，以中性粒细胞为主。衣原体肺炎感染时，血白细胞正常或稍高。军团菌肺炎、病毒性肺炎白细胞计数正常、稍高或偏低。肺曲霉病可有中性粒细胞偏高。

二、病原体检查

由于人类上呼吸道黏膜表面及其分泌物含有许多微生物，即所谓的正常菌群，因此，途经口咽部的下呼吸道分泌物或痰极易受到污染，有慢性气道疾病如慢性支气管炎、支气管扩张、老年人和危重病患者，其呼吸道定植菌明显增加，影响痰液中致病菌的分离和判断。应用抗生素后可影响细菌培养结果。因此，在采集呼吸道标本行细菌培养时，应尽可能在抗生素应用前采集，避免污染，及时送检，其结果才能起到指导治疗的作用。

目前常用的方法有：

1. **痰** 咳痰标本采集方便，是最常用的下呼吸道病原学标本。采集后在室温下2小时内送检。先直接涂片，光镜下观察细胞数量。

2. **支气管镜或人工气道吸引** 受口咽部细菌污染的机会较咳痰为少，如吸引物细菌培养浓度 $\geq 10^5$ cfu/ml 可认为是致病菌，低于此浓度者则多为污染菌。

3. **防污染样本毛刷**（protected specimen brush, PSB） 如所取标本培养细菌浓度 $\geq 10^5$ cfu/ml, 可认为是致病菌。

4. **支气管肺泡灌洗**（bronchial alveolar lavage, BAL） 应用支气管镜进行，如灌洗液培养细菌浓度 $\geq 10^4$ cfu/ml, 防污染 BAL 标本细菌浓度 $\geq 10^5$ cfu/ml, 可认为是致病菌。

5. **经皮细针吸检**（percutaneous fine-needle aspiration, PFNA）和开胸肺活检 两种方法所取标本检测的敏感性和特异性很好，但由于是创伤性检查，容易引起并发症，如气胸、出血等，临床一般用于对抗生素经验性治疗无效或其他检查不能确定者。

6. **血和胸腔积液培养** 肺炎患者血和痰培养分离到相同细菌，可确定为肺炎的病原菌。由于血或胸腔积液标本的采集均经过皮肤，故其结果须排除操作过程中皮肤细菌的污染。

7. **尿抗原试验**（urinary antigen test） 主要是军团菌尿抗原和肺炎链球菌尿抗原。

三、X线检查

1. **肺炎链球菌肺炎** 早期仅见肺纹理增粗，或受累的肺段、肺叶稍模糊。随着病情进展，肺泡内充满炎性渗出物，表现为大片炎症浸润阴影或实变影,在实变阴影中可见支气管充气征,肋膈角可有少量胸腔积液。在消散期,X 线检查显示炎性浸润逐渐吸收,可有片状区域吸收较快,呈现"假空洞"征,多数病例在起病 3~4 周后才完全消散。老年患者肺炎病灶消散较慢,数周甚则数月,容易出现吸收不完全而成为机化性肺炎。

2. 葡萄球菌肺炎　X 线胸片显示肺段或肺叶实变,可形成空洞,或呈小叶状浸润,其中有单个或多发的液气囊腔。另一特征是 X 线阴影的易变性,表现为一处炎性浸润消失,而在另一处出现新的病灶,或很小的单一病灶发展为大片阴影。治疗有效时,病变消散,阴影密度逐渐减低,2~4 周后病变完全消失,偶可遗留少许条索状阴影或肺纹理增多等。

3. 肺炎支原体肺炎　X 线检查显示肺部多种形态的浸润影,呈节段性分布,以肺下野为多见,有的从肺门附近向外伸展。病变常经 3~4 周后自行消散,部分患者出现少量胸腔积液。

4. 肺炎衣原体肺炎　X 线胸片表现以单侧、下叶肺泡渗出为主。可有少到中量的胸腔积液,多在疾病的早期出现。肺炎衣原体肺炎常可发展成双侧,表现为肺间质和肺泡渗出混合存在,病变可持续几周。

5. 病毒性肺炎　胸部 X 线检查可见肺纹理增多,小片状浸润或广泛浸润,病情严重者显示双肺弥漫性结节性浸润,但大叶实变及胸腔积液者均不多见。

6. 真菌性肺炎　肺念珠菌病,X 线胸片显示双下肺纹理增多,纤维条索影伴散在的大小不等、形状不一的结节状阴影,呈支气管肺炎表现;或融合的均匀大片浸润影,自肺门向周边扩展,可形成空洞。双肺或多肺叶病变,病灶可有变化,但肺尖较少受累。

7. 非感染性肺炎　放射性肺炎 X 线检查表现:多数于停止放射治疗(简称放疗)1 个月后,肺部出阴影。急性期在照射的肺野上出现弥漫性片状模糊阴影,其间隐约可见网状影,酷似支气管肺炎或肺水肿。病变的范围与胸廓表面照射野一致。吸入性肺炎 X 线胸片示,于吸入后 1~2 小时即能见到两肺散在不规则片状、边缘模糊阴影。肺内病变分布与吸收时体位有关,常见于中下肺野,右肺为多见,发生肺水肿则两肺出现片状云絮状阴影,融合成大片状,从两肺门向外扩散,以两肺中内带为明显,与心源性急性肺水肿的 X 线片表现相似,但心脏大小和外形正常。

【诊断与鉴别诊断】

一、诊断标准

1. 诊断要点　根据病史、症状和体征,结合 X 线检查和痰液、血液检查,不难作出明确诊断。病原菌检测是确诊各型肺炎的主要依据。

2. 分类
(1) 病原学分类:分为细菌性肺炎、非典型病原体肺炎、病毒性肺炎、真菌性肺炎、其他病原体所致肺炎。
(2) 解剖学分类:分为大叶性(肺泡性)肺炎、小叶性(支气管)肺炎、间质性肺炎。
(3) 按获得感染的场所分类:分为社区获得性肺炎和医院内获得性肺炎。

3. 评估严重程度　如果肺炎的诊断成立,评价病情的严重程度对于决定在门诊或入院治疗甚或重症监护治疗病房(intensive care unit,ICU)治疗至关重要。肺炎严重性决定于三个主要因素:局部炎症程度、肺部炎症的播散和全身炎症反应程度。判断重症肺炎,应注重肺部病变的范围、器官灌注和氧合状态。

二、鉴别诊断

肺炎的鉴别诊断包括不同病原菌引起的肺炎之间的鉴别诊断和肺炎与其他肺部疾病的鉴别诊断。

1. 各型肺炎　各种病原菌引起肺炎的临床表现及其严重程度各不相同,X 线及其他理化检查具有各自的特征,临床上不难鉴别。革兰阳性球菌引起的肺炎多发生于青壮年,院外感染多见。革兰阴性杆菌引起的肺炎常发生于体弱、患慢性病及免疫缺陷患者,院内感染较多见,多起病急骤,症状较重。病毒、支原体等引起的肺炎,临床表现较轻,白细胞计数增高不显著。痰液病原体分离和血清免疫学试验有助于鉴别诊断。

2. 肺结核　多有全身中毒症状,如午后低热、盗汗、疲乏无力、体重减轻、失眠、心悸,女性患者可有月经失调或闭经等,但目前肺结核的临床表现越来越不典型,需引起注意。X 线胸片见病变多在肺尖或锁骨上下,密度不匀,消散缓慢,且可形成空洞或肺内播散。痰中可找到结核分枝杆菌,一般抗生素治疗无效。

3. 肺癌　多无急性感染中毒症状,有时痰中带血丝。血白细胞计数不高,若痰中发现癌细胞可以确诊。肺癌可伴发阻塞性肺炎,经抗生素治疗后炎症消退,肿瘤阴影渐趋明显,或可见肺门淋巴结肿大,有时出现肺不张。若经过抗生素治疗后肺部炎症不消散,或暂时消散后于同一部位再出现肺炎,应密切随访,对有吸烟史及年龄较大的患者,必要时进一步行 CT、PET、支气管镜和痰脱落细胞等检查,以免贻误诊断。

4. 急性肺脓肿 早期临床表现与肺炎链球菌肺炎相似。但随病程进展,咳出大量脓臭痰为肺脓肿的特征。X线胸片显示脓腔及气液平,易与肺炎鉴别。

5. 肺血栓栓塞症 多有静脉血栓的危险因素,如血栓性静脉炎、心肺疾病、创伤、手术和肿瘤等病史,可发生咯血、晕厥,呼吸困难较明显,颈静脉充盈。X线胸片示区域性肺血管纹理减少,有时可见尖端指向肺门的楔形阴影,动脉血气分析常见低氧血症及低碳酸血症。D-二聚体、肺动脉CT血管造影(CTPA)、放射性核素肺通气/灌注扫描和磁共振显像(magnetic resonance imaging,MRI)等检查可帮助鉴别。

【中医病因病机】

中医学认为,肺炎常因劳倦过度、醉后当风等人体正气不足之时,感受外邪,邪伤肺卫,风热之邪或风寒之邪入里化热,逆传心包,变生诸症。若治疗得当,邪退正复,可见热病恢复期阴虚津伤之低热,手足心热或口干舌燥之证候。

【中医诊断及病证鉴别】

一、诊断

根据典型症状和体征,结合病史及实验室检查,易作出诊断。

二、病证鉴别

1. **肺痨** 以干咳,或痰中带血,或咳血痰为特征,常伴有低热、盗汗、消瘦等症状。其发病是由于体质虚弱,气血不足,痨虫侵肺所致。

2. **肺痈** 以咳吐大量腥臭脓血痰为特征,多伴有咳嗽、胸痛、发热等症。病机为热壅血瘀,蕴毒化脓而成痈。根据病变病理演变过程,可分为初期、成痈期、溃脓期、恢复期。

【治疗】

一、治疗思路

细菌性肺炎的治疗在于消灭病原体,控制病情发展,减轻症状,避免并发症,从而达到临床治愈的目的。西医学认为针对病原菌选用有效抗生素治疗是肺炎治愈的关键。抗生素在杀灭病原菌,快速缓解症状方面具有明显的优势。随着临床可选药物品种的增多和多重耐药菌株的不断增加,合理选择抗生素尤为重要。根据药物敏感试验结果,有的放矢地选择敏感的抗生素,能取得事半功倍的治疗效果。同时应根据病情对症支持治疗,包括畅通气道、祛痰、止咳、吸氧,纠正水、电解质和酸碱平衡,补充营养等。

中医学认为本病为邪气乘虚而入,侵袭肺卫,变生诸证。风热与痰热是本病的中心环节,故疏风清热化痰是本病的基本治疗大法。中医药在治疗肺炎方面有独特的疗效,尤其在治疗病毒性肺炎、非典型菌肺炎方面效果显著。对于轻症肺炎病原学诊断不清时,可给予中医药治疗。一旦病原菌确定,应针对病原菌选用抗生素加强治疗。重症肺炎应以西医药为主,早期、足量、联合、静脉使用抗生素,积极对症处理各种并发症等综合治疗,配合中药清热解毒,宣肺化痰,可促进痰液排出,保持呼吸道通畅。肺炎后期可使用中药调理,促进病灶吸收,增强机体免疫力,预防复发,使患者早日康复。对有多种抗生素过敏、多种药物过敏患者,中医药治疗具有一定优势。

二、西医治疗

(一)细菌性肺炎的治疗

1. **一般治疗** 患者应卧床休息,注意补充足够蛋白质、热量及维生素。密切监测病情变化,注意防止休克,鼓励患者饮水每日1~2L。

2. **病因治疗** 尽早应用抗生素是治疗细菌性肺炎的首选治疗手段。

(1)肺炎球菌肺炎:首选青霉素G,对青霉素过敏者,可用大环内酯类,如红霉素、阿奇霉素、克拉霉素,或罗红霉素,亦可用喹诺酮类药物。对耐药或重症患者可改用β-内酰胺类抗生素,如头孢噻吩钠、头孢唑啉钠、头孢拉定、头孢哌酮等头孢菌素类。对多重耐药菌株感染者可用万古霉素。

(2)葡萄球菌肺炎:多选用耐青霉素酶的部分合成青霉素或头孢菌素,常用药物有苯唑西林钠、氯唑西林、头孢噻吩、头孢唑啉、头孢呋辛等。如联合氨基糖苷类有更好疗效。

(3)克雷伯杆菌肺炎:常选第二、第三代头孢菌素类与氨基糖苷类联合用药,如头孢噻肟钠或头孢他啶联合妥布霉素或阿米卡星。

(4)军团菌肺炎:首选红霉素,新大环内酯类抗生素,亦可与利福平联合应用,或选用喹诺酮类抗生素。

（二）支原体、衣原体肺炎的治疗

大环内酯类抗生素红霉素、罗红霉素、阿奇霉素等，也可选用喹诺酮类抗生素，如左氧氟沙星、莫西沙星等，四环素类治疗亦有效。

（三）病毒性肺炎的治疗

1. 一般治疗　注意保暖，保持呼吸道通畅，及时纠正水、电解质和酸碱失衡。缺氧时给予吸氧，严重时应用机械通气。

2. 抗病毒药物治疗　目前尚无特效的抗病毒药物。若确需使用时可用金刚烷胺口服；也可用利巴韦林（病毒唑），口服或雾化吸入。奥司他韦，儿童患者依据体重给药，大于40 kg剂量同成人。对巨细胞病毒、疱疹病毒引起者可用阿昔洛韦、阿糖腺苷。同时可选用中草药和生物制剂治疗，中草药包括板蓝根冲剂、复方一枝蒿冲剂、莲花清瘟胶囊、感咳双清胶囊等中成药。

（四）真菌性肺炎

真菌性肺炎包括念珠菌、隐球菌等，抗真菌药物有三大类：① 多烯类（两性霉素B）及含脂制剂、制霉菌素脂质体；② 三唑类：氟康唑、伊曲康唑、伏立康唑、泊沙康唑；③ 棘白菌素类：卡泊芬净、米卡芬净、阿尼芬净。根据不同的真菌感染类型选择相应的抗真菌药物。

（五）放射性肺炎

为预防放射性肺炎的发生，应严格掌握放射总剂量及单次剂量分配、照射野大小。乳腺癌作放疗，最好作切线投射，尽量避免肺部的损伤。在放疗过程中，应严密观察患者有无呼吸道症状及体温升高。X线检查发现肺炎，应立即停止放疗。

治疗方法主要是对症治疗，肺部继发感染给予抗生素。早期应用糖皮质激素有效。一般采用泼尼松40 mg/d，顿服或4次分服，以后逐渐减量，3~6周为1个疗程，给予氧气吸入能改善低氧血症。

（六）吸入性肺炎的治疗

在紧急情况下，应立即给予高浓度氧吸入，应用支气管镜或气管插管将异物吸出，加用呼气末正压通气。纠正血容量不足可用白蛋白或低分子右旋糖酐等。为避免左心室负担过重和胶体液渗漏入肺间质，可使用利尿剂。应用糖皮质激素治疗尚有争论，有认为在吸入12小时内大量使用糖皮质激素有利于肺部炎症的吸收，但亦有持相反意见者。抗生素只用于控制继发性感染，而不主张用于预防细菌性感染，因用药既不能减少继发细菌感染的发生，且容易产生耐药菌株。吸入碳氢化合物液体后的处理原则与上述相同。

三、中医治疗

辨证论治

1. 风寒袭肺

证候：恶寒重，发热轻，无汗，周身酸楚，咳嗽，痰白质稀，舌苔薄白，或苔白厚腻，脉浮滑。

治法：疏风散寒，宣肺化痰。

方药：止嗽散加减。

药用桔梗、荆芥、紫菀、百部、白前、陈皮等。若舌苔厚腻，湿邪较重者，可用麻黄加术汤，并以苍术易白术；往来寒热不解，太阳、少阳合病者，宜予小柴胡汤同用；若寒邪化热，症见发热汗出，咳嗽，痰黄，则可用麻杏石甘汤，用以解表清热，宣肺止咳。

2. 风热犯肺

证候：发病初起，发热重，恶寒轻，咳嗽，咳痰不爽，痰黏稠色黄，咽痛，胸痛，口渴欲饮，舌边尖红，苔薄黄，脉浮数。

治法：疏风清热，宣肺止咳。

方药：桑菊饮加减。

药用杏仁、连翘、薄荷、桑叶、菊花、桔梗、甘草、芦根等。汗少者可配以荆芥穗、淡豆豉；口渴明显者加天花粉；喘促者加麻黄、生石膏；咯痰不爽者加浙贝母、前胡；胸痛甚者选加柴胡、郁金、延胡索。

3. 痰热壅肺

证候：高热不退，咳嗽，咳痰黄稠或咳铁锈色痰，胸痛，呼吸气促，口渴烦躁，小便黄赤，大便干燥，舌红，苔黄，脉洪数或滑数。

治法：宣肺平喘，清化痰热。

方药：麻杏石甘汤或清金化痰汤加减。

药用麻黄、杏仁、石膏、甘草等。若热甚者可重用银花、连翘、黄芩，或加黄连；胸痛甚者加郁金、瓜蒌、延胡索；便秘者可合用调胃承气汤加减。

4. 肺热腑实

证候：高热，口渴引饮喜冷，咳嗽气促，大便秘结，或伴有神昏谵语，舌红，苔黄燥或舌干灰黑，脉沉实有力。

治法：通腑泻热，清肺化痰。

方药：宣白承气汤加减。

药用生石膏、生大黄、杏仁粉、瓜蒌皮。热盛烦躁者重用生石膏，加银花、连翘清热透邪；燥屎不下者加玄明粉以通腑泻热；津伤液耗者配生地黄、麦冬、玄参以增水行舟。

5. 热毒内陷

证候：高热不退，咳嗽气促，痰声辘辘，烦躁，谵语，甚则四肢厥冷，舌红绛，苔黄而干，脉细数。

治法：清热解毒，清心开窍。

方药：清营汤加减。

药用犀角（水牛角代）、生地黄、元参、竹叶心、麦冬、丹参、黄连、银花、连翘。若见烦躁，谵语，可加服紫雪丹，以加强清热息风之功；痰涎壅盛加竹沥、猴枣散；宜配服安宫牛黄丸或至宝丹。

6. 正虚邪恋

证候：咳嗽声低，气短神疲，低热，自汗出，手足心热，舌红，苔薄黄，脉细数。

治法：养阴清热，润肺化痰。

方药：竹叶石膏汤加减。

药用竹叶、石膏、半夏、麦门冬、人参、粳米、甘草等。若余热未退，可用沙参易人参；有痰加浙贝母。

7. 邪陷正脱

证候：体温骤降，大汗淋漓，面色苍白，四肢厥冷，神疲气短，口唇青紫，呼吸短促，舌淡青紫，脉微细。

治法：益气固脱。

方药：生脉散合参附汤加减。

药用人参、麦冬、五味子、附子。若汗出多加五味子以收敛止汗；神志不清加服苏合香丸以开窍醒神；汗出如油如珠加白芍、麦冬、浮小麦以敛阴止汗。此类型为重症肺炎，单纯中药不能控制，需及时抢救治疗。

【转归、预防与调护】

本病的发展过程符合卫气营血传变规律，病邪由浅入深，由表及里。其转归预后取决于正邪双方力量的对比，同时也受治疗因素、体质差异的影响。一般而言，体质强壮、感邪轻微而治疗及时者，预后较佳；年高体弱、正气不足或感邪较重，或贻误治疗者，则病程迁延，预后较差。若传变迅速，出现窍闭动风，阴竭阳脱者，多预后不良。如演变成肺痈，亦为逆证。气阴两伤发生于本病后期的患者，在顾护正气的同时，注意清泄余热，一般预后良好，不可补之过急，以防死灰复燃。若院内患者，基础疾病较多或较重者，注意院内感染，医护人员要重视手卫生、医疗器械的消毒等，以防交叉感染。

积极锻炼身体，提高机体免疫力，避免淋雨受寒、疲劳、醉酒等诱发因素。凡体弱易感冒者，冬令宜予补气健脾益肾之剂。患者应卧床休息，经常变换体位，适当保暖。病室环境应保持安静、清洁、空气新鲜，温度与湿度适当。饮食宜清淡宜于消化，忌食油腻腥荤、辛辣刺激食物，以免助热生痰。

(李风森)

第二节 肺脓肿

肺脓肿(lung abscess)是由一种或多种病原体所引起的肺组织化脓性病变。临床特征为高热、咳嗽和咳大量脓臭痰。X线胸片显示单个或多发的含气液平面的空洞，如多个直径小于2 cm的空洞则称为坏死性肺炎。病程超过3个月，迁延不愈者称为慢性肺脓肿。本病男多于女，自抗生素广泛使用以来，发病率已明显降低。

肺脓肿属于中医学"肺痈"范畴。本病由感受外邪，内犯于肺，或痰热素盛，蒸灼肺脏，以致热壅血瘀，蕴酿成痈，血败肉腐化脓而成。

【病因和发病机制】

病原体常为上呼吸道、口腔的定植菌，包括需氧、厌氧和兼性厌氧菌。90%肺脓肿患者合并有厌氧菌感染，毒力较强的厌氧菌在部分患者可单独致病。常见的其他病原体包括金黄色葡萄球菌、化脓性链球菌、肺炎克雷伯杆菌和铜绿假单胞菌。大肠埃希菌和流感嗜血杆菌也可引起坏死性肺炎。

根据感染途径,肺脓肿可分为以下类型。

一、吸入性肺脓肿

病原体经口、鼻、咽腔吸入致病。脓肿常为单发,其部位与支气管解剖和体位有关,由于右主支气管较陡直,且管径较粗大,吸入物易进入右肺。

二、继发性肺脓肿

某些细菌性肺炎,如金黄色葡萄球菌、铜绿假单胞菌和肺炎克雷伯杆菌肺炎等,以及支气管扩张、支气管囊肿、支气管肺癌、肺结核空洞等继发感染可导致继发性肺脓肿。

三、血源性肺脓肿

因皮肤外伤感染、疖、痈、中耳炎或骨髓炎等所致的菌血症,菌栓经血行播散到肺,引起小血管栓塞、炎症和坏死而形成肺脓肿。

【病理】

早期细支气管阻塞,肺组织发炎,小血管栓塞,肺组织化脓、坏死,终至形成脓肿。菌栓使局部组织缺血,助长厌氧菌感染,加重组织坏死。液化的脓液,积聚在脓腔内引起张力增高,最后破溃到支气管内,咳出大量脓痰。若空气进入脓腔,脓肿内出现液平面。有时炎症向周围肺组织扩展,可形成一至数个脓腔。若脓肿靠近胸膜,可发生局限性纤维蛋白性胸膜炎,引起胸膜粘连。位于肺脏边缘部的张力性脓肿,若破溃到胸膜腔,则可形成脓胸、脓气胸或支气管胸膜瘘。肺脓肿可完全吸收或仅剩少量纤维瘢痕。

【临床表现】

一、症状

急性吸入性肺脓肿大多起病急骤,多数有齿、口咽部的感染灶,或手术、劳累、受凉史。患者畏寒,发热,体温可高达39~40℃,伴咳嗽、咳黏液痰或黏液脓痰。炎症波及局部胸膜可引起胸痛。病变范围较大,可出现气促、精神不振、乏力、食欲减退等全身中毒症状。如感染不能及时控制,可于发病的10~14天,突然咳出大量脓臭痰及坏死组织,每日可达300~500ml,有时痰中带血或中等量咯血。一般在咳出大量脓痰后,体温明显下降,全身中毒症状随之减轻,数周内一般情况逐渐恢复正常。

血源性肺脓肿多先有原发病灶引起的畏寒、高热等全身脓毒症的表现。经数日或数周后才出现咳嗽,咳痰,通常痰量不多,极少咯血。

慢性肺脓肿患者常有咳嗽,咳脓痰,反复发热和咯血,同时可伴有贫血、消瘦等慢性中毒症状。

二、体征

与肺脓肿的大小和部位有关。病变较小或位于肺脏的深部,可无异常体征;病变较大,脓肿周围有大量炎症,叩诊呈浊音或实音,听诊呼吸音减低,有时可闻及湿啰音。脓腔增大时,可出现空瓮音,病变累及胸膜,可闻及胸膜摩擦音或呈现胸腔积液体征,血源性肺脓肿大多无阳性体征,慢性肺脓肿常有杵状指(趾)。

【实验室及其他检查】

一、血液检查

急性肺脓肿患者白细胞计数及中性粒细胞均显著增加,总数可达 $20 \times 10^9 \sim 30 \times 10^9$/L,中性粒细胞在90%以上。慢性肺脓肿患者的白细胞可稍升高或正常,但可有轻度贫血。

二、痰和血的病原体检查

痰液涂片革兰染色检查、痰液培养,包括厌氧菌培养和细菌药物敏感试验,有助于确定病原体和选择有效的抗生素治疗。血源性肺脓肿患者的血培养可发现致病菌。

三、X线检查

早期的炎症在X线检查表现为大片浓密模糊浸润阴影,边缘不清,或为团片状浓密阴影,分布在一个或数个肺段。在肺组织坏死、肺脓肿形成后,脓液经支气管排出,脓腔出现圆形透亮区及气液平面,其四周被浓密炎症浸润所环绕,脓腔内壁光整或略有不规则。经脓液引流和抗生素治疗后,肺脓肿周围炎症先吸收,逐渐缩小至脓腔消失,最后仅残留纤维条索阴影。慢性肺脓肿脓腔壁增厚，内壁不规则，有时呈多房性，周围有纤维组织增生及邻近胸膜增厚，肺叶收缩，纵隔可向患侧移位。并发脓胸时，患侧胸部呈大片浓密阴影，若伴发气胸可见气液平面。结合侧位 X 线检查可明确肺脓肿的部位及范围大小。血源性肺脓肿，病灶分布在一侧或两侧，呈小片状局限炎性阴影，或边缘整齐的球形病灶，中央有小脓腔和气液平面。炎症吸收后，亦可能有局灶性纤维化或小气囊后遗阴影。CT 则能更准确定位及区别肺脓肿与有气液平面的局限性脓胸，发现体积较小的脓肿和葡萄球菌肺炎引起的肺气囊，并有助于行体位引流和外科手术治疗。

四、支气管镜检查

支气管镜检查有助于明确病因和病原学诊断，并可用于治疗。如有气道内异物，可取出异物使气道引流通畅。疑为肿瘤阻塞，则可取病理标本，有助于诊断。亦可借助支气管镜防污染毛刷采样细菌培养，以及吸引脓液和病变部位注入抗生素，促进支气管引流和脓腔的愈合。

【诊断与鉴别诊断】

一、诊断

（1）有口腔手术、昏迷呕吐、异物吸入等病史。
（2）合并有急性发作的畏寒、高热、咳嗽和咳大量脓臭痰等病史。
（3）白细胞总数和中性粒细胞显著增高。
（4）肺野大片浓密炎性阴影中有脓腔及液平面的 X 线或 CT 征象，可作出诊断。
（5）血、痰培养，包括厌氧菌培养，分离细菌，有助于作出病原诊断。

二、鉴别诊断

1. 细菌性肺炎　早期肺脓肿与细菌性肺炎在症状和 X 线胸片表现很相似，细菌性肺炎中肺炎球菌肺炎最常见，常有口唇疱疹、铁锈色痰而无大量脓臭痰。X 线胸片示肺叶或段实变或呈片状淡薄炎性病变，边缘模糊不清，但无脓腔形成，痰或血的细菌培养可作出鉴别。

2. 空洞性肺结核　空洞性肺结核是一种慢性病，起病缓慢，病程长，继发感染发病缓慢，常伴有结核毒性症状，如午后低热、乏力、盗汗、长期咳嗽、咯血等。X 线胸片示空洞壁较厚，其周围可见结核浸润病灶，或伴有斑点、结节状病变，空洞内一般无液平面，常伴有条索、斑点及结节状病灶，或肺内其他部位的结核播散灶，痰中可找到结核杆菌。

3. 支气管肺癌　支气管肺癌阻塞支气管常引起远端肺化脓性感染，但形成肺脓肿的病程相对较长，因有一个逐渐阻塞的过程，毒性症状多不明显，脓痰量亦较少。阻塞性感染由于支气管引流不畅，抗生素效果不佳。因此，对 40 岁以上的患者，出现肺同一部位反复感染，且抗生素疗效差的患者，要考虑支气管肺癌引起阻塞性肺炎的可能，可行送痰液找脱落细胞和支气管镜等相关检查，以明确诊断。肺鳞癌也可发生坏死液化，形成空洞，但一般无毒性或急性感染症状，X 线胸片示空洞壁较厚，多呈偏心空洞，残留的肿瘤组织使内壁凹凸不平，空洞周围有少许炎症浸润，肺门淋巴结可有肿大，故不难与肺脓肿区分。

4. 肺囊肿继发感染　肺囊肿继发感染时，囊肿内可见气液平面，周围炎症反应轻，无明显中毒症状和脓痰。如有以往的 X 线胸片作对照，更容易鉴别。

【中医病因病机】

本病由感受外邪，内犯于肺，或痰热素盛，内外合邪，热壅血瘀，热、瘀、痰互结，蕴酿化毒成痈，血败肉腐化脓而成。本病病位在肺，病理性质属实、属热。病理基础主要在于热壅血瘀。本病的病理演变过程，可以随着病情的发展，邪正的消长，表现为初期、成痈期、溃脓期、恢复期四个阶段。

1. 初期　因风热（寒）之邪侵犯卫表，内郁于肺，或内外合邪，肺卫同病，蓄热内蒸，热伤肺气，肺失清肃，出现恶寒、发热、咳嗽等肺卫表证。

2. 成痈期　为邪热壅肺，蒸液成痰，气分热毒浸淫及血，热伤血脉，血为之凝滞，热壅血瘀，蕴酿成痈，表现高热、寒战、咳嗽、气急、胸痛等痰热蕴肺的证候。

3. 溃脓期　为痰热与瘀血壅阻肺络，肉腐血败化脓，肺损络伤，脓疡溃破，排出大量腥臭脓痰或脓血痰。

4. 恢复期　为脓疡内溃外泄之后，邪毒渐尽，病情趋向好转，但因肺体损伤，故可见邪去正虚，阴伤气耗的病理过程，继则正气逐渐恢复，痈疡渐告愈合。若溃后脓毒不尽，邪恋正虚，每致迁延反复，日久不愈，病势时轻时重，而转为慢性。

【中医诊断及病证鉴别】

一、诊断
（1）多有感受外邪病史，起病多急骤。
（2）常突然寒战高热，咳嗽胸痛，咯吐大量腥臭浊痰，甚则脓血相兼，慢性病变常伴有低热、盗汗、形体消瘦，还可见爪甲紫而带弯，指端呈鼓槌样。
（3）X线胸片或CT，肺部可见大片浓密炎症阴影或透亮区及气液平面。
（4）血常规中白细胞计数和中性粒细胞百分比均见增高。
（5）肺部病侧呼吸音降低或闻及湿啰音。

二、病证鉴别
1. 痰饮　痰饮咳嗽患者，虽然亦有咳嗽、咳逆倚息、咯痰量多等症，易与肺痈相混。但痰饮咳嗽起病较缓，痰量虽多，每为白色泡沫样，并无腥臭脓痰，亦非痰血相兼，且痰饮咳嗽的热势不如肺痈亢盛，结合X线检查不难判别。
2. 肺痿　肺痿是以肺脏痿弱不用为主要病变的慢性疾患。起病缓，病程长，患者形体虚弱，多继发于其他疾病迁延不愈所致，并以虚热、咯吐浊唾涎沫为其特征。肺痈多为实热，结合临床表现可作出鉴别。
3. 肺痨　肺痨系感染痨虫所致的肺部慢性消耗性传染性疾患，以咳嗽、咯血、潮热、盗汗、消瘦为主要症状，以肺阴亏损为主要病机。而肺痈则表现为热毒血瘀为患，不难鉴别。必要时结合X线、CT、结核菌素试验等检查，可进一步明确诊断。

【治疗】

一、治疗思路
本病主要采用西医治疗，治疗原则主要是积极控制感染和痰液引流。应根据痰液、血或胸水的细菌学检查选择有效抗生素。可以辅以中医药治疗，以清热解毒，排脓化瘀祛邪为治疗原则，而清热解毒法适用于疾病的全过程。清热解毒，化瘀排脓以祛邪，是中医治疗肺痈的基本原则。根据证候特点将该病分为初期、成痈期、溃脓期、恢复期四期，治疗应根据疾病不同阶段的证候特点，分别融合清热解毒、排脓、化瘀、益气、滋阴等方法。对慢性肺脓肿，或大咯血者，内科疗效差，有手术指征者，应及时手术治疗。

二、西医治疗
上呼吸道、口腔的感染灶必须加以根治。口腔手术时，应将分泌物尽量吸出，昏迷或全身麻醉患者，应加强护理，预防肺部感染。早期和彻底治疗是根治肺脓肿的关键。
治疗原则为抗生素治疗和脓液引流。

（一）一般治疗
肺脓肿患者一般多有消耗性表现，特别是体质差者，应加强营养治疗，如补液、高营养、高维生素治疗，有缺氧表现时可以吸氧。

（二）抗生素治疗
吸入性肺脓肿多为厌氧菌感染，一般均对青霉素敏感，仅脆弱杆菌对青霉素不敏感，但对林可霉素、克林霉素、替硝唑和甲硝唑敏感。可根据病情严重程度决定青霉素剂量，轻度者120万~240万U/d，病情严重者可用1 000万U/d分次静脉滴注，以提高坏死组织中的药物浓度。体温一般在治疗3~10天内降至正常，然后可改为肌内注射。如青霉素疗效不佳，可用林可霉素1.8~3.0 g/d分次静脉滴注，或克林霉素0.6~1.8 g/d分次静脉滴注，或替硝唑0.5 g，每日2次口服，或甲硝唑0.4 g，每日3次口服或静脉滴注。
血源性肺脓肿多为葡萄球菌和链球菌感染，可选用耐β-内酰胺酶的青霉素或头孢菌素。如为耐甲氧西林的葡萄球菌，应选用万古霉素或替考拉宁或利奈唑胺静脉滴注。如为阿米巴原虫感染，则用甲硝唑治疗。如为革兰阴性杆菌，则可选用第二代或第三代头孢菌素、喹诺酮类，并可联用氨基糖苷类抗生素。

（三）痰液引流
有效的引流排痰可以缩短病程，提高疗效。① 身体状况较好者可采取体位引流排痰，引流的体位应使脓肿处于最高位，每日2~3次，每次10~15分钟。② 痰液稠不易咳出者可用祛痰药，或雾化吸入生理盐水、祛痰药或支气管舒张剂以利痰液引流。③ 有明显痰液阻塞征象，可经支气管镜冲洗并吸引。

（四）外科治疗
急性肺脓肿经有效的抗生素治疗，大多数患者可治愈，少数患者疗效不佳，在全身状况和肺功能允许的情况下，可考虑外科手术治疗。适应证为：① 急性肺脓肿经内科治疗 3 个月，脓腔仍不缩小，或脓腔过大（5 cm 以上）估计不易闭合者；② 大咯血经内科治疗无效或危及生命；③ 伴有支气管胸膜瘘或脓胸经抽吸、引流和冲洗疗效不佳者；④ 支气管阻塞限制了气道生理功能，如肺癌。术前应评价患者一般情况和肺功能。

三、中医治疗

辨证论治

1. 初期

证候：发热恶寒，咳嗽，咯黏液痰或黏液脓性痰，痰量由少渐多，胸痛，咳时尤甚，呼吸不利，口干鼻燥，舌苔薄黄或薄白，脉浮数而滑。

治法：辛凉透表，清热解毒。

方药：银翘散加减。

药用银花、连翘、竹叶、芦根、桔梗、贝母、牛蒡子、前胡、甘草等。方中可加鱼腥草、蒲公英、黄芩、金荞麦根以加强早期消痈散结之功效；表证重加薄荷、淡豆豉；痰热壅肺，痰多者，加杏仁、浙贝母、桑白皮、冬瓜仁、薏苡仁、白芥子、枇杷叶；胸痛，呼吸不畅，加瓜蒌皮、郁金、桃仁、厚朴等。

2. 成痈期

证候：身热转甚，时时振寒，继则壮热不寒，汗出烦躁，咳嗽气急，胸满作痛，转侧不利，咳吐浊痰，呈黄绿色，自觉喉间有腥味，口干咽燥，舌苔黄腻，脉滑数。

治法：清肺解毒，化瘀消痈。

方药：千金苇茎汤合如意解毒散加减。

药用苇茎、冬瓜仁、薏苡仁、桃仁等。高热，心烦，口渴，汗多，尿赤，脉洪数有力，加石膏、知母；肺络损伤而胸痛加乳香、没药、赤芍、郁金、丝瓜络；咯痰黄稠量多加桑白皮、射干、瓜蒌、海蛤壳；痰浊脓血壅肺，咯痰浓浊量多，不能平卧，加葶苈子、大黄；热毒蕴结，咯脓浊痰、腥臭，加犀黄丸，3～5 g，每日 2 次。

3. 溃脓期

证候：咯吐大量脓血痰，或如米粥，腥臭异常，有时咯血，胸中烦满而痛，甚则气喘不能卧，身热，面赤，烦渴喜饮，舌质红，苔黄腻，脉滑数或数实。

治法：清热化痰，排脓解毒。

方药：加味桔梗汤加减。

药用桔梗、薏苡仁、贝母、橘红、金银花、甘草、鱼腥草、金荞麦根、败酱草、芦根、葶苈子、白及。咯血量多加丹皮、栀子、藕节、白茅根、三七粉、白及粉、仙鹤草；痰热内盛，烦渴，痰黄稠，加石膏、知母、天花粉；津伤明显，口干舌质红，加花粉、麦冬、沙参；气虚无力托脓，气短，自汗，脓出不畅，加生黄芪。

4. 恢复期

证候：身热渐退，咳嗽减轻，咯吐脓血渐少，臭味亦减，痰液转为清稀，精神渐振，食欲改善，或见胸胁隐痛，难以久卧，气短乏力，自汗，盗汗，低热，午后潮热，心烦，口干咽燥，面色不华，形瘦神疲，舌质红或淡红，苔薄，脉细或细数无力。

治法：益气养阴，清热生津。

方药：沙参清肺汤加减。

药用北沙参、白及、生黄芪、太子参、桔梗、甘草、薏苡仁、冬瓜子、合欢皮。气虚加太子参，重用黄芪；阴虚发热加青蒿、白薇、地骨皮；咯吐脓血久延不净加白及、白薇、合欢皮；口干咽燥加麦冬、玉竹。

【转归、预防与调护】

凡患本病如能早期确诊，及时治疗，在未成脓前能使痈肿得到部分消散，则病情较轻，疗程较短。老人、儿童和饮酒成癖者，因正气虚弱，或肺有郁热，需防其病情迁延生变。溃脓时期是病程顺逆的转折点。顺证，溃后声音清朗，脓血稀而减少，臭味转淡，饮食知味，胸胁少痛，身体不热，坐卧如常，脉象缓滑。逆证，溃后喑哑无力，脓血如败卤，腥臭异常，气喘，鼻煽，胸痛，坐卧不安，饮食少进，身热不退，颧红，爪甲青紫带弯，脉短涩或弦急。

自抗生素广泛应用以来，肺脓肿病死率已明显下降，为 5%～10%。但要重视口腔、上呼吸道慢性感染病灶，如龋齿、化脓性扁桃体炎、鼻窦炎、牙龈脓肿等的治疗。

本病初期，一旦确诊，应及早治疗，以截断疾病发展，多能痊愈而无后遗症状。患者宜食用具有润肺生津化痰作用的水果和蔬菜，如橘子、生梨、枇杷、萝卜等。忌油腻厚味及辛辣刺激海腥之物，如辣椒、韭菜、海虾等，严禁烟酒。

（李风森）

第三章
支气管扩张症

支气管扩张症(bronchiectasis)多见于儿童和青年。大多继发于急、慢性呼吸道感染和支气管阻塞后,反复发生支气管炎症,致使支气管壁结构破坏,引起支气管异常和持久性扩张。临床主要表现为慢性咳嗽,咳大量脓痰和(或)反复咯血。近年来随着急、慢性呼吸道感染的有效治疗,其发病率有减少趋势。

根据支气管扩张的临床特征,可归属于中医学"肺络张"范畴。肺络张是因邪气犯肺,肺气痹阻,痰浊内蕴,肺络扩张所致。

【病因和发病机制】

支气管扩张的主要病因是支气管-肺组织感染和支气管阻塞,两者相互影响,促使支气管扩张的发生和发展。支气管扩张也可能是先天发育障碍及遗传因素引起,但较少见。另有约30%支气管扩张患者病因未明,但通常弥漫性的支气管扩张发生于遗传、免疫或解剖缺陷的患者,如囊性纤维化、纤毛运动障碍和严重的α_1-抗胰蛋白酶缺乏。低免疫球蛋白血症和免疫缺陷及罕见的气道结构异常也可引起弥漫性疾病,如气管-支气管扩张(Mounier-Kuhn综合征)、软骨缺陷(Williams-Campbell综合征),以及变应性支气管肺曲菌病等疾病的并发症。局灶性支气管扩张可源自未进行治疗的肺炎或阻塞,如异物或肿瘤,外源性压迫或肺叶切除后解剖移位等。肺结核纤维硬结后,由于局部的牵拉可造成局部的支气管扩张。肺间质纤维化等疾病亦可出现支气管扩张。

【病理】

支气管扩张常常是位于段或亚段支气管管壁的破坏和炎性改变,受累管壁的结构,包括软骨、肌肉和弹性组织破坏被纤维组织替代。扩张的支气管内可积聚稠厚脓性分泌物,其外周气道也往往被分泌物阻塞或被纤维组织闭塞所替代。扩张的支气管包括柱状扩张、囊状扩张、不规则扩张3种不同类型,常合并存在。显微镜下可见支气管炎症及纤维化、支气管壁溃疡、鳞状上皮化生和黏液腺增生。病变支气管相邻的肺实质也可存在纤维化、肺气肿、支气管肺炎和肺萎陷。炎症可致支气管壁血管增多,并伴有相应支气管动脉扩张及支气管动脉和肺动脉吻合。

【临床表现】

一、症状

1. 慢性咳嗽、咳痰　与体位改变有关,这是由于支气管扩张部位分泌物堆积,改变体位时分泌物刺激支气管黏膜引起咳嗽和排痰。其严重度可用痰量估计:轻度,<10 ml/d;中度,10~150 ml/d;重度,>150 ml/d。急性感染发作时,黄绿色脓痰量每日可达数百毫升。

2. 反复咯血　50%~70%的患者有程度不等的咯血,从痰中带血至大量咯血,咯血量与病情严重程度、病变范围有时不一致。部分患者以反复咯血为唯一症状,临床上称为"干性支气管扩张",其病变多位于引流良好的上叶支气管。

3. 反复肺部感染　其特点是同一肺段反复发生肺炎并迁延不愈。这是由于扩张的支气管清除分泌物的功能丧失,引流差,易于反复发生感染。

4. 慢性感染中毒症状　如反复感染,可出现发热、乏力、食欲减退、消瘦、贫血等,儿童可影响发育。

二、体征

早期或干性支气管扩张可无异常肺部体征,病变重或继发感染时常可闻及下胸部、背部固定而持久的局限性湿啰音,有时可闻及哮鸣音,部分慢性患者伴有杵状指(趾)。出现肺气肿、肺心病等并发症时有相应体征。

【实验室及其他检查】

一、胸部X线检查

囊状支气管扩张的气道表现为显著的囊腔,腔内可存在气液平面,支气管扩张的其他表现为气道壁增厚,主要由支气管周围的炎症所致。由于受累肺实质通气不足、萎陷,扩张的气道往往聚拢,X线检查可显示为"双轨征"、"环形阴影"。

二、支气管碘油造影

支气管碘油造影是经导管或支气管镜在气道表面滴注不透光的碘脂质造影剂,直接显像扩张的支气管,但由于这一技术为创伤性检查,现已被CT取代,后者也可在横断面上清楚地显示扩张的支气管。

三、肺部CT

肺部CT可在横断面上清楚地显示扩张的支气管,尤其是高分辨CT(HRCT)的出现,进一步提高了CT诊断支气管扩张的敏感性。由于其无创、易重复、易被患者接受,现已成为支气管扩张的主要诊断方法。

【诊断与鉴别诊断】

一、诊断

根据反复咯脓痰、咯血的病史和既往有诱发支气管扩张的呼吸道感染病史,HRCT显示支气管扩张的异常影像学改变,即可明确诊断为支气管扩张。支气管镜检查可明确出血、扩张或阻塞的部位。还可经支气管镜进行局部灌洗,采取灌洗液标本进行涂片、细菌学和细胞学检查,进一步协助诊断和指导治疗。

二、鉴别诊断

1. 慢性支气管炎　多发生在中年以上或吸烟的患者,在气候多变的冬、春季节咳嗽、咳痰明显,多为白色黏液痰,感染急性发作时可出现脓性痰,但无反复咯血史,听诊双肺可闻及散在干湿啰音。

2. 肺脓肿　起病急,有高热、咳嗽、大量脓臭痰;X线检查可见局部浓密炎症阴影,内有空腔液平面。急性肺脓肿经有效抗生素治疗后,炎症可完全吸收消退。若为慢性肺脓肿则以往多有急性肺脓肿的病史。

3. 肺结核　常有低热、盗汗、乏力、消瘦等结核中毒症状,干、湿啰音多位于上肺局部,X线胸片和痰结核菌检查可作出诊断。

4. 先天性肺囊肿　X线检查可见多个边界纤细的圆形或椭圆形阴影,壁较薄,周围组织无炎症浸润。胸部CT检查和支气管造影可助诊断。

5. 弥漫性泛细支气管炎　有慢性咳嗽、咳痰,活动时呼吸困难,常伴有慢性鼻窦炎,X线胸片和胸部CT显示弥漫分布的小结节影,大环内酯类抗生素治疗有效。

【中医病因病机】

本病病位在肺,而痰湿、火热、瘀血是主要病理因素。外邪的侵入与机体正气的虚损相关。由于本病常与幼年麻疹、百日咳或体虚之时感受外邪有关,因正气虚损,致痰湿伏留于肺,若再次感受外邪,或肝火犯肺,引动内伏之痰湿,致肺气上逆而出现咳嗽、咯吐脓痰;热伤血络,则见痰中带血或大咯血;久病入络或离经之血不散而形成瘀血,又可成为新的致病因素。本病从邪热犯肺到形成肺络损伤,是一个慢性渐进过程,因此,该病具有本虚标实,虚实夹杂的病机特点,主要以肺脾两虚为本,外邪侵袭为标。本病初起时病位在肺,继之可渐及肝脾,久之可累及心肾,导致病情反复发作,迁延难愈,使正气日渐耗损,因此,晚期易见喘促、虚劳等变证。

【中医诊断及病证鉴别】

一、诊断

(一)发病特点

外邪入侵,以风寒、风热之邪为主。寒邪郁肺,化热生火,或风热之邪均可灼伤肺络,蒸液为痰,痰阻气道,致肺气上逆,而出现咳嗽、咯大量脓痰和(或)咯血。肺脾亏虚,生成痰湿,加之久病入络,致血脉瘀阻,痰瘀互结,导致本病迁延不愈。在晚期易见变证叠起,出现气喘、虚劳等证。

(二)临床表现

慢性咳嗽,间断性加重,就寝时及晨起可促使咳嗽加剧。咳痰,多数为黏液样或绿色脓性痰,若有厌氧菌混合感染,则有臭味。约半数患者有咯血症状，咯血量差异较大，可自小量痰血到大咯血。部分患者咳嗽、咳痰症状不明显，仅表现为反复咯血。反复继发感染时，可有发热、盗汗、食欲减退、消瘦、贫血等。

二、病证鉴别

1. 肺痈　起病急，高热，咳吐大量脓臭痰，胸部X线检查可见典型的空腔伴液平面，而常无慢性咳嗽、咳痰、咯血等病史。

2. 肺痨　肺痨系感染痨虫所致的肺部慢性消耗性传染性疾患，以咳嗽、咯血、潮热、盗汗、消瘦为主要症状，以肺阴亏损为主要病机。

【治疗】

一、治疗思路

支气管扩张是支气管的慢性疾病，其病理改变为不可逆性的。西医治疗主要是治疗基础疾病、控制感染、充分引流排痰。对反复呼吸道感染或大咯血危及生命，经药物治疗不能控制，且病变范围比较局限的患者，可作肺段或肺叶切除术。中医学认为本病急性期的主要病机是热毒损伤肺络，肺气上逆，迫血妄行，故清热解毒，降火凉血为本病的治疗大法。因肺络损伤，气逆血瘀贯穿于本病的始终，故治疗中还应配合宣肺通络，调气化瘀的方法，有利于缓解症状。中医除在急性期分型辨证论治，加强止咳、排痰、止血外，更应侧重于缓解期从扶正固本，预防感冒，增强机体免疫力方面着手，以促进疾病恢复，减少复发，控制支气管扩张进一步发展。

二、西医治疗

（一）治疗基础疾病

对活动性肺结核伴支气管扩张应积极抗结核治疗，低免疫球蛋白血症可用免疫球蛋白替代治疗，对变态反应性肺曲霉菌病应用糖皮质激素治疗，但多数支气管扩张难以找到明确的病因或明确了病因亦无有效的治疗。

（二）控制感染

出现痰量及其脓性成分增加等急性感染征象时需应用抗生素。可依据痰革兰染色和痰培养指导抗生素应用，但在开始时常需给予经验治疗。存在铜绿假单胞菌感染时，静脉给予氨基糖苷类或第三代头孢菌素，在治疗时，注意厌氧菌的控制。

（三）改善气流受限

支气管舒张剂可改善气流受限，并帮助清除分泌物，伴有气道高反应及可逆性气流受限的患者常有明显疗效。

（四）清除气道分泌物

化痰药物，以及振动、拍背和体位引流（肺康复）等胸部物理治疗均有助于清除气道分泌物。

（五）外科治疗

如果支气管扩张为局限性，且经充分的内科治疗仍顽固反复发作者，可考虑外科手术切除病变肺组织。如果大出血来自增生的支气管动脉，经休息和抗生素等保守治疗不能缓解反复大咯血时，病变局限者可考虑外科手术，否则采用支气管动脉栓塞术治疗。对于那些尽管采取了所有治疗仍致残的病例，合适者可考虑肺移植。

三、中医治疗

辨证论治

1. 痰热蕴肺

证候：反复咳嗽，咯吐脓痰，痰中带血或大量咯血，重者有发热，咯脓臭痰，胸痛胸闷，口干苦，舌黯红，苔黄腻，脉滑数。

治法：清热化痰，宣肺止咳。

方药：清金化痰汤合千金苇茎汤加减。

药用黄芩、栀子、瓜蒌仁（炒）、桑白皮、知母、贝母、麦冬、橘红、茯苓、桔梗、甘草、苇茎、桃仁、薏苡仁、冬瓜子等。若痰黄如脓、腥臭，酌加紫花地丁、金荞麦根、鱼腥草加强清热解毒；痰涌，胸满便秘者，配葶苈子、鲜竹沥、大黄泻肺逐痰；伴咯血者可配以仙鹤草、地榆、茜草清热凉血止血。

2. 肝火犯肺

证候：咳嗽阵作，反复痰中带血或少量咯血，或大咯血不止，胸胁胀痛，烦躁不安，口干苦，大便干结，舌质红，苔薄黄少津，脉弦数。

治法：清肝泻火，凉血止血。

方药：黛蛤散合泻白散加减。

药用青黛、蛤壳、桑白皮(炒)、地骨皮、粳米、甘草(炙)等。若痰多热甚,咳嗽重者,可加瓜蒌、鱼腥草、竹沥、金银花、杏仁、白前、前胡止咳化痰,清热解毒;胸痛胸闷可配郁金、丝瓜络、枳壳、旋覆花和络止痛,利肺降逆;火郁伤津,口干咽燥,酌加麦冬、天花粉、沙参养阴生津;咯血则可配大黄炭、地榆、茜草、炒蒲黄以凉血止血化瘀。

3. 气阴两伤

证候：咳嗽日久,形体消瘦,痰少或干咳,咳声短促无力,痰中带血,血色鲜红,口干咽燥,五心烦热,舌红少津,脉细数。

治法：滋阴养肺,化痰止血。

方药：百合固金汤加减。

药用生地黄、熟地黄、玄参、贝母、桔梗、麦冬、百合、白芍、当归、生甘草。虚热甚加地骨皮、银柴胡、胡黄连、白薇清虚热;盗汗可配浮小麦、乌梅收敛止汗;咯血可配丹皮、栀子、阿胶、藕节清热凉血止血;若大量咯血,大汗淋漓者,急用独参汤,以防气随血脱。

4. 肺脾气虚

证候：患者恢复期,见面色无华,少气懒言,纳差,神疲乏力,胸闷气短,咳嗽痰量较少,或痰中带血,舌暗淡,苔白,脉沉细。

治法：补肺健脾,润肺止咳。

方药：补肺汤加减。

药用桑白皮、熟地黄、紫菀、黄芪、人参、五味子。若食纳不振加白术、山药、茯苓培土生金;咯血不停配以白及以收敛止血;汗出不止加浮小麦、煅牡蛎等。

【转归、预防与调护】

如无严重并发症。病情得以控制者,预后良好;如反复发作或久治不愈,大量咯血,形成阴虚火旺证候者,预后较差。该病若控制不佳,可发展为肺胀。积极防治麻疹、百日咳、支气管肺炎及肺结核等急、慢性呼吸道感染,是减少支气管扩张发生的有效措施。

增强患者战胜疾病的信心,解除焦虑情绪,戒烟酒;保证充足的休息,避免过度活动;保持室内空气流通以及适当的温度和湿度;给予高热量、高蛋白、丰富维生素饮食,以补充消耗;急性发作期鼓励多饮水,坚持体位引流,保持呼吸道通畅。

(哈木拉提·吾甫尔)

第四章
肺结核

肺结核(pulmonary tuberculosis)是结核分枝杆菌引起的肺部感染性疾病,是一种慢性传染病。临床以咳嗽、咯血、低热、乏力、消瘦为主要表现。

根据肺结核的临床特征,中医学可归属于"肺痨"范畴,也称"痨瘵"、"尸疰"、"劳疰"、"虫疰"等。肺痨是因正气不足,痨虫侵蚀肺叶所致,以咳嗽、咯血、潮热、盗汗及身体逐渐消瘦为主要表现的痨病类疾病。

【病因和发病机制】

一、病因

结核病的病原菌为结核分枝杆菌。人肺结核的致病菌90%以上为人型结核分枝杆菌,少数为牛型和非洲型分枝杆菌。结核分枝杆菌的生物学特性如下。

1. 多形性 典型的结核分枝杆菌是细长稍弯曲、两端圆形的杆菌,痰标本中的结核分枝杆菌可呈现为T、V、Y字形以及丝状、球状、棒状等多种形态。

2. 抗酸性 结核分枝杆菌抗酸染色呈红色,可抵抗盐酸酒精的脱色作用,故称抗酸杆菌。一般细菌无抗酸性,因此,抗酸染色是鉴别分枝杆菌和其他细菌的方法之一。

3. 生长缓慢 结核分枝杆菌的增代时间为14~20小时,对营养有特殊的要求;结核分枝杆菌为需氧菌,但5%~10%二氧化碳(CO_2)浓度的环境能刺激其生长;适宜生长温度为37℃左右。培养时间一般为2~8周。

4. 抵抗力强 结核分枝杆菌对干燥、冷、酸、碱等抵抗力强。在干燥的环境中可存活数月或数年。在室内阴暗潮湿处,结核分枝杆菌能数月不死。低温条件下如-40℃仍能存活数年。用氢氧化钠或硫酸对痰液处理时,一般杂菌很快被杀死,而结核分枝杆菌仍存活。煮沸100℃ 5分钟可杀死结核分枝杆菌。常用杀菌剂中,75%乙醇最佳,一般在2分钟内可杀死结核分枝杆菌,太阳光直射下痰中结核分枝杆菌经2~7小时可被杀死,实验室或病房常用紫外线灯消毒,10 W紫外线灯距照射物0.5~1 m,照射30分钟具有明显杀菌作用。

5. 菌体结构复杂 结核分枝杆菌菌体成分复杂,主要是类脂质、蛋白质和多糖类。

二、发病机制

(一)原发感染

在结核病普遍流行的国家和地区,人们常常在不知不觉中受到结核分枝杆菌的感染。如果结核分枝杆菌能够在体内存活下来,并在肺泡巨噬细胞内外生长繁殖,这部分肺组织即出现炎性病变,称为原发病灶。原发病灶继续扩大,可直接或经血流播散到邻近组织器官,发生结核病。另一方面,当结核分枝杆菌首次侵入人体开始繁殖时,人体通过免疫系统对结核分枝杆菌产生特异性免疫,使结核分枝杆菌停止繁殖,原发病灶炎症迅速吸收或留下少量钙化灶,这就是原发感染最常见的良性过程。但仍然有少量结核分枝杆菌没有被消灭,长期处于休眠期,成为继发性结核的潜在来源。

(二)结核病免疫和迟发性变态反应

肺结核主要的免疫保护机制是细胞免疫,其中T细胞有独特作用,其与巨噬细胞相互作用和协调,对完善免疫保护作用非常重要。结核病免疫保护机制十分复杂,确切机制尚需进一步研究。

(三)继发性结核

继发性结核病的发病,目前认为有两种方式:原发性结核感染时期遗留下来的潜在病灶中的结核分枝杆菌重新活动而发生的结核病,此为内源性复发;另一种是由于受到结核分枝杆菌的再感染而发病,称为外源性重染。因其有明显的临床症状,故是防治工作的重点。

【病理】

一、基本病理变化

结核病的基本病理变化是炎性渗出、增生和干酪样坏死。破坏与修复常同时进行，故上述3种病理变化多同时存在，也可以某一种变化为主，而且可相互转化。

二、病理变化转归

抗结核化学治疗问世前，结核病的病理转归特点为吸收愈合十分缓慢、多反复恶化和播散。采用化学治疗后，早期渗出性病变可完全吸收消失或仅留下少许纤维条索。未经化学治疗的干酪样坏死病变常发生液化或形成空洞，并有很强的传染性。

【临床表现】

一、症状

1. 呼吸系统症状

（1）咳嗽、咳痰：是肺结核最常见症状。咳嗽较轻，干咳或少量黏液痰。有空洞形成时，痰量增多，若合并其他细菌感染，痰可呈脓性。若合并支气管结核，表现为刺激性咳嗽。

（2）咯血：1/3～1/2 的患者有咯血。咯血量多少不定，多数患者为少量咯血，少数为大咯血。

（3）胸痛：结核累及胸膜时可表现胸痛，为胸膜性胸痛。随呼吸运动和咳嗽加重。

（4）呼吸困难：多见于干酪样肺炎和大量胸腔积液患者。

2. 全身症状　发热为最常见症状，多为长期午后潮热为主。部分患者有倦怠乏力、盗汗、食欲减退和体重减轻等。育龄女性患者可以有月经不调。

二、体征

多寡不一，取决于病变性质和范围。病变范围较小时，可以没有任何体征；渗出性病变范围较大或干酪样坏死时，则可以有肺实变体征，较大的空洞性病变听诊也可以闻及支气管呼吸音。当有较大范围的纤维条索形成时，气管向患侧移位，患侧胸廓塌陷，叩诊浊音，听诊呼吸音减弱并可闻及湿啰音。结核性胸膜炎时有胸腔积液体征：气管向健侧移位，患侧胸廓望诊饱满、触觉语颤减弱、叩诊实音、听诊呼吸音消失。支气管结核可有局限性哮鸣音。少数患者可以有类似风湿热样表现，称为结核性风湿症，多见于青少年女性，常累及四肢大关节，在受累关节附近可见结节性红斑或环形红斑，间歇出现。

【实验室及其他检查】

一、影像学诊断

胸部 X 线检查是诊断肺结核的重要方法，可以发现早期轻微的结核病变，确定病变范围、部位、形态、密度、与周围组织的关系、病变阴影的伴随影像；判断病变性质、有无活动性、有无空洞、空洞大小和洞壁特点等。肺结核影像特点是，病变多发生在上叶的尖后段和下叶的背段，密度不均匀，边缘较清楚和变化较慢，易形成空洞和播散病灶，但是目前肺结核的发病已无明显的规律性。CT 能提供横断面的图像，易发现隐蔽的病变而减少微小病变的漏诊，常用于对肺结核的诊断以及与其他胸部疾病的鉴别诊断，也可用于引导穿刺、引流和介入性治疗等。

二、痰结核分枝杆菌检查

痰结核分枝杆菌检查是确诊肺结核病的主要方法，也是制订化学药物治疗（简称化疗）方案和考核治疗效果的主要依据。

三、支气管镜检查

支气管结核表现为黏膜充血、溃疡、糜烂，组织增生，形成瘢痕和支气管狭窄，支气管结核在气管管壁上出现白色溶洞样改变，可以在病灶部位钳取活体组织进行病理学检查、收集标本进行结核分枝杆菌培养。

四、结核菌素试验

结核菌素试验广泛应用于检出结核分枝杆菌的感染，而非检出结核病。结核菌素试验对儿童、少年和青年的结核病诊断有参考意义。但结核菌素试验阳性不能区分是结核分枝杆菌的自然感染，还是卡介苗接种的免疫反应。因此，在卡介苗普遍接种的地区，结核菌素试验对检出结核分枝杆菌感染受到很大限制。结核菌素试验反应愈强，对结核病的诊断，特别是对婴幼儿的结核病诊断愈重要。凡是阴性反应结果的儿童，一般来说，表明没有受过结核分枝杆菌的感染,可以除外结核病。但在某些情况下,也不能完全排除结核病,因为结核菌素试验可受许多因素影响,结核分枝杆菌感染后需 4~8 周才建立充分变态反应,在此之前,结核菌素试验可呈阴性;营养不良、HIV 感染、麻疹、水痘、癌症、严重的细菌感染包括重症结核病如粟粒性结核病和结核性脑膜炎等,结核菌素试验结果则多为阴性和弱阳性。

五、T 细胞斑点检测技术

T 细胞斑点检测技术简称 T-spot 实验,基于 T 淋巴细胞检测结核病的原理,对潜伏期结核感染灵敏度相对较高,目前为临床上开展的新近检测方法,其诊断价值尚需进一步研究。

【诊断与鉴别诊断】

一、诊断

结核病分类和诊断要点

1. 原发型肺结核 含原发复合征及胸内淋巴结结核。多见于少年儿童,无症状或症状轻微,多有结核病家庭接触史,结核菌素试验多为强阳性,X 线胸片表现为哑铃型阴影,即原发病灶、引流淋巴管炎和肿大的肺门淋巴结,形成典型的原发复合征。原发病灶一般吸收较快,可不留任何痕迹。若 X 线胸片只有肺门淋巴结肿大,则诊断为胸内淋巴结结核。肺门淋巴结结核可呈团块状、边缘清晰和密度高的肿瘤型,或边缘不清伴有炎性浸润的炎症型。

2. 血行播散型肺结核 含急性血行播散型肺结核(急性粟粒性肺结核)及亚急性、慢性血型播散型肺结核。急性血行播散型肺结核多见于婴幼儿和青少年,特别是营养不良、患传染病和长期应用免疫抑制剂导致抵抗力明显下降的小儿,多同时伴有原发型肺结核。X 线胸片和 CT 检查开始为肺纹理重,在症状出现 2 周左右可发现由肺尖至肺底呈大小、密度和分布"三均匀"的粟粒状结节阴影,结节直径 2 mm 左右。亚急性、慢性血行播散型肺结核起病较缓,症状较轻,X 线胸片呈双上、中肺野为主的大小不等、密度不同和分布不均的粟粒状或结节状阴影,新鲜渗出与陈旧硬结和钙化病灶共存。

3. 继发型肺结核 多发生在成人,病程长,易反复。肺内病变多为含有大量结核分枝杆菌的早期渗出性病变,易进展,多发生干酪样坏死、液化、空洞形成和支气管播散;同时又多出现病变周围纤维组织增生,使病变局限化和瘢痕形成。病变多样性,好发在上叶尖后段和下叶背段,痰结核分枝杆菌检查常为阳性。

继发型肺结核含浸润性肺结核、纤维空洞性肺结核和干酪样肺炎等。临床特点如下。

(1) 浸润性肺结核:浸润渗出性结核病变和纤维干酪增殖病变多发生在肺尖和锁骨下,影像学检查表现为小片状或斑点状阴影,可融合和形成空洞。

(2) 空洞性肺结核:空洞形态不一,多有支气管播散病变,临床症状较多,发热、咳嗽、咳痰和咯血等,空洞性肺结核患者痰中经常排菌。

(3) 结核球:多由干酪样病变吸收和周边纤维膜包裹或干酪空洞阻塞性愈合而形成。结核球内有钙化灶或液化坏死形成空洞,同时 80% 以上结核球有卫星灶,可作为诊断和鉴别诊断的参考。其直径在 2~4 cm 之间,多小于 3 cm。

(4) 干酪样肺炎:多发生在机体免疫力低下和体质衰弱,又受到大量结核分枝杆菌感染的患者。X 线检查见片状密度均匀磨玻璃状阴影,逐渐出现溶解区,呈虫蚀样空洞,可出现播散病灶,痰中能查出结核分枝杆菌。

(5) 纤维空洞性肺结核:特点是病程长,反复进展恶化,肺组织破坏重,肺功能严重受损,双侧或单侧出现纤维厚壁空洞和广泛的纤维增生,造成肺门抬高和肺纹理呈垂柳样,患侧肺组织收缩,纵隔向患侧移位,常见胸膜粘连和代偿性肺气肿。结核分枝杆菌长期检查阳性且常耐药。在结核病控制和临床上均为"老大难问题",关键在最初治疗中给予合理化学治疗,以预防纤维空洞性肺结核的发生。

4. 结核性胸膜炎 含结核性干性胸膜炎、结核性渗出性胸膜炎、结核性脓胸。

5. 其他肺外结核 按部位和脏器命名,如骨关节结核、肾结核、肠结核等。

6. 菌阴肺结核 菌阴肺结核为 3 次痰涂片及 1 次培养阴性的肺结核,其诊断标准为:① 典型肺结核临床症状和胸部 X 线表现;② 抗结核治疗有效;③ 临床可排除其他非结核性肺部疾患;④ 结核菌素试验(5IU)强阳性,血清结核抗体阳性;⑤ 痰结核菌 PCR 和探针检测呈阳性;⑥ 肺外组织病理证实结核病变;⑦ 支气管肺泡灌洗液中检出抗酸分枝杆菌;⑧ 支气管或肺部组织病理证实结核病变。具备①~⑥中 3 项或⑦~⑧中任何 1 项可确诊。

二、鉴别诊断

1. 肺炎 主要与继发型肺结核鉴别。各种肺炎因病原体不同而临床特点各异,但大都起病急伴有发热、咳嗽、咳痰明显。X 线胸片表现密度较淡且较均匀的片状或斑片状阴影,抗菌治疗后体温迅速下降,1~2 周阴影有明显吸收。

2. COPD 多表现为慢性咳嗽、咳痰,少有咯血。冬季多发,急性加重期可以有发热。肺功能检查为阻塞性通气功能障碍。胸部影像学检查有助于鉴别诊断。

3. **支气管扩张** 慢性反复咳嗽、咳痰,多有大量脓痰,常反复咯血。轻者X线胸片无异常或仅见肺纹理增粗,典型者可见卷发样改变,CT特别是高分辨CT(HRCT)能发现支气管腔扩大,可确诊。

4. **肺癌** 多有长期吸烟史,表现为刺激性咳嗽,痰中带血,胸痛和消瘦等症状。胸部X线检查见肺癌肿块常呈分叶状,有毛刺、切迹。癌组织坏死液化后,可以形成偏心厚壁空洞。多次痰脱落细胞和结核分枝杆菌检查、病灶活检是鉴别的重要方法。

5. **肺脓肿** 多有高热、咳大量脓臭痰,X线胸片表现为带有液平面的空洞伴周围浓密的炎性阴影。血白细胞和中性粒细胞增高。

6. **纵隔和肺门疾病** 原发型肺结核应与纵隔和肺门疾病相鉴别。小儿胸腺在婴幼儿时期多见,胸内甲状腺多发生于右上纵隔;淋巴系统肿瘤多位于中纵隔,多见于青年人,症状多,结核菌素试验可呈阴性或弱阳性。皮样囊肿和畸胎瘤多呈边缘清晰的囊状阴影,多发生于前纵隔。

7. **其他疾病** 肺结核常有不同类型的发热,需与伤寒、败血症、白血病等发热性疾病鉴别。伤寒有高热、白细胞计数减少及肝脾肿大等临床表现,易与急性血行播散型肺结核混淆。但伤寒常呈稽留热,有相对缓脉、皮肤玫瑰疹,血、尿、粪的培养检查和肥达试验可以确诊。败血症起病急,寒战及弛张热型,白细胞及中性粒细胞增多,常有近期感染史,血培养可发现致病菌。急性血行播散型肺结核有发热,肝脾肿大,偶见类白血病反应或单核细胞异常增多,需与白血病鉴别。后者多有明显出血倾向,骨髓涂片及动态X线胸片随访有助于诊断。

【中医病因病机】

肺痨是由于正气虚弱,感染痨虫,侵蚀肺脏所致的,以咳嗽、咯血、潮热、盗汗以及形体逐渐消瘦为临床特征,具有传染性的慢性虚弱性疾患。肺痨有"三性"、"四大主症"。三性:传染性、慢性、虚弱性。四大主症:咳嗽、咯血、潮热、盗汗。

1. **感染"痨虫"** 直接接触,或感受病者之气,致痨虫由口鼻侵入人体而发病。
2. **正气虚弱**
(1) 禀赋不足:先天素质不强,小儿发育不充,痨虫入侵。
(2) 酒色劳倦:酒色过度,重伤脾肾,耗损精血,正虚受感,忧思劳倦,伤脾,脾虚肺弱,痨虫入侵。
(3) 病后失调:大病、久病(麻疹、哮喘等)后,失于调治,外感咳嗽,经久不愈,胎产之后,失于调养。
(4) 营养不良:生活贫困,饮食营养不足,体虚不能抗邪,易感痨虫。

【中医诊断及病证鉴别】

一、诊断

1. **病史** 或有与肺痨患者的长期密切接触史。
2. **症状体征** 咳嗽,咯血,潮热,盗汗,形体逐渐消瘦。初期患者仅感倦怠乏力,干咳,食欲不振,形体逐渐消瘦。

二、病证鉴别

1. **虚劳** 虚劳由多种病因所导致,病程较长,病势缠绵,一般不传染,分别出现五脏气、血、阴、阳亏虚的虚损症状,主病在脾肾,是多种慢性虚损证候的总称。肺痨为痨虫侵袭所致,主要病变在肺,具有传染性,以阴虚火旺为病理特点,以咳嗽、咯血、潮热、盗汗、消瘦为主要临床症状。

2. **肺痿** 肺痨与肺痿病位均在肺,都以虚损证候为主要临床表现,肺痨后期可以转成肺痿,但肺痿是由多种慢性疾患后期转归而成,如肺痈、肺痨、久嗽等导致肺叶痿弱不用,以咳吐浊唾涎沫为主症;而肺痨则因于正气虚弱,感染痨虫所致,以咳嗽、咯血、潮热、盗汗、形体消瘦为特征。

【治疗】

一、治疗思路

肺结核由于病因明确,西医以化学疗法为主,抗结核菌的疗效显著,但随着抗结核药物的广泛使用,其副作用及随之产生的耐药性日益增加,治疗难度逐渐增加,因此,各种辅助治疗方法得到重视。中医历代医家确立了杀虫与补虚两大治疗原则。临床中,在杀菌等方面以化学疗法为主,中药在补虚扶正等方面有一定作用,但不可放弃化学治疗而单用中药治疗,这一点在临床非常重要。中西医结合治疗,对改善肺结核患者体质虚弱状态,提高机体免疫力,缩短疗程,降低复发率,促进痰菌阴转具有重要的价值。

二、西医治疗

(一)化学治疗的原则

肺结核化学治疗的原则是早期、规律、全程、适量、联合。整个治疗方案分强化和巩固两个阶段。

1. 早期　对所有检出和确诊患者均应立即给予化学治疗。早期化学治疗有利于迅速发挥早期杀菌作用,促使病变吸收和减少传染性。

2. 规律　严格遵照医嘱要求规律用药,不漏服,不停药,以避免耐药性的产生。

3. 全程　保证完成规定的治疗期限是提高治愈率和减少复发率的重要措施。

4. 适量　严格遵照适当的药物剂量用药,药物剂量过低不能达到有效的血浓度,影响疗效和易产生耐药性,剂量过大易发生药物毒副反应。

5. 联合　联合用药系指同时采用多种抗结核药物治疗,可提高疗效,同时通过交叉杀菌作用减少或防止耐药性的产生。

(二)化学治疗的主要作用

1. 杀菌作用　迅速地杀死病灶中大量繁殖的结核分枝杆菌,使患者由传染性转为非传染性,减轻组织破坏,缩短治疗时间,可早日恢复工作,临床上表现为痰菌迅速阴转。

2. 防止耐药菌产生　防止获得性耐药变异菌的出现是保证治疗成功的重要措施,耐药变异菌的发生不仅会造成治疗失败和复发,而且会造成耐药菌的传播。

3. 灭菌　彻底杀灭结核病变中半静止或代谢缓慢的结核分枝杆菌是化学治疗的最终目的,使完成规定疗程治疗后无复发或复发率很低。

(三)常用抗结核药物

1. 异烟肼(isoniazid,INH,H)　问世已50余年,但迄今仍然是单一抗结核药物中杀菌力,特别是早期杀菌力最强者。INH对巨噬细胞内外的结核分枝杆菌均具有杀菌作用。脑脊液中药物浓度也很高。成人剂量每日300 mg,顿服;儿童为每日5~10 mg/kg,最大剂量每日不超过300 mg。结核性脑膜炎和血行播散型肺结核的用药剂量可加大,儿童20~30 mg/kg,成人10~20 mg/kg。偶可发生药物性肝炎,肝功能异常者慎用,需注意观察。

2. 利福平(rifampicin,RFP,R)　对巨噬细胞内外的结核分枝杆菌均有快速杀菌作用,特别是对C菌群有独特的杀菌作用。INH与RFP联用可显著缩短疗程。推荐早晨空腹或早饭前半小时服用,利福平及其代谢物为橘红色,服后大小便、眼泪等为橘红色。成人剂量为每日8~10 mg/kg,体重在50 kg及以下者为450 mg,50 kg以上者为600 mg,顿服。儿童每日10~20 mg/kg。间歇用药为600~900 mg,每周2次或3次。其他利福霉素类药物有利福喷丁(rifapentine,RFT),RFT适于间歇使用,使用剂量为450~600 mg,每周2次。用药期间监测肝肾功能等,如有异常,应立即给予对症处理或停药。

3. 吡嗪酰胺(pyrazinamide,PZA,Z)　具有独特的杀菌作用,主要是杀灭巨噬细胞内酸性环境中的B菌群。在6个月标准短程化疗中,PZA与INH和RFP联合用药,是第三个不可缺的重要药物。对于新发现初治涂阳患者PZA仅在头2个月使用,因为使用2个月的效果与使用4个月和6个月的效果相似。成人用药为1.5 g/d,每周3次用药为1.5~2.0 g/d,儿童每日为30~40 mg/kg。常见不良反应为高尿酸血症、肝损害、食欲不振、关节痛和恶心。

4. 乙胺丁醇(ethambutol,EMB,E)　对结核分枝杆菌的最低抑菌浓度为0.95~7.5 μg/ml,口服易吸收,成人剂量为0.75~1.0 g/d,每周3次用药为1.0~1.25 g/d。不良反应为视神经炎,应在治疗前测定视力与视野,治疗中密切观察,提醒患者发现视力异常应及时就医。鉴于儿童无症状判断能力,故不用。

5. 链霉素(streptomycin,SM,S)　对巨噬细胞外碱性环境中的结核分枝杆菌有杀菌作用。肌内注射,每日量为0.75 g,每周5次;间歇用药每次为0.75~1.0 g,每周2~3次。不良反应主要为耳毒性、前庭功能损害和肾毒性等,应严格掌握使用剂量,儿童、老人、孕妇、听力障碍和肾功能不良等要慎用或不用。

(四)统一标准化学治疗方案

实践证实,严格执行统一标准方案确能达到预期效果,符合投入效益的原则。

1. 初治涂阳肺结核治疗方案(含初治涂阴有空洞形成或粟粒性肺结核)

(1) 每日用药方案:①强化期:异烟肼、利福平、吡嗪酰胺和乙胺丁醇,顿服,2个月。②巩固期:异烟肼、利福平,顿服,4个月。简写为:2HRZE/4HR。

(2) 间歇用药方案:①强化期:异烟肼、利福平、吡嗪酰胺和乙胺丁醇,隔日1次或每周3次,2个月。②巩固期:异烟肼、利福平,隔日1次或每周3次,4个月。简写为:2H3R3Z3E3/4H3R3。

2. 复治涂阳肺结核治疗方案

（1）每日用药方案：① 强化期：异烟肼、利福平、吡嗪酰胺、链霉素和乙胺丁醇，每日1次，2个月。② 巩固期：异烟肼、利福平和乙胺丁醇，每日1次，4～6个月。巩固期治疗4个月时，痰菌未阴转，可继续延长治疗期2个月。简写为：2HRZSE/4－6HRE。

（2）间歇用药方案：① 强化期：异烟肼、利福平、吡嗪酰胺、链霉素和乙胺丁醇，隔日1次或每周3次，2个月。② 巩固期：异烟肼、利福平和乙胺丁醇，隔日1次或每周3次，6个月。简写为：2H3R3Z3S3E3/6H3R3E3。

3. 初治涂阴肺结核治疗方案

（1）每日用药方案：① 强化期：异烟肼、利福平、吡嗪酰胺，每日1次，2个月。② 巩固期：异烟肼、利福平，每日1次，4个月。简写为：2HRZ/4HR。

（2）间歇用药方案：① 强化期：异烟肼、利福平、吡嗪酰胺，隔日1次或每周3次，2个月。② 巩固期：异烟肼、利福平，隔日1次或每周3次，4个月。简写为：2H3R3Z3/4H3R3。

上述间歇方案为我国《全国结核病防治规划》所采用，但必须采用全程督导化疗管理，以保证患者不间断地规律用药。

（五）耐药肺结核

耐药结核病，特别是耐多药结核病（multidrug resistant tuberculosis，MDR－TB；至少耐异烟肼和利福平）和当今出现的超级耐多药结核病（extensive drug resistant or extreme drug resistant，XDR－TB；除耐异烟肼和利福平外，还耐二线抗结核药物），对全球结核病控制构成严峻的挑战。制订MDR－TB治疗方案应注意：详细了解患者用药史，尽量用药敏试验结果指导治疗，治疗方案至少含4种可能的敏感药物。药物至少每周使用6天。吡嗪酰胺、乙胺丁醇、喹诺酮应每天用药，二线药物根据患者耐受性也可每天1次用药或分次服用；药物剂量依体重决定；治疗期在痰涂片和培养阴转后至少治疗18个月，有广泛病变的应延长至24个月；吡嗪酰胺可考虑全程使用。

（六）其他治疗

1. 对症治疗　肺结核的一般症状在合理化疗下很快减轻或消失，无需特殊处理。咯血是肺结核的常见症状，在活动性和痰涂阳肺结核患者中，咯血症状分别占30%和40%。咯血处置要注意镇静、止血，患侧卧位，预防和抢救因咯血所致的窒息，并防止肺结核播散。

2. 糖皮质激素　糖皮质激素在结核病的应用主要是利用其抗炎、减轻中毒症状。仅用于结核中毒症状严重者，必须确保在有效抗结核药物治疗的情况下使用，使用剂量依病情而定，一般用泼尼松口服每日20 mg，顿服，1～2周，以后每周递减5 mg，用药时间为4～8周。

3. 外科手术治疗　当前肺结核外科手术治疗主要的适应证是经合理化学治疗后无效、多重耐药的厚壁空洞、大块干酪灶、结核性脓胸、支气管胸膜瘘和大咯血保守治疗无效者。

三、中医治疗

（一）辨证论治

1. 肺阴亏损

证候：干咳，咳声短促，或咯少量黏白痰，痰中带血丝或血点，色鲜红，胸部隐痛，午后手足心热，皮肤干灼，口干咽燥，或轻微盗汗，疲倦乏力，纳食不香，舌边尖红，苔薄白，脉细数。

治法：滋阴润肺，生津止咳。

方药：月华丸加减。

药用北沙参、天冬、麦冬、阿胶、生地、熟地、茯苓、山药、三七、桑叶、菊花、川贝母、百部。若痰中带血加仙鹤草、白茅根、白及、黄柏以清热凉血；骨蒸潮热，五心烦热，加银柴胡、胡黄连、青蒿、地骨皮、鳖甲、知母清虚热；盗汗多加浮小麦、龙骨、牡蛎、玉米须以敛汗；咳嗽加杏仁、炙冬花以润肺止咳；声音嘶哑加诃子皮、木蝴蝶以护喉利咽。

2. 虚火灼肺

证候：咳呛气急，痰少质黏，或吐痰黄稠量多，时时咯血，血色鲜红，午后潮热，骨蒸颧红，五心烦热，盗汗，心烦失眠，性急易怒，胸胁掣痛，肝肺络脉不和，男子遗精，女子月经不调，形体日渐消瘦，舌干红，苔薄黄而剥，脉细数。

治法：滋阴降火，润肺止咳。

方药：百合固金汤合秦艽鳖甲散加减。

药用熟地、生地、当归、白芍、甘草、桔梗、玄参、贝母、麦冬、百合、柴胡、鳖甲、地骨皮、秦艽、知母等。若火旺较甚加胡黄连、黄芩、黄柏以清热泻火；咯血加丹皮、栀子、紫珠草、醋大黄、煅人中白，或合十灰散以止血；血色紫黯成块，伴胸胁刺痛，加花蕊石、三七粉、血余炭、郁金以活血止血；盗汗加煅龙骨、煅牡蛎、桃干、麻黄根、浮小麦以固表止汗。

3. 气阴耗伤

证候：咳嗽无力，气短声低，咯痰清稀色白，量较多，偶或夹血，或咯血，血色淡红，午后潮热，盗汗，颧红，怕风，畏冷，神倦，自汗，纳少，腹胀，便溏，面色㿠白，舌边有齿痕，舌质淡红，脉细数。

治法：益气养阴，健脾化痰。

方药：保真汤合参苓白术散加减。

药用当归、人参、生地、熟地、白术、黄芪、茯苓、天门冬、麦门冬、赤芍、白芍、知母、黄柏、五味子、柴胡、地骨皮、甘草、陈皮、厚朴、莲子肉（去皮）、薏苡仁、砂仁、桔梗、白扁豆、山药。若咯血量多加山萸肉、仙鹤草、煅龙骨、煅牡蛎、参三七以止血；劳热，自汗，恶风，加桂枝、白芍、红枣、党参、黄芪、炙甘草和营固表；骨蒸，盗汗，加煅牡蛎、乌梅、鳖甲、地骨皮、银柴胡以清虚热；纳少，腹胀，便溏，加白扁豆、薏苡仁、莲子以健脾化湿。

4. 阴阳两虚

证候：咳逆喘息，少气，咯痰色白有沫，或夹血丝，血色暗淡，声嘶或失音，面浮肢肿，肢冷，五更泄泻，心悸，唇紫，口舌生糜，大肉尽脱，男子滑精，阳痿，女子经少，经闭，舌质光淡隐紫，少津，脉微细而数，或虚大无力。

治法：滋阴补阳，补肺益肾。

方药：补天大造丸加减。

药用人参、黄芪、白术、茯苓、山药、五味子、当归、白芍、熟地、枸杞子、麦冬、生地、阿胶、山萸肉、紫河车、龟板、鹿角、远志、枣仁。若肾虚气逆，喘息，加冬虫夏草、诃子以摄纳肾气；心悸加紫石英、丹参、柏子仁以养心宁神；五更泄泻加补骨脂、煨肉豆蔻，去地黄、阿胶等补火培土。

（二）其他疗法

敷贴疗法、针灸、割治疗法及埋线疗法等在临床广泛应用，但缺乏其确切疗效的证据，有待进一步研究。

【转归、预防与调护】

肺结核的转归和预后与正确的治疗方案关系密切，由于肺结核治疗周期较长，故确诊后可建议患者行全程督导化疗，督导化疗可以提高治疗依从性，保证规律用药，因而，能够显著提高治愈率，降低复发率，减少死亡，并减少多耐药病例的发生。日常注意防护，调养正气，可辨证论治，用以扶正固本为主的方药，绝大部分患者可根治，即使未得根治，亦可明显改善症状。若延误治疗或治疗方案不合理，或者耐药，可以致残，甚则死亡。

平时应注重强身健体，接触患者时，注意防护措施，饮食适宜，不可饥饿，体虚者可服补药。既病之后，重视摄生，禁烟酒，慎房事，怡情志，体育锻炼，忌辛辣刺激动火燥热之物。

（李风森）

第五章
支气管哮喘

支气管哮喘(bronchial asthma),简称哮喘,是由多种细胞(如嗜酸性粒细胞、肥大细胞、T淋巴细胞、中性粒细胞、气道上皮细胞等)和细胞组分参与的气道慢性炎症性疾病。这种慢性炎症与气道高反应性相关,通常出现广泛多变的可逆性气流受限,并引起反复发作性的喘息、气急、胸闷或咳嗽等症状,常在夜间和(或)清晨发作、加剧,多数患者可自行缓解或经治疗缓解。

根据支气管哮喘的临床特征,中医学称为"哮病",也有"哮吼"、"哮喘"等病名。哮病多因感受外邪,或饮食情志等失调,诱动内伏于肺的痰饮,痰气阻塞,使肺气不得宣降,以突然出现呼吸喘促、喉间哮鸣有声为主要表现的肺系发作性疾病。

【病因和发病机制】

一、病因

哮喘的病因还不十分清楚,患者个体过敏体质及外界环境的影响是发病的危险因素。哮喘与多基因遗传有关,同时受遗传因素和环境因素的双重影响。

许多调查资料表明,哮喘患者亲属患病率高于群体患病率,并且亲缘关系越近,患病率越高;患者病情越严重,其亲属患病率也越高。环境因素中主要包括某些激发因素,如尘螨、花粉等各种特异和非特异性吸入物;感染,如细菌、病毒等;食物,如鱼、虾、蟹等;药物,如普萘洛尔(心得安)、阿司匹林等;气候变化、运动、妊娠等都可能是哮喘的激发因素。

二、发病机制

哮喘的发病机制可概括为免疫-炎症反应、神经机制和气道高反应性及其相互作用。

1. **免疫-炎症机制** 免疫系统在功能上分为体液(抗体)介导的和细胞介导的免疫,均参与哮喘的发病。
2. **神经机制** 神经因素也被认为是哮喘发病的重要环节。支气管受复杂的自主神经支配。除胆碱能神经、肾上腺素能神经外,还有非肾上腺素能非胆碱能(NANC)神经系统。
3. **气道高反应性**(airway hyperresponsiveness,AHR) 表现为气道对各种刺激因子出现过强或过早的收缩反应,是哮喘患者发生发展的另一个重要因素。目前普遍认为气道炎症是导致气道高反应性的重要机制之一。

【病理】

疾病早期,因病理的可逆性,肉眼观解剖学上很少器质性改变。随着疾病发展,病理学变化逐渐明显。肉眼可见肺膨胀及肺气肿,肺柔软疏松、有弹性,支气管及细支气管内含有黏稠痰液及黏液栓。支气管壁增厚,黏膜肿胀充血形成皱襞,黏液栓塞局部可出现肺不张。显微镜下可见气道上皮下有肥大细胞、肺泡巨噬细胞、嗜酸性粒细胞、淋巴细胞与中性粒细胞浸润。气道黏膜下组织水肿,微血管通透性增加,支气管内分泌物潴留,支气管平滑肌痉挛,纤毛上皮细胞脱落,基底膜露出,杯状细胞增殖及支气管分泌物增加等病理改变。若哮喘长期反复发作,表现为支气管平滑肌肌层肥厚,气道上皮细胞下纤维化、基底膜增厚等,致气道重构和周围肺组织对气道的支持作用消失。

【临床表现】

一、症状

为发作性伴有哮鸣音的呼气性呼吸困难或发作性胸闷和咳嗽。严重者被迫采取坐位或呈端坐呼吸,干咳或咳大量白色泡沫痰,甚至出现发绀等,有时咳嗽可为唯一的症状(咳嗽变异型哮喘)。哮喘症状可在数分钟内发作,经数小时至数天,用支气管舒张药或自行缓解。某些患者在缓解数小时后可再次发作。在夜间及凌晨发作和加重常是哮喘的特征之一。有些青少年,其哮喘症状表现为运动时出现胸闷、咳嗽和呼吸困难(运动性哮喘)。

二、体征

发作时胸部呈过度充气状态,有广泛的哮鸣音,呼气音延长。但在轻度哮喘或非常严重哮喘发作,哮鸣音可不出现。心率增快、奇脉、胸腹反常运动和发绀常出现在严重哮喘患者中。非发作期体检可无异常。

【实验室及其他检查】

一、痰液检查

如患者无痰咳出时,可通过诱导痰方法进行检查。血常规见嗜酸性粒细胞增高,血涂片在显微镜下可见较多嗜酸性粒细胞。

二、呼吸功能检查

1. 通气功能检测　在哮喘发作时呈阻塞性通气功能改变,呼气流速指标均显著下降,1秒用力呼气容积(forced expiratory volume in one second,FEV_1)、1秒率[1秒钟用力呼气量占用力肺活量比值($FEV_1/FVC\%$)]以及呼气峰流速(peak expiratory flow,PEF)均减少。病变迁延、反复发作者,其通气功能可逐渐下降。

2. 支气管激发试验(bronchial provocation test,BPT)　用以测定气道反应性。吸入激发剂后其通气功能下降,气道阻力增加。运动亦可诱发气道痉挛,使通气功能下降。一般适用于通气功能在正常预计值的70%以上的患者。如FEV_1下降≥20%,可诊断为激发试验阳性。

3. 支气管舒张试验(bronchial dilation test,BDT)　用以测定气道可逆性。舒张试验阳性诊断标准:① FEV_1较用药前增加12%或以上,且其绝对值增加200 ml或以上;② PEF较治疗前增加60L/min或增加≥20%。

4. PEF及其变异率测定　PEF可反映气道通气功能的变化。哮喘发作时PEF下降。若24小时内PEF或昼夜PEF波动率≥20%,也符合气道可逆性改变的特点。

三、动脉血气分析

哮喘发作时由于气道阻塞且通气分布不均,通气/血流比值失衡,可致肺泡-动脉血氧分压差($A-aDO_2$)增大;严重发作时可有缺氧,血氧分压(PaO_2)降低,由于过度通气可使二氧化碳分压($PaCO_2$)下降,pH上升,表现为呼吸性碱中毒。若重症哮喘,病情进一步发展,气道阻塞严重,可有缺氧及CO_2潴留,$PaCO_2$上升,表现为呼吸性酸中毒。若缺氧明显,可合并代谢性酸中毒。

四、胸部X线检查

早期在哮喘发作时可见两肺透亮度增加,呈过度通气状态;在缓解期多无明显异常。如并发呼吸道感染,可见肺纹理增加及炎性浸润阴影。同时要注意肺不张、气胸或纵隔气肿等并发症的存在。

五、特异性变应原的检测

哮喘患者大多数伴有过敏体质,对众多的变应原和刺激物敏感。测定变应性指标结合病史有助于对患者的病因诊断和脱离致敏因素的接触。

六、呼出气一氧化氮 (fractional exhaled nitric oxide, FENO) 的检测

FENO的水平能反映气道炎症及气道高反应性,临床研究表明FENO在支气管哮喘的诊断方面具有重要意义;FENO的水平还能反映支气管哮喘的严重程度,对抗炎治疗的反应较肺功能更灵敏,是支气管哮喘的治疗监测及康复评定的一个较好指标。目前研究表明,FENO主要与气道炎症中的嗜酸性粒细胞相关。

【诊断与鉴别诊断】

一、诊断

(一) 诊断标准

(1) 反复发作喘息、气急、胸闷或咳嗽,多与接触变应原、冷空气、物理或化学性刺激,病毒性上呼吸道感染,运动等有关。

(2) 发作时在双肺可闻及散在或弥漫性、以呼气相为主的哮鸣音,呼气相延长。

(3) 上述症状可经治疗缓解或自行缓解。

(4) 除外其他疾病所引起的喘息、气急、胸闷和咳嗽。

(5) 临床表现不典型者(如无明显喘息或体征)应有下列三项中至少一项阳性:① 支气管激发试验或运动试验阳

性;② 支气管舒张试验阳性;③ 昼夜 PEF 变异率≥20%;④ FENO 的检测超出正常范围。

符合(1)~(4)条或(4)、(5)条者,可以诊断为支气管哮喘。

(二) 支气管哮喘的分期及控制水平分级

支气管哮喘可分为急性发作期、非急性发作期。

1. **急性发作期**　哮喘急性发作期病情严重程度分级见表 5-1。

表 5-1　支气管哮喘急性发作时病情严重程度分级

临床特点	轻度	中度	重度	危重
气短	步行、上楼时	稍事活动	休息时	
体位	可平卧	喜坐位	端坐呼吸	
讲话方式	连续成句	单词	单字	不能讲话
精神状态	可有焦虑,尚安静	时有焦虑或烦躁	常有焦虑、烦躁	嗜睡或意识模糊
出汗	无	有	大汗淋漓	
呼吸频率	轻度增加	增加	常 >30 次/分	
辅助呼吸肌活动及三凹征	常无	可有	常有	胸腹矛盾运动
哮鸣音	散在,呼吸末期	响亮,弥漫	响亮,弥漫	减弱,乃至无
脉率(次/分)	<100	100~120	>120	脉率变慢或不规则
奇脉	无,<10 mmHg	可有,10~25 mmHg	常有,>25 mmHg	无,提示呼吸肌疲劳
使用 β_2 激动剂后 PEF 预计值或个人最佳值%	>80%	60%~80%	<60% 或 <100L/min 或作用时间 <2 h	
PaO_2(吸空气 mmHg)	正常	>60	<60	
$PaCO_2$(mmHg)	<45	<45	>45	
血氧饱和度(SaO_2)(吸空气%)	>95	91~95	<90	
pH				降低

2. **非急性发作期**　见表 5-2。

表 5-2　支气管哮喘控制水平分级

	完全控制 (满足以下所有条件)	部分控制 (在任何 1 周内出现以下 1~2 项特征)	未控制 (在任何 1 周内)
白天症状	无(或≤2 次/周)	>2 次/周	出现≥3 项部分控制特征
活动受限	无	有	
夜间症状/憋醒	无	有	
需要使用缓解药的次数	无(或≤2 次/周)	>2 次/周	
肺功能(PEF 或 FEV_1)	正常或≥正常预计值或本人最佳值的 80%	<正常预计值或本人最佳值的 80%	
急性发作	无	≥每年 1 次	在任何 1 周内出现 1 次

二、鉴别诊断

1. **左心衰引起的喘息样呼吸困难**　过去称为心源性哮喘,发作时的症状与哮喘相似,但其发病机制与病变本质则与支气管哮喘截然不同。患者多有高血压、冠状动脉粥样硬化性心脏病、风湿性心脏病和二尖瓣狭窄等病史和体征。阵发性咳嗽,常咳出粉红色泡沫痰,两肺可闻及广泛的湿啰音和哮鸣音,左心界扩大,心率增快,心尖部可闻及奔马律。胸部 X 线检查可见心脏增大,肺淤血征,有助于鉴别。

2. **COPD**　多见于中老年人,有慢性咳嗽史,喘息长年存在,有加重期。患者多有长期吸烟或接触有害气体的病史。有肺气肿体征,两肺或可闻及湿啰音。但临床上严格将 COPD 和哮喘区分有时十分困难,用支气管舒张剂和口服或吸入激素做治疗性试验可能有所帮助。COPD 也可与哮喘合并同时存在。

3. **上气道阻塞**　可见于中央型支气管肺癌、气管支气管结核、复发性多软骨炎等气道疾病或异物气管吸入,导致支气管狭窄或伴发感染时,可出现喘鸣或类似哮喘样呼吸困难,肺部可闻及哮鸣音。但根据临床病史,特别是出现吸气性呼吸困难,以及痰液细胞学或细菌学检查,胸部 X 线、CT 或 MRI 检查或支气管镜检查等,常可明确诊断。

4. 变态反应性肺浸润　见于热带嗜酸性粒细胞增多症、肺嗜酸性粒细胞增多性浸润、多源性变态反应性肺泡炎等。致病原为寄生虫、原虫、花粉等,多有接触史,症状较轻,患者常有发热,胸部 X 线检查可见多发性、此起彼伏的淡薄斑片浸润阴影,可自行消失或再发。肺组织活检也有助于鉴别。

5. 结核出现的哮喘样改变　结核病常常因各种原因并发哮喘,其发病率比健康人高 5 倍。多见于支气管结核。可发生于儿童和青少年,也可发生于成人。症状以咳嗽为主,多为干咳。表现为支气管黏膜充血、水肿、溃疡、肉芽组织增生和瘢痕形成。支气管狭窄和阻塞,引起远端的炎症和肺不张。多发生于段支气管以上,以右上肺前段多见。可出现有全身结核中毒症状,肺部局限哮鸣音,对支气管扩张剂效果不佳,支气管舒张实验阴性。痰找结核菌阳性率高,也可通过影像学及支气管镜检查鉴别。

【中医病因病机】

宿痰内伏于肺,每因外感、饮食、情志、劳倦等因素,以致痰阻气道,肺失宣降,是哮病的基本病因病机。

1. 痰伏于内　痰为体内的病理产物,哮病的形成与发作,均以痰为基本病因。产生痰的原因很多,由于痰为津液败浊所成,而脾主饮食水谷的精华与水湿的运化,所以一般常说"脾为生痰之源",但除脾运失健之外,其他脏腑的功能失调也能产生痰,同时与外界各种致病因素对人体的影响也分不开。如外感风寒而失于表散,或燥热之邪袭肺,病邪由浅入深,留于肺系,影响人体气机和津液的流通,日久而变生痰浊;或因饮食不节,恣食厚味肥甘,嗜饮茶水、酒浆,损伤脾胃;或因长期吸烟,熏灼气道,亦能生痰。此外,如愤怒忧思不断,气机郁滞;或病后体弱,失于调摄,也能造成脏腑功能失调,从而产生痰浊。痰伏于内,胶结不去,遂成为哮病的宿根,一经新邪引动,则痰随气动,聚于肺系,发为哮喘。

2. 肺失宣降　肺主气,司呼吸,外合皮毛,主宣发和肃降。痰浊既为哮病的宿根,又因其久留人体不去,而使正气逐渐虚弱。脾土虚弱,运化功能低下,则新痰日生;肺气耗散,卫外不固,又易致外邪入侵。如因外受风寒,或淋雨践露,或气候突然变化,或正值节气递换,宿痰为新邪引动;或积食化热,火升气逆;或情志违和;或疲劳困乏,以致痰动气阻,壅于肺系,使肺气既不得宣发于外,又不能肃降于下,上逆而为喘息迫促,而哮鸣作声。

【中医诊断及病证鉴别】

一、诊断

(一) 发病特点

哮病大多起病于童稚之时,与禀赋有关,以后可因感冒、气候变化、疲劳、饮食不当、起居失宜等诱因引动而发作,常数年、数十年发作不愈。且发作常有明显的季节性。一般发于秋初或冬令者居多,其次是春季,至夏季则缓解。但也有常年反复发作者。发作时以呼吸迫促、喉间痰鸣有声以及咳嗽、咯痰、胸闷为特点。

(二) 临床表现

1. 哮喘发作时的临床表现　常突然发作,或先有寒热、喷嚏、鼻痒、咽痒、咳嗽或胸闷、恶心呕吐、腹胀、情绪不宁等症状而后出现哮喘并逐渐加重。患者呼吸困难,呼气延长,往往不能平卧,伴有哮鸣、咳嗽,痰多呈黏液样或稀水样,咯吐不利,如能咯出黏痰,则痰鸣气喘得暂时平息,而移时复作。哮喘严重时,甚至张口出气,两肩高耸,心跳心慌,额部冷汗淋漓,面唇紫黑,睛突,烦躁不安,痛苦异常。每次发作可持续数分钟、数小时或数日不等。

2. 哮喘缓解期的表现　可有轻度咳嗽、咯痰、呼吸紧迫感等表现,但也有毫无症状者;病程日久,反复发作者,平时亦可见气喘、咳嗽、咯痰、呼吸时喉间有声,以及自汗畏风、神疲形瘦、腰酸、浮肿等症状。

此外,还需结合现代诊疗设备,以明确诊断,为辨病提供可靠依据。

二、病证鉴别

1. 喘证　哮指声响言,为喉中哮鸣有声,是一种反复发作的疾病。喘指气息言,为呼吸气粗困难,是多种急、慢性肺系疾病的一个症状。两者关系:都有呼吸急促、困难;哮必兼喘,而喘未必兼哮。

2. 支饮　支饮虽也有痰鸣气喘症状,但多逐渐进行性加重,病势时轻时重,发作与间歇的界限不清,咳与喘重于哮吼。哮病反复间歇发作,突然发病,迅速缓解,哮吼声重而咳轻或不咳。

【治疗】

一、治疗思路

支气管哮喘目前尚无特殊治疗方法。对发病有确切诱因,如有变应原接触或其他非特异性刺激因素,应立即脱离变应原的接触或刺激因素。急性发作期以西医治疗为主,应用支气管舒张剂,以迅速缓解支气管痉挛,纠正缺氧;应用抗炎药,以控制气道炎症;有呼吸道感染者选择强有力的抗生素。部分中药可减少炎性介质对气道的浸润,拮抗炎性细胞释放的炎性介质。另外,中医药治疗在提高免疫方面具有优势,缓解期应以中医治疗为主,通过补益肺肾,达到提高机体免疫力,预防和减少复发。

二、西医治疗

目前尚无治愈的方法,但长期规范化治疗可使哮喘症状能得到控制,减少复发乃至不发作。长期使用最少量或不用药物能使患者活动不受限制,并能与正常人一样生活、工作和学习。

(一) 脱离变应原

部分患者能找到引起哮喘发作的变应原或其他非特异刺激因素,立即使患者脱离变应原或刺激因素的接触是防治哮喘最有效的方法。

(二) 药物治疗

治疗哮喘药物主要分为两类:

1. 缓解哮喘发作 此类药物主要作用为舒张支气管,故也称支气管舒张药。

(1) β_2 肾上腺素受体激动剂(简称 β_2 激动剂):主要通过激动呼吸道的 β_2 受体,从而松弛支气管平滑肌,是控制哮喘急性发作的首选药物。常用的短效 β_2 激动剂有沙丁胺醇、特布他林和非诺特罗,作用时间为 4~6 小时。长效 β_2 激动剂有福莫特罗、沙美特罗及丙卡特罗,作用时间为 10~12 小时。不主张长效 β_2 激动剂单独使用,须与吸入激素联合应用。

(2) 抗胆碱药:吸入抗胆碱药如异丙托溴铵,为胆碱能受体(M 受体)拮抗剂,可以阻断节后迷走神经通路,降低迷走神经兴奋性而起舒张支气管作用,并有减少痰液分泌的作用。与 β_2 激动剂联合吸入有协同作用。不良反应少,少数患者有口苦或口干感。

(3) 茶碱类:茶碱类除能抑制磷酸二酯酶,提高平滑肌细胞内的 cAMP 浓度外,还能拮抗腺苷受体;刺激肾上腺分泌肾上腺素,增强呼吸肌的收缩;增强气道纤毛清除功能和抗炎作用。是目前治疗哮喘的有效药物。茶碱与糖皮质激素合用具有协同作用。

2. 控制或预防哮喘发作 此类药物主要治疗哮喘的气道炎症,亦称抗炎药。

(1) 糖皮质激素:由于哮喘时病理基础是慢性非特异性炎症,糖皮质激素是当前控制哮喘发作最有效的药物。可分为吸入、口服和静脉用药。吸入治疗是目前推荐长期抗炎治疗哮喘的最常用方法。常用吸入药物有倍氯米松、布地奈德、氟替卡松、莫米松等,后两者生物活性更强,作用更持久。吸入治疗药物全身性不良反应少,少数患者可引起口咽念珠菌感染、声音嘶哑或呼吸道不适,吸药后用清水漱口可减轻局部反应和胃肠吸收。此外还有口服及静脉制剂,可根据病情选用。

(2) 白三烯(LT)调节剂:通过调节 LT 的生物活性而发挥抗炎作用,同时具有舒张支气管平滑肌。可以作为轻度哮喘的一种控制药物的选择。常用半胱氨酸 LT 受体拮抗剂,如孟鲁司特,不良反应通常较轻微。

(3) 其他药物:酮替酚和新一代组胺 H_1 受体拮抗剂阿司咪唑、曲尼斯特、氯雷他定对轻症哮喘和季节性哮喘有一定效果,也可与 β_2 激动剂联合用药。

(三) 急性发作期的治疗

急性发作的治疗目的是尽快缓解气道阻塞,纠正低氧血症,恢复肺功能,预防进一步恶化或再次发作,防止并发症。一般根据病情的分度进行综合性治疗。

1. 轻度 每日定时吸入糖皮质激素(200~500 μg 倍氯米松),出现症状时吸入短效 β_2 激动剂,可间断吸入。效果不佳时可加用口服 β_2 激动剂控释片或小量茶碱控释片(200 mg/d),或加用抗胆碱药如异丙托溴铵气雾剂吸入。

2. 中度 吸入剂量一般为每日 500~1 000 μg 倍氯米松;规则吸入 β_2 激动剂或联合抗胆碱药吸入或口服长效 β_2 激动剂。亦可加用口服 LT 拮抗剂,若不能缓解,可持续雾化吸入 β_2 受体激动剂(或联合用抗胆碱药吸入),或口服糖皮质激素(<60 mg/d)。必要时可用氨茶碱静脉注射。

3. 重度至危重度 持续雾化吸入 β_2 激动剂,或合并抗胆碱药;或静脉滴注氨茶碱或沙丁胺醇。加用口服 LT 调节剂。静脉滴注糖皮质激素如琥珀酸氢化可的松或甲泼尼龙或地塞米松。待病得到控制和缓解后(一般 3~5 天),改为口服给药。注意维持水、电解质平衡,纠正酸碱失衡,当 pH<7.20 时,且合并代谢性酸中毒时,应当补碱;可给予氧疗,如病情恶化缺氧不能纠正时,进行无创通气或插管机械通气。若并发气胸,在胸腔引流气体下仍可机械通气。此外应预防下呼吸道感染等。

(四)哮喘非急性发作期的治疗

一般哮喘经过急性期治疗症状得到控制,但哮喘的慢性炎症病理生理改变仍然存在,因此,必须制订哮喘的长期治疗方案。根据哮喘的控制水平选择合适的治疗方案(图5-1)。

由于哮喘的复发性以及多变性,需不断评估哮喘的控制水平,治疗方法则依据控制水平进行调整。如果目前的治疗方案不能使哮喘得到控制,治疗方案应该升级直至达到哮喘控制为止。当哮喘控制维持至少3个月后,治疗方案可以降级。通常情况下,患者在初诊后1~3个月回访,以后每3个月随访一次。如出现哮喘发作时,应在2周至1个月内进行回访。对大多数控制剂来说,最大的治疗效果可能要在3~4个月后才能显现,只有在这种治疗策略维持3~4个月后,仍未达到哮喘控制,才考虑增加剂量。对所有达到控制的患者,必须通过常规跟踪及阶段性地减少剂量来寻求最小控制剂量。

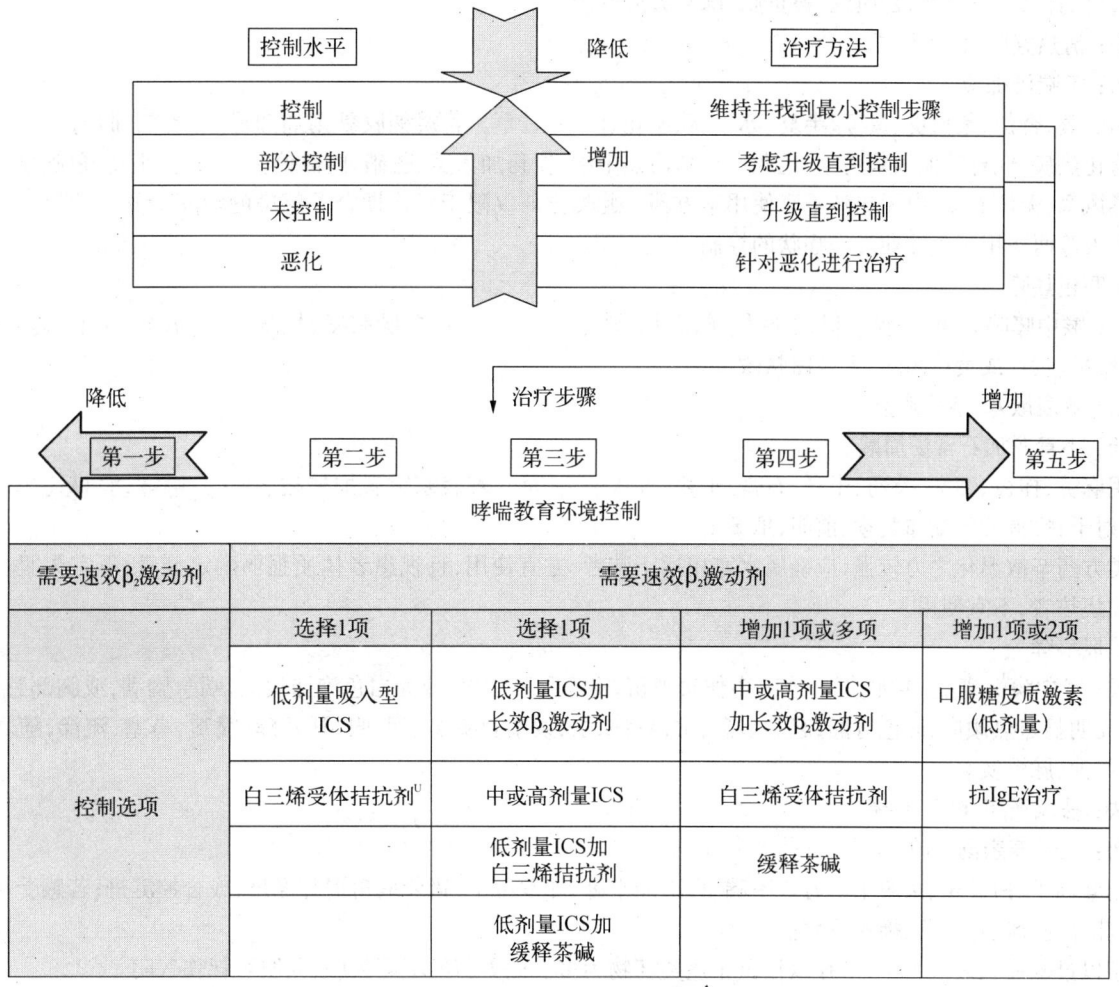

图5-1 哮喘控制的管理方法(适用于大于5岁的儿童,少年和成人)

注:ICS:吸入型糖皮质激素;U:受体拮抗剂或合成的抑制剂

(五)免疫疗法

分为特异性和非特异性两种,前者又称脱敏疗法(或称减敏疗法)。由于有60%的哮喘发病与特异性变应原有关,采用特异性变应原(如螨、花粉、猫毛等)作定期反复皮下注射,剂量由低至高,以产生免疫耐受性,使患者脱(减)敏。非特异性疗法,如注射卡介苗、转移因子、疫苗等生物制品抑制变应原反应的过程,有一定辅助的疗效。目前采用基因工程制备的人工重组抗IgE单克隆抗体治疗中、重度变应性哮喘,已取得较好效果。

三、中医治疗

辨证论治

1. 发作期

(1)冷哮

证候:呼吸急促,喉中哮鸣如水鸡声,胸膈满闷如塞,咳不甚,咯痰量少,痰色白、稀薄而有泡沫,或呈黏沫状,面色晦滞带青,形寒怕冷,口不渴,或渴喜热饮,天冷或受寒易发,苔白滑,脉弦紧或浮紧。

治法:温肺散寒,化痰平喘。

方药:射干麻黄汤或小青龙汤加减。

药用麻黄、芍药、细辛、干姜、甘草、桂枝、五味子、半夏等。若痰壅喘逆不得卧则合三子养亲汤、皂荚;表寒里饮,寒象明显,则小青龙汤加苏子、杏仁、白芥子、橘皮等。

此类方药不易长期服用,易伤正气,若效果不佳,应及早分析原因,以修正治疗方案。用此方药,对轻中度患者,治疗1~2周后一般皆可以缓解或减轻症状。

(2) 热哮

证候:喘而气粗息涌,喉中痰鸣如吼,胸高胁胀,咳呛阵作,咯痰黏浊稠厚,排吐不利,或黄或白,烦闷不安,汗出,面赤,口苦,口渴喜饮,不恶寒,舌质红,苔黄腻,脉滑数或弦滑。

治法:清热宣肺,化痰平喘。

方药:定喘汤加减。

药用麻黄、杏仁、桑白皮、黄芩、半夏、苏子、款冬花、白果、甘草。若痰稠胶黏则加知母、瓜蒌仁、胆南星、浙贝母、海蛤粉以清化热痰;气息喘促加葶苈子、地龙以泻肺清热平喘;便秘加大黄、芒硝;内热偏盛加石膏、银花、鱼腥草。

新感风寒,无汗而喘,内无热痰不宜使用本方药。此类方药仅限于发作期合并感染的治疗,不可长期服用,必要时联合抗生素等西药用于急性期发作症状的控制。

(3) 寒包热哮

证候:喉中哮鸣有声,呼吸急促,喘咳气逆,发热,恶寒,无汗,头身痛,脉弦紧,烦躁,口干欲饮,便干,胸膈烦闷,咯痰不爽,痰黏色黄,或黄白相间,舌苔白腻微黄。

治法:解表散寒,清化痰热。

方药:小青龙加石膏汤加减。

药用麻黄、桂枝、细辛、芍药、半夏、石膏、干姜、五味子、甘草。若表寒重者加桂枝、细辛。喘哮,痰鸣气逆,加苏子、葶苈子、射干;痰稠黄胶黏加黄芩、前胡、瓜蒌皮。

此类方药辛散温化之力较强,应确属水寒相搏于肺者,方宜使用,且视患者体质强弱酌定剂量,不宜久服。阴虚干咳无痰或痰热者,不宜使用。

(4) 风痰哮

证候:喉中痰涎壅盛,声如拽锯,或鸣声如吹哨笛,咯痰黏腻难出,或为白色泡沫痰液,喘急胸满,或胸部憋塞,但坐不得卧,无明显寒热倾向,面色青黯,起病多急,常倏忽来去,发前自觉鼻、咽、眼、耳发痒,喷嚏,鼻塞,流涕,随之迅速发作,舌苔厚浊,脉滑实。

治法:祛风涤痰,降气平喘。

方药:三子养亲汤加减。

药用紫苏子、白芥子、莱菔子。若痰壅喘急,不能平卧,加葶苈子、猪牙皂角泻肺涤痰,或合控涎丹;若感受风邪而发作者,加苏叶、防风、苍耳草、蝉衣、地龙。

此型以过敏症状表现为主,治疗以祛风止痉类药物为多。此类药物不可久服,久服可耗伤气阴。

(5) 虚哮

证候:喉中哮鸣如鼾,声低,气短息促,动则喘甚,发作频繁,甚则持续喘哮,口唇、爪甲青紫,咯痰无力,痰涎清稀或质黏起沫,面色苍白,形寒肢冷,口不渴,舌质淡,脉沉细。或颧红唇紫,咽干口渴,烦热,舌质红,脉细数。

治法:补肺纳肾,降气化痰。

方药:平喘固本汤。

药用党参、五味子、冬虫夏草、胡桃肉、灵磁石、沉香、坎脐(脐带)、苏子、款冬花、法半夏、橘红。若肾阳虚加附子、鹿角片、补骨脂、钟乳石;肺肾阴虚加沙参、麦冬、生地、当归;痰气瘀阻,口唇青紫,加桃仁、苏木;气逆于上,动则气喘,加紫石英、磁石。

此外可长期口服补肺益肾类中成药,如虫草菌发酵制剂。

附

喘 脱

证候:哮病反复久发,喘息鼻煽,张口抬肩,气短息促,烦躁,昏蒙,神明散乱,汗出如油,脉浮大无根,四肢厥冷,舌质青黯,苔腻或滑,脉细数不清。

治法:补肺纳肾,扶正固脱。

方药:回阳急救汤合生脉饮加减。

药用熟附子、干姜、人参、炙甘草、炒白术、肉桂、陈皮、五味子、茯苓、制半夏。若阳虚甚,气息微弱,汗出肢冷,舌淡,脉沉细,加肉桂、干姜;气息急促,心烦内热,汗出黏手,口干舌红,脉沉细数,加生地、玉竹,人参易西洋参。

此型为哮喘之重证,中医疗效欠佳,应积极采用西医治疗措施以求速效。

2. 缓解期

(1) 肺脾气虚

证候:平时自汗怕风,易于感冒,每因气候变化而诱发,发前喷嚏,鼻塞流清涕,气短声低,咯痰清稀色白,喉中常有哮鸣音,面色㿠白,舌苔淡白,脉象虚细。

治法:健脾益气,补土生金。

方药:六君子汤加减。

药用人参、白术、茯苓、炙甘草、陈皮、半夏。表虚自汗加炙黄芪、浮小麦、大枣;畏风、怕冷,易于感冒,加桂枝、白芍、附子;痰多加前胡、杏仁。

本证患者长期服药,亦可应用丸剂图之。此外可长期口服益气健脾类中成药,如玉屏风散,如此可预防哮喘的反复发作。

(2) 肺肾两虚

证候:平素短气喘息,动则为甚,吸气不利,痰吐起沫,或痰少质黏,心悸,脑转耳鸣,腰酸腿软,心慌,劳累后易发。或畏寒肢冷,自汗,面色苍白,舌淡苔白,舌质胖嫩,脉沉细;或颧红,五心烦热,汗出黏手,舌红少苔,脉细数。

治法:补益肺肾,纳气平喘。

方药:生脉地黄汤合金水六君煎加减。

药用熟地、山茱萸肉、山药、丹皮、泽泻、茯苓、红参、麦冬、五味子、当归、陈皮、半夏、炙甘草。如大便不实而多湿者,去当归,加山药;如痰盛气滞,胸胁不快者,加白芥子;如阴寒盛而嗽不愈者,加细辛;如兼表邪寒热者加柴胡。

此外可长期口服补肺益肾类中成药,如百令胶囊,从而达到增强机体抗病能力,减少发作的目的。

(3) 肺脾肾虚

证候:素体虚弱或久病,气短声低,自汗怕风,痰多色白,倦怠无力,食少便溏,吸气无力,腰膝酸软,面色㿠白,舌淡,苔白腻或滑,脉细弱。

治法:补肺健脾益肾。

方药:六味地黄丸或金匮肾气丸加减。

药用熟地黄、山萸肉、干山药、泽泻、牡丹皮、白茯苓等。偏肾阴虚可长期口服的中成药有滋水清肝饮、左归丸等,偏肾阳虚可长期口服的中成药有右归丸、右归饮等。

此类型为哮病长期不愈,反复发作逐渐发展而来,病情较重,长期规范治疗可控制疾病发展。

【转归、预防与调护】

哮病是一种顽固难愈的疾病,病程颇长,反复发作,根深蒂固,难以速除。如能控制其发作,平时注意将护,调养正气,并坚持服用以扶正固本为主的方药,部分患者可望获得根治,即使未得根治,亦可望减少或减轻发作。哮病如长期不愈,反复发作,见周身悉肿,饮食减少,胸凸背驼;发作时冷汗如油,面色苍白或青紫,四肢厥冷,下利清谷,脉来短数或按之如游丝者,预后不良。

查找发病诱因,尽力祛除。注意居室空气流通,温度、湿度适宜,避免接触刺激性气体、灰尘、花粉等。饮食宜清淡而富营养,忌生冷肥甘厚味、海鲜发物、辛辣等食物,戒除烟酒。选择太极拳、内养功、八段锦、慢跑等方法长期锻炼。哮喘发作时应及时治疗;平时可长期服用切合具体情况的扶正固本中药,以增强机体抗病能力,减少发作,但严忌杂药乱投,损伤正气。

(哈木拉提·吾甫尔)

第六章
慢性支气管炎与慢性阻塞性肺疾病

第一节 慢性支气管炎

慢性支气管炎(chronic bronchitis),简称慢支,是指气管、支气管黏膜及其周围组织的慢性非特异性炎症。临床上以咳嗽、咯痰或伴有喘息等反复发作为主要特征,每年发病持续3个月,连续2年或2年以上,常并发阻塞性肺气肿,甚至肺源性心脏疾病。

慢性支气管炎属中医学"咳嗽"、"喘证"、"痰饮"等范畴。本病的发生和发展,与外邪侵袭,肺脾肾三脏功能的失调有关。

【病因和发病机制】

本病的病因尚不完全清楚,可能是多种因素长期相互作用的结果。

一、有害气体和有害颗粒

如香烟、烟雾、粉尘、刺激性气体(二氧化硫、二氧化氮、氯气、臭氧等),这些理化因素可损伤气道上皮细胞,使纤毛运动减退,巨噬细胞吞噬能力降低,导致气道净化功能下降。同时刺激黏膜下感受器,使副交感神经功能亢进,从而,支气管平滑肌收缩,腺体分泌亢进,杯状细胞增生,黏液分泌增加,气道阻力增加。香烟烟雾还可使氧自由基产生增多,诱导中性粒细胞释放蛋白酶,抑制抗胰蛋白酶系统,破坏肺弹力纤维,引发肺气肿的形成。

二、感染因素

病毒、支原体、细菌等感染是慢性支气管炎发生发展的重要原因之一。病毒感染以流感病毒、鼻病毒、腺病毒和呼吸道合胞病毒为常见。细菌感染常继发于病毒感染,常见病原体为肺炎链球菌、流感嗜血杆菌、卡他莫拉菌和葡萄球菌等。这些感染因素同样造成气管、支气管黏膜的损伤和慢性炎症。

三、其他因素

免疫、年龄和气候等因素均与慢性支气管炎有关。寒冷空气可以刺激腺体增加黏液分泌,纤毛运动减弱,黏膜血管收缩,局部血液循环障碍,诱使继发感染。老年人肾上腺皮质功能减退,细胞免疫功能下降,溶菌酶活性降低,从而容易造成呼吸道的反复感染。

【病理】

支气管上皮细胞变性、坏死、脱落,后期出现鳞状上皮化生,纤毛变短、粘连、倒伏、脱失。黏膜和黏膜下充血水肿,杯状细胞和黏液腺肥大和增生、分泌旺盛,大量黏液潴留。浆细胞、淋巴细胞浸润及轻度纤维增生。病情继续发展,炎症由支气管壁向其周围组织扩散,黏膜下层平滑肌束可断裂萎缩,黏膜下和支气管周围纤维组织增生,肺泡弹性纤维断裂,进一步发展成阻塞性肺疾病。

【临床表现】

一、症状

多缓慢发病,反复急性发作而使本病逐渐加重,病程较长。开始时症状轻微,多由外因诱发而引起急性发作或加重。

1. 咳嗽　早晨咳声有力,白天多于夜间,随着病情发展,咳声重浊,并痰量增多。继发肺气肿时,常伴气喘,咳嗽夜间多于白天,尤以临睡或清晨起床时更甚。

2. 咳痰　痰液多数为白色黏液或浆液泡沫性,偶尔带有血丝,常在晨起后或体位变化时排痰较多,在病情加重或合并感染时痰量增多,变稠或变黄。老年人咳嗽反射降低,痰不易咳出。黏痰咳出后,即感胸部舒畅,咳嗽减轻。

3. 喘息或气促　见于喘息型患者,由支气管痉挛引起,感染及劳累后明显,合并肺气肿后喘息加重。

二、体征

早期可无异常体征。急性发作期常有散在的不固定的干、湿性啰音,多分布在背部及肺底部,咳嗽咳痰后可减少或消失。如合并哮喘可闻及广泛哮鸣音并伴呼气期延长。

【实验室及其他检查】

一、X线检查

早期可无异常。病变反复发作,引起支气管管壁增厚,细支气管或肺泡间质炎症细胞浸润或纤维化,于胸部X线检查中可见两肺纹理增粗、紊乱,呈网状或条索状、斑点状阴影,以下肺野较明显。

二、呼吸功能检查

疾病早期常无异常。如有小气道阻塞时,查肺功能提示:最大呼气流速-容积曲线在75%和50%肺容量时,流量明显降低,它比第1秒用力呼气容积更为敏感,闭合容积可增加。发展到气道狭窄或有阻塞时,就有阻塞性通气功能障碍的肺功能表现。

三、血液检查

慢性支气管炎急性发作期或并发肺部感染时,可见白细胞计数及中性粒细胞增多,喘息型患者嗜酸性粒细胞可增多,缓解期多无变化。

四、痰液检查

涂片或培养可见肺炎球菌、流感嗜血杆菌、甲型链球菌及奈瑟球菌等。涂片中可见大量中性粒细胞、已破坏的杯状细胞,喘息型者常见较多的嗜酸性粒细胞。

【诊断与鉴别诊断】

一、诊断

根据咳嗽、咳痰或伴喘息,每年发病持续3个月,连续2年或以上,并排除其他心、肺疾患(如肺结核、肺尘埃沉着病、哮喘、支气管扩张、肺癌、心脏疾患、药物等)时,可作出诊断。如每年发病持续不足3个月,而有明确的客观检查依据(如X线、肺功能等),亦可诊断。

二、鉴别诊断

1. 支气管哮喘　慢性支气管炎应与支气管哮喘相鉴别。支气管哮喘常于幼年或青年突然起病,一般无慢性咳嗽、咳痰史,以发作性哮喘为特征;发作时两肺布满哮鸣音,缓解后可无症状;常有个人或家族过敏性疾病史。但咳嗽变异性哮喘必须靠肺功能进行鉴别诊断。慢性支气管炎多见于中、老年,一般以咳嗽、咳痰伴发喘息及哮鸣音为主要症状,感染控制后症状多可缓解。

2. 支气管扩张　支气管扩张病具有咳嗽、咳痰反复发作的特点,合并感染时有大量脓痰,或有反复和多少不等的咯血史。肺部听诊以湿啰音为主,位置多固定于患处不移。可有杵状指(趾)。X线检查常见下肺纹理粗乱或呈卷发状。CT见到明显的支气管扩张征象,可明确诊断。

3. 肺结核　肺结核患者多有结核中毒症状或局部症状(如发热、乏力、盗汗、消瘦、咯血等)。经X线、CT等检查和痰的结核菌检查以鉴别诊断。

4. 肺癌　患者年龄常在40岁以上,特别是有多年吸烟史,发生刺激性咳嗽,常有反复发生或持续的痰中带血,或者慢性咳嗽性质发生改变。X线检查可发现有块状阴影或结节状影或阻塞性肺炎。以抗生素治疗,未能完全消散,应考虑肺癌的可能,查痰脱落细胞、经支气管镜活检一般可明确诊断。

5. 肺间质纤维化　肺间质纤维化病情发展相对缓慢,开始仅有咳嗽、咳痰,偶有气短感,并逐渐加重。仔细听诊在胸部下后侧可闻爆裂音(Velcro 啰音)。血气分析示动脉 PaO_2 降低,而 $PaCO_2$ 可不升高。

【中医病因病机】

咳嗽的发生和发展,主要与外邪侵袭和内脏亏损有关,特别是与肺、脾、肾等脏腑的功能失调密切相关。

1. 外邪侵袭　六淫之邪(以风邪夹寒为主)侵袭肌表,或从口鼻而入,或从皮毛入侵,内合于肺,肺失肃降,肺气不宣,痰浊滋生,阻塞胸肺,可引起咳喘,咯痰。由于外邪性质的不同,临床又有寒、热的差异。

2. 肺脏虚弱　久咳伤肺,肺气不足,复因外邪侵袭,清肃失职而发病。肺气不足,气失所主,清肃无权,气不化津,积液成痰,痰湿阻肺,致使咳喘缠绵不愈。

3. **脾虚生痰** 久病不愈,耗伤脾胃,脾胃虚弱,脾失健运,水谷无以化生精微,聚湿生痰。痰浊上渍于肺,壅塞气道,肺失宣降,而致咳嗽痰多。

4. **肾气虚衰** 肾主纳气,助肺以行其呼吸。肾气虚弱,吸入之气不能经肺下纳于肾,气失归藏,则肺气上逆,而表现为咳嗽喘促,动则愈甚。久病不愈,必伤于阴,肾阴亏耗,津液不能上润肺金,或虚火上扰,灼伤肺阴,肺失滋润,而致咳喘。

总之,本病病因病机常因暴咳迁延未愈,恋邪伤肺,使肺脏虚损,气阴耗伤,肺气不得宣降,故长期咳嗽、咯痰不愈,日久累及脾肾。病情多为虚实夹杂,正虚多以气虚为主或兼阴虚,痰饮停聚为实,或偏寒,或偏热,日久夹瘀。其病位在肺,涉及脾、肾。

【中医诊断及病证鉴别】

一、诊断

(1) 咳嗽有声,或伴咽痒咯痰。
(2) 外感咳嗽,起病急,可伴有寒热等表证;内伤咳嗽,每因外感反复发作,病程较长,咳嗽而伴见脏腑病变。
(3) 急性期,周围血白细胞总数和中性粒细胞增高或正常。
(4) 听诊可闻及两肺野呼吸音增粗,或伴散在干、湿性啰音。
(5) 肺部 X 线检查正常或肺纹理增粗。

二、病证鉴别

1. **哮病** 哮病和喘证虽然也会兼见咳嗽,但各以哮、喘为其主要临床表现。哮病主要表现为喉中哮鸣有声,呼吸气促困难,甚则喘息不能平卧,发作与缓解均迅速。

2. **肺胀** 有久患咳、喘、哮等病证不愈的病史。在咳嗽的同时,并有胸部膨满,喘咳上气,烦躁心慌,甚至面目紫黯、肢体浮肿等症,病情缠绵,经久难愈。

【治疗】

一、治疗思路

慢性支气管炎的治疗,目前多采用中西医综合治疗。急性发作期主要选择有效抗生素治疗。在控制感染的同时,应配合应用祛痰、镇咳药物以改善症状。缓解期可应用免疫制剂,提高机体抗病能力,减少发作。中医本着急则治其标,缓则治其本的原则,在急性发作期应着意于宣肺化痰,缓解期重在补益肺脾肾,慢性迁延期证属正虚邪恋,治宜止咳化痰,标本兼顾。中医药治疗该病有一定的优势。

二、西医治疗

(一) 急性加重期的治疗

1. **控制感染** 抗生素治疗可选用喹诺酮类、大环类酯类、β-内酰胺类或磺胺类口服,病情严重时静脉给药。如左氧氟沙星,0.5 g,每日 1 次;罗红霉素,0.3 g,每日 2 次;阿莫西林,2~4 g/d,分 2~4 次口服;头孢呋辛,1.0 g/d,分 2 次口服;复方磺胺甲噁唑,每次 2 片,每日 2 次。如果能培养出致病菌,可按药敏试验结果选用抗菌药。

2. **镇咳祛痰** 常用的药物有:复方甘草合剂,10 ml,每日 3 次;祛痰药溴己新,8~16 mg,每日 3 次;盐酸氨溴索,30 mg,每日 3 次;桃金娘油,0.3 g,每天 3 次。干咳为主者可用镇咳药物,如右美沙芬、那可丁等。

3. **平喘** 有气喘者可加用解痉平喘药,如氨茶碱,0.1 g,每日 3 次,或用茶碱控释剂,或长效 $β_2$ 激动剂加糖皮质激素吸入。

(二) 缓解期治疗

(1) 戒烟,避免有害气体和其他有害颗粒的吸入。
(2) 增强体质,预防感冒,也是防治慢性支气管炎的主要内容之一。
(3) 反复呼吸道感染者,可试用免疫调节剂或中药,如细菌溶解产物、卡介菌多糖核酸、胸腺肽等,但其疗效不肯定。

三、中医治疗

辨证论治

1. 外感咳嗽

(1) 风寒袭肺

证候:咽痒咳嗽声重,气急,咯痰稀薄色白,常伴鼻塞、流清涕、头痛、肢体酸楚、恶寒发热、无汗等表证,舌苔薄白,脉浮或浮紧。

治法：疏风散寒，宣肺止咳。

方药：三拗汤合止嗽散加减。

药用麻黄、杏仁、桔梗、甘草（炙）、白前、橘红、百部、紫菀等。若咳嗽较甚者加矮地茶、金沸草祛痰止咳；咽痒甚者加牛蒡子、蝉蜕祛风止痒；鼻塞声重加辛夷花、苍耳子宣通鼻窍；若夹痰湿，咳而痰黏，胸闷，苔腻者，加半夏、厚朴、茯苓燥湿化痰；表寒未解，里有郁热，热为寒遏，咳嗽音哑，气急似喘，痰黏稠，口渴心烦，或有身热者，加生石膏、桑白皮、黄芩解表清里。

（2）风热犯肺

证候：咳嗽频剧，气粗或咳声嘎哑，喉燥咽痛，咯痰不爽，痰黏稠或稠黄，咳时汗出，常伴鼻流黄涕、口渴、头痛、肢楚、恶风、身热等表证，舌苔薄黄，脉浮数或浮滑。

治法：疏风清热，宣肺止咳。

方药：桑菊饮加减。

药用杏仁、连翘、薄荷、桑叶、菊花、苦梗、甘草、芦根。若咳嗽甚者加前胡、枇杷叶、浙贝母清宣肺气，化痰止咳；肺热内盛加黄芩、知母清肺泄热；咽痛，声哑，加射干、山豆根清热利咽；若风热伤络，见鼻衄或痰中带血丝者，加白茅根、生地凉血止血；夏令夹暑加六一散、鲜荷叶清解暑热。

（3）风燥伤肺

证候：喉痒干咳，连声作呛，咽喉干痛，唇鼻干燥，无痰或痰少而粘连成丝，不易咯出，或痰中带有血丝，口干，初起或伴鼻塞、头痛、微寒、身热等表证，舌质红干而少津，苔薄白或薄黄，脉浮数或小数。

治法：疏风清肺，润燥止咳。

方药：桑杏汤加减。

药用桑叶、杏仁、沙参、象贝、香豉、栀皮、梨皮。若津伤较甚者加麦冬、玉竹滋养肺阴；热重者酌加生石膏、知母清肺泄热；痰中夹血加生地、白茅根清热凉血止血。

另有凉燥伤肺证，乃燥证与风寒并见，表现干咳少痰或无痰，咽干鼻燥，兼有恶寒发热，头痛无汗，舌苔薄白而干等症。用药当以温而不燥，润而不凉为原则，方取杏苏散加减。药用苏叶、杏仁、前胡辛以宣散；紫菀、款冬花、百部、甘草温润止咳。若恶寒甚，无汗，可配荆芥、防风以解表发汗。

2. 内伤咳嗽

（1）痰湿蕴肺

证候：咳嗽反复发作，咳声重浊，胸闷气憋，尤以晨起咳甚，痰多，痰黏腻或稠厚成块，色白或带灰色，痰出则憋减咳缓，常伴体倦、脘痞、食少、腹胀、大便时溏，舌苔白腻，脉濡滑。

治法：燥湿化痰，理气止咳。

方药：二陈汤合三子养亲汤加减。

药用陈皮、半夏、茯苓、甘草、苏子、莱菔子、白芥子。若寒痰较重，痰黏白如泡沫，怯寒背冷，加干姜、细辛以温肺化痰；脾虚证候明显者加党参、白术以健脾益气。病情平稳后可服六君子汤加减以资调理。

（2）痰热郁肺

证候：咳嗽气息粗促，或喉中有痰声，痰多质黏稠厚或稠黄，咯吐不爽，或有热腥味，或吐血痰，胸胁胀满，咳时引痛，面赤，或有身热，口干而黏，欲饮水，舌质红，舌苔薄黄腻，脉滑。

治法：清热肃肺，化痰止咳。

方药：越婢加半夏汤或桑白皮汤加减。

药用麻黄、石膏、半夏、生姜、甘草、桑白皮、苏子、杏仁、贝母、栀子、黄芩、黄连、生姜等。若痰鸣喘息，不得平卧，加射干、葶苈子以泻肺平喘；痰热伤津，口干舌燥，加天花粉、知母、芦根；腑气不通，胸满喘逆，大便秘结，加大黄、芒硝；阴伤而痰量已少者，减苦味药物，加麦冬、沙参等。

（3）肝火犯肺

证候：上气咳逆阵作，咳时面赤，咽干口苦，常感痰滞咽喉而咯之难出，量少质黏，或如絮条，胸胁胀痛，咳时引痛。症状可随情绪波动而增减。舌红或舌边红，舌苔薄黄少津，脉弦数。

治法：清肝泻肺，化痰止咳。

方药：黛蛤散合黄芩泻白散加减。

药用青黛、蛤壳、黄芩、桑白皮、地骨皮、甘草等。若火旺者加栀子、丹皮清肝泻火；胸闷气逆加葶苈子、瓜蒌利气降逆；胸痛配郁金、丝瓜络理气和络；痰黏难咯加海浮石、浙贝母、冬瓜仁清热豁痰；火郁伤津，咽燥口干，咳嗽日久不减，酌加北沙参、百合、麦冬、诃子养阴生津敛肺。

（4）肺阴亏耗

证候：干咳，咳声短促，或痰中带血丝，低热，午后颧红，盗汗，口干，舌质红，少苔，脉细数。

治法：滋阴润肺，化痰止咳。

方药：沙参麦冬汤。

药用北沙参、玉竹、麦冬、天花粉、扁豆、桑叶、生甘草。若久热久咳，是肺中燥热较甚，又当加地骨皮以泻肺清热；咳剧加川贝母、甜杏仁、百部润肺止咳；若肺气不敛，咳而气促，加五味子、诃子以敛肺气；低热酌加功劳叶、银柴胡、青蒿、地骨皮以清虚热；盗汗加糯稻根须、浮小麦以敛汗；咯吐黄痰加海蛤粉、知母、黄芩清热化痰；痰中带血加丹皮、栀子、藕节清热凉血止血。

【转归、预防与调护】

本病转归与身体素质、正气强弱、病位深浅、病情轻重、诊治是否得当有关。外感咳嗽多属暴病，病位较浅，病情较轻，及时诊治，容易治愈。若迁延失治、误治，反复发作，损耗正气，则可转为内伤咳嗽。久咳必伤脾及肾，所谓肺不伤不咳，脾不伤不久咳，肾不伤不喘，病久则咳喘并作。部分患者病情逐渐加重，甚至累及于心，最终导致肺、心、脾、肾诸脏皆虚，痰浊、水饮、气滞、瘀血互结而演变成为肺胀。

预防的重点在于提高机体卫外功能，增强皮毛腠理御寒抗病能力，遇有感冒及时诊治。若常自汗出者，必要时可予玉屏风散服用。

（哈木拉提·吾甫尔）

第二节　慢性阻塞性肺疾病

慢性阻塞性肺疾病（chronic obstructive pulmonary disease，COPD）是一种以气流受限为特征的可以预防和治疗的疾病。气流受限不完全可逆，呈进行性发展，并与肺部对香烟、烟雾等有害气体或有害颗粒的异常炎症反应有关。COPD主要累及肺脏，但也可引起全身（或称肺外）的不良效应。

根据COPD的临床特征，中医学称之为"肺胀"。肺胀是多种慢性肺系疾病迁延不愈所致造成，以喘息气促、咳嗽、咯痰、胸部膨满、憋闷如塞为主要表现。病久可见唇甲紫绀，心悸浮肿，严重时可见昏迷、抽搐以至喘脱等。

【病因和发病机制】

一、病因

目前，COPD确切的病因尚不清楚。但认为与肺部对香烟、烟雾等有害气体或有害颗粒的异常炎症反应有关。这些反应存在个体易感因素和环境因素的互相作用。

个体易感因素主要包括某些个体遗传因素，如已知的遗传因素为α_1-抗胰蛋白酶缺乏可增加COPD发病的危险性；支气管哮喘和气道高反应性，其被认为是COPD的危险因素，可能与机体某些基因和环境因素有关。环境因素中主要包括吸烟、职业性粉尘和化学物质、空气污染。感染因素亦是COPD发生发展的重要因素之一。

二、发病机制

1. **蛋白酶-抗蛋白酶失衡**　蛋白水解酶对组织有损伤、破坏作用，抗蛋白酶对弹性蛋白酶等多种蛋白酶具有抑制功能，其中α_1-抗胰蛋白酶是活性最强的一种。蛋白酶增多或抗蛋白酶不足均可导致组织结构破坏而产生肺气肿。吸入有害气体、有害物质可以导致蛋白酶产生增多或活性增强，而抗蛋白酶产生减少或灭活加快；同时氧化应激、吸烟等危险因素也可以降低抗蛋白酶的活性。先天性α_1-抗胰蛋白酶缺乏，多见于北欧血统的个体，我国尚未见正式报道。

2. **氧化应激**　有许多研究表明COPD患者的氧化应激增加。氧化物主要有超氧阴离子、羟根、次氯酸和一氧化氮等。氧化物可直接作用并破坏许多生化大分子如蛋白质、脂质和核酸等，导致细胞功能障碍或细胞死亡，还可以破坏细胞外基质，引起蛋白酶-抗蛋白酶失衡，促进炎症反应。

3. **炎症机制**　气道、肺实质及肺血管的慢性炎症是COPD的特征性改变，中性粒细胞、巨噬细胞、T淋巴细胞等炎症细胞均参与了COPD发病过程。中性粒细胞的活化和聚集是COPD炎症过程的一个重要环节，通过释放中性粒细胞弹性蛋白酶、中性粒细胞组织蛋白酶G、中性粒细胞蛋白酶3和基质金属蛋白酶引起慢性黏液高分泌状态，并破坏肺实质。

4. 其他 如自主神经功能失调、营养不良、气温变化等都有可能参与 COPD 的发生、发展。

【病理】

COPD 特征性的病理学改变存在于中央气道、外周气道、肺实质和肺血管系统。

COPD 在中央气道(气管、支气管以及内径 >2~4 mm 的细支气管)内,炎症细胞浸润表层上皮,黏液分泌腺增大和杯状细胞增多使黏液分泌增加;在外周气道(内径 <2 mm 的小支气管和细支气管)内,慢性炎症导致气道壁损伤和修复过程反复循环发生。修复过程导致气道壁结构重塑,胶原含量增加及瘢痕组织形成,这些病理改变造成气腔狭窄,引起固定性气道阻塞。

COPD 患者典型的肺实质破坏表现为小叶中央型肺气肿,涉及呼吸性细支气管的扩张和破坏。病情较轻时,这些破坏常发生于肺的上部区域,但随着病情发展,可弥漫分布于全肺,并有肺毛细血管床的破坏。由于遗传因素或炎症细胞和介质的作用,肺内源性蛋白酶和抗蛋白酶失衡,为肺气肿性肺破坏的主要机制,氧化作用和其他炎症后果也起作用。

COPD 肺血管的改变以血管壁的增厚为特征,这种增厚始于疾病的早期。内膜增厚是最早的结构改变,接着出现平滑肌增厚和血管壁炎症细胞浸润。COPD 加重时平滑肌、蛋白多糖和胶原的增多进一步使血管壁增厚。COPD 晚期继发肺源性心脏病时,部分患者可见多发性肺细小动脉原位血栓形成。

【临床表现】

一、症状

起病缓慢、病程较长,主要症状为慢性咳嗽、咳痰、气短或呼吸困难等,慢性咳嗽随病程发展可终身不愈。常晨间咳嗽明显,夜间有阵咳或排痰。咳痰一般为白色黏液或浆液性泡沫性痰,偶可带血丝,清晨排痰较多。急性发作期痰量增多,可有脓性痰。气短或呼吸困难早期在劳力时出现,后逐渐加重,以致在日常活动甚至休息时也感到气短,是 COPD 的标志性症状。部分患者特别是重度患者或急性加重时出现喘息,晚期患者有体重下降,食欲减退等。

二、体征

早期体征可无异常,随疾病进展出现以下体征。

1. 视诊 胸廓前后径增大,肋间隙增宽,剑突下胸骨下角增宽,称为桶状胸。部分患者呼吸变浅,频率增快,严重者可有缩唇呼吸等。
2. 触诊 双侧语颤减弱。
3. 叩诊 肺部过清音,心浊音界缩小,肺下界和肝浊音界下降。
4. 听诊 两肺呼吸音减弱,呼气延长,部分患者可闻及湿性啰音和(或)干性啰音。

【实验室及其他检查】

一、肺功能检查

肺功能检查是判断气流受限的主要客观指标,对 COPD 诊断、气流受限程度评价、疾病进展、预后及治疗反应等有重要意义。

(1) 第 1 秒用力呼气容积占用力肺活量百分比(FEV_1/FVC)是评价气流受限的一项敏感指标,也是评估 COPD 气流受限程度的良好指标,其变异性小,易于操作。

吸入支气管舒张药后 $FEV_1/FVC < 70\%$ 及 $FEV_1 < 80\%$ 预计值者,可确定为不完全可逆性气流受限。

(2) 肺总量(TLC)、功能残气量(FRC)和残气量(RV)增高,肺活量(VC)减低,表明肺过度充气,有参考价值。由于 TLC 增加不及 RV 增高程度明显,故 RV/TLC 增高。

(3) 一氧化碳弥散量(DL_{CO})及 DL_{CO} 与肺泡通气量(VA)比值(DL_{CO}/VA)下降,该项指标对诊断有参考价值。

二、胸部 X 线检查

COPD 早期胸片可无变化,以后可出现肺纹理增粗、紊乱等非特异性改变,也可出现肺气肿改变。X 线胸片改变对 COPD 诊断特异性不高,主要作为确定肺部并发症及与其他肺疾病鉴别之用。

三、胸部 CT 检查

CT 检查不应作为 COPD 的常规检查,但 CT 检查对肺气肿的部位、严重程度等有诊断价值。特别是 HRCT,对有疑问病例的鉴别诊断有一定意义。

四、血气检查

血气检查对确定发生低氧血症、高碳酸血症、酸碱平衡失调以及判断呼吸衰竭的类型有重要价值。

五、其他

COPD合并细菌感染时,外周血白细胞增高,核左移。痰培养可能查出病原菌;常见病原菌为肺炎链球菌、流感嗜血杆菌、卡他莫拉菌、肺炎克雷伯杆菌等。

【诊断与鉴别诊断】

一、诊断

(一)诊断标准

COPD的诊断应根据临床表现、危险因素接触史、体征及实验室检查等资料综合分析确定。

(1)主要症状为慢性咳嗽、咳痰和(或)呼吸困难。

(2)早期体征可无异常,随疾病进展出现以下体征:桶状胸,部分患者呼吸变浅,频率增快,严重者可有缩唇呼吸等,双侧语颤减弱,肺部过清音,心浊音界缩小,肺下界和肝浊音界下降,两肺呼吸音减弱,呼气相延长,部分患者可闻及湿性啰音和(或)干性啰音。

(3)有吸烟、空气污染、职业性粉尘和化学物质等危险因素接触史。

(4)肺功能测定指标是诊断COPD的金标准。存在不完全可逆性气流受限是诊断COPD的必备条件。用支气管舒张剂后$FEV_1/FVC<70\%$可确定为不完全可逆性气流受限。凡具有吸烟史及(或)环境职业污染接触史及(或)咳嗽、咳痰或呼吸困难史者均应进行肺功能检查。COPD早期轻度气流受限时可无临床症状。

(5)胸部X线检查有助于确定肺过度充气的程度及与其他肺部疾病鉴别。

(二)COPD的综合评估

COPD评估的目的是决定疾病的严重程度,包括气流受限的严重程度、患者的健康状况和未来的风险程度(例如急性加重、住院或死亡),最终目的是指导治疗。COPD的评估包括4个方面,即症状评估、肺功能评价气流受限的程度、急性加重风险评估和合并症评估。

1. **症状评估** 评估症状采用改良英国呼吸困难指数(modified British medical research council,mMRC)或COPD评估测试(COPD assessment test,CAT)。mMRC用以评估呼吸困难的严重程度,由低到高依次为0~4级(表6-1);COPD评估测试(CAT)包括8个常见临床问题,以评估COPD患者的健康损害,评分范围为0~40分,其可靠性和反应性均较满意(表6-2)。

表6-1 改良英国呼吸困难指数(mMRC)

mMRC分级	mMRC评估呼吸困难严重程度
mMRC分级0	我仅在费力运动时出现呼吸困难
mMRC分级1	我平地快步行走或步行爬小坡时出现气短
mMRC分级2	我由于气短,平地行走时比同龄人慢或者需要停下来休息
mMRC分级3	我在平地行走100米左右或数分钟后需要停下来喘气
mMRC分级4	我因严重呼吸困难以至于不能离开家,在穿、脱衣服时出现呼吸困难

表6-2 COPD评估测试(CAT)

	分数	
我从不咳嗽	0 1 2 3 4 5	我总是咳嗽
我肺里一点痰也没有	0 1 2 3 4 5	我肺里有很多痰
我一点也没有胸闷的感觉	0 1 2 3 4 5	我有很重的胸闷的感觉
当我在爬坡或爬一层楼梯时,我并不感觉喘不过气来	0 1 2 3 4 5	当我在爬坡或爬一层楼梯时,我感觉非常喘不过气来
我在家里的任何活动都不受慢性阻塞性肺疾病的影响	0 1 2 3 4 5	我在家里的任何活动都很受慢性阻塞性肺疾病的影响
尽管我有肺病,我还是有信心外出	0 1 2 3 4 5	因为我有肺病,对于外出我完全没有信心
我睡得好	0 1 2 3 4 5	因为我有肺病,我睡得不好
我精力旺盛	0 1 2 3 4 5	我一点精力都没有

2. 肺功能评估　气流受限程度采用肺功能检查评估。

COPD 患者的气流受限的肺功能分级分为4级,即轻度、中度、重度、极重度(表6-3)。

表6-3　COPD 患者气流受限分级(吸入支气管扩张剂后的 FEV_1)

分级	基本条件	肺功能
1级:轻度		$FEV_1\%$ pred ≥80%
2级:中度	FEV_1/FVC <70%	50% ≤ $FEV_1\%$ pred <80%
3级:重度		30% ≤ $FEV_1\%$ pred <50%
4级:极重度		$FEV_1\%$ pred <30%

3. 急性加重风险评估　采用急性加重病史和肺功能评估急性加重的风险,上一年发生2次或以上的急性加重或 $FEV_1\%$ pred <50% 提示风险增加,需要正确评估合并症并给予恰当的治疗。

4. 合并症评估　COPD 患者常常伴有合并症,包括心血管疾病、骨质疏松、焦虑和抑郁、肺癌、感染、代谢综合征和糖尿病等。最常见的合并症是心血管疾病、抑郁和骨质疏松。这些合并症可发生在轻度、中度、重度、极重度的患者中,并且分别影响患者的住院和死亡,应该努力发现患者的合并症并给予适当的治疗。

综上所述,用图6-1对 COPD 患者进行综合评估时,首先应用 mMRC 或者应用 CAT 评估症状。如果患者在方格的左边一侧,则为症状较轻的患者(mMRC 0~1 或 CAT<10:A 或 C);如果患者在方格的右边一侧,则为症状较重的患者(mMRC≥2 或 CAT≥10:B 或 D)。下一步是评估患者急性加重的风险,如果患者在方格的下半部分为低风险;而在上半部分为高风险。这时有两种方法进行判断:① 应用肺功能测定气流受限的程度(1级和2级表明低风险,而3级和4级表明高风险);② 应用过去12个月中急性加重的次数进行评估(0或1次为低风险,而2次或2次以上则表明高风险)。

总之,COPD 患者的评估可以概括如表6-4。

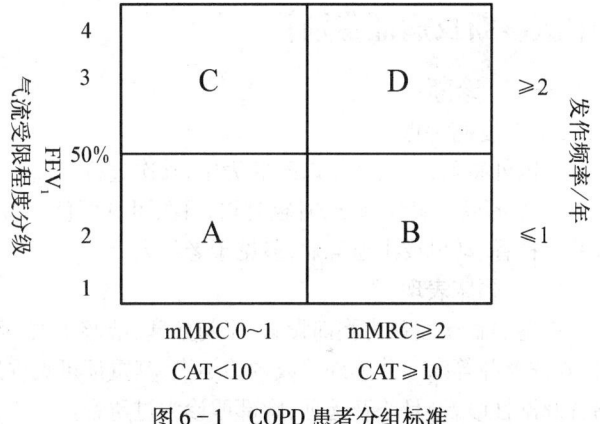

图6-1　COPD 患者分组标准

表6-4　COPD 的综合评估

患者	特征	肺功能分级(GOLD)	加重次数(每年)	mMRC	CAT
A	低危,症状较少	Ⅰ~Ⅱ	≤1	0~1	<10
B	低危,症状较多	Ⅰ~Ⅱ	≤1	2+	≥10
C	高危,症状较少	Ⅲ~Ⅳ	2+	0~1	<10
D	高危,症状较多	Ⅲ~Ⅳ	2+	2+	≥10

二、鉴别诊断

1. 支气管哮喘　多在儿童或青少年期起病,以发作性喘息为特征,发作时两肺布满哮鸣音,常有家庭或个人过敏史,症状经治疗后可缓解或自行缓解。哮喘的气流受限多为可逆性,其支气管舒张试验阳性。某些患者可能存在 COPD 合并支气管哮喘,在这种情况下,表现为气流受限不完全可逆,从而使两种疾病难以区分。

2. 支气管扩张　有反复发作咳嗽、咳痰特点,常反复咯血,合并感染时咯大量脓性痰,查体常有肺部固定性湿性啰音。部分胸部 X 片显示肺纹理粗乱或呈卷发状,HRCT 可见支气管扩张改变。

3. 肺结核　可有午后低热、乏力、盗汗等结核中毒症状,痰检可发现结核分枝杆菌,X 线胸片检查可发现病灶。

4. 弥漫性泛细支气管炎　大多数为男性非吸烟者,几乎所有患者均有慢性鼻窦炎,X 线胸片和 HRCT 显示弥漫性小叶中央结节影和过度充气征,红霉素治疗有效。

5. 支气管肺癌　刺激性咳嗽、咳痰,可有痰中带血,或原有慢性咳嗽、咳嗽性质发生改变,X 线胸片及 CT 可发现占位病变、阻塞性肺不张或阻塞性肺炎。痰细胞学检查、纤维支气管镜检查以至肺活检,可有助于明确诊断。

6. 其他原因所致呼吸气腔扩大　肺气肿是一病理诊断名词。呼吸气腔均匀规则扩大而不伴有肺泡壁的破坏时,虽不符合肺气肿的严格定义,但临床上也常习惯称为肺气肿,如代偿性肺气肿、老年性肺气肿、Down综合征中的先天性肺气肿等。临床表现可以出现劳力性呼吸困难和肺气肿体征,但肺功能测定没有气流受限的改变,即$FEV_1/FVC \geq 70\%$,与COPD不同。

【中医病因病机】

本病多由慢性咳喘逐渐加重演变而成,发病缓慢。久病多虚或老年体弱者,更易感受外邪,致使病情愈演愈重,所以本病的病因病机涉及内因、外因两个方面的因素。

1. 内因　脏腑功能失调主要与肺、脾、肾关系更为密切。由于咳嗽、咯痰经久不愈,气喘反复发作,致使肺脏虚损,肺虚则气失所主,以致气短、喘促加重。子盗母气,脾脏受累,运化失职,以致痰饮内生。病久及肾而使肾虚,肾不纳气。《类证治裁》云:"肺为气之主,肾为气之根,肺主出气,肾主纳气,阴阳相交,呼吸乃和。"肾虚则根本不固,摄纳无权,吸入之气不能摄纳于肾,则气逆于肺,呼多吸少,气不得续,气短不足以息,动则喘促尤甚。

2. 外因　六淫等邪气侵袭肺居上焦,与皮毛相合,且肺为娇脏,易受邪侵;脏腑功能失调,卫外不足,外感六淫之邪更易侵袭肺卫,导致宣降失和,肺气不利,引动伏痰,则易发生咳嗽、喘促等症。

综上所述,本病病位在肺,累及脾肾。平时以本虚为主,复感外邪,则虚中夹实。病程日久,肺脾肾虚损更趋严重,终致喘脱。

【中医诊断及病证鉴别】

一、诊断

(一)发病特点

常因外感而诱发,其中以寒邪为主,其次过劳、暴怒、炎热也可诱发本病。有慢性肺系疾患多年,反复发作,一般经10~20年形成。病程缠绵,时轻时重,日久可见面色晦暗,唇甲紫绀,脘腹胀满,肢体浮肿,甚或喘脱等危重证候。病重可并发神昏、动风或出血等症,多见于老年人。

(二)临床表现

典型的临床表现为胸部膨满,胀闷如塞,喘咳上气,痰多及烦躁、心悸等,以喘、咳痰、胀为特征。病久可见唇甲紫绀、心悸浮肿等症。兼感外邪或调治不当,其重证可见昏迷、抽搐以至喘脱等。体检可见桶状胸,闻及肺部哮鸣音或痰鸣音及湿性啰音,且心音遥远,胸部叩诊为过清音。

此外,还需结合现代诊疗设备以明确诊断,为辨病提供可靠依据。

二、病证鉴别

1. 哮病　是一种发作性的痰鸣气喘疾患,常突然发病,迅速缓解,且以夜间发作多见,其证候特点与肺胀的喘咳上气有显著不同。

2. 喘证　以呼吸困难为主要表现,可见于多种急、慢性疾病的过程中,常为某些疾病的重要主症和治疗的重点。而肺胀是由多种慢性肺系疾病迁延不愈发展而来,喘咳上气,仅是肺胀的一个症状。

【治疗】

一、治疗思路

本病治疗目的在于改善呼吸功能,提高患者生活质量,故多采用中西医结合治疗。急性加重期,西药以抗炎、解痉、止咳为主,配以中药宣肺化痰,止咳平喘。稳定期应充分发挥中医特色,根据肺脾肾三脏虚损情况,治以补肺、健脾、益肾为主。

二、西医治疗

(一)稳定期治疗

分为药物治疗和非药物治疗。

1. 药物治疗

(1)支气管舒张药:可松弛支气管平滑肌,扩张支气管,缓解气流受限,是控制COPD症状的主要治疗措施。短期按需应用可缓解症状,长期规则应用可预防和减轻症状,增加运动耐力,但不能使所有患者的肺功能都得到改善。与口服药物相比,吸入剂不良反应小,因此多首选吸入治疗。

1)β_2激动剂:主要有沙丁胺醇气雾剂,每次100~200μg(1~2喷),定量按需吸入,疗效持续4~5小时,每24小时不超过8~12喷。特布他林气雾剂亦有同样作用,可缓解症状。另外,尚有沙美特罗、福莫特罗等长效β₂激动剂,每日仅需吸入2次,可有同样的作用。

2) 抗胆碱能药:是COPD常用的药物,主要品种为异丙托溴铵气雾剂,定量吸入,起效较沙丁胺醇慢,持续6~8小时,每次40~80 mg,每天3~4次。长效抗胆碱药有噻托溴铵,选择性作用于M_1、M_3受体,每次吸入18 μg,每天1次。

3) 茶碱类:茶碱缓释或控释片,0.2 g,每12小时1次;氨茶碱,0.1 g,每日3次。

(2) 糖皮质激素:对重度和极重度患者,反复加重的患者,有研究显示长期吸入糖皮质激素与长效β₂激动剂联合制剂,可增加运动耐量,减少急性加重发作频率,提高生活质量,甚至有些患者的肺功能得到改善。目前常用剂型有沙美特罗加氟替卡松、福莫特罗加布地奈德。

(3) 其他药物

1) 祛痰药(黏液溶解剂):COPD气道内可产生大量黏液分泌物,可促使继发感染,并影响气道通畅,应用祛痰药有利于气道引流通畅,改善通气,总的来说效果并不十分确切。但近期研究证实,长期使用羧甲司坦对COPD患者有益。

2) 抗氧化剂:COPD气道炎症使氧化负荷加重,加重COPD的病理生理变化。应用抗氧化剂,如N-乙酰半胱氨酸可降低疾病反复加重的频率。但目前尚缺乏长期、多中心临床研究结果,有待今后进一步研究。

3) 免疫调节剂:对降低COPD急性加重严重程度可能具有一定的作用,但尚未得到确证,不推荐作常规使用。

4) 疫苗:流感疫苗可减少COPD患者的急性加重次数,可每年给予1次(秋季)或2次(秋、冬)。根据每年预测的病毒种类制备。肺炎球菌疫苗含有23种肺炎球菌荚膜多糖,已在COPD患者中应用,但缺乏可靠的临床研究资料。

(4) 抗生素的治疗:目前,在COPD患者稳定期治疗中无使用抗生素的指征,除非治疗感染性慢性阻塞性肺病急性加重(acute exacerbations of chronic obstructive pulmonary disease, AECOPD)。

2. 非药物治疗

(1) 教育和劝导患者戒烟:因职业或环境粉尘、刺激性气体所致者,应脱离污染环境。

(2) 长期家庭氧疗:对COPD慢性呼吸衰竭者可提高生活质量和生存率。对血流动力学、运动能力、肺生理和精神状态均会产生有益的影响。

(3) 康复治疗:可以使进行性气流受限、严重呼吸困难而很少活动的患者改善活动能力,提高生活质量,是COPD患者一项重要的治疗措施,但也不应夸大其作用。它包括呼吸生理治疗、肌肉训练、营养支持、精神治疗与教育等多方面措施。

(4) 外科治疗:① 肺大疱切除术:在有指征的患者,术后可减轻患者呼吸困难的程度,并使肺功能得到改善。术前胸部CT检查、动脉血气分析及全面评价呼吸功能对于决定是否手术是非常重要的。② 肺减容术:是通过切除部分肺组织,减少肺过度充气,改善呼吸肌做功,提高运动能力和健康状况,但不能延长患者的寿命。主要适用于上叶明显非均质肺气肿,康复训练后运动能力仍低的一部分患者,但其费用高,属于试验性姑息性外科手术。不建议广泛应用。③ 肺移植术:对于选择合适的COPD晚期患者,肺移植术可改善生活质量,改善肺功能,但技术要求高,花费大,很难推广应用。

(二) 急性加重期治疗

急性加重是指咳嗽、咳痰、呼吸困难比平时加重或痰量增多或呈黄痰;或者是需要改变用药方案。

1. 急性加重期的评估　首先,确定急性加重期的原因及病情严重程度,最多见的急性加重原因是细菌或病毒感染。其次,根据病情严重程度决定门诊或住院治疗。

2. 支气管舒张药　药物同稳定期。有严重喘息症状者可给予较大剂量雾化吸入治疗,如应用沙丁胺醇2.5 mg或异丙托溴铵500 μg,或沙丁胺醇1 mg加异丙托溴胺250~500 μg,通过小型雾化器给患者吸入治疗以缓解症状。

3. 抗生素　当患者呼吸困难加重,咳嗽伴痰量增加、有脓性痰时,应根据患者所在地常见病原菌类型及药物敏感情况积极选用抗生素治疗。可选用β-内酰胺类(或β-内酰胺酶抑制剂)、第二代头孢菌素、大环内酯类或喹诺酮类抗生素。如果找到确切的病原菌,则根据药敏结果选用抗生素。

4. 糖皮质激素　对于COPD加重早期,病情较轻,可以在院外治疗的患者,如患者的基础FEV_1<50%预计值,除支气管舒张剂外可考虑口服糖皮质激素,泼尼松龙每日30~40 mg,连用7~10天。也可糖皮质激素联合长效β₂激动剂、茶碱类。对需住院治疗的急性加重期患者可考虑在应用支气管舒张剂基础上,口服或静脉滴注糖皮质激素,糖皮质激素的剂量要权衡疗效及安全性,要注意延长糖皮质激素给药时间并不能增加疗效,反而会使不良反应增加。

5. 祛痰剂　溴己新,8~16 mg,每日3次;盐酸氨溴索,30 mg,每日3次酌情选用。

6. 氧疗　是急性加重的重要治疗,根据患者血氧情况调整并维持患者氧饱和度大于90%。一旦氧疗开始,30~

60分钟后应该进行动脉血气分析检查。Venturi面罩(高流量装置)与鼻导管给氧相比较,可以提供较为准确的氧流量和控制氧气的释放,但耐受性较差。

7. 无创通气治疗　可减轻CO_2潴留,降低呼吸频率,减轻呼吸困难,减轻合并症和减少住院天数,降低死亡率和减少气管插管。总之,大多数情况下,临床上可以试用无创通气,有益无害。

8. 有创通气治疗　降低呼吸频率,改善PaO_2、$PaCO_2$和pH,降低死亡率,减少治疗失败的风险,但是需要气管插管。

9. 其他治疗　维持液体平衡,特别注意利尿剂的使用,抗凝治疗,对合并症的治疗和改善营养状况等。

(三) COPD合并症的治疗

COPD合并症,重点是心血管疾病、骨质疏松、焦虑和抑郁、肺癌、感染、代谢综合征和糖尿病等。COPD常常和其他疾病合并存在,对疾病的进展产生显著影响。存在合并症不需要改变COPD的治疗。COPD患者无论病情轻重,都可以出现合并症,鉴别诊断有时很困难。COPD和其他疾病合并存在时,应同时治疗合并症。

三、中医治疗

辨证论治

1. 痰浊壅肺

证候:胸膺满闷,短气喘息,稍劳即著,咳嗽痰多,色白黏腻或呈泡沫,畏风易汗,脘痞纳少,倦怠乏力,舌暗,苔薄腻或浊腻,脉滑。

治法:化痰降气,健脾益肺。

方药:苏子降气汤合三子养亲汤加减。

药用紫苏子、半夏、当归、前胡、厚朴、陈皮、当归、肉桂、生姜、大枣、甘草、苏子、白芥子、莱菔子等。若外感风寒诱发,痰从寒化饮,喘咳,痰多黏白泡沫,属表寒里饮证者,予小青龙汤加麻黄、桂枝、细辛、干姜以温肺化饮;饮郁化热,烦躁而喘,脉浮,小青龙加石膏汤(兼清郁热);痰浊夹瘀,唇甲紫黯,舌苔浊腻者,涤痰汤加丹参、地龙、桃仁、红花、赤芍、水蛭。

2. 痰热郁肺

证候:咳逆,喘息气粗,胸满,目胀睛突,痰黄或白,黏稠难咯,或伴身热,微恶寒,有汗不多,口渴欲饮,尿黄,便干,舌边尖红,苔黄或黄腻,脉数或滑数。

治法:清肺化痰,降逆平喘。

方药:越婢加半夏汤或桑白皮汤加减。

药用麻黄、石膏、半夏、生姜、甘草、大枣、桑白皮、贝母、杏仁、黄连、苏子、黄芩、山栀等。若痰鸣喘息,不得平卧,加射干、葶苈子以泻肺平喘;痰热伤津,口干舌燥,加天花粉、知母、芦根;腑气不通,胸满喘逆,大便秘结,加大黄、芒硝;阴伤而痰量已少者,减苦味药物,加麦冬、沙参等。

3. 痰蒙神窍

证候:神志恍惚,表情淡漠,谵妄,烦躁不安,撮空理线,嗜睡,昏迷,肢体瞤动、抽搐,咳逆喘促,咯痰不爽,舌质黯红或淡紫,或紫绛,苔白腻或黄腻,脉细滑数。

治法:涤痰开窍,息风止痉。

方药:涤痰汤加减。

药用茯苓、人参、甘草、橘红、胆星、半夏、竹茹、枳实、菖蒲。若痰热内盛,身热,烦躁,神昏,谵语,舌红苔黄者,加葶苈子、天竺黄;肝风内动,抽搐,加钩藤、全蝎、羚羊角粉(吞);血瘀明显,唇甲紫绀,加丹参、红花、桃仁;皮肤黏膜出血,咯血,便血鲜红,加水牛角、生地、丹皮、紫珠草;寒痰内闭可用三生饮或羚羊钩藤汤加减,送服苏合香丸。

本证属危证,应积极给予抗感染、机械通气等中西医结合抢救治疗。

4. 阳虚水泛

证候:心悸,喘咳不能平卧,咯痰清稀,面浮,下肢浮肿,甚则一身尽肿,腹部胀满有水,脘痞,纳差,尿少,怕冷,面唇青紫,舌胖质黯,苔白滑,脉沉细。

治法:温肾健脾,化饮利水。

方药:真武汤合五苓散加减。

药用茯苓、芍药、白术、附子、生姜、猪苓、泽泻、肉桂等。若水肿势剧,上凌心肺,心悸,喘满,倚息不得卧,加沉香、黑白丑、椒目、葶苈子。

5. 肺肾气虚

证候：呼吸浅短难续，声低气怯，甚则张口抬肩，不能平卧，咳嗽，痰白如沫，咯吐不利，胸闷心悸，形寒汗出，腰膝酸软，小便清长，或尿有余沥，舌淡或黯紫，脉沉细无力，或结代。

治法：补肺摄纳，降气平喘。

方药：平喘固本汤合补肺汤加减。

药用党参、五味子、冬虫夏草、胡桃肉、灵磁石、沉香、坎脐（脐带）、苏子、款冬花、法半夏、橘红、黄芪、地黄、桑白皮、紫菀等。若肺虚有寒，怕冷，舌质淡，加肉桂、干姜、钟乳石；兼阴伤低热，舌红，苔少，加麦冬、玉竹、生地；气虚瘀阻，颈脉动甚，面唇紫绀明显，加当归、丹参、苏木；喘脱危象用参附汤送服蛤蚧粉以补气纳肾，回阳固脱；注射剂如参附注射液、生脉注射液、参麦注射液可酌情选用。

【转归、预防与调护】

其预后受患者的体质、病情、环境等影响。凡体质强，病情轻，环境较好，加之医疗措施得当，摄生有方，重视康复，可使病情基本稳定，带病延年；反之，则迁延恶化。若出现阳虚水泛，肺肾气虚喘脱或痰蒙神窍，病转危重，如不及时救治，则预后不良。

在预防方面，应重视原发病的治疗。防止感冒，尤其对老年、久病体虚的患者，凡近期内咳喘突然加剧，痰色变黄，舌质变红，要考虑复感外邪病情加重的可能，应及时诊治，阻断病势的发展。要预防内伤咳嗽迁延不愈，发展成为本病。平素宜适寒温，节饮食，调情志，戒烟酒，远房事，加强体育锻炼。

（李凤森）

第七章
肺源性心脏病

肺源性心脏病(cor pulmonale),简称肺心病,是指由支气管-肺组织、胸廓或肺血管病变,致肺血管阻力增加,产生肺动脉高压,继而右心室结构或(和)功能改变的疾病。根据起病缓急和病程长短,可分为急性和慢性肺心病两类,临床上以后者多见。本节主要论述慢性肺源性心脏病(chronic pulmoriary heart disease),简称慢性肺心病(chronic cor pulmonale)。

本病可归属于中医学"喘证"、"肺胀"、"痰饮"、"水肿"、"心悸"等范畴。常常是由于肺系疾患的反复发作,迁延不愈,导致肺气胀满,不能敛降;或肺气虚弱,不能通调水道,而致水液泛滥,则成痰饮或水肿;或肺气虚弱,水液通调失衡,痰饮凌心,则心悸;或肺气虚弱,不能运行血脉,日久则血瘀于内,也可致心悸、水肿。

【病因和发病机制】

一、病因

1. **支气管、肺疾病** 以 COPD 最为多见,占 80%~90%,其次为支气管哮喘、支气管扩张、重症肺结核、肺尘埃沉着病、结节病、间质性肺炎、过敏性肺泡炎、嗜酸性肉芽肿、药物相关性肺疾病等。

2. **胸廓运动障碍性疾病** 胸廓运动障碍性疾病较少见,严重的脊椎后凸、侧凸、脊椎结核、类风湿关节炎、胸膜广泛粘连及胸廓成术后造成的严重胸廓或脊椎畸形,以及神经肌肉疾患如脊髓灰质炎,均可引起胸廓活动受限、肺受压、支气管扭曲或变形,导致肺顺应性下降,肺功能受损。气道引流不畅,肺部反复感染,并发肺气肿或纤维化。

3. **肺血管疾病** 慢性血栓栓塞性肺动脉高压、肺小动脉炎、累及肺动脉的变应性肉芽肿病(allergic granulomatosis),以及原因不明的原发性肺动脉高压,均可使肺动脉狭窄、阻塞,引起肺血管阻力增加、肺动脉高压和右心室负荷加重,发展成慢性肺心病。

4. **其他** 原发性肺泡通气不足及先天性口咽畸形、睡眠呼吸暂停低通气综合征等均可产生低氧血症,引起肺血管收缩,导致肺动脉高压,发展成慢性肺心病。

二、发病机制

引起右心室扩大、肥厚的因素很多,但先决条件是肺功能和结构的不可逆性改变,发生反复的气道感染和低氧血症,导致一系列体液因子和肺血管的变化,使肺血管阻力增加,肺动脉血管的结构重塑,产生肺动脉高压。

1. **肺动脉高压的形成** 缺氧、高碳酸血症和呼吸性酸中毒使肺血管收缩、痉挛,其中缺氧是肺动脉高压形成最重要的因素。引起缺氧性肺血管收缩的原因很多,现认为体液因素在缺氧性肺血管收缩中占重要地位。缺氧使平滑肌细胞膜对 Ca^{2+} 的通透性增加,细胞内 Ca^{2+} 含量增高,肌肉兴奋收缩耦联效应增强,直接使肺血管平滑肌收缩。高碳酸血症时,由于 H^+ 产生过多,使血管对缺氧的收缩敏感性增强,致肺动脉压增高。

2. **心脏病变和心力衰竭** 肺循环阻力增加时,右心发挥其代偿功能,以克服肺动脉压升高的阻力,而发生右心室肥厚。肺动脉高压早期,右心室尚能代偿,随着病情的进展,特别是急性加重期,肺动脉压持续升高,超过右心室的代偿能力,右心失代偿,右心排出量下降,右心室收缩末期残留血量增加,使右心室扩大和右心室功能衰竭。

慢性肺心病除发现右心室改变外,也有少数可见左心室肥厚。由于缺氧、高碳酸血症、酸中毒、相对血流量增多等因素,使左心负荷加重。如病情进展,则可发生左心室肥厚,甚至导致左心衰。

3. **其他重要器官的损害** 缺氧和高碳酸血症除影响心脏外,还导致其他重要器官如脑、肝、肾、胃肠及内分泌系统、血液系统等发生病理改变,引起多器官的功能损害。

【病理】

一、肺动脉高压

长期反复发作的 COPD 及支气管周围炎,可累及邻近肺小动脉,引起血管炎,管壁增厚,管腔狭窄或纤维化,甚至完全闭塞,使肺血管阻力增加,产生肺动脉高压。

二、毛细血管网毁损

随着肺气肿的加重,肺泡内压增高,压迫肺泡毛细血管,造成毛细血管管腔狭窄或闭塞,肺泡壁破裂造成毛细血管网的毁损,肺泡毛细血管床减损超过70%时肺循环阻力增大。

三、肺血管重塑

慢性缺氧使肺血管收缩,管壁张力增高,同时缺氧时,肺内产生多种生长因子(如多肽生长因子),可直接刺激管壁平滑肌细胞、内膜弹力纤维及胶原纤维增生。

四、血栓形成

尸检发现,部分慢性肺心病急性发作期患者存在多发性肺微小动脉原位血栓形成,引起肺血管阻力增加,加重肺动脉高压。

此外,肺血管性疾病、肺间质疾病、神经肌肉疾病等皆可引起肺血管的病理改变,使血管腔狭窄、闭塞,肺血管阻力增加,发展成肺动脉高压。在慢性肺心病肺动脉高压的发生机制中,功能性因素较解剖学因素更为重要。

在急性加重期经过治疗,缺氧和高碳酸血症得到纠正后,肺动脉压可明显降低,部分患者甚至可恢复到正常范围。

【临床表现】

本病发展缓慢,临床上除原有肺、胸疾病的各种症状和体征外,主要是逐步出现肺、心功能衰竭以及其他器官损害的征象。按其功能的代偿期与失代偿期进行分述。

一、肺、心功能代偿期

1. 症状　咳嗽,咳痰,气促,活动后可有心悸、呼吸困难、乏力和劳动耐力下降。急性感染可使上述症状加重,少有胸痛或咯血。

2. 体征　可有不同程度的发绀和肺气肿体征。偶有干、湿性啰音,心音遥远,肺动脉瓣第二心音大于主动脉瓣第二心音($P_2 > A_2$),三尖瓣区可出现收缩期杂音或剑突下心脏搏动增强,提示有右心室肥厚。部分患者因肺气肿使胸内压升高,阻碍腔静脉回流,可有颈静脉充盈。

二、肺、心功能失代偿期

（一）呼吸衰竭

1. 症状　咳嗽,咳痰,气促,呼吸困难加重,夜间为甚,常有头痛、失眠、食欲下降,但白天嗜睡,甚至出现表情淡漠、神志恍惚、谵妄等肺性脑病的表现。

2. 体征　明显发绀,球结膜充血、水肿,严重时可有视网膜血管扩张、视乳头水肿等颅内压升高的表现。腱反射减弱或消失,出现病理反射。伴有高碳酸血症时,可出现周围血管扩张的表现,如皮肤潮红、多汗。

（二）右心衰

1. 症状　气促更明显,心悸,食欲不振,腹胀,恶心等。

2. 体征　发绀更明显,颈静脉怒张,心率增快,可出现心律失常,剑突下可闻及收缩期杂音,甚至出现舒张期杂音。肝大且有压痛,肝颈静脉反流征阳性,下肢水肿,重者可有腹水。少数患者可出现肺水肿及全心衰竭的体征。

【实验室及其他检查】

一、X线检查

除肺、胸基础疾病及急性肺部感染的特征外,尚有肺动脉高压征,如右下肺动脉干扩张,其横径≥15 mm;其横径与气管横径比值≥1.07;肺动脉段明显突出或其高度≥3 mm;中央动脉扩张,外周血管纤细,形成"残根"征;右心室增大征,皆为诊断慢性肺心病的主要依据。个别患者心力衰竭控制后可见心影有所缩小。

二、心电图检查

主要表现有右心室肥大改变,如电轴右偏,额面平均电轴≥+90°,重度顺钟向转位,$RV_1 + SV_5 \geq 1.05$ mV及肺型P波。也可见右束支传导阻滞及低电压图形,可作为诊断慢性肺心病的参考条件。在V_1、V_2甚至延至V_3,可出现酷似陈旧性心肌梗死图形的QS波,应注意鉴别。

三、超声心动图检查

通过测定右心室流出道内径(≥30 mm)、右心室内径(≥20 mm)、右心室前壁的厚度、右心室内径比值(<2)、右肺

动脉内径或肺动脉干及右心房增大等指标,可诊断慢性肺心病。

四、血气分析

慢性肺心病肺功能失代偿期可出现低氧血症或合并高碳酸血症,当 $PaO_2 < 60$ mmHg、$PaCO_2 > 50$ mmHg 时,表示有呼吸衰竭。

五、血液检查

红细胞及血红蛋白可升高,全血黏度及血浆黏度可增加,红细胞电泳时间常延长;合并感染时,白细胞总数增高,中性粒细胞增加。部分患者血清学检查可有肾功能或肝功能改变;血清钾、钠、氯、钙、镁均可有变化。

六、其他

肺功能检查对早期或缓解期慢性肺心病患者有意义。痰细菌学检查对慢性肺心病急性加重期抗生素的选择具有一定的指导意义。

【诊断与鉴别诊断】

一、诊断

根据患者有慢性支气管炎、肺气肿、其他胸肺疾病或肺血管病变,并已引起肺动脉高压、右心室增大或右心功能不全,如肺动脉瓣第二心音大于主动脉瓣第二心音($P_2 > A_2$)、颈静脉怒张、肝大压痛、肝颈静脉反流征阳性、下肢水肿及体静脉压升高等,结合心电图、X线胸片、超声心动图有右心增大肥厚的征象,可以作出诊断。

二、鉴别诊断

本病需与下列疾病相鉴别。

1. **冠状动脉性心脏病** 慢性肺心病与冠状动脉性心脏病(冠心病)均多见于老年人,有许多相似之处,而且常有两病共存。冠心病有典型的心绞痛、心肌梗死史或心电图表现,若有左心衰的发作史、原发性高血压、高脂血症、糖尿病史,则更有助鉴别。体检、X线、心电图、超声心动图检查呈左心室肥厚为主的征象,可资鉴别。慢性肺心病合并冠心病时鉴别有较多困难,应详细询问病史,并结合体格检查和有关心、肺功能检查加以鉴别。

2. **风湿性心脏病** 风湿性心脏病的三尖瓣疾患,应与慢性肺心病的相对三尖瓣关闭不全相鉴别。前者往往有风湿性关节炎和心肌炎病史,其他瓣膜如二尖瓣、主动脉瓣常有病变,X线片、心电图、超声心动图有特殊表现。

3. **原发性心肌病** 本病多为全心增大,无慢性呼吸道疾病史,无肺动脉高压的X线表现等。

【中医病因病机】

本病多因慢性咳喘反复发作,迁延不愈逐渐发展而成。发病缓慢,病程长,其病因有脏腑虚损和外感时邪两种,病因病机可概括为以下3个方面。

1. **肺脾肾虚** 多是由于肺系疾患反复发作,日久不愈,损伤肺气而致。肺气虚衰,子盗母气,病久由肺及脾,累及于肾,致使肺、脾、肾三脏俱虚,是本病发生的主要原因。

2. **外邪侵袭** 肺主气,外合皮毛,肺气既伤,表虚卫阳不固,外邪更易乘虚入侵,以致反复发作,迁延不愈,是本病发生、发展的重要因素。

3. **痰瘀互结** 肺系疾患日久不愈,正气虚衰,气虚则血运无力而瘀滞,气化无权而津液停滞,成痰成饮。痰瘀互结,阻滞肺络,累及于心,是贯穿本病的基本病理因素。

总之,本病病位在肺、脾、肾、心,属本虚标实之证。早期表现为肺、脾、肾三脏气虚,后期则心肾阳虚;外邪侵袭,热毒、痰浊、瘀血、水饮为标。急性发作期以邪实为主,虚实错杂;缓解期以脏腑虚损为主。

【中医诊断及病证鉴别】

一、诊断

有慢性肺系疾患多年,反复发作,迁延难愈。临床表现上为咳逆上气,痰多,胸中憋闷如塞,喘息,动则喘促,日久可见心慌动悸、面唇青紫、脘腹胀满、肢体浮肿等严重证候。结合心电图、X线、超声心动图、肺功能等其他检查诊断。

二、病证鉴别

1. **心悸** 肺心病与心悸的鉴别要点在于肺心病除心悸以外,还有疲乏、喘咳、腹胀、水肿等症,心悸是肺心病的一个症状。心悸以惊悸怔忡为主症,时作时止,未发时可如常人。

2. **喘证** 喘证属于肺系疾病的一个证,有实喘与虚喘之分,总属肺失肃降,肺气上逆所致,常伴有其他肺系病证,如咳嗽、咯痰、胸痛等,而无心悸怔忡、水肿腹胀;而肺心病则是一个病,多有气喘,其特点是因外感或劳累而喘,喘不得卧,并伴有心悸、水肿等症,可资鉴别。

3. 哮病　哮病与肺心病都有气喘,甚则喘不得卧,临床易于混淆。哮病属于肺系疾病,为发作性痰鸣气喘疾患,多有伏痰宿根,复因外感、食物、花粉或情志等因素诱发。初起常见喉鼻作痒、喷嚏、流涕等先兆症状,发时喉中哮鸣,呼吸困难,间歇期则如常人。哮病日久,控制不佳,则可以发展为肺心病。肺心病既往有肺系、心脏等病史,平时喘息气短,动则尤甚,不似哮病呈发作性特点,也无先兆症状,并伴有心悸、水肿等症。

4. 水肿　肺心病常见水肿甚至是重度水肿,故古人将其归入"水肿"范畴。但是,水肿病因复杂,有五脏水之分,脏腑不同,病状各异,应予鉴别。肝水既往有肝病病史,其症先见胁痛,黄疸,鼓胀,后期全身水肿。肾水既往有肾病病史,其症见腰痛,小便不利,全身浮肿,腹大脐突,阴下湿如牛鼻上汗,其足逆冷,面反瘦,晚期可出现关格。心水属于心力衰竭,既往有心病病史,水肿始于下肢,其症见少气无力,心悸烦躁,喘咳不得卧。根据既往病史、水肿特点、伴随证候,五脏水肿不难鉴别,也可借助现代理化检查以资鉴别诊断。应该注意的是,由于疾病传变,五脏相关,至后期常常五脏同病。

【治疗】

一、治疗思路

本病的治疗原则是"急则治其标,缓则治其本"。复感外邪急性发作时,宣肺解表,化痰,和气降逆,豁痰开窍,调气行血;病情缓解时,宜宣肺、健脾、补肾、扶正固本。虚实夹杂者宜标本同治。在急性发作期,常常要中西医结合治疗,西医治疗措施为主,中医治疗方法为辅,尤其是出现多脏衰时。

二、西医治疗

(一)急性加重期

积极控制感染,通畅呼吸道,改善呼吸功能,纠正缺氧和CO_2潴留,控制呼吸和心力衰竭;积极处理并发症。

1. 控制感染　参考痰菌培养及药敏试验选择抗生素。在还没有培养结果前,根据感染的环境及痰涂片革兰染色选用抗生素。社区获得性感染以革兰阳性菌占多数,医院内感染则以革兰阴性菌为主。或选用两者兼顾的抗生素。常用的有青霉素类、氨基糖苷类、喹诺酮类、头孢菌素类,以及头孢菌素加酶制剂等抗感染药物,且必须注意可能继发真菌感染。

2. 改善呼吸功能,抢救呼吸衰竭　采取综合措施,包括缓解支气管痉挛、清除痰液、畅通呼吸道,可用氨溴索,60 mg,口服2次/日,或静脉滴注。持续低浓度给氧,或可应用呼吸兴奋剂、无创机械通气等,必要时施行气管切开、气管插管进行机械通气治疗等。

3. 控制心力衰竭　慢性肺心病心力衰竭的治疗与其他心脏病心力衰竭的治疗有其不同之处,因为慢性肺心病患者一般在积极控制感染、改善呼吸功能后心力衰竭便能得到改善,患者尿量增多,水肿消退,不需加用利尿药。但对治疗无效的重症患者,可适当选用利尿药、正性肌力药或血管扩张药。

(1)利尿药:有减少血容量、减轻右心负荷、消除水肿的作用。原则上宜选用作用轻的利尿药,小剂量使用。如氢氯噻嗪,25 mg,1~3次/日,一般不超过4天;尿量多时需加用10%氯化钾10 ml,3次/日,或用保钾利尿药,如氨苯蝶啶,50~100 mg,1~3次/日。重度而急需行利尿的患者可用呋塞米,20 mg,肌内注射或口服。利尿药应用后可出现低钾、低氯性碱中毒、痰液黏稠不易排痰和血液浓缩,应注意预防。

(2)正性肌力药:慢性肺心病患者由于慢性缺氧及感染,对洋地黄类药物的耐受性很低,疗效较差,且易发生心律失常。正性肌力药的剂量宜小,一般约为常规剂量的1/2或2/3量,同时选用作用快、排泄快的洋地黄类药物,如毒毛花苷K,0.125~0.25 mg,或毛花苷C(西地兰)0.2~0.4 mg加于10%葡萄糖液内静脉缓慢注射。用药前应注意纠正缺氧,防治低钾血症,以免发生药物毒性反应。低氧血症、感染等均可使心率增快,故不宜以心率作为衡量洋地黄类药物的应用和疗效考核指征。应用指征是:① 感染已被控制,呼吸功能已改善,用利尿药后有反复水肿的心力衰竭患者;② 以右心衰为主要表现而无明显感染的患者;③ 合并急性左心衰的患者。

(3)血管扩张药:可减轻心脏前、后负荷,降低心肌耗氧量,增加心肌收缩力,对部分顽固性心力衰竭有一定效果,但并不像治疗其他心脏病那样效果明显。血管扩张药在扩张肺动脉的同时也扩张体动脉,往往造成体循环血压下降,反射性产生心率增快、PaO_2下降、$PaCO_2$上升等不良反应。因而,限制了血管扩张药在慢性肺心病的临床应用。钙通道阻滞药(calcium channel blocker,CCB)、一氧化氮、川芎嗪等有一定的降低肺动脉压效果。

(4)控制心律失常:一般经过治疗慢性肺心病的感染、缺氧后,心律失常可自行消失。如果持续存在可根据心律失常的类型选用药物。

（5）应用糖皮质激素：在有效控制感染的情况下，短期大剂量应用糖皮质激素，对抢救早期呼吸衰竭和心力衰竭有一定作用。通常用氢化可的松100～300 mg或甲泼尼龙40～80 mg或地塞米松10～20 mg静脉滴注，每日1～2次，病情好转后2～3天停用。如有糖尿病，胃肠道出血倾向者，糖皮质激素的使用应慎重。

（6）抗凝治疗：应用普通肝素或低分子肝素防止肺微小动脉原位血栓形成。

（7）并发症的处理：并发症如酸碱平衡失调和电解质紊乱、消化道出血、休克、弥散性血管内凝血（disseminated inravascular coagulation, DIC）等治疗，参见各有关章节。

（8）加强护理工作：因病情复杂多变，必须严密观察病情变化，宜加强心肺功能的监护。翻身、拍背，排出呼吸道分泌物，是改善通气功能的一项有效措施。

（二）缓解期

原则上采用中西医结合综合治疗措施，目的是增强患者的免疫功能，去除诱发因素，减少或避免急性加重期的发生，希望使肺、心功能得到部分或全部恢复，如长期家庭氧疗、调整免疫功能等。慢性肺心病患者多数有营养不良，营养疗法有利于增强呼吸肌力，改善缺氧。

三、中医治疗

辨证论治

1. 寒饮射肺

证候：咳嗽痰多，痰白而稀，短气喘息，舌淡，苔白，脉细。

治法：疏风散邪，温散痰饮。

方药：小青龙汤加减。

药用麻黄、芍药、细辛、干姜、甘草（炙）、桂枝、五味子、半夏。若咳逆痰多加白芥子、紫苏子、莱菔子以降气化痰；恶寒发热，周身关节痛甚，加羌活、白芷以散寒解表；便溏加山药、白术以健脾益气；表寒不重去桂枝、白芍，加地龙、紫菀以化痰平喘；喘息不得平卧加葶苈子、白芥子以泻肺利水；痰黏加生石膏以清热生津。

2. 痰浊壅肺

证候：咳嗽喘满，痰多黏腻，胸闷气憋，恶心纳呆，舌苔白厚腻，脉滑。

治法：化痰降气，健脾益气。

方药：苏子降气汤合三子养亲汤加减。

药用紫苏子、半夏、前胡、厚朴、陈皮、甘草、当归、生姜、大枣、肉桂、紫苏子、白芥子、莱菔子等。若平时易感冒，合用玉屏风散以益气固表；因外感风寒诱发，加炙麻黄、荆芥以疏散风寒；痰多胸满，不能平卧，加瓜蒌、桑白皮以泻肺化痰。

3. 痰热郁肺

证候：咳嗽喘满，不能平卧，痰黄或白黏不易咳出，或身热口渴，大便干燥，舌苔黄或腻，脉弦或滑数。

治法：清热宣肺，化痰利水。

方药：麻杏石甘汤合五皮饮加减。

药用麻黄、杏仁、石膏、甘草、陈皮、茯苓皮、生姜皮、桑白皮、大腹皮。若唇干舌紫加丹参、赤芍、川芎以活血通脉；痰多胸闷，不能平卧，加葶苈子、苏子、桔梗以降气化痰；发热痰黄加鱼腥草、败酱草、栀子、金银花以清热化痰；尿少浮肿加车前子、泽泻、白茅根以利水消肿；痰热伤津加天花粉、鲜芦根以养阴清热。

4. 气滞血瘀

证候：喘急气促，胸胁闷胀，急躁易怒，唇甲青紫，舌红，苔薄黄，脉弦。

治法：活血化瘀，益气通阳。

方药：桃红四物汤加减。

药用熟地、当归、白芍、川芎、桃仁、红花等。若痰稠色黄加黄芩、瓜蒌以清热化痰；大便干结加大黄以活血通腑；喘甚欲脱加人参以益气固脱。

5. 痰蒙神窍

证候：嗜睡昏迷，喉中痰鸣，腹胀便秘，唇甲青紫，舌质紫黯，苔腻，脉滑。

治法：健脾化痰，通窍醒神。

方药：涤痰汤送服安宫牛黄丸。

药用茯苓、人参、甘草、橘红、胆星、半夏、竹茹、枳实、菖蒲。若腹胀便秘加大黄、厚朴以通腑导滞；头昏眩晕加菊花、石决明、桑叶以清热平肝；痰浊塞盛，喉间痰鸣，加葶苈子、射干、瓜蒌以降气化痰；唇甲发绀较重加丹参、红花、桃仁以活血通脉;抽搐加用羚角钩藤汤以清热息风,豁痰开窍。

此类型为肺心病的重证,单纯中药不能完全控制,需加强抗感染、机械通气、纠正酸碱平衡及电解质紊乱等。

6. 阳虚水泛

证候:面色灰暗,四肢厥冷,下肢水肿,小便短少,不能平卧,舌质淡胖,苔滑腻,脉沉细滑。

治法:温肾健脾,化湿利水。

方药:真武汤加减。

药用茯苓、芍药、生姜、白术、附子。若面唇发绀加丹参、泽兰、红花以活血利水;咯痰不利加海蛤壳(先煎)、胆南星、桔梗、竹茹以软坚化痰;浮肿甚加车前子、泽泻、牵牛子、沉香、大腹皮以利水消肿;喘甚加炙麻黄、葶苈子、白果以泻肺平喘;喘促较甚加葶苈子、苏子、射干以降气平喘。

此类型以心力衰竭为主,可积极配合利尿剂、心脏正性肌力作用药物等。

7. 元阳欲脱

证候:呼多吸少,气不接续,身寒肢冷,汗出如油,舌淡,脉沉细。

治法:回阳救逆,益气固脱。

方药:参附龙牡汤加减。

药用人参、附子、生姜、大枣、龙骨、牡蛎。若汗出多加五味子以收敛止汗;神志不清加苏合香丸以开窍醒神;汗出如油加白芍、麦冬、浮小麦以敛阴止汗。

此类型为肺心病的重证,单纯中药不能控制,需及时行气管插管等抢救治疗。

【转归、预防与调护】

本病多在冬季由于呼吸道感染而导致呼吸衰竭和心力衰竭,病死率较高,目前在10%~15%,这与肺心病发病高峰年龄向高龄推移、多脏器合并症、感染菌群的改变等多层因素有关。若肺心病反复发作,并见呼吸急促、周身悉肿、不能平卧、饮食减少,且发作时冷汗如油、面色苍白或青紫、四肢厥冷、脉来短数或按之如游丝者,或神志改变等,则提示属于急危重证,预后不良。其主要死因依次为肺性脑病、呼吸衰竭、心力衰竭、休克、消化道出血、DIC、全身衰竭等。

肺心病的预防,以积极防治原发病的诱因为首,因此,积极预防呼吸道感染,宣传戒烟,治理环境污染,并坚持服用以扶正固本为主的方药,对保护肺心病者的肺功能有着重要意义。对已发生肺心病的患者,应针对病情发展分别加以处理,通过适当治疗,心、肺功能都可有一定程度的改善。

(李风森)

第八章
呼吸衰竭

呼吸衰竭(respiratory failure)是指各种原因引起的肺通气和(或)换气功能严重障碍,以致在静息状态下亦不能维持足够的气体交换,导致低氧血症伴(或不伴)高碳酸血症,进而引起一系列病理生理改变和相应临床表现的综合征。其临床表现缺乏特异性,明确诊断有赖于动脉血气分析:在海平面、标准大气压、静息状态、呼吸空气条件下,动脉 PaO_2 < 60 mmHg,伴或不伴 $PaCO_2$ > 50 mmHg,并排除心内解剖分流和原发于心排出量降低等致低氧因素,可诊断为呼吸衰竭。

本章着重讲述慢性呼吸衰竭,慢性呼吸衰竭是指一些慢性疾病引起的肺通气和(或)换气功能严重损害并逐渐加重,经过较长时间才发展为呼吸衰竭。慢性呼吸衰竭虽然有缺氧或伴有 CO_2 潴留,但可通过机体代偿适应,生理功能障碍和代谢紊乱较轻。

根据其临床有呼吸困难、发绀等表现,归属于中医学"喘证"、"喘脱"、"闭证"、"厥证"等范畴,历代文献也有"鼻息"、"肩息"、"上气"、"逆气"、"喘促"之称。

【病因和发病机制】

完整的呼吸过程由相互衔接并同时进行的外呼吸、气体运输和内呼吸三个环节来完成。参与外呼吸即肺通气和肺换气的任何一个环节的严重病变,都可导致呼吸衰竭。临床上常见的病因有以下几个方面。

1. **气道阻塞性病变** 气管-支气管的炎症、痉挛、肿瘤、异物、纤维瘢痕,如 COPD、重症哮喘等引起气道阻塞和肺通气不足,或伴有通气/血流比例失调,导致缺氧和 CO_2 潴留,发生呼吸衰竭。

2. **肺组织病变** 各种累及肺泡和(或)肺间质的病变,如肺炎、肺气肿、严重肺结核、弥漫性肺纤维化、肺水肿、硅沉着病等,均可导致肺泡减少,有效弥散面积减少,肺顺应性减低,通气/血流比例失调,导致缺氧或合并 CO_2 潴留。

3. **肺血管疾病** 肺栓塞、肺血管炎等可引起通气/血流比例失调,或部分静脉血未经过氧合直接流入肺静脉,导致呼吸衰竭。

4. **胸廓与胸膜病变** 胸部外伤、严重的自发性或外伤性气胸等,均可影响胸廓活动和肺扩张,造成通气减少及吸入气体分布不均,导致肺通气和换气功能障碍,引起急性呼吸衰竭。严重的脊柱畸形、大量胸腔积液或伴有胸膜肥厚与粘连、强直性脊柱炎、类风湿性脊柱炎,可随着病情的发展引起呼吸衰竭。

5. **神经肌肉疾病** 脑血管疾病、颅脑外伤、脑炎以及镇静催眠剂中毒,可直接或间接抑制呼吸中枢。脊髓颈段或高位胸段损伤(肿瘤或外伤)、脊髓灰质炎、多发性神经炎、重症肌无力、有机磷中毒、破伤风以及严重的钾代谢紊乱,均可累及呼吸肌功能,造成呼吸肌无力、疲劳、麻痹,导致呼吸动力下降,而引起肺通气不足。

【病理生理】

呼吸衰竭时发生的低氧血症和高碳酸血症,能够影响全身各系统器官的功能和代谢,甚至使组织结构发生变化。通常先引起各系统器官的功能和代谢发生一系列代偿适应反应,以改善组织的供氧,调节酸碱平衡和适应改变了的内环境。当呼吸衰竭进入严重阶段时,则出现代偿不全,表现为各系统器官严重的功能和代谢紊乱直至衰竭。

1. **对中枢神经系统的影响** 脑组织耗氧量大,占全身耗氧量的1/5~1/4。中枢皮质神经元细胞对缺氧最为敏感。通常完全停止供氧4~5分钟即可引起不可逆的脑损害。对中枢神经影响的程度与缺氧的程度和发生速度有关。当 PaO_2 降至60 mmHg时,可以出现注意力不集中、智力和视力轻度减退;当 PaO_2 迅速降至40~50 mmHg 以下时,会引起一系列神经精神症状,如头痛、不安、定向与记忆力障碍、精神错乱、嗜睡;低于30 mmHg时,神志丧失乃至昏迷; PaO_2 低于20 mmHg时,只需数分钟即可造成神经细胞不可逆性损伤。

2. 对循环系统的影响 一定程度的 PaO_2 降低和 $PaCO_2$ 升高,可以引起反射性心率加快、心肌收缩力增强,使心排出量增加;缺氧和 CO_2 潴留时,交感神经兴奋可引起皮肤和腹腔器官血管收缩。严重的缺氧和 CO_2 潴留可直接抑制心血管中枢,造成心脏活动受抑和血管扩张、血压下降和心律失常等严重后果。心肌对缺氧十分敏感,早期轻度缺氧即在心电图上显示出来。急性严重缺氧可导致心室颤动或心搏骤停。长期慢性缺氧可导致心肌纤维化、心肌硬化。在呼吸衰竭的发病过程中,缺氧、肺动脉高压以及心肌受损等多种病理变化可导致肺源性心脏病。

3. 对呼吸系统的影响 呼吸衰竭患者的呼吸变化受到 PaO_2 降低和 $PaCO_2$ 升高所引起的反射活动及原发疾病的影响,因此,实际的呼吸活动需要视诸多因素综合而定。低氧血症对呼吸的影响远较 CO_2 潴留的影响为小。低 PaO_2（<60 mmHg）作用于颈动脉体和主动脉体化学感受器,可反射性地兴奋呼吸中枢,增强呼吸运动,甚至出现呼吸窘迫。当缺氧程度缓慢加重时,这种反射性兴奋呼吸中枢的作用变得迟钝。缺氧对呼吸中枢的直接作用是抑制作用,当 PaO_2<30 mmHg 时,此作用可大于反射性兴奋作用而使呼吸抑制。

4. 对肾功能的影响 呼吸衰竭的患者常常合并肾功能不全,若及时治疗,随着呼吸功能的好转,肾功能可以恢复。

5. 对消化系统的影响 呼吸衰竭的患者常合并消化道功能障碍,表现为消化不良、食欲不振,甚至出现胃肠黏膜糜烂、坏死、溃疡和出血。缺氧可直接或间接损害肝细胞使丙氨酸氨基转移酶上升,若缺氧能够得到及时纠正,肝功能可逐渐恢复正常。

6. 对酸碱平衡和电解质的影响 严重缺氧可抑制细胞能量代谢的中间过程,如三羧酸循环、氧化磷酸化作用和有关酶的活动,导致能量产生减少,乳酸和无机磷产生增多引起代谢性酸中毒,使组织 $PaCO_2$ 增高。pH 取决于 HCO_3^- 与 H_2CO_3 的比值,前者靠肾脏调节(需1~3天),而 H_2CO_3 的调节靠呼吸(仅需数小时)。急性呼吸衰竭时,CO_2 潴留可使 pH 迅速下降,如与代谢性酸中毒同时存在时,可因严重酸中毒引起血压下降、心律失常,乃至心脏停搏。而慢性呼吸衰竭时,因 CO_2 潴留发展缓慢,肾减少 HCO_3^- 排出,不会使 pH 明显降低。因血中主要阴离子 HCO_3^- 和 Cl^- 之和相对恒定(电中性原理),当 HCO_3^- 增加时,Cl^- 相应降低,产生低氯血症。

【临床表现】

1. 呼吸困难 COPD 所致的呼吸衰竭,病情较轻时表现为呼吸费力伴呼气延长,严重时发展成浅快呼吸。若并发 CO_2 潴留,$PaCO_2$ 升高过快或显著升高,以致发生 CO_2 麻醉时,患者可由呼吸过速转为浅慢呼吸或潮式呼吸。

2. 发绀 是缺氧的典型表现。当动脉血氧饱和度低于90%时,可在口唇、指甲出现发绀;另应注意,因发绀的程度与还原型血红蛋白含量相关,所以红细胞增多者发绀更明显,贫血者则发绀不明显或不出现;严重休克等原因引起末梢循环障碍的患者,即使动脉 PaO_2 尚正常,也可出现发绀,称作外周性发绀。而真正由于动脉血氧饱和度降低引起的发绀,称作中央性发绀。发绀还受皮肤色素及心功能的影响。

3. 神经精神症状 慢性呼吸衰竭伴 CO_2 潴留时,随 $PaCO_2$ 升高可表现为先兴奋后抑制现象。兴奋症状包括失眠、烦躁、躁动、夜间失眠而白天嗜睡(昼夜颠倒现象),但此时切忌用镇静或催眠药,以免加重 CO_2 潴留,发生肺性脑病。肺性脑病表现为神志淡漠、肌肉震颤或扑翼样震颤、间歇抽搐、昏睡,甚至昏迷等。亦可出现腱反射减弱或消失,锥体束征阳性等,此时应与合并脑部病变作鉴别。

4. 循环系统表现 CO_2 潴留使外周体表静脉充盈、皮肤充血、温暖多汗,血压升高,心排出量增多而致脉搏洪大,多数患者有心率加快,因脑血管扩张产生搏动性头痛。

5. 消化和泌尿系统表现 严重呼吸衰竭对肝、肾功能都有影响,部分病例可出现丙氨酸氨基转移酶与血浆尿素氮升高;个别病例可出现尿蛋白、红细胞和管型。因胃肠道黏膜屏障功能损伤,导致胃肠道黏膜充血、水肿、糜烂、渗血或应激性溃疡,引起上消化道出血。

【实验室及其他检查】

一、动脉血气分析

呼吸衰竭的诊断标准是在海平面、标准大气压、静息状态、呼吸空气条件下,动脉 PaO_2 < 60 mmHg,伴或不伴 $PaCO_2$ > 50 mmHg。单纯 PaO_2 < 60 mmHg 为 Ⅰ 型呼吸衰竭;若伴有 $PaCO_2$ > 50 mmHg,则为 Ⅱ 型呼吸衰竭。pH 可反映机体的代偿状况,当 $PaCO_2$ 升高、pH 正常时,称为代偿性呼吸性酸中毒;若 $PaCO_2$ 升高、pH<7.35,则称为失代偿性呼吸性酸中毒。

二、肺功能检测

尽管在某些重症患者,肺功能检测受到限制,但肺功能检测有助于判断原发疾病的种类和严重程度。通常的肺功能检测是肺量的测定,包括肺活量(VC)、用力肺活量(FVC)、FEV_1 和 PEF 等,这些检测简便易行,有助于判断气道阻塞的严重程度。呼吸肌功能测试能够提示呼吸肌无力的原因和严重程度。

三、胸部影像学检查

普通胸部 X 线摄片、胸部 CT 和放射性核素肺通气/灌注扫描等,有助于分析引起呼吸衰竭的原因。

【诊断与鉴别诊断】

慢性呼吸衰竭的血气分析诊断标准参见急性呼吸衰竭,但在临床上Ⅱ型呼吸衰竭患者还常见于另一种情况,即吸氧治疗后,$PaO_2 > 60$ mmHg,但 $PaCO_2$ 仍升高。

对呼吸衰竭的鉴别诊断,主要是对产生缺氧和高碳酸血症的病理生理机制及病因的鉴别。可根据基础疾病、临床表现、体征及相关的辅助检查,以及呼吸功能监测和疗效综合判断。

【中医病因病机】

中医学认为,本病病机总属本虚标实。本虚为肺、脾、肾、心亏虚,标实为痰浊、瘀血、水饮。

1. **久病劳欲**　内伤久咳、支饮、久喘、久哮、肺痨等肺系慢性疾患,迁延失治,痰浊潴留,或劳累及房事过度,日久导致肺虚,乃至脾、肾、心俱虚,成为发病的基础。

2. **感受外邪**　肺虚则卫外不固,六淫外邪易反复乘虚而入,诱使本病常发作加重。

呼吸衰竭的病位在肺,与心、脾、肾关系密切。《三因极一病证方论·喘脉证治篇》:"夫五脏皆有上气喘咳,但肺为五脏之华盖,百脉取气于肺,喘既动气,故以肺为主。"

【中医诊断及病证鉴别】

一、诊断

本病发病之前多有其他基础疾病或外因,如严重的肺系、心系、肾系、肝系疾病及外伤;本病多发于其他疾病终末阶段。以气息喘促、张口抬肩、唇面青紫、痰壅咳逆、神昏厥逆等症为临床特征。临床主要表现有呼吸急促,呼吸困难,鼻翼煽动,张口抬肩,端坐难卧,甚则面青唇紫,汗多,心慌,烦躁不安,神情委靡,昏昧,惊厥,甚至喘脱而危及生命。

二、病证鉴别

1. **哮病**　哮必兼喘,重证哮病可见明显的喘促,口唇、爪甲青紫,当加以鉴别。哮病多有宿根,反复发作,有季节性,发时喉中有哮鸣音。

2. **短气**　短气的特点是呼吸急促而能接续,虽似喘而不抬肩,亦无痰声,以此为辨。

【治疗】

一、治疗思路

慢性呼吸衰竭是由多种肺内或肺外疾病所致,除了对其基础疾病的治疗外,更重要的治疗原则是在保持呼吸道通畅的条件下,改善氧合功能,积极纠正缺氧和 CO_2 潴留以及代谢功能紊乱,防止因缺氧而引起的多器官功能衰竭。采用西医治疗的同时,中药治疗应祛邪扶正为主,在病情进展期,本虚标实并重;在缓解期,可用扶正固本的中药,以巩固疗效和提高机体免疫力。

二、西医治疗

有关治疗原发病、保持气道通畅、恰当的氧疗等治疗原则,与急性呼吸衰竭基本一致。

1. **氧疗**　COPD 是导致慢性呼吸衰竭的常见呼吸系统疾病,患者常伴有 CO_2 潴留,氧疗时需注意保持低浓度吸氧,防止血氧含量过高。CO_2 潴留是通气功能不良的结果。慢性高碳酸血症患者呼吸中枢的化学感受器对 CO_2 反应性差,呼吸主要靠低氧血症对颈动脉体、主动脉体化学感受器的刺激来维持。若吸入高浓度氧,使血氧迅速上升,解除了低氧对外周化学感受器的刺激,便会抑制患者呼吸,造成通气状况进一步恶化,CO_2 上升,严重时陷入 CO_2 麻醉状态。

2. **机械通气**　根据病情选用无创机械通气或有创机械通气。

3. **抗感染**　慢性呼吸衰竭急性加重的常见诱因是感染,一些非感染因素诱发的呼吸衰竭也容易继发感染。抗感染治疗抗生素的选择可以参考相关章节。

4. **呼吸兴奋剂的应用**　需要时,慢性呼吸衰竭患者可服用呼吸兴奋剂尼可刹米。尼可刹米主要直接兴奋延髓呼吸中枢,也可刺激颈动脉体和主动脉体化学感受器,反射性兴奋呼吸中枢,可提高呼吸中枢对 CO_2 的敏感性,使呼吸加深加快。

5. 纠正酸碱平衡失调 慢性呼吸衰竭常有 CO_2 潴留,导致呼吸性酸中毒。呼吸性酸中毒的发生多为慢性过程,机体常常以增加碱储备来代偿,以维持 pH 于相对正常水平。当以机械通气等方法较为迅速地纠正呼吸性酸中毒时,原已增加的碱储备会使 pH 升高,造成对机体的严重危害,故在纠正呼吸性酸中毒的同时,应当注意同时纠正潜在的代谢性碱中毒,通常给予患者盐酸精氨酸和补充氯化钾。

慢性呼吸衰竭的其他治疗方面与急性呼吸衰竭和 ARDS 有类同之处,不再复述。

三、中医治疗

辨证论治

1. 痰热壅肺

证候:喘咳气涌,息促气急,鼻翼煽动,胸部胀满,痰多黏稠,色黄或加血丝,常有胸中灼热,身热汗出,口渴喜冷饮,面赤咽干,舌质红,苔黄或黄腻,脉滑数。

治法:清热化痰,肃肺平喘。

方药:清气化痰丸加减。

药用半夏、陈皮、茯苓、枳实、胆南星、杏仁、黄芩、瓜蒌等。身热甚加石膏、知母以清肺热;痰多黏稠加海蛤壳粉、胆南星以清热化痰;痰涌便秘,喘不能卧,加葶苈子、大黄、芒硝以涤痰通腑。

2. 痰浊闭窍

证候:咳逆喘促,意识朦胧,神昏谵语,甚则昏迷抽搐,或伴痰鸣,舌质黯红或淡紫,脉滑数。

治法:涤痰开窍,清肺醒神。

方药:菖蒲郁金汤加减。

药用石菖蒲、栀子、鲜竹叶、牡丹皮、郁金、连翘、灯心、木通、淡竹沥、紫金片等。痰浊壅盛,合三子养亲汤以降逆祛痰;热象不明显加苏合香丸以芳香开窍;身热明显加羚羊角粉、栀子以清热凉血;大便秘结,舌苔黄腻,脉滑数,加大黄、芒硝以清热通腑。

3. 痰瘀阻肺

证候:呼吸不畅,喘促短气,喉间痰鸣如锯,胸憋胸闷,口唇青紫,或咽喉不利,口干面红,舌质紫黯,或有瘀斑,舌下脉络瘀曲,苔白或黄腻,脉弦滑。

治法:涤痰祛瘀,降气平喘。

方药:三子养亲汤合血府逐瘀汤加减。

药用苏子、白芥子、莱菔子、熟地、当归、川芎、赤芍、桃仁、红花、枳实、柴胡、牛膝、桔梗、甘草。兼有阴虚加北沙参、玉竹以润肺生津;胸闷胸痛,合瓜蒌薤白半夏汤以通阳散结,行气祛痰;痰浊上犯,蒙蔽心窍,而致神昏谵语,甚至昏迷,以涤痰汤合苏合香丸涤痰开窍。

4. 阳虚喘脱

证候:喘促日久,呼多吸少,心悸气短,动则喘促更甚,汗出肢冷,面青唇暗,精神疲惫,时有下肢或颜面水肿,舌质淡胖,苔白腻,脉沉弱无力。

治法:温阳固脱,纳气平喘。

方药:七味都气丸合真武汤加减。

药用五味子、山茱萸、茯苓、牡丹皮、熟地、山药、泽泻、芍药、生姜、白术、附子等。肺气虚加黄芪以补益肺气;稍动则喘加沉香、蛤蚧以下气平喘。

【转归、预防与调护】

呼吸衰竭是内科的危重病,常导致患者死亡。死亡率的高低与能否早期诊断、积极合理治疗密切相关。慢性呼吸衰竭早期氧疗有可能延长患者的生命和提高生活质量。

注意保暖,房间经常通风,保持室内合适的温度、湿度。防止受凉感冒,积极锻炼(如散步、气功、太极拳等)。戒烟,戒酒,加强营养,忌辛辣甜黏肥腻之品,以免生痰湿。缓解期采用中医"冬病夏治"、"扶正固本"的方法,服用中药增加机体免疫力。有条件者可实施家庭氧疗。

(李凤森)

第九章
肺血栓栓塞症

肺血栓栓塞症(pulmonary thromboembolism,PTE)是肺栓塞的一种类型。引起PTE的血栓主要来源于深静脉血栓(deep venous thrombosis,DVT)形成。大多数情况下两者伴随发生,两者合称为静脉血栓栓塞症(venous thromboembolism,VTE)。

根据本病的临床特征,可归属于中医学"血证(咳血)"、"胸痛"、"胸痹"、"喘证"、"厥证"、"肺胀"等范畴之中。

【病因和发病机制】

一、病因

任何可以导致静脉血液淤滞、静脉系统内皮损伤和血液高凝状态的因素,包括V因子突变、蛋白C缺乏、蛋白S缺乏和抗凝血酶缺乏等,后天获得的包括骨折、创伤、手术、恶性肿瘤和口服避孕药等均为其常见致病因素。

二、发病机制

PTE栓子主要来自下腔静脉系(下肢静脉、盆腔静脉),约占93%,其次为上腔静脉系,占4%,及右心占3%。与动脉血栓形成不同,在静脉血栓形成上,内皮损伤不是重要因素,而血流缓慢淤滞、局部的创伤和感染、血液的黏稠度增高和血栓溶解能力减弱为其重要发病机制。

【病理】

肺动脉的血栓栓塞既可以是单一部位的,也可以是多部位的。病理检查发现多部位或双侧性的血栓栓塞更为常见。一般认为栓塞更易发生于右侧和下肺叶。发生栓塞后有可能在栓塞局部继发血栓形成,参与发病过程。

【临床表现】

一、症状

常见症状有:① 不明原因的呼吸困难及气促,尤以活动后明显,为PTE最多见的症状。② 胸痛,包括胸膜炎性胸痛或心绞痛样疼痛。③ 晕厥,可为PTE的唯一或首发症状。④ 烦躁不安、惊恐甚至濒死感。⑤ 咯血,常为小量咯血,大咯血少见。⑥ 咳嗽、心悸等。各病例可出现以上症状的不同组合。临床上有时出现所谓"三联征",即同时出现呼吸困难、胸痛及咯血,但仅见于约20%的患者。⑦ 腹痛,可能与膈肌受刺激或肠缺血有关。

二、体征

1. 呼吸系统体征　呼吸急促最常见,发绀,肺部有时可闻及哮鸣音和(或)细湿啰音,肺野偶可闻及血管杂音,合并肺不张和胸腔积液时出现相应的体征。
2. 循环系统体征　心动过速,血压变化,严重时可出现血压下降甚至休克;颈静脉充盈或异常搏动;肺动脉瓣区第二心音(P_2)亢进或分裂,三尖瓣区收缩期杂音。
3. 其他　可伴发热,多为低热,少数患者有38℃以上的发热。

【实验室及其他检查】

一、血气分析

血气分析是评价患者体内酸碱平衡和呼吸功能状态的必要指标,在肺栓塞的诊断中,动脉血气分析属必做的基本检查项目。肺栓塞的动脉血气的基本改变是低氧血症、低碳酸血症和呼吸性碱血症。

二、胸部X线检查

典型的改变是呈叶段分布的三角形影,也可表现为斑片状影、盘状肺不张、阻塞远端局限性肺纹理减少等。小的梗死者X线检查完全正常。

三、心电图检查

急性肺栓塞(pulmonary embolism,PE)的典型心电图改变是QRS电轴右偏,肺型P波,$S_IQ_{III}T_{III}$型,即Ⅰ导联S波加深,Ⅲ导联有Q/q波和T波倒置。但典型改变的阳性率低,仅见于大块或广泛的栓塞,多于发病后5~24小时内出现,数天至3周后恢复,动态观察有助于对本病的诊断。

四、超声心动图

超声心动图在提示诊断和除外其他心血管疾患方面有重要价值。对于严重的PTE病例,可以发现右心室壁局部运动幅度降低;右心室和(或)右心房扩大;室间隔左移和运动异常;近端肺动脉扩张;三尖瓣反流速度增快;下腔静脉扩张,吸气时不萎陷。

五、快速螺旋CT或超高速CT增强扫描

快速螺旋CT或超高速CT增强扫描可显示段以上的大血管栓塞的情况。

六、MRI

MRI可显示肺动脉或左右分支的血管栓塞。对肺段以上肺动脉内血栓诊断的敏感性和特异性均高,适用于碘造影剂过敏的患者。

七、放射性核素肺通气/灌注(V/Q)扫描

放射性核素肺通气/灌注(V/Q)扫描是目前常用的无创性诊断PE的首选方法。典型的改变是肺通气扫描正常,而灌注呈典型缺损(按叶段分布的V/Q不匹配)。对亚段以上的病变的阳性率>95%。

八、肺动脉造影

肺动脉造影(CTPA)是目前诊断PE最可靠的方法,可以确定阻塞的部位及范围程度,有一定创伤性。

九、下肢深静脉检查

PTE和深静脉血栓形成是静脉血栓栓塞症的不同临床表现形式,90% PTE患者栓子来源于下肢DVT,70% PTE患者合并DVT。由于PTE和DVT关系密切,且下肢静脉超声操作简便易行,因此,下肢静脉超声在PTE诊断中的价值应引起临床医师的重视。

十、D-二聚体检查

血浆D-二聚体(D-dimer)是交联纤维蛋白在纤溶系统作用下产生的可溶性降解产物。在血栓栓塞时,因血栓纤维蛋白溶解使其血中浓度升高。血浆D-二聚体对急性肺血栓栓塞症(acute pulmonary thromboembolism,APTE)诊断的敏感性高而特异性差,急性PTE时升高。若其含量低于500 μg/L,有重要的排除诊断价值。

【诊断与鉴别诊断】

一、诊断

(一)根据临床情况疑诊PTE

如患者出现上述临床症状、体征,特别是存在前述危险因素的病例出现不明原因的呼吸困难、胸痛、晕厥、休克,或伴有单侧或双侧不对称性下肢肿胀、疼痛等,应进行血浆D-二聚体(D-dimer)、动脉血气分析、心电图、X线胸片、超声心动图、下肢深静脉超声等检查。

(二)对疑诊病例进一步明确诊断

在临床表现和初步检查提示PTE的情况下,应安排PTE的确诊检查,包括以下4项,其中1项阳性即可明确诊断。

1. 螺旋CT 是目前最常用的PTE确诊手段。
2. 放射性核素肺通气/血流灌注扫描 是PTE的重要诊断方法。
3. MRI MRI肺动脉造影(MRPA)对段以上肺动脉内血栓的诊断敏感性和特异性均较高,另可用于对碘造影剂过敏的患者。
4. 肺动脉造影 为诊断PTE的经典与参比方法。

(三)寻找PTE的成因和危险因素

1. 明确有无DVT 对某一病例只要疑诊PTE,无论其是否有DVT症状,均应进行体检,并行深静脉超声、放射性核

素或X线静脉造影、CT静脉造影(CTV)、MRI静脉造影(MRV)、肢体阻抗容积图(IPG)等检查,以帮助明确是否存在DVT及栓子的来源。

2. 寻找发生DVT和PTE的诱发因素 如制动、创伤、肿瘤、长期口服避孕药等。同时要注意患者有无易栓倾向,尤其是对于40岁以下的患者,应行易栓症方面的检查。对年龄小于50岁的复发性PTE或有突出VTE家族史的患者,应考虑易栓症的可能性。对不明原因的PTE患者,应对隐源性肿瘤进行筛查。

(四) PTE的临床分型

1. 急性PTE

(1)大面积PTE(massive PTE):临床上以休克和低血压为主要表现,即体循环动脉收缩压<90 mmHg,或较基础值下降幅度≥40 mmHg,持续15分钟以上。须除外新发生的心律失常、低血容量或感染中毒症等其他原因所致的血压下降。

(2)非大面积PTE(non-massive PTE):不符合以上大面积PTE的标准,未出现休克和低血压的PTE。非大面积PTE中有一部分病例临床上出现右心功能不全,或超声心动图表现有右心室运动功能减弱(右心室前壁运动幅度<5 mm),属次大面积PTE(sub-massive PTE)亚型。

2. 慢性血栓栓塞性肺动脉高压(CTEPH):多可追溯到呈慢性、进行性发展的肺动脉高压的相关临床表现,后期出现右心衰;影像学检查证实肺动脉阻塞,经常呈多部位、较广泛的阻塞,可见肺动脉内贴血管壁、环绕或偏心分布,有钙化倾向的团块状物等慢性栓塞征象,常可发现DVT的存在;右心导管检查示静息肺动脉平均压≥20 mmHg,活动后肺动脉平均压>30 mmHg;超声心动图检查示右心室壁增厚(右心室游离壁厚度>5 mm),符合慢性肺源性心脏病的诊断标准。

二、鉴别诊断

1. 冠心病 一部分PTE患者因血流动力学变化,可出现冠状动脉供血不足,心肌缺氧,表现为胸闷,心绞痛样胸痛,心电图有心肌缺血样改变,易误诊为冠心病所致心绞痛或心肌梗死。冠心病有其自身发病特点,冠脉造影可见冠状动脉粥样硬化、管腔阻塞证据,心肌梗死时心电图和心肌酶水平有相应的特征性动态变化。需注意,PTE与冠心病有时可合并存在。

2. 主动脉夹层 PTE可表现胸痛,部分患者可出现休克,需与主动脉夹层相鉴别,后者多有高血压,疼痛较剧烈,胸片常显示纵隔增宽,心血管超声和胸部CT造影检查可见主动脉夹层征象。

【中医病因病机】

中医学认为久卧伤气,金刃损伤耗气伤血,气虚则血瘀,瘀血阻络,气血津液运行不畅,留津为痰为毒,痰浊瘀毒随经而行,闭阻心肺,心不主血脉,肺治节失调,气血运行不畅而发为本病,故瘀、毒为肺栓塞主要病机,气虚为本。

【中医诊断及病证鉴别】

一、诊断

(一)发病特点

该病发病过程较为隐匿,与年龄、外伤、先天禀赋等因素有关,与季节没有明确的关系。症状亦缺乏特异性。常见症状有不明原因的呼吸困难及气促,尤以活动后明显;咳嗽,咳血,胸痛晕厥,烦躁不安,心悸。

(二)临床表现

不明原因的呼吸困难及气促,尤以活动后明显,胸痛,包括胸膜炎性胸痛或心绞痛样疼痛,可出现晕厥、烦躁不安、咯血、咳嗽、心悸等。肺部有时可闻及哮鸣音和(或)细湿啰音,血压变化,严重时可出现血压下降甚至休克,可伴发热,多为低热。

二、病证鉴别

1. 心悸 患者自觉心中悸动,惊惕不安,甚则不能自主的一种病证,临床一般多呈反复发作性,每因情志波动或劳累而发作,且常伴胸闷、气短、失眠、健忘、眩晕、耳鸣等症。而PTE除有心悸的症状外,还主要表现为咳嗽、气促、呼吸困难、咳血等症状。

2. 肺痨 咳嗽为其四大主症之一,以干咳,或痰中带血,或咳血痰为特征,常伴有低热、盗汗、形体消瘦。胸部X线检查能确定病灶所在。而PE虽有咳嗽、气促或咳血表现,但还有呼吸困难、心悸表现,甚至出现烦躁不安,晕厥等。

【治疗】

一、治疗思路

肺栓塞的治疗目标是抢救生命,稳定病情,使肺血管再通,血流动力学不稳定是急性大面积肺栓塞的一个特征,死亡率达20%,基本治疗包括吸氧、建立静脉通路、止痛、治疗心源性休克、抗凝和静脉溶栓治疗。对于此类休克主要以补液和正性肌力药物为主。在急性期主要以西医抢救治疗,生命体征稳定以后,根据辨证配合中医药的治疗。

二、西医治疗

(一) 一般处理与呼吸循环支持治疗

对高度疑诊或确诊PTE的患者,应进行严密监护,监测呼吸、心率、血压、静脉压、心电图及动脉血气的变化;卧床休息,保持大便通畅,避免用力,以免促进深静脉血栓脱落;可适当使用镇静、止痛、镇咳等相应的对症治疗。采用经鼻导管或面罩吸氧,以纠正低氧血症。

(二) 溶栓治疗

主要适用于大面积PTE病例(有明显呼吸困难、胸痛、低氧血症等),对于次大面积PTE,若无禁忌证可考虑溶栓,但存在争议,对于血压和右心室运动功能均正常的病例,不宜溶栓。溶栓的时间窗一般定为14天以内,但若近期有新发PTE征象可适当延长。溶栓应尽可能在PTE确诊的前提下慎重进行。对有明确溶栓指征的病例宜尽早开始溶栓。溶栓方案与剂量:① 尿激酶:负荷量4 400 IU/kg,静注10分钟,随后以2 200 IU/(kg·h)持续静脉滴注12小时;另可考虑2小时溶栓方案:按20 000 IU/kg剂量,持续静脉滴注2小时。② 链激酶:负荷量250 000 IU,静注30分钟,随后以100 000 IU/h持续静脉滴注24小时。链激酶具有抗原性,故用药前需肌内注射苯海拉明或地塞米松,以防止过敏反应。链激酶6个月内不宜再次使用。③ rt-PA:国内多中心研究结果提示,rt-PA 50 mg持续静脉滴注2小时已经取得理想的溶栓效果,而将rt-PA增加到100 mg并未能提高溶栓治疗的有效率,这与欧美的研究结果不同,因此,推荐rt-PA 50 mg持续静脉滴注2小时为国内标准治疗方案。溶栓后应注意对临床及相关辅助检查情况进行动态观察,评估溶栓疗效。

(三) 抗凝治疗

抗凝治疗为PTE和DVT的基本治疗方法,可以有效地防止血栓再形成和复发,为机体发挥自身的纤溶机制溶解血栓创造条件。抗凝血药物主要有普通肝素(UFH)、低分子肝素(LMWH)和华法林(warfarin)。抗血小板药物的抗凝作用不能满足PTE或DVT的抗凝要求。临床疑诊PTE时,即可开始使用UFH或LMWH进行有效的抗凝治疗。应用UFH或LMWH前应测定基础活化部分促凝血酶原激酶时间(APTT)、凝血酶原时间(PT)及血常规(含血小板计数、血红蛋白);应注意是否存在抗凝的禁忌证,如活动性出血、凝血功能障碍、未予控制的严重高血压等。对于确诊的PTE病例,大部分禁忌证属相对禁忌证。

(四) 肺动脉血栓摘除术

肺动脉血栓摘除术风险大,病死率高,需要较高的技术条件,仅适用于经积极的内科治疗无效的紧急情况,如致命性肺动脉主干或主要分支堵塞的大面积PTE,或有溶栓禁忌证者。

(五) 肺动脉导管碎解和抽吸血栓

用导管碎解和抽吸肺动脉内巨大血栓,同时还可进行局部小剂量溶栓。适应证为肺动脉主干或主要分支的大面积PTE,并存在以下情况者:溶栓和抗凝治疗禁忌;经溶栓或积极的内科治疗无效;缺乏手术条件。

(六) 放置腔静脉滤器

为防止下肢深静脉大块血栓再次脱落阻塞肺动脉,可考虑放置下腔静脉滤器。对于上肢DVT病例,还可应用上腔静脉滤器。置入滤器后如无禁忌证,宜长期口服华法林抗凝,定期复查有无滤器上血栓形成。

(七) CTEPH的治疗

若阻塞部位处于手术可及的肺动脉近端,可考虑行肺动脉血栓内膜剥脱术;口服华法林3.0~5.0 mg/d,根据国际标准化比值(International Normalized Ratio,INR)调整剂量,保持INR为2.0~3.0;反复下肢DVT脱落者,可放置下腔静脉滤器。

三、中医治疗

辨证论治

1. 痰瘀互结

证候:咳嗽气喘,胸闷刺痛,吐痰多或痰中夹血,舌淡紫,苔腻,脉弦滑或弦涩。

治法：止咳化痰，活血通络。

方药：二陈汤合桃红四物汤加减。

药用法半夏、陈皮、茯苓、甘草、当归、白芍、熟地黄、川芎、桃仁、红花等。若兼有咳黄痰，口渴，则加黄芩、黄连并枳壳、桔梗以清热化痰；痰质稀且白加枳壳、砂仁配原方；风寒外感以二陈汤加枳壳、桔梗与前胡、苏梗、葛根、杏仁、桑皮；瘀重以桃红四物汤加乳香、五灵脂、骨碎补、天仙藤、川续断等。

2. 痰浊阻肺

证候：胸闷，咳嗽气喘，吐白痰量多，苔白滑腻，脉弦滑。

治法：化痰降气，健脾益肺。

方药：苏子降气汤合二陈汤加减。

药用紫苏子、半夏、前胡、厚朴、陈皮、甘草、当归、生姜、大枣、肉桂、茯苓等。若咳痰质稀，形寒怕冷，则小青龙汤加苏子、杏仁、白芥子、橘皮等；咳黄痰，咳吐不爽，甚或发热，呼吸迫促，胸胁作痛，宜清肺泻热，可选麻杏石甘汤等。

3. 瘀毒互结

证候：胸部刺痛，咳嗽，咯血色黯红或成块，发热肢厥，口渴，气粗而喘，胸部紧闷，舌紫黯或有斑点，脉数。

治法：祛痰化瘀，解毒止痛。

方药：血府逐瘀汤加减。

药用当归、生地、桃仁、红花、枳壳、赤芍、柴胡、甘草、桔梗、川芎、牛膝等。若瘀痛入络可加全蝎、穿山甲、地龙、三棱、莪术等；气机郁滞较重加川楝子、香附、青皮等以疏肝理气止痛。

4. 气虚水停

证候：咳嗽无力，胸部满闷，头面浮肿，气短而喘，动则尤甚，吐痰清稀，声低，或有自汗，畏风，小便不利，舌淡，苔白滑，脉弱。

治法：补肺益气，化饮利水。

方药：补肺汤合真武汤加减。

药用桑白皮、熟地、人参、紫菀、黄芪、五味子、白术、生姜、附子、芍药、茯苓等。若食少便溏加六君子汤以健脾益气；若平素自汗，恶风，易感冒，可加玉屏风散；若水湿明显，阳虚水冷，水饮上泛，气喘心悸，可用真武汤加干姜、五味子温阳散寒，化饮止咳。

5. 阳气暴脱

证候：气促，气喘呼吸困难，冷汗淋漓，身凉肢厥，神倦息微，甚至晕厥，面色苍白，脉微欲绝，舌淡苔润。

治法：温中祛寒，回阳救逆。

方药：四逆汤加人参。

药用附子、干姜、甘草、人参。寒气盛者重用附子、干姜；体虚脉弱者加红参（党参）、黄芪；脾气不足者加焦白术、炒山药；腰痛者加桑寄生、杜仲；下肢浮肿，小便少者，加茯苓、泽泻。

【转归、预防与调护】

PTE是死亡率较高的急危重症，因疾病本身临床表现多样化，且受诊断条件的限制，故其误诊率也较高，尤其在基层医疗单位。如能在较短的时间内给予正确的诊断及充分的治疗，可以显著降低其死亡率。曾经发生过肺栓塞的患者，尤其是累及肺段较多的患者，其复发的风险较高，所以，对于重点高危人群，应根据病情轻重、年龄、是否合并其他危险因素等综合评估疾病发生的危险性，并给予相应的预防措施。平时可适当服用扶正固本中药，以补虚扶正，但严忌杂药乱投，损伤正气。饮食宜清淡而富营养，忌生冷肥甘厚味，以预防生痰湿，加重病情。可选择太极拳、内养功、八段锦、慢跑等方法长期锻炼，忌久坐久卧。

（李风森）

第十章
间质性肺疾病

间质性肺疾病(interstitial lung disease,ILD)是一组主要累及肺间质、肺泡和(或)细支气管的肺部弥漫性疾病,通常亦称作弥漫性实质性肺疾病(diffuse parenchymal lung disease,DPLD)。ILD 并不是一种独立的疾病,它包括200多个病种。尽管每一种疾病的临床表现、实验室检查和病理学改变有各自的特点,然而,它们具有一些共同的临床、呼吸病理生理学和胸部 X 线特征。表现为渐进性劳力性气促、限制性通气功能障碍伴弥散功能降低、低氧血症和影像学上的双肺弥漫性病变。病程多缓慢进展,逐渐丧失肺泡-毛细血管功能单位,最终发展为弥漫性肺纤维化和蜂窝肺,导致呼吸衰竭而死亡。

本病属中医学"肺痿"、"咳嗽"、"喘证"、"哮证"、"虚劳"等范畴。尽管中医对本病尚缺系统研究,但在讨论相关疾病亦常涉及。其发病机理是由于肺部的各种疾患,如内伤久咳,或喘、哮反复发作,或外邪反复侵袭,损伤肺中津气,导致肺叶痿弱不用,呈现出以咳吐浊唾涎沫等症状及进行性呼吸困难为特征的慢性虚损性病变。

【病因和发病机制】

一、病因和分类

ILD 的病因众多,分类复杂,目前据文献报道,病因超过150种,但仅约35%的病例能够明确。美国胸科协会与欧洲呼吸协会联手对 ILD 的病因分类进行了再次修正。ILD 分为三大类:第一大类即特发性间质性肺炎;第二大类涵盖所有已知病因及与其他已知疾病明确相关的病症,包括胶原病的肺部表现,药物、有机与无机物质(如外源性过敏性肺泡炎和肺尘埃沉着病)诱发及与遗传性疾病相关的 ILD;第三大类 ILD 具有明确的临床与组织学特征,但病因未明。

二、发病机制

虽然不同的 ILD 的发病机制有显著区别,如何最终导致肺纤维化的机制尚未完全阐明,但都有其共同的规律,即肺间质、肺泡、肺小血管或末梢气道都存在不同程度的炎症,在炎症损伤和修复过程中导致肺纤维化的形成。

根据免疫效应细胞的比例不同,可将 ILD 的肺间质和肺泡炎症分为2种类型:①中性粒细胞型肺泡炎:中性粒细胞增多,巨噬细胞比例降低(但仍占多数)。属本型的有特发性肺纤维化、家族性肺纤维化、胶原血管性疾病伴肺间质纤维化、石棉沉着病等。②淋巴细胞型肺泡炎:淋巴细胞增多,巨噬细胞稍减少。属本型的有肺结节病、过敏性肺炎和铍肺等。

炎症细胞、免疫细胞、肺泡上皮细胞和成纤维细胞及其分泌的介质和细胞因子,在肺间质纤维化的发病上起重要作用。活化肺泡巨噬细胞释放中性粒细胞趋化因子、多种蛋白酶、肺泡巨噬细胞源性生长因子、白细胞介素-1(interleukin-1,IL-1)、IL-8 及黏附分子等;活化 T 淋巴细胞分泌单核细胞趋化因子、巨噬细胞移动抑制因子、IL-2;中性粒细胞分泌胶原酶、弹性蛋白酶和氧自由基;损伤的肺泡上皮细胞分泌肿瘤坏死因子-α(tumor necrosis factor-α, TNF-α)、转化生长因子-β(transforming growth factor-β,TGF-β)和 IL-8 等,以上均参与肺组织损伤和随后的修复过程。某些以炎症改变为主的 ILD,如果能够在早期炎症阶段去除致病因素或得到有效治疗,其病变可以逆转;如果炎症持续,将导致肺结构破坏和纤维组织增生,最终形成不可逆的肺纤维化和蜂窝肺的改变。

【病理生理】

一、特发性肺纤维化

特发性肺纤维化的病理改变与病变的严重程度有关。主要特点是病变在肺内分布不一,可以在同一低倍视野内看到正常、间质炎症、纤维增生和蜂窝肺的变化,以下肺和胸膜下区域病变明显。局部肺泡壁增厚,伴有胶原沉积、细胞外基质增加和灶性单核细胞浸润,炎症细胞不多,通常局限在胶原沉积区或蜂窝肺区。肺泡腔内可见到少量的Ⅱ型肺泡上皮细胞聚集，可以看到蜂窝肺气囊、纤维化和纤维增殖灶。继发的改变有肺容积减小、牵拉性支气管扩张和肺动脉高压等改变。

二、肺泡蛋白质沉积症

肺大部分呈实变，胸膜下可见黄色或黄灰色结节，切面有黄色液体渗出。镜检示肺泡及细支气管内充填有富磷脂蛋白质物质，嗜酸性、过碘酸希夫（PAS）反应阳性。肺泡隔及周围结构基本完好。电镜下可见肺泡巨噬细胞大量增加，吞噬肺表面活性物质，细胞肿胀，呈空泡或泡沫外观。

三、其他弥漫性间质性肺疾病

病理变化在急性期以肺泡炎和间质性肺炎为特征。肺泡壁有淋巴细胞、多形核细胞、浆细胞和巨噬细胞浸润，肺泡腔有蛋白渗出。在亚急性期的特征为肉芽肿形成，非干酪性肉芽肿分散于肺实质中，慢性期呈弥漫性间质纤维化，严重者出现"蜂窝肺"。

【临床表现】

一、特发性肺纤维化

特发性肺纤维化通常为隐袭性起病，主要的症状是干咳和劳力性气促。随着肺纤维化的发展，发作性干咳和气促逐渐加重。进展的速度有明显的个体差异，经过数月至数年发展为呼吸衰竭和肺心病。起病后平均存活时间为2.8～3.6年。通常没有肺外表现，但可有一些伴随症状，如食欲减退、体重减轻、消瘦、无力等。

体检可发现呼吸浅快，超过80%的病例双肺底闻及吸气末期爆裂音（Velcro啰音），20%～50%有杵状指（趾）。晚期出现发绀等呼吸衰竭和肺心病的表现。

二、肺泡蛋白质沉积症

发病多隐袭，典型症状为活动后气促，以后进展至休息时亦感气促，咳白色或黄色痰。全身症状不明显，但可继发肺部感染而出现相应的症状。早期轻症病例可无症状，仅X线检查有异常表现。

体征常不明显，肺底偶闻及少量捻发音；重症病例出现呼吸衰竭时有相应的体征。胸部X线表现为两肺弥散性磨玻璃影，病情进展可出现斑片状影和融合实变影。肺内病灶分布不均匀，通常在肺门附近较明显，酷似心源性肺水肿。HRCT可显示病灶与周围正常组织形成鲜明对照的"地图状"改变，小叶间隙和间隔不规则增厚形成多角形态的"铺路石"或"碎石路"样。

三、其他弥漫性间质性肺疾病

非特异性间质性肺病患者的临床表现差异大，多发于40～60岁，大部分患者有吸烟史，发病过程通常呈渐进性，少数表现为亚急性，病程长短不一。咳嗽、呼吸困难和乏力是常见的症状，可伴发热和杵状指。双下肺可闻及吸气末期爆裂音。胸部X线检查主要表现为双肺网状或斑片状模糊影，多累及下肺。胸部HRCT表现为双肺斑片状磨玻璃影或实变影，呈对称性分布，并以胸膜下区域为显著，伴不规则线影和细支气管扩张。肺功能表现为限制性通气功能障碍和弥散量减少。支气管肺泡灌洗液中的淋巴细胞比例增高，T细胞亚群、CD4/CD8有明显比例倒置。诊断主要根据临床特征、胸部HRCT、肺通气及弥散功能、病理活检及排除其他已知原因导致的ILD。

【实验室及其他检查】

一、胸部影像学检查

绝大多数ILD患者，X线胸片显示双肺弥漫性阴影。阴影的性质可以是网格条索状、弥漫磨玻璃状、结节状，亦可呈现多发片状或大片状等，可以混合存在。多数ILD可以导致肺容积减少。后期可见区域性囊性病变（蜂窝肺），常伴肺容积的进一步减少。阴影性质、分布规律和肺容积变化的特点有助于基础疾病的诊断和鉴别诊断。HRCT更能细致地显示肺组织和间质形态的结构变化和大体分布特点，成为诊断ILD的重要手段之一。

二、肺功能

以限制性通气障碍为主，肺活量及肺总量降低，残气量随病情进展而减少。换气功能往往在ILD的早期可显示弥散功能（DLco）明显下降，伴单位肺泡气体弥散量（DLco/Va）下降。ILD的中晚期均可见低氧血症，但气道阻力改变不大，常因呼吸频率加快及过度通气而出现低碳酸血症。

三、支气管肺泡灌洗检查

支气管肺泡灌洗是通过将支气管镜嵌顿在相应的支气管内，以无菌生理盐水灌入后再回吸获得支气管肺泡灌洗液（BALF），对BALF进行细胞学、病原学、生化和炎症介质等的检测。根据BALF中炎症免疫效应细胞的比例，可将

ILD 分类为淋巴细胞增多型和中性粒细胞增多型。

四、肺活检

通过经支气管镜肺活检(transbronchial lung biopsy,TBLB)或外科肺活检(SLB,包括胸腔镜或开胸肺活检)获取肺组织进行病理学检查,是诊断 ILD 的重要手段。经皮穿刺肺活检并发气胸的可能性较高,而且取材过小,不易作出病理诊断,较少在 ILD 中使用。TBLB 的创伤性小、费用较低,目前在临床上应用较多,但同样也因取得的肺组织很小(直径 1~2 mm),有时难以确诊。SLB 可以取得较大的肺组织,有利于对特发性肺纤维化等进行病理学诊断。

【诊断与鉴别诊断】

一、诊断

1. 病史 详细的职业接触史和用药史、发病经过、伴随症状、既往病史和治疗经过等,都可能是重要的诊断线索。职业性的粉尘接触可以在 10~20 年后才出现 ILD 的症状。风湿病可以先有肺部病变,随后才出现关节或其他器官表现。

2. 全身系统检查 ILD 可以是全身性疾病的肺部表现,对于这类患者的诊断,全身系统检查特别重要。例如,结缔组织病的血清学异常和其他器官表现、Wegener 肉芽肿的鼻腔和鼻窦表现等,都是重要的诊断依据。

二、鉴别诊断

因 ILD 中分型较多,与其相似的疾病进行鉴别时,主要从症状、影像学检查等方面进行鉴别。

1. 炎症相关疾病 结缔组织病中的系统性红斑狼疮(systemic lupus erythematosus,SLE)、类风湿关节炎、多发性肌炎、皮肌炎和干燥综合征等,在临床症状、影像学表现上可与 ILD 相似,其他如抗核抗体(antinuclear antibody,ANA)相关血管炎、炎症性肠病、胆汁性肝硬化等疾病也可出现类似的临床表现。

2. 影像学表现与 ILD 相似的疾病 ① 多发性片状影:注意与细菌性肺炎、吸入性肺炎、阻塞性肺炎、肺栓塞、肺泡细胞癌等相鉴别;② 孤立性局灶性致密影:主要与球形肺炎、肺结核及肺癌相鉴别。

【中医病因病机】

中医学认为本病是由先天不足,禀赋薄弱,正气虚衰,又复感外邪,肺中津液受损,肺叶痿弱,呈现出以咳吐浊唾涎沫等症状及进行性呼吸困难为特征的慢性虚损性病变。咳嗽日久累及脾、肾,肺、脾、肾三脏俱虚,气机不利,出现胸中胀满,痰涎壅盛,咳嗽喘气,动后尤甚,面色晦暗,唇舌发绀等肺叶枯焦之症。

【中医诊断及病证鉴别】

一、诊断

(一)发病特点

有肺脏内伤久咳之病史,或为痰热久嗽,或为肺痨久嗽,或为肺痈日久,或为冷哮久延等,以致伤阴耗气而成。亦可以没有明显的病史或诱发因素。

(二)临床表现

以干咳或咳吐浊唾涎沫,进行性呼吸困难,活动后明显为主症。

二、病证鉴别

1. 肺胀 肺痿以咳吐浊唾涎沫为主症,而肺胀以胸部膨满,憋闷如塞,喘息上气,咳嗽痰多,烦躁为主症,尚有心悸,唇甲紫绀,胸腹胀满,肢体浮肿等症状,病情缠绵,时轻时重,经久难愈。肺痿常常病史较短,进展较快;而肺胀则病史较长,疾病发展缓慢。两病根据病史、临床表现、影像学的表现容易鉴别。

2. 肺痨 肺痨是因正气不足,痨虫侵蚀肺叶所致,有与肺痨患者的长期密切接触史,以咳嗽,咯血,潮热,盗汗,形体逐渐消瘦为主要表现。肺痨若未能及时医治,后期可以转为肺痿重证。

【治疗】

一、治疗思路

西医采用糖皮质激素或联合细胞毒药物治疗,其使用剂量和疗程视患者的具体病情而定。本病发病隐袭,初起病位在肺,渐及脾、肾,终及于心,以虚为本,亦有本虚标实。临床治疗首先应分清标本虚实。有风、湿、痰、热等邪气者,治疗以祛风除湿,清热化痰为法。肺脾肾虚者,治以益肺健脾补肾为主。由于气血闭阻贯穿于疾病的始终,故无论早期、晚期均兼以活血通络之法。

二、西医治疗

(一) 特发性肺间质纤维化

目前的治疗效果不确切,推荐的治疗方案是糖皮质激素联合环磷酰胺或硫唑嘌呤,具体方法为:

1. 糖皮质激素　泼尼松或其他等效剂量的糖皮质激素,每天 0.5 mg/kg(理想体重,以下同等),口服 4 周;然后每天 0.25 mg/kg,口服 8 周;继之减量至每天 0.125 mg/kg 或 0.25 mg/kg,隔日 1 次口服。

2. 环磷酰胺　按每天 2 mg/kg 给药。开始剂量可为 25~50 mg/d 口服,第 7~14 天增加 25 mg,直至最大量 150 mg/d。

3. 硫唑嘌呤　按每天 2~3 mg/kg 给药。开始剂量为 25~50 mg/d,之后每 7~4 天增加 25 mg,直至最大量 150 mg/d。

治疗至少持续 6 个月。治疗过程中需要监测和预防药物的副作用,尤其是骨髓抑制,粒细胞减少甚至缺乏。上述药物的疗效有待观察,大部分患者疗效欠佳,不能阻止疾病的发展。部分患者取得疗效,可能与诊断类型的不能完全明确有关,因此,遇到此类患者,还不能放弃目前的治疗方法。

其他治疗药物包括 N-乙酰半胱氨酸、γ干扰素(interferon-γ,IFN-γ)和吡非尼酮(TNF-α 抑制剂)、秋水仙碱等,这些药物的临床疗效尚有待进一步研究。当肺功能严重不全,低氧血症迅速恶化,但不伴有严重的心、肝、肾病变,年龄小于 60 岁者,可考虑进行肺移植。

(二) 肺泡蛋白质沉积症

目前没有明确有效的药物治疗。主要采用肺灌洗治疗,在全麻下经双腔气管导管施行一侧肺通气,另一侧肺灌洗。灌洗液用 37℃ 生理盐水,每次灌洗 200~500 ml,直至回收液体清亮。通常需要的灌洗总量为 5 000~12 000 ml。一侧灌洗完后,根据患者的具体情况决定继续行另一侧肺灌洗或间隔几天后再行对侧灌洗。灌洗治疗后,多数患者的呼吸困难和肺功能显著改善或恢复正常,X 线胸片可变清晰。缓解状态多数可保持数年以上。少数患者复发,可再行肺灌洗。部分患者对粒细胞-巨噬细胞集落刺激因子(GM-CSF)替代治疗反应良好。

三、中医治疗

辨证论治

1. 燥热伤肺

证候:胸闷气短,呼吸急促,动则加重,口鼻干燥,干咳少痰,或痰中带血丝,或发热,汗出不畅,舌质红,少津,苔黄腻,脉浮数。

治法:润肺止咳,降气平喘。

方药:桑杏汤加减。

药用桑叶、杏仁、沙参、浙贝母、枇杷皮、淡豆豉等。若痰黏,不易咯出,加海蛤壳、瓜蒌以清热化痰止咳;咳嗽重加百部、白前以化痰宣肺止咳;若燥热伤津明显,加沙参、麦冬、玉竹、天花粉。

2. 痰浊阻肺

证候:胸闷气短,动则加重,咳嗽,咯痰不爽,头晕,不思饮食,舌质黯红,苔白腻或黄腻,脉濡数或滑数。

治法:健脾燥湿,化痰止咳。

方药:二陈汤加减。

药用半夏、陈皮、茯苓、甘草等。若不发热而胸闷重,加瓜蒌、郁金以宽胸理气解郁;寒痰较重(痰黏白如泡沫,怯寒背冷)加细辛、干姜;脾虚加党参、白术;兼有表寒者加紫苏、荆芥、防风。若痰浊壅肺,咳逆痰涌,胸满气急,苔浊腻者,可加三子养亲汤以降气化痰,病情稳定后服香砂六君子汤以资调理。

3. 气滞血瘀

证候:胸闷胁胀,甚则疼痛,短气,动则加重,干咳少痰,口干苦,口干不欲饮,唇甲青紫,舌质黯红有瘀斑,苔白腻,脉沉细而涩或弦滑。

治法:理气活血,疏肝解郁。

方药:柴胡疏肝散加减。

药用陈皮、柴胡、川芎、枳壳(麸炒)、芍药、炙甘草、香附等。胸闷胁痛明显加瓜蒌、郁金、丝瓜络以宽胸理气,通络止痛;若肝火旺加栀子、丹皮、赤芍以清肝泻火;津伤口渴加沙参、麦冬、生地、花粉以养阴生津;咯血加大黄、丹皮、地榆凉血止血;咳嗽日久加百合、诃子、五味子以敛阴生津止咳;若瘀血明显者加丹参、桃仁、红花、川芎活血化瘀。

4. 肺阴亏损

证候：胸闷气短，动则加重，干咳少痰，甚则痰中带血，口干渴，咽干鼻燥，皮毛干枯，形态消瘦，大便秘结，舌红少苔，脉细虚数。

治法：养阴清热，润肺生津。

方药：清燥救肺汤加减。

药用人参、甘草、麦门冬、阿胶、杏仁、桑叶、枇杷叶、石膏等。若口燥咽干，五心烦热，可加知母、天花粉、鱼腥草以清热润燥；若口干舌燥，舌红少苔，阴液伤者，加天冬、石斛、玉竹、玄参以润肺养阴，或选用百合固金汤加减；若痰中带血或咳鲜血者，加白及、丹皮、仙鹤草以凉血止血；气阴两伤者，加生脉散以益气养阴。

5. 肺气虚寒

证候：呼吸困难，气短，动则加重，咳吐涎沫，质清稀，形寒食少，口不渴，舌淡，脉虚弱。

治法：益气温阳，补肺健脾。

方药：甘草干姜汤加减。

药用甘草、干姜。若大便溏薄加白术、茯苓以健脾益气；尿频加益智仁、附子以温肾固脾；喘咳乏力，动则为甚者，加人参、蛤蚧、山萸肉、冬虫夏草纳气补肾；兼血瘀者加桃仁、红花、川芎、水蛭、僵蚕等。

6. 肺肾两虚

证候：喘促不得接续，动则加重，口燥咽干，心悸乏力，肢肿，唇甲紫黯，头晕目眩，舌质干红，脉沉细，或浮大无根。

治法：补肺益肾，纳气定喘。

方药：生脉饮合六味地黄丸加减。

药用人参、麦冬、五味子、熟地、生地、山萸肉、茯苓、泽泻、丹皮等。若偏阳虚，配用参蛤散以温补肾阳；偏阴虚，配用七味都气丸以滋阴纳气；兼血瘀者加丹参、当归、桃仁、红花、川芎、水蛭等以活血化瘀。

【转归、预防与调护】

ILD 是一类复杂的疾病，尤其是对许多病因不明的 ILD。对于部分有明确接触危险因素的患者，定期进行肺功能测定、血气分析及常规的 X 线检查，早发现，早期诊断，可以经相应治疗得到有效控制，但绝大部分预后不佳。其病程长短依赖于病情的进展，急性期最短 2 周内死亡，发展慢者可长达 20 年以上。自从应用糖皮质激素及免疫抑制剂及中药后，病程已明显延长。但多数患者最终死于呼吸衰竭。极少数患者经治疗后病情稳定，可长期缓解。

平素日常生活中，应加强体育锻炼；慎起居，生活规律，视气候随时增减衣服；时邪流行时，尽量减少外出，避免接触患者。注意耐寒锻炼，适应气候变化，增强肺卫功能；戒烟，减少对呼吸道刺激；饮食清淡，忌寒凉油腻；居处要清洁，避免烟尘刺激，都对本病有一定预防作用。

(李风森)

第十一章
原发性支气管肺癌

原发性支气管癌(primary bronchogenic carcinoma),简称肺癌(lung cancer),为起源于支气管黏膜或腺体的恶性肿瘤。肺癌发病率位于男性肿瘤的首位,由于早期诊断不足,致使预后差。目前随着诊断方法的进步、新药以及靶向治疗药物的出现,规范有序的诊断、分期以及多学科的治疗,其生存率已经有所延长。然而,要想大幅度地延长生存率,仍有赖于早期诊断和早期规范治疗。

根据本病临床特点,可归属于中医学"肺积"、"痞癖"、"咳嗽"、"咯血"、"胸痛"等范畴。

【病因和发病机制】

虽然病因和发病机制尚未明确,但通常认为与下列因素有关。

一、吸烟

吸烟是肺癌的发病率、死亡率进行性增加的首要原因。与不吸烟者比较,吸烟者发生肺癌的危险性平均高4~10倍,重度吸烟者可达10~25倍。

二、职业致癌因子

已被确认的致人类肺癌的职业因素包括石棉、砷、铬、镍、铍、煤焦油、芥子气、三氯甲醚、氯甲醚、烟草的加热产物以及铀、镭等放射性物质衰变时产生的氡和氡子气,电离辐射和微波辐射等。这些因素可使肺癌发生的危险性增加3~30倍。

三、空气污染

空气污染包括室内小环境和室外大环境污染,室内被动吸烟、燃料燃烧和烹调过程中均可能产生致癌物。

四、电离辐射

大剂量电离辐射可引起肺癌,不同射线产生的效应也不同,美国1978年报告一般人群中电离辐射的来源约49.6%来自自然界,44.6%为医疗照射,来自X线诊断的电离辐射可占36.7%。

五、饮食与营养

流行病学调查资料表明,较多地食用含β胡萝卜素的绿色、黄色和橘黄色的蔬菜和水果及含维生素A的食物,可减少肺癌发生的危险性,这一保护作用对于正在吸烟的人或既往吸烟者特别明显。

六、其他诱发因素

美国癌症学会将肺结核列为肺癌的发病因素之一。有肺结核病者患肺癌的危险性是正常人群的10倍。其主要组织学类型是腺癌。此外,病毒感染、真菌毒素(黄曲霉)等,对肺癌的发生可能也起一定作用。

七、遗传和基因改变

经过长期探索和研究,现在已经逐步认识到肺癌可能是一种外因通过内因发病的疾病。上述的外因可诱发细胞的恶性转化和不可逆的基因改变,包括原癌基因的活化、抑癌基因的失活、自反馈分泌环的活化和细胞凋亡的抑制,从而导致细胞生长的失控。

【病理和分类】

一、按解剖学部位分类

1. 中央型肺癌　发生在段支气管至主支气管的肺癌称为中央型肺癌,约占3/4,较多见鳞状上皮细胞癌和小细胞肺癌(small cell lung cancer, SCLC)。

2. 周围型肺癌　发生在段支气管以下的肺癌称为周围型肺癌,约占1/4,多见腺癌。

二、按组织病理学分类

肺癌的组织病理学分类现分为两大类：

1. 非小细胞肺癌（non-small cell lung cancer，NSCLC）

（1）鳞状上皮细胞癌：简称鳞癌。典型的鳞癌细胞大，呈多形性，胞浆丰富，有角化倾向，核畸形，染色深，细胞间桥多见，常呈鳞状上皮样排列。

（2）腺癌：包括腺泡状腺癌、乳头状腺癌、细支气管-肺泡细胞癌等。

（3）大细胞癌：包括大细胞神经内分泌癌、复合性大细胞神经内分泌癌、基底细胞样癌、淋巴上皮瘤样癌、透明细胞癌、伴横纹肌样表型的大细胞癌。

（4）其他：腺鳞癌、类癌、肉瘤样癌、唾液腺型癌（腺样囊性癌、黏液表皮样癌）等。

2. 小细胞肺癌 包括燕麦细胞型、中间细胞型、复合燕麦细胞型。癌细胞多为类圆形或菱形，胞浆少，类似淋巴细胞。在其发生发展的早期多已转移到肺门和纵隔淋巴结，并由于其易侵犯血管，在诊断时大多已有肺外转移。

【临床分期】

分期是定义癌症扩散程度的方法，非常重要，这是因为癌症的治疗方案及相关预后取决于癌症的分期。非小细胞肺癌和小细胞肺癌的分期体系不一样。

一、非小细胞肺癌的分期

最常用于描述非小细胞肺癌生长和扩散的是 TNM 分期系统，也叫做美国癌症联合委员会系统。在 TNM 分期中，结合了有关肿瘤、附近淋巴结和远处器官转移的信息，而分期用来指特定的 TNM 分组。分组分期使用数字和罗马数字 Ⅰ~Ⅳ 来描述。

T 代表肿瘤（其大小以及在肺内和临近器官的扩散程度），N 代表淋巴结扩散，M 表示转移（扩散到远处器官）（表 11-1）。

表 11-1 非小细胞肺癌分组分期

综合分期	T 分期	N 分期	M 分期
0 期	Tis（原位癌）	N_0	M_0
ⅠA 期	T_1	N_0	M_0
ⅠB 期	T_2	N_0	M_0
ⅡA 期	T_1	N_1	M_0
ⅡB 期	T_2	N_1	M_0
	T_3	N_0	M_0
Ⅲ 期	T_1	N_2	M_0
	T_2	N_2	M_0
	T_3	N_1	M_0
	T_3	N_2	M_0
ⅢB 期	任何 T	N_3	M_0
	T_4	任何 N	M_0
Ⅳ 期	任何 T	任何 N	M_1

（一）非小细胞肺癌 T 分期

T 分期根据肺癌的大小，在肺内的扩散和位置，扩散到临近组织的程度划分。

Tis：癌症只限于气道通路的内层细胞。没有扩散到其他的肺组织，这期肺癌通常也叫做原位癌。

T_1：肿瘤小于 3 cm，没有扩散到脏层胸膜（包裹着肺的膜），并且没有影响到主要支气管。

T_2：癌症具有以下 1 个或者多个特征：

① 直径大于 3 cm；② 累及主要支气管，但距离隆突（气管分成左右主支气管的地方）超过 2 cm；③ 已经扩散到脏层胸膜；④ 癌症部分阻塞了气道，但没有造成全肺萎陷或者肺炎。

T_3：癌症具有以下 1 个或者多个特征：

①扩散到胸壁、膈肌(将胸部和腹部分开的呼吸肌)、纵隔胸膜(包裹着双肺之间空隙的膜),或者壁层心包(包裹心脏的膜);②累及一侧主支气管,距隆突少于2cm,但不包含隆突;③已经长入气道,足以造成全肺萎陷或者全肺炎。

T_4：癌症具有以下1个或者多个特征：

①扩散到纵隔(胸骨后心脏前面的间隙)、心脏、气管、食管(连接喉和胃的管道)、脊柱,或者隆突;②同一个肺叶里有2个或者2个以上独立的肿瘤结节;③有恶性胸水(在围绕肺的液体里含有癌症细胞)。

(二) 非小细胞肺癌的N分级

N分级取决于癌症所侵犯的附近的淋巴结。

N_0：癌症没有扩散到淋巴结。

N_1：癌症扩散的淋巴结仅限于肺内、肺门淋巴结(位于支气管进入肺地方的周围)。转移的淋巴结仅限于患肺同侧。

N_2：癌症已经扩散到隆突淋巴结(气管分成左右主支气管位置的周围)或者纵隔淋巴结(胸骨后心脏前的空隙)。累及的淋巴结仅限于患肺同侧。

N_3：癌症已经扩散到同侧或者对侧锁骨上淋巴结,和(或)扩散到患肺对侧肺门或者纵隔淋巴结。

(三) 非小细胞肺癌的M分期

M分期取决于癌症是否转移到远处组织或者器官。

M_0：没有远处扩散。

M_1：癌症已经扩散到一个或者多个远处部位。远处部位包括其他肺叶、超出以上N分期里所提及的淋巴结、其他器官或者组织,比如肝、骨或者脑。

非小细胞肺癌的分期编组：一旦T、N和M分期明确了,这些信息结合后(分期编组),就能明确综合分期0、Ⅰ、Ⅱ、Ⅲ或者Ⅳ期(表2-7)。分期比较低的患者生存前景比较良好。

二、小细胞肺癌的分期

虽然小细胞肺癌可以像非小细胞肺癌一样分期,但绝大多数的医生发现更简单的两期系统在治疗选项上更好。这个系统将小细胞肺癌分为"局限期"和"广泛期"(也称扩散期)。

局限期指癌症仅限于一侧肺且淋巴结仅位于同一侧胸部。

如果癌症扩散到另一侧肺,或者对侧胸部的淋巴结,或者远处器官,或者有恶性胸水包绕肺,则叫做广泛期。

【临床表现】

肺癌的临床表现与肿瘤大小、类型、发展阶段、所在部位、有无并发症或转移有密切关系。有5%~15%的患者无症状,仅在常规体检、胸部影像学检查时发现。按部位可分为原发肿瘤、肺外胸内扩展、胸外转移和胸外表现4类。

一、原发肿瘤引起的症状和体征

1. **咳嗽** 为早期症状,常为无痰或少痰的刺激性干咳,当肿瘤引起支气管狭窄后可加重咳嗽,多为持续性,呈高调金属音性咳嗽或刺激性呛咳。细支气管-肺泡细胞癌可有大量黏液痰,日咯痰量可达上百毫升,继发感染时,痰量增加,呈黏液脓性。

2. **血痰或咯血** 多见于中央型肺癌,肿瘤向管腔内生长者可有间歇或持续性痰中带血,如果表面糜烂严重侵蚀大血管,则可引起大咯血。

3. **气短或喘鸣** 肿瘤向支气管内生长,或转移到肺门淋巴结致使肿大的淋巴结压迫主支气管或隆突,或引起部分气道阻塞时,可有呼吸困难,气短,喘息,偶尔表现为喘鸣,听诊时可闻及局限或单侧哮鸣音。

4. **发热** 肿瘤组织坏死可引起发热,多数发热的原因是由于肿瘤引起的阻塞性肺炎所致,抗生素治疗效果不佳。

5. **体重下降** 消瘦为恶性肿瘤的常见症状之一,肿瘤发展到晚期,由于肿瘤毒素和消耗的原因,并有感染、疼痛所致的食欲减退,可表现为消瘦或恶病质。

二、肺外胸内扩展引起的症状和体征

1. **胸痛** 近半数患者可有模糊或难以描述的胸痛或钝痛,可由于肿瘤细胞侵犯所致,也可由于阻塞性炎症波及部分胸膜或胸壁引起。

2. **声音嘶哑** 癌肿直接压迫或转移致纵隔淋巴结,压迫喉返神经(多见左侧),可发生声音嘶哑。

3. **咽下困难** 癌肿侵犯或压迫食管,可引起吞咽困难,并可引起气管-食管瘘,导致肺部感染。

4. 胸水　约10%的患者有不同程度的胸水,通常提示肿瘤转移累及胸膜或肺淋巴管回流受阻。

5. 上腔静脉阻塞综合征　是由于上腔静脉被附近肿大的转移性淋巴结压迫或右上肺的原发性肺癌侵犯,以及腔静脉内癌栓阻塞静脉回流引起。表现为头面部和上半身淤血水肿,颈部肿胀,颈静脉扩张,患者常主诉领口进行性变紧,可在前胸壁见到扩张的静脉侧支循环。

6. Horner 综合征　肺尖部肺癌又称肺上沟瘤(Pancoast 瘤),易压迫颈部交感神经,引起病侧眼睑下垂、瞳孔缩小、眼球内陷,同侧额部与胸壁少汗或无汗。也常有肿瘤压迫臂丛神经造成以腋下为主、向上肢内侧放射的火灼样疼痛,在夜间尤甚。

三、胸外转移引起的症状和体征

胸腔外转移的症状、体征可见于3%~10%的患者,以小细胞肺癌居多,其次为未分化大细胞肺癌、腺癌、鳞癌。

1. 转移至中枢神经系统　可引起颅内压增高,如头痛,恶心,呕吐,精神状态异常。

2. 转移至骨骼　可引起骨痛和病理性骨折。大多为溶骨性病变,少数为成骨性。

3. 转移至腹部　部分小细胞肺癌可转移到胰腺,表现为胰腺炎症状或阻塞性黄疸。其他细胞类型的肺癌也可转移到胃肠道、肾上腺和腹膜后淋巴结,多无临床症状,依靠 CT、MRI 或 PET 作出诊断。

4. 转移至淋巴结　锁骨上淋巴结是肺癌转移的常见部位,可毫无症状。典型者多位于前斜角肌区,固定且坚硬,逐渐增大、增多,可以融合,多无痛感。

四、胸外表现

胸外表现指肺癌非转移性胸外表现或称为副癌综合征(paraneoplastic syndrome),主要为以下几方面表现。

1. 肥大性肺性骨关节病(hypertrophic pulmonary osteoarthropathy)　常见于肺癌,也见于局限性胸膜间皮瘤和肺转移癌(胸腺、子宫、前列腺转移)。多侵犯上、下肢长骨远端,发生杵状指(趾)和肥大性骨关节病。

2. 异位促性腺激素　合并异位促性腺激素的肺癌不多,大部分是大细胞肺癌,主要为男性轻度乳房发育和增生性骨关节病。

3. 分泌促肾上腺皮质激素样物　小细胞肺癌或支气管类癌是引起库欣综合征的最常见细胞类型,很多患者在瘤组织中甚至血中可测到促肾上腺皮质激素增高。

4. 分泌抗利尿激素　不适当的抗利尿激素分泌可引起厌食、恶心、呕吐等水中毒症状,还可伴有逐渐加重的神经并发症。其特征是低钠(血清钠<135 mmol/L),低渗(血浆渗透压<280 mOsm/kg)。

5. 神经肌肉综合征　包括小脑皮质变性、脊髓小脑变性、周围神经病变、重症肌无力等,发生原因不明确。

6. 高钙血症　可由骨转移或肿瘤分泌过多甲状旁腺素相关蛋白引起,常见于鳞癌。

7. 类癌综合征　典型特征是皮肤、心血管、胃肠道和呼吸功能异常。主要表现为面部、上肢躯干的潮红或水肿,胃肠蠕动增强,腹泻,心动过速,喘息,瘙痒和感觉异常等。

此外,还可有黑色棘皮症及皮肌炎、掌跖皮肤过度角化症、硬皮症,以及栓塞性静脉炎、非细菌性栓塞性心内膜炎、血小板减少性紫癜等肺外表现。

【实验室及其他检查】

一、胸部影像学检查

胸部影像学检查是发现肿瘤最重要的方法之一,可通过透视或正侧位 X 线胸片和 CT 发现肺部阴影。

1. 中央型肺癌　向管腔内生长可引起支气管阻塞征象,阻塞不完全时呈现段、叶局限性气肿;完全阻塞时,表现为段、叶不张。肺不张伴有肺门淋巴结肿大时,下缘可表现为倒 S 状影像,是中央型肺癌特别是右上叶中央型肺癌的典型征象。CT 可明显提高分辨率,CT 支气管三维重建技术还可发现段支气管以上管腔内的肿瘤或狭窄。

2. 周围型肺癌　早期多呈局限性小斑片状阴影,边缘不清,密度较淡,易误诊为炎症或结核。随着肿瘤增大,阴影渐增大,密度增高,呈圆形或类圆形,边缘常呈分叶状,伴有脐凹或细毛刺。HRCT 可清晰地显示肿瘤的分叶、边缘的毛刺、胸膜凹陷征、支气管充气征和空泡征,甚至钙质分布类型。

3. 细支气管-肺泡细胞癌　有结节型与弥漫型两种表现。结节型与周围型肺癌的圆形病灶的影像学表现不易区别。弥漫型为两肺大小不等的结节状播散病灶,边界清楚,密度较高。随病情发展逐渐增多、增大,甚至融合成肺炎样片状阴影。病灶间常有增深的网状阴影,有时可见支气管充气征。

CT 的优点在于能够显示一些普通 X 线检查所不能发现的病变,包括小病灶和位于心脏后、脊柱旁、肺尖、近膈面及肋骨头部位的病灶。CT 还可显示早期肺门和纵隔淋巴结肿大,CT 更易识别肿瘤有无侵犯邻近器官。

二、MRI

在肺癌的诊断中，与 CT 相比，MRI 在明确肿瘤与大血管之间的关系上有优越性，而在发现小病灶（<5 mm）方面则不如 CT 敏感。

三、单光子发射计算机断层显像

单光子发射计算机断层显像（single-photon emission computed tomography，SPECT），方法简便、无创，利用肿瘤细胞摄取放射性核素与正常细胞之间的差异，进行肿瘤定位、定性和骨转移诊断。

四、PET

与正常细胞相比，肺癌细胞的代谢及增殖加快，对葡萄糖的摄取增加，注入体内的 18-氟-2-脱氧 D-葡萄糖（FDG）可相应地在肿瘤细胞内大量积聚，其相对摄入量可以反映肿瘤细胞的侵袭性及生长速度，故可用于肺癌及淋巴结转移的定性诊断，诊断肺癌骨转移的价值也优于 SPECT。PET 扫描对肺癌的敏感性可达 95%，特异性可达 90%，对发现转移病灶也很敏感，但对肺泡细胞癌的敏感性较差，评价时应予考虑。

五、痰脱落细胞检查

如果痰标本收集方法得当，3 次以上的系列痰标本可使中央型肺癌的诊断率提高到 80%，周围型肺癌的诊断率达 50%。其他影响准确性的因素有：痰中混有脓性分泌物可引起恶性细胞液化，可干扰临床识别恶性细胞。

六、支气管镜检查

支气管镜检查对诊断、确定病变范围，明确手术指征与方式有帮助。气管镜可见的支气管内病变，刷检的诊断率可达 92%，活检诊断率可达 93%。TBLB 可提高周围型肺癌的诊断率。对于直径大于 4 cm 的病变，诊断率可达到 50%~80%。但对于直径小于 2 cm 的病变，诊断率仅 20% 左右。

七、针吸细胞学检查

可经皮或经气管镜进行针吸细胞学检查。还可在超声、X 线或 CT 引导下进行，目前常用的主要为浅表淋巴结和经超声引导针吸细胞学检查。

八、纵隔镜检查

纵隔镜检查是一种对纵隔转移淋巴结进行评价和取活检的创伤性检查手段，它有利于肿瘤的诊断及 TNM 分期。

九、胸腔镜检查

胸腔镜检查主要用于确定胸腔积液或胸膜肿块的性质。

十、其他细胞或病理检查

如胸腔积液细胞学检查，胸膜、淋巴结、肝或骨髓活检等。

十一、开胸肺活检

若经痰细胞学检查、支气管镜检查和针刺活检等项检查均未能确立细胞学诊断，则考虑开胸肺活检，但必须根据患者的年龄、肺功能等仔细权衡利弊后决定。

十二、肿瘤标志物检查

肺癌的标志物包括蛋白质、内分泌物质、肽类和各种抗原物质如癌胚抗原（CEA）及可溶性膜抗原，如 CA50、CA125、CA19-9，某些酶如神经特异性烯醇酶（NSE）、cyfra21-1 等对肺癌的诊断有一定帮助，但缺乏特异性，对某些肺癌的病情监测有一定参考价值。

【诊断与鉴别诊断】

一、诊断

肺癌的早期诊断有赖于多方面的努力：① 普及肺癌的防治知识，患者有任何可疑肺癌症状时能及时就诊，对 40 岁以上长期重度吸烟者或有危险因素接触史者应该每年体检，进行防癌或排除肺癌的有关检查。② 医务人员应对肺癌的早期征象提高警惕，避免漏诊、误诊。③ 发展新的早期诊断方法，如早期诊断的标志物等，但是细胞学和病理学检查仍是确诊肺癌的必要手段。

二、鉴别诊断

肺癌常与某些肺部疾病共存，或其影像学形态表现与某些疾病相类似，故常易误诊或漏诊，必须及时进行鉴别，以利早期诊断。痰脱落细胞检查、气管镜或其他组织病理学检查有助于鉴别诊断，常与下列疾病相鉴别。

1. **肺结核** 肺结核多发生于青壮年，而肺癌好发于 40 岁以上的中老年男性。肺结核经抗结核治疗有效，肺癌经抗结核治疗则病情无好转。借助肺部X线检查、痰结核菌检查、痰脱落细胞学检查、支气管镜检查等,有助于两者的鉴别。

2. 肺炎　若无毒性症状,抗生素治疗后肺部阴影吸收缓慢,或同一部位反复发生肺炎时,应考虑肺癌的可能。肺部慢性炎症机化,形成团块状的炎性假瘤,易与肺癌相混淆。但炎性假瘤往往形态不整,边缘不齐,核心密度较高,易伴有胸膜增厚,病灶长期无明显变化。

3. 肺脓肿　起病急,中毒症状严重,多有寒战、高热、咳嗽、咳大量脓臭痰等症状。肺部X线表现为均匀的大片渗出性阴影,空洞内常见较深液平面。血常规检查可发现白细胞和中性粒细胞增多。

4. 纵隔淋巴瘤　颇似中央型肺癌,常为双侧性,可有发热等全身症状,但支气管刺激症状不明显,痰脱落细胞检查阴性。

5. 肺部良性肿瘤　许多良性肿瘤在影像学上与恶性肿瘤相似,其中尤以支气管腺瘤、错构瘤等更难鉴别。支气管腺瘤极小时,影像学检查早期很难发现。近肺门的支气管腺瘤,可呈圆形或半圆形阴影;位于肺脏周围部者,呈结节状或球形影,可伴阻塞性肺气肿、肺不张、阻塞性肺炎,甚至肺脓肿,肿瘤有时会被掩盖。

肺错构瘤主要表现为球形或轻微分叶结节影,直径一般为1～4 cm,偶有较大肿块。10%～30%瘤体内可见点状、线状或爆米花样钙化,病灶越大,钙化机会越多。爆米花样钙化是错构瘤的重要特征。

6. 结核性渗出性胸膜炎　应与癌性胸水相鉴别,癌性胸水多发生在40岁以上,一般无发热,持续胸痛,有时伴有咯血,胸水多为中、大量,50%～90%呈血性,进展较快,胸水中反复查找可查见肿瘤细胞。结核性胸水中可能查到结核分枝杆菌,可伴有发热,午后居多,食欲减退等结核中毒症状。

【中医病因病机】

肺癌是由于正气虚损,阴阳失调,邪毒乘虚入肺,邪滞于肺,导致肺脏功能失调,肺气郁滞,宣降失司,气机不利,而致血行瘀滞,津液失于输布,津聚为痰,痰凝气滞,瘀阻络脉,瘀毒胶结,日久形成肺部积块。因此,肺癌是因虚而得病,因虚而致实,是一种全身属虚、局部属实的疾病。肺癌的虚以阴虚、气阴两虚为多见,实则不外乎气滞、血瘀、痰凝、毒聚之病理变化。其病位在肺,但因肝主疏泄,脾主运化水湿,肾主水之蒸化,故与肝、脾、肾关系密切。

【中医诊断及病证鉴别】

一、诊断

(1) 近期发生的呛咳、顽固性干咳持续数周不愈,或反复咯血痰,或不明原因的顽固性胸痛、气急、发热,或伴消瘦、疲乏等。

(2) 年龄在40岁以上,有长期吸烟史的男性。

二、病证鉴别

1. 肺痨　肺痨与肺癌均有咳嗽、咯血、胸痛、发热、消瘦等症状,两者很容易混淆,应注意鉴别。肺痨多发生于青壮年,而肺癌好发于40岁以上的中老年男性。部分肺痨患者已愈合的结核病灶所引起的肺部瘢痕可恶变为肺癌。肺痨经抗结核治疗有效,肺癌经抗结核治疗则病情无好转。此外,借助现代诊断方法,如肺部X线检查、痰结核菌检查、痰脱落细胞学检查、支气管镜检查等,有助于两者的鉴别。

2. 肺痈　典型的肺痈以急性发病、高热、寒战、咳嗽、咳吐大量脓臭痰为主要临床症状,痰中可带血,可伴有胸痛;肺癌发病较缓,热势一般不高,呛咳,咯痰不爽或痰中带血,伴见神疲乏力、消瘦等全身症状。肺癌患者在外感寒邪时,也可出现高热、咳嗽加剧等症,此时更应详细询问病史,四诊合参,并借助肺部X线检查、痰和血的病原体检查、痰脱落细胞学检查等实验室检查加以鉴别。

3. 肺胀　肺胀是多种慢性肺系疾患反复发作,迁延不愈所致的慢性肺部疾病。病程长达数年,反复发作,多发生于40岁以上人群,以咳嗽、咯痰、喘息、胸部膨满为主症;肺癌则起病较为隐匿,以咳嗽、咯血、胸痛、发热、气急为主要临床表现,伴见消瘦乏力等全身症状,借助肺部X线检查、痰脱落细胞学检查等不难鉴别。

【治疗】

一、治疗思路

肺癌的治疗目的在于延缓病情发展,减轻症状,减少并发症的发生,延长患者生存期,提高生存质量。目前提高癌症的治疗效果仍基于"三早",即早期发现、早期诊断和早期治疗。西医治疗以放疗、化疗、外科手术治疗作为根治肺癌的主要手段,特别是早期患者,如无手术禁忌证者,都应采取手术治疗。随着化疗的应用和发展,研发了一些有效的药物,提高了临床疗效。但化疗仍存在肿瘤细胞抗药性,对正常组织及器官引起损伤等副作用的问题,因而,其应用有所局限。中医药能够减轻患者的症状及放疗、化疗副作用,提高机体免疫力,有助于提高术后患者的远期疗效,改善肺癌患者的生存质量,并能延缓肿瘤发展、复发和转移,从而延长患者生存期,在治疗中占重要地位。

二、西医治疗

(一) 非小细胞肺癌

1. 局限性病变

(1) 手术:对于可耐受手术的ⅠA、ⅠB、ⅡA和ⅡB NSCLC,首选手术。ⅢA期病变,若患者的年龄、心肺功能和解剖位置合适,也可考虑手术。术前化疗(新辅助化疗)可使许多原先不能手术者降级而能够手术,胸腔镜电视辅助胸部手术(VATS)可用于肺功能欠佳的周围型病变的患者。

(2) 根治性放疗:Ⅲ期患者以及拒绝或不能耐受手术的Ⅰ、Ⅱ期患者均可考虑根治性放疗。已有远处转移、恶性胸腔积液或累及心脏者一般不考虑根治性放疗。放疗射线可损伤肺实质和胸内其他器官,如脊髓、心脏和食管。

(3) 根治性综合治疗:对产生 Horner 综合征的肺上沟瘤可采用放疗和手术联合治疗。

2. 播散性病变 不能手术的 NSCLC 患者中70%预后差。可根据行动状态评分为0(无症状)、1(有症状,完全能走动)、2(<50%的时间卧床)、3(>50%时间卧床)和4(卧床不起),选择适当的化疗和放疗,或支持治疗。

(1) 化疗:联合化疗可增加生存率、缓解症状以及提高生活质量,可使30%~40%的患者部分缓解,近5%的患者完全缓解,中位生存期为9~10个月,1年生存率为40%。因此,若患者行为状态评分≤2分,且主要器官功能可耐受,可给予化疗。化疗应使用标准方案,如紫杉醇+卡铂、多西紫杉醇+顺铂或长春瑞滨+顺铂、吉西他宾+顺铂以及丝裂霉素C+长春地辛+顺铂等以铂类为基础的化疗方案。给予适当的支持治疗(止吐药、用顺铂时补充体液和盐水、监测血细胞计数和血生化、监测出血或感染的征象以及在需要时给予红细胞生成素和粒细胞集落刺激因子以刺激血细胞增生),并且根据最低粒细胞计数调整化疗剂量。

(2) 放疗:如果患者的原发肿瘤阻塞支气管引起阻塞性肺炎、上呼吸道或上腔静脉阻塞等症状,应考虑放疗。也可对无症状的患者给予预防性治疗,防止胸内病变进展。通常1个疗程为2~4周,剂量30~40 Gy。如出现心脏压塞可予心包穿刺术和放疗,颅脑、脊髓压迫和臂丛神经受累亦可通过放疗缓解。对于颅脑转移和脊髓压迫者,可给予地塞米松(25~75 mg/d,分4次),并迅速减至缓解症状所需的最低剂量。

(3) 靶向治疗:肿瘤分子靶向治疗是以肿瘤组织或细胞中所具有的特异性(或相对特异)分子为靶点,利用分子靶向药物特异性阻断该靶点的生物学功能,选择性从分子水平来逆转肿瘤细胞的恶性生物学行为,从而达到抑制肿瘤生长甚至使肿瘤消退的目的。部分药物被一些指南纳为二线治疗药物。表皮生长因子受体为靶点的靶向治疗,代表药物为吉非替尼,厄洛替尼和西妥昔单抗,可考虑用于化疗失败者或者无法接受化疗的患者。此外是以肿瘤血管生成为靶点的靶向治疗,其中贝伐单抗联合化疗能明显提高化疗治疗晚期 NSCLC 的有效率,并延长患者生存期。

(4) 转移灶治疗:伴颅脑转移时可考虑放疗,对于术后或放疗后出现的气管内肿瘤复发,可经气管镜给予激光治疗,80%~90%的患者临床症状能得到缓解。

(二) 小细胞肺癌

推荐以化疗为主的综合治疗以延长患者生存期。

1. 化疗 常使用的联合方案是依托泊苷加顺铂或卡铂,3周1次,共4~6个周期。其他常用的方案为依托泊苷、顺铂和异环磷酰胺。初次联合化疗可能会导致中至重度的粒细胞减少(例如粒细胞数 $0.5 \times 10^9 \sim 1.0 \times 10^9/L$)和血小板减少症(血小板计数 $<50 \times 10^9 \sim 100 \times 10^9/L$)。初始治疗4~6个周期后,应重新分期以确定是否进入完全临床缓解(所有临床明显的病变和癌旁综合征完全消失)、部分缓解、无反应或进展(见于10%~20%的患者),治疗后进展或无反应的患者应该调换新的化疗药物。

2. 放疗 对明确有颅脑转移者应给予全脑高剂量放疗(40 Gy)。也有报道对完全缓解的患者可给予预防性颅脑放射,能显著地减少脑转移(存期活≥2年,未行预防性颅脑放射的患者60%~80%发生脑转移),但生存受益小,也有研究表明预防性颅脑放射后可发生认知力缺陷。治疗前需将放疗的利弊告知患者,对有症状、胸部或其他部位病灶进展的患者,可给予全剂量(如胸部肿瘤团块给予40 Gy)放疗。

3. 综合治疗 大多数局限期的 SCLC 可考虑给予足叶乙苷加铂类药物化疗以及同步放疗的综合治疗。选择合适的患者(局限期、行动状态评分0~1且基础肺功能良好),给予全部剂量的放疗并尽可能减少对肺功能的损伤。

(三) 生物反应调节剂

生物反应调节剂(biological response modifier,BRM)为 SCLC 提供了一种新的治疗手段,如小剂量 IFN(2×10^6 U)每

周3次间歇疗法。转移因子、左旋咪唑、集落刺激因子(CSF)在肺癌的治疗中都能增加机体对化疗、放疗的耐受性,提高疗效。

三、中医治疗

辨证论治

1. 气血瘀滞

证候:咳嗽不畅,胸闷气憋,胸痛有定处,如锥如刺,或痰血黯红,口唇紫黯,舌质黯或有瘀斑,苔薄,脉细弦或细涩。

治法:活血散瘀,行气化滞。

方药:血府逐瘀汤加减。

药用当归、生地、桃仁、红花、枳壳、赤芍、柴胡、甘草、桔梗、川芎、牛膝。若反复咯血,血色黯红者,可减少桃仁、红花的用量,加蒲黄、三七、藕节、仙鹤草、茜草根祛瘀止血;瘀滞化热,暗伤气津,见口干舌燥者,加沙参、天花粉、生地、玄参、知母等清热养阴生津;食少,乏力,气短者,加黄芪、党参、白术益气健脾。

2. 痰湿蕴肺

证候:咳嗽,咯痰,气憋,痰质稠黏,痰白或黄白相兼,胸闷胸痛,纳呆便溏,神疲乏力,舌质淡,苔白腻,脉滑。

治法:行气祛痰,健脾燥湿。

方药:二陈汤合瓜蒌薤白半夏汤加减。

药用法半夏、陈皮、茯苓、甘草、瓜蒌、薤白等。若见胸脘胀闷,喘咳较甚者,可加用葶苈大枣泻肺汤以泻肺行水;痰郁化热,痰黄黏稠难出者,加海蛤壳、鱼腥草、金荞麦根、黄芩、栀子清化痰热;胸痛甚,且瘀象明显者,加川芎、郁金、延胡索行瘀止痛;神疲、纳呆者,加党参、白术、鸡内金健运脾气。

3. 阴虚毒热

证候:咳嗽无痰或少痰,或痰中带血,甚则咯血不止,胸痛,心烦寐差,低热盗汗,或热势壮盛,久稽不退,口渴,大便干结,舌质红,舌苔黄,脉细数或数大。

治法:养阴清热,解毒散结。

方药:沙参麦冬汤合五味消毒饮加减。

药用北沙参、玉竹、麦冬、天花粉、扁豆、桑叶、生甘草、金银花、野菊花、蒲公英、紫花地丁、紫背天葵子等。若见咯血不止,可选加白及、白茅根、仙鹤草、茜草根、三七凉血止血;低热盗汗加地骨皮、白薇、五味子育阴清热敛汗;大便干结加全瓜蒌、火麻仁润燥通便。

4. 气阴两虚

证候:咳嗽痰少,或痰稀而黏,咳声低弱,气短喘促,神疲乏力,形瘦恶风,自汗或盗汗,口干少饮,舌质红或淡,脉细弱。

治法:益气养阴,补肺祛痰。

方药:生脉饮合百合固金汤加减。

药用人参、麦冬、五味子、熟地、生地、当归、白芍、桔梗、玄参、贝母、麦冬、百合、甘草等。气虚征象明显加生黄芪、太子参、白术等益气补肺健脾;咯痰不利,痰少而黏者,加浙贝母、瓜蒌、杏仁等利肺化痰。若肺肾同病,由阴损阳,出现阳气虚衰突出的临床表现时,可选用右归丸温补肾阳。

【转归、预防与调护】

肺癌的预后取决于早发现、早诊断、早治疗。早期诊断不足导致肺癌预后差,86%的患者在确诊后5年内死亡,只有15%的患者在确诊时病变局限,5年生存率可达50%。规范有序的诊断、分期以及根据肺癌的临床表现制订合适的治疗方案,可为患者提供可能治愈或有效缓解的最好治疗方法。随着以手术、化疗和放疗为基础的综合治疗进展,近30年肺癌总体5年生存率几乎翻了1倍。

本病虽然无确切的方法可以预防,然而加强锻炼,增强机体抗病能力,避免接触致癌因素,是可以降低发病率的。目前已公认吸烟是引起肺癌的一个比较重要的因素,所以应积极宣传吸烟的害处,提倡戒烟。应加强防护,避免或减少接触苯并芘、石棉、煤焦油、电离辐射等有致癌作用的物质,对肺癌易感人群做好防癌普查工作也是早期发现肺癌的重要手段。

(李风森)

第十二章
多器官功能障碍综合征

多器官功能障碍综合征(multiple organ dysfunction syndrome, MODS)是机体在遭受急性严重感染、严重创伤等1种或多种严重应激因素后,同时或先后出现2个或2个以上重要器官急性功能障碍的临床综合征。它是全身炎症反应综合征进一步发展的严重阶段。

根据本病特点,归属于中医学"脱证"、"关格"、"伤寒变证"等范畴。多因热毒内侵,耗伤营血,或外邪耗伤气阴等出现神昏、烦躁、汗出、四肢不温、脉虚无力欲绝等为主要表现的急危重证。

【病因和发病机制】

一、病因

(一) 直接致病因素

1. 感染因素 MODS患者,严重感染占80%~85%,尤其脓毒症、肺部感染、急性坏死性胰腺炎等较为常见。
2. 非感染因素 严重创伤,休克,大手术,大面积烧伤,出血坏死性胰腺炎和呼吸、心搏骤停复苏成功后的患者等。

(二) 高危因素

治疗措施不当所致,如长时间吸入高浓度氧、大量输血或输液。此外,原发疾病严重、年龄>65岁(严重创伤患者>55岁)、严重营养不良和长期酗酒等也是MODS患者的高危因素。

二、发病机制

目前对MODS的确切发病机制尚不完全清楚。在MODS发病中,几种机制可单独或联合起作用。

1. 微循环障碍 由于各脏器血流灌注减少,微血管的白细胞黏附造成广泛微血栓形成,组织缺氧能量代谢障碍,溶酶体酶活性升高,造成细胞坏死,微血栓物质剧增,血管内皮受损,毛细血管通透性改变,导致器官功能衰竭。
2. 器官组织缺血-再灌注损伤 心搏骤停,复杂休克发生时器官缺血,当血流动力学改善,但血液对器官产生"再灌注",随之而来的细胞线粒体内呼吸链受损,氧自由基泄漏,中性粒细胞激活后发生呼吸暴发,产生大量氧自由基,继而造成细胞膜或细胞内膜脂质过氧化引起细胞损伤。
3. 炎性介质 致病微生物及其毒素除直接损伤细胞外,还通过炎性介质如$TNF-\alpha$、$IL-1$、$IL-4$、$IL-6$、$IL-8$、血小板活化因子(PAF)、花生四烯酸、血栓素A_2、β-内啡肽和血管通透性因子等的作用,使机体发生血管内皮细胞炎性反应,通透性增加,凝血与纤溶,心肌抑制,血管张力失控,导致全身内环境紊乱,常是MODS的前期表现。
4. 代谢障碍 由于神经-内分泌因素的影响,肾上腺皮质激素、胰高血糖素等分解激素增多,机体分解代谢亢进,能量消耗增加,无氧代谢增加,糖及脂肪氧化与利用障碍,机体能源缺乏,分解大量肌蛋白,胞浆中腺苷三磷酸(adenosine triphosphate, ATP)减少,明显抑制了腺苷酸环化酶,影响环磷酸腺苷的形成,致使MODS的发生。

【病理】

目前尚未建立MODS患者病理形态学诊断标准。在疾病不同临床阶段,重要器官病理形态变化也不同。

【临床表现】

一、症状

MODS是个渐进过程,各种衰竭并非同时出现,而是序贯性发生,故临床表现多样,但一般肺是最早受累的器官。其表现分为以下四期。

1. 脓毒血症(先兆期)　此期在创伤或其他病因作用后 2~7 天。临床多见高热,烦躁,心率加快,血压下降,白细胞增多或减少,血小板计数下降。

2. MODS 早期(早期)　此期在病程的 7~14 天。表现为呼吸急促,发绀,嗜睡,轻度黄疸,中枢神经系统激惹征象。

3. MODS 期(症状期)　此期均在病程的 2 周后。出现多个器官衰竭,急性呼吸窘迫综合征,休克,表现为端坐呼吸,水肿,重度发绀,凝血障碍及 DIC。

4. MODS 晚期(终末期)　濒死状态,少尿或无尿,腹泻或便血,酸中毒严重,肝性或脑性昏迷。

二、体征

早期可见患者轻度呼吸性碱中毒及过度换气,轻度缺氧,电解质、酸碱平衡紊乱,中枢神经损害,肝功能损害,心律失常;随着病情发展,患者出现氧摄取障碍,高代谢状态,凝血机制障碍,肠道菌群移位,终末期出现水、电解质平衡失调,混合型酸碱紊乱等。

【实验室及其他检查】

一、一般检查

1. 周围血象检查　白细胞往往升高,大多可增加至 $10.0\times10^9/L$ 以上;白细胞也可以减少,在 $4.0\times10^9/L$ 以下。红细胞、血红蛋白、血小板均减少。

2. 尿常规　可出现蛋白尿、管型,酮体呈强阳性。

3. 大便潜血　可呈强阳性。

二、生化检查

1. 心肌酶学检查　可呈异常反应,肌酸磷酸激酶、谷草转氨酶、乳酸脱氢酶均可升高。

2. 肺换气功能降低　低氧血症反应。

3. 肾功能异常　尿素氮、肌酐均可升高。

4. 肝功能异常　谷草转氨酶高于正常 2 倍以上,总胆红素亦可升高。

5. 出现凝血机制障碍　血小板减少,凝血酶原时间延长,纤维蛋白降低。

三、特殊检查

肺部 X 线、心电图、内镜检查,肺动脉压测定等检查,均可见相应的异常表现。

【诊断】

MODS 患者病情凶险,病情发展快,病死率极高。病死率高与诊断滞后密切相关,故应强调 MODS 前期的诊断。其中包括:

(1) 凡遇到严重感染、各型休克早期、严重创伤、急性药物毒物中毒和胸腹外科手术后等患者均应监测各器官功能状态的改变,但老年人机体免疫能力相对低下,不一定都会出现上述危重状态。在早期诊断上要强调对相关高危发病因素和临床表现的警觉与识别。

(2) 系统性炎症反应综合征(SIRS)常是 MODS 的前奏,SIRS 出现时,应高度警惕患者可能发生 MODS。从感染到 MODS 的潜伏期长短不一,其发展速度快,不少患者特别是老年患者在发生 SIRS 时,多已监测到某些脏器功能改变。

(3) 对高龄患者的器官功能判断有时存在困难,老年患者发生 MODS 前原先各器官常已有一些功能改变,一旦发生感染,有时不易区别器官功能改变是原先存在或新近发生,详细询问及参阅既往病史资料常有帮助。

迄今 MODS 诊断标准尚未完全统一,现有标准尚有一定的随意性,但临床上必须有一个明确的和可供遵循的诊断标准,故在早期诊断上既要依赖现有标准,又不要拘泥于实验室某项指标,而应整体判断。

附

相关诊断标准

(一) SIRS 诊断标准

临床上有下列 2 项或 2 项以上表现者:① 体温高于 38℃ 或低于 36℃;② 心率大于 90 次/分以上;③ 呼吸超过 20 次/分或动脉 $PaCO_2$ 低于 32 mmHg;④ 外周血白细胞计数超过 $12\times10^9/L$ 或低于 $4.0\times10^9/L$ 或未成熟白细胞比例大于 10%。

(二) MODS 诊断标准

目前多采纳 Dorinsky 提出的参考标准:

1. 肺 ① 严重低氧血症,而一般氧疗不能纠正者;② 机械通气时,$PaO_2/FiO_2 < 200$。
2. 心血管 ① 无心肌梗死而出现低血压;② 平均动脉压小于60 mmHg,心排血指数小于$2.0\ L/(min \cdot m^2)$;③ 严重心律失常,室性心动过速或心室扑动。
3. 肾 ① 肾小球滤过功能急剧减退,血清肌酐在数日内从正常升到177~265 μmol/L (2~3 mg/dl)以上或原有肾脏疾病患者较原先上升1倍;② 尿量小于500 ml/24 h。
4. 肝 ① 血清胆红素大于34 μmol/L(2 mg/dl)伴血清转氨酶增高1倍;② 凝血酶原时间延长超过正常1.5倍。
5. 血液 ① 血小板≤50×10^9/L($\leq 50\ 000/mm^3$);② 白细胞≤1.0×10^9/L($\leq 1\ 000/mm^3$);③ 纤维蛋白原<1 g/L。
6. 胃肠道 ① 上消化道出血,24 小时需输血1 000 ml以上;② 内镜或手术证实有应激性溃疡;③ 肠麻痹或肠吸收不良。
7. 中枢神经系统衰竭 ① 躁动不安;② 神志错乱;③ 不同程度昏迷。
8. 代谢障碍 ① 高糖血症;② 低钠血症;③ 代谢性酸中毒等。

【中医病因病机】

因外伤术后、虫毒热毒、反复感邪、失治误治等因素,以致气机逆乱,耗气动血,亡阴失精,损伤元阳。本病病位在脏在络,病性多属虚实夹杂,以虚为主。而正气欲脱,阴阳离决是该病发展的最终阶段。

1. 宿痰瘀滞 痰饮为体内的病理产物,猝遇新邪外因,扰乱气机,耗伤营血,脏腑阴阳失调,伤及元阳,而见心悸、喘促、神昏等。
2. 虫毒、金创或外感热毒 反复感邪、外感热毒、时行疫气、金创外伤以及虫兽邪毒,来势迅猛,遏阻阳气,气机逆乱,进而伤及脏真,而引发本病。
3. 失治误治 拖延病时或施治不当,误用汗、吐、下法,引邪入里,伤津耗气,而促成脏真外现,阴阳离决,引发本病。

【中医诊断及病证鉴别】

一、诊断

(一)发病特点

本病起病急重,素体虚弱,或有痼疾,或受外伤,或感淫邪,发不定时,病情危重,发病时,患者以神昏、烦躁、汗出、四肢厥冷、脉虚无力或欲绝为特点。

(二)临床表现

发病急重,神昏,气短,烦躁汗出,或大汗淋漓,四肢不温,甚至四肢厥冷,脉虚无力或欲绝;或有高热,恶心呕吐,疼痛如针刺刀割,固定不移,舌质红绛或紫黯有瘀斑,脉沉。

二、病证鉴别

1. 痉证 以项背强急,四肢抽搐,甚至角弓反张为主要表现,以阴阳失调,阳动阴不濡而筋脉失养为主要病机。
2. 痫证 昏迷时筋脉拘急,除有四肢抽搐外,有昏仆,不省人事,但为时较短,多吐涎沫,或发出异常叫声,苏醒抽搐即止,一如常人。
3. 中风 以突然昏仆,不省人事,或不经昏仆而渐进加重为主要表现,即以半身不遂、口舌歪斜为主。

【治疗】

一、治疗思路

目前对MODS患者尚缺乏理想的治疗手段,故应重点强调预防。MODS高危患者需要连续性重点观察和监护,一般均应在ICU和在专门抢救小组主持下多学科协作抢救,强调多学科间的密切配合。本病的临床症状表现复杂,原发病不同,则所表现出来的临床证候也不尽相同。平时当注重调本扶正,消除本病的诱发因素,治疗原发病。一旦发生则以清热解毒、活血化瘀祛痰、回阳固脱为法,积极救治。

二、西医治疗

(一)病因治疗,控制感染

MODS病因中以严重感染最常见,故要积极防治引起MODS的原发疾病,尽可能纠正诱发因素,积极控制感染,并注意抗需氧菌和抗厌氧菌抗生素的联合应用。

(二) 器官支持
1. 循环支持　维持有效循环容量和心排血量。
2. 呼吸支持　供氧是基本的治疗措施,可行呼吸机辅助通气治疗。
3. 脑功能保护　纠正脑功能障碍的原因,根据病情选用促进神经细胞功能恢复的药物。
4. 肝脏支持　禁止使用肝损害的药物,予保肝降酶等对症治疗。
5. 肾脏支持　维持水、电解质和酸碱平衡,急性肾衰竭患者可行血液净化透析治疗。
6. 胃肠道保护　采用抑酸护胃止血等措施,对维持胃肠黏膜功能完整性、预防应激性溃疡和减少细菌移位有很好的作用。

(三) 药物应用
通过抗感染、抗毒素、免疫抑制和抗过敏等作用,糖皮质激素可降低感染性休克、脓毒血症的病死率,必要时可采用短疗程大剂量冲击疗法。

(四) 营养代谢支持
患者处于高度应激状态,可采用完全的胃肠外营养;病情有所缓解可肠内、外营养同时进行;病情得到控制,胃肠功能完全恢复时可应用肠内营养。
对 MODS 的防治要考虑各脏器间的相互关联性,严格控制感染,加强监护,实行综合防治。

三、中医治疗
辨证论治

1. 热毒内盛
证候:壮热烦躁,唇焦舌干,渴喜冷饮,恶心呕吐,面赤气粗,甚至抽搐、昏愦,大便秘结,小便短赤,舌质红绛,苔黄少津,脉洪数或滑数。
治法:清热解毒,理气开窍。
方药:清瘟败毒饮合大承气汤加减。
药用生石膏、生地、犀角(水牛角代)、生栀子、桔梗、黄芩、知母、赤芍、玄参、连翘、竹叶、甘草、丹皮、大黄、厚朴、枳实、芒硝。瘀血证为主者加丹参、红花等以活血通络。神昏谵语,邪热内闭者,可加用安宫牛黄丸以清营开窍。

2. 热瘀互结
证候:高热,神昏谵语,烦躁易怒,发斑吐衄,尿少便干,舌质红绛或紫黯或有瘀斑,苔黄,脉细数。
治法:清热解毒,凉血祛瘀。
方药:犀角地黄汤加减。
药用芍药、地黄、丹皮、犀角(水牛角代)等。若见蓄血,邪热与瘀血互结,可加大黄、黄芩以清热逐瘀与凉血散瘀同用;昏愦烦躁可加用安宫牛黄丸以清热开窍,豁痰解毒。

3. 心营热盛证
证候:高热烦躁,神昏谵语,项背强急,时有抽搐,唇紫甲青,小便黄赤,舌质红绛而干,苔黄少津,脉细数。
治法:清心透营,解毒开窍。
方药:清营汤加减。
药用犀角(水牛角代)、生地、玄参、竹叶心、麦冬、丹参、黄连、银花、连翘等。口角肌肉抽动加水牛角、钩藤、全蝎,僵蚕等止痉药物急煎顿服。

4. 正虚阳脱
证候:胸中憋闷,或有窒息感,喘促不宁,心悸不安,面色苍白,大汗淋漓,烦躁不安,或表情淡漠,重则神识昏迷,四肢厥冷,口开目合,脉疾数无力,或脉微欲绝。
治法:回阳救逆,益气固脱。
方药:四逆加人参汤加减。
药用附子、干姜、甘草、人参等。阴竭阳亡合生脉散加减;内闭外脱证者则以急救回阳汤合安宫牛黄丸。
本病临床证候复杂,发病较为急重,中医辨证施治的同时应积极采用西医治疗措施,主次分明全力抢救,以求速效。

【转归、预防与调护】

MODS 病因复杂,治疗困难,死亡率高,临床应积极治疗原发病,消除其诱发因素。一旦发生,就要积极控制感染,给予针对性的治疗。

本病发病较急，变化迅速。若呼吸平稳，脉象有根，则正气尚存，预后较好。若气息微弱或见昏愦不语，脉象沉伏如一线游丝，则为正气欲脱，预后不良。根据具体情况注意营养，加强蛋白质的补充。注意避免不良的精神和环境刺激，及时采取相应的措施救治。

（李风森）

第三篇 循环系统疾病

中西医结合内科学

第十三章 心力衰竭

心力衰竭(heart failure)是各种心脏疾病导致心功能不全,即导致心室充盈及(或)射血能力受损而引起的一组综合征。由于心室收缩功能下降,射血功能受损,心排血量不能满足机体代谢的需要,器官、组织血液灌注不足,同时出现肺循环和(或)体循环淤血,主要表现为呼吸困难和无力,而致体力活动受限和水肿。临床上根据病位分为左心衰、右心衰和全心衰,根据发病特点分为急性和慢性心力衰竭,根据收缩和舒张功能减退分为收缩性和舒张性心力衰竭。

本病属于中医学"心悸"、"怔忡"、"胸痹"、"暴喘"、"水肿"等范畴。

一、病因和发病机制

(一)病因

1. 基本病因

(1)原发性心肌损害:缺血性心肌损害:冠心病心肌缺血和(或)心肌梗死是引起心力衰竭的最常见的原因之一。各种类型的心肌炎及心肌病均可导致心力衰竭,以病毒性心肌炎及原发性扩张型心肌病最为常见。心肌代谢障碍性疾病以糖尿病心肌病最为常见,其他如继发于甲状腺功能亢进或减退的心肌病、心肌淀粉样变性等。

(2)心脏负荷过重:

1)压力负荷(后负荷)过重:见于高血压、主动脉瓣狭窄、肺动脉高压、肺动脉瓣狭窄等左、右心室收缩期射血阻力增加的疾病。为克服增高的阻力,心室肌代偿性肥厚以保证射血量。持久的负荷过重,心肌必然发生结构和功能改变而终致失代偿,心脏排血量下降。

2)容量负荷(前负荷)过重:见于以下2种情况:① 心脏瓣膜关闭不全,血液反流,如主动脉瓣关闭不全、二尖瓣关闭不全等;② 左、右心或动、静脉分流性先天性心血管病,如间隔缺损、动脉导管未闭等。此外,伴有全身血容量增多或循环血量增多的疾病,如慢性贫血、甲状腺功能亢进症等,心脏的容量负荷也必然增加。容量负荷增加早期,心室腔代偿性扩大,心肌收缩功能尚能维持正常,但超过一定限度,心肌结构和功能发生改变,即出现失代偿表现。

2. 诱因

(1)感染:呼吸道感染是最常见、最重要的诱因;感染性心内膜炎也是不少见的诱因,但其发病隐袭,容易漏诊。

(2)心律失常:心房颤动是诱发心力衰竭最重要的因素。其他各种类型的快速性心律失常以及严重的缓慢性心律失常均可诱发心力衰竭。

(3)血容量增加:如摄入钠盐过多,静脉输入液体过多、过快等均可诱发。

(4)劳累与情绪:过度体力和劳累、情绪激动、妊娠后期及分娩等均可诱发。

(5)治疗不当:不恰当停用利尿药物或降血压药等。

(6)原有心脏病变加重或并发其他疾病:如冠心病发生心肌梗死,风湿性心瓣膜病出现风湿活动,合并甲状腺功能亢进或贫血等。

(二)发病机制

心力衰竭是一种不断发展的疾病,一旦发生,即使心脏没有新的损害,在各种病理生理变化的影响下,心功能不全将不断进展。当基础心脏病损及心功能时,机体首先发生多种代偿机制。这些机制可使心功能在一定的时间内维持在相对正常的水平,但均有其负性的效应。当代偿失效而出现心力衰竭时,病理生理变化则更为复杂。其中最重要的发病机制可归纳为以下4个方面。

1. 代偿机制

(1)Frank-Starling机制:即增加心脏的前负荷,使回心血量增多,心室舒张末期容积增加,从而增加心排血量及提高心脏做功量。心室舒张末期容积增加,意味着心室扩张,舒张末压力也增高,相应的心房压、静脉压也随之升高。待后者达到一定高度时即出现肺部充血或腔静脉系统充血。

(2) 心肌肥厚：心脏后负荷增高时常以心肌肥厚作为主要的代偿机制，心肌肥厚时心肌细胞数并不增多，以心肌纤维增多为主。细胞核及作为供给能源的物质线粒体也增大和增多，但程度和速度均落后于心肌纤维的增多。心肌从整体上显得能源不足，继续发展，终致心肌细胞死亡。

心肌肥厚，心肌收缩力增强，克服后负荷阻力，使心排血量在相当长时间内维持正常，患者可无心力衰竭症状，但这并不意味心功能正常。心肌肥厚者，心肌顺应性差，舒张功能降低，心室舒张末压升高，客观上已存在心功能障碍。

(3) 经体液的代偿机制：当心脏排血量不足，心腔压力升高时，机体全面启动神经体液机制进行代偿，包括：

1) 交感神经兴奋性增强：心力衰竭患者血中去甲肾上腺素水平升高，作用于心肌 β_1 肾上腺素能受体，增强心肌收缩力，并提高心率，以提高心排血量。但与此同时周围血管收缩，增加心脏后负荷，心率加快，均使心肌耗氧量增加。去甲肾上腺素对心肌细胞有直接的毒性作用，可促使心肌细胞凋亡，参与心脏重塑的病理过程。此外，交感神经兴奋还可使心肌应激性增强，而有促心律失常作用。

2) 肾素-血管紧张素-醛固酮系统(renin-angiotensin-aldosterone system，RAAS)激活：由于心排血量降低，肾血流量随之减低，RAAS 被激活。其有利的一面是心肌收缩力增强，周围血管收缩维持血压，调节血液的再分配，保证心、脑等重要脏器的血液供应。另一方面，促进醛固酮分泌，使水、钠潴留，增加总体液量及心脏前负荷。

近年的研究表明，RAAS 被激活后，血管紧张素 II (angiotensin II，A II) 及醛固酮分泌增加，使心肌、血管平滑肌、血管内皮细胞等发生一系列变化，称为细胞和组织的重塑。在心肌上血管紧张素 II 通过各种途径使新的收缩蛋白合成增加；细胞外的醛固酮刺激成纤维细胞转变为胶原纤维，使胶原纤维增多，促使心肌间质纤维化。在血管中使平滑肌细胞增生管腔变窄，同时降低血管内皮细胞分泌一氧化氮的能力，使血管舒张受影响。这些不利因素的长期作用，加重心肌损伤和心功能恶化，后者又进一步激活神经体液机制，如此形成恶性循环，使病情日趋恶化。

2. 心力衰竭时各种体液因子的改变　近年来发现一些新的肽类细胞因子参与心力衰竭的发生和发展，主要有：

(1) 心钠肽(atrialnatriuretic peptide，ANP)和脑钠肽(brainnatriuretic peptide，BNP)：ANP 主要由心房肌细胞合成并释放的肽类激素，有很强的利尿作用。心房压力增高，房壁受牵引可致 ANP 分泌增加，其生理作用为扩张血管，增加排钠，对抗肾上腺素、肾素-血管紧张素等引起的水、钠潴留效应。BNP 主要储存于心室肌内，其分泌量亦随心室充盈压的高低而变化，BNF 的生理作用与 ANP 相似。

心力衰竭时，心室壁张力增加，心室肌内 BNP 和 ANP 的分泌均明显增加，使血浆中 ANP 及 BNP 水平升高，其增高的程度与心力衰竭的严重程度成正相关。为此，血浆 ANP 及 BNF 水平可作为评定心力衰竭的进程和判断预后的指标。

另外，心力衰竭状态下，循环中的 ANP 及 BNP 降解很快，且其生理效应明显减弱，输注外源性 ANP 难以达到排钠、利尿和降低血管阻力的作用。新近研究开发的重组人 BNP 可发挥排钠、利尿、扩管等改善心力衰竭的作用，可用于临床。

(2) 精氨酸加压素(arginine vasopressin，AVP)：AVP 由垂体分泌，具有抗利尿和使周围血管收缩的生理作用，对维持血浆渗透压起关键作用。AVP 的释放受心房牵张受体的调控。心力衰竭时心房牵张受体的敏感性下降，血浆 AVP 水平升高，使水的潴留增加；周围血管收缩作用使心脏后负荷增加。心力衰竭早期，AVP 的效应有一定的代偿作用，长期的 AVP 增加，其负面效应将使心力衰竭进一步恶化。

(3) 内皮素(endothelin)：由血管内皮释放，具有很强的收缩血管的作用。心力衰竭时，受血管活性物质如去甲肾上腺素、血管紧张素、血栓素等的影响，血浆内皮素水平升高，且直接与肺动脉压力特别是肺血管阻力升高相关。此外，内皮素还可导致细胞肥大增生，参与心脏重塑过程。应用内皮素受体拮抗剂波生坦(bosentan)初步显示，其可改善心力衰竭患者血流动力学效应。

3. 舒张功能不全

(1) 主动舒张功能障碍：原因多为 Ca^{2+} 不能及时地被肌浆网回摄及泵出胞外，因为这两种过程均为耗能过程，所以当能量供应不足时，主动舒张功能即受影响。如冠心病有明显心肌缺血时，在出现收缩功能障碍前即可出现舒张功能障碍。

(2) 舒张性心功能不全：由于心室肌的顺应性减退及充盈障碍，它主要见于心室肥厚如高血压及肥厚型心肌病时，这一类病变将明显影响心室的充盈压，当左室舒张末压过高时，肺循环出现高压和淤血，即舒张性心功能不全，此时心肌的收缩功能尚可保持较好，心脏射血分数正常，故又称为左心室射血分数(left ventricular ejection fraction，LVEF)正常(代偿)的心力衰竭。由于临床上这种情况可发生在高血压及冠心病，而目前这两种病又属多发病，因此，这一类型的心功能不全日渐受到重视。但需要指出的是，当有容量负荷增加，心室扩大时，心室的顺应性是增加的，此时即使有心室肥厚，也不致出现单纯的舒张性心功能不全。

4. 心肌损害和心室重塑　目前大量的研究表明,心力衰竭发生发展的基本机制是心肌损害和心室重塑。

(1) 心肌损害：从代偿到失代偿除了因为代偿能力有一定的限度、各种代偿机制的负面影响之外,心肌细胞的能量供应相对及绝对的不足及能量的利用障碍导致心肌细胞坏死、纤维化也是一个重要的因素。心肌细胞减少使心肌整体收缩力下降；纤维化的增加又使心室的顺应性下降,重塑更趋明显,心肌收缩力不能发挥其应有的射血效应,如此形成恶性循环,终至不可逆转的终末阶段。

(2) 心室重塑：原发性心肌损害和心脏负荷过重使心脏功能受损,导致上述的心室扩大或心室肥厚等各种代偿性变化。在心腔扩大、心室肥厚的过程中,心肌细胞、胞外基质、胶原纤维网等均有相应变化,即心室重塑过程。

由于基础心脏病的性质不同,进展速度不同以及各种代偿机制的复杂作用,心室扩大及肥厚的程度与心功能的状况并不平行,有些患者心脏扩大或肥厚已十分明显,但临床上尚可无心力衰竭的表现。但如基础心脏疾病病因不能解除,或即使没有新的心肌损害,随着时间的推移,心室重塑的病理变化仍可自身不断发展,心力衰竭必然会出现。

二、心力衰竭的类型

(一) 左心衰、右心衰和全心衰

左心衰指左心室代偿功能不全而发生的心力衰竭,临床较为常见,以肺循环淤血为特征。单纯的右心衰主要见于肺源性心脏病及某些先天性心脏病,以体循环淤血为主要表现。左心衰后,肺动脉压力增高,使右心负荷加重,长时间后,右心衰也继之出现,即为全心衰。心肌炎心肌病患者左、右心同时受损,左、右心衰可同时出现。

单纯二尖瓣狭窄引起的是一种特殊类型的心力衰竭。它不涉及左室的收缩功能,而是直接因左心房压力升高而导致肺循环高压,有明显的肺淤血和相继出现的右心功能不全。

(二) 急性和慢性心力衰竭

急性心力衰竭系因急性的严重心肌损害或突然加重的负荷,使心功能正常或处于代偿期的心脏在短时间内发生衰竭,或使慢性心力衰竭急剧恶化。临床上以急性左心衰常见,表现为急性肺水肿或心源性休克。

慢性心力衰竭有一个缓慢发展过程,一般均有代偿性心脏扩大或肥厚及其他代偿机制参与。

(三) 收缩性和舒张性心力衰竭

心脏以其收缩射血为主要功能。收缩功能障碍,心排血量下降并有阻性充血的表现即为收缩性心力衰竭,也是临床上所常见的心力衰竭。心脏正常的舒张功能是为了保证收缩期的有效泵血。当心脏的收缩功能不全时,常同时存在舒张功能障碍。单纯的舒张性(舒张期)心力衰竭如前所述可见于高血压、冠心病的某一阶段,当收缩期射血功能尚未明显降低,而因舒张功能障碍而致左室充盈压增高,导致肺阻性充血。

严重的舒张期心力衰竭见于原发性限制型心肌病、原发性肥厚型心肌病等。

(四) 心力衰竭的分期与分级

1. 分期　2001年美国美国心脏学会/美国心脏病学学会的成人慢性心力衰竭指南上提出了心力衰竭分期的概念,2005年更新版中仍然强调了这一概念,具体分期如下。

A期：高危期,尚无器质性心脏(心肌)病或心力衰竭症状,如患者有高血压、心绞痛、代谢综合征,使用心肌毒性药物等,可发展为心脏病的高危因素。

B期：已有器质性心脏病变,如左室肥厚,LVEF降低,但无心力衰竭症状。

C期：器质性心脏病,既往或目前有心力衰竭症状。

D期：需要特殊干预治疗的难治性心力衰竭。

心力衰竭的分期对每一个患者而言只能是停留在某一期或向前进展而不可能逆转。如B期患者,心肌已有结构性异常,其进展可导致3种后果：患者在发生心力衰竭症状前死亡；进入C期,治疗可控制症状；进入D期,死于心力衰竭,整个过程中猝死可在任何时间发生。

为此,只有在A期对各种高危因素进行有效的治疗,在B期进行有效干预,才能有效减少或延缓发展至有症状的临床心力衰竭。

2. 分级　美国纽约心脏病学会(NYHA)分级方案于1928年由美国纽约心脏病学会提出,临床上沿用至今。NYHA按诱发心力衰竭症状的活动程度将心功能受损状况分为四级。这一分级,上述分期不能取代而只是对它的补充。NYHA分级是对C期和D期严重程度的分级。

Ⅰ级：患者有心脏病,但日常活动量不受限制,一般活动不引起疲乏,心悸,呼吸困难或心绞痛。

Ⅱ级：心脏病患者的体力活动受到轻度限制,休息时无自觉症状,但平时一般活动可出现疲乏,心悸,呼吸困难或心绞痛。

Ⅲ级：心脏病患者体力活动明显受限，小于平时一般活动即引起上述的症状。

Ⅳ级：心脏病患者不能从事任何体力活动。休息状态下也出现心力衰竭的症状，体力活动后加重。

这种分级方案的优点是简便易行，缺点是仅凭患者的主观陈述，有时症状与客观检查有很大差距，同时患者个体之间的差异也较大。

6分钟步行试验是一项简单易行、安全、方便的试验，用以评定慢性心力衰竭患者的运动耐力的方法。要求患者在平直走廊里尽可能快的行走，测定6分钟的步行距离，若6分钟步行距离<150 m，表明为重度心功能不全；150～425 m为中度心功能不全；426～550 m为轻度心功能不全。本试验除用于评价心脏的储备功能外，常用于评价心力衰竭治疗的疗效。

第一节 急性心力衰竭

急性心力衰竭（acute heart failure，AHF）是指由于急性心脏病变引起心排血量显著、急骤降低导致的组织器官灌注不足和急性淤血综合征。急性心力衰竭分为急性左心衰和急性右心衰。急性右心衰即急性肺源性心脏病，主要为大块肺梗死引起。临床上急性左心衰较为常见，以肺水肿或心源性休克为主要表现，是严重的急危重症，抢救是否及时合理与预后密切相关，是本节的主要讨论内容。

【病因和发病机制】

心脏解剖或功能的突发异常，使心排血量急剧降低和肺静脉压突然升高均可发生急性左心衰。病因和诱发因素有：① 急性弥漫性心肌损害，引起心肌收缩无力，如急性心肌炎、广泛性心肌梗死等。② 急性的机械性阻塞，引起心脏压力负荷过重，排血受阻，如血压急剧升高、严重的瓣膜狭窄、心室流出道梗阻、心房内球瓣样血栓或黏液瘤嵌顿、动脉总干或大分支栓塞等。③ 急起的心脏容量负荷加重，如外伤、急性心肌梗死或感染性心内膜炎引起的瓣膜损害、腱索断裂、心室乳头肌功能不全、间隔穿孔、主动脉窦动脉瘤破裂入心腔，以及静脉输液或输入含钠液体过快或过多。④ 机器的心室舒张受限制，如急性大量心包积液或积血、快速异位心律等。⑤ 严重的心律失常，如心室颤动以及其他严重的室性心律失常、心室暂停、显著的心动过缓等，使心脏暂停排血或排血量显著减少。其他如对慢性心功能不全治疗缺乏依从性、感染、大型手术、肾功能减退、哮喘、药物滥用、乙醇滥用等。

【病理生理】

急性心力衰竭主要的病理生理基础为心脏收缩力突然严重减弱，心排血量急剧减少，或左室瓣膜性急性反流，左心室舒张期末压（LVEDP）迅速升高，肺静脉回流不畅。由于肺静脉压快速升高，肺毛细血管压随之升高，使血管内液体渗入肺间质和肺泡内，形成急性肺水肿。

急性心力衰竭时，心脏和血循环不能有效地发挥其代偿作用，尤其是促使心肌舒缩增强的心室或心房扩大和心肌肥厚来不及形成；交感神经张力可增高，心率可增快，但其作为代偿功能的作用并不显著；急性心肌梗死并发乳头肌断裂而引起的急性左房室瓣反流，左心室和左心房可无明显增大，左心室舒张末期压和左心房平均压显著升高，此与慢性风湿性左房室瓣关闭不全患者，其左心室和左心房有明显扩大，而压力仅中度增加有显著不同。急性左心室衰竭可引起急性肺水肿。在正常人，肺毛细血管平均压为0.5～0.9 kPa，而将组织间隙液吸回至血管的毛细血管胶体渗透压为3.3～4.0 kPa。故血管内液体不渗入肺组织间隙。急性左心室衰竭时，左心室舒张末期压迅速升高，使左心房、肺静脉和肺毛细血管压力相继升高，当肺毛细血管内静水压超过胶体渗透压时，血清即渗入肺组织间隙。若渗入液体迅速增多，则又可进一步从肺组织间隙，通过肺泡上皮浸入肺泡，或进入终末小支气管后再到达肺泡，以致引起肺水肿。在肺泡内。液体与气体形成泡沫，后者表面张力很大，可阻碍通气和肺毛细血管自肺泡内摄取氧，引起缺氧。同时，肺水肿可减低肺的顺应性，引起换气不足和肺内动静脉分流，导致动脉血氧饱和度减低。缺氧又很快使组织产生过多乳酸，发生代谢性酸中毒，从而使心力衰竭进一步恶化，并可引起休克或严重室性心律失常而致死。在此过程中，肺淋巴管引流、肺泡表面活性物质、血浆白蛋白浓度和毛细血管通透性等因素的改变，均可影响肺水肿产生的速度。左房室瓣狭窄患者也可发生急性肺水肿，往往是在肺静脉压力增高和慢性肺组织间隙水肿的基础上，由各种诱因使肺循环血流量突然增多所致。

【临床表现】

突发严重呼吸困难，呼吸频率常达每分钟30～40次，强迫坐位，面色灰白，发绀，大汗，烦躁，同时频繁咳嗽，咳粉红色泡沫痰。极重者可因脑缺氧而致神志模糊。发病开始可有一过性血压升高,病情如不缓解,血压可持续下降直至休克。听诊,两肺满布湿性啰音和哮鸣音,心尖部第一心音减弱,频率快,同时有舒张早期第三心音而构成奔马律,肺动脉瓣第二心音亢进。X线胸片显示:早期间质水肿时,上肺静脉充盈,肺门血管影模糊,小叶间隔增厚;肺水肿时表现为蝶形肺门;严重肺水肿时,为弥漫满肺的大片阴影。重症患者采用漂浮导管行床边血流动力学监测,PCWP随病情加重而增高,心脏指数(cardiac index,CI)则相反。

AHF的临床严重程度常用Killip分级:Ⅰ级:无AHF;Ⅱ级:AHF,肺部中下肺野湿性啰音,心脏奔马律,胸片见肺淤血;Ⅲ级:严重AHF,严重肺水肿,满肺湿啰音;Ⅳ级:心源性休克。急性心力衰竭常见危重并发症主要有:心搏骤停、心室纤颤以及晕厥等。

【实验室及其他检查】

一、血气分析

动脉血气分析用于评估酸碱平衡及血氧含量等。主要表现为:pH下降,呈代谢性酸中毒及代偿性呼吸性碱中毒,动脉PaO_2及血氧含量下降等。

二、BNP

正常BNP范围为0.5~30 pg/ml(0.15~8.7 pmol/L)。BNP作为急诊呼吸困难确立或排除心力衰竭的诊断指标,BNP 100 pg/ml为诊断分界线,有助于不典型心力衰竭的诊断。BNP可作为心脏的功能状态的检测指标,同时可预测慢性心力衰竭、心肌梗死后心力衰竭的预后。检测BNP还可有助于判断药物或其他治疗手段的效果。

三、心电图

在急性心力衰竭中普通心电图表现具有非特异性,但心电图可以帮助确定心律,并帮助确定急性心力衰竭的病因以及评估心脏的负荷状态。在急性心力衰竭代偿阶段,尤其是合并缺血或心律失常时,必须行心电图检查。

四、胸部影像学检查

对于所有的急性心力衰竭患者应早期行胸部X线和其他影像学检查,以评估先前的心肺情况(心脏的形状和大小)和肺水肿。它可用于诊断、疾病进展的随访以及确定对治疗的反应。胸部X线片显示:早期间质水肿时,上肺静脉充盈,肺门血管影模糊,小叶间隔增厚;肺水肿时,表现为蝶形肺门;严重肺水肿时,为弥漫满肺的大片阴影。

五、心脏超声检查

心脏超声检查用以评估潜在的急性心力衰竭或并发于急性心力衰竭患者心脏功能和结构的改变,在合并急性冠脉综合征时具有非常重要的意义。

六、有创性血流动力学检查

动脉插管用于血流动力学不稳定,需要多个动脉血分析以及持续动脉压分析。中心静脉置管用于测定中心静脉压和上腔静脉或右房的静脉血氧饱和度。肺动脉漂浮导管用于测量上腔静脉压、右房压、右室压、肺动脉压及心输出量,现代导管可以半连续测定心输出量及混合静脉血氧饱和度、右室舒张末容积和射血分数。在并发心肺疾患的患者,可以应用肺动脉漂浮导管区别心源性或非心源性原因。

【诊断与鉴别诊断】

根据典型的临床症状、体征及适当的检查如心电图、X线胸片、生化标记物和多普勒心脏超声不难作出急性心力衰竭的诊断。BNP对慢性心力衰竭合并急性心力衰竭的诊断有重要意义,BNP > 100 pg/ml即可诊断心功能不全或症状性心力衰竭。

急性呼吸困难与支气管哮喘的鉴别前已述及,与肺水肿并存的心源性休克与其他原因所致休克也不难鉴别。

【中医病因病机】

本病发病多与下列因素有关。

1. **外邪侵袭** 感受外邪,郁于气道,肺气宣肃不利,升降失常,致肺气壅塞。心主血,肺主气,气血互根互用,肺气受损,致心气不足,鼓动无力,骤致心衰。

2. **情志和饮食不节** 忧思伤脾,饮食不节伤胃,肝失疏泄,脾失健运,酿生痰浊,郁怒伤肝,气郁血瘀,痰瘀互结,痹阻心脉,痰饮内聚,射肺凌心,发为本病。

3. **劳欲所伤** 因年迈体虚或久病体弱,日久导致心阳不振,气血运行不畅,心脉因之瘀滞,心营失运;或各种疾病迁延日久，耗气伤津，残阳损阴，加之外感六淫、内伤情志、体劳过度、药物失宜等，耗损阴阳，致阴阳俱虚，均可出现心衰。

急性心力衰竭以心之阴阳虚衰为本，每因感受外邪、劳倦过度、情志内伤等诱发，临床以突发心悸，端坐喘促，动则加重，舌质紫黯，脉沉细无力或涩或结代为特点。病变脏腑在心，涉及肝、脾、肺、肾四脏，同时与气（阳）、血、水关系密切，为本虚标实之证。本病如未得到及时治疗，甚则可出现喘汗致脱，症见冷汗淋漓、面色苍白、口唇紫黯、神昏脉微等危重证候。

【中医诊断及病证鉴别】

根据急性心力衰竭发病的典型表现，参照所属中医学"暴喘"、"心悸"、"怔忡"、"水肿"等急性发作的特点可作出中医诊断。心悸、气喘、不能平卧、水肿是急性心力衰竭的主要表现。以气阴亏虚为主者，见心悸气短，自汗或盗汗，甚则大汗淋漓，脉细数无力或结代；气虚血瘀者，颈部青筋暴露，下肢浮肿，面色青灰，唇甲青紫，舌质紫黯或有瘀点，脉涩或结代；阳虚水泛者，不得平卧，面肢浮肿，畏寒肢冷，烦躁出汗，额面灰白，口唇青紫，尿少腹胀，或伴胸水、腹水，脉细促或结代；痰饮阻肺者，见咳嗽喘促，不能平卧，胸脘痞闷，尿少浮肿，或伴痰鸣。

临床多与心悸、胸闷，以及咳喘、水肿等病证鉴别，具体见慢性心力衰竭的病证鉴别。

【治疗】

一、治疗思路

急性心力衰竭的治疗目标是：改善急性症状和稳定血流动力学状态；改善心力衰竭的各种临床体征及实验室指标，血清 BNP 浓度反映血流动力学改善情况，其降低具有重要意义。

急性左心衰时的缺氧和高度呼吸困难是致命的威胁，必须尽快使之缓解，同时要考虑急性心力衰竭原发基础疾病进行综合治疗。治疗包括端坐体位，心电、血压、动脉血氧饱和度监测等一般治疗；吸氧和保持镇静；血管扩张剂、利尿剂、正性肌力药等药物的应用。对于难治性心力衰竭或终末期心力衰竭患者可采取进一步支持治疗，如主动脉内球囊反搏、人工机械通气，及心室辅助装置或病情稳定后进行心脏移植。目前急性心力衰竭的抢救治疗中，西医具有更大的优势，但中医在某些环节可参与急救治疗。如参脉注射液、参附注射液等，已在长期的临床观察和实验研究中证实能明显提高抢救成功率，改善预后，并减少西药的副作用。

二、西医治疗

（一）一般治疗

患者取坐位，双腿下垂，以减少静脉回流；给予心电图、血压、动脉血氧饱和度监测。

（二）吸氧

立即高流量鼻管给氧，对病情特别严重者应采用面罩呼吸机持续加压或双水平气道正压给氧，使肺泡内压增加，一方面可以使气体交换加强，另一方面可以对抗组织液向肺泡内渗透。

（三）镇静

吗啡 $3\sim5$ mg 静脉注射不仅可以使患者镇静，减少躁动所带来的额外的心脏负担，同时也具有小血管舒张的功能，可减轻心脏的负荷。必要时每间隔 15 分钟重复 1 次，共 $2\sim3$ 次。老年患者可酌减剂量或改为肌内注射。

（四）利尿

呋塞米 $20\sim40$ mg 静注，于 2 分钟内推完，10 分钟内起效，可持续 $3\sim4$ 小时，4 小时后可重复 1 次。除利尿作用外，本药还有静脉扩张作用，有利于肺水肿缓解。

（五）血管扩张剂

以硝酸甘油、硝普钠或重组人脑利钠肽静脉滴注。

1. 硝酸甘油　扩张小静脉，降低回心血量，使 LVEDP 及肺血管压降低，患者对本药的耐受量个体差异很大，可先以 10 μg/min 开始，然后每 10 分钟调整 1 次，每次增加 $5\sim10$ μg，以收缩压达到 $90\sim100$ mmHg 为度。

2. 硝普钠　为动、静脉血管扩张剂，静注后 $2\sim5$ 分钟起效，起始剂量 0.3 μg/(kg·min) 滴入，根据血压逐步增加剂量，最大量可用于 5 μg/(kg·min)，维持量为 $50\sim100$ μg/min。硝普钠含有氰化物，用药时间不宜连续超过 24 小时。

3. 重组人脑利钠肽　为重组的人 BNP，具有扩管、利尿、抑制 RAAS 和交感活性的作用，已通过临床验证，有望成为更有效的扩管药用于治疗 AHF。

（六）正性肌力药

1. **多巴胺** 小剂量多巴胺[<2 μg/(kg·min)，静脉注射]可降低外周阻力，扩张肾、冠脉和脑血管；较大剂量[>2 μg/(kg·min)]可增加心肌收缩力和心输出量。均有利于改善AHF的病情。但>5 μg/(kg·min)的大剂量静脉注射时，因可兴奋α受体而增加左室后负荷和肺动脉压，而对患者有害。

2. **多巴酚丁胺** 可增加心输出量，起始剂量为2~3 μg/(kg·min)，可根据尿量和血流动力学监测结果调整剂量，最高可用至20 μg/(kg·min)。多巴酚丁胺可使心律失常发生率增加，应特别注意。

3. **磷酸二酯酶抑制剂** 米力农为Ⅲ型磷酸二酯酶抑制剂，兼有正性肌力及降低外周血管阻力的作用。AHF时，在扩管利尿的基础上，短时间应用米力农可取得较好的疗效。起始剂量以25 μg/kg静脉推注，于10~20 min内推完，继以0.375~0.75 μg/(kg·min)速度滴注。

（七）洋地黄类药物

可考虑用毛花苷C静脉给药，最适合用于有心房颤动伴有快速心室率并已知有心室扩大伴左心室收缩功能不全者。首剂可给0.4~0.8 mg，2小时后可酌情再给0.2~0.4 mg。对急性心肌梗死，在急性期24小时内不宜用洋地黄类药物；二尖瓣狭窄所致肺水肿，洋地黄类药物也无效。后两种情况如伴有心房颤动快速室率，则可应用洋地黄类药物减慢心室率，有利于缓解肺水肿。

（八）机械辅助治疗

主动脉内球囊反搏和临时心肺辅助系统，对极危重患者，有条件的医院可采用。

待急性症状缓解后，应着手对诱因及基本病因进行治疗。

三、中医治疗

（一）辨证论治

1. 气阴两虚

证候： 心悸，气短，疲乏，动则汗出，自汗或盗汗，头晕心烦，口干，面颧黯红，舌红少苔，脉细数无力或结代。

治法： 益气养阴。

方药： 生脉散合炙甘草汤加减。

药用人参、麦冬、五味子、甘草、当归、白芍、熟地、肉桂、大枣、黄芪、白术、茯苓、远志、陈皮、生姜等。中成药可用生脉注射液或参脉注射液静脉滴注。偏于气虚者，可用生脉散合保元汤，加强益气健脾之功，以补养心气，鼓动心脉；偏于阴虚者，可用生脉散合炙甘草汤，以滋阴养血，益气复脉；兼有瘀者，生脉散合丹参饮，以益气养阴，活血通络。

2. 气虚血瘀

证候： 心悸气短，胸胁作痛，颈部青筋暴露，胁下痞块，下肢浮肿，面色青灰，唇甲青紫，舌质紫黯或有瘀点，脉涩或结代。

治法： 益气活血。

方药： 人参养荣汤合桃红四物汤加减。

药用人参、甘草、当归、白芍、熟地、肉桂、黄芪、白术、茯苓、五味子、远志、陈皮、桃仁、红花、川芎等。胸痛重者加枳壳、降香、郁金理气活血止痛；若出现舌苔白腻，为痰瘀互结，宜加涤痰汤等化瘀涤痰，或加薤白、半夏；胸部闷窒者加沉香、檀香、降香；兼有阴虚者加麦冬、玉竹、枸杞子、女贞子；兼有阳虚者加附子、肉桂、淫羊藿等。

3. 阳虚水泛

证候： 心悸气短或不得平卧，咯吐泡沫痰，面肢浮肿，畏寒肢冷，烦躁出汗，额面灰白，口唇青紫，尿少腹胀，或伴胸水、腹水，舌暗淡或黯红，舌苔白滑，脉细促或结代。

治法： 温阳利水。

方药： 真武汤加减。

药用附子、白术、生姜、茯苓、白芍等。气虚甚者加生晒参、黄芪以益气；水肿甚者加北五加皮、茯苓利水消肿；尿少肢肿者加泽泻、猪苓、茯苓、防己；肺有水饮，见咳喘，胸满者，加杏仁、葶苈子、五加皮等泻肺利水；兼有血瘀者加当归、川芎、刘寄奴、泽兰叶、益母草。

4. 痰饮阻肺

证候： 心悸气急，咳嗽喘促，不能平卧，咯白痰或痰黄黏稠，胸脘满闷，头晕目眩，尿少浮肿，或伴痰鸣，或发热口渴，舌苔白腻或黄腻，脉弦滑或滑数。

治法： 泻肺化痰。

方药： 葶苈大枣泻肺汤加减。

药用葶苈子、大枣等。寒痰较重者加干姜、细辛温化痰饮；咳嗽喘促重者加莱菔子、苏子下气祛痰等；若水肿势剧，上渍心肺，心悸喘满，倚息不得卧者，加沉香、椒目、葶苈子；痰饮内壅化热者，可改用清金化痰汤和苇茎汤加减。

（二）中医急救治疗

（1）偏于气阴两虚的患者可使用参脉注射液或生脉注射液静脉推注。

（2）偏于阳虚的患者可使用参附注射液静推。

（3）针刺内关、膻中、合谷，艾灸足三里、百会、命门，走罐等中医特色疗法亦可在辨证论治的原则下参与临床急救。

【转归、预防与调护】

急性心力衰竭的预后主要取决于病因和基础病理生理。急性心力衰竭的患者可以恢复得较好，但对于合并严重基础疾病的终末期心力衰竭患者多预后不佳。急性心肌梗死合并严重的心力衰竭的患者死亡率高，12个月内的死亡率达到30%。同样，已有报道急性肺水肿院内死亡率达12%，1年内死亡率达40%。

应防治电解质紊乱，限制钠盐摄入，限制水的摄入和钾的摄入。服用洋地黄类药物时，应注意洋地黄的毒性反应。每天服用前要测量一下脉搏。服药后出现恶心呕吐，腹泻，乏力，视力有改变，视物发黄，脉搏紊乱，心跳不规则，是洋地黄的中毒反应，应立即停药，并检查治疗。服用利尿剂时，要观察尿量，一般应用的氢氯噻嗪或呋塞米，在利尿的同时也使患者排出相当数量的钾离子，所以服用时一般要同时注意补充钾，可以采用同时服用10%氯化钾，每日2次，每次10 ml。为了减少药物对胃的刺激，可在饭后服用或加果汁一起服用。

应注意心力衰竭的早期表现，夜里阵发性呼吸困难是左心衰的早期症状，应予警惕。当患者出现血压下降、脉率增快时，要警惕心源性休克的发生，并及时报告处理。观察神志变化，对头晕、烦躁、迟钝、嗜睡、晕厥等症状，及时观察以便综合判断和治疗。观察心率与心律，注意心率快慢、节律规则与否、心音强弱等。有条件时，最好可以行心电监护并且及时记录，以利及时处理。要加强对患者的心理护理，对患者态度和蔼、诚恳热情，耐心细致地做好思想工作，体贴入微地帮助患者增强信心和配合治疗。

第二节 慢性心力衰竭

慢性心力衰竭(chronicheartfailure,CHF)是大多数心血管疾病的最终归宿，也是最主要的死亡原因。根据我国2003年的抽样统计，成人心力衰竭患病率为0.9%；据美国心脏学会2005年的统计报告，全美约有500万心力衰竭患者，心力衰竭的年增长数为55万。

引起CHF的基础心脏病的构成比，我国过去以风湿性心脏病为主，如上海市的一项统计，1980年CHF病因，风湿性心脏病为46.8%，居首位，2000年为8.9%，居第三位，而冠心病、高血压已跃居第一、二位。

【病因和发病机制】

一、病因

（一）心肌损害

如冠心病心肌缺血、心肌梗死、心肌炎和心肌病；心肌代谢障碍性疾病，以糖尿病心肌病最常见等。

（二）心脏负荷过重

1. 容量负荷(前负荷)过重　见于二尖瓣、主动脉瓣关闭不全；房间隔缺损、室间隔缺损、动脉导管未闭；以及伴有全身血容量增多疾病，如甲状腺功能亢进症、慢性贫血等。

2. 压力负荷(后负荷)过重　见于高血压，主动脉瓣狭窄，肺动脉高压，肺动脉瓣狭窄等，以及左、右心室收缩期射血阻力增加的疾病。

二、发病机制

心力衰竭是一个慢性发展过程，存在血流动力学紊乱和神经体液的代谢异常。心力衰竭早期，机体通过心率加快、心肌增厚、心脏扩大提高心肌收缩力，增加心脏容量；通过交感神经兴奋、肾素-血管紧张素-醛固酮系统的激活，代偿性增加血管阻力和潴留水、钠，以维持灌注压；心房增加心房肽的释放，扩张血管，排钠利尿，对抗由于交感神经兴奋和肾素-血管紧张素-醛固酮系统激活造成的不利影响。

心力衰竭失代偿期，心肌肥厚到一定程度时，心肌蛋白质和核酸合成受抑制，发生心肌损伤和坏死。持续性心脏扩大使心肌耗氧量增加,加重心肌的损伤;神经内分泌系统活性增加,加重血流动力学紊乱,损伤心肌细胞,导致心排出量不足,出现呼吸困难、乏力、循环淤血等心力衰竭症状。

三、诱发和加重心力衰竭的因素

诱发和加重心力衰竭的因素主要包括6个方面。① 感染:特别是呼吸道感染。② 生理或心理压力过大:劳累过度、精神紧张、情绪激动等。③ 循环血量增加或锐减:如输液过多过快、摄入高钠食物、妊娠及大量失血、严重脱水等。④ 严重心律失常:尤其是各类快速心律失常,如心房颤动。⑤ 治疗不当:如洋地黄用量不足或过量、不恰当应用某些抑制心肌收缩力的药物等。⑥ 其他:各种原因引起的水、电解质、酸碱平衡紊乱;合并甲状腺功能亢进、贫血、肺栓塞等。

【病理生理】

心肌舒缩功能发生障碍时,最根本的问题是心排血量下降,引起血流动力学障碍,维持心脏功能的每一个代偿机制的代偿能力都是有限的,长期维持最终发生失代偿,即可引起心力衰竭。

一、Frank-Starling 机制

心脏收缩释放的能量(做功)是心肌纤维长度(心室舒张末期容积,EDV)的函数,即 Frank-Starling(FS)心脏定律。可以说心肌左室舒张末期容积与心排出量之间的函数关系,收缩力的增加与舒张期心肌纤维的拉伸程度(舒张末期心室的容积越大,拉伸程度越大)成正相关。前负荷主要受静脉回心血量和室壁顺应性的影响,一般用左心室舒张末期压作为前负荷的指标。故前负荷增加反映舒张末期容量增多,心室做功增加。

在无神经、体液因素参与下,心脏随心室充盈量(或心肌细胞初长度)改变而自动调节心输出量(或心肌收缩力)的机制,也称心肌的异长自身调节。这种机制使心脏能将回心血量全部泵出,而不至于发生静脉内血液蓄积。若心脏后负荷增加,由于射血阻力加大导致心输出量减少,或心功能不全时心输出量减少,由于回心血量没有减少而心输出量减少。所以,心舒张期末残留血液增加,即舒张末期心房、心室容积增加,受 FS 定律影响,最终使得心输出量增加,以满足机体需要而起到代偿作用。同时,由于舒张末期容积增加,心脏做功加强,使得相应的心室、心房及血管的压力也随之增高。如左室舒张压升高可导致肺毛细血管压升高,从而出现呼吸困难甚至肺水肿。右室舒张压增高则导致腔静脉压升高,体循环淤血,出现全身性水肿。

心力衰竭通常伴有去甲肾上腺素(NE)储备减少,心肌 β 肾上腺素能受体密度下降,因此,对心脏肾上腺素能神经刺激的变力性反应亦降低,结果肾上腺素能神经系统活动不能使心室功能曲线上升至正常水平,运动时心肌收缩力不能相应增强。运动时旨在增加心室充盈的因素,可使衰竭心室的功能曲线更加低平,引起心室舒张末期容量和压力显著升高,肺毛细血管压亦随之升高,加重了呼吸困难,使心力衰竭者的活动明显受限。

二、心肌肥厚

心肌肥厚是心脏负荷增加的主要代偿机制之一。当引起肥厚的初始刺激是压力负荷过重时,其结果是引起收缩期室壁张力的急剧增加导致肌原纤维对称性复制,单个心肌细胞增大和向心性肥厚。当初始刺激是心室容量负荷过重时,舒张期室壁张力增加导致肌节复制,心肌细胞伸长,心室扩张。通过 Laplace 公式可引起收缩张力轻度增加,心室出现对称性肥厚,收缩张力可恢复正常,此时心功能仍得以维持。随着疾病的发展,心肌细胞结构进一步破坏,进而使心功能受损,心力衰竭随之发生。当心肌细胞发生局部坏死(如心肌梗死)可造成容量负荷过重,心肌细胞广泛性坏死,如缺血性心肌病、心肌炎等有害物质对心肌的损害,均可增加残留细胞的负荷,并引起反应性肥厚,进而损害这些细胞的功能,后负荷的增加进一步引起心室扩大,从而引发心功能进一步恶化。

三、神经体液的代偿机制

心力衰竭时,肾素-血管紧张素系统(RAS)和交感-肾上腺素能系统(SAS)活性增高,其兴奋作用将加速心力衰竭低排状态时心肌细胞死亡,血管收缩增加后负荷,进一步减少心排血量。后负荷增加心脏工作负荷也加速了心肌细胞的死亡。cAMP 和 1,4,5-三磷酸肌醇浓度(InSP3)增加促进 Ca^{2+} 进入心肌细胞,使心肌收缩性增强而代偿性增加心排血量。然而,进入胞浆 Ca^{2+} 增多,舒张期泵出 Ca^{2+} 系统负荷过重,使心肌舒张受损。SAS 兴奋增加心肌能量消耗,也加速衰竭心肌细胞的死亡。当循环和心脏对长期低排状态的最初适应性反映持续存在时,将对心力衰竭产生有害影响。

心力衰竭时全身 SAS 激活,副交感神经活性受抑制,导致心动过速、肾素释放和全身外周血管收缩,结果可增强心肌收缩力使心排血量增加,以维持动脉压和保证重要脏器的血流灌注,它是早期有效代偿机制。周围血管收缩使周围血流再分配,静息时心排血量正常的中度心力衰竭者,在循环承担额外负荷时(如运动、发热和贫血)发生的异常血管

收缩和心排血量不能正常地增加以满足周围器官需要。心排血量的再分配使重要生命器官(如脑和心)氧供得以维持,而肾、骨骼肌灌注不足,最终导致终末器官的衰竭。

四、心肌损害和心室重塑

心力衰竭发生发展的基本机制是心室重塑(remodeling)。心室重塑是由于一系列复杂的分子和细胞机制导致的心肌结构、功能和表型的变化,包括心肌细胞肥大、凋亡、胚胎基因和蛋白的再表达、心肌细胞外基质(ECM)量和组成的变化。临床表现为心肌重量、心室容量的增加和心室形态的改变(横径增加,呈球状)。在初始的心肌损伤(心脏负荷过重、心肌梗死、炎症)以后,各种不同的继发性介导因素直接或间接作用于心肌而促进心室重塑。此时,循环水平和组织水平中去甲肾上腺素(NE)、血管紧张素Ⅱ(AgⅡ)、醛固酮、内皮素(ET)、血管加压素和炎性细胞因子的浓度均有升高,这些神经内分泌细胞因子系统的长期、慢性激活,不仅通过钠潴留和收缩周围血管增加后负荷,而且对心脏细胞有直接的毒性作用,并刺激心肌纤维化,进一步改变衰竭心脏的结构使心功能恶化,又进一步激活神经内分泌细胞因子,从而形成恶性循环,促使疾病进展,最终导致心力衰竭。

五、舒张性心力衰竭

舒张性心力衰竭是由于舒张期心室的主动松弛的能力受损和心室顺应性降低导致心室在舒张期的充盈障碍,心室压力-容积曲线向左上方移位,因而心搏量降低,左室舒张末压增高而发生心力衰竭,而代表收缩功能的射血分数正常。左室松弛性障碍主要受控于心肌肌浆网 Ca^{2+} 摄取能力的减弱及心肌细胞内游离 Ca^{2+} 的水平降低缓慢。这两种过程均为耗能过程,缺血引起 ATP 耗竭、能量供应不足时,主动舒张功能即受影响,主要表现为心室舒张速度的减慢,其特点是左室容量和收缩功能正常,而左室充盈压增高。如冠心病伴有明显心肌缺血时,在出现收缩功能障碍前即可出现舒张功能不全。心室肌的顺应性减退及充盈障碍,主要见于心肌肥厚如高血压及肥厚型心肌病,它明显影响心室充盈压,当左室舒张末压过高时,出现肺循环高压和肺淤血的表现,即舒张性心力衰竭。此时心肌收缩功能尚保持正常。

总之,心力衰竭发展中的各种因素是互相关联、互为因果的。血流动力学异常可激活神经内分泌系统、加重心肌损害;神经内分泌系统的持续激活可直接损害心肌和加剧血流动力学异常;而心肌损害、左室进行性扩大和衰竭的结果又导致血流动力学紊乱的加重和神经内分泌系统的激活。

【临床表现】

左心衰在临床上最为常见,单纯右心衰较少见。左心衰后继发右心衰而致全心衰者,以及由于严重广泛心肌疾病同时波及左、右心而发生全心衰者更为多见。

一、左心衰

以肺淤血及心排血量降低表现为主。

(一)症状

1. 程度不同的呼吸困难

(1)劳力性呼吸困难:是左心衰最早出现的症状,系因运动使回心血量增加,左房压力升高,加重了肺淤血。随心力衰竭程度加重,引起呼吸困难的运动量减少。

(2)端坐呼吸:平卧时回心血量增多,且横膈上抬,呼吸更为困难。肺淤血达到一定程度时,患者不能平卧,需要高枕卧位、半卧位甚至端坐时方可使憋气好转。

(3)夜间阵发性呼吸困难:患者入睡后突然因憋气而惊醒,被迫采取坐位,呼吸深快,重者可有哮鸣音,称为"心源性哮喘"。大多于端坐休息后可自行缓解。发生机制除因睡眠平卧血液重新分配使肺血量增加外,夜间迷走神经张力增加、小支气管收缩、横膈高位、肺活量减少等也是促发因素。

(4)急性肺水肿:左心衰呼吸困难最严重的形式,为"心源性哮喘"进一步发展所致。

2. 咳嗽、咳痰、咯血 咳嗽和咳痰开始常于夜间发生,坐位或立位时咳嗽可减轻,白色浆液性泡沫痰为其特点,偶可见痰中带血丝,是肺泡和支气管黏膜淤血所致。长期慢性淤血,肺静脉压力升高,导致肺循环和支气管血液循环之间形成侧支,在支气管黏膜下形成扩张的血管,此种血管一旦破裂可引起大咯血。

3. 乏力、疲倦、头晕、心慌 由心排血量不足,器官、组织灌注不足及代偿性心率加快导致。

4. 少尿及肾功能损害症状 严重的左心衰,血液进行再分配时,首先是肾的血流量明显减少,患者可出现少尿。长期慢性的肾血流量减少可出现血尿素氮、肌酐升高,并可有肾功能不全的相应症状。

(二)体征

1. 肺部湿性啰音 由于肺毛细血管压增高,液体可渗出到肺泡而出现湿性啰音。随着病情的由轻到重,肺部啰音可从局限于肺底部直至全肺。患者取侧卧位,则下垂的一侧啰音较多。

2. 心脏体征　除基础心脏病的固有体征外,慢性左心衰的患者一般均有心脏扩大(单纯舒张性心力衰竭除外)、肺动脉瓣区第二心音亢进及舒张期奔马律。

二、右心衰

以体静脉淤血表现为主。

(一)症状

1. 消化道症状　胃肠道及肝脏淤血引起的腹胀、食欲不振、恶心、呕吐等,是右心衰最常见的症状。

2. 劳力性呼吸困难　继发于左心衰的右心衰,呼吸困难也已存在,单纯性右心衰为分流性先天性心脏病或肺部疾患所致,也均有明显的呼吸困难。

(二)体征

1. 水肿　特征为首先出现于身体最低垂的部位,常为对称性、可压陷性,是由体静脉压力升高引起皮肤等软组织出现水肿。胸腔积液也是因体静脉压力增高所致,因胸膜静脉还有一部分回流到肺静脉,因此,胸腔积液更多见于同时有左、右心衰时,以双侧多见。如为单侧胸腔积液,则以右侧更为多见,可能与右膈下肝淤血有关。

2. 颈静脉征　颈静脉搏动增强、充盈、怒张是右心衰时的主要体征,肝颈静脉反流征阳性则更具特征性。

3. 肝大　肝脏因淤血肿大常伴压痛,持续慢性右心衰可致心源性肝硬化,晚期可出现黄疸、肝功能受损及大量腹水。

4. 心脏体征　除基础心脏病的相应体征之外,右心衰时可因右心室显著扩大,而出现三尖瓣关闭不全的反流性杂音。

三、全心衰竭

右心衰继发于左心衰可形成全心衰。右心衰出现之后,右心排血量减少,因此,阵发性呼吸困难等肺淤血症状反而有所减轻。扩张型心肌病等表现为左、右心室同时衰竭者,肺淤血症状往往不很严重,左心衰的表现主要为心排血量减少的相关症状和体征。

【实验室及其他检查】

一、X线检查

(一)心影大小及外形

X线检查所见心影大小及外形可为心脏病的病因诊断提供重要的参考资料,根据心脏扩大的程度和动态改变也间接反映心脏功能状态。

(二)肺淤血有无及程度

肺淤血有无及程度可直接反映心功能状态。早期肺静脉压增高时,主要表现为肺门血管影增强,上肺血管影增多与下肺纹理密度相仿,甚至多于下肺。

由于肺动脉压力增高,可见右下肺动脉增宽,进一步出现间质性肺水肿可使肺野模糊,Kerley B 线是在肺野外侧清晰可见的水平线状影,是肺小叶间隔内积液的表现,是慢性肺淤血的特征性表现。

急性肺泡性肺水肿时,肺门呈蝴蝶状,肺野可见大片融合的阴影。

二、超声心动图

(一)观察心脏结构

超声心动图可比 X 线更准确地提供各心腔大小及心瓣膜结构及功能情况。

(二)估计心脏功能

1. 收缩功能　以收缩末及舒张末的容量差计算 LVEF 值,虽不够精确,但方便实用。正常 LVEF 值 > 50%,LVEF ≤ 40% 为收缩期心力衰竭的诊断标准。

2. 舒张功能　超声多普勒是临床上最实用的判断舒张功能的方法,心动周期中舒张早期心室充盈速度最大值为 E 峰,舒张晚期(心房收缩)心室充盈最大值为 A 峰,E/A 为两者之比值。正常人 E/A 值不应小于 1.2,中青年应更大。舒张功能不全时,E 峰下降,A 峰增高,E/A 比值降低。

三、放射性核素检查

放射性核素心血池显影,除有助于判断心室腔大小外,还可以反映心脏舒张功能。

四、心-肺吸氧运动试验

在运动状态下测定患者对运动的耐受量,更能说明心脏的功能状态。本试验仅适用于慢性稳定性心力衰竭患者。运动时肌肉的需氧量增高,需要心排血量相应增加。正常人每增加 100 ml/(min·m^2)的耗氧量,心排血量需增加 600 ml/(min·m^2)。当患者的心排血量不能满足运动时的需要,肌肉组织就需要从流经它的单位容积的血液中提取更多的氧,结果使动-静脉血氧差值增大。在氧供应绝对不足时,即出现无氧代谢,乳酸增加,呼气中 CO_2 含量增加。进行心-肺吸氧运动试验时,需求得两个数据:

1. **最大耗氧量**[VO_2max,单位:ml/(min·kg)] 即运动量虽继续增加,耗氧量已达峰值不再增加时的值,表明此时心排血量已不能按需要继续增加。心功能正常时,此值应 >20,轻至中度心功能受损时为 16~20,中至重度损害时为 10~15,极重损害时则 <10。

2. **无氧阈值** 即呼气中 CO_2 的增长超过了氧耗量的增长,标志着无氧代谢的出现,以开始出现两者增加不成比例时的氧耗量作为代表值,故此值愈低说明心功能愈差。

五、有创性血流动力学检查

对急性重症心功能不全患者必要时采用漂浮导管在床边进行,经静脉插管直至肺小动脉,测定各部位的压力及血液含氧量,计算心脏指数及 PCWP,直接反映左心功能,正常时心脏指数 >2.5 L/(min·m^2);PCWP <12 mmHg。

【诊断与鉴别诊断】

一、诊断

心力衰竭的诊断是综合病因、病史、症状、体征及客观检查而作出的。首先应有明确器质性心脏病的诊断。心力衰竭的症状体征是诊断心力衰竭的重要依据,疲乏、无力等由于心排血量减少的症状无特异性,诊断价值不大。肺淤血引起不同程度的呼吸困难是左心衰的重要体征;体循环淤血引起的颈静脉怒张、肝大、水肿等是诊断右心衰的重要依据。

二、鉴别诊断

心力衰竭主要与以下疾病相鉴别。

1. **支气管哮喘** 心源性哮喘多见于老年人有高血压或慢性心瓣膜病史;支气管哮喘多见于青少年有过敏史。从呼吸困难发作特点鉴别:心源性哮喘发作时必须坐起,重症者肺部有干湿性啰音,甚至咳粉红色泡沫痰;支气管哮喘发作时双肺可闻及典型哮鸣音,咳出白色黏痰后,呼吸困难常可缓解。从检查鉴别:测定血浆 BNP 水平,对鉴别心源性和支气管性哮喘有重要参考价值。

2. **心包积液、缩窄性心包炎** 腔静脉回流受阻同样可以引起颈静脉怒张、肝大、下肢水肿等表现,应根据病史、心脏及周围血管体征进行鉴别,超声心动图检查可得以确诊。

3. **肝硬化腹水伴下肢水肿** 应与慢性右心衰鉴别。除基础心脏病体征有助于鉴别外,非心源性肝硬化不会出现颈静脉怒张等上腔静脉回流受阻的体征。

【中医病因病机】

慢性心力衰竭的病因病机特点是内外相因,本虚标实。外有风寒湿热疫毒之邪,内舍于心;内因情志失调,饮食不节,劳逸失度,脏腑病变,导致气滞痰阻血瘀,气血阴阳失调,心失所养,心力衰竭而发病。其病位在心,但不局限于心,与肺、脾、肝、肾均密切相关。

1. **外邪伤心** 久居潮湿之地,风寒湿气内侵,留着不去,损伤脉络,则血瘀内阻,阻遏心阳,使鼓动无力,以致心气亏虚,心脉痹阻而发病。或外感风热疫毒之邪,内陷心包,损及心体,以致心阴耗伤,心气衰竭,而发为心衰。

2. **心病迁延** 心悸、心痛、心痹或其他心脏疾患,始时病轻,年盛不觉,或既觉之后,未得有效治疗,疾病迁延,日久病深,心体受损,心气衰弱,气不行血,血不利为水,瘀水互结,损及心阳,气血衰败,发展为心衰。

3. **脏腑传变** 五脏生克乘侮密切相关,共同维持气血生化运行,阴阳平衡协调。若正虚邪犯,脏腑受损,疾病传变,五脏受累。慢性心力衰竭可致脏腑相继受病,而心力衰竭亦常由其他脏腑疾病传变累及心脏所致。

(1) 心肺同病:心肺同居上焦,脉络相连,心主血,肺主气,心为血脉之主,肺为百脉之会,是以血液之循环,气血之交换,全赖心肺之功。若心血不运,则肺失肃降,息贲咳喘;若肺气壅塞,则心脉痹阻,心悸紫绀。故久病咳喘、痰饮、肺胀,可致心气受损,气虚血瘀,水饮内停,发为心衰,出现心悸、腹胀、水肿之证;心衰初起,先损肺气,肺气不足,肃降不行,故慢性心力衰竭常见乏力,气喘,劳则更甚,甚至咳痰带血等。

（2）心脾同病：心属火为母，脾属土为子，脾之运化有赖心火之温煦；脾主运化，为气血生化之源，是后天之本，心主血脉、藏神等功能有赖脾之运化滋养。故心与脾相互依赖，密切相关。若饮食劳倦，脾胃乃伤，运化失健，一方面气血生化不足，或气不统血，失血过多，均致心失所养，心神不宁，而发心衰，出现神疲、心悸、怔忡等症；另一方面，脾土虚弱，水谷不能化气反而化水，水湿内生，成痰成饮，上凌心肺，遏伤心阳，痹阻心脉，气虚血瘀，发为心衰。而慢性心力衰竭亦可因心阳不振，不能温养脾阳，而导致脾虚不运，出现身重腹胀、纳呆便溏等症。

（3）心肝同病：心肝皆关系血液之运行，肝藏血，心行血，人动则血运于诸经，人静则血归于脏腑。肝又主疏泄，调畅情志，若情志失常，肝失疏泄，气机郁滞，血运失常，致心脉瘀阻；或肝不藏血，阴亏阳亢，日久心阴受损，心神失养，均可导致慢性心力衰竭。心力衰竭，血不运于诸经，而郁于肝经，致肝气郁结，气滞血瘀，出现脉络怒张、胁腹胀痛、胁下积块等症。

（4）心肾同病：心属火，居于上焦，肾属水，居于下焦，上下交通，水火既济，以维持心肾功能正常。若肾精亏虚，不能化生气血，上滋于心，则致心之气血不足；若肾阳亏虚，气化不行，水液代谢失常，水饮内停，上凌于心，则可损及心阳，耗伤心气，终致心力衰竭，发为心衰。心衰之时，心火不能下交于肾，导致肾阳不足，气化失司，水液停聚，或泛溢肌肤，或留于体腔，而出现腹大肢肿等症。不论心损及肾，均可互为因果，终致心肾俱败之恶候。

另外，饮食不节，钠盐摄入太多，耗心气，伤血脉，血行瘀滞，化而为水，可以导致心衰，或使慢性心力衰竭加重。在慢性心力衰竭病程中，过度劳倦、五志过极、复感外邪、妊娠分娩等都可能进一步损伤心气，导致本病反复发作或逐渐加重。

综上所述，慢性心力衰竭总属本虚标实，本虚指气血阴阳亏虚，标实指瘀血、痰浊和水饮。心脏之气血阴阳损伤是慢性心力衰竭之本，这种损伤可能因为外感或内伤直接损伤心脏，也可能由于他脏之病变日久累及于心。初期以气虚为主，逐步发展成气阴两虚，或心阳亏虚，进而导致阴阳两虚，最终出现亡阴亡阳，阴阳离决。瘀血、痰浊和水饮可以出现在各个时期，与气血阴阳虚损互为因果，成为本虚标实的重要组成部分，直接关系到慢性心力衰竭的形成、发展和预后。

【中医诊断及病证鉴别】

慢性心力衰竭多由心悸、心痛、心痹等各种心脏疾病发展而来，或继发于伤寒、温病、肺胀、水肿、虚劳等病之后，也可见于一些危重疾病的终末期。各年龄段人群均可发病，而以中老年人为多。感受外邪、饮食不节、劳倦过度、五志过极等可能导致慢性心力衰竭发作或加重。随着病情进展，心悸频发，或怔忡不已，心烦不安；动则喘甚，或端坐呼吸，不能平卧，咳嗽咯痰，或痰中带血；水肿呈下垂性，以下肢为甚，重则全身水肿，小便不利，夜尿频数；胁痛，或胁下积块，腹胀纳呆，大便异常；面色白或青灰，自汗肢冷，唇舌紫黯，脉虚数或微弱。

慢性心力衰竭由心悸、心痛发展而来，临床表现又多见心悸、胸闷，以及咳喘、水肿等，当注意病证鉴别。

1. 心悸　鉴别要点在于心力衰竭除心悸外，还有疲乏、喘咳、腹胀、水肿等症，它是心悸进一步发展的结果。心悸以惊悸怔忡为主症，时作时止，未发时可一如常人。

2. 心痛　心痛是心力衰竭的原发疾病之一，以突发短时间的膻中部位及左胸膺部憋闷绞痛为特征，在未发展为心力衰竭之前，无咳喘不得卧和肢体水肿等。心力衰竭也可以出现胸闷，但无胸痛，且胸闷持续时间较长，并伴有心悸、气喘、水肿等。

3. 喘证　喘病属于肺系疾病，有实喘与虚喘之分，总系肺失肃降，肺气上逆所致，常伴有其他肺系病证，如咳嗽、咯痰、胸痛、肺痈等，而无心悸怔忡、水肿腹胀。心力衰竭多有气喘，其特点是因劳而喘，喘不得卧，并伴有心悸、水肿等症，可资鉴别。

4. 哮病　哮病与心力衰竭都有气喘，甚至喘不得卧，临床易于混淆。哮病属于肺系疾病，为发作性痰鸣气喘疾患，多有伏痰夙根，复因外感、食物、花粉或情志等因素诱发。初期常见喉鼻作痒、喷嚏、流涕等先兆症状，发作时喉中哮鸣，呼吸困难，间歇期则如常人。心力衰竭既往有心脏病史，平时喘息气短，动则尤甚，不似哮病呈发作性特点，也无先兆症状，并伴有心悸、水肿等。

5. 水肿　心力衰竭常见水肿，甚至是重度水肿，故古人将其纳入"水肿"范畴。但是水肿病因复杂，分为五脏之水，脏腑不同，病状各异，应予鉴别。肝水既往有肝病史，其症先见胁痛、黄疸、鼓胀，后期全身水肿；肾水既往有肾病史，其症见腰痛，小便不利，全身浮肿，腹大脐突，阴下湿如牛鼻上汗，其足逆冷，面反瘦，晚期可出现关格；心水属于心力衰竭，既往有心病史，水肿始于下肢，其症见少气无力，心悸烦躁，喘咳不得卧。

根据既往病史、水肿特点、伴随证候，五脏之水不难鉴别。应该注意的是，由于疾病传变，五脏相关，至后期常常五脏通病。

【治疗】

一、治疗思路

从建立心力衰竭分期的观念出发，心力衰竭的治疗应包括防止和延缓心力衰竭的发生；缓解临床心力衰竭患者的症状，改善其长期预后和降低死亡率。为此，必须从长计议，采取综合治疗措施，包括对各种可导致心功能受损的危险因素如冠心病、高血压、糖尿病的早期治疗；调节心力衰竭的代偿机制，减少其负面效应如拮抗神经体液因子的过分激活，阻止心肌重塑的进展；对临床心力衰竭患者，除缓解症状外，还应达到以下目的：① 提高运动耐量，改善生活质量；② 阻止或延缓心肌损害进一步加重；③ 降低死亡率。

慢性心力衰竭多为虚实夹杂的病证，治疗时应权衡邪正关系，标本缓急，或补或攻，或攻补兼施。一般以补虚固本为基础，兼以祛邪泻实，而专于攻邪只为权益之用，救急之策。补益心气，温补心阳是治疗慢性心力衰竭的首要治法。但是，临证不能片面孤立地强调温阳益气，因为心衰是体用俱病，体阴用阳，心衰也不乏阴血亏虚之证。根据气血相生、阴阳互根的生理特点，治疗当阴中求阳，调血益气，以平为期。慢性心力衰竭的治疗重点在心，但不能局限于心。心衰病机表现出五脏相关的特点，或起因于他脏之病，或病后损及他脏，临证当视脏腑病变情况综合治疗。

二、西医治疗

（一）病因治疗

1. **基本病因的治疗** 对所有可能导致心脏功能受损的常见疾病如高血压、冠心病、糖尿病、代谢综合征等，在尚未造成心脏器质性改变前即应早期进行有效的治疗。如控制高血压、糖尿病等，目前已不困难；药物、介入及手术治疗改善冠心病心肌缺血；慢性心瓣膜病以及先天畸形的介入或换瓣、纠治手术等，均应在出现临床心力衰竭症状前进行。对于少数病因未明的疾病如原发性扩张型心肌病等亦应早期干预，从病理生理层面延缓心室重塑过程。病因治疗的最大障碍是发现和治疗过晚，很多患者常满足于短期治疗缓解症状，拖延时日，终致发展为严重的心力衰竭不能耐受手术，而失去了治疗的时机。

2. **消除诱因** 常见的诱因为感染，特别是呼吸道感染，应积极选用适当的抗生素治疗。对于发热持续1周以上者应警惕感染性心内膜炎的可能性。心律失常特别是心房颤动也是诱发心力衰竭的常见原因，对心室率很快的心房颤动应尽快控制心室率，如有可能应及时复律。潜在的甲状腺功能亢进、贫血等也可能是心力衰竭加重的原因，应注意检查，并予以纠正。

（二）一般治疗

1. **休息** 控制体力活动，避免精神刺激，降低心脏负荷，有利于心功能的恢复。但长期卧床易发生静脉血栓形成甚至肺栓塞，同时也使消化功能减低，肌肉萎缩。因此，应鼓励患者主动运动，根据病情轻重不同，从床边小坐开始逐步增加症状限制性有氧运动，如散步等。

2. **控制钠盐摄入** 心力衰竭患者血容量增加，且体内水钠潴留。因此，减少钠盐的摄入有利于减轻水肿等症状，但应注意在应用强效排钠利尿剂时，过分严格限盐可导致低钠血症。

（三）药物治疗

1. **利尿剂的应用** 利尿剂是心力衰竭治疗中最常用的药物，通过排钠排水减轻心脏的容量负荷，对缓解淤血症状和减轻水肿有十分显著的效果。慢性心力衰竭患者原则上利尿剂应长期维持，水肿消失后，应以最小剂量（如氢氯噻嗪25 mg，隔日1次）无限期使用，这种用法不必加用钾盐。但是不能将利尿剂作单一治疗。常用的利尿剂有：

（1）噻嗪类利尿剂：以氢氯噻嗪为代表，作用于肾远曲小管，抑制钠的再吸收。由于钠-钾交换机制也使钾的吸收降低。噻嗪类为中效利尿剂，轻度心力衰竭可首选此药，开始25 mg每日1次，逐渐加量。对较重的患者用量可增至每日75~100 mg分2~3次服用，同时补充钾盐，否则可因低血钾导致各种心律失常。噻嗪类利尿剂可抑制尿酸的排泄，引起高尿酸血症，长期大剂量应用还可干扰糖及胆固醇代谢，应注意监测。

（2）襻利尿剂：以呋塞米为代表，作用于髓襻的升支，在排钠的同时也排钾，为强效利尿剂。口服用20 mg，2~4小时达高峰。对重度慢性心力衰竭者用量可增至100 mg，每日2次。效果仍不佳者可用静脉注射，每次用量100 mg，每日2次。更大剂量不能收到更好的利尿效果。低血钾是这类利尿剂的主要副作用，必须注意补钾。

（3）保钾利尿剂：常用的有：① 螺内酯：作用于肾远曲小管，干扰醛固酮的作用，使钾离子吸收增加，同时排钠利尿，但利尿效果不强。在与噻嗪类或襻利尿剂合用时能加强利尿，并减少钾的丢失，一般用20 mg，每日3次。② 氨苯蝶啶：直接作用于肾远曲小管，排钠保钾，利尿作用不强。常与排钾利尿剂合用，起到保钾作用，一般50~

100 mg,每日 2 次。③ 阿米洛利：作用机制与氨苯蝶啶相似，利尿作用较强而保钾作用较弱，可单独用于轻型心力衰竭的患者，5~10 mg,每日 2 次。保钾利尿剂，可能产生高钾血症。一般与排钾利尿剂联合应用时，发生高血钾的可能性较小。

电解质紊乱是长期使用利尿剂最容易出现的副作用，特别是高血钾或低血钾，均可导致严重后果，应注意监测。血管紧张素转换酶抑制剂（angiotensin-converting enzyme inhibition, ACEI）、血管紧张素受体阻滞剂（angiotensin receptor blocker, ARB）等有较强的保钾作用，与不同类型利尿剂合用时应特别注意监测血钾变化。对于血钠过低者应谨慎区别是由于血液稀释还是体内钠不足。前者常为难治性水肿，患者水钠均有潴留，而水的潴留更多。患者尿少而比重低，严重者可出现水中毒，可试用糖皮质激素。体内钠不足多因利尿过度所致，患者血容量减低，尿少而比重高，此时应给以高渗盐水补充钠盐。

2. RAAS 抑制剂

（1）ACEI：ACEI 用于心力衰竭时，其主要作用机制为：① 抑制肾素-血管紧张素系统，除对循环肾素-血管紧张素系统的抑制可达到扩张血管、抑制交感神经兴奋性的作用，更重要的是对心脏组织中的肾素-血管紧张素系统的抑制，在改善和延缓心室重塑中起关键的作用。② 抑制缓激肽的降解可使具有血管扩张作用的前列腺素生成增多，同时亦有抗组织增生的作用。总之，通过 ACEI 除了发挥扩管作用改善心力衰竭时的血流动力学、减轻淤血症状外，更重要的是降低心力衰竭患者代偿性神经-体液的不利影响，限制心肌、小血管的重塑，以维护心肌功能，推迟充血性心力衰竭的进展，降低远期死亡率。

ACEI 目前种类很多，长效制剂每日用药 1 次可提高患者的依从性。卡托普利为最早用于临床的含巯基的 ACEI,用量为 12.5~25 mg,每日 2 次；贝那普利半衰期较长，并有 1/3 经肝脏排泄，对有早期肾功能损害者较适用，用量为 5~10 mg,每日 1 次；培哚普利亦为长半衰期制剂，可每日用 1 次，2~4 mg。其他尚有咪达普利、赖诺普利等长效制剂。对重症心力衰竭在其他治疗配合下从极小量开始逐渐加量，至慢性期长期维持终身用药。ACEI 的副作用有低血压、肾功能一过性恶化、高血钾及干咳。临床上无尿性肾衰竭、妊娠哺乳期妇女及对 ACEI 过敏者禁用本类药物。双侧肾动脉狭窄、血肌酐水平明显升高（>225 μmol/L）、高血钾（>5.5 mmol/L）及低血压者亦不宜应用本类药物。

（2）ARB：ARB 阻断肾素-血管紧张素系统的效应与 ACEI 相同甚至更完全，但缺少抑制缓激肽降解作用。当心力衰竭患者因 ACEI 引起的干咳不能耐受者可改用 ARB,如坎地沙坦、氯沙坦、缬沙坦等。与 ACEI 相关的副作用，除干咳外，均可见于应用 ARB 时，用药的注意事项也类同。

（3）醛固酮受体拮抗剂的应用：螺内酯等作为保钾利尿药，在心力衰竭治疗中的应用已有较长的历史。小剂量（亚利尿剂量，20 mg,1~2 次/日）的螺内酯阻断醛固酮效应，对抑制心血管的重构、改善慢性心力衰竭的远期预后有很好的作用。对中重度心力衰竭患者可加用小剂量醛固酮受体拮抗剂，但必须注意血钾的监测。对近期有肾功能不全血肌酐升高或高钾血症以及正在使用胰岛素治疗的糖尿病患者不宜使用。

3. β 受体阻滞剂的应用　心力衰竭时机体的代偿机制虽然在早期能维持心脏排血功能，但在长期的发展过程中将对心肌产生有害的影响，加速患者的死亡。代偿机制中交感神经激活是一个重要的组成部分，而 β 受体阻滞剂可对抗交感神经激活，阻断上述各种有害影响。20 世纪 80 年代以来，不少学者在严密观察下审慎地进行了 β 受体阻滞剂治疗心力衰竭的临床验证，证实了 β 受体阻滞剂还可明显提高运动耐量，降低死亡率。目前认为，在临床上所有有心功能不全且病情稳定的患者均应使用 β 受体阻滞剂，除非有禁忌或不能耐受。应用本类药物的主要目的并不在于短时间内缓解症状，而是长期应用达到延缓病变进展、减少复发和降低猝死率的目的。进一步的研究是 β 受体阻滞剂的制剂选择问题，美托洛尔、比索洛尔等选择性阻滞 $β_1$ 受体无血管扩张作用；卡维地洛作为新的非选择性并有扩张血管作用的 β 受体阻滞剂，用于心力衰竭治疗。

由于 β 受体阻滞剂确有负性肌力作用，临床应用仍应十分慎重。应待心力衰竭情况稳定、已无体液潴留后，首先从小量开始，美托洛尔 12.5 mg/d,比索洛尔 1.25 mg/d,卡维地洛 6.25 mg/d,逐渐增加剂量，适量长期维持。临床疗效常在用药后 2~3 个月才出现。β 受体阻滞剂的禁忌证为支气管痉挛性疾病、心动过缓、二度及二度以上房室传导阻滞。

4. 正性肌力药

（1）洋地黄类药物：洋地黄类药物作为正性肌力药物的代表用于治疗心力衰竭已有 200 余年的历史，其药理作用：① 正性肌力作用：洋地黄主要通过抑制心肌细胞膜上的 Na^+-K^+ ATP 酶，使细胞内 Ca^{2+} 浓度升高而使心肌收缩力增强。而细胞内 K^+ 浓度降低，成为洋地黄中毒的重要原因。② 电生理作用：一般治疗剂量下，洋地黄可抑制心脏传导系统，对房室交界区的抑制最为明显。大剂量时可提高心房、交界区及心室的自律性，当血钾过低时，更易发生各种快速性心律失常。③ 迷走神经兴奋作用：对迷走神经系统的兴奋是洋地黄的独特优点。可以对抗心力衰竭时交感神经兴奋的不利影响，但尚不足以取代β受体阻滞剂的作用。

常用的洋地黄制剂为地高辛、洋地黄毒苷及毛花苷C、毒毛花苷K等。① 地高辛：口服片剂，每片0.25 mg，口服后经小肠吸收，2~3小时血浓度达高峰，4~8小时获最大效应。地高辛85%由肾脏排出，10%~15%由肝胆系统排至肠道。本药的半衰期为1.6天，连续口服相同剂量，7天后血浆浓度可达有效稳态，纠正了过去洋地黄制剂必须应用负荷剂量才能达到有效药浓度的错误观点。目前所采用的自开始即使用维持量的给药方法，称为维持量法。免除负荷量用药能大大减少洋地黄中毒的发生率。适用于中度心力衰竭维持治疗，每日1次，0.25 mg。对70岁以上或肾功能不良者宜减量。② 毛花苷C：为静脉注射用制剂，注射后10分钟起效，1~2小时达高峰，每次0.2~0.4 mg稀释后静脉注射，24小时总量0.8~1.2 mg。适用于急性心力衰竭或慢性心力衰竭加重时，特别适用于心力衰竭伴快速心房颤动者。③ 毒毛花苷K：快速作用类，静脉注射后5分钟起作用，0.5~1小时达高峰，每次静脉用量为0.25 mg，24小时总量0.5~0.75 mg。用于急性心力衰竭。

应用洋地黄的适应证：心力衰竭无疑是应用洋地黄的主要适应证，在利尿剂、ACEI（或ARB）和β受体阻滞剂治疗过程中持续有心力衰竭症状的患者，可考虑加用地高辛。但对不同病因所致的心力衰竭对洋地黄的治疗反应不尽相同，对心腔扩大、舒张期容积明显增加者效果较好；对代谢异常而发生的高排血量心力衰竭，如贫血性心脏病、甲状腺功能亢进以及心肌炎、心肌病等病因所致心力衰竭者效果欠佳；肺源性心脏病导致右心衰，常伴低氧血症，洋地黄效果不好且易于中毒，应慎用。肥厚型心肌病主要是舒张不良，增加心肌收缩性可能使原有的血流动力学障碍更为加重，禁用洋地黄。

洋地黄中毒及其处理：① 影响洋地黄中毒的因素：洋地黄用药安全窗很小，轻度中毒剂量约为有效治疗量的2倍。心肌在缺血、缺氧情况下中毒剂量更小。低血钾是常见的引起洋地黄中毒的原因；肾功能不全以及与其他药物的相互作用也是引起中毒的因素；心血管病常用药物如胺碘酮、维拉帕米及奎尼丁等均可降低地高辛的经肾排泄率而增加中毒的可能性。② 洋地黄中毒表现：洋地黄中毒最重要的反应是各类心律失常。快速房性心律失常又伴有传导阻滞是洋地黄中毒的特征性表现。洋地黄可引起心电图ST-T改变，但不能据此诊断洋地黄中毒。洋地黄类药物的胃肠道反应如恶心、呕吐，以及中枢神经的症状，如视力模糊、黄视、倦怠等，在应用地高辛时十分少见，特别是普及维持量法（不给负荷量）以来更为少见。测定血药浓度有助于洋地黄中毒的诊断，在治疗剂量下，地高辛血浓度为1.0~2.0 ng/ml，但这种测定需结合临床表现来确定其意义。③ 洋地黄中毒的处理：发生洋地黄中毒后，应立即停药。血钾浓度低则可用静脉补钾，如血钾不低，可用利多卡因或苯妥英钠。电复律一般禁用，因易致心室颤动。有传导阻滞及缓慢性心律失常者，可用阿托品0.5~1.0 mg皮下或静脉注射，一般不需安置临时心脏起搏器。

(2) 非洋地黄类正性肌力药：① 肾上腺素能受体兴奋剂：多巴胺是去甲肾上腺素的前体，其作用随应用剂量的大小而表现不同，较小剂量[2~5 μg/(kg·min)]表现为心肌收缩力增强，血管扩张，特别是肾小动脉扩张，心率加快不明显。这些都是治疗心力衰竭所需的作用。如果用大剂量[5~10 μg/(kg·min)]，则可出现不利于心力衰竭治疗的负性作用。多巴酚丁胺是多巴胺的衍生物，可增强心肌收缩力，扩血管作用不如多巴胺明显，对加快心率的反应也比多巴胺小。起始用药剂量与多巴胺相同。以上两种制剂均只能短期静脉应用，在慢性心力衰竭加重时，起到帮助患者渡过难关的作用。② 磷酸二酯酶抑制剂：作用机制是抑制磷酸二酯酶活性，促进Ca^{2+}通道膜蛋白磷酸化，Ca^{2+}通道激活使Ca^{2+}内流增加，心肌收缩力增强。目前临床应用的制剂为米力农，用量为50 μg/kg，稀释后静脉注射，继以0.375~0.75 μg/(kg·min)静脉滴注维持。磷酸二酯酶抑制剂短期应用对改善心力衰竭症状的效果是肯定的，但长期应用米力农治疗重症CHF患者，其死亡率较不用者更高。因此，仅限于重症心力衰竭在各项治疗措施后症状仍不能控制时短期应用。

5. **肼苯达嗪和硝酸异山梨酯** 心力衰竭时，由于各种代偿机制的作用，周围循环阻力增加，心脏的前负荷也增大。20世纪70年代以后，曾有一些多中心临床试验结果表明，扩张血管疗法能改善心力衰竭患者的血流动力学，减轻淤血症状。各种扩管药曾广泛用于治疗心力衰竭。

对于不能耐受ACEI的患者可考虑应用小静脉扩张剂硝酸异山梨酯和扩张小动脉的α_1受体阻断剂肼苯达嗪等；慢性心力衰竭已不主张常规应用肼苯达嗪和硝酸异山梨酯，更不能用以替代ACEI。值得注意的是，对于那些依赖升高的左室充盈压来维持心排血量的阻塞性心瓣膜病，如二尖瓣狭窄、主动脉瓣狭窄及左心室流出道梗阻的患者不宜应用强效血管扩张剂。

（四）舒张性心力衰竭的治疗

由心室舒张不良使LVEDP升高，而致肺淤血，多见于高血压和冠心病，但这两类患者也还可能同时存在收缩功能不全,亦使LVEDP增高。检查LVEDP增高,而左心室不大,LVEF值正常,则表明以舒张功能不全为主。最典型的舒张功能不全见于肥厚型心肌病变。治疗的原则与收缩功能不全有所差别,主要措施如下。

（1）β受体阻滞剂:改善心肌顺应性使心室的容量-压力曲线下移,表明舒张功能改善。

（2）CCB:降低心肌细胞内钙浓度,改善心肌主动舒张功能,主要用于肥厚型心肌病。

（3）ACEI:有效控制高血压,从长远来看改善心肌及小血管重构,有利于改善舒张功能,最适用于高血压心脏病及冠心病。

（4）尽量维持窦性心律,保持房室顺序传导,保证心室舒张期充分的容量。

（5）对肺淤血症状较明显者,可适量应用静脉扩张剂(硝酸盐制剂)或利尿剂降低前负荷,但不宜过度,因过分的减少前负荷可使心排血量下降。

（6）在无收缩功能障碍的情况下,禁用正性肌力药物。

（五）"顽固性心力衰竭"及不可逆心力衰竭的治疗

1. 纠正病因 "顽固性心力衰竭"又称为难治性心力衰竭,是指经各种治疗,心力衰竭不见好转,甚至还有进展者,但并非指心脏情况已至终末期不可逆转者。对这类患者应努力寻找潜在的原因,并设法纠正,如风湿活动、感染性心内膜炎、贫血、甲状腺功能亢进、电解质紊乱、洋地黄类过量、反复发生的小面积的肺栓塞等,或者患者是否有与心脏无关的其他疾病如肿瘤等。

2. 调整用药 强效利尿剂和血管扩张剂及正性肌力药物联合应用等。对高度顽固水肿也可使用血液滤过或超滤,在适应证掌握恰当、超滤速度及有关参数调节适当时,常可即时明显改善症状。扩张型心肌病伴有QRS波增宽>120 ms的CHF患者,可实施心脏再同步化治疗(cardiac resynchronization therapy,CRT),安置三腔心脏起搏器使左、右心室恢复同步收缩,可在短期内改善症状。

对不可逆CHF患者大多是病因无法纠正的,如扩张型心肌病、晚期缺血性心肌病患者,心肌情况已至终末状态不可逆转。其唯一的出路是心脏移植。有心脏移植指征在等待手术期间,应用体外机械辅助泵可维持心脏功能,有限延长患者寿命。

三、中医治疗

（一）辨证论治

1. 气虚血瘀

证候:神疲乏力,心悸怔忡,胸闷气短,甚则咳喘,动则尤甚,面白或黧红,自汗,口唇青紫,甚者胁痛积块,颈脉怒张,舌质紫黯或有瘀斑,脉虚涩或结代。

治法:养心补肺,益气活血。

方药:人参养荣汤合桃红四物汤加减。

药用人参、甘草、当归、白芍、熟地、肉桂、黄芪、白术、茯苓、五味子、远志、陈皮、桃仁、红花、川芎等。瘀血重者可加三七、毛冬青、丹参;心悸自汗甚者加龙骨、牡蛎;咳喘咯痰甚者加葶苈子、半夏、茯苓。

2. 气阴两虚

证候:心悸气短,身重乏力,心烦不寐,口咽干燥,小便短赤,甚则五心烦热,潮热盗汗,肢肿形瘦;兼血虚者,面白无华,唇甲色淡,舌质红,少苔或无苔,脉细数或促或结。

治法:益气养阴。

方药:生脉饮加减。

药用人参、麦冬、五味子。偏于心气不足,劳则喘悸者,可用红参、高丽参,酌加黄芪;偏于心阴亏虚、虚烦不寐者,可用西洋参,酌加酸枣仁、夜交藤;兼肝肾阴虚,五心烦热,潮热盗汗,眩晕耳鸣者,合用六味地黄丸;心动悸,脉结代者,合用炙甘草汤;兼血虚者,面白无华,唇甲色淡者,合用当归补血汤、二至丸。

3. 阳虚水泛

证候:心悸怔忡,气短喘促,动则尤甚,或端坐而不得卧,精神委靡,乏力懒动,腰膝酸软,形寒肢冷,面色苍白或晦暗,肢体浮肿,下肢尤甚,甚则腹胀脐突,尿少或尿频,舌淡苔白,脉沉弱或迟。

治法:温阳利水。

方药:真武汤合五苓散加减。

药用炮附子、白术、茯苓、芍药、桂枝、猪苓、泽泻、生姜等。水饮上凌心肺,胸闷气急,不得卧者,合用葶苈大枣泻肺汤;经治疗水肿消退不明显者,加用活血化瘀药,如毛冬青、泽兰、益母草、丹参、红花、鸡血藤等;虚为主,心肾阳虚突出,而水肿轻微者,用参附汤合金匮肾气丸,温补心肾,益气强心,滋阴利水,攻补兼施。

4. 痰饮阻肺

证候：咳喘气急，张口抬肩，不能平卧，痰多色白或黄稠，心悸烦躁，胸闷脘痞，面青汗出，口唇紫绀，舌质紫黯，舌苔厚腻或白或黄，脉弦滑而数。

治法：温化痰饮，泻肺逐水。

方药：苓桂术甘汤合葶苈大枣泻肺汤加减。

药用茯苓、桂枝、白术、葶苈子、甘草、大枣等。痰郁化热，喘急痰黄难咯，舌红苔黄者，可改用千金苇茎汤合温胆汤；兼有风寒束表者，改用小青龙汤；面青唇绀，舌质紫黯，夹有瘀血者，合用桃红四物汤。

（二）其他疗法

1. 中成药　根据不同的临床表现，可分别选用附子理中丸、济生肾气丸、金水宝胶囊、七味都气丸、百灵胶囊、生脉饮等治疗。

2. 针灸疗法　可选取肾俞、太溪、定喘、膏俞、太渊穴，用补法；或可选取肾俞、脾俞、气海、水分、命门穴，宜补法兼灸。

【转归、预防与调护】

慢性心力衰竭继发于各种功能性或器质性心脏疾病之后，总体预后不好，致残率、病死率都很高，尤其是重度心力衰竭，一年内病死率达50%以上。但是，在早中期的轻中度心力衰竭经过有效治疗，病情可以控制，若结合病因治疗，则有治愈的可能。

要积极防治各种器质性心脏病，积极防治影响心功能的合并症，如甲状腺功能亢进、贫血及肾功能不全等。避免各种心力衰竭的诱发因素，如防治呼吸道感染、风湿活动、避免过劳、控制心律失常、限制钠盐、避免应用抑制心肌收缩力的药物，对妊娠前或妊娠早期已有心功能不全者应节制生育。对于已有心力衰竭的患者，应预防感冒，适量活动，饮食宜清淡少盐，应少油腻，多蔬菜水果。对于已经出现心力衰竭的患者，一定要控制盐的摄入量。戒烟、戒酒，保持心态平衡，避免情绪波动太大，同时还要保证充足的睡眠。

（刘敬霞）

第十四章 心律失常

心律失常(cardiac arrhythmia)是指心脏冲动的频率、节律、起源部位、传导速度或激动次序的异常。按其发生原理,分为冲动形成异常和冲动传导异常两大类。多种疾病均可引起心律失常,包括冠心病、心肌病、心肌炎、风湿性心脏病、电解质紊乱、神经功能失调、内分泌失调、低温、中枢神经疾病等。此外,麻醉和部分药物也可导致心律失常的发生。

按照心律失常发生时心率的快慢,可将其分为快速性心律失常与缓慢性心律失常两大类。本章主要依据心律失常发生部位,同时参照心律失常时心率快慢进行分类,对常见心律失常的临床表现、心电图诊断、处理加以讨论。

本病属于中医学"心悸"、"怔忡"、"眩晕"、"昏厥"等范畴。

【病因和发病机制】

按心律失常时心率的快慢,心律失常可分为快速性和缓慢性心律失常。近年来有些学者还提出按心律失常时循环障碍严重程度和预后,将心律失常分为致命性、潜在致命性和良性3类。这两种分类方法简易可行,结合临床实际,对心律失常的诊断和防治有一定帮助。

一、病因

(一)心脏病

各种病因的器质性心脏病均可是心律失常的原因。

1. 冠心病和心肌梗死 冠心病是引发心律失常最常见的病因,其中心室扑动和心室颤动约80%由冠心病所致。急性心肌梗死患者7%~11%可发生室性心动过速、心室扑动、心室颤动,其发生与心肌缺血和(或)再灌注损伤相关。

2. 心肌病 心肌病也是引起心律失常的常见病因。扩张型心肌病约25%可出现持续性单形性室性心动过速,其中50%可发生猝死,绝大多数死亡的直接原因是心室颤动,多伴有严重心功能不全;肥厚型心肌病19%~36%有无症状性阵发性室性心动过速。

3. 引起左心室肥大的高危因素 各种原因引起的左心室肥大(如原发性高血压、肥厚型心肌病、运动员心脏等)是引起心律失常的高危因素,有较高的室性心律失常发生率。

4. 其他 器质性心脏病如急性心肌炎、瓣膜性心肌病(包括二尖瓣脱垂综合征)、预激综合征、先天性心脏病等也是心律失常的常见病因。

(二)内分泌代谢疾病与电解质紊乱

如甲状腺功能亢进、低钾或高钾等可引起。

(三)药物的毒性作用

如洋地黄、奎尼丁、胺碘酮等抗心律失常药可引起心律失常。

(四)外科手术和诊断性操作

如胸部手术,尤其是心脏手术,包括麻醉过程,还有心脏插管及冠状动脉造影等均可引起心律失常。

二、发病机制

心脏传导系统由负责正常心电冲动形成与传导的特殊心肌组成。窦房结是心脏正常窦性心律的起搏点,位于上腔静脉入口与右心房后壁的交界处,长10~20 mm,宽2~3 mm。主要由P(起搏)细胞与T(移行)细胞组成。冲动在P细胞形成后,通过T细胞传导至窦房结以外的心房组织。窦房结动脉起源于右冠状动脉者占60%,起源于左冠状动脉回旋支者占40%。

结间束连接窦房结与房室结,分成前、中与后三束。房室结位于房间隔的右后下部、冠状窦开口前、三尖瓣附着部的上方,长7 mm,宽4 mm。其上部为移行细胞区,与心房肌接续;中部为致密部,肌纤维交织排列;下部纤维呈纵向行走,延续至希氏束。房室结的血供通常来自右冠状动脉。

希氏束为索状结构,长15 mm,起自房室结前下缘,穿越中央纤维体后,行走于室间隔嵴上,然后分成左、右束支。左束支稍后分为前、后分支,分别进入两组乳头肌。由于左束支最先抵达室间隔左室面,遂使该区域成为心脏最早的激动部位。右束支沿室间隔右侧面行进,至前乳头肌根部再分成许多细小分支。左、右束支的终末部呈树枝状分布,组成浦肯野纤维网,潜行于心内膜下。这些组织的血液供应来自冠状动脉前降支与后降支。

冲动在窦房结形成后,随即由结间通道和普通心房肌传递,抵达房室结及左心房。冲动在房室结内传导速度极为缓慢,抵达希氏束后传导再度加速。束支与浦肯野纤维的传导速度均极为快捷,使全部心室肌几乎同时被激动。最后,冲动抵达心外膜,完成一次心动周期。

心脏传导系统接受迷走与交感神经支配。迷走神经兴奋性增加抑制窦房结的自律性与传导性,延长窦房结与周围组织的不应期,减慢房室结的传导并延长其不应期。交感神经的作用与迷走神经相反。

心律失常的发生机制包括冲动形成的异常和(或)冲动传导的异常。

(一)冲动形成的异常

窦房结、结间束、冠状窦口附近、房室结远端和希氏束-浦肯野系统等部位的心肌细胞均具有自律性。自主神经系统兴奋性改变或其内在病变,均可导致不适当的冲动发放。此外,原来无自律性的心肌细胞,如心房、心室肌细胞,亦可在病理状态下出现异常自律性,形成各种快速性心律失常。

(二)冲动传导异常

折返是快速心律失常最常见的发生机制。产生折返的基本条件是传导异常,它包括:① 心脏2个或多个部位的传导性与不应期各不相同,相互连接形成一个闭合环;② 其中一条通道发生单向传导阻滞;③ 另一通道传导缓慢,使原先发生阻滞的通道有足够时间恢复兴奋性;④ 原先阻滞的通道再次激动,从而完成一次折返激动。冲动在环内反复循环,产生持续而快速的心律失常。

冲动传导至某处心肌,如适逢生理性不应期,可形成生理性阻滞或干扰现象。传导障碍并非由于生理性不应期所致者,称为病理性传导阻滞。

【病理】

一、分类

可按发生原理,心律失常时心率快慢,以及心律失常时循环障碍严重程度和预后分类。

(一)按发生原理分类

心律失常分为冲动发生异常、传导异常以及冲动发生与传导联合异常。这种分类方法主要依据实验研究结果,在临床诊断技术目前尚难确定心律失常电生理机制的状况下,实用价值不高。此外,某些快速心律失常起始和持续的机制可能不同,如由异常自律性引起的室性早搏,可由折返机制而形成持续型室性心动过速。

(二)按心律失常时心率快慢分类

心律失常可分为快速性心律失常和缓慢性心律失常。近年来有学者提出按心律失常时循环障碍严重程度和预后,将心律失常分为致命性、潜在致命性和良性3类。这两种分类方法简易可行,结合临床实际,对心律失常的诊断和防治有一定帮助。

二、病理变化

(一)自律性增高、异常自律性与触发活动致冲动形成的异常

具有自律性的心肌细胞由于自主神经系统兴奋改变或其内在的病变使其自律性增高,发生不适当的冲动发放。此外,原来无自律性的心肌细胞如心房、心室肌细胞,由于心肌缺血、药物、电解质紊乱、儿茶酚胺增多等均可导致异常自律性的形成。触发活动是由一次正常的动作电位所触发的后除极,并触发一次新的动作电位而产生持续性快速性心律失常的过程。

(二)折返激动、传导障碍致冲动传导异常

当激动从某处一条径路传出后,又从另外一条径路返回原处,使该处再次发生激动的现象,称为折返激动,是所有快速心律失常最常见的发生机制。冲动在折返环节内反复循环,产生持续而快速的心律失常。

【临床表现】

一、窦性心律失常

正常窦性心律的冲动起源于窦房结,频率为60~100次/分。心电图显示窦性心律的P波在Ⅰ、Ⅱ、aVF导联直立,

aVR 倒置。PR 间期 0.12~0.20 秒。

(一) 窦性心动过速

可见于健康人吸烟、饮茶或咖啡、饮酒、体力活动及情绪激动时。某些病理状态，如发热、甲状腺功能亢进、贫血、休克、心肌缺血、充血性心力衰竭以及应用肾上腺素、阿托品等药物亦可引起窦性心动过速。

心电图特点：成人窦性心律的频率超过 100 次/分，为窦性心动过速（sinus tachycardia）。窦性心动过速通常逐渐开始和终止。频率大多在 100~150 次/分之间，偶有高达 200 次/分。刺激迷走神经可使其频率逐渐减慢，停止刺激后又加速至原先水平。

(二) 窦性心动过缓

成人窦性心律的频率低于 60 次/分，称为窦性心动过缓（sinus bradycardia）。窦性心动过缓常同时伴有窦性心律不齐（不同 PP 间期的差异大于 0.12 秒）。可无症状，或可因心率过慢，出现心排血量不足出现胸闷、头晕、乏力等。

(三) 窦性停搏

窦性停搏或窦性静止（sinus pause；sinus arrest）是指窦房结不能产生冲动。心电图表现为在较正常 PP 间期显著长的间期内无 P 波发生，或 P 波与 QRS 波群均不出现，长的 PP 间期与基本的窦性 PP 间期无倍数关系。长时间的窦性停搏后，下位的潜在起搏点，如房室交界处或心室，可发出单个逸搏或逸搏性心律控制心室。过长时间的窦性停搏，并且无逸搏发生时，患者可出现黑蒙、短暂意识障碍或晕厥，严重者可发生阿-斯综合征（Adams-Stokes syndrome），甚至死亡。

(四) 窦房传导阻滞

窦房传导阻滞（sino atrial block，SAB；简称窦房阻滞）指窦房结冲动传导至心房时发生延缓或阻滞。理论上 SAB 亦可分为三度。由于体表心电图不能显示窦房结电活动，因而，无法确立第一度窦房传导阻滞的诊断。第三度窦房传导阻滞与窦性停搏鉴别困难，特别当发生窦性心律不齐时。第二度窦房传导阻滞分为两型：莫氏（Mobitz）Ⅰ型传导阻滞即文氏（Wenckebach）型传导阻滞，表现为 PP 间期进行性缩短，直至出现一次长 PP 间期，该长 PP 间期短于基本 PP 间期的 2 倍，此型窦房传导阻滞应与窦性心律不齐鉴别；莫氏Ⅱ型传导阻滞时，长 PP 间期为基本 PP 间期的整倍数。窦房传导阻滞后可出现逸搏心律。

(五) 病态窦房结综合征

病态窦房结综合征（sick sinus syndrome，SSS；简称病窦综合征）是由窦房结病变导致功能减退，产生多种心律失常的综合表现。患者可在不同时间出现 1 种以上的心律失常。病窦综合征经常同时合并心房自律性异常。部分患者同时有房室传导功能障碍。患者出现与心动过缓有关的心、脑等脏器供血不足的症状，如发作性头晕、黑蒙、乏力等，严重者可发生晕厥。如有心动过速发作，则可出现心悸、心绞痛等症状。

心电图主要表现包括：① 持续而显著的窦性心动过缓（50 次/分以下），且并非由于药物引起；② 窦性停搏与窦房传导阻滞；③ 窦房传导阻滞与房室传导阻滞同时并存；④ 心动过缓-心动过速综合征（bradycardia-tachycardia syndrome），指心动过缓与房性快速性心律失常（心房扑动、心房颤动或房性心动过速）交替发作。

病窦综合征的其他心电图改变为：① 在没有应用抗心律失常药物下，心房颤动的心室率缓慢，或其发作前后有窦性心动过缓和（或）第一度房室传导阻滞；② 房室交界区性逸搏心律等。

二、房性心律失常

(一) 房性期前收缩

房性期前收缩（atrial premature beats）为激动起源于窦房结以外心房的任何部位。正常成人进行 24 小时心电检测，大约 60% 有房性期前收缩发生。各种器质性心脏病患者均可发生房性期前收缩，并可能是快速性房性心律失常的先兆。

心电图特点：房性期前收缩的 P 波提前发生，与窦性 P 波形态不同。如发生在舒张早期，适逢房室结尚未脱离前次搏动的不应期，可产生传导中断，无 QRS 波发生（被称为阻滞的或未下传的房性期前收缩）或缓慢传导（下传的 PR 间期延长）现象。发生很早的房性期前收缩的 P 波可重叠于前面的 T 波之上，且不能下传心室，易误认为窦性停搏或窦房传导阻滞。此时，仔细检查长间歇前的 T 波形态，常可发现埋藏在内的 P 波。房性期前收缩常使窦房结提前发生除极，因而，包括期前收缩在内前后两个窦性 P 波的间期，短于窦性 PP 间期的 2 倍，称为不完全性代偿间歇。少数房性期前收缩发生较晚，或窦房结周围组织的不应期长，窦房结的节律未被扰乱，期前收缩前后 PP 间期恰为窦性者的 2 倍，称为完全性代偿间歇。房性期前收缩下传的 QRS 波群形态通常正常，较早发生的房性期前收缩有时亦可出现宽大畸形的 QRS 波群，称为室内差异性传导。

（二）房性心动过速

房性心动过速（atrial tachycardia）简称房速。根据发生机制与心电图表现的不同，可分为自律性房性心动过速（automati catrial tachycardia）、折返性房性心动过速（reentrant atrial tachycardia）与紊乱性房性心动过速（chaotic atrial tachycardia）3种。自律性与折返性房性心动过速常可伴有房室传导阻滞，被称为伴有房室阻滞的阵发性房性心动过速（paroxysmal atrial tachycardia with AV block, PAT with block）。

1. **自律性房性心动过速** 发作呈短暂、间歇或持续发生。当房室传导比率发生变动时，听诊心律不恒定，第一心音强度变化。颈静脉见到 α 波数目超过听诊心搏次数。

心电图表现包括：① 心房率通常为 150～200 次/分；② P 波形态与窦性者不同，在 Ⅱ、Ⅲ、aVF 导联通常直立；③ 常出现二度Ⅰ型或Ⅱ型房室传导阻滞，呈现 2:1 房室传导者亦属常见，但心动过速不受影响；④ P 波之间的等电线仍存在（与心房扑动时等电线消失不同）；⑤ 刺激迷走神经不能终止心动过速，仅加重房室传导阻滞；⑥ 发作开始时心率逐渐加速。

心电生理特征：① 心房程序刺激通常不能诱发心动过速，发作不依赖于房内或房室结传导延缓；② 心房激动顺序与窦性 P 波不同；③ 心动过速的第一个 P 波与随后的 P 波形态一致，这与折返机制引起者不同；④ 心房超速起搏能抑制心动过速，但不能终止发作。

2. **折返性房性心动过速** 本型较为少见，折返发生于手术瘢痕、解剖缺陷的邻近部位。心电图显示 P 波与窦性者形态不同，PR 间期通常延长。

心电生理检查特征：① 心房程序电刺激能诱发与终止心动过速；② 心动过速开始前必先发生房内传导延缓；③ 心房激动次序与窦性者不同；④ 刺激迷走神经通常不能终止心动过速发作，但可产生房室传导阻滞。

3. **紊乱性房性心动过速** 本型亦称多源性房性心动过速（multifocal atrial tachycardia）。常发生于患 COPD 或充血性心力衰竭的老年人，亦见于洋地黄中毒与低血钾患者。

心电图表现：① 通常有 3 种或 3 种以上形态各异的 P 波，PR 间期各不相同；② 心房率 100～130 次/分；③ 大多数 P 波能下传心室，但部分 P 波因过早发生而受阻，心室率不规则。本型心律失常最终可能发展为心房颤动。

（三）心房扑动

心房扑动（atrialflutter）简称房扑。房扑往往有不稳定的倾向，可恢复窦性心律或进展为心房颤动，但亦可持续数月或数年。按摩颈动脉窦能突然成比例减慢房扑的心室率，停止按摩后又恢复至原先心室率水平。令患者运动、施行增加交感神经张力或降低迷走神经张力的方法，可促进房室传导，使房扑的心室率成倍数加速。

心电图特征为：① 心房活动呈现规律的锯齿状扑动波称为 F 波，扑动波之间的等电线消失，在 Ⅱ、Ⅲ、aVF 或 V_1 导联最为明显。典型房扑的心房率通常为 250～300 次/分。② 心室率规则或不规则，取决于房室传导比率是否恒定。当心房率为 300 次/分，未经药物治疗时，心室率通常为 150 次/分（2:1 房室传导）。使用奎尼丁、普罗帕酮等药物，心房率减慢至 200 次/分以下，房室传导比率可恢复 1:1，导致心室率显著加速。预激综合征和甲状腺功能亢进并发之房扑，房室传导可达 1:1，产生极快的心室率。不规则的心室率系由于传导比率发生变化，如 2:1 与 4:1 传导交替所致。③ QRS 波群形态正常，当出现室内差异传导、原先有束支传导阻滞或经房室旁路下传时，QRS 波群增宽、形态异常。

（四）心房颤动

心房颤动（atrial fibrillation）简称房颤。心房颤动症状的轻重受心室率快慢的影响。心室率超过 150 次/分，患者可发生心绞痛与充血性心力衰竭。心室率不快时，患者可无症状。心房颤动时心房有效收缩消失，心排血量比窦性心律时减少达 25% 或更多。

心脏听诊第一心音强度变化不定，心律极不规则。当心室率快时可发生脉短绌，原因是许多心室搏动过弱，以致未能开启主动脉瓣，或因动脉血压波太小，未能传导至外周动脉。颈静脉搏动 a 波消失。一旦心房颤动患者的心室律变得规则，应考虑以下的可能性：① 恢复窦性心律；② 转变为房性心动过速；③ 转变为房扑（固定的房室传导比率）；④ 发生房室交界区性心动过速或室性心动过速。如心室律变为慢而规则（30～60 次/分），提示可能出现完全性房室传导阻滞。心电图检查有助于确立诊断。心房颤动患者并发房室交界区性与室性心动过速或完全性房室传导阻滞，最常见的原因为洋地黄中毒。

心电图表现包括：① P 波消失，代之以小而不规则的基线波动，形态与振幅均变化不定，称为 f 波；频率 350～600 次/分；② 心室率极不规则，心房颤动未接受药物治疗、房室传导正常者，心室率通常在 100～160 次/分之间，药物（儿茶酚胺类等）、运动、发热、甲状腺功能亢进等均可缩短房室结不应期，使心室率加速；相反，洋地黄延长房室结不应期，减慢心室率；③ QRS 波群形态通常正常，当心室率过快，发生室内差异性传导，

QRS 波群增宽变形。

三、房室交界区性心律失常

(一) 房室交界区性期前收缩

房室交界区性期前收缩 (premature atrioventricular junctional beats) 简称交界性期前收缩。冲动起源于房室交界区，可前向和逆向传导，分别产生提前发生的 QRS 波群与逆行 P 波。逆行 P 波可位于 QRS 波群之前 (PR 间期 <0.12 秒)、之中或之后 (RP 间期 <0.20 秒)。QRS 波群形态正常，当发生室内差异性传导，QRS 波群形态可有变化。

(二) 房室交界区性逸搏与心律

房室交界区性逸搏 (AV junctional escape beats) 的频率通常为 40~60 次/分。心电图表现为在长于正常 PP 间期的间歇后出现一个正常的 QRS 波群，P 波缺失，或逆行 P 波位于 QRS 波之前或之后，此外，亦可见到未下传至心室的窦性 P 波。

房室交界区性心律 (AV junctional rhythm) 指房室交界区性逸搏连续发生形成的节律。心电图显示正常下传的 QRS 波群，频率为 40~60 次/分。可有逆行 P 波或存在独立的缓慢的心房活动，从而形成房室分离。此时，心室率超过心房率。

(三) 非阵发性房室交界区性心动过速

非阵发性房室交界区性心动过速 (nonparoxysmal atrioventricular junctional tachycardia)，其心动过速发作起始与终止时心率逐渐变化，有别于阵发性心动过速，故称为"非阵发性"。心率 70~150 次/分或更快，心律通常规则。QRS 波群正常。自主神经系统张力变化可影响心率快慢。如心房活动由窦房结或异位心房起搏点控制，可发生房室分离。

(四) 与房室交界区相关的折返性心动过速

与房室交界区相关的折返性心动过速 (paroxysmal supraventricular tachycardia) 为室上性心动过速，简称室上速。心动过速发作突然起始与终止，持续时间长短不一。症状包括心悸、胸闷、焦虑不安、头晕，少见有晕厥、心绞痛、心力衰竭与休克者。症状轻重取决于发作时心室率快速的程度以及持续时间，亦与原发病的严重程度有关。若发作时心室率过快，使心输出量与脑血流量锐减或心动过速猝然终止，窦房结未能及时恢复自律性导致心搏停顿，均可发生晕厥。体检：心尖区第一心音强度恒定，心律绝对规则。

心电图表现：① 心率 150~250 次/分，节律规则；② QRS 波群形态与时限均正常，但发生室内差异性传导或原有束支传导阻滞时，QRS 波群形态异常；③ P 波为逆行性 (Ⅱ、Ⅲ、aVF 导联倒置)，常埋藏于 QRS 波群内或位于其终末部分，P 波与 QRS 波群保持固定关系；④ 起始突然，通常由一个房性期前收缩触发，其下传的 PR 间期显著延长，随之引起心动过速发作。

(五) 预激综合征

预激综合征 (preexcitation syndrome) 又称 Wolff-Parkinson-White 综合征 (WPW 综合征)，是指心电图呈预激表现，临床上有心动过速发作。预激本身不引起症状。频率过于快速的心动过速（特别是持续发作心房颤动），可恶化为心室颤动或导致充血性心力衰竭、低血压。

房室旁路典型预激心电图表现为：① 窦性心搏的 PR 间期短于 0.12 秒；② 某些导联之 QRS 波群超过 0.12 秒，QRS 波群起始部分粗钝（称 delta 波），终末部分正常；③ ST-T 波呈继发性改变，与 QRS 波群主波方向相反。根据心前区导联 QRS 波群的形态，以往将预激综合征分成两型：A 型，QRS 主波均向上，预激发生在左室或右室后底部；B 型，在 V_1 导联，QRS 波群主波向下，V_5、V_6 导联向上，预激发生在右室前侧壁。

四、室性心律失常

(一) 室性期前收缩

室性期前收缩 (prematur eventricular beat) 是一种最常见的心律失常。临床常无与之直接相关的症状；每一患者是否有症状或症状的轻重程度与期前收缩的频发程度不直接相关。患者可感到心悸，类似电梯快速升降的失重感或代偿间歇后有力的心脏搏动。听诊时，室性期前收缩后出现较长的停歇，室性期前收缩之第二心音强度减弱，仅能听到第一心音。桡动脉搏动减弱或消失。颈静脉可见正常或巨大的 a 波。

心电图特征包括：① 提前发生的 QRS 波群，时限通常超过 0.12 秒，宽大畸形，ST 段与 T 波的方向与 QRS 主波方向相反。② 室性期前收缩与其前面的窦性搏动之间期（称为配对间期）恒定。③ 室性期前收缩很少能逆传心房，提前激动窦房结，故窦房结冲动发放节律未受干扰，室性期前收缩后出现完全性代偿间歇，即包含室性期前收缩在内前后两个下传的窦性搏动之间期，等于两个窦性 RR 间期之和。如果室性期前收缩恰巧插入两个窦性搏动之间，不产生室性期前收缩后停顿,称为间位性室性期前收缩。④ 室性期前收缩的类型:室性期前收缩可孤立或规律出现。二联律是指每个窦性搏动后跟随一个室性期前收缩;三联律是每两个正常搏动后出现一个室性期前收缩;如此类推。连续发生两个室性期前收缩,称成对室性期前收缩。连续三个或以上室性期前收缩,称室性心动过速。同一导联内,室性期前收缩形态相同者,为单形性室性期前收缩;形态不同者,称多形性或多源性室性期前收缩。⑤ 室性并行心律(ventricular parasystole):异位室性搏动与窦性搏动的配对间期不恒定;长的两个异位搏动之间距,是最短的两个异位搏动间期的整倍数;当主导心律(如窦性心律)的冲动下传与心室异位起搏点的冲动几乎同时抵达心室,可产生室性融合波,其形态介于以上两种 QRS 波群形态之间。

（二）室性心动过速

室性心动过速(ventricular tachycardia)简称室速。临床症状轻重视发作时心室率、持续时间、基础心脏病变和心功能状况不同而异。非持续性室速(发作时间短于30秒,能自行终止)的患者通常无症状。持续性室速(发作时间超过30秒,需药物或电复律始能终止)常伴有明显血流动力学障碍与心肌缺血。临床症状包括低血压、少尿、晕厥、气促、心绞痛等。听诊心律轻度不规则,第一、二心音分裂,收缩期血压可随心搏变化。如发生完全性室房分离,第一心音强度经常变化,颈静脉间歇出现巨大 a 波。当心室搏动逆传并持续夺获心房,心房与心室几乎同时发生收缩,颈静脉呈现规律而巨大的 a 波。

心电图特征:① 3个或以上的室性期前收缩连续出现;② QRS 波群形态畸形,时限超过 0.12 秒;ST-T 波方向与 QRS 波群主波方向相反;③ 心室率通常为 100~250 次/分;心律规则,但亦可略不规则;④ 心房独立活动与 QRS 波群无固定关系,形成室房分离;偶尔个别或所有心室激动逆传夺获心房;⑤ 通常发作突然开始;⑥ 心室夺获与室性融合波:室速发作时,少数室上性冲动可下传心室,产生心室夺获,表现为在 P 波之后,提前发生一次正常的 QRS 波群。室性融合波的 QRS 波群形态介于窦性与异位心室搏动之间,其意义为部分夺获心室。心室夺获与室性融合波的存在对确立室性心动过速诊断提供重要依据。按室速发作时 QRS 波群的形态,可将室速分为单形性室速和多形性室速。QRS 波群方向呈交替变换者,称双向性室速。

（三）心室扑动与心室颤动

心室扑动(ventricular flutte)与心室颤动(ventricular fibrillation)为致命性心律失常。临床症状包括意识丧失,抽搐,呼吸停顿,甚至死亡,听诊心音消失,脉搏触不到,血压亦无法测到。伴随急性心肌梗死发生而不伴有泵衰竭或心源性休克的原发性心室颤动,预后较佳,抢救存活率较高,复发率很低。相反,非伴随急性心肌梗死的心室颤动,一年内复发率高达 20%~30%。

心电图表现:心室扑动呈正弦图形,波幅大而规则,频率 150~300 次/分(通常在 200 次/分以上),有时难与室速鉴别。心室颤动的波形、振幅与频率均极不规则,无法辨认 QRS 波群、ST 段与 T 波。急性心肌梗死的原发性心室颤动,可由于舒张早期的室性期前收缩落在 T 波上触发室速,然后演变为心室颤动。

五、心脏传导阻滞

按照传导阻滞的严重程度,通常可将其分为三度。第一度传导阻滞的传导时间延长,全部冲动仍能传导。第二度传导阻滞,分为两型:莫氏(Mobitz)Ⅰ型和Ⅱ型。Ⅰ型阻滞表现为传导时间进行性延长,直至一次冲动不能传导;Ⅱ型阻滞表现为间歇出现的传导阻滞。第三度又称完全性传导阻滞,此时全部冲动不能被传导。

（一）房室传导阻滞

房室传导阻滞(atrioventricular block)又称房室阻滞,是指房室交界区脱离了生理不应期后,心房冲动传导延迟或不能传导至心室。房室阻滞可以发生在房室结、希氏束以及束支等不同的部位。第一度房室阻滞患者通常无症状;第二度房室阻滞可引起心搏脱漏,可有心悸症状,也可无症状;第三度房室阻滞的症状取决于心室率的快慢与伴随病变,包括疲倦,乏力,头晕,晕厥,心绞痛,心力衰竭。如合并室性心律失常,患者可感到心悸不适。当第一、二度房室阻滞突然进展为完全性房室阻滞,因心室率过慢导致脑缺血,患者可出现暂时性意识丧失,甚至抽搐,称为阿-斯综合征(Adams-Stokes syndrome),严重者可致猝死。

第一度房室阻滞听诊时,因 PR 间期延长,第一心音强度减弱。第二度Ⅰ型房室阻滞的第一心音强度逐渐减弱并有心搏脱漏。第二度Ⅱ型房室阻滞亦有间歇性心搏脱漏,但第一心音强度恒定。第三度房室阻滞的第一心音强度经常变化。第二心音可呈正常或反常分裂。间或听到响亮亢进的第一心音。凡遇心房与心室收缩同时发生,颈静脉出现巨大的 a 波(大炮波)。

第一度房室阻滞心电图特点:每个心房冲动都能传导至心室,但 PR 间期超过 0.20 秒。房室传导束的任何部位发生传导缓慢,均可导致 PR 间期延长。如 QRS 波群形态与时限均正常,房室传导延缓部位几乎都在房室结,极少数在希氏束本身;QRS 波群呈现束支传导阻滞图形者,传导延缓可能位于房室结和(或)希氏束-浦肯野系统。希氏束电图记录可协助确定部位。如传导延缓发生在房室结，AH 间期延长；位于希氏束-浦肯野系统，HV 间期延长。传导延缓亦可能同时在两处发生。偶尔房内传导延缓亦可发生 PR 间期延长。

第二度房室阻滞心电图特点：通常将第二度房室阻滞分为 I 型和 II 型。第二度 I 型房室传导阻滞是最常见的第二度房室阻滞类型，表现为：① PR 间期进行性延长，直至一个 P 波受阻不能下传心室；② 相邻 RR 间期进行性缩短，直至一个 P 波不能下传心室；③ 包含受阻 P 波在内的 RR 间期小于正常窦性 PP 间期的 2 倍。最常见的房室传导比率为 3:2 和 5:4。在大多数情况下，阻滞位于房室结，QRS 波群正常，极少数可位于希氏束下部，QRS 波群呈束支传导阻滞图形。第二度 I 型房室阻滞很少发展为第三度房室阻滞。第二度 II 型房室传导阻滞即心房冲动传导突然阻滞，但 PR 间期恒定不变。下传搏动的 PR 间期大多正常。当 QRS 波群增宽，形态异常时，阻滞位于希氏束-浦肯野系统。若 QRS 波群正常，阻滞可能位于房室结内。

第三度（完全性）房室阻滞心电图特点：此时全部心房冲动均不能传导至心室。其特征为：① 心房与心室活动各自独立、互不相关；② 心房率快于心室率，心房冲动来自窦房结或异位心房节律（房性心动过速、扑动或颤动）；③ 心室起搏点通常在阻滞部位稍下方。如位于希氏束及其近邻，心室率 40~60 次/分，QRS 波群正常，心律亦较稳定；如位于室内传导系统的远端，心室率可低至 40 次/分以下，QRS 波群增宽，心室律亦常不稳定。

(二) 室内传导阻滞

室内传导阻滞（intraventricular block）又称室内阻滞，是指希氏束分叉以下部位的传导阻滞。室内传导系统由 3 个部分组成：右束支、左前分支和左后分支，室内传导系统的病变可波及单支、双支或三支。

右束支阻滞心电图特点：QRS 时限≥0.12 秒。V_1、V_2 导联呈 rsR，R 波粗钝；V_5、V_6 导联呈 qRS，S 波宽阔。T 波与 QRS 主波方向相反。不完全性右束支阻滞的图形与上述相似，但 QRS 时限<0.12 秒。

左束支阻滞心电图特点：QRS 时限≥0.12 秒。V_5、V_6 导联 R 波宽大，顶部有切迹或粗钝，其前方无 q 波。V_1、V_2 导联呈宽阔的 QS 波或 rS 波形。V_5、V_6 导联 T 波与 QRS 主波方向相反。不完全性左束支阻滞图形与上述相似，但 QRS 时限<0.12 秒。

左前分支阻滞心电图特点：额面平均 QRS 电轴左偏达 -45°~-90°。I、aVL 导联呈 qR 波，II、III、aVF 导联呈 rS 图形，QRS 时限<0.12 秒。

左后分支阻滞心电图特点：额面平均 QRS 电轴右偏达 +90°~+120°（或 +80°~+140°）。I 导联呈 rS 波，II、III、aVF 导联呈 qR 波，且 R_{III}>R_{II}，QRS 时限<0.12 秒。确立诊断前应首先排除常见引起电轴右偏的病变，如右室肥厚、肺气肿、侧壁心肌梗死与正常变异等。

双分支阻滞与三分支阻滞心电图特点：前者是指室内传导系统三分支中的任何两分支同时发生阻滞。后者是指三分支同时发生阻滞。如三分支均阻滞，则表现为完全性房室阻滞。由于阻滞分支的数量、程度、是否间歇发生等情况有不同的组合，故可出现不同的心电图表现。最常见的为右束支合并左前分支阻滞。右束支合并左后分支阻滞较罕见。当右束支阻滞与左束支阻滞两者交替出现时，双侧束支阻滞的诊断便可成立。

【实验室及其他检查】

一、发作时心电图检查

心律失常发作时的心电图记录是确诊心律失常的重要依据。应包括较长的 II 或 V_1 导联记录。注意 P 和 QRS 波形态，P-QRS 关系，PP、PR 与 RR 间期，判断基本心律是窦性还是异位。房室独立活动时，找出 P 波与 QRS 波群的起源（选择 II、aVF、aVR、V_1 和 V_5、V_6 导联）。P 波不明显时，可试加大电压或加快纸速，作 P 波较明显的导联的长记录。必要时还可以用食管导联或右房内电图显示 P 波。经上述方法有意识地在 QRS、ST 和 T 波中寻找，但仍未见 P 波时，考虑有心房颤动、扑动，房室交接处心律或心房停顿等可能。通过逐个分析提早或延迟心搏的性质和来源，最后判断心律失常的性质。

二、发作间歇期检查

应着重于有无高血压、冠心病、瓣膜病、心肌病、心肌炎等器质性心脏病的证据。常规心电图、超声心动图、心电图运动负荷试验、放射性核素显影、心血管造影等无创和有创性检查有助于确诊或排除器质性心脏病。

三、动态心电图

动态心电图是一种通过随身携带的记录器，连续不断地监测人体 24 小时心电变化，再经信息处理分析系统记录的心电图。动态心电图可以连续 24 小时记录受检者心电图变化，结合病人的活动日记，以明确病人的症状、活动状态及服用药物等与心电图变化之间的关系。

四、有创性电生理检查

有创性电生理检查除能确诊缓慢性心律失常和快速心律失常的性质外,还能在心律失常发作间歇应用程序电刺激方法判断窦房结和房室传导系统功能,诱发室上性和室性快速心律失常,确定心律失常起源部位,评价药物与非药物治疗效果,以及为手术、起搏或消融治疗提供必要的信息。

五、信号平均心电图

信号平均心电图(signal averaged ECG)又称高分辨体表心电图(high resolution body surface ECG),可能在体表记录到标志心室肌传导延缓所致局部心肌延迟除极的心室晚电位。心室晚电位的存在为折返形成提供了有利基础,因而,记录到心室晚电位的患者,其室性心动过速、心室颤动和猝死发生的危险性相应增高。

六、运动试验

运动试验可能在心律失常发作间歇时诱发心律失常,因而有助于间歇发作心律失常的诊断。抗心律失常药物(尤其是致心室内传导减慢的药物)治疗后出现运动试验诱发的室性心动过速,可能是药物致心律失常作用的表现。

【诊断与鉴别诊断】

根据临床症状和体表心电图,可对心律失常进行诊断。对心律失常要确定其性质、诱因、对血流动力学影响的程度、恶性程度和预后以及导致猝死的风险。发作间期应确定有无器质性心脏病,必要时行心腔内电生理检查,确定心律失常的性质和治疗方案。

(一)病史

心律失常的诊断应从详尽采集病史入手。让患者客观描述发生心悸等症状时的感受。病史通常能提供对诊断有用的线索:① 心律失常的存在及其类型;② 心律失常的诱发因素:烟、酒、咖啡、运动及精神刺激等;③ 心律失常发作的频繁程度、起止方式;④ 心律失常对患者造成的影响,产生症状或存在潜在预后意义;⑤ 心律失常对药物和非药物方法如体位、呼吸、活动等的反应。

(二)体格检查

除检查心率与节律外,某些心脏体征有助心律失常的诊断。例如,完全性房室传导阻滞或房室分离时心律规则,因PR间期不同,第一心音强度亦随之变化。若心房收缩与房室瓣关闭同时发生,颈静脉可见巨大 a 波。左束支传导阻滞可伴随第二心音反常分裂。

颈动脉窦按摩通过提高迷走神经张力,减慢窦房结冲动发放频率和延长房室结传导时间与不应期,可对某些心律失常的及时终止和诊断提供帮助。其操作方法是:患者取平卧位,尽量伸展颈部,头部转向对侧,轻轻推开胸锁乳突肌,在下颌角处触及颈动脉搏动,先以手指轻触并观察患者反应。如无心率变化,继续以轻柔的按摩手法逐渐增加压力,持续约 5 秒。严禁双侧同时施行。老年患者颈动脉窦按摩偶尔会引起脑梗死。因此,事前应在颈部听诊,如听到颈动脉嗡鸣音应禁止施行。窦性心动过速对颈动脉窦按摩的反应是心率逐渐减慢,停止按摩后恢复至原来水平。房室结参与的折返性心动过速的反应是可能心动过速突然终止。心房颤动与扑动的反应是心室率减慢,后者房率与室率可成(2~4):1 的比例变化,随后恢复原来心室率,但心房颤动与扑动依然存在。

(三)心电图检查

心电图检查是诊断心律失常最重要的一项无创伤性检查技术。应记录十二导联心电图,并记录清楚显示 P 波导联的心电图长条以备分析,通常选择 V_1 或 Ⅱ 导联。系统分析应包括:心房与心室节律是否规则、频率如何、PR 间期是否恒定、P 波与 QRS 波群形态是否正常、P 波与 QRS 波群的相互关系等。

(四)长时间心电图记录

动态心电图(Holter ECG monitoring)检查是使用一种小型便携式记录器,连续记录患者 24 小时的心电图,患者日常工作与活动均不受限制。这项检查便于了解心悸与晕厥等症状的发生是否与心律失常有关,明确心律失常或心肌缺血发作与日常活动的关系以及昼夜分布特征,协助评价抗心律失常药物疗效,起搏器或埋藏式心脏复律除颤器的疗效以及是否出现功能障碍。

若患者心律失常间歇发作且不频繁,有时难以用动态心电图检查发现。此时,可应用事件记录器(event recorder),记录发生心律失常及其前后的心电图,通过直接回放或经电话(包括手机)或互联网将实时记录的心电图传输至医院。尚有一种记录装置可埋植于患者皮下一段时间,装置可自行启动、检测和记录心律失常,可用于发作不频繁、原因未明而可能系心律失常所致的晕厥患者。

(五)运动试验

患者在运动时出现心悸,可做运动试验协助诊断。但应注意,正常人进行运动试验,亦可发生室性期前收缩。运动试验诊断心律失常的敏感性不如动态心电图。

(六)食管心电图

解剖上,左心房后壁毗邻食管,因此,插入食管电极导管并置于心房水平时,能记录到清晰的心房电位,并能进行心房快速起搏或程序电刺激。

食管心电图结合电刺激技术对常见室上性心动过速发生机制的判断可提供帮助,如确定是否存在房室结双径路。房室结折返性心动过速能被心房电刺激诱发和终止。食管心电图能清晰地识别心房与心室电活动,便于确定房室分离,有助于鉴别室上性心动过速伴有室内差异性传导与室性心动过速。食管快速心房起搏能使预激图形明显化,有助于不典型的预激综合征患者确诊。应用电刺激诱发与终止心动过速,可协助评价抗心律失常药物疗效。食管心房刺激技术亦用于评价窦房结功能。此外,快速心房起搏,可终止药物治疗无效的某些类型室上性折返性心动过速。

(七)临床心电生理检查

心腔内心电生理检查是将几根多电极导管经静脉和(或)动脉插入,放置在心腔内的不同部位辅以8~12通道以上多导生理仪同步记录各部位电活动,包括右心房、右心室、希氏束、冠状窦(反映左心房、室电活动)。与此同时,应用程序电刺激和快速心房或心室起搏,测定心脏不同组织的电生理功能;诱发临床出现过的心动过速;预测和评价不同的治疗措施(如药物、起搏器、植入式心脏复律除颤器、导管消融与手术治疗)的疗效。患者接受电生理检查,大多基于以下3个方面的原因:① 诊断性应用:确立心律失常及其类型的诊断,了解心律失常的起源部位与发生机制;② 治疗性应用:以电刺激终止心动过速发作或评价某项治疗措施能否防止电刺激诱发的心动过速;植入性电装置能否正确识别与终止电诱发的心动过速;通过电极导管,以不同种类的能量(射频、冷冻、超声等)消融参与心动过速形成的心肌,以达到治愈心动过速的目的;③ 判断预后:通过电刺激确定患者是否易于诱发室性心动过速、有无发生心脏性猝死的危险。

除了从体表心电图来鉴别容易混淆的心律失常外,某些特别难鉴别的心律失常还需要进行食管心电图、临床心电生理检查来鉴别。

【中医病因病机】

中医学认为本病多因禀赋不足,素体虚弱,或久病伤正,或劳倦伤脾,以及药物影响有关,可致气血阴阳失调,心神失养,心主不安,或痰、饮、火、瘀扰乱心神。

1. 感受外邪　外邪侵袭,内舍于心,邪阻于脉,心血运行受阻;或风、寒、湿、热等外邪,内侵于心,耗伤心气或心阴,心神失养,引起心悸。温病、疫证日久,邪毒灼伤营阴,心神失养,或邪毒传心扰神,亦可引起本病。

2. 情志失调　恼怒伤肝,肝气郁滞,日久化火,气火扰心,则心悸;气滞不解,久则血瘀,心脉瘀阻,亦可心悸;忧思伤脾,阴血亏耗,心失所养,则心悸;大怒伤肝,大恐伤肾,怒则气逆,恐则精却,阴虚于下,火逆于上,发为本病。

3. 饮食不节　嗜食肥甘,饮酒过度,损伤脾胃,运化失司,湿聚成痰,日久痰浊阻滞心脉,或痰浊郁而化火,痰火上扰心神,而发本病;脾失健运,气血生化乏源,心失所养,以致发病。

4. 劳欲过度　房劳过度,肾精亏耗,心失所养;劳伤心脾,心气受损,亦可诱发本病。

5. 久病失养　水肿日久,水饮内停,继则水气凌心,而心悸;咳喘日久,心肺气虚,引起发病;长期慢性失血,致心血亏虚,心失所养,而发病。

中医学认为心律失常病位在心,与肝、脾、肾密切相关。病变表现为虚证或实证,或虚实夹杂。主要病因病机有:情志内伤,肝失疏泄,气滞血瘀;嗜食肥甘,损伤脾胃,脾失健运,聚湿生痰,均可致心脉痹阻而发为本病;另一方面,劳倦思虑过度,损伤心脾,气血生化之源不足,年老肾精亏虚,不能濡养五脏之阴,均可致心失濡养,而发为本病。病机特点是本虚标实,本虚是气、血、阴、阳亏虚。以气阳不足为多,标实是痰浊、瘀血、气滞、水饮。

【中医诊断及病证鉴别】

本病病位在心,但也可导致其他脏腑功能失调或亏损;其他脏腑的病变也可直接或间接影响到心。虚为气、血、阴、阳亏虚;实为痰饮、瘀血、火邪上逆。功能性心律失常多为心率快速性,病机多为心虚胆怯,心神动摇;冠心病多为气虚血瘀,或痰瘀交阻;风湿性心脏病以心脉闭阻为主;病毒性心肌炎多为毒邪外侵,内舍于心,引起气阴两虚,瘀阻络脉。

病证鉴别

1. 惊悸与怔忡　见表14-1。

表 14-1 惊悸与怔忡的鉴别

	惊 悸	怔 忡
病因病机	多与情绪因素有关,可由骤遇惊恐、忧思恼怒、悲哀过极、过度紧张诱发	多由久病体虚,心脏受损所致,无精神等因素亦可发作
症 状	呈阵发性,时作时止	持续心悸,心中惕惕,不能自控
病 性	实证居多	虚证居多,或虚中夹实
病 势	病情较轻	病情较重

2. **心悸与奔豚** 相同点:奔豚发作时,也有心胸躁动不安。不同点:奔豚为上下冲逆,发自少腹;心悸则为心中剧烈跳动。

3. **心悸与卑惵** 卑惵为一种以神志异常为主的病证,症见"痞塞不欲食,心中常有所歉,爱处暗室,或倚门后,见人则惊避,似失志状"。一般无促、结、代、疾、迟等脉象变化,病因为心血不足所致;心悸以心跳不安,不能自主,但不避人,无情志异常。

【治疗】

一、治疗思路

心律失常的治疗是一个相对复杂的过程,可根据心律失常的性质、类型、危险程度等选用不同的治疗方法和方案。积极治疗基础疾病,纠正和预防诱发因素,要消除各种能引起心律失常的因素,并尽量避免感染、劳累、情志及药物等诱发因素。心律失常患者在病发时会出现心悸、胸闷、头晕、无力等现象,生活和工作都大受困扰。如果没得到适当的治疗,病情严重的患者更有可能晕厥,甚至猝死。急救处理目标是稳定血流动力学,保证各重要脏器的血供。

中医辨证治疗一般在血流动力学稳定之后进行,可针对病因进行辨证施治。根据急则治其标,缓则治其本的原则,病情急重者首先消除症状与复脉,病情缓者,则补虚扶正,消除病因以治其本。虚证在于补气、养血、滋阴、温阳,合以养心安神;祛邪在于祛痰、化饮、清火、行瘀,合以重镇安神;虚实错杂者宜扶正祛邪兼顾。中医药对需要急救的心律失常的治疗切入点在于:① 应用抗心律失常药物有相对禁忌或效果不佳者;② 辨证治疗,改善患者的临床症状。

二、西医治疗

(一) 抗心律失常药物的应用

目前,临床使用抗心律失常药物的适应证为:心律失常导致的临床症状影响患者生活质量和工作能力;因心律失常,存在直接或潜在的导致或增加猝死危险。

1. **心房颤动的治疗** 近代将心房颤动分为阵发性心房颤动、持续性心房颤动和永久性心房颤动。心房颤动治疗的目标除了预防血栓栓塞并发症以外,还需控制心室率,恢复窦性心律并防止其复发。用于心房颤动的抗心律失常药物有两类:① 转复心房颤动,恢复窦性心律和预防复发的药物,包括ⅠA类(奎尼丁)、ⅠC类(普罗帕酮、莫雷西嗪)和Ⅲ类(胺碘酮、索他洛尔)抗心律失常药物。它们主要作用于心房,以延长心房不应期或减慢心房内传导。② 减慢心室率的药物,包括β受体阻滞剂、非双氢吡啶类CCB(维拉帕米和地尔硫䓬)以及洋地黄类药物。它们作用于房室结,以延长房室结不应期,增加隐匿传导。过去,曾有些临床医生将减慢心室率的药物误解为有转复心房颤动为窦性心律或预防心房颤动复发的功能,如洋地黄类(毛花苷C、地高辛)、非双氢吡啶类(维拉帕米和地尔硫䓬)和β受体阻滞剂。

2. **室性心律失常的治疗** 首选β受体阻滞剂,也可用普罗帕酮、美西律、莫雷西嗪等,但不宜使用有脏器毒性或不良反应的药物,如奎尼丁、索他洛尔和胺碘酮。治疗后果的评价以症状减轻或消失为判断标准,不宜反复作动态心电图检查。

3. **房室传导阻滞的治疗** 药物治疗包括解除迷走神经张力,纠正电解质失调,停用有关药物,急性心肌炎、心脏直视手术损伤或急性心肌梗死引起的房室传导阻滞者,可试用糖皮质激素治疗。药物治疗可用异丙肾上腺素、麻黄碱、阿托品、碱性药物等,当心室率缓慢而影响血流动力状态的二度和三度房室传导阻滞,均应考虑临时或永久起搏治疗。

4. **缓慢性心律失常的治疗** 如心率不低于50次/分,不引起症状,不需治疗,如心率低于40次/分,常引起心绞痛、心功能不全或中枢神经系统功能障碍时。一般选用增强心肌自律性和(或)加速传导的药物,如拟交感神经药(异丙肾上腺素等)、迷走神经抑制药物(阿托品)或碱化剂(克分子乳酸钠或碳酸氢钠)。

(二) 非药物治疗

非药物治疗包括机械方法兴奋迷走神经、心脏起搏器、电复律、电除颤、电消融、射频消融和冷冻或激光消融以及手术治疗。心脏起搏器多用于治疗缓慢心律失常,以低能量电流按预定频率有规律地刺激心房或心室,维持心脏活动;亦用于治疗折返性快速心律失常和心室颤动,通过程序控制的单个或连续快速电刺激终止折返形成。

1. 心脏电复律适应证　主要有急性快速异位心律失常及持续性心房颤动或心房扑动两种。阵发性室性心动过速可引起明显血流动力学改变而影响循环功能,需积极处理。一般选用药物,如无效,就应尽早进行同步电复律。

心房颤动伴有下述情况,可行同步电复律:病程在1年以内;左房直径小于50 mm;心室率快,药物治疗无效;二尖瓣病变已矫治6周以上;甲状腺功能亢进已得到控制。阵发性室上性心动过速包括房性心动过速、交界性心动过速,经药物治疗无效时,可用同步电复律。同步直流电复律禁忌证:洋地黄中毒引起的心律失常;室上性心律失常伴完全性房室传导阻滞;病态窦房结综合征中的快速性心律失常;电复律后使用药物无法维持窦性心律,心房颤动复发不能耐受药物维持者。

2. 导管消融术　心导管消融治疗是通过心导管将电能、激光、冷冻或射频电流引入心脏内以消融特定部位的心肌细胞,借以融断折返环路或消除病灶治疗心律失常的方法,主要用于治疗一些对药物治疗反应不佳的顽固性心律失常。射频消融创伤范围小,与周围正常组织界限分明,因而,并发症较少,操作时无需麻醉,故更安全有效,已取代电击消融。

目前射频消融治疗心律失常的适应证有:有威胁患者生命的快速心律失常,如预激综合征、高危旁路并发心室率极快的心房颤动、特发性室速等;频繁发作的房性折返性心动过速或房室结折返性心动过速,药物治疗或预防无效,或药物治疗产生不可耐受的副作用;对药物不能控制心室率的快速房性心律失常,尤其是心脏逐渐增大或心力衰竭难以控制时。妊娠妇女禁忌射频消融。

3. 外科治疗目的　在于切除、隔置、离断参与心动过速生成、维持与传播的组织,保存或改善心脏功能。外科治疗心律失常由于创伤大、手术复杂、费用高昂,不可能常规地广泛应用于临床,但对于某些介入治疗难以奏效的病例,仍可作为一种最后的选择。对于一些本来需要心脏外科手术的心律失常患者,两种手术可以同时进行,如先天性心脏病伴难以消融治疗的右侧旁路,冠状动脉旁路移植术和矫正瓣膜关闭不全或狭窄的手术等。此外,有些外科手术方法,为介入治疗奠定了理论基础。

三、中医治疗

(一) 辨证论治

1. 心神不宁

证候:心悸心慌,善惊易恐,坐卧不安,失眠多梦,舌苔薄白,脉象虚数或结代。

治法:镇惊定志,养心安神。

方药:安神定志丸加减。

药用人参、茯苓、茯神、菖蒲、姜远志、龙齿、酸枣仁、合欢皮、炙甘草等。兼见心阳不振加附子、桂枝;兼心血不足加熟地、阿胶;心悸气短,动则益甚,气血明显者,加黄芪以增强益气之功;心气不敛者加五味子、酸枣仁、柏子仁以收敛心气,养心安神。

2. 气血不足

证候:心悸气短,活动尤甚,眩晕乏力,面色无华,舌质淡,苔薄白,脉细弱。

治法:补血养心,益气安神。

方药:归脾汤加减。

药用白术、茯神、黄芪、龙眼肉、酸枣仁、人参、木香、甘草、当归、远志、生龙骨、生牡蛎、生姜、大枣等。气虚甚者,重用人参、黄芪、白术、炙甘草,少佐肉桂,取少火生气之意;血虚甚者加熟地、白芍、阿胶;阳虚甚而汗出肢冷,脉结或代者,加附片、桂枝、煅龙骨、煅牡蛎;若心悸气短,神疲乏力,心烦失眠,五心烦热,自汗盗汗,胸闷,面色无华,舌质淡红少津,苔少或无,脉细数者,为气阴两虚,治以益气养阴,养心安神,用炙甘草汤加减。

3. 阴虚火旺

证候:心悸不宁,心烦少寐,头晕目眩,手足心热,耳鸣腰酸,舌质红,苔少,脉细数。

治法:滋阴清火,养心安神。

方药:天王补心丹加减。

药用人参、玄参、丹参、茯苓、五味子、远志、桔梗、当归、天冬、麦冬、柏子仁、酸枣仁、生地、朱砂、生龙骨、生牡蛎、珍珠粉等。

4. 气阴两虚

证候:心悸怔忡,头晕乏力,胸痛胸闷,少气懒言,五心烦热,失眠多梦;舌质红,少苔,脉虚数。

治法:益气养阴,养心安神。

方药:方选生脉散合人参养营汤加减。

药用人参、麦冬、五味子、甘草、当归、白芍、熟地、肉桂、大枣、黄芪、白术、茯苓、远志、陈皮、生姜等。善惊易恐者加珍珠母、生龙骨、生牡蛎等以加强重镇安神之功；阴虚夹瘀热者加丹参、丹皮、赤芍、生地；心气虚明显，心动悸，脉结代甚者，可合炙甘草汤；气虚瘀阻，颈脉动甚，面唇青紫明显者，加丹参、桃仁、红花、地龙等。

5. 痰火扰心

证候：心悸时发时止，胸闷烦躁，失眠多梦，口干口苦，大便秘结，小便黄赤，舌苔黄腻，脉弦滑。

治法：清热化痰，宁心安神。

方药：黄连温胆汤加减。

药用半夏、陈皮、枳实、竹茹、黄连、茯苓、甘草、大枣等。烦躁不安，惊悸不宁者，加朱砂、琥珀、生龙骨、生牡蛎、珍珠母等；痰热甚，痰火上扰心神，心悸而彻夜不眠，大便秘结者，可改用礞石滚痰丸，以泻火逐痰；痰热伤阴，口干盗汗者，加麦冬、天冬、沙参、玉竹、石斛；痰热内甚，苔黄腻甚者，加茵陈、苦参、藿香、佩兰等。

6. 心脉瘀阻

证候：心悸不安，胸闷不舒，心痛时作，或见唇甲青紫或有瘀斑，脉涩或结代。

治法：活血化瘀，理气通络。

方药：血府逐瘀汤加减。

药用桃仁、红花、生地、当归、白芍、川芎、牛膝、枳壳、桔梗等。兼有气滞者加柴胡、木香、青皮；因气虚而致瘀者，去理气之品，加黄芪、党参、白术、山药；兼见血虚者加何首乌、熟地、阿胶等；络脉痹阻，胸部闷窒甚者，去生地，加沉香、檀香、降香。

7. 心阳不振

证候：心悸不安，胸闷气短，面色苍白，形寒肢冷，舌质淡白，脉虚弱或涩或结代。

治法：温补心阳，安神定悸。

方药：参附汤合桂枝甘草汤加减。

药用人参、熟附子、生姜、大枣、桂枝、炙甘草、阿胶、火麻仁、麦冬、白术、茯苓、芍药等。心阳不足，形寒肢冷者，加黄芪、干姜、细辛；大汗出者，重用人参，加煅龙骨、煅牡蛎、山萸肉；兼见水饮内停者加葶苈子、五加皮、大腹皮、泽泻、猪苓；夹有瘀血者加丹参、桃仁、红花。

(二) 急救治疗

1. 脉率快速型心悸

(1) 生脉注射液 20～30 ml + 50%葡萄糖液 20～40 ml，静脉注射，连用 3～4 次，多能控制病情，继以每日 2 次巩固疗效。

(2) 黄夹苷 0.125～0.25 mg，或福寿草总苷 0.6～0.8 mg，或铃兰毒苷 0.1 mg、万年青苷 2～4 ml + 50%葡萄糖液 20～40 ml，缓慢静脉注射，每日 2～4 次。

(3) 苦参注射液 2 ml，肌内注射，每日 2～3 次；苦参浸膏片 3～5 片，每日 2～3 次。

2. 脉率过缓型心悸

(1) 参附注射液 10～20 ml + 50%葡萄糖液 20～40 ml，静脉注射，每日 2～3 次，或以大剂量静脉滴注。

(2) 人参注射液 10～20 ml + 50%葡萄糖液 20～40 ml，静脉注射，每日 2～3 次。

(3) 附子注射液 2.5～5 mg + 5%～10%葡萄糖液 100～200 ml，静脉滴注，每分钟 10～25 μg，每日 1 次。

3. 脉率不整型心悸

(1) 常洛林，0.2 g，每日 3～4 次，病情控制后，改为每日 1～2 次。

(2) 福寿草片，每次 1 片，病情顽固者每次 2 片，每日 2～3 次，病情控制后每次 1/2～1/3 片。

【转归、预防与调护】

心律失常的预后与心律失常的病因、诱因、演变趋势是否导致严重血流动力障碍有关。发生于无器质性心脏病基础上的心律失常包括过早搏动、室上性心动过速和心房颤动，大多预后良好；但 QT 延长综合征患者发生室性过早搏动，易演变为多形性室性心动过速或心室颤动，预后不佳；预激综合征患者发生心房扑动或心房颤动且心室率很快时，除易引起严重血流动力学改变外，还有演变为心室颤动的可能，但大多可经直流电复律和药物治疗控制发作，因而预后尚好。室性快速心律失常和心率极度缓慢的完全性房室传导阻滞、心室自主节律、重度病态窦房结综合征等，可迅速导致循环功能障碍而立即威胁患者的生命。房室结内阻滞与双束支（三分支）阻滞所致的房室传导阻滞的预后有显著差别，前者预后较好而后者预后恶劣。发生在器质性心脏病基础上的心律失常，如本身不引起明显血流动力障碍，又不易演变为严重心律失常的,预后一般尚好,但如基础心脏病严重,尤其是伴心功能不全或急性心肌缺血者,预后一般较差。

应积极治疗引起心律失常的基础疾病,如冠心病、肺心病;对于高血压患者应控制好血压;有风湿热者宜抗风湿;有高脂血症者应注意饮食结构,并予以降脂治疗;积极预防感冒,防治心肌炎。患者应保持精神乐观,情绪稳定,坚定信心,坚持治疗。对体质较弱及对情绪刺激敏感者,应避免惊恐及忧思恼怒等精神刺激。饮食有节,进食营养丰富而易消化吸收的食物,忌过饱、过饥、烟酒、浓茶,宜低脂、低盐饮食。中医辨证为心气阳虚者忌过食生冷,心气阴虚者忌辛辣炙煿,痰浊、瘀血者忌过食肥甘,水饮凌心者宜少食盐。

(刘敬霞)

第十五章
心搏骤停与心脏性猝死

心搏骤停(sudden cardiac arrest)是指心脏射血功能和有效循环的突然停止。心搏骤停发生后,由于脑血流突然中断,10秒左右患者即可出现意识丧失,经及时救治可获存活,否则将发生生物学死亡,罕见自发逆转者。导致心搏骤停最常见的原因为快速型室性心律失常(心室颤动和室性心动过速),其次为缓慢性心律失常或心室停顿,较少见的为无脉性电活动(pulseless electrical activity,PEA)。

心脏性猝死(sudden cardiac death)是指急性症状发作后1小时内发生的以意识突然丧失为特征的、由心脏原因引起的自然死亡。无论是否有心脏病,死亡的时间和形式均未能预料。心搏骤停常是心脏性猝死的直接原因。美国每年约有30万人发生心脏性猝死,占全部心血管病死亡人数的50%以上,而且是20~60岁男性的首位死因。减少心脏性猝死对降低心血管病死亡率有重要意义。

本病属于中医学"飞尸"、"尸厥"、"卒死"、"暴死"等范畴。

【病因和发病机制】

一、病因

心搏停止为心电图上无电活动,无脏器灌注,血压和脉搏不能测出,其原因包括严重广泛的心肌缺血,心室破裂,严重高血钾(血清$K^+ > 7$ mEq/L)或高血镁使心肌细胞膜过度极化。心搏骤停的原因主要分为心源性心搏骤停与非心源性心搏骤停,大多由于心血管疾病引起。

(一)心源性心搏骤停

多由心脏结构异常所致。绝大多数心脏性猝死发生在有器质性心脏病的患者,如冠心病、肥厚型心肌病、心脏瓣膜疾病、心肌炎、非粥样硬化性冠状动脉异常、浸润性病变等。

在西方国家,心脏性猝死中约80%由冠心病及其并发症引起,而这些冠心病患者中约75%有心肌梗死病史。心肌梗死后LVEF降低是心脏性猝死的主要预测因素;频发性与复杂性室性期前收缩的存在,亦可预示心肌梗死存活者发生猝死的危险。各种心肌病引起的心脏性猝死占5%~15%,是冠心病易患年龄前(<35岁)心脏性猝死的主要原因,如肥厚梗阻型心肌病、致心律失常型右室心肌病。此外有离子通道病,如长QT综合征、Brugada综合征等。

(二)非心源性心搏骤停

主要病因有严重的电解质紊乱、酸碱平衡失调,其他因素有严重创伤、窒息、电击、溺水、自缢等。

二、发病机制

心搏骤停和心脏性猝死的发病机制是各种心脏结构异常加之某些触发性因素与功能性改变,可影响心肌的稳定性,诱发致命性心律失常,从而使心肌的电生理、机械功能和生化代谢异常,引起心搏骤停。

(一)心电功能异常

心搏骤停为心脏疾病引起,80%患者由于心电功能异常,20%患者为机械收缩功能丧失,也可因循环衰竭或通气障碍引起明显的呼吸性酸中毒(心肺骤停)。不论心或肺何者先行衰竭,两者通常密切相关。心电功能异常为心脏猝死的最常见机制。

(二)电机械分离

电机械分离指有心电除极而无机械收缩,其原发机制为心脏破裂、急性心脏压塞、心脏整体缺血、急性心肌梗死、心腔内肿瘤或血栓阻塞以及慢性心力衰竭。

(三)循环休克

循环休克有许多原因,包括有效循环血容量降低(如由于大量失血、严重烧伤、胰腺炎使第三空间液体大量丧失),

周围血管张力丧失使静脉回流减少(如败血症、过敏性休克、深低温、中枢神经系统损伤、药物或麻醉过量);或心室充盈或心室排出受阻(如心脏压塞、肺动脉巨大栓塞、张力性气胸),但舒张期动脉压过低为导致冠脉血流不足,心肌电不稳定和心搏停止的常见原因。

【病理】

一、致命性快速心律失常

致命性快速心律失常心脏性猝死主要为致命性快速心律失常所致,它们的发生是冠状动脉血管事件、心肌损伤、心肌代谢异常和(或)自主神经张力改变等因素相互作用引起的一系列病理生理异常的结果。但这些因素相互作用产生致死性心律失常的最终机制尚无定论。

二、严重缓慢性心律失常和心室停顿

严重缓慢性心律失常和心室停顿是心脏性猝死的另一重要原因。其电生理机制是当窦房结和(或)房室结功能异常时,次级自律细胞不能承担起心脏的起搏功能,常见于病变弥漫累及心内膜下浦肯野纤维的严重心脏疾病。

三、非心律失常性心脏性猝死

非心律失常性心脏性猝死所占比例较少,常由心脏破裂、心脏流入和流出道的急性阻塞、急性心脏压塞等导致。

四、无脉性电活动

无脉性电活动过去称电-机械分离,是引起心脏性猝死的相对少见的原因,其定义为心脏有持续的电活动,但没有有效的机械收缩功能,常规方法不能测出血压和脉搏。可见于急性心肌梗死时心室破裂、大面积肺梗死时。

【临床表现】

一、临床分期

心脏性猝死的临床经过可分为四个时期,即前驱期、终末事件期、心搏骤停与生物学死亡。不同患者各期表现有明显差异。

1. 前驱期 在猝死前数天至数月,患者可出现胸痛、气促、疲乏、心悸等非特异性症状。但亦可无前驱表现,瞬即发生心搏骤停。

2. 终末事件期 指心血管状态出现急剧变化到心搏骤停发生前的一段时间,自瞬间至持续1小时不等。心脏性猝死所定义的1小时,实质上是指终末事件期的时间在1小时内。由于猝死原因不同,终末事件期的临床表现也各异。典型的表现包括:严重胸痛、急性呼吸困难、突发心悸或眩晕等。若心搏骤停瞬间发生,事先无预兆,则绝大部分是心源性的。在猝死前数小时或数分钟内常有心电活动的改变,其中以心率加快及室性异位搏动增加最为常见。因心室颤动猝死的患者,常先有室性心动过速。另有少部分患者以循环衰竭发病。

3. 心搏骤停 心搏骤停后,脑血流量急剧减少,可导致意识突然丧失,伴有局部或全身性抽搐。心搏骤停刚发生时,脑中尚存少量含氧的血液,可短暂刺激呼吸中枢,出现呼吸断续,呈叹息样或短促痉挛性呼吸,随后呼吸停止。皮肤苍白或发绀,瞳孔散大,由于尿道括约肌和肛门括约肌松弛,可出现二便失禁。

4. 生物学死亡 从心搏骤停至发生生物学死亡时间的长短取决于原发病的性质,以及心搏骤停至复苏开始的时间。心搏骤停发生后,大部分患者将在4~6分钟内开始发生不可逆脑损害,随后经数分钟过渡到生物学死亡。心搏骤停发生后,立即实施心肺复苏和尽早除颤,是避免发生生物学死亡的关键。心脏复苏成功后死亡的最常见的原因是中枢神经系统的损伤,其他常见原因有继发感染、低心排血量及心律失常复发等。

二、体征

① 意识突然丧失或伴有短暂抽搐,抽搐常为全身性,多发生于心脏停搏后10秒内,有时伴眼球偏斜;② 心音消失;③ 大动脉搏动消失,脉搏扪不到,血压测不出;④ 呼吸断续,呈叹息样,以后即停止,多发生在心脏停搏后20~30秒内;⑤ 昏迷,多发生于心脏停搏30秒后;⑥ 瞳孔散大,多在心脏停搏后30~60秒出现。但此期尚未到生物学死亡。如予及时恰当的抢救,有复苏的可能。

【实验室及其他检查】

心电图检查

① 心室颤动或扑动,约占91%;② 心电机械分离,有宽而畸形、低振幅的QRS,频率20~30次/分,不产生心肌机械性收缩;③ 心室静止,呈无电波的一条直线,或仅见心房波。心室颤动超过4分钟仍未复律,几乎均转为心室静止。

【诊断与鉴别诊断】

一、诊断

1. **主要症状和体征** ① 意识突然丧失；② 大动脉（如颈动脉和股动脉）搏动消失；③ 心音消失。
2. **次要症状和体征** ① 呼吸呈喘息样，继而停止；② 瞳孔散大；③ 发绀。
3. **心电图检查** ① 心室颤动；② 慢而无效的室性自身节律；③ 心室停顿。

心搏骤停的诊断较早而可靠的临床征象是意识突然丧失伴大动脉搏动消失。在拍喊患者以判断意识是否存在的同时，触摸其颈动脉有无搏动，若两者均消失，即可诊断，应立即施行心肺复苏术。

成人以心音消失、血压测不出诊断心搏骤停并不可靠。对怀疑心搏骤停患者反复听诊或测血压，会浪费宝贵时间，延误复苏。从瞳孔变化判断心搏骤停的可靠性也较小，瞳孔缩小不能除外心搏骤停，尤其是应用过阿片制剂或老年病人，瞳孔显著扩大也不一定发生在心搏骤停时，当心排出量显著降低、严重缺氧、应用某些药物包括神经节阻滞剂以及深度麻醉时，瞳孔也可扩大。

二、鉴别诊断

1. **血管抑制性晕厥** 其短暂的意识丧失要与心搏骤停相鉴别。血管抑制性晕厥多见于年轻体弱的女性，系各种刺激（思虑、紧张、疼痛）导致外周血管扩张所产生的一时性大脑缺血症状。发作前有头晕、眼花、恶心、呕吐等胆碱能神经兴奋的先驱症状，发作时血压下降，心律减慢，卧位及头低位可自行恢复。
2. **癫痫** 大发作时表现为突然意识丧失，全身强直性抽搐伴呼吸停顿，应与心搏骤停相鉴别。但此时能听到心音，摸到脉搏，测到血压，能追溯到既往发作病史。

【中医病因病机】

中医学认为本病因宗气外泄，心脏脏真逆乱于外，真气耗散；或邪实气机闭阻，升降痞隔，阴阳偏竭不交，气机离决，神散而成。其病位在心，涉及肺、脾、肾，病机为虚实夹杂。

1. **真气耗散** 久患心胸隐疾，气机失调于内，或正虚内损于中，精气衰竭而未尽，复伤外在虚邪贼风，两虚相搏，使"阴气竭于内，而阳气阻隔于外，二气壅闭"；或情志抑甚，气机厥逆，少阳生气不发，气机闭阻，心神失助，伏逆不出，开合之机骤停，猝使肺肾气厥精竭，心脑气散，神散而成。
2. **邪实内闭** 心脑脏器突为痰瘀、邪毒之邪所闭阻，脑之神机与心脏脏真之气相互对接受阻，枢机闭死或失散而致。或痰瘀内闭心脉，或气逆血冲，逆犯心之神机，开合之枢骤止，心气闭绝，血滞脉阻，神机化灭而成。

【中医诊断及病证鉴别】

根据突发意识丧失、面色苍白、口唇发绀、呼吸停止、小便失禁、四肢厥冷、脉绝等即可诊断为"飞尸"、"尸厥"、"卒死"、"暴死"。

病证鉴别

1. **厥证** 厥证是指由于阴阳失调，气机逆乱所引起的，以突然昏倒、不省人事、四肢厥冷为主要表现的一种病证。发病前常有先兆；而后突然发生昏仆，不知人事；病情轻重不同。其中尸厥与本病的心跳、呼吸骤停相似，其他类型的厥证则与心搏骤停不同。
2. **痫证** 痫证是一种反复发作性神志异常的病证，临床以精神恍惚，甚则突然仆倒，昏不知人，口吐涎沫，两目上视，四肢抽搐，或口中如作猪羊叫声，移时苏醒后如常人为特征。本病可有意识丧失，昏不知人，但根据痫证典型的发病特点可以进行鉴别。
3. **痉证** 痉证是指筋脉失养或热甚动风所引起的项背强直，四肢抽搐，甚至角弓反张为主要临床表现的一种病证。心搏骤停可伴有抽搐，但与痉证的疾病性质和预后不同。

【治疗】

一、治疗思路

心搏骤停的生存率很低，根据不同的情况，其生存率在5%～60%之间。抢救成功的关键是尽早进行心肺复苏（cardio-pulmonary resuscitation, CPR）和尽早进行复律治疗。抢救要及时，争分夺秒进行心肺复苏，迅速建立有效的人工循环和气体交换；高级生命支持；复苏成功后维持有效的循环及支持对症处理为主。中医在心肺复苏中的主要切入点在复苏后,临床上根据各期病情变化采用中西医结合治疗,各自发挥优势,可以不同程度地减少并发症的发生,促进脑复苏,提高生存质量。

二、西医治疗

心肺复苏又分初级心肺复苏和高级心肺复苏,可按照以下顺序进行。

(一) 识别心搏骤停

当患者意外发生意识丧失时,首先需要判断患者的反应,观察皮肤颜色,有无呼吸运动,可以拍打或摇动患者,并大声问"你还好吗?"如判断患者无反应时,应立即开始初级心肺复苏,并以最短时间判断有无脉搏(10秒钟内完成),确立心搏骤停的诊断。

(二) 呼救

在不延缓实施心肺复苏的同时,应设法(打电话或呼叫他人打电话)通知急救医疗系统(emergency medical system, EMS)。

(三) 初级心肺复苏

初级心肺复苏即基础生命支持(basic life support, BLS)。一旦确立心搏骤停的诊断,应立即进行初级心肺复苏。其主要措施包括开通气道、人工呼吸和人工胸外按压,简称为 ABC(airway, breathing, circulation)三步曲。首先应该保持正确的体位,仰卧在坚固的平面上,在患者的一侧进行复苏。

1. 开通气道　保持呼吸道通畅是成功复苏的重要一步,可采用仰头抬颏法开放气道。方法是:术者将一手置于患者前额用力加压,使头后仰,另一手的示、中两指抬起下颏,使下颌尖、耳垂的连线与地面呈垂直状态,以通畅气道。应清除患者口中的异物和呕吐物,患者义齿松动应取下。

2. 人工呼吸　开放气道后,先将耳朵贴近患者的口鼻附近,感觉有无气息,再观察胸部有无起伏动作,最后仔细听有无气流呼出的声音。若无上述体征可确定无呼吸,应立即实施人工通气,判断及评价时间不应超过10秒。

首先进行2次人工呼吸,每次持续吹气时间1秒以上,保证足够的潮气量使胸廓起伏。无论是否有胸廓起伏,2次人工通气后应该立即胸外按压。

气管内插管是建立人工通气的最好方法。当时间或条件不允许时,可以采用口对口、口对鼻或口对通气防护装置呼吸。口对口呼吸是一种快捷有效的通气方法,施救者呼出气体中的氧气足以满足患者需求,但首要先确保气道通畅。施救者用置于患者前额的手拇指与示指捏住患者鼻孔,吸一口气,用口唇把患者的口罩住,然后缓慢吹气,每次吹气应持续1秒以上,确保呼吸时有胸廓起伏。施救者实施人工呼吸前,正常吸气即可,无需深吸气。无论是单人还是双人进行心肺复苏时,按压和通气的比例为30:2,交替进行。上述通气方式只是临时性抢救措施,应争取马上气管内插管,以人工气囊挤压或人工呼吸机进行辅助呼吸与输氧,纠正低氧血症。

3. 胸外按压　是建立人工循环的主要方法,胸外按压时,血流产生的原理比较复杂,主要是基于胸泵机制和心泵机制。通过胸外按压可以使胸内压力升高和直接按压心脏而维持一定的血液流动,配合人工呼吸可为心脏和脑等重要器官提供一定含氧的血流,为进一步复苏创造条件。

人工胸外按压时,患者应仰卧平躺于硬质平面,救助者跪在其旁。若胸外按压在床上进行,应在患者背部垫以硬板。胸外按压的部位是胸骨下半部,双乳头之间。用一只手掌根部放在胸部正中双乳头之间的胸骨上,另一手平行重叠压在手背上,保证手掌根部横轴与胸骨长轴方向一致,保证手掌用力在胸骨上,避免发生肋骨骨折,不要按压剑突。按压时肘关节伸直,依靠肩部和背部的力量垂直向下按压,按压胸骨的幅度为3~5cm,按压后使胸廓恢复原来位置,按压和放松的时间大致相等。放松时双手不要离开胸壁,按压频率为100次/分。在胸外按压中应努力减少中断,尽量不超过10秒钟,除外一些特殊操作,如建立人工气道或者进行除颤。

胸外按压的并发症主要包括:肋骨骨折、心包积血或心脏压塞、气胸、血胸、肺挫伤、肝脾撕裂伤和脂肪栓塞。应遵循正确的操作方法,尽量避免并发症发生。

不推荐进行胸前叩击,因有可能使心律恶化,如使室性心动过速加快,转为心室纤颤,或转为完全性心脏阻滞,或引起心脏停搏。

4. 除颤　心脏体外电除颤是利用除颤仪在瞬间释放高压电流经胸壁到心脏,使得心肌细胞在瞬间同时除极,终止导致心律失常的异常折返或异位兴奋灶,从而恢复窦性心律。由于心室颤动是非创伤心搏骤停患者中最常见的心律失常,可以在EMS到达之前,进行一段时间CPR(例如5个循环或者大约2分钟)后。

(四) 高级心肺复苏

高级心肺复苏即高级生命支持(advanced life support, ALS),是在基础生命支持的基础上,应用辅助设备、特殊技术等建立更为有效的通气和血运循环,主要措施包括气管插管建立通气、除颤转复心律成为血流动力学稳定的心律、建立静脉通路并应用必要的药物维持已恢复的循环。心电图、血压、脉搏血氧饱和度、呼气末 $PaCO_2$ 测定等必须持续监测,必要时还需要进行有创血流动力学监测,如动脉血气分析、动脉压、中心动脉压、肺动脉压等。

1. **通气与氧供** 如果患者自主呼吸没有恢复,应尽早行气管插管,充分通气的目的是纠正低氧血症,予吸入氧浓度100%。院外患者通常用面罩、简易球囊维持通气,医院内的患者常用呼吸机,潮气量为 6~7 ml/kg 或 500~600 ml,然后根据血气分析结果进行调整。

2. **电除颤、复律与起搏治疗** 心搏骤停时最常见的心律失常是心室颤动。及时的胸外按压和人工呼吸虽可部分维持心脑功能,但极少能将心室颤动转为正常心律,而迅速恢复有效的心律是复苏成功至关重要的一步。终止心室颤动最有效的方法是电除颤,时间是治疗心室颤动的关键,每延迟除颤1分钟,复苏成功率下降7%~10%。心脏停搏与无脉电活动,电除颤均无益。

除颤电极的位置:放在患者裸胸的胸骨外缘前外侧部。右侧电极板放在患者右锁骨下方,左电极板放在与左乳头齐平的左胸下外侧部。其他位置还有左右外侧旁线处的下胸壁,或者左电极放在标准位置,其他电极放在左右背部上方。如采用双向波电除颤可以选择 150~200 J,如使用单向波电除颤应选择 360 J。一次电击无效应,继续胸外按压和人工通气,5个周期的 CRP 后(约2分钟)再次分析心律,必要时再次除颤。

心搏骤停后电除颤的时间是心肺复苏成功最重要的决定因素。电除颤虽然列为高级复苏的手段,但如有条件应越早进行越好,并不拘泥于复苏的阶段,提倡在初级心肺复苏中即行电复律治疗。

起搏治疗:对心搏停止患者,不推荐使用起搏治疗,而对有症状心动过缓患者,则考虑起搏治疗。如果患者出现严重症状,尤其是当高度房室传导阻滞发生在希氏束以下时,则应该立即施行起搏治疗。如果患者对经皮起搏没有反应,则需要进行经静脉起搏治疗。

3. **药物治疗** 心搏骤停患者在进行心肺复苏时应尽早开通静脉通道。周围静脉通常选用肘前静脉或颈外静脉,手部或下肢静脉效果较差,尽量不用。中心静脉可选用颈内静脉、锁骨下静脉和股静脉。如果静脉穿刺无法完成,某些复苏药物可经气管给予。

(1)肾上腺素是 CPR 的首选药物,可用于电击无效的心室颤动及无脉室速、心脏停搏或无脉性电生理活动。常规给药方法是静脉推注 1 mg,每 3~5 分钟重复1次,可逐渐增加剂量至 5 mg。血管升压素与肾上腺素作用相同,也可以作为一线药物,只推荐使用一次,40 U 静脉注射。严重低血压可以给予去甲肾上腺素、多巴胺、多巴酚丁胺。

(2)碳酸氢盐:复苏过程中产生的代谢性酸中毒通过改善通气常可得到改善,不应过分积极补充碳酸氢盐纠正。心搏骤停或复苏时间过长者,或早已存在代谢性酸中毒、高钾血症患者可适当补充碳酸氢钠,初始剂量 1 mmol/kg,在持续心肺复苏过程中每15分钟重复1/2量,最好根据动脉血气分析结果调整补给量,防止产生碱中毒。

(3)抗心律失常药:给予 2~3 次除颤加 CPR 及肾上腺素之后仍然是心室颤动或无脉室速,考虑给予抗心律失常药。常用药物胺碘酮,可考虑用利多卡因。利多卡因,给予 1~1.5 mg/kg,静脉注射,如无效可每 3~5 分钟重复一次,如果总剂量达到 3 mg/kg 仍不能成功除颤,下一步可给予胺碘酮或溴苄胺治疗。胺碘酮首次 150 mg 缓慢静脉注射(大于10分钟),如无效,可重复给药总量达 500 mg,随后 10 mg/(kg·d)维持静脉滴注;或者先按 1 mg/min 持续静脉滴注6小时,然后可 0.5 mg/min 持续静脉滴注,每日总量可达 2 g,根据需要可维持数天。

对于一些难治性多形性室速、尖端扭转型室速、快速单形性室速或心室扑动(频率>260次/分)及难治性心室颤动,可试用静脉 β 受体阻滞剂。美托洛尔每隔5分钟,每次 5 mg,静脉注射,直至总剂量 15 mg;艾司洛尔 0.5 mg/kg,静脉注射(1分钟),继以 50~300 μg/min 静脉维持。由急性高钾血症触发的难治性心室颤动的患者可给予 10% 葡萄糖酸钙 5~20 ml,注射速率为 2~4 ml/min。异丙肾上腺素或心室起搏可能有效终止心动过缓和药物诱导的室性心动过速。当心室颤动(VF)或无脉室性心动过速(VT)心搏骤停与长 QT 间期的尖端扭转型室速(TDP)相关时,可以 1~2 g 硫酸镁,稀释后静脉推注 5~20 分钟,或 1~2 g 硫酸镁加入 50~100 ml 液体中静脉滴注。

缓慢性心律失常、心室停顿的处理不同于心室颤动。给予基础生命支持后,应尽力设法稳定自主心律,或设法起搏心脏。常用药物为肾上腺素每隔 3~5 分钟静注 1 mg 及阿托品 1~2 mg 静脉注射。在未建立静脉通道时,可选择气管内给药,2 mg 溶于 10 ml 生理盐水中。心脏停搏或慢性无脉性电活动患者,考虑阿托品,用量为 1 mg,静脉注射,可每 3~5 分钟重复使用(最大总量为3次或3 mg)。若有条件,缓慢性心律失常施行临时性人工心脏起搏,例如体外心脏起搏或床旁经静脉心内膜起搏等。上述治疗的同时,应积极寻找可能存在的可逆性病因,如低血容量、低氧血症、心脏压塞、张力性气胸、药物过量、低体温及高钾血症等,并给予相应治疗。

(4)其他药物:经过心肺复苏使心脏节律恢复后,应着重维持稳定的心电与血流动力学状态。儿茶酚胺不仅能较好地稳定心脏电活动,而且具有良好的正性肌力和外周血管作用。其中肾上腺素为首选药,升压时最初剂量 1 μg/min,根据血流动力学调整,剂量范围 1~10 μg/min。去甲肾上腺素明显减少肾和肠系膜血流,现已较少应用。当不需要肾上腺素的变时效应时,可考虑使用多巴胺或多巴酚丁胺,多巴胺建议剂量范围 5~20 μg/(kg·min),剂量大于 10 μg/(kg·min)时,可出现体循环及腹腔脏器血管收缩;多巴酚丁胺是一较强的增强心肌收缩力的药物,无明显血管收缩作用,剂量范围 5~20 μg/(kg·min)。心搏骤停时纤溶治疗的作用不确定,但怀疑肺栓塞的患者可考虑使用。

（五）复苏后处理

复苏后处理即延续生命支持(prolonged life support, PLS)。PLS的处理原则和措施包括维持有效的循环和呼吸功能,特别是脑灌注,预防再次心搏骤停,维持水、电解质和酸碱平衡,防治脑水肿、急性肾衰竭和继发感染等,其中重点是脑复苏,开始有关提高长期生存和神经功能恢复治疗。

1. **维持有效循环**　应进行全面的心血管系统及相关因素的评价,仔细寻找引起心搏骤停的原因,尤其是否有急性心肌梗死发生及电解质紊乱存在,并作及时处理。如果患者血流动力学状态不稳定,则需要评估全身循环血容量状况和心室功能。对危重患者常需放置肺动脉漂浮导管进行有创血流动力学监测。为保证血压、心脏指数和全身灌注,输液,并使用血管活性药(如去甲肾上腺素)、正性肌力药(多巴酚丁胺)和增强心肌收缩力(米力农)等。

2. **维持呼吸**　自主循环恢复后,患者可有不同程度的呼吸系统功能障碍,一些患者可能仍然需要机械通气和吸氧治疗。PEEP对肺功能不全合并左心衰的患者可能很有帮助,但需注意此时血流动力学是否稳定。临床上可以依据动脉血气结果和(或)无创监测来调节吸氧浓度、PEEP值和每分通气量。持续性低碳酸血症(低 $PaCO_2$)可加重脑缺血,因此,应避免常规使用高通气治疗。

3. **防治脑缺氧和脑水肿**　亦称脑复苏。脑复苏是心肺复苏最后成功的关键。在缺氧状态下,脑血流的自主调节功能丧失,脑血流的维持主要依赖脑灌注压,任何导致颅内压升高或体循环平均动脉压降低的因素均可减低脑灌注压,从而进一步减少脑血流。对昏迷患者应维持正常的或轻微增高的平均动脉压,降低增高的颅内压,以保证良好的脑灌注。主要措施包括:① 降温:复苏后的高代谢状态或其他原因引起的体温增高可导致脑组织氧供需关系的明显失衡,从而加重脑损伤。所以心搏骤停复苏后,应密切观察体温变化,积极采取降温退热措施。体温以 33~34℃ 为宜。② 脱水:应用渗透性利尿剂配合降温处理,以减轻脑组织水肿和降低颅压,有助于大脑功能恢复。通常选用20% 甘露醇(1~2 g)、25% 山梨醇(1~2 g)或 30% 尿素(0.5~1 g)快速静脉滴注(2~4 次/日)。联合使用呋塞米(首次 20~40 mg,必要时增加至 100~200 mg 静脉注射)、25% 白蛋白(20~40 ml 静脉滴注)或地塞米松(5~10 mg,每 6~12 小时静脉注射)有助于避免或减轻渗透性利尿导致的"反跳现象"。在脱水治疗时,应注意防止过度脱水,以免造成血容量不足,难以维持血压的稳定。③ 防治抽搐:通过应用冬眠药物控制缺氧性脑损害引起的四肢抽搐以及降温过程的寒战反应。但无需预防性应用抗惊厥药物。可选用双氢麦角毒碱 0.6 mg、异丙嗪 50 mg 稀释于 5% 葡萄糖液 100 ml 内静脉滴注;亦可应用地西泮 10 mg 静脉注射。④ 高压氧治疗:通过增加血氧含量及弥散,提高脑组织氧分压,改善脑缺氧,降低颅内压。有条件者应早期应用。⑤ 促进早期脑血流灌注:抗凝以疏通微循环,用 CCB 解除脑血管痉挛。

4. **防治急性肾衰竭**　如果心搏骤停时间较长或复苏后持续低血压,则易发生急性肾衰竭。原有肾脏病变的老年患者尤为多见。心肺复苏早期出现的肾衰竭多为急性肾缺血所致,其恢复时间较肾毒性者长。由于通常已使用大剂量脱水剂和利尿剂,临床可表现为尿量正常甚至增多,但血肌酐升高(非少尿型急性肾衰竭)。

防治急性肾衰竭时应注意维持有效的心脏和循环功能,避免使用对肾脏有损害的药物。若注射呋塞米后仍然无尿或少尿,则提示急性肾衰竭。此时应按急性肾衰竭处理。

5. **其他**　及时发现和纠正水电解质紊乱和酸碱失衡,防治继发感染。对于肠鸣音消失和机械通气伴有意识障碍患者,应该留置胃管,并尽早地应用胃肠道营养。

三、中医治疗

（一）辨证论治

1. 气阴两脱

证候:神萎倦怠,面色苍白,气短,肢体厥冷,尿少,舌深红或舌淡,苔少,脉虚数或脉微、伏。

治法:益气养阴。

方药:生脉散加减。

药用人参、麦冬、五味子。可予参麦注射液静脉滴注。兼瘀者可加丹参、当归;阴虚甚者可合炙甘草汤以滋阴养血,益气复脉;气虚明显者,生脉散合保元汤,以补养心气,鼓动心脉;兼有瘀者合丹参饮以活血复脉。

2. 阳气暴脱

证候:神志恍惚,默默不语,面色苍白,肢体厥冷,舌淡润,脉微欲绝或伏而难寻。

治法:回阳固脱。

方药：通脉四逆汤加减。

药用甘草、干姜、附子等。可予参附注射液静脉滴注。寒凝血阻者可加桂枝、当归；气虚外脱急者合红参大补元气，以振奋心阳，益气复脉；阴寒凝滞甚者加炙麻黄、细辛助附子温经散寒，宣通寒凝；气脱伤阴者加麦门冬、五味子、黄精以益气生津，滋阴敛气复脉。

3. 阴阳俱脱

证候：面色苍白，冷汗不止，四肢厥冷，呼吸气微，舌淡，脉微欲绝。

治法：益气养阴，回阳固脱。

方药：参附汤合生脉散加减。可予参麦注射液、参附注射液静脉滴注。

汗出亡阳者加煅龙骨、煅牡蛎等；舌质紫黯，瘀血甚者，加丹参、红花、赤芍；偏于气虚阳脱者，重用人参，加黄芪、炙甘草益气强心，桂枝、仙灵脾、巴戟天温补肾阳；偏于阴虚而脱者，加五味子、乌梅养阴收敛，黄精、熟地滋阴养血。

4. 痰瘀毒蒙窍

证候：神志恍惚，气粗息涌，喉间痰鸣，或气息低微，面晦或赤，口唇黯红，舌质隐青，苔厚浊，脉沉实或伏。

治法：豁痰化瘀解毒，开窍醒神。

方药：菖蒲郁金汤加减。

药用菖蒲、栀子、竹叶、丹皮、郁金、连翘、灯心、木通、淡竹沥、紫金片等。可予醒脑静或清开灵注射液静脉滴注。痰热甚者加胆南星、猴枣散以清热化痰；痰涎壅塞喉间甚者用苏合香丸以辛香解郁开窍；四肢厥冷者加制附子、桂枝、细辛以温阳散寒通脉。

（二）急救治疗

痰瘀毒蒙窍，用清开灵或双黄连注射液静脉滴注。阳虚暴脱，用参附注射液静脉注射或滴注。气阴两脱，用参脉注射液静脉注射或滴注。兼有气滞血瘀者，可用灯盏花素或血必净静脉滴注。

【转归、预防与调护】

心搏骤停复苏成功的患者，其预后取决于抢救是否及时、心功能的状态和心电活动类型。急性心肌梗死早期的原发性心室颤动，为非血流动力学异常引起者，经及时除颤易获复律成功。急性下壁心肌梗死并发的缓慢性心律失常或心室停顿所致的心搏骤停，预后良好。相反，急性广泛前壁心肌梗死合并房室或室内阻滞引起的心搏骤停，预后往往不良。继发于急性大面积心肌梗死及血流动力学异常的心搏骤停，即时死亡率高达59%～89%，心脏复苏往往不易成功。即使复苏成功，亦难以维持稳定的血流动力学状态。其心室颤动的复发率亦很高；或由于严重的血流动力学障碍所致继发的心室停搏、缓慢心律失常、无脉搏性电活动，对复苏措施反应差。严重非心脏病变引起心搏骤停如恶性肿瘤、败血症、器官衰竭、终末期肺部疾病和严重中枢神经系统的疾病等致命性或晚期性疾病，复苏成功率极低，预后不良。如急性中毒、电解质紊乱、酸中毒、低氧血症等，由于暂时性的代谢紊乱所引起的心搏骤停，如能消除诱发因素，则预后较佳。

心脏性猝死的预防，很关键的一步是识别高危人群。鉴于大多数心脏性猝死发生在冠心病患者，减轻心肌缺血、预防心肌梗死或缩小梗死范围等措施应能减少心脏性猝死的发生率。除冠心病急性心肌梗死外，由任何其他原因所致的严重的基本病变以及有过心搏骤停史患者也是心脏性猝死的高危因素，是重点的预防对象。

（刘敬霞）

第十六章 高血压

高血压(hypertension)是以体循环动脉压增高为主要表现的临床综合征。根据目前采用的国际统一标准,收缩压≥140 mmHg 和(或)舒张压≥90 mmHg 就可以确定为高血压。高血压可分为原发性高血压和继发性高血压。原发性高血压称高血压病,占高血压的95%以上;继发性高血压为某些疾病的临床表现,有明确病因,占高血压的5%以下。高血压是多种心、脑血管疾病的重要病因和危险因素,影响重要脏器,如心、脑、肾的结构与功能,最终导致这些器官的功能衰竭,迄今仍是心血管疾病死亡的主要原因之一。

本病属于中医学"眩晕"、"头痛"、"中风"等范畴。国家标准《中医临床诊断术语·疾病部分》将高血压称为"风眩"病,定义为"风眩是以眩晕,头痛,血压增高,脉弦等为主要表现的眩晕类疾病"。

【病因和发病机制】

一、病因

高血压的病因尚不十分清楚,公认的是,高血压是遗传易感性和环境因素相互作用的结果。一般认为在比例上,遗传因素约占40%,环境因素约60%。

(一) 遗传因素

高血压具有明显的家族聚集性,父母均有高血压,子女的发病概率高达46%,约60%高血压患者可询问到有高血压家族史。在遗传表型上,不仅血压升高发生率体现遗传性,而且在血压高度、并发症发生以及其他有关因素方面,如肥胖,也有遗传性。

(二) 环境因素

1. 高钠、低钾膳食　高钠、低钾膳食是我国大多数高血压患者发病最主要的危险因素。人群中,钠盐(氯化钠)摄入量与血压水平和高血压患病率成正相关,钾盐摄入量与血压水平成负相关,而膳食钠/钾比值与血压的相关性甚至更强。

我国大部分地区,人均每天盐摄入量12~15 g以上。我国14组人群研究表明,膳食钠盐摄入量平均每天增加2 g,收缩压和舒张压分别增高2.0 mmHg 和 1.2 mmHg。在盐与血压的国际协作研究中,反映膳食钠/钾量的24小时尿钠/钾比值,我国人群在6 g以上,而西方人群仅为2~3 g。

2. 饮酒过量　饮酒是高血压发病的危险因素,人群高血压患病率随饮酒量增加而升高。虽然少量饮酒后短时间内血压会有所下降,但长期少量饮酒可使血压轻度升高,过量饮酒则使血压明显升高,可诱发急性脑出血或心肌梗死发作。如果每天平均饮酒>3个标准杯(1个标准杯相当于12 g乙醇,约合360 g啤酒,或100 g葡萄酒,或30 g白酒),收缩压与舒张压分别平均升高3.5 mmHg 与 2.1 mmHg,且血压上升幅度随着饮酒量增加而增大。

3. 精神紧张　长期精神过度紧张也是高血压发病的危险因素,长期从事高度精神紧张工作的人群高血压患病率增加,城市脑力劳动者高血压患病率超过体力劳动者,长期生活在噪声环境中,听力敏感性减退者患高血压也较多。高血压患者经休息后往往症状和血压可获得一定改善。

(三) 其他因素

1. 肥胖　超重和肥胖将成为我国高血压患病率增长的又一重要危险因素。体重常是衡量肥胖程度的指标,人群中体重指数与血压水平成正相关。衡量超重和肥胖最简便和常用的生理测量指标是体质指数[计算公式为:体重(千克)/身高(米)^2]和腰围。前者通常反映全身肥胖程度,后者主要反映中心型肥胖的程度。肥胖类型与高血压发生关系密切,腹型肥胖更容易发生高血压,腰围男性≥90 cm或女性≥85 cm,发生高血压的风险是腰围正常者的4倍以上。

2. 避孕药　服避孕药妇女血压升高发生率及程度与服用时间长短有关。35岁以上妇女容易出现血压升高。口服避孕药引起的高血压一般为轻度,并且可逆转,在终止避孕药后3~6个月血压常恢复正常。

此外,高血压发生还与缺少运动、低钙、低镁等有关。

二、发病机制

(一)血压调节机制失代偿

诸多因素可以影响血压的调节,其中主要是心排出量及体循环的周围阻力。心排出量与体液容量、心率、心肌收缩力成正相关。总外周阻力与阻力小动脉结构的改变、血管壁的顺应性、血管的舒缩状态、血液黏稠度等因素也都与血压有关。血压的急性调节主要通过压力感受器及交感神经活动来实现,而慢性调节主要通过 RAAS 及肾脏对体液容量的调节来完成。如上述调节机制失去平衡即会导致高血压。

(二)肾性水钠潴留

由于亢进的交感活性使肾血管阻力增加,或肾小球有微小结构病变,或肾脏排钠激素(前列腺素、激肽酶、肾髓质素)分泌减少,或肾外排钠激素(内源性类洋地黄物质、心房肽)分泌异常,或潴钠激素(18-羟去氧皮质酮、醛固酮)释放增多等因素导致水钠潴留,通过以下机制使血压升高:① 外周血容量增加导致心输出量增加;② 细胞膜钙泵活性降低,可导致细胞内钠、钙离子浓度升高,血管收缩反应性增强;③ 心钠素增高,影响钠排出,加重钠潴留。

(三)RAAS 激活

经典的 RAAS 包括:肾小球入球动脉的球旁细胞分泌肾素,激活从肝脏产生的血管紧张素原(AGT),生成血管紧张素Ⅰ(AⅠ),然后经肺循环的血管紧张素转换酶生成血管紧张素Ⅱ(AⅡ)。AⅡ是 RAAS 的主要效应物质,AT1、AT2 是 AⅡ的受体,作用于 AT1 可使小动脉平滑肌收缩,刺激肾上腺皮质球状带分泌醛固酮,通过交感神经末梢突触前膜的正反馈使去甲肾上腺素分泌增加。这些作用均可使血压升高,参与高血压发病并维持。近年来发现 RAAS 对心脏、血管的功能和结构的作用,可能在高血压发生和维持中有更大影响。

(四)血管内皮功能受损

血管内皮细胞具有调节血管收缩、影响血流、调节血管重建的功能。血管内皮细胞生成的活性物质对血管舒缩等有调节作用。高血压时,血管平滑肌对收缩因子(内皮素、血管紧张素Ⅱ等)反应增强,舒张因子(前列环素、内皮源性舒张因子等)反应减弱,致使血压升高。

(五)细胞膜离子转运异常

血管平滑肌细胞有许多特异性的离子通道、载体和酶,组成细胞膜离子转运系统,维持细胞内外钠、钾、钙离子浓度的动态平衡。遗传性或获得性细胞膜离子转运异常,包括钠泵活性降低,钠-钾离子协同转运缺陷,细胞膜通透性增强,钙泵活性降低,可导致细胞内钠、钙离子浓度升高,膜电位降低,激活平滑肌细胞兴奋收缩耦联,使血管收缩反应性增强和平滑肌细胞增生与肥大,血管阻力增高。

(六)胰岛素抵抗

胰岛素抵抗(insulin resistance,IR)是指必须以高于正常的血胰岛素释放水平来维持正常的糖耐量,表示机体组织对胰岛素处理葡萄糖的能力减退。近年来认为胰岛素抵抗(insulin resistance,IR)是 2 型糖尿病和高血压发生的共同病理生理基础。多数认为是胰岛素抵抗造成继发性高胰岛素血症引起的。因为胰岛素抵抗主要影响胰岛素对葡萄糖的利用效应,胰岛素的其他生物学效应仍然保留,继发性高胰岛素血症使肾脏水钠重吸收增强,交感神经系统活性亢进,动脉弹性减退,从而血压升高。

【病理】

高血压早期无明显病理改变。随着病情发展,长期高血压引起的全身小动脉病变,主要是壁腔比值增加和管腔内径缩小,导致重要靶器官如心、脑、肾组织缺血。长期高血压及伴随的危险因素可促进动脉粥样硬化的形成及发展,该病变主要累及体循环大、中动脉。同时,高血压还可出现微循环毛细血管稀疏、扭曲变形,静脉顺应性减退。

一、心

长期压力负荷增高,儿茶酚胺与血管紧张素Ⅱ等生长因子都可刺激心肌细胞肥大和间质纤维化。发生心脏肥厚或扩大时(以左心室为主),称为高血压心脏病,高血压心脏病常合并冠状动脉粥样硬化和微血管病变,最终可导致心力衰竭或严重心律失常,甚至猝死。

二、脑

长期高血压使脑血管发生缺血与变性,形成微动脉瘤,从而发生脑出血。高血压促使脑动脉粥样硬化,粥样斑块破裂可并发脑血栓形成。脑小动脉闭塞性病变,引起针尖样小范围梗死病灶,称为腔隙性脑梗死。脑中型动脉硬化有利于血栓形成而产生脑梗死,颅外动脉粥样硬化斑块脱落可造成脑栓塞。高血压的脑血管病变部位,特别容易发生在大脑中动脉的豆纹动脉、基底动脉的旁正中动脉和小脑齿状核动脉。这些血管直接来自压力较高的大动脉，血管细长而且垂直穿透，容易形成微动脉瘤或闭塞性病变。因此，脑卒中通常累及壳核、丘脑、尾状核、内囊等部位。

三、肾

长期持续高血压使肾小球内囊压力升高，肾小球纤维化、萎缩，以及肾动脉硬化，进一步导致肾实质缺血和肾单位不断减少。慢性肾衰竭是长期高血压的严重后果之一，尤其在合并糖尿病时。恶性高血压时，入球小动脉及小叶间动脉发生增殖性内膜炎及纤维素样坏死，可在短期内出现肾衰竭。

四、视网膜

视网膜小动脉早期发生痉挛，随着病程进展出现硬化改变。血压急骤升高可引起视网膜渗出和出血。

【临床表现】

一、症状

大多数起病缓慢、渐进，一般缺乏特殊的临床表现。约1/5患者无症状，仅在测量血压时或发生心、脑、肾等并发症时才被发现。一般常见症状有头晕、头痛、颈项强直、疲劳、心悸等，呈轻度持续性，多数症状可自行缓解，在紧张或劳累后加重。也可出现视力模糊、鼻出血等较重症状。典型的高血压头痛在血压下降后即可消失。高血压患者可以同时合并其他原因的头痛，往往与血压高度无关，例如精神焦虑性头痛、偏头痛、青光眼等。如果突然发生严重头晕与眩晕，要注意可能是短暂性脑缺血发作或者过度降压、直立性低血压，这在高血压合并动脉粥样硬化、心功能减退者容易发生。高血压患者还可以出现受累器官的症状，如胸闷、气短、心绞痛、多尿等。另外，有些症状可能是降压药的不良反应所致。

二、体征

血压随季节、昼夜、情绪等因素有较大波动。冬季血压较高，夏季较低；血压有明显昼夜波动，一般夜间血压较低，清晨起床活动后血压迅速升高，形成清晨血压高峰。

高血压时体征一般较少。注意听诊颈动脉、胸主动脉、腹部动脉和股动脉有无杂音，血管杂音往往表示管腔内血流紊乱，与管腔大小、血流速度、血液黏度等因素有关，提示存在血管狭窄、不完全性阻塞或者代偿性血流量增多、加快，例如肾血管性高血压、大动脉炎、主动脉狭窄、粥样斑块阻塞等。同时，还应注意有些体征常提示继发性高血压可能，如库欣面容，肾脏增大（多囊肾）或肿块，检查四肢动脉搏动等。

三、并发症

1. **靶器官的损害** 血压持续升高，可导致重要靶器官如心、脑、肾组织损害。于心，可形成高血压心脏病，最终导致充血性心力衰竭，部分患者还可并发冠状动脉粥样硬化，诱发心绞痛、心肌梗死、心力衰竭及猝死；于脑，由于长期高血压致使小动脉微动脉瘤形成及脑动脉粥样硬化，可并发急性脑血管病，包括脑出血、短暂性脑缺血、脑血栓等；于肾，早期可无表现，病情发展可出现肾功能损害，如肾动脉硬化、慢性肾衰竭等。

2. **恶性或急进型高血压** 少数患者病情急骤发展，舒张压持续≥130 mmHg，并有头痛、视力模糊、眼底出血、渗出和乳头水肿，肾脏损害突出，持续蛋白尿、血尿与管型尿。病情进展迅速，如不及时有效降压治疗，预后很差，常死于肾衰竭、脑卒中或心力衰竭。病理上以肾小动脉纤维样坏死为特征。发病机制尚不清楚，部分患者继发于严重肾动脉狭窄。

3. **高血压危象** 在高血压早期与晚期均可发生。因交感神经活动亢进，小动脉发生强烈痉挛，血压急剧上升（收缩压可达260 mmHg，可伴舒张压高达120 mmHg以上），影响重要脏器血液供应而产生危急症状，如头痛、眩晕、恶心、呕吐、心悸及视力模糊等，同时可伴有痉挛动脉（椎基底动脉、颈内动脉、视网膜动脉、冠状动脉等）累及相应的靶器官缺血症状。

4. **高血压脑病** 发生于重症高血压患者，由于过高的血压突破了脑血流自动调节范围，脑组织血流灌注过多引起脑水肿。临床表现以脑病的症状与体征为特点，表现为弥漫性严重头痛、呕吐、意识障碍、精神错乱，甚至昏迷、局灶性或全身抽搐。

【实验室及其他检查】

一、规范测量血压

血压测量是评估血压水平、诊断高血压以及观察降压疗效的主要手段，分为诊室血压、动态血压和家庭血压。诊室血压目前仍是临床诊断高血压和分级的常用方法。电子血压计测量时应注意：测定前30分钟不要吸烟、进餐、饮咖啡和剧烈运动,测定前至少安静休息5分钟,测2次相隔至少1分钟,取2次平均值。家庭血压测量,有利于了解常态下的血压水平,有利于改善高血压患者治疗的依从性及达标率。

二、常规项目

尿常规、血糖、血胆固醇、血三酰甘油、肾功能、血尿酸和心电图等。必要时可进一步检查眼底、超声心动图、血电解质、低密度脂蛋白胆固醇与高密度脂蛋白胆固醇。

三、特殊检查

为了更进一步了解高血压患者病理生理状况和靶器官结构与功能变化,评估靶器官损害情况,可以有目的地选择一些特殊检查,例如24小时动态血压监测,检查顽固难治性高血压的原因以及评估血压升高程度、短时变异和昼夜节律,指导降压治疗以及评价降压药物疗效;经颅多普勒超声对诊断脑血管痉挛、狭窄或闭塞有一定帮助;脉搏波传导速度增快是心血管事件的独立预测因素;踝/臂血压指数能有效筛查外周动脉疾病,评估心血管风险;检测24小时尿白蛋白排泄量或晨尿白蛋白/肌酐比值,微量白蛋白尿,已被证实是心血管事件的独立预测因素等。

【诊断与鉴别诊断】

一、诊断

(一)诊断标准

在未使用降压药物的情况下,非同日3次测量血压,收缩压≥140 mmHg和(或)舒张压≥90 mmHg。患者既往有高血压史,目前正在使用降压药物,血压虽然低于140/90 mmHg,也诊断为高血压。根据血压升高水平,又进一步将高血压分为1级、2级和3级。目前国内诊断标准采用2010年中国高血压联盟的诊断标准(表16-1)。

表16-1 血压水平分类和定义

分类	收缩压(mmHg)		舒张压(mmHg)
正常血压	120	和	80
正常高值	120~139	和(或)	80~89
高血压	≥140	和(或)	≥90
1级高血压(轻度)	140~159	和(或)	90~99
2级高血压(中度)	160~179	和(或)	100~109
3级高血压(重度)	≥180	和(或)	≥110
单纯收缩期高血压	≥140	和	90

注:当收缩压和舒张压分属于不同级别时,以较高的分级为准

(二)心血管风险水平分层

根据2010年中国高血压联盟公布指南,将高血压患者按心血管风险水平分为低危、中危、高危和很高危四个层次(表16-2),但对影响风险分层的内容作了部分修改,如由于糖尿病已经列为冠心病的等危症,故将糖耐量受损和(或)空腹血糖异常列为影响分层的心血管危险因素;将判定腹型肥胖的腰围标准改为:男性≥90 cm,女性≥85 cm,估算的肾小球滤过率降低[<60 ml/(min·1.73 m^2)]、颈-股动脉脉搏波速度12 m/s和踝/臂血压指数0.9等列为影响分层的靶器官损害指标。

表16-2 高血压患者心血管风险水平分层

其他危险因素和病史	1级高血压(mmHg) SBP140~159或DBP90~99	2级高血压(mmHg) SBP160~179或DBP100~109	3级高血压(mmHg) SBP≥180或DBP≥110
无	低危	中危	高危
1~2个其他危险因素	中危	中危	很高危
≥3个其他危险因素,或靶器官损害	高危	高危	很高危
临床并发症或合并糖尿病	很高危	很高危	很高危

注:SBP(systolic blood pressure):收缩压;DBP(diastolic blood pressure):舒张压

二、鉴别诊断

1. **肾实质性高血压** 包括急、慢性肾小球肾炎,糖尿病肾病、慢性肾盂肾炎,多囊肾和肾移植后等多种肾脏病变引

起的高血压,是最常见的继发性高血压,其中以肾小球肾炎多见。急性肾小球肾炎以青少年多见,有发病急,有链球菌感染病史,以水肿、血尿、蛋白尿为特点,尿常规检查可见蛋白、红细胞及管型,血压升高为一过性;慢性肾小球肾炎多由急性肾小球肾炎转变而来,有反复水肿、慢性贫血、低血浆蛋白、氮质血症、蛋白尿等,血压升高呈持续性。但是临床上有时难以将肾实质性高血压与原发性高血压伴肾脏损害区别开来。一般而言,除了恶性高血压,原发性高血压很少出现明显蛋白尿,血尿罕见,肾功能减退首先从肾小管浓缩功能开始,肾小球滤过功能仍可长期保持正常或增强,直到最后阶段才有肾小球滤过降低,血肌酐上升;肾实质性高血压往往在发现血压升高时已经有蛋白尿、血尿和贫血,肾小球滤过功能减退,肌酐清除率下降。如果条件允许,肾穿刺组织学检查有助于确立诊断。

2. 肾血管性高血压　肾血管性高血压是单侧或双侧肾动脉主干或分支狭窄引起的高血压。常见病因有多发性大动脉炎、肾动脉纤维肌性发育不良和主动脉粥样硬化,前两者主要见于青少年,后者见于老年人。凡进展迅速或突然加重的高血压,均应怀疑本症。本症大多有舒张压中、重度升高,体检时在上腹部或背部肋脊角处可闻及血管杂音。大剂量快速静脉肾盂造影、多普勒超声、放射性核素肾图有助于诊断,肾动脉造影可明确诊断并提供具体狭窄部位。分侧肾静脉肾素活性测定可预测手术治疗效果。

3. 嗜铬细胞瘤　嗜铬细胞瘤起源于肾上腺髓质、交感神经节等嗜铬组织,肿瘤间歇或持续释放过多肾上腺素、去甲肾上腺素与多巴胺。临床表现变化多端,典型的发作表现为阵发性血压升高伴心动过速、头痛、出汗、面色苍白。在发作期间可测定血或尿儿茶酚胺或其代谢产物3-甲氧基-4-羟基苦杏仁酸,如有显著增高,提示嗜铬细胞瘤。超声、放射性核素、CT或MRI等可作定位诊断。

4. 原发性醛固酮增多症　原发性醛固酮增多症是肾上腺皮质增生或肿瘤分泌过多醛固酮所致。临床上以长期高血压伴低血钾为特征,少数患者血钾正常,可伴有肌无力、周期性瘫痪、烦渴、多尿等症状。血压大多为轻、中度升高,约1/3表现为顽固性高血压。实验室检查有低血钾、高血钠、代谢性碱中毒、血浆肾素活性降低、血浆及尿醛固酮增多。血浆醛固酮/血浆肾素活性比值增大有较高诊断敏感性和特异性。超声、放射性核素、CT、MRI可确定病变性质和部位。选择性双侧肾上腺静脉血激素测定,对诊断确有困难的患者,有较高的诊断价值。

5. 皮质醇增多症　皮质醇增多症又称库欣综合征(Cushing syndrome),主要是由于促肾上腺皮质激素分泌过多导致肾上腺皮质增生或者肾上腺皮质腺瘤,引起糖皮质激素过多所致。80%患者有高血压,同时有向心性肥胖、满月脸、水牛背、皮肤紫纹、毛发增多、血糖增高等表现。24小时尿中17-羟和17-酮类固醇增多,地塞米松抑制试验和肾上腺皮质激素兴奋试验有助于诊断。颅内蝶鞍X线检查、肾上腺CT、放射性核素肾上腺扫描可确定病变部位。

6. 主动脉缩窄　主动脉缩窄多数为先天性,少数是多发性大动脉炎所致。临床表现为上臂血压增高,而下肢血压不高或降低。在肩胛间区、胸骨旁、腋部有侧支循环的动脉搏动和杂音,腹部听诊有血管杂音。胸部X线检查可见肋骨受侧支动脉侵蚀引起的切迹。主动脉造影可确定诊断。

【中医病因病机】

高血压属于中医学"眩晕"、"头痛"、"中风"等范畴。高血压早、中期或尚无并发症时,多表现为头晕、视物旋转等症状,但当高血压多年,控制不理想,伴头痛,或并发脑血管意外时,即可辨为"头痛"、"中风"。此处对眩晕进行分析。

1. 脑髓空虚,清窍失养　肾为先天之本,藏精生髓,若先天不足,肾精不充,或者年老肾亏,或久病伤肾,或房劳过度,导致肾精亏虚,不能生髓,而脑为髓之海,髓海不足,上下俱虚,而发生眩晕。或肾阴素亏,肝失所养,以致肝阴不足,阴不制阳,肝阳上亢,发为眩晕。大病久病或失血之后,虚而不复,或劳倦过度,气血衰少,气血两虚,气虚则清阳不展,血虚则脑失所养,皆能发生眩晕。《灵枢·海论》:"脑为髓之海,其输上在于其盖,下在风府……髓海有余,则轻劲多力,自过其度;髓海不足,则脑转耳鸣,胫酸眩冒,目无所见,懈怠安卧。"

2. 风火痰瘀,扰动清窍　素体阳盛,加之恼怒过度,肝阳上亢,阳升风动,发为眩晕;或长期忧郁恼怒,气郁化火,使肝阴暗耗,肝阳上亢,阳升风动,上扰清空,发为眩晕。或嗜酒肥甘,饥饱劳倦,伤于脾胃,健运失司,以致水谷不化精微,聚湿生痰,痰湿中阻,浊阴不降,引起眩晕。或头部外伤或手术后,气滞血瘀,瘀阻清窍,发为眩晕。

眩晕的病理因素以风、火、痰、瘀、虚为主,其基本病理变化,不外虚实两端。虚者为气血亏虚,肾精不足,致脑髓空虚,清窍失养;实者为风、火、痰、瘀扰动清窍。本病的病位在于头窍,其病变脏腑与肝、脾、肾三脏关系密切。病机性质为本虚标实,尤以虚证多见,故张介宾谓:"虚者居其八九"。眩晕虚证如肝肾阴虚,肝风内动,或气血亏虚,清窍失养,或肾精亏虚,脑髓失充;实证多由痰浊阻遏,升降失常,痰火气逆,上犯清窍,瘀血停着,痹阻清窍而成。由于阴虚无以制阳,或气虚则生痰酿湿等,可因虚致实,而转为本虚标实之证;另一方面,肝阳、肝火、痰浊、瘀血等实证日久,也可伤阴耗气,而转为虚实夹杂之证。中年以上眩晕由肝阳上扰、瘀血阻窍眩晕者,由于肾气渐衰,若肝肾之阴渐亏,而阳亢之势日甚,阴亏阳亢,阳化风动,血随气逆,夹痰夹火,上蒙清窍,横窜经络,可形成中风病,轻则致残,重则致命。

【中医诊断及病证鉴别】

本病多有情志内伤、饮食不节、外伤手术、体虚劳倦、久病失血过度等病史,多慢性起病,反复发作,逐渐加重。也可见急性起病者。

病证鉴别

1. 头痛　眩晕之病因多与内伤有关,其病机是虚者为髓海不足,或气血亏虚,清窍失养,实者为风、火、痰、瘀扰乱清空;其主症为昏眩,轻者闭目自止,重者如坐车船,旋转不定。头痛发病与外感六淫、饮食劳倦、情志失调,或病后体虚等有关,其病机为经脉绌急或失养,清窍不利;其主症为疼痛,以实证居多。

2. 中风　中风以猝然昏仆,不省人事,伴有口舌歪斜,半身不遂,失语;或不经昏仆,仅以歪斜不遂为特征。中风昏仆与眩晕之仆倒相似,且眩晕可为中风病先兆,但眩晕患者无半身不遂、口舌歪斜及舌强语謇等表现。

3. 厥证　厥证以突然昏仆,不省人事,或伴有四肢厥冷为特点,发作后一般在短时间内逐渐苏醒,醒后无偏瘫、失语、口舌歪斜等后遗症。严重者也可一厥不醒而死亡。眩晕发作严重者也可有眩晕欲倒的表现,但一般无昏迷不省人事的表现。

4. 痫证　痫证以突然昏仆,不省人事,口吐涎沫,两目上视,四肢抽搐,或口中如作猪羊叫声,移时苏醒,醒后一如常人,重证眩晕虽可仆倒,但无四肢抽搐、两目上视、不省人事、口吐涎沫、口中异样叫声等。

【治疗】

一、治疗思路

高血压是一种以动脉血压持续升高为特征的进行性"心血管综合征",常伴其他危险因素、靶器官损害或临床疾患,需要进行综合干预,一经确诊就必须给予长期不间断治疗。治疗前应作综合评估以便制订个体化方案,个体化制订不同高血压人群的降压目标值。西医治疗高血压的药物很多,只要正确选择、正规治疗,就能有效地控制血压,但是降压药物需要终身服用,由此引发的不良反应不容忽视。对于低、中危组的早期患者可以考虑用中医治疗,中危组后期及高危组的患者,则应给予中西医结合的方法治疗。对部分患者在有效控制血压后,血压稳定期间可予中药维持治疗以减轻西药产生的副作用。本病中医治疗原则主要是补虚而泻实,调整阴阳。虚者填精生髓,滋补肝肾;实证则以潜阳、泻火、化痰、逐瘀为主要治法,虚实夹杂,或由虚致实,或由实致虚,当扶正以祛邪,或祛邪以安正,临床分类施治当建立在辨证要点的基础上,权衡标本缓急轻重,随证论治。中西医结合治疗高血压,一方面可以有效地控制血压,另一方面还可以有效地预防靶器官损害或减缓疾病的进程,改善临床症状,提高生活质量。需注意的是,服药期间,应动态监测血压和靶器官损害情况,适时调整降压方案,同时加强对高血压危险因素的控制和辅助治疗。

二、西医治疗

原发性高血压目前尚无根治方法,但大规模临床试验证明,收缩压下降10～20 mmHg或舒张压下降5～6 mmHg,3～5年内脑卒中、心脑血管病死亡率与冠心病事件分别减少38%、20%与16%,心力衰竭减少50%以上。高血压患者发生心、脑血管并发症往往与血压高度有密切关系,且常常与其他心、脑血管病的危险因素合并存在,如肥胖、高胆固醇血症、糖尿病等,协同加重心血管危险,决定了治疗措施必须是综合性的。

（一）降压治疗对象

① 高血压2级或以上患者（>160/100 mmHg）;② 高血压合并糖尿病,或者已经有心、脑、肾靶器官损害和并发症患者;③ 凡血压持续升高,改善生活行为后,血压仍未获得有效控制患者。从心血管危险分层的角度,高危和很高危患者必须使用降压药物强化治疗。

（二）治疗目标

主要目标：高血压患者的主要治疗目标是降低心血管并发症发生与死亡的总体危险。需要治疗所有可逆性心血管危险因素、亚临床靶器官损害以及各种并存的临床疾病。

降压目标：一般高血压患者,应将血压（收缩压/舒张压）降至140/90 mmHg以下;65岁及以上的老年人的收缩压应控制在150 mmHg以下,如能耐受还可进一步降低;伴有肾脏疾病、糖尿病,或病情稳定的冠心病或脑血管病的高血压患者治疗更宜个体化,一般可以将血压降至130/80 mmHg以下。伴有严重肾脏疾病或糖尿病,或处于急性期的冠心病或脑血管病患者,应按照相关指南进行血压管理。舒张压低于60 mmHg的冠心病患者,应在密切监测血压的情况下逐渐实现降压目标。

（三）治疗策略

应全面评估患者的总体危险,并在危险分层的基础上作出治疗决策。

很高危组患者：立即对高血压及并存的危险因素和临床情况进行综合治疗。

高危组患者：立即开始对高血压及并存的危险因素和临床情况进行药物治疗。

中危组患者：先对患者的血压及其他危险因素进行为期数周的观察，评估靶器官损害情况，然后，决定是否以及何时开始药物治疗。

低危组患者：对患者进行较长时间的观察，反复测量血压，尽可能进行24小时动态血压监测，评估靶器官损害情况，然后，决定是否以及何时开始药物治疗。

（四）非药物治疗（生活方式干预）

非药物治疗主要指生活方式干预，即去除不利于身体和心理健康的行为和习惯。它不仅可以预防或延迟高血压的发生，还可以降低血压，提高降压药物的疗效，从而降低心血管风险。在任何时候，对任何高血压患者（包括正常高值血压）都适用。

主要措施包括：① 减少钠盐摄入，增加钾盐摄入：目前世界卫生组织（World Health Organization, WHO）推荐每日钠盐摄入量应少于6 g，而钾盐摄入则严重不足。② 控制体重：尽量将体重指数控制在 <25。体重降低对改善胰岛素抵抗、糖尿病、高脂血症和左心室肥厚均有益。③ 不吸烟：吸烟可导致血管内皮损害，显著增加高血压患者发生动脉粥样硬化性疾病的风险。④ 不过量饮酒：每日乙醇摄入量男性不应超过25 g；女性不应超过15 g。不提倡高血压患者饮酒，如饮酒，则应少量，如白酒、葡萄酒（或米酒）与啤酒的量分别少于50 ml、100 ml、300 ml。⑤ 体育运动：建议每天应进行适当的30分钟左右的体力活动，每周则应有1次以上的有氧体育锻炼。⑥ 减轻精神压力，保持心理平衡。

（五）药物治疗

1. **降压治疗的目的** 对高血压患者实施降压药物治疗的目的是，通过降低血压，有效预防或延迟脑卒中、心肌梗死、心力衰竭、肾功能不全等并发症发生；有效控制高血压的疾病进程，预防高血压急症、亚急症等重症高血压发生。较早进行的以舒张压（≥90 mmHg）为入选标准的降压治疗试验显示，舒张压每降低5 mmHg（收缩压降低10 mmHg），可使脑卒中和缺血性心脏病的风险分别降低40%和14%；稍后进行的单纯收缩期高血压（收缩压≥160 mmHg，舒张压<90 mmHg）降压治疗试验显示，收缩压每降低10 mmHg（舒张压每降低4 mmHg），可使脑卒中和缺血性心脏病的风险分别降低30%和23%。

2. **降压达标的方式** 将血压降低到目标水平（140/90 mmHg 以下，高风险患者130/80 mmHg，老年人收缩压150 mmHg），可以显著降低心脑血管并发症的风险。但在达到上述治疗目标后，进一步降低血压是否仍能获益，尚不确定。有研究显示，将老年糖尿病患者或冠心病患者的舒张压降低到60 mmHg 以下时，可能会增加心血管事件的风险。

应及时将血压降低到上述目标血压水平，但并非越快越好。大多数高血压患者，应根据病情在数周至数月内（而非数天）将血压逐渐降至目标水平。年轻、病程较短的高血压患者，降压速度可快一点；但老年人、病程较长或已有靶器官损害或并发症的患者，降压速度则应慢一点。

3. **降压药物治疗的时机** 高危、很高危或3级高血压患者，应立即开始降压药物治疗；确诊的2级高血压患者，应考虑开始药物治疗；1级高血压患者，可在生活方式干预数周后，血压仍≥140/90 mmHg 时，再开始降压药物治疗。

4. **降压治疗药物应用** 应遵循以下4项原则，即小剂量开始，优先选择长效制剂，联合应用及个体化。常用降压药物包括利尿剂、β受体阻滞剂、CCB、ACEI 和血管紧张素受体阻滞剂类，此外，α受体阻滞剂或其他种类降压药有时亦可应用于某些高血压人群。

（1）利尿剂：有噻嗪类、襻利尿剂和保钾利尿剂3类。降压作用主要通过排钠，减少细胞外容量，降低外周血管阻力。降压起效较平稳、缓慢，持续时间相对较长，作用持久，服药2~3周后作用达高峰。此类药物尤其适用于老年和高龄老年高血压、单独收缩期高血压或伴心力衰竭患者，也是难治性高血压的基础药物之一。其不良反应与剂量密切相关，故通常应采用小剂量。噻嗪类利尿剂可引起低血钾，长期应用者应定期监测血钾，并适量补钾。痛风者禁用；对高尿酸血症，以及明显肾功能不全者慎用，后者如需使用利尿剂，应使用襻利尿剂，如呋塞米等。保钾利尿剂如阿米洛利，醛固酮受体拮抗剂如螺内酯等有时也可用于控制血压。在利钠排水的同时不增加钾的排出，在与其他具有保钾作用的降压药如 ACEI 或 ARB 合用时，需注意发生高钾血症的危险。螺内酯长期应用有可能导致男性乳房发育等不良反应。

（2）β受体阻滞剂：有选择性（$β_1$）、非选择性（$β_1$与$β_2$）和兼有α受体阻滞3类。降压作用可能通过抑制中枢和周围的 RAAS，以及血流动力学自动调节机制。降压起效较迅速、强力，持续时间各种β受体阻滞剂有差异。β受体阻滞剂尤其适用于伴快速性心律失常、冠心病心绞痛、慢性心力衰竭、交感神经活性增高以及高动力状态的高血压患者。常见的不良反应有疲乏、肢体冷感、激动不安、胃肠不适等，还可能影响糖、脂代谢。高度心脏传导阻滞、哮喘患者为禁忌证。慢性阻塞性肺疾病、运动员、周围血管病或糖耐量异常者慎用；必要时也可慎重选用高选择性β受体阻滞剂。

长期应用者突然停药可发生反跳现象,即原有的症状加重或出现新的表现,较常见有血压反跳性升高,伴头痛、焦虑等,称为撤药综合征。常用的有美托洛尔、阿替洛尔、比索洛尔、卡维地洛、拉贝洛尔等。

(3) CCB:又称钙拮抗剂,根据药物核心分子结构和作用于 L 型钙通道不同的亚单位,CCB 分为二氢吡啶类和非二氢吡啶类,前者以硝苯地平为代表,后者有维拉帕米和地尔硫䓬。降压作用主要通过阻滞细胞外钙离子经电压依赖 L 型钙通道入血管平滑肌细胞内,减弱兴奋收缩耦联,降低阻力血管的收缩反应性。其次,CCB 还能减轻血管紧张素 II(A II)和 α_1 肾上腺素能受体的缩血管效应,减少肾小管钠重吸收。CCB 降压起效迅速,降压疗效和降压幅度相对较强,短期治疗一般能降低血压 10%～15%,剂量与疗效成正相关关系,疗效的个体差异性较小,与其他类型降压药物联合治疗能明显增强降压作用。CCB 还具有以下优势:高钠摄入不影响降压疗效;老年高血压、单纯收缩期高血压降压效果明显;非甾体抗炎药(non-steroid antiinflammatory drug,NSAID)不干扰降压作用;在嗜酒的患者也有显著降压作用;可用于合并糖尿病、冠心病或外周血管病患者;长期治疗时还具有抗动脉粥样硬化作用。常见副作用包括反射性交感神经激活导致心跳加快、面部潮红、脚踝部水肿、牙龈增生等。二氢吡啶类 CCB 没有绝对禁忌证,但心动过速与心力衰竭患者应慎用,如必须使用,则应慎重选择特定制剂,如氨氯地平。

(4) ACEI:降压作用主要通过抑制周围和组织的血管紧张素转换酶,使血管紧张素 II 生成减少,同时抑制激肽酶,使缓激肽降解减少。降压起效缓慢,逐渐增强,在 3～4 周时达最大作用。在欧美国家人群中进行了大量的大规模临床试验,结果显示此类药物对于高血压患者具有良好的靶器官保护和心血管终点事件预防作用。ACEI 单用,降压作用明确,对糖脂代谢无不良影响。限盐或加用利尿剂可增加 ACEI 的降压效应。尤其适用于伴慢性心力衰竭、心肌梗死后伴心功能不全、糖尿病肾病、非糖尿病肾病、代谢综合征、蛋白尿或微量白蛋白尿患者。最常见不良反应为持续性干咳,多见于用药初期,症状较轻者可坚持服药,不能耐受者可改用 ARB。其他不良反应有低血压、皮疹,偶见血管神经性水肿及味觉障碍。长期应用有可能导致血钾升高,应定期监测血钾和血肌酐水平(血肌酐超过 3 mg 患者使用时需谨慎)。禁忌证为双侧肾动脉狭窄、高钾血症及妊娠妇女。常用药包括卡托普利、依那普利、贝那普利、雷米普利、培哚普利等。

(5) 血管紧张素受体阻滞剂(ARB):降压作用主要通过阻滞组织的血管紧张素 II 受体亚型 AT1,更充分有效地阻断血管紧张素 II 的水钠潴留、血管收缩与重构作用。欧美国家进行了大量较大规模的临床试验研究,结果显示,ARB 可降低高血压患者心血管事件危险,降低糖尿病或肾病患者的蛋白尿及微量白蛋白尿。尤其适用于伴左室肥厚、心力衰竭、心房颤动预防、糖尿病肾病、代谢综合征、微量白蛋白尿或蛋白尿患者,以及不能耐受 ACEI 的患者。不良反应少见,偶有腹泻,长期应用可升高血钾,应注意监测血钾及肌酐水平变化。双侧肾动脉狭窄、妊娠妇女、高钾血症者禁用。

(6) α 受体阻滞剂:不作为一般高血压治疗的首选药,适用高血压伴前列腺增生患者,也用于难治性高血压患者的治疗,开始用药应在入睡前,以防体位性低血压发生,使用中注意测量坐立位血压,最好使用控释制剂。体位性低血压者禁用。心力衰竭者慎用。常用药物有哌唑嗪等。

此外,在降压药发展历史中还有一些药物,包括交感神经抑制剂(利血平、可乐定等);直接血管扩张剂(肼屈嗪等),因副作用较多,目前不主张单独使用。肾素抑制剂为一类新型降压药,其代表药为阿利吉伦,可显著降低高血压患者的血压水平,但对心脑血管事件的影响尚待大规模临床试验的评估。

(六)降压药物的合理应用

我国临床主要推荐的优化联合治疗方案是:CCB + ARB;CCB + ACEI;ARB + 噻嗪类利尿剂;ACEI + 噻嗪类利尿剂;CCB + 噻嗪类利尿剂;CCB + β 受体阻滞剂。次要推荐的可接受联合治疗方案是:利尿剂 + β 受体阻滞剂;α 受体阻滞剂 + β 受体阻滞剂;CCB + 保钾利尿剂;噻嗪类利尿剂 + 保钾利尿剂。

(七)高血压急症和亚急症的治疗

高血压急症和高血压亚急症曾被称为高血压危象。高血压急症是指原发性或继发性高血压患者,在某些诱因作用下,血压突然和显著升高(一般超过 180/120 mmHg),同时伴有进行性心、脑、肾等重要靶器官功能不全的表现。高血压急症包括高血压脑病、颅内出血(脑出血和蛛网膜下腔出血)、脑梗死、急性心力衰竭、肺水肿、急性冠状动脉综合征(不稳定型心绞痛、急性非 ST 段抬高和 ST 段抬高性心肌梗死)、主动脉夹层动脉瘤、子痫等应注意血压水平的高低与急性靶器官损害的程度并非成正比。

高血压亚急症是指血压显著升高但不伴靶器官损害。患者可以有血压明显升高造成的症状,如头痛、胸闷、鼻出血和烦躁不安等。相当多数的患者有服药顺从性不好或治疗不足。

血压升高的程度不是区别高血压急症与高血压亚急症的标准,区别两者的唯一标准是有无新近发生的急性进行性的严重靶器官损害。

1. **高血压急症的处理** 一般情况下,初始阶段(数分钟到 1 小时内)血压控制的目标为平均动脉压的降低幅度不超过治疗前水平的25%。在随后的 2～6 小时内将血压降至较安全水平,一般为 160/100 mmHg 左右,如果可耐受这样的血压水平,临床情况稳定,在以后24~48小时逐步降低血压达到正常水平。降压时需充分考虑到患者年龄、病程、血压升高的程度、靶器官损害和合并的临床状况,因人而异地制订具体的方案。如果患者为急性冠脉综合征或以前没有高血压史的高血压脑病(如急性肾小球肾炎、子痫所致等),初始目标血压水平可适当降低。若为主动脉夹层动脉瘤,在患者可以耐受的情况下,降压的目标应该低至收缩压100~110 mmHg,一般需要联合使用降压药,并要重视足量β受体阻滞剂的使用。降压的目标还要考虑靶器官特殊治疗的要求,如溶栓治疗等。一旦达到初始靶目标血压,可以开始口服药物,静脉用药逐渐减量至停用。在处理高血压急症时,要根据患者具体临床情况作其他相应处理,争取最大程度保护靶器官,并针对已经出现的靶器官损害进行治疗。

2. **高血压亚急症的处理** 对高血压亚急症患者,可在24~48小时将血压缓慢降至160/100 mmHg。没有证据说明此种情况下紧急降压治疗可以改善预后。许多高血压亚急症患者可通过口服降压药控制,如CCB、ACEI、ARB、α受体阻滞剂、β受体阻滞剂,还可根据情况应用襻利尿剂。初始治疗可以在门诊或急诊室,用药后观察5~6小时。2~3天后门诊调整剂量,此后可应用长效制剂控制至最终的靶目标血压。到急诊室就诊的高血压亚急症患者在血压初步控制后,应给予调整口服药物治疗的建议,并建议患者定期去高血压门诊调整治疗。许多患者因为不明确这一点而在急诊就诊后仍维持原来未达标的治疗方案,造成高血压亚急症的反复发生,最终导致严重的后果。具有高危因素的高血压亚急症如伴有心血管疾病的患者可以住院治疗。

3. **降压药物的选择与运用**

(1) 硝普钠:能同时直接扩张动脉和静脉,降低前后负荷。开始时以50 mg/500 ml浓度每分钟10~25 μg的速率静脉滴注,立即发挥降压作用。使用硝普钠必须密切观察血压,根据血压水平仔细调节滴注速率,稍有改变就可引起血压较大波动。停止滴注后,作用仅维持3~5分钟。硝普钠可用于各种高血压急症。在通常剂量下不良反应轻微,有恶心、呕吐、肌肉颤动。滴注部位如药物外渗,可引起局部皮肤和组织反应。硝普钠在体内红细胞中代谢产生氰化物,长期或大剂量使用应注意可能发生硫氰酸中毒,尤其在肾功能损害者。

(2) 硝酸甘油:可扩张静脉和选择性扩张冠状动脉与大动脉。开始时以每分钟5~10 μg的速率静脉滴注,然后每5~10分钟增加滴注速率至每分钟20~50 μg。降压起效迅速,停药后数分钟作用消失。硝酸甘油主要用于急性心力衰竭或急性冠脉综合征时高血压急症。不良反应有心动过速、面部潮红、头痛和呕吐等。

(3) 尼卡地平:为二氢吡啶类CCB,作用迅速,持续时间较短,降压作用同时改善脑血流量。开始时从每分钟0.5 μg/kg静脉滴注,逐步增加剂量到每分钟6 μg/kg。尼卡地平主要用于高血压危象或急性脑血管病时高血压急症。不良作用有心动过速、面部潮红等。

(4) 地尔硫䓬:为非二氢吡啶类CCB,降压同时具有改善冠状动脉血流量和控制快速性室上性心律失常作用。配制成50 mg/500 ml浓度,以每小时5~15 mg的速率静脉滴注,根据血压变化调整速率。地尔硫䓬主要用于高血压危象或急性冠脉综合征。不良作用有头痛、面部潮红等。

(5) 拉贝洛尔:兼有α受体阻滞作用的β受体阻滞剂,起效较迅速(5~10分钟),但持续时间较长(3~6小时)。开始时缓慢静脉注射50 mg,以后可以每隔15分钟重复注射,总剂量不超过300 mg,也可以每分钟0.5~2 mg的速率静脉滴注。拉贝洛尔主要用于妊娠或肾衰竭时高血压急症。不良反应有头晕、体位性低血压、心脏传导阻滞等。

(八) **特殊人群高血压的降压药物治疗**

1. **老年高血压** 老年高血压有以下临床特点:收缩压增高,脉压增大:老年单纯收缩期高血压(isolated systolic hypertension,ISH)占高血压的60%;血压波动大:血压"晨峰"现象增多,高血压合并体位性低血压和餐后低血压者增多;常见血压昼夜节律异常:血压昼夜节律异常的发生率高,表现为夜间血压下降幅度<10%(非勺型)或超过20%(超勺型),导致心、脑、肾等靶器官损害的危险增加。

对于老年高血压的治疗,试验汇总分析表明,降压治疗可使脑卒中减少40%,心血管事件减少30%;无论是收缩期或舒张期高血压,抑或是ISH,降压治疗均可降低心脑血管病的发生率及死亡率;平均降低10 mmHg收缩压和4 mmHg舒张压,卒中的危险降低30%,心血管事件和死亡率降低13%,70岁以上的老年男性、脉压增大或存在心血管合并症者获益更多。

治疗老年高血压的理想降压药物应符合以下条件:① 平稳,有效;② 安全,不良反应少;③ 服药简便,依从性好。常用的5类降压药物均可以选用。对于合并前列腺肥大或使用其他降压药而血压控制不理想的患者,α受体阻滞剂亦可以应用,同时注意防止体位性低血压等副作用。对于合并双侧颈动脉狭窄≥70%并有脑缺血症状的患者,降压治疗应慎重,不应过快、过度降低血压。

2. **儿童与青少年高血压** 儿童中血压明显升高者多为继发性高血压,肾性高血压是继发性高血压的首位病因,占继发性高血压的80%左右。随年龄增长,原发性高血压的比例逐渐升高,进入青春期的青少年高血压多为原发性。

高血压儿童如果合并下述 1 种及 1 种以上情况,则需要开始药物治疗:出现高血压临床症状,继发性高血压,出现高血压靶器官的损害,糖尿病,非药物治疗 6 个月后无效者。儿童高血压药物治疗的原则是从单一用药、小剂量开始。ACEI 或 ARB 和 CCB 在标准剂量下较少发生副作用,通常作为首选的儿科抗高血压药物;利尿剂通常作为二线抗高血压药物或与其他类型药物联合使用,解决水钠潴留及用于肾脏疾病引起的继发性高血压;其他种类药物如 α 受体阻滞剂和 β 受体阻滞剂,因为副作用的限制多用于严重高血压和联合用药。

3. **高血压伴脑卒中** 急性脑出血患者,如果收缩压 > 200 mmHg 或平均动脉压 > 150 mmHg,要考虑用持续静脉滴注积极降低血压,血压的监测频率为每 5 分钟一次。如果收缩压 > 180 mmHg 或平均动脉压 > 130 mmHg,并有疑似颅内压升高的证据者,要考虑监测颅内压,用间断或持续的静脉给药降低血压;如没有疑似颅内压升高的证据,则考虑用间断或持续的静脉给药轻度降低血压(例如,平均动脉压 110 mmHg 或目标血压为 160/90 mmHg),密切观察病情变化。

心房颤动是脑卒中的危险因素。凡是具有血栓栓塞危险因素的心房颤动患者,应按照现行指南进行抗凝治疗。有研究提示 ARB 可能有预防心房颤动及减少心房颤动患者心力衰竭住院的作用。

4. **高血压伴冠心病** 前瞻性协作研究表明,血压在(115~180)/(75~115)mmHg 范围内冠心病的危险呈持续上升的趋势,且每增加 20/10 mmHg,冠心病危险增加 1 倍。综合分析现有的大量资料,建议有稳定性冠心病、不稳定型心绞痛、非 ST 段抬高和 ST 段抬高性心肌梗死的高血压患者目标血压水平一般可为 < 130/80 mmHg,但治疗更宜个体化。如患者有闭塞性冠心病、糖尿病或年龄大于 60 岁,舒张压应维持在 60 mmHg 以上。对于老年高血压且伴脉压大的患者,降压治疗可导致很低的舒张压(< 60 mmHg)。

5. **高血压合并心力衰竭** 临床研究表明,阻断 RAAS 药物如 ACEI 或 ARB、醛固酮受体阻滞剂(螺内酯、依普利酮),以及交感神经系统阻滞剂及 β 受体阻滞剂等均对患者的长期临床结局有益,即可降低病死率和改善预后。这些药物形成了此类患者抗高血压治疗方案的主要成分。高血压伴心力衰竭患者通常需合用 2 种或 3 种降压药物。在应用利尿剂消除体内过多滞留的液体,使患者处于"干重"状态后,β 受体阻滞剂加 ACEI 或 ARB 可发挥协同的有益作用,称为优化的组合。此种组合既为抗心力衰竭治疗所必须,又可发挥良好的降压作用。RAAS 阻滞剂和 β 受体阻滞剂均应从极小剂量起始,为通常降压治疗剂量的 1/8~1/4,且应缓慢地增加剂量,直至达到抗心力衰竭治疗所需要的目标剂量或最大耐受剂量。此种最终应用的剂量往往会显著高于高血压治疗中的剂量,这在一系列心力衰竭临床试验中已得到证实。

6. **高血压伴肾脏疾病** 高血压患者如出现肾功能损害的早期表现,如微量白蛋白尿或肌酐水平轻度升高,应积极控制血压,在患者能够耐受情况下,可将血压降至 < 130/80 mmHg,必要时可联合应用 2~3 种降压药物,其中应包括一种 RAAS 阻滞剂(ACEI 或 ARB)。高血压伴慢性肾衰竭,目标血压可控制在 130/80 mmHg 以下。ACEI 或 ARB 既有降压,又有降低蛋白尿的作用,因此,对于高血压伴肾脏病患者,尤其有蛋白尿的患者,应作为首选;若肾功能显著受损如血肌酐水平 > 3.0 mg/dl,或肾小球滤过率 < 30 ml/min 或有大量蛋白尿,此时宜首先用二氢吡啶类 CCB;噻嗪类利尿药可替换成袢利尿药(如呋塞米);未透析者一般不用 ACEI 或 ARB,及噻嗪类利尿剂;可用 CCB、袢利尿剂等降压治疗。对肾脏透析患者,应密切监测血钾和肌酐水平,降压目标 < 140/90 mmHg。

7. **高血压合并糖尿病** 高血压合并糖尿病患者的收缩压每下降 10 mmHg,糖尿病相关的任何并发症风险下降 12%,死亡风险下降 15%。收缩压在 130~139 mmHg 或者舒张压在 80~89 mmHg 的糖尿病患者,可以进行不超过 3 个月的非药物治疗,包括饮食管理、减重、限制钠盐摄入、适当限酒和中等强度的规律运动。如血压不能达标,应采用药物治疗。血压 ≥ 140/90 mmHg 的患者,应在非药物治疗基础上立即开始药物治疗;伴微量白蛋白尿的患者,也应该直接使用药物治疗。首先考虑使用 ACEI 或 ARB,对肾脏有保护作用,且有改善糖、脂代谢上的好处;当需要联合用药时,也应当以其中之一为基础。亦可应用利尿剂、β 受体阻滞剂或二氢吡啶类 CCB。利尿剂和 β 受体阻滞剂宜小剂量使用,糖尿病合并高尿酸血症或痛风的患者,慎用利尿剂;反复低血糖发作的,慎用 β 受体阻滞剂,以免掩盖低血糖症状。有前列腺肥大且血压控制不佳的患者,可使用 α 受体阻滞剂。血压达标通常需要 2 个或 2 个以上的药物联合治疗。联合治疗的方案中应当包括 ACEI 或 ARB。老年糖尿病患者降压目标可适当放宽至 < 140/90 mmHg。

8. **难治性高血压** 在改善生活方式基础上,应用了足够剂量且合理的 3 种降压药物(包括利尿剂)后,血压仍在目标水平之上,或至少需要 4 种药物才能使血压达标时,称为难治性高血压(或顽固性高血压),占高血压患者的 15%~20%。顽固性高血压的处理应该建立在上述可能原因评估的基础上,大多数患者可以找到原因并加以纠正。如果依然不能控制血压,应该进一步进行血流动力学和神经激素检查。如果所有的方法都失败了,宜短时期停止药物治疗,严密监测血压,重新开始新的治疗方案,可能有助于打破血压升高的恶性循环。首先宜选用适当的联合方案:先采用 3 种药的方案,例如,ACEI 或 ARB + CCB + 噻嗪类利尿剂,或由扩血管药、减慢心率药和利尿剂组成的三药联合方案,能够针对血压升高的多种机制,体现平衡、高效降压的特点,往往可以奏效。效果仍不理想者,可再加用一种降压药如螺内酯、β受体阻滞剂、α受体阻滞剂或交感神经抑制剂。

三、中医治疗

辨证论治

1. 肝阳上亢

证候：头晕头痛，口干口苦，面红目赤，烦躁易怒，大便秘结，小便黄赤，舌质红，苔薄黄，脉弦细有力。

治法：平肝潜阳，滋补肝肾。

方药：天麻钩藤饮加减。

若肝阳化火明显者，可选用龙胆草、丹皮、菊花、夏枯草等清肝泻火；便秘者可选加大黄、芒硝以通腑泻热；眩晕剧烈，呕恶，手足麻木者，有肝阳化风之势，尤其对中年以上者，要注意是否有引发中风病的可能，可加珍珠母、生龙骨、生牡蛎等镇肝息风。

2. 痰湿内盛

证候：头晕头痛，头重如裹，胸闷作恶，呕吐痰涎，脘腹痞满，舌体胖大，边有齿痕，苔白腻，脉弦滑。

治法：燥湿祛痰，健脾和胃。

方药：半夏白术天麻汤加减。

头晕头胀，多寐，苔腻者，加藿香、佩兰、石菖蒲等醒脾化湿开窍；呕吐频繁加代赭石、竹茹和胃降逆止呕；脘闷，纳呆，腹胀者，加厚朴、白蔻仁、砂仁等理气化湿健脾；耳鸣，重听者，加葱白、郁金、石菖蒲等通阳开窍。

3. 瘀血阻窍

证候：眩晕时作，头痛如刺，经久不愈，固定不移，口唇紫黯，肌肤甲错，舌紫，脉弦细涩。

治法：活血化瘀，通窍活络。

方药：通窍活血汤加减。

若见神疲乏力，少气自汗等气虚证者，重用黄芪以补气固表，益气行血；若兼有畏寒肢冷，感寒加重者，加附子、桂枝温经活血；若天气变化加重，或当风而发，重用川芎，加防风、白芷、荆芥穗、天麻等理气祛风之品。

4. 肝肾阴虚

证候：头晕眼花，头痛耳鸣，两目干涩，咽干，盗汗，腰酸膝软，少寐多梦，舌红苔少，脉细数。

治法：滋补肝肾，平潜肝阳。

方药：左归丸加减。

若阴虚生内热，表现咽干口燥，五心烦热，潮热盗汗，舌红，脉弦细数者，可加炙鳖甲、知母、青蒿等滋阴清热；心肾不交，失眠，多梦，健忘者，加阿胶、夜交藤、酸枣仁、柏子仁等交通心肾，养心安神；若水不涵木，肝阳上亢者，可加清肝镇肝之品，如龙胆草、柴胡、天麻等。

5. 肾阳虚衰

证候：头晕眼花，头痛隐发，形寒肢冷，心悸气短，遗精阳痿，夜尿频多，大便溏薄，舌淡胖，脉沉弱。

治法：温补肾阳。

方药：肾气丸加减。

若大便溏薄者，加用四神丸以温肾之泻；小便短少，下肢浮肿者，加葶苈子以驱逐水气。

【转归、预防与调护】

高血压具有"三高"（发病率高、致残率高、死亡率高）和"三低"（知晓率低、治疗率低、控制率低）的特点，因此，必须对高血压有足够的认识和重视。一旦确诊，坚持终身服药，尽量防止及逆转靶器官的损害，减少由此带来的严重后果。一些轻度高血压患者，经适当综合治疗，可以治愈；大多数患者坚持合理用药，改变生活方式，可以改善症状，延缓并发症出现；若治疗不当，可出现脑血管意外等严重并发症，危及生命。

高血压的预防一般分为三级：一级预防是针对高危人群和整个人群，以社区为主，注重使高血压易感人群通过减轻体重、改善饮食结构、戒烟、限酒、增加体育活动等预防高血压的发生；二级预防是针对高血压患者，包括一切预防内容，并采用简便、有效、安全、价廉的药物进行治疗；三级预防是针对高血压重症的抢救，预防并发症的产生和死亡。高血压是"生活方式病"，加强对健康生活方式的宣传教育作用，注意劳逸结合，保持乐观的心态、充足的睡眠；同时也是一种"富贵病"，注意生活方式的干预，少盐、少糖、少油饮食，多吃水果和蔬菜，少摄入高热量、高脂肪食物等。

（杨思进）

第十七章
冠状动脉粥样硬化性心脏病

冠状动脉粥样硬化性心脏病(coronary atherosclerotic heart disease)指冠状动脉粥样硬化使血管腔狭窄或阻塞,或(和)因冠状动脉功能性改变(痉挛)导致心肌缺血缺氧或坏死而引起的心脏病,统称冠状动脉性心脏病(coronary heart disease),简称冠心病,亦称缺血性心脏病(ischemic heart disease)。

冠状动脉粥样硬化性心脏病是动脉粥样硬化导致器官病变的最常见类型,也是严重危害人类健康的常见病。本病出现症状或致残、致死后果多发生在40岁以后,男性发病早于女性。

由于病理解剖和病理生理变化的不同,本病有不同的临床表型。近年来比较公认的是,分急性冠脉综合征(acute coronary syndrome,ACS)和慢性冠脉病[(chronic coronaryartery disease,CAD),或称慢性缺血综合征(chronic ischemic syndrome,CIS)]两大类。前者包括不稳定型心绞痛、非ST段抬高性心肌梗死和ST段抬高性心肌梗死,也包括冠心病猝死;后者包括稳定型心绞痛、冠脉正常的心绞痛(如X综合征)、无症状性心肌缺血和缺血性心力衰竭(缺血性心肌病)。

第一节 心绞痛

心绞痛(anginapectoris)是在冠脉狭窄的基础上,由于心肌负荷的增加引起心肌急剧的、暂时的缺血与缺氧的临床综合征。其特点为阵发性的前胸压榨性疼痛或憋闷感觉,主要位于胸骨后部,可放射至心前区和左上肢尺侧,常发生于劳力负荷增加时,持续数分钟,休息或用硝酸酯制剂后消失。包括稳定型心绞痛和不稳定型心绞痛。

本病多见于40岁以上患者,男性多于女性,劳累、情绪激动、饱食、受寒、急性循环衰竭等为常见的诱因。大多数心绞痛由冠状动脉粥样硬化所致,但并不排除主动脉瓣狭窄或关闭不全、原发性肥厚型心脏病、风湿性冠状动脉炎等。

本病相当于中医学"胸痹"、"心痛"等范畴。

【病因和发病机制】

当冠状动脉的供血与心肌的需血之间发生矛盾,冠状动脉血流量不能满足心肌代谢的需要,引起心肌急剧的、暂时的缺血缺氧时,即可发生心绞痛。

心肌氧耗的多少主要由心肌张力、心肌收缩强度和心率所决定,故常用"心率^3×收缩压"(即二重乘积)作为估计心肌氧耗的指标。心肌能量的产生要求大量的氧供,心肌细胞摄取血液氧含量的65%~75%,而身体其他组织则仅摄取10%~25%。因此,心肌平时对血液中氧的吸取已接近最大量,氧供需再增加时已难从血液中更多地摄取氧,只能依靠增加冠状动脉的血流量来提供。动脉粥样硬化而致冠状动脉狭窄或部分分支闭塞时,其扩张性减弱,血流量减少,且对心肌的供血量相对地比较固定。一旦心脏负荷突然增加,如劳累、激动、左心衰等,使心肌张力增加、心肌收缩力增加和心率增快等而致心肌氧耗量增加时,心肌对血液的需求增加,而冠状动脉的供血已不能相应增加,即可引起心绞痛。

在缺血缺氧的情况下,心肌内积聚过多的代谢产物,如乳酸、丙酮酸、磷酸等酸性物质,或类似激肽的多肽类物质,刺激心脏内自主神经的传入纤维末梢,经1~5胸交感神经节和相应的脊髓段,传至大脑,产生疼痛感觉。这种痛觉反映在与自主神经进入水平相同脊髓段的脊神经所分布的区域,即胸骨后及两臂的前内侧与小指,尤其是在左侧,而多不在心脏部位。有人认为,在缺血区内富有神经供应的冠状血管的异常牵拉或收缩,可以直接产生疼痛冲动。

【病理】

稳定型心绞痛的冠状动脉造影提示,至少有1支冠状动脉直径狭窄>70%,5%~10%有左冠状动脉主干狭窄,在发生严重狭窄或阻塞,侧支循环尚未形成时,才会发生心绞痛。其余的15%患者冠状动脉无显著狭窄,心绞痛的发生可能是冠状动脉痉挛、冠状循环的小动脉病变、血红蛋白和氧的解离异常、交感神经过度活动、儿茶酚胺分泌过多或心肌代谢异常等所致。

不稳定型心绞痛与稳定型心绞痛的区别在于冠脉内不稳定的粥样斑块激发的病理改变,如斑块内出血、斑块纤维帽破裂、血小板聚集形成血栓或(和)冠状动脉痉挛,使局部心肌血流量明显下降,导致缺血性心绞痛。

心绞痛发作前期,常有血压增高、心率增快、肺动脉压和肺毛细血管压增高的变化,反映心脏和肺的顺应性减低。发作时可有左心室收缩力和收缩速度降低、射血速度减慢、左心室收缩压下降、心搏量和心排血量降低、左心室舒张末期压和血容量增加等左心室收缩和舒张功能障碍的病理生理变化。左心室壁可呈收缩不协调或部分心室壁有收缩减弱的现象。

【临床表现】

一、症状

心绞痛以发作性胸痛为主要临床表现,疼痛特点为:

1. 部位　主要在胸骨体中段或上段之后,可波及心前区,手掌大小范围,甚至横贯前胸,界限不很清楚。常放射至左肩、左臂内侧达无名指和小指,或至颈、咽或下颌部。

2. 性质　阵发、突然发生,常为压榨、发闷或紧缩性,也可烧灼感,偶伴濒死的恐惧感觉,也可仅觉胸闷不适。发作时,往往被迫停止活动,直至症状缓解。

3. 诱因　常由过度劳累、情绪激动、饱食、寒冷、吸烟、心动过速、休克等所诱发。疼痛多发生于劳力或激动的当时,而不是在一天劳累之后。典型的心绞痛常在相似的条件下重复发生,但有时同样的劳力只在早晨而不在下午引起心绞痛,提示与晨间交感神经兴奋性增高等昼夜节律变化有关。

4. 持续时间　疼痛出现后常逐步加重,然后在3~5分钟内渐消失,可数天或数星期发作一次,亦可一日内多次发作。

5. 缓解方式　一般在停止原来诱发症状的活动后即可缓解;舌下含用硝酸甘油也能在几分钟内使之缓解。

二、体征

平时一般无异常体征。心绞痛发作时常见心率增快,血压升高,表情焦虑,皮肤冷或出汗,有时出现第四或第三心音奔马律。可有暂时性心尖部收缩期杂音,是乳头肌缺血以致功能失调引起二尖瓣关闭不全所致,亦可出现第二心音逆分裂或交替脉。

【实验室及其他检查】

因心绞痛发作时间短暂,以下大多数检查均应在发作间期进行,可直接或间接反映心肌缺血。

一、心脏X线检查

心脏X线检查可无异常发现,如已伴发缺血性心肌病可见心影增大、肺充血等。

二、心电图检查

心电图检查是发现心肌缺血,诊断心绞痛最常用的检查方法。

1. 静息时心电图　约半数患者在正常范围,也可能有陈旧性心肌梗死的改变或非特异性ST段和T波异常,有时出现房室或束支传导阻滞或室性、房性期前收缩等心律失常。

2. 发作时心电图　绝大多数患者可出现暂时性心肌缺血引起的ST段移位。因心内膜下心肌更容易缺血,故常见反映心内膜下心肌缺血的ST段压低(≥0.1 mV),发作缓解后恢复。有时出现T波倒置。在平时有T波持续倒置的患者,发作时可变为直立("假性正常化")。T波改变虽然对反映心肌缺血的特异性不如ST段,但如与平时心电图比较有明显差别,也有助于诊断。

3. 心电图负荷试验　最常用的是运动负荷试验,运动可增加心脏负荷以激发心肌缺血。运动方式主要为分级活动平板或踏车,其运动强度可逐步分期升级,以前者较为常用,让受检查者迎着转动的平板就地踏步。目前国内外常用的是以达到按年龄预计可达到的最大心率或亚极量心率(85%~90%的最大心率)为负荷目标,前者称为极量运动试验,后者称为亚极量运动试验。运动中应持续监测心电改变,运动前、运动中每当运动负荷量增加一次均应记录心电图,运动终止后即刻及此后每2分钟均应重复心电图记录,直至心率恢复至运动前水平。进行心电图记录时应同步测定血压。运动中出现典型心绞痛,心电图改变主要以ST段水平型或下斜型压低≥0.1 mV(J点后60~80毫秒)持续

2分钟为运动试验阳性标准。运动中出现心绞痛、步态不稳,出现室性心动过速(接连3个以上室性期前收缩)或血压下降时,应立即停止运动。心肌梗死急性期,有不稳定型心绞痛,明显心力衰竭,严重心律失常或急性疾病者禁做运动试验。本试验有一定比例的假阳性和假阴性,单纯运动心电图阳性或阴性结果不能作为诊断或排除冠心病的依据。

4. **动态心电图** 观察心电图ST-T改变和各种心律失常,出现时间可与患者的活动和症状相对照。胸痛发作时相应时间的缺血性ST-T改变有助于确定心绞痛的诊断,心电图中显示缺血性ST-T而当时并无心绞痛者称为无痛性心肌缺血。

三、放射性核素检查

1. **^{201}Tl-心肌显像或兼做负荷试验** ^{201}Tl随冠状血流很快被正常心肌细胞所摄取。静息时铊显像所示灌注缺损主要见于心肌梗死后瘢痕部位。在冠状动脉供血不足时,则明显的灌注缺损仅见于运动后心肌缺血区。变异型心绞痛发作时心肌急性缺血区常显示特别明显的灌注缺损。

2. **放射性核素心腔造影** 应用^{99m}Tc进行体内红细胞标记,可得到心腔内血池显影。通过对心动周期中不同时相的显影图像分析,可测定LVEF及显示心肌缺血区室壁局部运动障碍。

3. **PET** 利用发射正电子的核素示踪剂进行心肌显像,判断心肌的血流灌注情况外,还可了解心肌的代谢情况。通过对心肌血流灌注和代谢显像匹配分析可准确评估心肌的活力。

四、冠状动脉造影

对诊断冠心病具有确诊价值。管腔直径减少70%~75%以上会严重影响血供,50%~70%者也有一定意义。冠状动脉造影的主要指征为:①已确诊为冠心病,药物治疗效果不佳,拟行介入性治疗或旁路移植手术;②心肌梗死后再发心绞痛或运动试验阳性者;③有胸痛病史,但症状不典型,或无心绞痛、心肌梗死病史,但心电图有缺血性ST-T改变或病理性Q波不能以其他原因解释者;④中老年患者心脏增大、心力衰竭、心律失常、疑有冠心病而无创性检查未能确诊者;⑤急性冠脉综合征拟行急诊经皮冠状动脉介入治疗(percutaneous coronary intervention,PCI)者。冠状动脉造影未见异常而疑有冠状动脉痉挛的患者,可谨慎地进行麦角新碱试验。

五、超声心动图

超声心动图可探测到缺血区心室壁的运动异常,心肌超声造影可了解心肌血流灌注。血管镜检查、冠状动脉内超声显像及多普勒检查有助于指导冠心病介入治疗时采取更恰当的治疗措施。

【诊断与鉴别诊断】

一、诊断

(一)诊断标准

根据典型心绞痛的发作特点和体征,服用硝酸甘油可缓解,结合年龄和存在的危险因素,除外其他原因所致的心绞痛,一般即可明确诊断。发作时心电图检查提示以R波为主的导联中,ST段压低,T波平坦或倒置,发作过后数分钟内逐渐恢复。心电图无改变的患者可考虑做心电图负荷试验。发作不典型者,诊断要依靠观察硝酸甘油的疗效和发作时心电图的改变,或作24小时的动态心电图连续监测。诊断有困难者可行放射性核素心肌显像、MDCT或MRI冠脉造影,如确有必要可考虑行选择性冠状动脉造影。

(二)分型

可分为稳定型心绞痛、不稳定型心绞痛两大类。

1. **稳定型心绞痛** 即稳定型劳力性心绞痛。多因过度劳累、情绪因素等增加心肌耗氧量所诱发,休息或服用硝酸甘油可迅速缓解。心绞痛发作性质在1~3个月内无改变,包括疼痛的部位、诱因程度、持续时间及缓解方式等无明显改变。

2. **不稳定型心绞痛** 包括以下亚型:

(1) 初发劳力性心绞痛:病程在2个月内新发生的心绞痛。

(2) 恶化劳力性心绞痛:病情突然加重,表现为胸痛发作次数增加,持续时间延长,诱发心绞痛的活动阈值明显减低,硝酸甘油缓解症状的作用减弱,病程在2个月内。

(3) 静息心绞痛:心绞痛发生在休息或安静状态,发作持续时间相对较长,含硝酸甘油效果欠佳,病程在1个月内。

(4) 梗死后心绞痛:指急性心肌梗死发病24小时后至1个月内发生的心绞痛。

(5) 变异性心绞痛:休息或一般活动时发生的心绞痛,发作时,心电图提示ST段暂时性抬高。

3. 心绞痛严重程度的分级　根据加拿大心血管病学会分级分为四级。

Ⅰ级：一般体力活动（如步行和登楼）不受限，仅在强、快或持续用力时发生心绞痛。

Ⅱ级：一般体力活动轻度受限，快步、饭后、寒冷或刮风中、精神应激或醒后数小时内发作心绞痛，一般情况下，平地步行200 m以上或登楼一层以上受限。

Ⅲ级：一般体力活动明显受限，一般情况下平地步行200 m，或登楼一层引起心绞痛。

Ⅳ级：轻微活动或休息时即可发生心绞痛。

二、鉴别诊断

1. 急性心肌梗死　疼痛部位与心绞痛相仿，但性质更剧烈，持续时间多超过30分钟，可长达数小时，可伴有心律失常、心力衰竭或（和）休克，含用硝酸甘油多不能使之缓解。心电图中面向梗死部位的导联ST段抬高，及（或）同时有异常Q波[非ST段抬高性心肌梗死则多表现为ST段下移及（或）T波改变]。实验室检查示白细胞计数增高，红细胞沉降率增快，心肌坏死标记物（肌红蛋白、肌钙蛋白I或T、肌酸激酶同工酶等）增高。

2. 其他疾病引起的心绞痛　严重的主动脉瓣狭窄或关闭不全、风湿性冠状动脉炎、梅毒性主动脉炎引起冠状动脉口狭窄或闭塞、肥厚型心肌病、X综合征、心肌桥等病均可引起心绞痛，要根据其他临床表现来进行鉴别。X综合征多见于女性，心电图负荷试验常阳性，但冠状动脉造影则阴性且无冠状动脉痉挛，预后良好，被认为是冠状动脉系统毛细血管舒张功能不良所致。心肌桥则指通常行走于心外膜下结缔组织中的冠状动脉，如有一段行走于心肌内，其上的一束心肌纤维即称为心肌桥。当心脏收缩时，心肌桥可挤压该动脉段足以引起远端血供减少而导致心肌缺血，加之近端血管常有粥样硬化斑块形成，遂可引起心绞痛。冠状动脉造影或冠脉内超声检查可确立诊断。

3. 肋间神经痛　前者疼痛常累及1~2个肋间，为刺痛或灼痛，多为持续性而非发作性，咳嗽、用力呼吸和身体转动可使疼痛加剧，沿神经行径处有压痛，手臂上举活动时局部有牵拉疼痛。

4. 心脏神经症　患者常诉胸痛，但为短暂（几秒钟）的刺痛或持久（几小时）的隐痛，患者常喜欢不时地吸一大口气或作叹息性呼吸。胸痛部位多在左胸乳房下心尖部附近，或经常变动。症状多在疲劳之后出现，做轻度体力活动反觉舒适，有时可耐受较重的体力活动而不发生胸痛或胸闷。含用硝酸甘油无效或在10多分钟后才"见效"，常伴有心悸、疲乏、头昏、失眠及其他神经症的症状。

5. 其他　不典型疼痛还需与反流性食管炎等食管疾病、膈疝、消化性溃疡、肠道疾病、颈椎病等相鉴别。

【中医病因病机】

本病发病多与下列因素有关。

1. 寒邪内侵　素体阳虚，胸阳不振，阴寒之邪乘虚而入，寒凝气滞，胸阳不振，血行不畅，而发本病。《素问·举痛论》："寒气入经而稽迟，泣而不行，客于脉外则血少，客于脉中则气不通，故卒然而痛。"《医门法律·中寒门》云："胸痹心痛，然总因阳虚，故阴得乘之。"

2. 饮食不节　喜肥甘厚味或过饮酒浆，日久损伤脾胃，脾失运化，酿湿生痰，上犯心胸，清阳不展，气机涩滞，心脉痹阻；或痰郁化火，炼津成痰，灼血为瘀，痰瘀交阻，痹阻心脉，而成心痛。

3. 情志失调　忧思伤脾，脾气亏虚，运化失司，痰湿内生，痰浊内阻；或痰阻气机，血行不畅，心脉痹阻；或郁怒伤肝，肝郁气滞，血脉瘀阻；或气郁化火，灼津成痰，痰瘀交结，痹阻心脉，遂发胸痹。沈金鳌《杂病源流犀烛·心病源流》认为七情除"喜之气能散外，余皆足令心气郁结而为痛也"。

4. 年老体虚　年老体衰，或先天不足，或房劳过度，久病及肾，肾气渐衰。肾为先天之本，肾阳亏虚，脾阳、心阳亦不能鼓动，血脉失于阳之温煦、气之鼓动，则血脉瘀滞；肾阴亏虚，肝阴、心阴随之亦亏，一则心脉失养，血行不畅，二则阴亏火旺，灼津为痰，痰浊上犯，心脉痹阻，则为心痛。

胸痹多由寒邪内侵、饮食不节、年老体衰等因素诱发，其基本病机关键在于胸阳痹阻，气机不畅，心脉挛急或滞塞而引发胸痹，其病位在心，但与肝、脾、肾三脏功能的失调有密切关系。因"心主血脉"，心的正常搏动，依赖心气充沛，脉管充盈及他脏的辅佐，肝主疏泄，脾主运化，肾阳的蒸化及肾精的濡养，如此，保证血脉运行通畅，周流脏腑，营养全身。病性有虚实两方面，常常为本虚标实，虚实夹杂，虚者多见气虚、阳虚、阴虚、血虚，尤以气虚、阳虚多见；实者不外气滞、寒凝、痰浊、血瘀，并可交互为患，其中又以血瘀、痰浊多见。但虚实两方面均以胸阳痹阻，气机不畅，心脉挛急或滞塞，不通则痛为病机关键。发作期以标实表现为主，血瘀、痰浊为突出，缓解期主要有心、脾、肾气血阴阳之亏虚，其中又以心气虚、心阳虚最为常见。

以上病因病机可以两者或三者并存，或错杂为患。若病情进一步发展，可见下述病变：瘀血闭阻心脉，心胸猝然大痛，而发为真心痛；心阳阻遏，心气不足，鼓动无力，而表现为心动悸，脉结代，甚至脉微欲绝；心肾阳衰，水邪泛滥，凌心射肺,而为咳喘、水肿,多为病情笃重的表现,要注意结合有关病种相互参照,辨证论治。

【中医诊断及病证鉴别】

本病多见于中年以上,常因情绪应激、气候变化、暴饮暴食、劳累过度等而诱发。亦有无明显诱因或安静时而发病者。总属本虚标实之证,辨证首先辨别虚实,分清标本。标实包括气滞、痰浊、血瘀、寒凝,本虚当区别阴、阳、气、血亏虚的不同。心痛是胸痹的主症,兼见胸胁胀满,善太息多属气滞;天阴加重,多痰涎,苔白厚腻者,多属痰浊;遇寒则发,或得冷加剧,伴有畏寒肢冷,多属寒凝心脉,诸如此类,临证当细辨。

病证鉴别

1. 胃脘痛　心在脘上,脘在心下,故有胃脘当心而痛之说,因其部位相近,极易混淆。胃脘痛部位在上腹胃脘部,局部可有压痛,以胀痛、灼痛为主,持续时间较长,常因饮食不当而诱发,并多伴有泛酸、嗳气、恶心、呕吐、纳呆、泄泻等消化系统症状。某些心肌梗死亦表现为胃痛,应予警惕。

2. 胸痹与悬饮　两者都有胸痛,但胸痹为当胸闷痛,并循经放射痛,服用芳香温通药后可缓解,而悬饮为胸胁胀痛,随呼吸、运动、转侧而加剧,常合并咳嗽、咯痰、喘息等肺系症状。结合西医学检查可鉴别。

3. 胁痛　胁痛部位以右胁部为主,可有肋缘下压痛,可合并厌油、黄疸、发热等,常因情志不舒而诱发。胆囊造影、胃镜、肝功能、淀粉酶检查等有助于鉴别。

4. 真心痛　真心痛乃胸痹的进一步发展,病情及其危重,症见心痛彻背,背痛彻心,四肢不温,面白唇紫,大汗淋漓,脉微或结代,经服芳香温通药物亦不能缓解。

【治疗】

一、治疗思路

急性期当改善冠状动脉的血供和降低心肌的耗氧,缓解临床症状;缓解期当延缓冠状动脉粥样硬化的进一步发展,预防并发症的发生。对于不稳定型心绞痛要实施监护,予以积极的抗栓治疗,必要时考虑采取介入或手术治疗。心绞痛急性发作期主要以西医治疗为主,但对轻、中症患者可采用芳香温通、活血化瘀法治疗,胸痹发作期以标实为主,治则为泻其有余,缓解期以本虚为主,治则为补其不足。针对气滞、血瘀、寒凝、痰浊而理气、活血、温通、化痰;权衡心之气、血、阴、阳之不足,有无兼见肝、脾、肾脏之亏虚,调阴阳,补气血,调整脏腑之偏衰,尤应重视补心气,温心阳;由于本病多为虚实夹杂,故要做到补虚勿忘邪实,祛实勿忘本虚,权衡标本虚实之多少,确定补泻法度之适宜。同时,西医在降血脂、稳定斑块以及防止血栓发生等方面具备一定优势,结合中医益气、化痰、祛瘀等治疗,效果更佳。只要辨证准确,中医在预防并发症以及防止再灌注损伤及介入治疗后再狭窄等方面的作用日益突显。

二、西医治疗

心绞痛急性发作期应注意休息,对不稳定型心绞痛及疑似心肌梗死先兆的患者,应注意动态监测病情变化。服用降血脂药物(如他汀类、贝特类)及抗血小板聚集药(如阿司匹林 75~100 mg/d)和给予有效的降血脂治疗可促使粥样斑块稳定,减少血栓形成,降低不稳定型心绞痛和心肌梗死的发生率,延缓冠状动脉硬化的进程,提高生活质量。

(一) 发作期治疗

休息仍不可缓解,可使用速效硝酸酯制剂。这类药物除扩张冠状动脉、降低阻力、增加冠状循环的血流量外,还通过对周围血管的扩张作用,减少静脉回流心脏的血量,减低心脏前后负荷和心肌的需氧,从而缓解心绞痛。常用药物有:① 硝酸甘油:可用 0.3~0.6 mg,置于舌下含化,1~2 分钟即开始起作用,约半小时后作用消失。易产生药物耐药性,停用 10 小时以上可恢复有效。副作用有头晕、头胀痛、头部跳动感、面红、心悸等,偶有血压下降。② 硝酸异山梨酯:可用 5~10 mg,舌下含化,2~5 分钟见效,作用维持 2~3 小时。必要时可考虑用镇静药。

(二) 缓解期治疗

注意生活方式的干预:调整日常生活与工作量;减轻精神负担;保持适当的体力活动,但以不致发生疼痛症状为度;一般不需卧床休息。药物治疗选用长效制剂,可单独选用、交替应用或联合应用。

1. β 受体阻滞剂　阻断拟交感胺类对心率和心收缩力受体的刺激作用,减慢心率,降低血压,减低心肌收缩力和氧耗量,从而减少心绞痛的发作。此外,还减低运动时血流动力的反应,使在同一运动量水平上心肌氧耗量减少;使不缺血的心肌区小动脉(阻力血管)缩小,从而使更多的血液通过极度扩张的侧支循环(输送血管)流入缺血区。用量要大。负性作用有心室射血时间延长和心脏容积增加,这虽可能使心肌缺血加重或引起心肌收缩力降低,但其使心肌氧耗量减少的良性作用远超过其负性作用。目前常用对心脏有选择性的制剂是美托洛尔,25~100 mg,每日 2 次,缓释片

95~190 mg,每日1次;阿替洛尔,12.5~25 mg,每日1次;比索洛尔,2.5~5 mg,每日1次,或用兼有α受体阻滞作用的卡维地洛,25 mg,每日2次;阿罗洛尔,10 mg,每日2次等。使用本药要注意:① 本药与硝酸酯类合用有协同作用,因而,用量应偏小,开始剂量尤其要注意减小,以免引起直立性低血压等副作用;② 停用本药时,应逐步减量,如突然停用,有诱发心肌梗死的可能;③ 低血压、支气管哮喘以及心动过缓、二度或二度以上房室传导阻滞者不宜应用。

2. 硝酸酯制剂　① 硝酸异山梨酯:每次5~20 mg,每日3次,服后半小时起作用,持续3~5小时;缓释制剂药效可维持12小时,可用20 mg,每日2次。② 5-单硝酸异山梨酯:每次20~40 mg,每日2次。③ 长效硝酸甘油制剂:服用长效片剂,硝酸甘油持续而缓缓释放,适于预防夜间心绞痛发作。

3. CCB　本类药物抑制钙离子进入细胞内,也抑制心肌细胞兴奋收缩耦联中钙离子的利用。因而,抑制心肌收缩,减少心肌氧耗;扩张冠状动脉,解除冠状动脉痉挛,改善心内膜下心肌的供血;扩张周围血管,降低动脉压,减轻心脏负荷;还降低血黏度,抗血小板聚集,改善心肌的微循环。更适于同时有高血压的患者。常用制剂有:① 维拉帕米,40~80 mg,每日3次,或缓释剂,每日240 mg,副作用有头晕、恶心、呕吐、便秘、心动过缓、PR间期延长、血压下降等。② 硝苯地平,其缓释制剂,20~40 mg,每日2次,副作用有头痛、头晕、乏力、血压下降、心率增快、水肿等,或控释剂(拜新同),30 mg,每日1次,副作用较少;氨氯地平,5~10 mg,每日1次/日等。

4. 曲美他嗪　通过抑制脂肪酸氧化和增加葡萄糖代谢,改善心肌氧的供需平衡,而治疗心肌缺血,20 mg,每日3次,饭后服。

(三) 介入手术治疗

冠心病介入治疗适应证:① 稳定型心绞痛经药物治疗后仍有症状,狭窄的血管供应中到大面积处于危险中的存活心肌的患者;② 有轻度心绞痛症状或无症状但心肌缺血的客观证据明确,狭窄病变显著,病变血管供应中到大面积存活心肌的患者;③ 介入治疗后心绞痛复发,管腔再狭窄者;④ 急性ST段抬高性心肌梗死发病12小时内;或发病12~24小时以内,并且有严重心力衰竭和(或)血流动力学或心电不稳定和(或)有持续严重心肌缺血证据者,可行急诊PCI;⑤ 主动脉-冠状动脉旁路移植术后复发心绞痛的患者,包括扩张旁路移植血管的狭窄处、吻合口远端的病变或冠状动脉新发生的病变;⑥ 不稳定型心绞痛经积极药物治疗,病情未能稳定;心绞痛发作时心电图ST段压低>1 mm、持续时间>20分钟,或血肌钙蛋白升高的患者。

1. 经皮冠状动脉腔内成形术(percutaneous transluminal coronary angioplasty, PTCA)　经皮穿刺周围动脉将带球囊的导管送入冠状动脉到达狭窄节段,扩张球囊使狭窄管腔扩大,其主要作用机制为球囊扩张时:① 斑块被压回管壁;② 斑块局部表面破裂;③ 偏心性斑块处的无病变血管壁伸展。

2. 冠状动脉内支架植入术　将以不锈钢或合金材料刻制或绕制成管状而其管壁呈网状带有间隙的支架(裸支架),置入冠状动脉内已经或未经PTCA扩张的狭窄节段支撑血管壁,维持血流畅通,是弥补PTCA的不足特别是减少术后再狭窄发生率的PCI。其作用机制为支架植入后满意的结果是所有支架的网状管壁完全紧贴血管壁,支架管腔均匀地扩张,血流畅通,可减少PTCA后的血管壁弹性回缩,并封闭PTCA时可能产生的夹层,可使术后残余狭窄程度降低到20%以下。

3. PCI术前、术后处理　PCI术前需做碘过敏试验,查血小板计数、出凝血时间、凝血酶原时间、肝肾功能、电解质。择期手术者,术前禁食4~6小时,术前3~5天开始服用氯吡格雷75 mg/d,阿司匹林100~150 mg/d;如为急诊手术,术前未用抗凝药者,应于术前嚼服阿司匹林300 mg,口服氯吡格雷300 mg。术中常规使用肝素抗凝,急诊PCI时有时需加用血小板糖蛋白Ⅱb/Ⅲa受体拮抗剂,以抑制血小板聚集。术中及术后鞘管拔出前应检测活化凝血时间。鞘管拔出后局部压迫止血15~20分钟,如无出血则可加压包扎,包扎后仍应密切观察,防止局部出血。PCI术后应终身口服阿司匹林100~150 mg/d;口服氯吡格雷75 mg/d,植入裸支架者服用1个月,植入药物洗脱支架者应坚持服用9~12个月。单纯行PTCA者,可不用氯吡格雷。

(四) 不稳定型心绞痛的处理

不稳定型心绞痛发作时,及时进行危险度分层,动态监测病情变化。绝对卧床休息,及时清除呼吸道分泌物,心电监测,吸氧,维持血氧饱和度达到90%以上,烦躁不安、剧烈疼痛者可给予吗啡5~10 mg,皮下注射。动态监测心肌坏死标记物、心电图等变化。

1. 缓解疼痛　硝酸甘油或硝酸异山梨酯持续静脉滴注或微泵输注,以10 μg/min开始,每3~5分钟增加10 μg/min,直至症状缓解或出现血压下降。硝酸酯类制剂静脉滴注疗效不佳,而无低血压等禁忌证者,应及早开始用β受体阻滞剂,口服β受体阻滞剂的剂量应个体化。少数情况下,如伴血压明显升高、心率增快者可静脉滴注艾司洛尔250 μg/(kg·min),停药后20分钟内作用消失。治疗变异型心绞痛以CCB的疗效最好。本类药也可与硝酸酯同服,其中硝苯地平尚可与β受体阻滞剂同服。停用这些药时,宜逐渐减量然后停服,以免诱发冠状动脉痉挛。

2. 抗血小板聚集和抗凝药　阿司匹林、氯吡格雷和肝素(包括低分子量肝素)是不稳定型心绞痛(unstable angina,

UA)中的重要治疗措施,其目的在于防止血栓形成,阻止病情向心肌梗死方向发展,溶栓药物有促发心肌梗死的危险,不推荐应用。

对于个别病情极严重者,保守治疗效果不佳,心绞痛发作时,ST段压低>1mm,持续时间>20min,或血肌钙蛋白升高者,在有条件的医院可行急诊冠脉造影,考虑PCI治疗。

不稳定型心绞痛经治疗病情稳定,出院后应继续强调抗凝和调脂治疗,特别是他汀类药物的应用,这有助于稳定斑块,延缓病情发生。

三、中医治疗

辨证论治

1. 阴寒凝滞

证候:多因气候骤冷而发或加重,猝然心痛如绞,或心痛彻背,背痛彻心,或感寒痛甚,形寒肢冷,冷汗自出,苔薄白,脉沉紧。

治法:辛温通阳,开痹散寒。

方药:枳实薤白桂枝汤合当归四逆汤。

疼痛较著者可加延胡索、郁金活血理气定痛;若疼痛剧烈,心痛彻背,背痛彻心,伴有身寒肢冷,为阴寒盛极,胸痹重证,治以温阳逐寒止痛,方用乌头赤石脂丸,或即刻含化麝香保心丸芳香开窍。

2. 气滞心胸

证候:憋闷不适,隐痛阵发,痛无定处,时欲太息,与情志变化有关,得嗳气或矢气则舒,苔薄或薄腻,脉细弦。

治法:疏肝理气,活血通络。

方药:柴胡疏肝散。

若见脘腹胀满,嗳气者,予以厚朴、木香、佛手、代赭石之品;若气郁化火,心烦易怒,口干,便秘,舌红苔黄,脉数者,用丹栀逍遥散加减;如兼偶心胸刺痛,为气滞血瘀之象,可合用失笑散或桃红四物汤,以增强活血行瘀,散结止痛之作用。

3. 痰浊内阻

证候:心胸憋闷不适,四肢困重,形体肥胖,痰多气短,遇阴雨天而易发作或加重,伴有倦怠乏力,纳呆便溏,口黏,咯吐痰涎,苔白腻或白滑,脉滑。

治法:通阳泄浊,豁痰宣痹。

方药:瓜蒌薤白半夏汤合涤痰汤。

若痰色黄,质黏稠,苔黄腻,脉滑数,为痰浊郁而化热之象,用黄连温胆汤清热化痰;痰浊闭阻甚者可酌情选用天竺黄、天南星、半夏、瓜蒌、竹茹、苍术、桔梗、莱菔子、浙贝母等化痰散结之品。

4. 心血瘀阻

证候:胸痛如锥刺,痛有定处,甚则心痛彻背,背痛彻心,或痛引肩背,日轻夜重,舌黯红,或紫黯,有瘀斑,舌下瘀筋,苔薄,脉涩或结、代、促。

治法:活血化瘀,通脉止痛。

方药:血府逐瘀汤。

若瘀血证明显者,选用三七、川芎、丹参、当归、红花、桃仁、益母草、水蛭、王不留行、三棱、莪术等活血化瘀药物;兼寒证者加细辛、桂枝等温通散寒;兼气滞者可加青皮、枳实理气止痛。

5. 气阴两虚

证候:胸闷隐痛,时作时止,心悸心烦,疲乏气短,动则尤甚,或手足心热,舌质淡红,苔薄白,脉细弱缓。

治法:益气养阴,活血通脉。

方药:生脉散合人参养荣汤。

偏于气虚者重用黄芪、党参;阴虚甚者选用炙甘草汤加减;症见心悸,失眠,烦躁不安者,加龙骨、牡蛎、夜交藤、珍珠母、栀子之品。

6. 心肾阴虚

证候:心胸疼痛时作,或灼痛,或隐痛,心悸怔忡,五心烦热,口燥咽干,潮热盗汗,腰膝酸软,头晕耳鸣,舌红少津,苔薄或剥,脉细数或结代。

治法:滋补益肾,养心安神。

方药:左归丸。

若阴虚阳亢,风阳上扰,加珍珠母、磁石、石决明等重镇潜阳之品,或用羚羊钩藤汤加减。如心肾真阴欲竭,当用大剂西洋参、鲜生地、石斛、麦冬、山萸肉等急救真阴,并佐用生牡蛎、乌梅肉、五味子等酸甘化阴且敛其阴。

7. 心肾阳虚

证候:心胸闷痛,心悸怔忡,畏寒肢冷,下肢浮肿,唇甲淡白,腰膝无力,舌淡白或紫黯,苔白,脉沉细或沉微欲绝。

治法:益气壮阳,温络止痛。

方药:参附汤合金匮肾气丸。

若心肾阳虚,虚阳欲脱厥逆者,用四逆加人参汤温阳益气,回阳救逆。若见大汗淋漓,脉微欲绝等亡阳证,应用参附龙牡汤,并加用大剂山萸肉以温阳益气,回阳固脱。

【转归、预防与调护】

大多数心绞痛患者预后良好,但随时有发生急性心肌梗死和猝死的风险。不稳定型心绞痛急性发作,伴发室性心律失常或传导阻滞者预后较差,但决定预后的主要因素为冠状动脉的病变范围和心功能代偿情况。

对冠心病的二级预防包括 A、B、C、D、E 5 个方面:

A. aspirin:抗血小板聚集(或氯吡格雷,噻氯匹定);anti-anginal therapy:抗心绞痛治疗,硝酸酯类制剂。

B. beta-blocker:预防心律失常,减轻心脏负荷等;blood pressure control:控制好血压。

C. cholesterol lowing:控制血脂水平;cigarettes quiting:戒烟。

D. diet control:控制饮食;diabetes treatment:治疗糖尿病。

E. education:普及有关冠心病的教育,包括患者及其家属;exercise:鼓励有计划的、适当的运动锻炼。

调护应注意保证心情舒畅,适度运动,保持健康的生活方式,戒烟限酒,避免膏粱厚味,注意对危险因素的及早干预、诊疗和避免各种诱因的触发。

第二节 心 肌 梗 死

心肌梗死(myocardial infarction,MI)是在冠状动脉病变的基础上,冠状动脉血供急剧减少或中断,使相应的心肌严重而持久地急性缺血导致心肌坏死。急性心肌梗死(acute myocardial infarction,AMI)临床表现有持久的胸骨后剧烈疼痛、发热,白细胞计数和血清心肌坏死标记物增高以及心电图进行性改变;可发生心律失常、休克或心力衰竭,属急性冠脉综合征的严重类型。

本病与中医学的"真心痛"相类似,亦可归属于"胸痹"、"心悸"、"脱证"等范畴。

【病因和发病机制】

基本病因是冠状动脉粥样硬化,造成一支或多支血管管腔狭窄和心肌血供不足,而侧支循环未充分建立。在此基础上,一旦血供急剧减少或中断,使心肌严重而持久地急性缺血达 20~30 分钟以上,即可发生 AMI。

大量的研究已证明,绝大多数的 AMI 是由于不稳定的粥样斑块溃破,继而出血和管腔内血栓形成,而使管腔闭塞。少数情况下,粥样斑块内或其下发生出血或血管持续痉挛,也可使冠状动脉完全闭塞。

促使斑块破裂出血及血栓形成的诱因有:① 早晨起床后:交感神经活动增加,机体应激反应性增强,心肌收缩力、心率、血压增高,冠状动脉张力增高;② 餐后:血脂增高,血黏稠度增高;③ 心脏负荷增大:重体力活动、情绪过分激动、血压剧升或用力大便时;④ 休克、脱水、出血、外科手术或严重心律失常,致心排血量骤降,冠状动脉灌流量锐减。AMI 后发生的严重心律失常、休克或心力衰竭,均可使冠状动脉灌流量进一步降低,心肌坏死范围扩大。

【病理】

绝大多数 AMI 患者冠脉内可见在粥样斑块的基础上有血栓形成,使管腔闭塞,但是梗死的发生与原来冠状动脉受粥样硬化病变累及的支数及其所造成管腔狭窄程度之间未必成平行关系。

冠状动脉闭塞后 20~30 分钟,受其供血的心肌即有少数坏死,开始了 AMI 的病理过程。1~2 小时之间绝大部分心肌呈凝固性坏死,心肌间质充血、水肿,伴多量炎症细胞浸润。以后,坏死的心肌纤维逐渐溶解,形成肌溶灶,随后渐有肉芽组织形成。大块的梗死累及心室壁的全层或大部分者常见,心电图上相继出现 ST 段抬高和 T 波倒置、Q 波,称为 Q 波性心肌梗死,或称为透壁性心肌梗死,是临床上常见的典型 AMI。它可波及心包引起心包炎症;波及心内膜诱致心室腔内附壁血栓形成。当冠状动脉闭塞不完全或自行再通形成小范围心肌梗死呈灶性分布,急性期心电图上仍有 ST 段抬高,但不出现 Q 波者,称为非 Q 波性 MI,较少见。血栓坏死仅累及心室壁的内层,不到心室壁厚度的一半伴有 ST 段压低或 T 波变化,心肌坏死标记物增高者过去称为心内膜下心肌梗死,现已归类为非 ST 段抬高性心肌梗死。

继发性病理变化有:在心腔内压力的作用下,坏死心壁向外膨出,可产生心脏破裂(心室游离壁破裂、心室间隔穿孔或乳头肌断裂)或逐渐形成心室壁瘤。坏死组织 1~2 周后开始吸收,并逐渐纤维化,在 6~8 周形成瘢痕愈合,称为陈旧性或愈合性心肌梗死。

左心室舒张和收缩功能障碍的发生,其严重度和持续时间取决于梗死的部位、程度和范围。急性大面积心肌梗死者,可发生泵衰竭、心源性休克或急性肺水肿。右心室梗死在心肌梗死患者中少见,其主要病理生理改变是急性右心衰的血流动力学变化,右心房压力增高,高于左心室舒张末期压,心排血量减低,血压下降。

心室重塑作为心肌梗死的后续改变,表现为左心室体积增大、形状改变及梗死节段心肌变薄和非梗死节段心肌增厚,在心肌梗死急性期后的治疗中要注意对心室重塑的干预。

【临床表现】

临床表现与梗死的大小、部位、侧支循环情况密切有关。

一、先兆

50%~81.2% 患者在发病前数日有乏力,胸部不适,活动时心悸、气急、烦躁、心绞痛等前驱症状,其中以新发生心绞痛(初发型心绞痛)或原有心绞痛加重(恶化型心绞痛)为最突出。心绞痛发作较以往频繁、程度较剧、持续较久、硝酸甘油疗效差、诱发因素不明显。同时心电图示,ST 段一时性明显抬高(变异型心绞痛)或压低,T 波倒置或增高("假性正常化"),即前述不稳定型心绞痛情况,如及时住院处理,可使部分患者避免发生心肌梗死。

二、症状

1. 疼痛 是最先出现的症状,多发生于清晨,疼痛部位和性质与心绞痛相同,但诱因多不明显,且常发生于安静时,程度较重,持续时间较长,可达数小时或更长,休息和含用硝酸甘油片多不能缓解。患者常烦躁不安,出汗,恐惧,胸闷或有濒死感。少数患者无疼痛,一开始即表现为休克或急性心力衰竭。部分患者疼痛位于上腹部,被误认为胃穿孔、急性胰腺炎等急腹症;部分患者疼痛放射到下颌、颈部、背部上方,被误认为骨关节痛。

2. 全身症状 有发热、心动过速、白细胞增高和红细胞沉降率增快等,由坏死物质被吸收所引起。一般在疼痛发生后 24~48 小时出现,程度与梗死范围常成正相关,体温一般在 38℃ 左右,很少达到 39℃,持续约 1 周。

3. 胃肠道症状 疼痛剧烈时常伴有频繁的恶心、呕吐和上腹胀痛,与迷走神经受坏死心肌刺激和心排血量降低组织灌注不足等有关。

4. 心律失常 见于 75%~95% 的患者,多发生在起病 1~2 天,而以 24 小时内最多见,可伴乏力、头晕、晕厥等症状。各种心律失常中以室性心律失常最多,尤其是室性期前收缩,如室性期前收缩频发(每分钟 5 次以上),成对出现或呈短阵室性心动过速,多源性或落在前一心搏的易损期时(R 在 T 波上),常为心室颤动的先兆。心室颤动是 AMI 早期,特别是入院前的主要死因。房室传导阻滞和束支传导阻滞也较多见,室上性心律失常则较少,多发生在心力衰竭者中。前壁心肌梗死如发生房室传导阻滞,则表明梗死范围广泛,情况严重。

5. 低血压和休克 疼痛期中血压下降常见,未必是休克。如疼痛缓解而收缩压仍低于 80 mmHg,有烦躁不安,面色苍白,皮肤湿冷,脉细而快,大汗淋漓,尿量减少(<20 ml/h),神志迟钝,甚至晕厥者,则为休克表现。休克多在起病后数小时至数日内发生,见于约 20% 的患者,主要是心源性,为心肌广泛(40% 以上)坏死,心排血量急剧下降所致,神经反射引起的周围血管扩张属次要,有些患者尚有血容量不足的因素参与。

6. 心力衰竭 主要是急性左心衰,可在起病最初几天内发生,或在疼痛、休克好转阶段出现,为梗死后心脏舒缩力显著减弱或不协调所致,发生率为 32%~48%。出现呼吸困难、咳嗽、发绀、烦躁等症状,严重者可发生肺水肿,随后可有颈静脉怒张、肝大、水肿等右心衰表现。右心室心肌梗死可一开始即出现右心衰表现,伴血压下降。

AMI 引起的心力衰竭称为泵衰竭。心源性休克是泵衰竭的严重阶段。但如兼有肺水肿和心源性休克则情况最严重。

三、体征

心脏体征 梗死范围不大、无并发症者可无异常体征。部分患者可出现心脏浊音界轻至中度增大,心尖区第一心音减弱,奔马律,心尖区可出现粗糙的收缩期杂音或伴收缩中晚期喀喇音等。早期血压可增高,几乎所有患者都有血压降低。可出现与心律失常、休克或心力衰竭相关的其他体征。

四、并发症

1. 乳头肌功能失调或断裂 发生率可高达 50%。二尖瓣乳头肌因缺血、坏死等使收缩功能发生障碍,造成不同程度的二尖瓣脱垂并关闭不全,心尖区出现收缩中晚期喀喇音和吹风样收缩期杂音,第一心音可不减弱,可引起心力衰竭。轻症者,可以恢复,其杂音可消失。乳头肌整体断裂极少见,多发生在二尖瓣后乳头肌,见于下壁心肌梗死,心力衰竭明显,可迅速发生肺水肿,在数日内死亡。

2. 心脏破裂　少见,常在起病1周内出现,多为心室游离壁破裂,造成心包积血引起急性心脏压塞而猝死。偶为心室间隔破裂造成穿孔,在胸骨左缘第3~4肋间出现响亮的收缩期杂音,常伴有震颤,可引起心力衰竭和休克,而在数日内死亡。心脏破裂也可为亚急性,患者能存活数月。

3. 栓塞　发生率为1%~6%,见于起病后1~2周,可为左心室附壁血栓脱落所致,引起脑、肾、脾或四肢等动脉栓塞。也可因下肢静脉血栓部分脱落所致,则产生肺动脉栓塞。

4. 心室壁瘤　亦称室壁瘤,主要见于左心室,发生率为5%~20%。查体可见左侧心界扩大,伴收缩期杂音。心电图ST段持续抬高。

5. 心肌梗死后综合征　发生率约为10%。于心肌梗死后数周至数月内出现,可反复发生,表现为心包炎、胸膜炎或肺炎,有发热、胸痛等症状,可能为机体对坏死物质的过敏反应。

【实验室及其他检查】

一、心电图

心肌梗死典型的心电图有特征性改变,成动态演变过程,对心肌梗死的诊断、定位、估计病情演变和预后都有帮助。

1. 特征性改变

(1) ST段抬高性心肌梗死

1) ST段抬高,呈弓背向上型,在面向坏死区周围心肌损伤区的导联上出现。

2) 宽而深的Q波(病理性Q波),在面向透壁心肌坏死区的导联上出现。

3) T波倒置,在面向损伤区周围心肌缺血区的导联上出现。在背向心肌梗死区的导联则出现相反的改变,即R波增高、ST段压低和T波直立并增高。

(2) 非ST段抬高性心肌梗死

1) 无病理性Q波,有普遍性ST段压低≥0.1mV,但aVR导联(有时还有V_1导联)ST段抬高,或有对称性T波倒置为心内膜下心肌梗死所致。

2) 无病理性Q波,也无ST段变化,仅有T波倒置改变。

2. 心电图动态性改变

(1) ST段抬高性心肌梗死

1) 起病数小时内,可尚无异常或出现异常高大不对称的T波,为超急性期改变。

2) 数小时后,ST段明显抬高,弓背向上,与直立的T波连接,形成单相曲线。数小时至2日内出现病理性Q波,同时R波减低,是为急性期改变,Q波在3~4天内稳定不变,以后70%~80%永久存在。

3) 在早期如不进行治疗干预,ST段抬高持续数日至2周,逐渐回到基线水平,T波则变为平坦或倒置,是为亚急性期改变。

4) 数周至数月后,T波呈V形倒置,对称,波谷尖锐,是为慢性期改变。T波倒置可永久存在,也可在数月至数年内逐渐恢复。

(2) 非ST抬高性心肌梗死:上述的类型1)先是ST段普遍压低(除aVR,有时V_1导联外),继而T波倒置加深呈对称型。ST段和T波的改变持续数日或数周后恢复。类型2)T波改变在1~6个月内恢复。

3. 定位诊断　心电图上心肌梗死部位的诊断一般主要根据坏死型图形(异常Q波或QS波)出现于哪些导联而作出定位判断。发生心肌梗死的部位多与冠状动脉分支的供血区域相关,因此,心电图的定位基本上与病理一致。前间壁梗死时,V_1~V_3导联出现异常QS波或Q波;前壁心肌梗死时,异常Q波主要出现在V_3、V_4(V_5)导联;侧壁心肌梗死时,在Ⅰ、aVL、V_5、V_6导联出现异常Q波;如异常Q波仅出现在V_5、V_6导联,称为前侧壁心肌梗死,如异常Q波仅出现在Ⅰ、aVL导联,称为高侧壁心肌梗死;下壁心肌梗死时,在Ⅱ、Ⅲ、aVF导联出现异常Q波或QS波;后壁心肌梗死时,V_7、V_8、V_9导联记录到异常Q波或QS波,而与正后壁导联相对应的V_1、V_2导联出现R波增高、S-T段压低及T波增高。如果大部分胸导联或所有胸导联(V_1~V_6)都出现异常Q波或QS波,则称为广泛前壁心肌梗死。

二、超声心电图

二维和M型超声心动图也有助于了解心室壁的运动和左心室功能,诊断室壁瘤和乳头肌功能失调等。

三、放射性核素检查

目前多用单光子发射计算机断层显像(SPECT)来检查,新的方法PET可观察心肌的代谢变化,用以判断心肌的死活可能效果更好。

四、心肌坏死标志物

心肌损伤标记物增高水平与心肌梗死范围及预后明显相关。① 肌红蛋白起病后2小时内升高,12小时内达高峰;24～48小时内恢复正常。② 肌钙蛋白I(cTnI)或肌钙蛋白T(cTnT)起病3～4小时后升高,肌钙蛋白I于11～24小时达高峰,7～10天降至正常,肌钙蛋白T于24～48小时达高峰,10～14天降至正常。这些心肌结构蛋白含量的增高是诊断心肌梗死的敏感指标。③ 肌酸激酶同工酶升高,在起病后4小时内增高,16～24小时达高峰,3～4天恢复正常,其增高的程度能较准确地反映梗死的范围,其高峰出现时间是否提前有助于判断溶栓治疗是否成功。对心肌坏死标记物的测定应进行综合评价,如肌红蛋白在AMI后出现最早,也十分敏感,但特异性不很强;肌钙蛋白I和肌钙蛋白T出现稍延迟,而特异性很高,在症状出现后6小时内测定为阴性,则6小时后应再复查,其缺点是持续时间可长达10～14天,对在此期间出现胸痛,判断是否有新的梗死不利。肌酸激酶同工酶虽不如肌钙蛋白I、肌钙蛋白T敏感,但对早期(<4小时)AMI的诊断有较重要价值。

此外,肌酸激酶、天门冬氨酸氨基转移酶和乳酸脱氢酶,其特异性及敏感性不强,但仍有参考价值。

【诊断与鉴别诊断】

一、诊断

诊断必须至少具备下列3条标准中的2条:① 缺血性胸痛的临床病史;② 心电图的动态演变;③ 心肌坏死标记物浓度的动态改变。对诊断不明确者,应在短期内动态进行心电图、心肌酶类的监测。

二、鉴别诊断

1. **心绞痛** 心绞痛时胸痛的部位和性质与心肌梗死相似,但程度较轻,持续时间短,一般不超过15分钟,发作前有诱因,休息和含服硝酸甘油能迅速缓解。结合心电图、心肌坏死标志物、放射性核素检查、冠状动脉造影等可帮助鉴别。

2. **急性心包炎** 急性心包炎与心肌梗死都有较剧烈而持久的心前区疼痛,但心包炎的疼痛与发热同时出现,呼吸和咳嗽时加重,早期即有心包摩擦音,且全身症状一般不如心肌梗死严重;心电图除aVR外,其余导联均有ST段弓背向下的抬高,T波倒置,无异常Q波出现。

3. **急性肺动脉栓塞** 急性肺动脉栓塞可发生胸痛、咯血、呼吸困难和休克,有右心负荷急剧增加的表现,如发绀、肺动脉瓣区第二心音亢进、右心衰体征。结合心电图、动脉造影等可资鉴别。

4. **急腹症** 急性胰腺炎、消化性溃疡穿孔、急性胆囊炎、胆石症等,均有上腹部疼痛,可能伴休克。仔细询问病史,作体格检查、心电图检查、血清心肌酶和肌钙蛋白测定可协助鉴别。

【中医病因病机】

本病是在胸痹的基础上进一步发展而来的,病因与胸痹相似,与寒邪内侵、饮食不节、情志内伤、年老体衰等因素有关。

年过半百,肾气自半,精血渐衰,气血阴阳不足,心脉失养,加之饮食不节、情志内伤,导致寒凝气滞,痰浊内生,瘀阻心脉,在情绪激动、饱餐、寒冷刺激等诱因作用下,使心脉痹阻,气血运行中断,则发为真心痛。

本病基本病机为心脉痹阻,心失所养。病位在心,与肝、脾、肾相关。发病基础是本虚,标实是发病条件。本虚为气虚、阳虚、阴虚,以心气虚为主;标实为寒凝、气滞、血瘀、痰浊,尤血瘀为主。本病本虚、标实均较胸痹更为突出,病情凶险,易生他变,预后提示不良。若心肾阳虚,水饮内停,凌心射肺,症见心悸、喘促不得卧;若心气心阳耗损至极,可出现亡阳厥脱,亡阴厥脱,或阴阳俱脱,最终导致阴阳离决。

【中医诊断及病证鉴别】

一、诊断

(1) 患者以剧烈而持久的胸骨后疼痛,胸痛彻背,背痛彻胸为主症。

(2) 病发突然,发作时伴心悸、水肿、喘促、面色苍白、四肢厥冷等症状。

(3) 病史:既往可有胸痹史,亦可无,病发前常有寒冷刺激、情志过激等诱因。

二、病证鉴别

真心痛与胸痹　真心痛为心痛的重证,程度重,持续时间长,服用芳香温通类药物不可缓解,病情危笃,通过心电图及心肌酶谱等变化,可资鉴别。

【治疗】

一、治疗思路

本病是临床急危重症,治疗上必须争分夺秒,尽早实施再灌注治疗(溶栓、介入和冠脉搭桥术等),复通梗死相关血管,能降低病死率,改善预后。急性期应予以西医治疗,中医辨证论治在防治并发症、保护心功能、改善症状等方面有一定优势,所以,中西医结合是最佳的治疗策略。

二、西医治疗

对 ST 段抬高的 AMI,强调及早发现,及早住院,并加强住院前的就地处理。治疗原则是尽快恢复心肌的血液灌注(到达医院后 30 分钟内开始溶栓或 90 分钟内开始介入治疗)以挽救濒死的心肌,防止梗死扩大或缩小心肌缺血范围,保护和维持心脏功能,及时处理严重心律失常、泵衰竭和各种并发症,防止猝死,使患者不但能渡过急性期,且康复后还能保持尽可能多的有功能的心肌。

（一）一般治疗

急性期绝对卧床休息,建立静脉通道,心电监护,吸氧,生命体征监测等,加强护理,给予流质、半流质饮食,保持大便通畅。无禁忌证者即服水溶性阿司匹林或嚼服肠溶阿司匹林 150～300 mg,然后每日 1 次,3 日后改为 75～150 mg,每日 1 次,长期服用。注意纠正水、电解质及酸碱平衡失调,营养治疗等其他治疗。

（二）再灌注治疗

起病 3～6 小时最多在 12 小时内,使闭塞的冠状动脉再通,心肌得到再灌注,濒临坏死的心肌可能得以存活或使坏死范围缩小,减轻梗死后心肌重塑,预后改善,是一种积极的治疗措施。

1. 介入治疗

（1）直接 PCI：适应证为：① ST 段抬高和新出现左束支传导阻滞(影响 ST 段的分析)的心肌梗死；② ST 段抬高性心肌梗死并发心源性休克；③ 适合再灌注治疗而有溶栓治疗禁忌证者；④ 非 ST 段抬高性心肌梗死,但梗死相关动脉严重狭窄,血流≤血流分级(thrombolysis in myocardial infarction, TIMI) Ⅱ级。应注意：① 发病 12 小时以上不宜施行 PCI；② 不宜对非梗死相关的动脉施行 PCI；③ 要由有经验者施术,以避免延误时机。有心源性休克者宜先行主动脉内球囊反搏术,待血压稳定后再施术。

（2）补救性 PCI：溶栓治疗后仍有明显胸痛,抬高的 ST 段无明显降低者,应尽快进行冠状动脉造影,提示相关动脉未再通,宜立即施行补救性 PCI。

（3）溶栓治疗再通者的 PCI：溶栓治疗成功的患者,如无缺血复发表现,可在 7～10 天后行冠状动脉造影,如残留的狭窄病变适宜于 PCI,可行 PCI 治疗。

2. 溶栓疗法

（1）适应证：① 2 个或 2 个以上相邻导联 ST 段抬高(胸导联≥0.2 mV,肢导联≥0.1 mV),或病史提示 AMI 伴左束支传导阻滞,起病时间<12 小时,患者年龄<75 岁。② ST 段显著抬高的心肌梗死患者年龄>75 岁,经慎重权衡利弊仍可考虑。③ ST 段抬高性心肌梗死,发病时间已达 12～24 小时,但如仍有进行性缺血性胸痛,广泛 ST 段抬高者也可考虑。

（2）禁忌证：① 既往发生过出血性脑卒中,1 年内发生过缺血性脑卒中或脑血管事件；② 颅内肿瘤；③ 近期(2～4 周)有活动性内脏出血；④ 未排除主动脉夹层；⑤ 严重未控制的高血压(>180/110 mmHg),或慢性严重高血压病史；⑥ 目前正在使用治疗剂量的抗凝药或已知有出血倾向；⑦ 近期(2～4 周)创伤史,包括头部外伤、创伤性心肺复苏或较长时间(>10 分钟)的心肺复苏；⑧ 近期(<3 周)外科大手术；⑨ 近期(<2 周)曾有在不能压迫部位的大血管行穿刺术。

（3）溶栓药物的应用：以纤维蛋白溶酶原激活剂激活血栓中纤维蛋白溶酶原,使之转变为纤维蛋白溶酶而溶解冠状动脉内的血栓。国内常用：① 尿激酶 30 分钟内静脉滴注 150 万～200 万 U；② 链激酶或重组链激酶以 150 万 U 静脉滴注,在 60 分钟内滴完；③ 重组组织型纤维蛋白溶酶原激活剂 50 mg,先以 8 mg 静脉注射,另 42 mg 在 90 分钟内静脉滴注,应配合使用肝素或低分子肝素。

溶栓成功与否判断标准：① 心电图抬高的 ST 段于 2 小时内回降 >50%；② 胸痛 2 小时内基本消失；③ 2 小时内出现再灌注性心律失常；④ 血清肌酸激酶酶峰值提前出现(14 小时内)。

再灌注损伤：常表现为再灌注性心律失常，但出现严重心律失常的情况少见，最常见的为一过性非阵发性室性心动过速，对此不必行特殊处理。

（三）消除心律失常

心律失常必须及时消除，以免演变为严重心律失常甚至猝死。

（1）发生心室颤动或持续多形性室性心动过速时，尽快采用非同步直流电除颤或同步直流电复律。单形性室性心动过速药物疗效不满意时也应及早用同步直流电复律。

（2）一旦发现室性期前收缩或室性心动过速，立即用利多卡因 50～100 mg 静脉注射，每 5～10 分钟重复 1 次，至期前收缩消失或总量已达 300 mg，继以 1～3 mg/min 的速度静脉滴注维持（100 mg 加入 5% 葡萄糖液 100 ml，滴注 1～3 ml/min）。如室性心律失常反复，可用胺碘酮治疗。

（3）对缓慢性心律失常可用阿托品 0.5～1 mg 肌内或静脉注射。

（4）房室传导阻滞发展到第二度或第三度，伴有血流动力学障碍者宜用人工心脏起搏器作临时的经静脉心内膜右心室起搏治疗，待传导阻滞消失后撤除。

（5）室上性快速心律失常选用维拉帕米、地尔硫䓬、美托洛尔、洋地黄制剂或胺碘酮等药物治疗不能控制时，可考虑用同步直流电复律治疗。

（四）控制休克

1. 补充血容量 估计有血容量不足，或中心静脉压和 PCWP 低者，用右旋糖酐 40 或 5%～10% 葡萄糖液静脉滴注。右心室梗死时，中心静脉压的升高则未必是补充血容量的禁忌。

2. 升压药 严重低血压时，可选用多巴胺[起始剂量 3～5 μg/(kg·min)]，或去甲肾上腺素 2～8 μg/min，亦可选用多巴酚丁胺[起始剂量 3～10 μg/(kg·min)]静脉滴注。

3. 应用血管扩张剂 经上述处理，血压仍不升，而 PCWP 增高，心排血量低或周围血管显著收缩以致四肢厥冷并有发绀时，硝普钠 15 μg/min 开始静脉滴注，每 5 分钟逐渐增量至 PCWP 降至 15～18 mmHg；硝酸甘油 10～20 μg/min 开始静脉滴注，每 5～10 分钟增加 5～10 μg/min，直至左室充盈压下降。

4. 其他治疗 休克的其他措施包括纠正酸中毒、避免脑缺血、保护肾功能，必要时应用洋地黄制剂等。

（五）治疗心力衰竭

治疗急性左心衰，以应用吗啡（或哌替啶）和利尿剂为主，亦可选用血管扩张剂减轻左心室的负荷，或用多巴酚丁胺 10 μg/(kg·min)静脉滴注或用短效 ACEI 从小剂量开始。洋地黄制剂可能引起室性心律失常，宜慎用。在梗死发生后 24 小时内，宜尽量避免使用洋地黄制剂。有右心室梗死的患者应慎用利尿剂。

（六）其他治疗

下列疗法可能有助于挽救濒死心肌，防止梗死扩大，缩小缺血范围，加快愈合的作用，但尚有争论。

1. β 受体阻滞剂和 CCB 在起病的早期，如无禁忌证可尽早使用美托洛尔、阿替洛尔或卡维地洛等 β 受体阻滞剂，尤其是前壁心肌梗死伴有交感神经功能亢进者，注意其对心脏收缩功能的抑制。

2. ACEI 和 ARB 在起病早期应用，从小剂量卡托普利、依那普利等，有助于改善恢复期心肌的重塑，降低心力衰竭的发生率，从而降低病死率。如不能耐受 ACEI 者，可选用 ARB 如氯沙坦或缬沙坦等。

3. 极化液疗法 氯化钾 1.5 g、胰岛素 10 U 加入 10% 葡萄糖液 500 ml 中，静脉滴注，每日 1～2 次，7～14 天为 1 个疗程。可促进心肌摄取和代谢葡萄糖，使钾离子进入细胞内，恢复细胞膜的极化状态，以利心脏的正常收缩，减少心律失常，并促使心电图上抬高的 ST 段回到等电位线。

4. 抗凝疗法 目前多用在溶解血栓疗法之后，单独应用者少。

（七）恢复期的评价处理

近年主张出院前作症状限制性运动负荷心电图、放射性核素和（或）超声显像检查，进行心肌缺血、存活心肌、心功能评价，以及室性心律失常的检测和评价。

（八）并发症的处理

并发栓塞时，用溶解血栓和（或）抗凝疗法。心室壁瘤必要时可行手术切除或同时行主动脉-冠状动脉旁路移植手术。心脏破裂和乳头肌功能严重失调都可考虑手术治疗。心肌梗死后综合征可用糖皮质激素或阿司匹林、吲哚美辛等治疗。

（九）右心室心肌梗死的处理

右心室心肌梗死引起右心衰伴低血压，而无左心衰的表现时，宜扩张血容量。如输液 1～2 L 低血压未能纠正可用正性肌力药以多巴酚丁胺为优。不宜用利尿药。伴有房室传导阻滞者可予临时起搏。

(十) 非ST段抬高性心肌梗死的处理

非ST段抬高性心肌梗死不宜溶栓治疗。按照危险性分层予以治疗。低危组(无合并症,血流动力稳定,不伴反复胸痛者)以阿司匹林和肝素尤其是低分子量肝素治疗为主;中危组(伴持续或反复胸痛,心电图无变化或ST段压低1mm上下者)和高危组(并发心源性休克、肺水肿或持续低血压)则以介入治疗为首选。

三、中医治疗

胸痹发作期以舌下含化复方丹参滴丸或速效救心丸缓解疼痛,稳定期时应绝对卧床休息,保持情绪稳定,大便通畅,加强护理。

辨证论治

1. 气虚血瘀

证候:心痛刺痛,憋闷不适,伴疲乏短气,喘促,动则尤甚,舌体胖大,边有齿痕,舌质暗淡或瘀斑、瘀点,苔薄白,脉弦细无力。

治法:益气活血,通脉止痛。

方药:保元汤合血府逐瘀汤。

气虚欲脱者加人参、党参、黄芪、大枣、太子参等;如气虚显著可少佐肉桂,补少火而生气。亦可加麦冬、玉竹、黄精等益气养阴之品。

2. 寒凝血脉

证候:心痛彻背,背痛彻心,心悸气短,形寒肢冷,冷汗自出,舌质暗淡,苔薄白,脉沉无力。

治法:温补心阳,散寒通脉。

方药:当归四逆汤。

若兼见寒象甚者,加干姜、附子、蜀椒等。痛剧急予苏合香丸。

3. 正虚阳脱

证候:心胸绞痛,心胸憋闷或窒息感,喘促不得卧,大汗淋漓,烦躁不安或表情淡漠,四肢厥冷,口开目合,脉微欲绝。

治法:回阳救逆,益气固脱。

方药:四逆加人参汤。

阴竭阳脱者加用生脉散。病情急危重,可选用参附注射液、血塞通注射液、生脉注射液等中成药静脉滴注。

【转归、预防与调护】

预后与心肌梗死范围的大小,侧支循环产生的情况以及治疗是否及时有关。死亡多发生在第一周内,尤其在数小时之内,发生严重心律失常、休克或心力衰竭者,病死率高。

急性期,绝对卧床,加强饮食护理,进半流质、流质饮食,保持大便通畅,待病情稳定后再逐渐运动。近年提倡恢复期进行康复治疗,逐步做体育锻炼,2~4个月后,酌情恢复部分或较轻松的工作,但应避免过重体力劳动或精神过度紧张。

(杨思进)

第十八章
心脏瓣膜疾病

心脏瓣膜疾病(valvular heart disease)是由于炎症、黏液样变性、退行性改变、先天性畸形、缺血性坏死、创伤等原因引起的单个或多个瓣膜结构的功能或结构异常,导致瓣口狭窄及(或)关闭不全,最后常导致心功能不全,引起全身血液循环障碍。二尖瓣最常受累,其次是主动脉瓣、三尖瓣,肺动脉瓣罕见。

本病与中医学中的"心悸"相似,可归属于"心悸"、"怔忡"、"胸痹"、"水肿"等范畴。

【病因】

心脏瓣膜疾病多由风湿性心脏病引起,目前临床、流行病学及免疫学方面的证据均支持溶血性链球菌感染与本病密切相关。先天性畸形、老年退行性变或结缔组织病,如系统性红斑狼疮心内膜炎亦可导致心脏瓣膜疾病发生。

【病理】

正常成人的二尖瓣口面积 $4 \sim 6 \, cm^2$,当瓣口减小一半时即出现狭窄的相应表现。瓣口面积 $1.5 \, cm^2$ 以上为轻度狭窄、$1 \sim 1.5 \, cm^2$ 为中度狭窄、小于 $1 \, cm^2$ 为重度狭窄。正常成人主动脉瓣口面积 $\geq 3.0 \, cm^2$,$1.0 \, cm^2$ 以上为轻度狭窄,$0.75 \sim 1.0 \, cm^2$ 为中度狭窄,小于 $0.75 \, cm^2$ 为重度狭窄。

一、二尖瓣狭窄

心脏瓣膜疾病以二尖瓣狭窄多发,约占1/4,其中2/3为女性。二尖瓣膜相互粘连、增厚,使瓣膜不能完全开放,瓣口面积缩小,阻碍血流前进,形成瓣膜狭窄。其病理生理改变可分为左房代偿期、左房失代偿期和右心受累期。二尖瓣狭窄,左房舒张末期容积增加,左房压升高致肺静脉压升高,肺顺应性减低。由于左房压和肺静脉压升高,引起肺小动脉反应性收缩,最终导致肺小动脉硬化,肺血管阻力增高,肺动脉压力升高。重度肺动脉高压可引起右室肥厚、三尖瓣和肺动脉瓣关闭不全和右心衰。

二尖瓣狭窄患者的肺动脉高压产生于:① 升高的左心房压的被动后向传递;② 左心房和肺静脉高压触发肺小动脉收缩(反应性肺动脉高压);③ 长期严重的二尖瓣狭窄可能导致肺血管床的器质性闭塞性改变。

二、二尖瓣关闭不全

二尖瓣关闭不全多见于女性,约占2/3,多合并二尖瓣狭窄。在代偿期,左心室总的心搏量明显增加,射血分数可完全正常。二尖瓣关闭不全通过收缩期左室完全排空来实现代偿,可维持正常心搏量多年,但如果二尖瓣关闭不全持续存在并继续加重,使左室舒张末期容量进行性增加,左室功能恶化,一旦心排出量降低时即可出现症状。二尖瓣关闭不全时,左心房的顺应性增加,左心房扩大。在较长的代偿期,同时扩大的左心房和左心室可适应容量负荷增加,但持续严重的过度容量负荷终致肺淤血、肺动脉高压和右心衰发生。

三、主动脉瓣狭窄

成人主动脉瓣口 $\geq 3.0 \, cm^2$。当瓣口面积减少一半时,收缩期仍无明显跨瓣压差。瓣口 $\leq 1.0 \, cm^2$ 时,左心室收缩压明显升高,跨瓣压差显著。主动脉瓣狭窄所致的压力负荷增加,病初可因进行性室壁向心性肥厚而代偿。因左心室肥厚使其顺应性降低,引起左心室舒张末压进行性升高,左心房的后负荷增加而出现代偿性肥厚,进而使肺静脉和肺毛细血管内压力也升高。最终由于室壁应力增高、心肌缺血和纤维化等,导致左心室功能衰竭。

严重主动脉狭窄引起心肌缺血。其机制为:① 左心室壁增厚、心室收缩压升高和射血时间延长,增加心肌氧耗;② 左心室肥厚,心肌毛细血管密度相对减少;③ 舒张期心腔内压力增高,压迫心内膜下冠状动脉;④ 左心室舒张末压升高致舒张期主动脉-左心室压差降低,减少冠状动脉灌注压。

四、主动脉瓣关闭不全

舒张期血流从主动脉反流入左心室,左心室同时接纳左心房的充盈血流,左心室容量负荷急剧增加。其代偿期反应为左心室舒张末容量增加,使左心室能较长期维持正常心排出量和肺静脉压无明显升高。失代偿的晚期心室收缩功能降低,直至发生左心衰。左心室心肌重量增加使心肌氧耗增多,主动脉舒张压低使冠状动脉血流减少,两者引起心肌缺血,促使左心室心肌功能恶化。

【临床表现】

一、二尖瓣狭窄

(一)症状

一般在二尖瓣中度狭窄才开始有明显症状,如呼吸困难,咳嗽,心悸,咯血,紫绀,乏力,肺水肿,心前区痛,声嘶,吞咽困难。出现右心衰后,上述症状可减轻,但乏力更加明显。心房颤动者心房内血栓脱落可引起栓塞症状。

(二)体征

1. 二尖瓣狭窄的心脏体征　望诊心尖搏动正常或不明显;心尖区可闻及第一心音亢进和开瓣音,提示前叶柔顺、活动度好;如瓣叶钙化僵硬,则第一心音减弱,开瓣音消失;心尖区有低调的舒张中晚期隆隆样杂音,局限,不传导。

2. 肺动脉高压和右心室扩大的心脏体征　右心室扩大时,可见心前区心尖搏动弥散,肺动脉高压时,肺动脉瓣区第二心音亢进或伴分裂。

二、二尖瓣关闭不全

(一)症状

轻者可终身无症状,一旦出现症状者,提示已有不可逆心功能损害,且进展迅速。常见的有疲乏、劳力性呼吸困难以及心排血量减少及肺淤血症状。

(二)体征

心尖搏动向左下移位,常呈抬举性,第一心音减弱。二尖瓣脱垂时,可有收缩中期喀喇音。冠心病乳头肌功能失常时,可有收缩早期、中期、晚期或全收缩期杂音。腱索断裂时,杂音可似海鸥鸣或乐音性。反流严重时,心尖区可闻及紧随第三心音后的短促舒张期隆隆样杂音。

三、主动脉瓣狭窄

(一)症状

临床症状出现较晚,常见呼吸困难、心绞痛和晕厥三联征。劳力性呼吸困难为晚期肺淤血引起的常见首发症状,见于 90% 的有症状患者;60% 的患者可出现心绞痛,常由运动诱发,休息后缓解;1/3 的患者可见晕厥,多发生于直立、运动中或运动后即刻,少数在休息时发生,由于脑缺血引起。

(二)体征

心尖搏动向左下移位,呈抬举性,主动脉瓣区可出现收缩期震颤。第一心音正常,在第一心音稍后或紧随喷射音开始,止于第二心音前,可出现为吹风样、粗糙、递增-递减型的杂音,在胸骨右缘第2或左缘第3肋间最响,主要向颈动脉,也可向胸骨左下缘传导,常伴震颤。

四、主动脉瓣关闭不全

(一)症状

急性发作者轻者可无症状,重者出现急性左心衰和低血压。慢性者最先的主诉为与心搏量增多有关的心悸、心前区不适、头部强烈搏动感等症状,晚期始出现左心室衰竭表现。心绞痛较主动脉瓣狭窄时少见。常有体位性头昏,晕厥罕见。

(二)体征

1. 急性发作时　脉压稍增大,无明显周围血管征。主动脉瓣舒张期杂音较慢性者时短和调低,出现 Austin Flint 杂音,多为心尖区舒张中期杂音。

2. 慢性发作时　心尖搏动向左下移位,呈心尖抬举性搏动,第一心音减弱,主动脉关闭不全的杂音为高调叹气样递减型舒张早期杂音,坐位并前倾和深呼气时易听到。重度反流者,常在心尖区听到舒张中晚期隆隆样杂音(Austin Flint 杂音),与器质性二尖瓣狭窄的杂音鉴别要点是 Austin Flint 杂音不伴有开瓣音、第一心音亢进和心尖区舒张期震颤。

五、并发症

(一)心力衰竭

发生于 70% 的患者,是最常见的并发症和致死原因。可因感染、心律失常、情绪过激等因素诱发或加重,出现重度呼吸困难和发绀,不能平卧,咳粉红色泡沫痰,双肺满布干、湿啰音等。

（二）心律失常

以心房颤动最为常见,为相对早期的常见并发症,可能为患者就诊的首发病症,也可为首次呼吸困难发作的诱因和患者体力活动明显受限的开始。房性期前收缩常为其前奏,初始为阵发性心房扑动和颤动,之后转为慢性心房颤动。心房颤动可诱发或加重心力衰竭,又可形成心房内血栓,引起动脉栓塞。

（三）血栓栓塞

多见于二尖瓣狭窄伴心房颤动的患者。20%的患者发生体循环栓塞,偶尔为首发病症。血栓来源于左心耳或左心房。80%的体循环栓塞患者有心房颤动。2/3的体循环栓塞为脑动脉栓塞,其余依次为外周动脉和内脏（脾、肾和肠系膜）动脉栓塞。心房颤动和右心衰时,可在右房形成附壁血栓,可致肺栓塞。

感染性心内膜炎较少见。肺部感染常见,多诱发或加重心力衰竭。

【实验室及其他检查】

超声心动图是心脏瓣膜疾病的诊断和量化的可靠方法。

1. 二尖瓣狭窄　M型超声心动图示二尖瓣城墙样改变（EF斜率降低,A峰消失）,后叶向前移动及瓣叶增厚,还可显示狭窄瓣膜的形态和活动度,测绘二尖瓣口面积。对房室大小、室壁厚度和运动、心室功能、肺动脉压、其他瓣膜异常和先天性畸形等方面亦能提供信息。

2. 二尖瓣关闭不全　M型和二维超声心动图不能确定二尖瓣关闭不全,脉冲式多普勒超声和彩色多普勒血流显像可于二尖瓣心房侧和左心房内探及收缩期反流束,诊断二尖瓣关闭不全的敏感性几乎达100%,且可半定量反流程度。

3. 主动脉瓣狭窄　二维超声心动图探测主动脉瓣异常十分敏感,有助于显示瓣叶数目、大小、增厚、钙化,收缩期呈圆拱状的活动度、交界处融合、瓣口大小和形状及瓣环大小等瓣膜结构,有助于确定狭窄的病因,但不能准确定量狭窄程度。

4. 主动脉关闭不全　脉冲式多普勒和彩色多普勒血流显像在主动脉瓣的心室侧可探及全舒张期反流束,为最敏感的确定主动脉瓣反流方法,并可通过计算反流血量与搏出血量的比例,判断其严重程度。二维超声心动图可显示瓣膜和主动脉根部的形态改变,有助于确定病因。

此外,还可行X线检查、心电图、放射性核素心室造影、心导管检查等辅助诊断。

【诊断与鉴别诊断】

一、诊断

1. 二尖瓣狭窄　心尖区有舒张期隆隆样杂音伴X线或心电图检查示左心房增大,一般可诊断二尖瓣狭窄,超声心动图检查可确诊。

2. 二尖瓣关闭不全　心尖区粗糙全收缩期杂音伴左房、左室增大,诊断即可成立。脉冲式多普勒超声和彩色多普勒血流显像检查可确诊。

3. 主动脉瓣狭窄　主动脉瓣区喷射样收缩期杂音,向颈部传导。

4. 主动脉瓣关闭不全　主动脉瓣第二听诊区舒张早期递减型吹风样杂音,伴左心室增大和周围血管征。

二、鉴别诊断

二尖瓣狭窄应与"功能性"二尖瓣狭窄、左房黏液瘤相鉴别;二尖瓣关闭不全应与相对性二尖瓣关闭不全、二尖瓣脱垂综合征相鉴别;主动脉瓣狭窄应与梗阻性肥厚型心肌病、主动脉扩张、肺动脉瓣狭窄相鉴别;主动脉瓣关闭不全应与肺动脉瓣关闭不全鉴别,以上鉴别要点主要是通过临床症状、体征,尤其是超声心动图检查。

【中医病因病机】

本病发病多与下列因素有关。

1. 体虚劳倦　久病禀赋不足,素体虚弱,或久病失养,劳欲过度,气血阴阳亏虚,以致心失所养,发为心悸。

2. 药食不当　嗜食膏粱厚味,煎炸炙煿,蕴热化火生痰,痰火扰心而致心悸。或因药物过量或毒性较剧,损害心气,甚则损伤心质,引起心悸,如附子、乌头,或西药锑剂、洋地黄、奎尼丁、肾上腺素、阿托品等。

3. 七情所伤　平素心虚胆怯,突遇惊恐或情怀不适,悲哀过极、忧思不解等七情扰动,忤犯心神,心神动摇,不能自主,而心悸。

4. 感受外邪　风寒湿三气杂至,合而为痹,痹证日久,复感外邪,内舍于心,痹阻心脉,心之气血运行受阻,发为心悸;或风寒湿热之邪,由血脉内侵于心,耗伤心之气血阴阳,亦可引起心悸。

本病基本病机为气血阴阳亏虚,心失所养,或邪扰心神,心神不宁。心悸的病位主要在心,与脾、肾、肺、肝四脏功能失调相关。如脾不生血,心血不足,心神失养,则心悸动不安。脾失健运,痰湿内生,扰动心神,心神不安,而发病。肾阴不足,不能上制心火,或肾阳亏虚,心阳失于温煦,均可发为心悸。肺气亏虚,不能助心以主治节,心脉运行不畅,则心悸不安。肝气郁滞,气滞血瘀,或气郁化火,致使心脉不畅,心神受扰,均可引发心悸。

心悸的病性主要有虚实两方面。虚者为气血阴阳亏损,心神失养而致。实者多由痰火扰心,水饮凌心及瘀血阻脉而引起。虚实之间可以相互夹杂或转化。如实证日久,耗伤正气,可分别兼见气、血、阴、阳之亏损,而虚证也可因虚致实,而兼有实证表现,如临床上阴虚生内热者,常兼火亢或夹痰热,阳虚不能蒸腾水湿,而易夹水饮、痰湿,气血不足、气血运行滞涩,而易出现气血瘀滞,瘀血与痰浊又常常互结为患。总之,本病为本虚标实证,其本为气血不足,阴阳亏损,其标是气滞、血瘀、痰浊、水饮,临床表现多为虚实夹杂之证。

【中医诊断及病证鉴别】

一、诊断

（1）自觉心慌不安,心跳剧烈,神情紧张,不能自主,心搏或快速,或心跳过重,或忽跳忽止,呈阵发性或持续不止。

（2）伴有胸闷不适,易激动,心烦,少寐多汗,颤动,乏力,头晕等。中老年发作频繁者,可伴有心胸疼痛,甚至喘促,肢冷汗出,或见晕厥。

（3）常由情志刺激、惊恐、紧张、劳倦过度、饮酒饱食等原因诱发。

二、病证鉴别

1. 胸痹　胸痹患者也可伴见心悸的症状,如表现为心慌不安,脉结或代,但以胸闷心痛为主症。此外,胸痹中的真心痛,以心前区或胸骨后刺痛,牵及肩胛两背为主症,并常伴较突出的心悸症状,脉或数、或迟、或脉律不齐,常因劳累、感寒、饱餐、情绪波动等而诱发,多呈短暂发作,但甚者心痛剧烈不止,唇甲紫绀或手足青冷至节,呼吸急促,大汗淋漓,脉微欲绝,直到晕厥,病情危笃。因此,在胸痹心痛中心悸应视为胸痹的一系列临床表现中的一个次要症状,而与以心悸为主症的心悸病证有所不同。

2. 奔豚　奔豚发作之时,亦觉心胸躁动不安。但心悸为心中剧烈跳动,发自于心;奔豚乃上下冲逆,发自少腹。

【治疗】

一、治疗思路

中西医结合治疗心脏瓣膜疾病有一定的优势,单纯中药治疗心脏瓣膜疾病疗效出现较缓慢,单纯使用抗心律失常药物副作用较大,一般主张中药与抗心律失常药物联合应用。在使用抗心律失常药物的同时,配合中药分阶段辨证治疗,可减轻抗心律失常药物的副作用,从而有效控制心律失常,缓解症状,提高患者生存质量。

二、西医治疗

（一）二尖瓣狭窄

一般治疗

（1）有风湿活动者应给予抗风湿治疗。特别重要的是：① 预防风湿热复发,一般应坚持至患者40岁甚至终身应用苄星青霉素120万U,每4周肌内注射1次；② 预防感染性心内膜炎；③ 无症状者避免剧烈体力活动,定期(6~12个月)复查；④ 呼吸困难者应减少体力活动,限制钠盐摄入,口服利尿剂,避免和控制诱发急性肺水肿的因素,如急性感染、贫血等。

（2）并发症的处理

1）大量咯血应取坐位,用镇静剂,静脉注射利尿剂,以降低肺静脉压。

2）急性肺水肿处理原则与急性左心衰所致的肺水肿相似。但应注意：① 避免使用以扩张小动脉为主、减轻心脏后负荷的血管扩张药物,应选用扩张静脉系统、减轻心脏前负荷为主的硝酸酯类药物；② 正性肌力药物对二尖瓣狭窄的肺水肿无益,仅在心房颤动伴快速心室率时可静脉注射毛花苷C,以减慢心室率。

3）心房颤动治疗目的为满意控制心室率,争取恢复和保持窦性心律,预防血栓栓塞。

4）预防栓塞。

5) 右心衰限制钠盐摄入,应用利尿剂等。

(3) 介入和手术治疗:为治疗本病的有效方法。当二尖瓣口有效面积 <1.5 cm²,伴有症状,尤其症状进行性加重时,应用介入或手术方法扩大瓣口面积,减轻狭窄。如肺动脉高压明显,即使症状轻,也应及早干预。

1) 经皮球囊二尖瓣成形术:为缓解单纯二尖瓣狭窄的首选方法。
2) 闭式分离术:目前临床已很少使用。
3) 直视分离术:适于瓣叶严重钙化、病变累及腱索和乳头肌、左心房内有血栓的二尖瓣狭窄的患者。
4) 人工瓣膜置换术:适应证为:严重瓣叶和瓣下结构钙化、畸形,不宜行分离术者;二尖瓣狭窄合并明显二尖瓣关闭不全者。手术应在有症状而无严重肺动脉高压时考虑。严重肺动脉高压增加手术风险,但非手术禁忌,术后多有肺动脉高压减轻。

(二) 二尖瓣关闭不全

1. 内科治疗　风心病伴风湿活动者需抗风湿治疗并预防风湿热复发,预防感染性心内膜炎。心房颤动的处理同二尖瓣狭窄,但维持窦性心律不如在二尖瓣狭窄时重要。心力衰竭者,应限制钠盐摄入,使用利尿剂、ACEI、β受体阻滞剂和洋地黄。

2. 外科治疗　为恢复瓣膜关闭完整性的根本措施。应在发生不可逆的左心室功能不全之前施行。常用手术方法有瓣膜修补术和人工瓣膜置换术2种。

(1) 瓣膜修补术:如瓣膜损坏较轻,瓣叶无钙化,瓣环有扩大,但瓣下腱索无严重增厚者可行瓣膜修复成形术。瓣膜修复术死亡率低,能获得长期临床改善,作用持久。

(2) 人工瓣膜置换术:瓣叶钙化,瓣下结构病变严重,感染性心内膜炎或合并二尖瓣狭窄者必须置换人工瓣。感染性心内膜炎感染控制不满意或反复栓塞或合并心力衰竭药物治疗不满意者,提倡早行换瓣手术,真菌性心内膜炎应在心力衰竭或栓塞发生之前行换瓣手术。

(三) 主动脉瓣膜病变

1. 内科治疗　原则同前。
2. 外科治疗

(1) 主动脉瓣狭窄:人工瓣膜置换术为治疗成人主动脉瓣狭窄的主要方法。无症状的轻、中度狭窄患者无手术指征。重度狭窄(瓣口面积 <0.75 cm² 或平均跨瓣压差 >50 mmHg)伴心绞痛、晕厥或心力衰竭症状为手术的主要指征。

(2) 主动脉瓣关闭不全:人工瓣膜置换术为严重主动脉瓣关闭不全的主要治疗方法,其适应证为:有症状和左心室功能不全者;无症状伴左心室功能不全者,经系列无创检查显示持续或进行性左心室收缩末容量增加或静息射血分数降低者应手术;有症状而左心室功能正常者,先试用内科治疗,如无改善,不宜拖延手术时间。

三、中医治疗

辨证论治

1. 气虚血瘀

证候:心悸不宁,善惊易恐,面色晦暗,口唇青紫,胸胁满闷,舌质暗淡,或瘀点、瘀斑,苔薄白,脉细涩数或细弦。

治法:益气养心,活血通脉。

方药:四君子汤合桃红四物汤。

心气虚损明显者,重用人参,加黄芪以加强益气之功;兼见心阳不振者,用肉桂易桂枝,加附子,以温通心阳。

2. 心脾两虚

证候:心悸气短,头晕目眩,少寐多梦,健忘,面色无华,神疲乏力,纳呆食少,腹胀便溏,舌淡红,脉细弱。

治法:补血养心,益气安神。

方药:归脾汤。

若热病后期损及心阴而心悸者,以生脉散加减,以益气养阴。

3. 气阴两虚

证候:心悸易惊,心烦失眠,五心烦热,自汗或盗汗,口干,疲乏倦怠,面色无华,舌红或淡红,苔薄黄或少苔,脉细数无力或促、结、代。

治法:益气养阴,养心安神。

方药:炙甘草汤。

阴虚而火热不明显者,可改用天王补心丹滋阴养血,养心安神;心阴亏虚,心火偏旺者,可改服朱砂安神丸养阴清热,镇心安神;汗出多者加龙骨、牡蛎、五味子收敛止汗。

4. 心阳不振

证候：心悸不安，胸闷气短，不能平卧，动则尤甚，面色苍白，形寒肢冷，舌淡苔白，脉虚弱，或沉细无力。

治法：温补心阳，安神定悸。

方药：桂枝甘草龙骨牡蛎汤。

心阳不足，寒象突出者，加黄芪、人参、附子益气温阳；夹有瘀血者加丹参、赤芍、桃仁、红花；胸闷，气短甚者，加瓜蒌、枳壳宽胸理气。

5. 阳虚水泛

证候：喘促气急，痰涎上涌，咯粉红色泡沫痰，口唇青紫，汗出肢冷，舌质黯红，苔白腻，脉细促。

治法：温肾助阳，泻肺行水。

方药：真武汤和葶苈大枣泻肺汤。

心胸闷痛者加丹参、川芎行气活血；痰多上涌者加苏子、法半夏降气除痰定喘。

【转归、预后与调护】

心脏瓣膜疾病发病比较隐匿，早期可无症状，一旦症状出现，多属晚期，且瓣膜病变进展迅速，病情迅速恶化。二尖瓣狭窄患者从发生症状到完全致残平均7.3年，二尖瓣关闭不全重度患者内科治疗10年存活率约60%，主动脉瓣膜病变一旦出现临床症状，就诊时病情笃重，死亡率很高。内科治疗仅对症治疗，缓解症状，手术和介入治疗的运用提高了患者的生活质量和存活率，对心脏瓣膜疾病的治疗具有重大的现实意义。

本病多由风湿性心脏病引起，故本病的预防重在防止风湿热的发生和反复发作，应做到起居规律，适量运动，强健体魄，预防感冒。对已有瓣膜病变者，则应预防溶血性链球菌感染。发病急性期，应卧床休息，积极治疗，防治并发症，稳定期可适当增加活动量，以增强体质及抵抗力，但要避免过度劳累，以免加重病情或使病情反复。饮食以清淡易消化为宜，合理采用补益脾肾的食物，肿甚时应限制钠盐和水的摄入。

（杨思进）

第十九章 心肌疾病

心肌疾病是指除心脏瓣膜疾病、冠状动脉粥样硬化性心脏病、高血压心脏病、肺源性心脏病、先天性心血管病和甲状腺功能亢进性心脏病等以外的以心肌病变为主要表现的一组疾病。按心肌病变的类型,本病可分为四型:扩张型心肌病、肥厚型心肌病、限制型心肌病和致心律失常型右室心肌病。

心肌病根据其不同的临床表现可归属于中医学"心悸"、"怔忡"、"胸痹"、"水肿"、"喘证"、"厥证"等范畴。

【病因和发病机制】

一、扩张型心肌病

病因迄今不明,除特发性、家族遗传性外,近年来认为持续病毒感染是其重要原因,持续病毒感染对心肌组织的损伤、自身免疫包括细胞、自身抗体或细胞因子介导的心肌损伤等可导致或诱发扩张型心肌病。

二、肥厚型心肌病

本病常有明显家族史(约占1/3),目前认为是常染色体显性遗传疾病,肌节收缩蛋白基因如心脏肌球蛋白重链及心脏肌钙蛋白T基因突变是主要的致病因素。还有人认为儿茶酚胺代谢异常、细胞内钙调节异常、高血压、高强度运动等均可作为本病发病的促进因子。

【病理】

一、扩张型心肌病

以心腔扩张为主,肉眼可见心室扩张,室壁多变薄,纤维瘢痕形成,且常伴有附壁血栓。瓣膜、冠状动脉多无改变。组织学为非特异性心肌细胞肥大、变性,特别是程度不同的纤维化等病变混合存在。

二、肥厚型心肌病

肥厚型心肌病的主要改变在心肌,尤其是左心室形态学的改变。其特征为不均等的心室间隔增厚[非对称性心室间隔肥厚(asymmetric septal hypertrophy,ASH)]。亦有心肌均匀肥厚(或)心尖部肥厚的类型。本病的组织学特征为心肌细胞肥大,形态特异,排列紊乱。尤以左心室间隔部改变明显。

【临床表现】

一、扩张型心肌病

起病缓慢,多在临床症状明显时方就诊,如有气急,甚至端坐呼吸、水肿和肝大等充血性心力衰竭的症状和体征时,始被诊断。部分患者可发生栓塞或猝死。主要体征为心脏扩大,常可听到第三或第四心音,心率快时呈奔马律。常合并各种类型的心律失常。近期由于人们对病毒性心肌炎可演变为扩张型心肌病的认识增强,在心肌炎后常紧密随访,有时可发现早期无充血性心力衰竭表现,而仅有左室增大的扩张型心肌病,事实上是病毒性心肌炎的延续。

二、肥厚型心肌病

部分患者可无自觉症状,而因猝死或在体检中被发现。许多患者有心悸、胸痛、劳力性呼吸困难,伴有流出道梗阻的患者由于左心室舒张期充盈不足,心排血量减低可在起立或运动时出现眩晕,甚至神志丧失等,体格检查可有心脏轻度增大,能听到第四心音;流出道有梗阻的患者可在胸骨左缘第3~4肋间听到较粗糙的喷射性收缩期杂音;心尖部也常可听到收缩期杂音。

【实验室及其他检查】

一、扩张型心肌病

胸部 X 线检查心影常明显增大,心胸比 >50%,肺淤血。心电图可见多种心电异常如心房颤动、传导阻滞等。其他尚有 ST-T 改变,低电压,R 波减低,少数可见病理性 Q 波,多系心肌广泛纤维化的结果,但需与心肌梗死相鉴别。超声心动图本病早期即可有心腔轻度扩大,后期各心腔均扩大,以左心室扩大早而显著,室壁运动普遍减弱,提示心肌收缩力下降,以致二尖瓣、三尖瓣本身虽无病变,但在收缩期不能退至瓣环水平而致关闭不全,彩色血流多普勒显示二、三尖瓣反流。心脏放射性核素检查,核素血池扫描可见舒张末期和收缩末期左心室容积增大,LVEF 降低;核素心肌显影表现为灶性散在性放射性减低。心导管检查和心血管造影早期近乎正常。有心力衰竭时可见左、右心室舒张末期压,左心房压和 PCWP 增高,心搏量、心脏指数减低。心室造影可见心腔扩大,室壁运动减弱,心室射血分数低下。冠状动脉造影多无异常,有助于与冠状动脉性心脏病的鉴别。

二、肥厚型心肌病

胸部 X 线检查心影增大多不明显,如有心力衰竭则呈现心影明显增大。心电图因心肌肥厚的类型不同而有不同的表现。最常见的表现为左心室肥大,ST-T 改变,常在胸前导联出现巨大倒置 T 波。深而不宽的病理性 Q 波可在 Ⅰ、aVL 或 Ⅱ、Ⅲ、aVF、V_3、V_4 上出现,有时在 V_1 可见 R 波增高,R/S 比增大。此外,室内传导阻滞和期前收缩亦常见。APH 型患者可在心前区导联出现巨大的倒置 T 波。以往常被误诊为冠心病。超声心动图是临床上主要诊断手段,可显示室间隔的非对称性肥厚,舒张期室间隔的厚度与后壁之比≥1.3,间隔运动低下。有梗阻的病例可见室间隔流出道部分向左心室内突出、二尖瓣前叶在收缩期前移(systolic anterior motion,SAM)、左心室顺应性降低致舒张功能障碍等。运用彩色多普勒法可了解杂音起源和计算梗阻前后的压力差。超声心动图无论对梗阻性与非梗阻性的诊断都有帮助。APH 型则心肌肥厚限于心尖部,以前侧壁心尖部尤为明显,如不仔细检查,很容易漏诊。心导管检查和心血管造影,左心室舒张末期压上升。有梗阻者在左心室腔与流出道间有收缩期压差,心室造影显示左心室腔变形,呈香蕉状、犬舌状、纺锤状(心尖部肥厚时)。冠状动脉造影多无异常。

【诊断与鉴别诊断】

一、扩张型心肌病

本病缺乏特异性诊断指标,临床上看到心脏增大、心律失常和充血性心力衰竭的患者时,如超声心动图证实有心腔扩大与心脏弥漫性搏动减弱,即应考虑有本病的可能,但应除外各种病因明确的器质性心脏病,如急性病毒性心肌炎、风湿性心脏病、冠心病、先天性心血管病及各种继发性心肌病等后方可确立诊断。

二、肥厚型心肌病

对临床或心电图表现类似冠心病的患者,如患者较年轻,诊断冠心病依据不充分又不能用其他心脏病来解释,则应想到本病的可能。结合心电图、超声心动图及心导管检查作出诊断。如有阳性家族史(猝死、心脏增大等)更有助于诊断。

本病通过超声心动图、心血管造影及心内膜心肌活检可与高血压心脏病、冠心病、先天性心血管病、主动脉瓣狭窄等相鉴别。

【中医病因病机】

中医学认为本病为先天禀赋特异体质,肾气亏虚或后天调摄失当,外感风热毒邪,袭肺侵心,由表及里,由气及血,心脉痹阻所致;或饮食不节,饮酒过度或吸烟成瘾而损伤脾胃,蕴湿化热生痰,上犯于心,心阳不振;或先天禀赋不足,后天过劳,劳伤心脾而致心脾肾虚,日久心肾阳虚,水气凌心射肺,或心肾阴虚,阴竭阳виcя。可见,本病病位在心,与肺、脾、肾之脏关系密切。以正虚为本,毒邪、痰浊、瘀血为标,属本虚标实,虚实夹杂病证。其病情发展取决于正气盛衰和感邪轻重,为难证重证,多预后不良。

【中医诊断及病证鉴别】

本病早期可无明显症状,或有劳累后心悸、气急、乏力等。本病乃本虚标实之证,发病早期,正气尚盛,痰阻血瘀。疾病中期,基本病机是心、脾、肾阳气亏虚,瘀血、痰饮、水湿为患,标实本虚,但应注意扩张型心肌病者以气虚、阳虚及痰饮、水湿为著;而肥厚型心肌病、限制型心肌病则血脉瘀阻较重。本病晚期,多为心、脾、肾阳气虚衰,水湿泛滥和阳气欲脱,甚则阴阳离决。

【治疗】

一、治疗思路

本病宜采取中西医结合治疗。中药在固护正气、调整脏腑功能、提高免疫力及抗病毒治疗方面具有优势;西药在强心、利尿、控制感染、抗心律失常方面具有优势,临床可根据具体病情选择运用,必要时进行手术或介入治疗。

二、西医治疗

(一) 扩张型心肌病

目前治疗原则是针对充血性心力衰竭和各种心律失常。一般是限制体力活动,低盐饮食,应用洋地黄和利尿剂。但本病较易发生洋地黄中毒,故应慎用。此外常用扩血管药物、ACEI等长期口服。近年来发现,心力衰竭时,肾上腺素能神经过度兴奋,β受体密度下降,选用β受体阻滞剂从小剂量开始,视症状、体征调整用量,长期口服可使心肌内β受体密度上调而延缓病情进展。这样不但能控制心力衰竭,而且还能延长存活时间。中药黄芪、生脉散和牛磺酸等有抗病毒,调节免疫改善心功能等作用,长期使用对改善症状及预后有一定辅助作用。本病在扩大的心房、心室腔内易有附壁血栓形成,对有心房颤动或深静脉血栓形成等发生栓塞性疾病风险且没有禁忌证的患者宜口服阿司匹林预防附壁血栓形成。对于已经有附壁血栓形成和发生血栓栓塞的患者必须长期抗凝治疗,口服华法林,调节剂量使国际标准化凝血酶原时间比值保持在2~2.5之间。由于上述治疗药物的采用,目前扩张型心肌病的存活率已明显提高。对一些重症晚期患者,LVEF降低和NYHA心功能Ⅲ~Ⅳ级,QRS增宽大于120 ms,提示心室收缩不同步,可通过双心室起搏器同步刺激左、右心室即心脏再同步化治疗(cardiac resynchronization therapy,CRT),通过调整左、右心室收缩程序,改善心脏功能,缓解症状,有一定疗效。少数患者有严重的心律失常,危及生命,药物治疗不能控制,LVEF<30%,伴轻至中度心力衰竭症状、预期临床状态预后尚好的患者可置入心脏电复律除颤器(implantable cardioverterand defibrillator,ICD),预防猝死的发生。对长期严重心力衰竭,内科治疗无效的病例,可考虑进行心脏移植。在等待期如有条件尚可行左心机械辅助循环,以改善患者心脏功能。也有试行左室成形术,通过切除部分扩大的左心室同时置换二尖瓣,以减轻反流、改善心功能,但疗效尚待肯定。

(二) 肥厚型心肌病

本病的治疗原则为弛缓肥厚的心肌,防止心动过速及维持正常窦性心律,减轻左心室流出道狭窄和抗室性心律失常。目前主张应用β受体阻滞剂及CCB治疗。对重症梗阻性患者可作介入或手术治疗,植入双腔DDD型起搏器、消融或切除肥厚的室间隔心肌。

三、中医治疗

辨证论治

1. 气虚

证候:心悸,气短乏力,胸闷痛,唇甲紫绀,舌暗淡或有瘀点、瘀斑,苔薄白或薄黄,脉弦细无力或结代。

治法:益气活血。

方药:补阳还五汤加减。

心烦少眠加菖蒲、益智仁、酸枣仁、柏子仁以养心安神;胸闷憋气加瓜蒌、枳壳、薤白以通阳散结;五心烦热加黄连、栀子清心除烦。

2. 痰瘀互阻

证候:心悸,气短,动则胸闷痛、头晕,甚则晕倒不省人事,脘腹胀满,舌质暗淡,苔白腻,脉弦滑。

治法:活血化瘀,宽胸通阳。

方药:瓜蒌薤白半夏汤加减。

痰湿内盛,郁而化热,苔厚腻者,加黄芩、胆南星、莱菔子以燥湿健脾、清热化痰;痰蒙清窍,突然晕厥,可加服苏合香丸或礞石滚痰丸以醒脑开窍;胸痛彻背,背痛彻心,加元胡、荜茇、五灵脂、蒲黄、乳没等活血化瘀、行气止痛。

3. 气阴两虚

证候:心悸气短,活动后加重,头晕乏力,胸闷心烦,口干口苦,颧红盗汗,失眠,舌红少津,苔薄,脉细数或结代。

治法:益气养阴,活血通结。

方药:生脉散合养心汤、四逆散加减。

失眠多梦加柏子仁、朱茯神宁心安神;大便偏干加火麻仁、肉苁蓉、石斛以润肠通便;气短乏力甚者,去党参,加西洋参、黄精、陈皮大补元气。

4. 水饮凌心

证候：心悸自汗，形寒肢冷，神疲乏力，尿少水肿，下肢尤甚，气短难以平卧，舌淡胖，脉沉细。

治法：温阳利水。

方药：真武汤加猪苓、桂枝方。

形寒肢冷，阳虚甚者，加肉桂、干姜以温阳散寒；兼恶心呕吐者加半夏、陈皮降逆止呕；兼心悸喘咳，不能平卧，小便不利者，加葶苈子、大枣以泻肺平喘；浮肿明显者加大腹皮、车前草、泽泻以利水消肿。

5. 心肾阳虚

证候：心悸，气短，神疲乏力，畏寒肢冷，小便不利，水肿，下肢尤甚，甚则喘促难以平卧，舌淡胖，苔白，脉沉细。

治法：益气活血，温阳利水。

方药：真武汤合防己黄芪汤加减。

喘息不得平卧加葶苈大枣泻肺汤泻肺行水；形寒肢冷，阳虚甚者，加肉桂、干姜温阳散寒；兼恶心呕吐者加陈皮、半夏和胃降逆。

6. 阳气欲脱

证候：心悸气急，喘促不能平卧，大汗淋漓，四肢厥冷，舌淡，苔薄，脉微细欲绝。

治法：回阳固脱。

方药：四逆汤合参附龙牡汤加五味子方。

本类型病情极危急，可单用人参一味大补元气以回阳。阳气虚脱，往往表现为阳越于外，阴竭于内；阳越于外可急以人参救之，阴竭于内，可急以麦冬养之。此证危重，多药水难进，可静脉滴注参附注射液、生脉注射液以益气敛阴回阳。

【预后】

一、扩张型心肌病

本病的病程长短不等，充血性心力衰竭的出现频度较高，预后不良。死亡原因多为心力衰竭和严重心律失常，不少患者猝死。以往认为症状出现后 5 年的存活率在 40% 左右。近年来，由于上述治疗手段的采用，存活率已明显提高。

二、肥厚型心肌病

本病的预后因人而异，可从无症状到心力衰竭、猝死。心房颤动可促进心力衰竭的发生。少数患者可并发感染性心内膜炎或栓塞等。一般成人病例 10 年存活率为 80%，小儿病例为 50%。成人死亡多为猝死，而小儿则多为心力衰竭，其次为猝死。猝死在有阳性家族史的青少年中尤其多发。猝死原因多为室性心律失常，特别是心室颤动。

（林　雪）

第二十章
休 克

休克是由多种致病因素（创伤、感染、低血容量、过敏、心脏疾患等）引起的，以神经、体液和细胞因子平衡失调，有产循环血容量急剧下降，全身微循环功能明显障碍，多脏器血液灌注严重不足为首要变化，以全身组织器官缺血缺氧、代谢紊乱和结构损害为病理过程，以低血压，心动过速，心排血量降低，呼吸浅快，全身无力，脉搏细弱，皮肤湿冷，苍白发绀，静脉萎陷，尿量减少，精神淡漠或兴奋烦躁甚至昏迷、死亡等为临床特点的急性综合征。

心源性休克是指各种原因致使心脏泵血功能障碍，而导致各器官组织严重灌注量不足，引起全身微循环功能障碍，而出现一系列缺血、缺氧、代谢障碍及重要脏器损害为特征的临床综合征。本病常见于急性心肌梗死、严重心律失常、急性心脏压塞、急性心肌炎、大块肺动脉栓塞等。

心源性休克属于中医学"厥证"范畴。

【病因和发病机制】

可由急性心肌梗死、重症心肌炎、心力衰竭晚期、急性肺动脉栓塞等，引起左心室收缩功能减退或舒张期充盈不足，以致心排血量减少或急性心排血功能受阻，而发生休克。

【病理】

基本病理生理改变是有效血循环量不足，引起全身组织器官血流灌注不良、组织缺血缺氧、微循环淤滞、代谢紊乱和功能障碍等一系列病理生理改变，其主要临床表现有血压下降，收缩压降至 10.6 kPa（80 mmHg）以下，脉压小于 2.7 kPa（20 mmHg），心排血量降低，心率增快，脉搏细弱，皮肤湿冷，面色苍白或发绀，静脉萎缩，尿量减少，反应迟钝，神志模糊，甚至昏迷。

【临床表现】

一、症状

早期焦虑，表情淡漠，随着休克加重出现反应迟钝，定向力差，神志模糊，乃至意识障碍，陷入昏迷状态。

二、体征

（一）休克早期

患者神志清醒，烦躁不安，可焦虑或激动。面色及皮肤苍白，口唇和牙床略带青紫，出冷汗，肢体湿冷。可有恶心呕吐，心跳加快，脉搏尚有力，收缩压可偏低或接近正常，亦可偏高，但不稳定，舒张压升高，脉压减低，尿量减少。

（二）休克中期

临床表现随休克的程度而异，一般中度休克时，除上述表现加重外，神志尚清楚，但软弱无力，表情淡漠，反应迟钝，意识模糊。脉搏细速，按压稍重即消失，收缩压降至 10.6 kPa（80 mmHg）以下，脉压小于 2.7 kPa（20 mmHg），表浅静脉萎缩，口渴，尿量减少至 20 ml/h 以下。重度休克时，呼吸急促，重度发绀，可陷入昏迷状态，四肢厥冷，大汗淋漓，皮肤可见黯紫花纹，收缩压低于 8 kPa（60 mmHg）以下，甚至测不出，无尿。

（三）休克晚期

此期中发生 DIC 和广泛的内脏器质性损害。前者引起出血，可有皮肤、黏膜和内脏出血。消化道出血和血尿较常见，肾上腺出血可致急性肾上腺皮质功能衰竭，胰腺出血可致急性胰腺炎。还可发生心力衰竭、急性呼吸衰竭、肝功能障碍和急性肝功能衰竭等，而见相应症状及体征。

【实验室及其他检查】

一、实验室检查

（一）血液检查

1. 血常规　大量出血后数小时，红细胞和血红蛋白即显著降低；失水患者则发生血液浓缩、红细胞计数增高、红细胞压积增加。白细胞计数一般增高，严重感染者大多有白细胞总数和中性粒细胞的显著增加，嗜酸性粒细胞可减少。有出血倾向和 DIC 者，血小板计数可减少，血纤维蛋白原可减低，凝血酶原时间可延长，血浆鱼精蛋白副凝试验（plasme protamine paracoagulation test，简称3P试验）或乙醇胶试验阳性。

2. 血液化学　血糖增高，血丙酮酸和乳酸增高，并有 pH 降低，碱贮备降低，CO_2结合力降低。肾功能减退时可有血尿素氮等增高。血钾亦可增高。肝功能减退时血转氨酶、乳酸脱氢酶等可增高，肝功能衰竭时血氨可增高。动脉血氧饱和度、静脉血氧含量可下降。肺功能衰竭时动脉 PaO_2 显著降低，吸纯氧亦不能恢复正常。

（二）尿液检查

1. 尿常规　随肾脏的变化，尿中可出现蛋白、红细胞和管型等。心电图可有冠状动脉明显供血不足的表现，如 S-T 段下降，T 波低平或倒置，甚至可有类似心肌梗死的变化。原有心脏病者还可有相应的心电图改变。

2. 尿量测定　留置导尿管连续观察排尿情况，要求每小时尿量多于 20~30 ml。若不到此数，提示肾血流量不足，肾功能趋于衰竭。

二、其他检查

1. 动脉压测定　除休克早期外，患者动脉压均降低。有时用袖带血压计测血压时，血压已明显下降或测不出，但患者一般情况尚好，尿量亦无明显减少，如改用动脉内直接测压法测量，可发现血压无明显降低，甚至正常。这是由于周围血管收缩，袖带测压已不可靠之缘故。因此，在应用升压药物过程中，如单凭袖带测压作指标，有可能造成升压药使用过量，反而增加心脏负担。故在测量血压的同时，应密切观察患者的全身情况，如脉率、神志、四肢皮肤颜色和温度、尿量等，以作全面的分析和判断。如有条件，最好作动脉穿刺插管直接测量动脉压。此外，测血压应注意正常儿童血压低于成人；有高血压者，血压数值下降20%以上或已较原来血压降低 4 kPa（30 mmHg）时，应考虑血压已降低。

2. 中心静脉压测定　测定中心静脉压，有助于鉴别心功能不全或血容量不足引起的休克，因而，对处理各类休克、决定输液的质和量、是否用强心药或利尿剂，有一定的指导意义。中心静脉压与右心室充盈压成正比，在无肺循环或右心室病变的情况下，亦能间接地反映左心室舒张末期压，它能反映心脏对输液的负荷能力。但影响中心静脉压的因素还有很多，如血管收缩剂和扩张剂的应用、肺部疾患、心脏疾病以及"0"点水平的不准确等，须加以注意。

3. 肺楔压测定　肺楔压反映左心房平均压，与左心室舒张末期压密切相关。在无肺血管疾病或左房室瓣病变时测定肺楔压，有助于了解左心室功能，是估计血容量和监护输液速度、防止发生肺水肿的一个很好的指标。近年来已广泛应用一种顶端带有气囊的飘浮心导管（Swan-Ganz 导管），通过周围静脉，将其送至上腔或下腔静脉近右心房处，向气囊注入 CO_2 或空气 1.0~1.5 ml，气囊充气后可随血流飘浮进入肺动脉分支（无需在 X 线透视下进行）。当气囊放气后，可记录肺动脉压；气囊再度充气后，肺动脉被阻塞，此时即可记录肺楔压。

4. 心输出量测定　用带有热敏电阻的飘浮心导管，将心导管顶端置于肺动脉，注射液体的开口置于右心房，先抽出一些血液，使体外部分的心导管腔内的温度升到体温的水平，以温度为 0.5℃ 的冷生理盐水 10 ml（或5%葡萄糖液）迅速从导管腔注入，用具有电子计算装置的测定仪显示心输出量数字，可以反复而迅速地测定。目前应用多用途的飘浮心导管，可同时测中心静脉压、肺楔压、肺动脉压及心输出量，如导管带有铂电极，必要时可记录心腔内心电图或行心腔内起搏，一般导管放置时间不能超过 72 小时。

5. 微循环灌注情况检查　① 皮肤与肛门温度的测定：休克时皮肤血管收缩，故皮肤温度常较低；由于皮肤血管收缩不能散热，故肛温常增高。如两者温差在 1~3℃ 之间，则表示休克严重（正常在 0.5℃ 左右）。② 血细胞比容：当周围末梢血的血细胞比容高出中心静脉血细胞比容的 3 vol% 时，则表示有显著的周围血管收缩。这种差别变化的幅度常表示微循环灌注恶化或好转的程度。③ 眼底和甲床检查：眼底检查可见小动脉痉挛与小静脉扩张，严重时可有视网膜水肿。在指甲上加压后放松时，可见毛细血管内血液充盈的时间延长。

【诊断与鉴别诊断】

一、诊断

（一）冷休克诊断标准

(1) 有诱发休克的病因。

(2) 临床表现：① 神志异常；② 脉细数>100次/分，或不能触知；③ 四肢湿冷，胸骨部位皮肤指压试验阳性（压后再充盈时间大于2秒），皮肤发花，黏膜苍白或发绀；④ 尿量<30 ml/h或尿闭。

(3) 血压：① 收缩压<10.66 kPa(80 mmHg)；② 脉压<2.67 kPa(20 mmHg)；③ 原有高血压者，收缩压较原水平下降30%以上。

凡符合(1)项和(2)项中之2条及(3)项中之1条即可诊断休克。

上述脉搏、尿量、血压数字均指成人而言，小儿数值可参考小儿正常数值。

(二) 休克肺诊断标准

1. 诊断标准

(1) 早期

1) 临床表现：① 有感染、创伤、休克等危重原发病；② 呼吸频率在22次/分以上；③ 持续性自发性过度换气。

2) 实验室检查：① 动脉 $PaCO_2$ <4.66 kPa(35 mmHg)；② 动脉血 pH>7.45或尿pH呈中性偏碱。

具备以上1)或2)中之1项即可诊断。

(2) 中期

1) 临床表现：① 呼吸频率在35次/分以上；② 出现呼吸困难，尤其是吸气性呼吸困难；③ 肺部出现捻发音或细小啰音；④ 胸片出现网状或片状阴影。

2) 实验室检查：① 动脉 $PaCO_2$ <3.99 kPa(30 mmHg)；② 动脉 PaO_2 <7.98 kPa(60 mmHg)；③ 动脉血乳酸含量增高。

具备以上1)中之3项或2)中2项即可诊断。

(3) 晚期

1) 临床表现：① 呼吸极度困难或呼吸节律的改变；② 肺部啰音较前增多；③ 胸片发展成片状融合阴影；④ 有其他重要脏器功能衰竭表现。

2) 实验室检查：① 动脉 $PaCO_2$ >5.99 kPa(45 mmHg)；② 动脉血乳酸进一步增高；③ 动脉血 pH<7.35；④ 动脉 PaO_2 <6.65 kPa(50 mmHg)。

具备以上1)中之2项或2)中之3项即可诊断。

2. 临床分型

急进型：在休克发生后，未经纠正情况下立即出现呼吸衰竭。

迟发型：当血压、尿量恢复后，数小时乃至数天后突然发生呼吸衰竭。

既往无明显心肺疾病，或以上症状不能用现有其他心肺疾患解释者，方可诊断休克肺。

(三) 急性心肌梗死休克诊断标准

(1) 确诊为冠心病心肌梗死急性期。

(2) 具有周围循环衰竭症状，如肢冷、出汗、神志淡漠、烦躁、少尿。

(3) 梗死前血压正常者，血压下降其收缩压≤10.64 kPa(80 mmHg)。原有高血压者，收缩压比梗死前下降10.64 kPa(80 mmHg)以上。

(4) 能除外其他原因所致血压下降（心律失常、低血容量、剧痛、药物影响、临终前状态）。

二、鉴别诊断

主要鉴别休克的不同类型，以利于针对病因治疗。通过病史、症状、体征以及各种理化检查不难区别。

【中医病因病机】

休克属于中医学"厥脱"范畴，是指邪毒内陷，或内伤脏气，或亡津失血所导致的气血逆乱，正气耗脱的一类病证。

1. **邪毒内陷** 外感邪毒，内陷入里，致阴阳之气不相顺接，使气机逆乱，正气耗散，阴竭阳脱。

2. **脏气内伤** 脏气急虚，或久病宿疾，或创伤剧痛，正气耗伤，气血逆乱，均致脏气内伤。气机逆乱，营卫不行，脉道不通，升降欲息，则气立孤危，气血不通，则出入废止，终致神机化灭，有阴阳离决之势。

3. **失血亡津** 大量失血，则气随血脱；暴吐暴泻，或汗吐下太过，津脱液伤，阳随阴亡，致阴阳将绝。

本病基本病机是阳气或阴气先衰于下，阴阳之气不相顺接所致。病情进一步发展或失治误治，致使元气耗散，阴阳虚损，不能相互维系，终至阴阳离决，则为脱证的基本病机。《类证治裁·脱证》指出："生命以阴阳为枢纽，阴在内，阳之守；阳在外，阴之使。阴阳互根，互抱不脱，《素问》所谓阴平阳秘，精神乃治也"；并指出脱证"总由阴阳枢纽不固"。可见休克早期为阴阳气衰为主，晚期则元气耗竭，亡阴亡阳。本病病位主要在心，可涉及肝、肾、肺、脾等脏。

【中医诊断及病证鉴别】

中医辨证要点,首先应察其虚实。实证者,突然昏仆,面红气粗,声高息促,口噤拳握,或夹痰涎壅盛,舌红,苔黄腻,脉洪大有力。虚证者,眩晕昏厥,面色苍白,声低息微,口开手撒,或汗出肢冷,舌胖或淡,脉细弱无力。再者,因分气血,临床上气厥、血厥为多见,且以实证居多。气厥实证因肝气升发太过所致,体质壮实之人,肝气上逆,因惊恐而发,突然昏仆,呼吸气粗,口噤拳握,头晕头痛,舌红,苔黄,脉沉弦。血厥实证,肝阳上亢,阳气暴张,血随气升,气血并走于上,突然昏仆,牙关紧闭,四肢厥冷,面赤唇紫,或鼻衄,舌质黯红,脉弦有力。

病证鉴别

1. 眩晕　头晕目眩,视物旋转不定,甚则不能站立,耳鸣,但无神志异常。
2. 中风　以中老年人为多见,素体常有肝阳亢盛。其中脏腑者,突然昏倒,并伴有半身不遂,口眼歪斜,神昏时间较长,苏醒后有偏瘫、口眼歪斜及失语。
3. 痫证　常有先天因素,以青少年多见。病情重者,虽也为突然昏仆,不省人事,但发作时间短暂,且发作时有叫号、抽搐、口吐涎沫、两目上视、小便失禁等。常反复发作,每次症状类似,醒后如常人。

【治疗】

一、治疗思路

心源性休克的病死率颇高,大约半数患者死于休克发生后 10 小时之内。因此,临床应尽可能早期识别心源性休克,在形成不可逆的代谢性改变和器官损害或微循环障碍之前开始病因治疗至关重要,目的是使心排血量达到保证周围器官有效灌注的水平。病因治疗指应用全身或冠状动脉局部溶纤维治疗、急性冠状动脉旁路手术、急性心瓣膜置换术、急性室间隔穿孔修补术等。如果暂时没有病因治疗的条件,则应采取紧急维持生命功能的对症治疗。西医治疗关键为纠正泵衰竭,增加心排量,改善微循环,保护重要脏器功能,增强组织灌注。

在西医治疗基础上联合中药益气通脉法治疗,使得患者血压维持在一个稳定的水平上,使患者血流动力学保持稳定,进一步改善患者微循环,使心脏得到有效的供血供氧,最大程度上保持心肌细胞的活性,从而从根本上逆转心源性休克。益气通脉法既有回阳救逆,益气固脱之功,又有活血化瘀,通行血脉之效。中西医结合治疗心源性休克效果明显,既能降低患者病死率,又能提高存活率,改善患者预后。

二、西医治疗

治疗的目的在于改善全身组织的血流灌注,恢复及维护脏器功能及机体代谢,而不在单纯提高血压。因为血压只反映心排血量和血管壁顺应性的关系,而不能反映组织血流灌注的情况。

1. 一般紧急处理
(1) 患者应平卧:不能平卧时可采用半卧位。注意保暖和安静。
(2) 氧气吸入:鼻导管给氧或面罩给氧。
(3) 应尽早进行静脉输液和给药,如周围静脉萎陷穿刺有困难时,可考虑作锁骨下或锁骨上静脉或颈内静脉穿刺插管,亦可作周围静脉切开插管。如血压迅速下降而静脉输液通路尚未建立时,可先选用去氧肾上腺素 5~10 mg、间羟胺 5~10 mg、甲氧明 10 mg,或麻黄碱 30 mg,肌内注射,暂时维持血压,争取时间作进一步处理。
(4) 各类休克的治疗:感染性休克应作综合治疗,积极控制感染与抗休克。
(5) 控制感染:按药敏结果选用药物。剂量宜较大,首次可给加倍量,应于静脉内给药,以联合应用 2 种为宜。

2. 纠正低血容量　各种休克大都存在循环血容量的不足,在休克早期即应及时补液,以改善微循环的灌流。补液量一般可根据中心静脉压(central venous pressure,CVP)水平,对 CVP < 0.5 kPa(5 cmH$_2$O)的血容量不足者,应及时给予补液,直至血压及组织灌流压增高至足够水平;对 CVP 在 0.5~1.5 kPa(5~15 cmH$_2$O)者的补液问题,常需结合其他资料分析,甚至需做容量负荷试验以决定补液量,而 CVP > 1.5 kPa(15 mmH$_2$O)者则需测 PCWP,若后者 < 2.0 kPa(15 mmHg),可于 5~10 分钟内输给 100 ml 液体,如输液后 PCWP 不再增高,组织灌流好转或血压回升,则可继续给予补液;如 PCWP 上升,组织灌流无改善或更坏,则应停止补液,并给予血管扩张剂;如给药后,PCWP 回降,但血压仍较低,可在严密观察下给予补液,以促使血压回升。对于不具备测定 CVP 条件的,可以根据病史、尿量等情况估计,如患者有摄入不足或丢失过多(禁食、高热、吐泻、出血、利尿、脱水等),舌质红而干,皮肤弹性差,静脉萎陷,心率增快,脉压小,提示血容量不足;尿量 < 20 ml/h,比重 > 1.030 也提示血容量不足;亦有人用休克指数作为判断血容量的指标,休克指数 = 脉率/收缩压,正常为 0.5,如为 1,则丢失血容量为 20%~30%,如 > 1 则丢失血容量在 30%~50%,但因血压及脉率的影响因素较多,只供参考。补液的种类和剂量取决于患者的循环状态,以低分子右旋糖酐、羟乙基淀粉40氯化钠注射液等效果好。

3. 纠正酸中毒和电解质紊乱　可用5%碳酸氢钠100～200 ml或11.2%乳酸钠40～80 ml静脉滴注,再根据血气分析及电解质测定结果调整剂量。

4. 使用血管活性药物

(1) 缩血管药物:应用原则为:① 休克早期,皮肤温暖,四肢无发绀,尿量>25 ml/h;② 患者血容量不足又不能快速补充者;③ 扩血管药物疗效不佳。常用药物有:① 多巴胺:为去甲肾上腺素的前体,作用于多巴胺受体,刺激心脏β肾上腺素受体,使心脏收缩力增强和心排血量增加,对皮肤肌内的小动脉及冠状动脉有选择性扩张作用,使肾血流量和尿量增加,心率无明显加快,但耗氧量增加,可用10～30 mg加入5%葡萄糖液100 ml中静脉滴注。② 间羟胺:并有α和β肾上腺素能作用,刺激β受体,使心脏收缩力加强,心排血量增加,刺激α受体,使血管收缩,血压升高,可用10～30 mg加入5%葡萄糖液100 ml中静脉滴注。此药较去甲肾上腺素作用缓和而持久,且使肾血管收缩作用较弱,因而常被列为首选药。③ 去甲肾上腺素:作用和间羟胺基本相同,但作用较快,维持时间较短,可用0.5～1.0 mg加入5%葡萄糖液100 ml中静脉滴注。④ 多巴酚丁胺:是多巴胺的衍生物,具有α和β肾上腺素能作用,对心脏的正性肌力作用强于多巴胺,但对外周血管的作用不明显,小剂量有轻度缩血管效应,大剂量则有缩血管及扩血管的双重效应,40 mg加入5%葡萄糖液100 ml中静脉滴注,12.5～10 mg/(kg·min)。以上药物应用后,调整滴注速度或浓度以使收缩压维持在12～13.3 kPa(90～100 mmHg)为宜。如一种药物不能维持,可2种或3种同用,但用量不宜太大,以防血压过高,增加心脏负荷,减少组织血流灌注。对心肌梗死引起的心源性休克,因上述药物可增加心肌耗氧量,加重心肌损伤,应慎用。

(2) 扩血管药物:应用原则:① 血容量已补足,但休克症状未有明显改善;② 有交感神经亢进的表现(如肤色苍白、四肢厥冷、脉压小、毛细血管充盈不良);③ 外周血管阻力增高,心排血量降低(如心音低、脉压小、四肢冷)。常用药物有:① 硝普钠:直接作用于动脉和静脉的平滑肌,降低外周血管阻力,减轻心脏前后负荷,对心脏本身无直接影响,5～10 mg加入5%葡萄糖液中静脉滴注,20～100 μg/min。② 酚妥拉明:为α肾上腺素能阻滞剂,同时有β肾上腺素能兴奋作用,减轻心脏后负荷,可用10～20 mg加入5%葡萄糖液中静脉滴注,0.3～0.5 mg/min。③ 硝酸酯类药物:主要作用于静脉,扩张外周动脉作用较弱,可用硝酸甘油5 mg置于100 ml 5%葡萄糖液中静脉滴注,每分钟7～8滴,或硝酸异山梨酯10 mg,溶于5%葡萄糖液中100 ml中静脉滴注,30～100 μg/min。

5. 肾上腺皮质激素　宜早期大剂量应用,可用于各种休克,其作用主要与细胞膜的作用有关,大剂量时有增加心排血量,减低血管阻力,增加冠状动脉血液注量的作用。一般剂量为氢化可的松0.2～0.6 g/d或地塞米松20～40 mg/d,疗程不宜超过3日,休克纠正后应尽早停用。

6. 胰高血糖素　对CVP>2 kPa(20 cmH₂O)或PCWP>2.0～2.4 kPa(15～18 mmHg)者,于纠正心律失常、缺氧、酸中毒及电解质紊乱后,休克仍未改善时可以应用,3～5 mg,静脉滴注,半分钟内滴完,待2～3分钟如无反应,可再重复注射,继而用3～5 mg肌内注射,每1/2～1小时1次,或每小时用5～10 mg加入5%葡萄糖液100 ml中静脉滴注。连用24～48小时。

7. 预防肾衰竭　血压基本稳定后,无心力衰竭时,可在10～30分钟内快速静脉滴注20%甘露醇或25%山梨醇100～250 ml,在心力衰竭时宜用呋塞米40 mg或依他尼酸钠50 mg静脉注射。

8. 机械辅助循环　对心源性休克或严重休克继发心力衰竭者,可应用主动脉内气囊反搏术或体外加压反搏术。

三、中医治疗

(一) 辨证论治

1. 气厥

(1) 实证

证候:突然昏倒,不省人事,口噤拳握,呼吸气粗,四肢厥冷,苔薄白,脉浮或沉弦。

治法:开窍,顺气,解郁。

方药:通关散合五磨饮子加减。

药用皂角、细辛、沉香、乌药、槟榔、枳实、木香等。肝阳偏亢加钩藤、石决明、磁石;兼有痰热者加胆南星、贝母、橘红、竹沥;醒后苦笑无常,睡眠不宁者,加茯神、远志、枣仁。

(2) 虚证

证候:发作时眩晕昏仆,面色苍白,呼吸微弱,肢冷,汗出,舌淡,脉沉细微。

治法:补气,回阳,醒神。

方药：四味回阳饮。

药用人参、附子、炮姜、甘草等。汗出多加黄芪、白术、煅龙牡、山萸肉；心悸不宁加远志、炒枣仁、柏子仁；食欲不振加白术、茯苓、陈皮。

2. 血厥

（1）实证

证候：突然昏倒，不省人事，牙关紧闭，面赤唇紫，舌红，脉沉弦。

治法：平肝潜阳，理气通瘀。

方药：羚羊钩藤汤或通瘀煎加减。

药用归尾、红花、山楂、乌药、青皮、木香、香附、泽泻、羚羊角、钩藤、生地、白芍、竹茹、贝母、茯神、桑叶、菊花、甘草等。急躁易怒，肝热甚者，加菊花、丹皮、龙胆；兼见阴虚不足，眩晕头痛者，加生地、枸杞、珍珠母。

（2）虚证

证候：突然昏厥，面色苍白，口唇无华，四肢震颤，目陷口张，自汗肢冷，气息低微，舌质淡，脉芤或细数无力。

治法：补养气血。

方药：人参养营汤。

药用人参、黄芪、当归、熟地黄、白芍、五味子、白术、茯苓、远志、甘草、肉桂、生姜、大枣、陈皮等。自汗肤冷，呼吸微弱，加附子、干姜；口干少津，加麦冬、玉竹、沙参；心悸少寐加龙眼肉、枣仁；出血不止加仙鹤草、藕节、侧柏叶。

（二）其他治疗方法

1. 生脉针　以生脉散配制而成，每次 40～60 ml，以等量的 50% 葡萄糖液稀释后静脉注射，或加入 10% 葡萄糖液中静脉滴注。治疗心源性休克、感染性休克有效。

2. 参麦针　用人参、麦冬等量配制成 10% 的浓度，每次 20～30 ml 加入 50% 的葡萄糖液 40 ml 静脉注射，每 10～30 分钟 1 次，直到血压回升改为静脉滴注。对心源性休克、感染性休克、失血性休克均有效。

3. 参附针　每次 10～20 ml，加入 50% 葡萄糖液 30～40 ml 静脉静注，1～2 次后，用 40～80 ml 加入 10% 葡萄糖液中 250～500 ml 静脉滴注，每日 2 次。对阳脱有效。

4. 黄夹苷　每次 0.125～0.25 ml，加入 50% 葡萄糖液 20 ml 静脉缓慢推注，每日 1 次。对心源性休克有效。

5. 枳实针　每次 0.3～0.5 g/kg 体重，加入 5% 葡萄糖液 10 ml 缓慢静脉注射，每 15 分钟 1 次，待血压回升后，改为 0.15～0.35 g/kg，加入 10% 葡萄糖液 100 ml 中静脉滴注。休克纠正后停药，对低血容量性休克、阴脱之重症有效。与生脉针合用，对过敏性休克、中毒性休克均有效。

【转归、预防与调护】

休克是一危重变化的动态过程，临床应熟悉休克的早期症状、体征，积极治疗原发病，防止休克的发生。对有可能发生休克的患者，应针对病因，采取相应的预防措施。对外伤患者要进行及时而准确的急救处理。活动性大出血者要确切止血；骨折部位要稳妥固定；软组织损伤应予包扎，防止污染；呼吸道梗阻者需行气管切开等。严重感染患者，采用敏感抗生素静脉滴注，积极清除原发病灶（如引流排脓等）。对某些可能并发休克的外科疾病，抓紧术前准备，2 小时内行手术治疗，如坏死肠段切除，必须充分作好手术患者的术前准备，包括纠正水与电解质紊乱和低蛋白血症；补足血容量；全面了解内脏功能；选择合适的麻醉方法。还要充分估计术中可能发生休克的各种因素，采取相应的预防低血容量休克的措施。

已发生休克者，应及时治疗，治疗愈早愈好，针对不同类型的休克，施以针对性治疗，同时，密切观察患者中枢神经系统、心、肺、肾功能，立足于改善组织血流灌注，及时调整治疗措施。

（林　雪）

第四篇 消化系统疾病

中西医结合内科学

第二十一章
胃食管反流病

胃食管反流病(gastroesophageal reflux disease, GERD)是指胃、十二指肠内容物反流至食管,而出现烧心、反酸、嗳气、胸骨后痛、咽部如有物堵或梗塞感,甚至吞咽不利或有食物溢出等症状,并可导致食管炎和咽喉、气管等食管以外的组织损害的疾病。其内镜下出现食管黏膜糜烂、溃疡等炎症病变,称反流性食管炎(reflux esophagitis, RE);但也有相当部分 GERD 患者的内镜下无食管炎性改变,被称为内镜阴性的胃食管反流病,或称非糜烂性胃食管反流病(nonerosive reflux disease, NERD)。

本病属中医学"吐酸"、"噎膈"、"胸痛"、"嘈杂"、"胃脘痛"等范畴。

【病因和发病机制】

一、食管抗反流防御机制减弱

(一) 抗反流屏障减弱

食管和胃交接处包括食管下括约肌(lower esophageal sphineter, LES)、膈肌脚、膈食管韧带、食管与胃底间的锐角(His 角)等,上述各部分的结构和功能上的缺陷均可造成胃食管反流,其中最主要的是 LES 的功能状态。LES 部位的结构受到破坏时,可使 LES 压下降,如贲门失弛缓症手术后易并发反流性食管炎。

(二) 食管清除作用下降

食管裂孔疝是部分胃经膈食管裂孔进入胸腔的疾病,可引起胃食管反流,并降低食管对酸的清除,导致胃食管反流病。此外,食管蠕动和唾液产生的异常也有引起胃食管反流病的作用。

(三) 食管黏膜屏障

长期吸烟、饮酒以及抑郁等任何导致食管黏膜屏障作用下降的因素,都可导致食管黏膜不能抵御反流物的损害。

二、反流物对食管黏膜的攻击作用

在食管抗反流防御机制下降的基础上,反流物刺激和损害食管黏膜,其受损程度与反流物的质和量有关,也与反流物与黏膜的接触时间、部位有关。胃酸与胃蛋白酶是反流物中损害食管黏膜的主要成分。近年对胃食管反流病监测证明存在胆汁反流,其中的非结合胆盐和胰酶是主要的攻击因子,参与损害食管黏膜。

【病理】

反流性食管炎病理组织学基本改变可有:① 复层鳞状上皮细胞层增生;② 黏膜固有层乳头向上皮腔面延长;③ 固有层内炎症细胞主要是中性粒细胞浸润;④ 糜烂及溃疡;⑤ 食管下段鳞状上皮被化生的柱状上皮所替代,称为 Barrett 食管。

【临床表现】

胃食管反流病的临床表现多样,轻重不一,主要表现有:

一、食管症状

(一) 典型症状

烧心和反流是最常见的特征性症状。反流是指胃内容物在无恶心和不用力的情况下涌入咽部或口腔的感觉,含酸味或仅为酸水时称反酸。烧心是指胸骨后或剑突下烧灼感,常由胸骨下段向上延伸。烧心和反流常在餐后 1 小时出现,卧位、弯腰或腹压增高时可加重,部分患者烧心和反流症状可在夜间入睡时发生。

(二) 非典型症状

如胸痛,由反流物刺激食管引起,疼痛发生在胸骨后。严重时可为剧烈刺痛,可放射到后背、胸部、肩部、颈部、耳后,有时酷似心绞痛,可伴有或不伴有烧心和反流。由 GERD 引起的胸痛是非心源性胸痛的常见病因。吞咽困难见于部分患者,可能是由于食管痉挛或功能紊乱,症状呈间歇性,进食固体或液体食物均可发生。少部分患者吞咽困难是由食管狭窄引起,此时吞咽困难可呈持续性或进行性加重。有严重食管炎或并发食管溃疡者,可伴吞咽疼痛。

二、食管外症状

由反流物刺激或损伤食管以外的组织或器官引起,如咽喉炎、慢性咳嗽和哮喘。对一些病因不明、久治不愈的上述疾病患者,要注意是否存在 GERD,伴有烧心和反流症状有提示作用,但少部分患者以咽喉炎、慢性咳嗽或哮喘为首发或主要表现。严重者可发生吸入性肺炎,甚至出现肺间质纤维化。一些患者诉咽部不适,有异物感、棉团感或堵塞感,但无真正吞咽困难,称为癔球症,近年研究发现部分患者也与 GERD 相关。

三、并发症

1. 上消化道出血　反流性食管炎患者,因食管黏膜糜烂及溃疡可以导致上消化道出血,临床表现可有呕血和(或)黑便以及不同程度的缺铁性贫血。
2. 食管狭窄　食管炎反复发作致使纤维组织增生,最终导致瘢痕狭窄。
3. Barrett 食管　内镜下的表现为:呈现均匀粉红带灰白的正常食管黏膜出现胃黏膜的橘红色,分布可为环形、舌形或岛状。Barrett 食管可发生在反流性食管炎的基础上,亦可不伴有反流性食管炎。Barrett 食管是食管腺癌的癌前病变,其腺癌的发生率较正常人高 30~50 倍。

【实验室及其他检查】

一、内镜检查

内镜检查是诊断 RE 最准确的方法,并能判断反流性食管炎的严重程度和有无并发症,结合活检可与其他原因引起的食管炎和其他食管病变(如食管癌等)作鉴别。根据内镜下所见食管黏膜的损害程度进行反流性食管炎分级,有利于病情判断及指导治疗。目前多采用洛杉矶分级法:

正常:食管黏膜没有破损。
A 级:1 个或 1 个以上食管黏膜破损,长径小于 5 mm。
B 级:1 个或 1 个以上黏膜破损,长径大于 5 mm,但没有融合性病变。
C 级:黏膜破损有融合,但小于 75% 的食管周径。
D 级:黏膜破损融合,至少达到 75% 的食管周径。
但内镜下无反流性食管炎不能排除胃食管反流病。

二、其他辅助性诊断方法

① 24 小时食管 pH 监测:应用便携式 pH 记录仪在生理状态下对患者进行 24 小时食管 pH 连续监测,可提供食管是否存在过度酸反流的客观证据。由于 24 小时食管 pH 监测需要一定仪器设备且为侵入性检查,常难于在临床常规应用。② 食管吞钡 X 线检查:对诊断反流性食管炎敏感性不高,对不愿接受或不能耐受内镜检查者行该检查,其目的主要是排除食管癌等其他食管疾病。③ 食管滴酸试验:在滴酸过程中,出现胸骨后疼痛或烧心的患者为阳性,且多在滴酸的最初 15 分钟内出现。④ 食管测压:LES 静息压为 10~30 mmHg,如 LES 压 <6 mmHg,易导致反流。

【诊断与鉴别诊断】

胃食管反流病的诊断是基于:① 有反流症状;② 内镜下可能有反流性食管炎的表现;③ 食管过度酸反流的客观证据。如患者有典型的烧心和反酸症状,可作出胃食管反流病的初步临床诊断;内镜检查如发现有反流性食管炎,并能排除其他原因引起的食管病变,本病诊断可成立。对有典型症状而内镜检查阴性者,常用质子泵抑制剂(proton pump inhibitors,PPI)作试验性治疗(如奥美拉唑,每次 20 mg,每天 2 次,连用 7~14 天),如有明显效果,本病诊断一般可成立。对症状不典型患者,常需结合内镜检查、24 小时食管 pH 监测和试验性治疗进行综合分析来作出诊断。

临床上应与其他病因的食管病变(如真菌性食管炎、药物性食管炎、食管癌和食管贲门失弛缓症等)、消化性溃疡、胆道疾病等相鉴别。胸痛为主要表现者,应与心源性胸痛及其他原因引起的非心源性胸痛进行鉴别。

【中医病因病机】

本病发病多与下列因素有关。
1. 饮食不节　恣食煎炒、油炸及辛辣之品,惯食过烫、过酸、过咸食物,或暴饮暴食,或嗜烟酒,伤及脾胃,胃气壅滞,气郁化热,则反酸,嗳气。

2. **情志失调** 抑郁恼怒过度,则伤肝,肝失疏泄,横逆犯胃,则胃失和降,胃气上逆;若肝郁化火,阴津受损,食道失润,则吞咽不利。忧思伤脾,脾伤气结,津液失于输布,凝聚成痰,痰气交阻,逆而不降,食管为痰浊所阻,日久气病及血,气滞血瘀,则可痰瘀互结,不通则痛。

3. **劳倦久病** 劳累过度,伤及脾胃;或肝气犯脾,木郁土壅,胃病日久,伤及于脾;脾胃虚弱,脾不升清,胃失和降,脾胃升降失调,胃气上逆于食道。

咽、食管至胃为饮食之通道,属胃所主。生理上脾主升,胃主降,《内经》云:"清气在下,则生飧泄;浊气在上,则生䐜胀。"本病病位在胃,与肝、脾密切相关。基本病机为气机升降失常,胃气上逆。病性有虚实之分,初起属实,有气滞、郁热、寒阻的不同;病久可由实转虚,出现脾胃虚弱或胃阴不足,且虚实之间可相互夹杂,使脾阳不升,胃阴不降所致。

【中医诊断及病证鉴别】

本病初起,先觉食道梗阻,胸胁痞满,烧心反酸,然后发生气噎,为痰气郁结,病情进一步发展,可出现吞咽困难,谷食难下,水饮不入,或有吐血便血、大便燥结,此为气郁化热,热灼伤阴,多属中期。若见形体消瘦,肌肤枯燥,滴水难下,神疲气短,则为阴损及阳、气阴两伤或脾肾阳虚,多属后期。

GERD 部分患者有梅核气症状,需与噎膈相鉴别。两者均有咽中梗塞不适的症状,但噎膈为有形之痰气瘀阻结于食道,以饮食咽下梗阻,甚则食不得入;而梅核气为无形之痰气阻于咽喉,自觉咽中如有物梗阻,吐之不出,咽之不下,但饮食咽下顺利。

【治疗】

一、治疗思路

胃食管反流病的治疗目的是控制症状、治愈食管炎和防治并发症。有食管炎并发症如食管溃疡、食管狭窄、Barrett 食管者,需要长程维持治疗。H_2 受体拮抗剂(H_2 receptor antagonist,H_2RA)和 PPI 均可用于维持治疗,其中以 PPI 效果最好。维持治疗的剂量因患者而异,以调整至患者无症状之最低剂量为最适剂量;对无食管炎的患者也可考虑采用按需维持治疗,即有症状时用药,症状消失时停药。

中医学认为本病之初期,可表现为肝郁气滞证或肝胃郁热证等。但病程日久,久治不愈,则发生脾气受损,由实转虚,虚实并见,或由虚转衰,气损及阳乃至脾胃虚寒,脾不升清,无力制约浊气上逆。治疗大法以疏肝解郁,和胃降逆为主。根据证候的不同,采用理气、活血、化痰、补虚等方法。并兼顾调理脾胃,使胃气和降而脾气升清。

胃食管反流病具有慢性复发倾向,随着 PPI、促胃肠动力药、黏膜保护剂等治疗药物研究的深入,治疗 GERD 的临床用药周期缩短,有效率增加,但其复发率未能有效缓解,50%~70% 的患者在 1 年内复发,用 PPI 在中断 30 周后复发率高达 80%。如何有效防止复发及延长复发时间,是本病难点和中西医结合治疗切入点。本病病机关键为食管下括约肌功能低下,应责之中气不足,脾不升清,无力制约浊气上逆。使用香砂六君丸以及人参、大枣、甘草等补益中气药物有调整胃肠功能,增强胃肠平滑肌张力及免疫功能的作用,对于提高食管下括约肌张力,改善其功能有一定的作用,可有效防止复发。

二、西医治疗

(一) 一般治疗

改变生活方式与饮食习惯。为了减少卧位及夜间反流,可将床头抬高 15~20 cm。避免睡前 2 小时内进食,白天进餐后亦不宜立即卧床。注意减少一切引起腹压增高的因素,如肥胖、便秘、紧束腰带等。应避免进食使 LES 压降低的食物,如高脂肪、巧克力、咖啡、浓茶等。应戒烟及禁酒。避免应用降低 LES 压的药物及引起胃排空延迟的药物。如一些老年患者因 LES 功能减退,易出现胃食管反流,如同时合并有心血管疾患而服用硝酸甘油制剂或 CCB,可加重反流症状,应适当避免。一些支气管哮喘患者如合并胃食管反流,可加重或诱发哮喘症状,尽量避免应用茶碱及多巴胺受体激动剂,并加用抗反流治疗。

(二) 药物治疗

治疗本病的常用药物有:

1. **促胃肠动力药** 如多潘立酮、莫沙必利、依托必利等,这类药物可能通过增加 LES 压力,改善食管蠕动功能,促进胃排空,从而达到减少胃内容物食管反流及减少其在食管的暴露时间。由于这类药物疗效有限且不确定,因此,只适用于轻症患者,或作为与抑酸药合用的辅助治疗。

2. 抑酸药　① H_2RA：如西咪替丁、雷尼替丁、法莫替丁等。H_2RA 能减少 24 小时胃酸分泌 50%～70%,但不能有效抑制进食刺激引起的胃酸分泌,因此,适用于轻、中症患者。可按治疗消化性溃疡常规用量,但宜分次服用,增加剂量可提高疗效,同时亦增加不良反应。疗程 8～12 周。② PPI：包括奥美拉唑、兰索拉唑、泮托拉唑、雷贝拉唑和埃索美拉唑等。这类药物抑酸作用强,因此,对本病的疗效优于 H_2RA,特别适用于症状重、有严重食管炎的患者。一般按治疗消化性溃疡常规用量,疗程 4～8 周。对个别疗效不佳者,可剂量加倍,或与促胃肠动力药联合使用,并适当延长疗程。③ 抗酸药仅用于症状轻、间歇发作的患者作为临时缓解症状用。抑酸治疗是目前治疗本病的主要措施,对初次接受治疗的患者或有食管炎的患者宜以 PPI 治疗,以便迅速控制症状、治愈食管炎。

3. 维持治疗　胃食管反流病具有慢性复发倾向,为减少症状复发,防止食管炎反复引起的并发症,需考虑给予维持治疗。停药后很快复发且症状持续者,往往需要长程维持治疗;有食管炎并发症如食管溃疡、食管狭窄、Barrett 食管者,肯定需要长程维持治疗。H_2RA 和 PPI 均可用于维持治疗,其中以 PPI 效果最好。维持治疗的剂量因患者而异,以调整至患者无症状之最低剂量为最适剂量;对无食管炎的患者也可考虑采用按需维持治疗,即有症状时用药,症状消失时停药。

4. 手术治疗　抗反流手术是不同术式的胃底折叠术,目的是阻止胃内容反流入食管。抗反流手术的疗效与 PPI 相当,但术后有一定并发症。因此,对于那些需要长期使用大剂量 PPI 维持治疗的患者,可以根据患者的意愿来决定抗反流手术。对确证由反流引起的严重呼吸道疾病的患者,PPI 疗效欠佳者,宜考虑抗反流手术。食管狭窄并发症除极少数严重瘢痕性狭窄需行手术切除外,绝大部分狭窄可行内镜下食管扩张术治疗。扩张术后予长程 PPI 维持治疗可防止狭窄复发,对年轻患者亦可考虑抗反流手术。

Barrett 食管必须使用 PPI 治疗及长程维持治疗。Barrett 食管发生食管腺癌的危险性大大增高,尽管有各种清除 Barrett 食管方法的报道,但均未获肯定,因此,加强随访是目前预防 Barrett 食管癌变的唯一方法。

三、中医治疗

辨证论治

1. 胃失和降

证候：泛酸,胸骨后灼热疼痛,卧则加剧,脘痞胸闷,甚或恶心呕吐,舌质淡红,苔薄白,脉弦滑。

治法：和胃降逆。

方药：旋覆代赭汤加减。

药用旋覆花、半夏、人参(或党参)、代赭石、海螵蛸、鸡内金、炙甘草、生姜加减。脾气不虚者,可去人参,加重代赭石用量,增强其重镇降逆之功;痰多加茯苓、陈皮化痰和胃。

2. 肝气犯胃

证候：咽部异物感,胸闷太息,泛吐酸苦,胸骨后疼痛,每因情志刺激而加重,舌质淡红,苔薄黄,脉弦。

治法：疏肝理气,和胃降逆。

方药：四逆散合半夏厚朴汤加减。

药用柴胡、枳实、郁金、半夏、厚朴、茯苓、生姜、甘草加减。气郁化火,心烦,口苦咽干,可合左金丸清热止呕;腑气不通,大便秘结,用大柴胡汤清热通腑;火郁伤阴,时作干呕,口燥咽干,胃中灼热,舌红少苔者,用沙参麦冬汤益胃养阴。还可辨证选用越鞠丸、柴胡疏肝散等。

3. 肝胃郁热

证候：胸胁苦满,胸骨后烧灼样疼痛,泛吐酸水,口苦咽干,每因情志刺激而加重,舌质红,苔黄或黄腻,脉弦数有力。

治法：清热化痰。

方药：黄连温胆汤加减。

药用半夏、陈皮、茯苓、枳实、竹茹、黄连、甘草加减。口干舌燥者,去半夏,加麦冬、天花粉润燥生津;心中烦热者加麦冬清热除烦;气虚者可加黄芪、白术、黄精益气。

4. 脾胃虚弱

证候：胸骨后疼痛,迁延日久,劳累过度或饮食不慎即发,神疲倦怠,胃脘隐痛,喜暖喜按,畏寒肢冷,喜热饮,大便溏薄,舌质淡,苔白,脉弱。

治法：健脾益气。

方药：香砂六君丸加减。

药用人参、白术、茯苓、甘草、陈皮、半夏、砂仁、木香等加减。大便溏薄，不思饮食，加薏仁、白扁豆、山药；反酸加煅瓦楞子、乌贼骨；嗳气加炒枳壳、佛手片。

【转归、预防与调护】

有资料报道，在不使用 PPI 维持的情况下，GERD 1 年内大约有 80% 的患者复发，本病应注意劳逸结合，戒烟禁酒，忌食辛辣香燥、粗硬黏腻食物和浓茶咖啡，保持心情愉快，避免郁怒伤肝。症状明显，饮食减少者，可少量多次进食软食或米粥。

（卜　平）

第二十二章 食管癌

食管癌(esophageal carcinoma)是以进行性吞咽困难为其最典型的症状,原发于食管的恶性肿瘤,以鳞状上皮癌多见。

本病属中医学"噎膈"范畴。

【病因和发病机制】

一、亚硝胺类化合物及真菌毒素、人乳头状病毒

亚硝胺是被公认的化学致癌物,其前体包括硝酸盐、亚硝酸盐、二级或三级胺等,在高发区的粮食和饮水中,其含量显著增高,且与当地食管癌和食管上皮重度增生的患病率成正相关。另一方面,当地居民喜食霉变食物,如酸菜、萝卜干、豆酱、薯干、玉米面、窝窝头等,各种霉变食物能产生化学致癌物质。镰刀菌、白地霉菌、黄曲霉菌和黑曲霉菌等真菌不但能还原硝酸盐为亚硝酸盐,并能增加二级胺的含量,促进亚硝胺的合成。真菌与亚硝胺协同致癌。

二、食管慢性刺激

长期粗硬食物、热汤、烫粥或辣椒之类刺激性食物,或有快吞、咀嚼不细、暴饮暴食等不良饮食习惯,可引起食管黏膜的机械性及物理性的刺激与损伤,从而促使癌的发生。各种原因引起的经久不愈的食管炎,可能是食管癌的前期病变,尤其伴有食管黏膜上皮细胞间变或不典型增生者癌变的危险性更大。

三、营养因素

饮食缺乏维生素 A、维生素 B_2 和维生素 C 以及动物蛋白、新鲜蔬菜、水果摄入不足,是食管癌高发区的一个共同特点。此外,食物、饮水和土壤内的微量元素钼、硼、锌、镁和铁含量较低,也可能与食管癌的发生间接相关。

四、遗传因素

食管癌的发病常表现出家族性聚集现象。在我国高发地区,本病有阳性家族史者达25%~50%,其中父系最高,母系次之,旁系最低。食管癌高发家族的外周血淋巴细胞染色体畸变率较高,可能是决定高发区食管癌易感性的遗传因素。调查还发现林县高发区居民迁至他县后,食管癌发病率与死亡率仍保持较高水平。这些现象说明遗传与食管癌有一定的关系。环境和遗传等多因素引起食管癌的发生,其涉及的分子生物学基础目前认为是癌基因激活或抑癌基因失活的基因变化所致,研究已证实的有 R6、P53 等抑癌基因失活,以及环境等多因素使原癌基因 H-ras、C-myc 和 hsl-1 等激活有关。

【病理】

临床上食管的解剖分段常分为:① 颈段:自食管入口至胸骨柄上沿的胸廓入口处。② 胸段:又分为上、中、下三段。胸上段——自胸廓上口至气管分叉平面;胸中段——自气管分叉平面至贲门口全长度的上一半;胸下段——自气管分叉平面至贲门口全长度的下一半。通常将食管腹段包括在胸下段内。胸中段与胸下段食管的交界处接近肺下静脉平面处。胸中段食管癌较多见,下段次之,上段较少。食管癌多系鳞癌。贲门部腺癌可向上延伸累及食管下段。

一、食管癌的临床病理分期

对治疗方案的选择和治疗效果的评估有重要意义。1976年全国食管癌工作会议制订的临床病理分期标准如表22-1。

国际食管癌 TNM 分期:1979年国际抗癌联盟对食管癌的 TNM 分期进行了修改(表22-2)。

表 22-1　我国食管癌临床病理分期(1976 年)

分期	瘤变长度	病变范围	转移情况
早期 0	不定	限于黏膜下层	无
Ⅰ	<3 cm	只侵及黏膜下层	无
中期 Ⅱ	3~5 cm	只侵及部分肌层	无
Ⅲ	>5 cm	侵及肌层全层有外侵	有局部(区域)淋巴转移
晚期 Ⅳ	>5 cm	有明显外侵	有远处淋巴结或其他器官转移

表 22-2　国际食管癌 TNM 分期标准和我国临床病理分期标准比较

国际 TNM 分期	分期标准	N	M	我国分期
0	Tis	N_0	M_0	0
Ⅰ	T_1	N_0	M_0	Ⅰ
Ⅱa	T_2	N_0	M_0	Ⅱ
	T_3	N_0	M_0	
Ⅱb	T_1	N_1	M_0	
	T_2	N_2	M_0	Ⅲ
Ⅲ	T_3	N_1	M_0	
Ⅲ	T_4	任何 N	M_0	
Ⅳ	任何 T	任何 N	M_1	Ⅳ

1. T——原发性肿瘤

Tx：原发肿瘤不能测定。

T_0：无原发肿瘤证据。

Tis：高度不典型增生。

T_1：肿瘤只侵及黏膜固有层或黏膜下层。

T_1a：肿瘤侵及黏膜固有层。

T_1b：肿瘤侵及黏膜下层。

T_2：肿瘤侵及肌层。

T_3：肿瘤侵及纤维膜。

T_4：肿瘤侵及邻近器官。

T_4a：肿瘤侵及胸膜、心包、膈肌。

T_4b：肿瘤侵及其他邻近器官。

2. N——区域淋巴结

Nx：区域淋巴结无法确定。

N_0：无区域淋巴结转移。

N_1：有区域淋巴结转移。

N_1a：1~2 个区域淋巴结转移。

N_1b：3~5 个区域淋巴结转移。

N_2：6~9 个区域淋巴结转移。

N_3：≥10 个区域淋巴结转移。

(食管癌区域淋巴结：颈段食管癌的区域淋巴结包括颈部淋巴结、锁骨上淋巴结；胸段食管癌的区域淋巴结包括纵隔及胃淋巴结，不包括动脉旁淋巴结)

3. M——远处转移

Mx：远处转移无法确定。

M_0：无远处转移。

M_1：有远处转移。

M_1a：上段转移到锁骨上淋巴结，下段转移到腹腔淋巴结。

M_1b：其他远处转移。

二、病理形态分型

1. **早期食管癌的病理形态分型**　早期食管癌一般根据内镜或手术切除标本所见，可分为隐伏型（充血型）、糜烂型、斑块型和乳头型。其中以斑块型为最多见，癌细胞分化较好，糜烂型次之，癌细胞分化较差。隐伏型是食管癌最早期的表现，多为原位癌。乳头型病变较晚，但癌细胞分化一般较好。

2. **中、晚期食管癌的病理形态分型**　可分为5型，即髓质型、蕈伞型、溃疡型、缩窄型和未定型。① 髓质型呈坡状隆起，侵及食管壁各层及周围组织，切面灰白色如脑髓，本型多见，恶性程度最高；② 蕈伞型多呈圆形或卵圆形，向食管腔内突起，边缘外翻如蕈伞状，表面常有溃疡，属高分化癌，预后较好；③ 溃疡型表面常有较深的溃疡，边缘稍隆起，出血和转移较早，而发生梗阻较晚；④ 缩窄型呈环形生长，质硬，涉及食管全周，食管黏膜呈向心性收缩，出现梗阻较早，而出血和转移发生较晚，本型较少见；⑤ 少数中、晚期食管癌不能归入上述各型者，称未定型。

三、组织学分类

我国约90%为鳞状细胞癌。少数为腺癌，来自Barrett食管或食管异位胃黏膜的柱状上皮。另有少数为恶性程度高的未分化癌。

四、食管癌的扩散和转移方式

① 直接扩散：早、中期食管癌主要为壁内扩散；因食管无浆膜层，容易直接侵犯其邻近器官；② 淋巴转移是食管癌转移的主要方式；③ 晚期血行转移至肝、肺、骨、肾、肾上腺、脑等处。

【临床表现】

一、食管癌的早期症状

早期时症状常不明显，但在吞咽粗硬食物时可能有不同程度的不适感觉，包括咽下食物哽噎感，胸骨后烧灼样、针刺样或牵拉摩擦样疼痛。食物通过缓慢，并有停滞感或异物感。哽噎停滞感常在吞咽水后缓解或消失。早期症状时轻时重，症状持续时间长短不一，甚至可无症状。

二、食管癌的中晚期症状

1. **进行性咽下困难**　是绝大多数患者就诊时的主要症状，但却是本病的较晚期表现。由不能咽下固体食物发展至液体食物亦不能咽下。

2. **食物反流**　因食管梗阻的近段有扩张与潴留，可发生食物反流，反流物含黏液，混杂宿食，可呈血性或可见坏死脱落组织块。

3. **咽下疼痛**　系由癌糜烂、溃疡、外侵或近段伴有食管炎所致，进食时尤以进热食或酸性食物后更明显，疼痛可涉及颈、肩胛、前胸和后背等处。

4. **其他症状**　长期摄食不足导致明显的慢性脱水、营养不良、消瘦与恶病质。有左锁骨上淋巴结肿大，或因癌肿扩散转移引起的其他表现，如压迫喉返神经所致的声嘶，骨转移引起的疼痛，肝转移引起的黄疸等。当肿瘤侵及相邻器官并发生穿孔时，可发生食管支气管瘘、纵隔脓肿、肺炎、肺脓肿及主动脉穿破大出血，导致死亡。

三、体征

早期体征可阙如。晚期则可出现消瘦、贫血、营养不良、失水或恶病质等体征。当癌转移时，可触及肿大而坚硬的浅表淋巴结，或肿大而有结节的肝等。体格检查时应特别注意锁骨上有无肿大淋巴结，肝有无肿块及有无腹水、胸水等远处转移体征。

【实验室及其他检查】

一、食管黏膜脱落细胞检查

主要用于食管癌高发区现场普查。吞入双腔塑料管线套网气囊细胞采集器，充气后缓缓拉出气囊。取套网擦取物涂片行细胞学检查，阳性率可达90%以上，常能发现一些早期病例。

二、内镜检查与活检

内镜检查与活检是发现与诊断食管癌的首选方法。可直接观察病灶的形态，并可在直视下作活组织病理学检查，以确定诊断。内镜下食管黏膜染色法有助于提高早期食管癌的检出率。用甲苯胺蓝染色，食管黏膜不着色，但癌组织可染成蓝色；用鲁戈碘液（Lugol's iodine solution），正常鳞状细胞因含糖原而着棕褐色，病变黏膜则不着色。超声内镜能准确判断食管癌的壁内浸润深度、异常肿大的淋巴结以及明确肿瘤对周围器官的浸润情况。对肿瘤分期、治疗方案的选择以及预后判断有重要意义。近年来,采用超声内镜检查判断食管癌的浸润层次、向外扩展深度以及有无纵隔、淋巴结或腹内脏器转移等,对估计外科手术可能性有帮助。

三、食管 X 线检查

早期食管癌 X 线钡餐造影的征象有:① 黏膜皱襞增粗,迂曲及中断;② 食管边缘毛刺状;③ 小充盈缺损与小龛影;④ 局限性管壁僵硬或有钡剂滞留。中、晚期病例可见病变处管腔不规则狭窄、充盈缺损、管壁蠕动消失、黏膜紊乱、软组织影以及腔内型的巨大充盈缺损。

四、食管 CT 扫描检查

食管 CT 扫描可清晰显示食管与邻近纵隔器官的关系。如食管壁厚度 >5 mm,与周围器官分界模糊,表示有食管病变存在。CT 有助于制订外科手术方式、放疗的靶区及放疗计划。但 CT 扫描难以发现早期食管癌。

【诊断与鉴别诊断】

一、诊断

食管癌的早期发现和早期诊断十分重要。凡年龄在 50 岁以上(高发区在 40 岁以上),出现进食后胸骨后停滞感或咽下困难者,应及时作有关检查,以明确诊断。通过详细的病史询问、症状分析和实验室检查等,确诊一般无困难。

二、鉴别诊断

1. **食管贲门失弛缓症** 是由于食管神经肌间神经丛等病变,引起食管下括约肌松弛障碍所致的疾病。临床表现为间歇性咽下困难、食物反流和下端胸骨后不适或疼痛,病程较长,多无进行性消瘦。X 线吞钡检查见贲门梗阻呈漏斗或鸟嘴状,边缘光滑,食管下段明显扩张,吸入亚硝酸异戊酯或口服、舌下含化硝酸异山梨酯 5~10 mg,可使贲门弛缓,钡剂随即通过。

2. **胃食管反流病** 是指胃十二指肠内容物反流入食管引起的病证。临床表现为烧心、吞咽性疼痛或吞咽困难。内镜检查可有黏膜炎症、糜烂或溃疡,但无肿瘤证据。

【中医病因病机】

本病发病多与下列因素有关。

1. **情志失和,气滞痰凝** 历代医家都认为精神因素是引起噎膈的重要原因之一,其中以忧思恼怒为常见。张介宾认为:"噎膈一证,必以忧愁、思虑、积郁而成。"因忧思可伤脾,脾伤则气结,气结则津液不能输运,便聚而成痰。肝郁,气机失于宣畅,致血行瘀阻;肝气犯胃,胃气上逆刺激食管,痰、气、瘀、毒互结,阻于食道,而发为本病。

2. **饮食所伤,热毒血瘀** 嗜酒无度,尤喜饮热酒,或恣食辛香、燥热及肥甘之品;进食过快,食物过于粗糙、过烫等;或经常吃腌制的或变质发霉的食品等导致热毒血瘀。因湿热蕴积而酿成痰浊,或致津伤血燥,使咽管干涩,而发生噎膈。《医碥·反胃噎膈》:"酒客多噎膈,饮热酒者尤多,以热伤津液,咽管干涩,食不得入也。"热结津伤,由于痰气久郁化热,胃津亏耗,食道失于濡养;或脾胃津伤,饮食减少,化源不足,不能濡养肌肤筋脉,形体逐渐消瘦,肌肤亦枯燥不润。

3. **正气亏损** 先天不足或年高气衰,或劳倦内伤,房事过度,年老肾衰,久病失治,可导致气血生化亏乏,精血耗伤,阴阳失调,容易受上述各种因素影响,而变生噎膈。《医宗必读·反胃噎膈》:"大抵气血亏损,复因悲思忧恚,则脾胃受伤,血液渐耗,郁气生痰,痰则塞而不通,气则上不下,妨碍道路,饮食难进,噎膈所由成也。"阴亏血少,生化乏源,可由脾胃之阴津不足,发展至肝肾阴精亏损。

总之,食管癌的病因以情志、内伤饮食、脏腑功能失调为主,且三者之间相互影响,互为因果,共同致病。其病理性质为本虚标实,病位在食道,属胃气所主,与肝、脾、肾密切相关。由于肝脾肾功能失调,气、血、痰三者互结于食道及津血之日渐枯槁,导致食管狭窄,食道干涩是本病的基本病机。

【中医诊断及病证鉴别】

食管癌在中医文献中,多属"噎膈"范畴,又称本病为"膈噎"、"噎塞"等。如《内经》有:"三阳结谓之膈","饮食不下,膈咽不通,食则吐"的记载。《医贯》说:"噎膈者,饥欲得食,但梗塞迫逆于咽喉胸膈之间,在胃口之上,未曾入胃即带涎而出。"具体阐明了本病的发病部位及典型临床表现。这些描述与西医学的食管癌症状十分相似。

中医辨证要点,首先应察其虚实。实者指气、血、痰三者互结于食管,虚者系津血之日渐枯槁。初期以标实为主,根据气结、痰阻、血瘀的不同分别进行治疗,后期以本虚为主,应根据津血枯涸及阳气衰弱的程度给予不同治疗。由于病期太长,故往往由实转虚,由气及血,而治法亦当权衡其虚实之程度与气、血、痰郁结之微甚,适当加以处理。

本病需与梅核气相鉴别,梅核气为自觉咽中似有异物阻塞,吞之不下,吐之不出,无吞咽梗塞感,情志不遂时症状加重,食管检查无异常发现。

【治疗】

一、治疗思路

手术、放疗、化疗仍是目前治疗食管癌的三大主要方法。配合中医治疗,可减轻毒副反应,增强免疫功能,减少复发和转移,提高生存质量和生存率。因此,积极运用中医药与手术、放化疗相结合可提高疗效。中药与手术相结合,术前用扶正中药可改善患者的一般状况,有利于手术的顺利进行。如四君子汤、八珍汤、十全大补汤、保元汤、六味地黄丸、黄芪注射液等,结合中医辨证,将提高手术切除的可接受率。术后患者多表现为气血双亏或气阴两伤,脾胃不和,用补益气血,健脾益肾中药可使机体免疫力得以恢复,改善症状。中药与放疗相结合可提高远期疗效,减少肿瘤复发。放疗中多因热象较重及热毒伤阴,伤害脾胃,影响气血生化之源,致使放疗后气虚血瘀加重,故还需给予清热解毒,生津润燥和益气固本,活血之中药;放疗后多以益气养阴扶正为主,辅以清热解毒散结等祛邪治疗。中药与化疗相结合,在化疗期间,治疗以补为主,增强体质,提高机体的免疫力和对化疗药物的耐受性,减少白细胞下降、肝肾损害,使化疗顺利进行,有利于肿瘤的根治。

本病中医辨证首先应察其虚实,实则为气滞、血瘀、痰阻,虚则为津血之日渐枯槁。初起偏气结,血瘀未甚,津液初伤,治以解郁润燥。中期痰瘀交阻,当消结,行血,利气,化痰。后期津枯血少,形体羸瘦者,扶养脾胃气阴为主,酌用祛瘀破结之品。遇有脾阳虚者,亦可用温运脾阳法。本病中期痰瘀凝结多见,气血双亏多见于老年和晚期患者。

二、西医治疗

(一)手术治疗

手术是治疗食管癌的首选方法。若全身情况良好,有较好的心肺功能储备,无明显远处转移征象者,可考虑手术治疗。一般以颈段癌长度<3 cm、胸上段癌长度<4 cm、胸下段癌长度<5 cm切除的机会较大。然而也有瘤体虽不太大,但已与主要器官如主动脉、气管等紧密粘连而不能切除者。对较大的鳞癌估计切除可能性不大而患者全身情况良好者,可先采用术前放疗,待瘤体缩小后再行手术。我国食管外科手术切除率已达80%~90%,术后5年存活率已达30%以上,而早期切除常可达到根治效果。手术禁忌证:① 全身情况差,已呈恶病质。或有严重心、肺或肝、肾功能不全者。② 病变侵犯范围大,已有明显外侵及穿孔征象,例如已出现声音嘶哑或已有食管气管瘘者。③ 已有远处转移者。

(二)放疗

放疗主要适用于手术难度大的上段食管癌和不能切除的中、下段食管癌。上段食管癌放疗效果不亚于手术,故放疗作为首选。食管癌放疗包括根治性和姑息性两大类。凡患者全身状况尚可、能进半流质或顺利进流质饮食、胸段食管癌而无锁骨上淋巴结转移及远处转移、无气管侵犯、无食管穿孔和出血征象、病灶长度<7~8 cm而无内科禁忌证者,均可行根治性放疗。其他患者则可进行旨在缓解食管梗阻、改善进食困难、减轻疼痛、提高患者生存质量和延长患者生存期的姑息性放疗。放射和手术综合治疗,可增加手术切除率,也能提高远期生存率。术前放疗后,休息2~3周再行手术较为合适。对术中切除不完全的残留癌组织处做金属标记,一般在术后3~6周开始术后放疗。

(三)化疗

一般用于食管癌切除术后。化疗药物单用效果很差,为提高疗效,以顺铂(DDP)配平阳霉素(或博来霉素)、5-氟尿嘧啶、甲氨蝶呤、长春地辛或丝裂霉素等二联或四联等组合,相继用于临床。但总的化疗现状不令人满意。

(四)综合治疗

通常是放疗加化疗,两者可同时进行,也可序贯应用,能提高食管癌的局部控制率,减少远处转移,延长生存期。化疗可加强放疗的作用,但严重不良反应发生率较高。采用化疗与手术治疗相结合或与放疗、中医中药相结合的综合治疗,有时可提高疗效,或使食管癌患者症状缓解,存活期延长。

(五)内镜介入治疗

1. 早期食管癌　对于高龄或因其他疾病不能行外科手术的患者,内镜治疗是有效的治疗手段。① 内镜下黏膜切除术:适用于病灶<2 cm,无淋巴转移的黏膜内癌;② 内镜下消融术:Nd:YAG激光、微波等亦有一定疗效,缺点是治疗后不能得到标本用于病理检查。

2. 进展期食管癌　① 单纯扩张:方法简单,但作用时间短且需反复扩张;对病变范围广泛者常无法应用;② 食管内支架置放术：是在内镜直视下放置合金或塑胶的支架，是治疗食管癌性狭窄的一种姑息疗法，可达到较长时间缓解梗阻、提高生活质量的目的；但上端食管癌与食管胃连接部肿瘤不易放置；③内镜下实施癌肿消融术等。

三、中医治疗

辨证论治

1. 痰气阻隔

证候：吞咽时哽噎不顺，胸胁痞闷或胀痛引及背胁，情志舒畅时症状可减轻，呕吐痰涎或轻或重，食欲不振，口干咽燥，舌偏红，苔薄白，脉弦滑。

治法：祛痰理气宽膈。

方药：启膈散加减。

药用丹参、沙参、川贝、茯苓、荷叶蒂、郁金、杵头糠、砂仁壳等。气滞重者可加瓜蒌、陈皮、法夏、枳壳等；刺痛，有瘀血者，加三七、桃仁、红花；咽干，口燥者，加麦冬、石斛、玄参等。

2. 瘀血内结

证候：胸膈疼痛，食物难进，得食即吐，便结燥屎，或吐出物如赤豆汁，面色晦滞，形体消瘦，肌肤枯燥，舌红少津或带青紫，脉细涩。

治法：滋阴养血，破瘀散结。

方药：通幽汤化裁。

药用生地黄、当归、桃仁、红花、升麻、炙甘草等加减。兼有湿热加半枝莲、白花蛇舌草；兼有痰邪加贝母、胆南星等。

3. 津亏热结

证候：吞咽梗涩而痛，食物难下，口干舌燥，大便干结，五心烦热，舌质红干或有裂纹，脉弦细数。

治法：滋养津液，通腑泻热。

方药：沙参麦冬汤加减。

药用沙参、麦冬、玉竹、生地黄、天花粉、山豆根、白毛藤、仙鹤草、白花蛇舌草等加减。胸胁胀痛加郁金、苏梗、玫瑰花；兼痰热加浙贝母、全瓜蒌、竹沥等。

4. 气血双亏

证候：饮食不下，胸膈梗塞，甚则滴水难进，面色苍白或萎黄，神疲气短，形体枯瘦，语气低微，或声音嘶哑；舌苔薄白，舌质淡白，脉细无力。

治法：扶正补虚，化痰散结。

方药：八珍汤。

药用党参、白术、茯苓、当归、赤芍、生地、川芎、甘草等加减。可酌加黄芪益气，丹参化瘀，天花粉养阴。

5. 阳气亏虚

证候：吞咽哽噎，饮食不下，泛吐清涎，面色淡白，神疲气短，面浮足肿，畏冷肢凉，形体消瘦，舌淡苔白，脉弱。

治法：补阳益气。

方药：脾阳虚为主者用补气运脾汤。肾阳虚为主者合右归丸。

脾阳虚为主者，药用人参、白术、茯苓、黄芪、陈皮、砂仁、甘草、制半夏等加减。肾阳虚为主者，舌紫加丹参、桃仁、红花、三七；胸闷，痰多，加法夏、制南星、白芥子等。

【转归、预防与调护】

目前，食管癌发病机制仍不明确，早期食管癌及时根治预后良好，手术切除5年生存率>90%。但目前缺乏准确有效的早期诊断方法，食管癌患者总体预后较差。应积极治疗食管上皮增生，以阻断癌变过程。积极治疗食管炎、食管白斑、贲门失弛缓症、食管憩室等与食管癌发生相关的疾病。普及防癌知识，提高防癌意识。在食管癌高发地区，勤普查，以早期发现患者，及早治疗。

此外，应注意饮食调摄，忌烟、忌酒、忌食辛辣之品。改变不良饮食习惯，如饮食粗、硬、热、快的不良习惯，同时避免进食含有亚硝胺及霉变的食物，如发霉的酸菜、咸菜、花生、玉米、黄豆、蔬菜，以及炸焦的食品。多吃新鲜蔬菜和水果。消除紧张、恐惧的心理，避免情志内伤。积极锻炼身体，增强体质，避免过劳。

(卜 平)

第二十三章
慢性胃炎

慢性胃炎(chronic gastritis)是由各种病因引起的胃黏膜慢性炎症。临床上十分常见,占接受胃镜检查患者的80%~90%,随年龄增长萎缩性病变的发生率逐渐增高。慢性胃炎的分类方法很多,我国2006年达成的"中国慢性胃炎共识意见"中采纳了国际上新悉尼系统的分类方法,根据病理组织学改变和病变在胃的分布部位,结合可能病因,将慢性胃炎分成非萎缩性(浅表性)、萎缩性和特殊类型三大类,慢性萎缩性胃炎又可再分为多灶萎缩性胃炎和自身免疫性胃炎两大类。前者以胃窦为主,后者萎缩改变主要位于胃体部,多由自身免疫引起的胃体胃炎发展而来。特殊类型胃炎种类很多,由不同病因所致,临床上较少见。

幽门螺杆菌(Helicobacter pylori,Hp)感染呈世界范围分布,由Hp引起的慢性胃炎流行情况则因不同国家、不同地区Hp感染的流行情况而异。发展中国家高于发达国家,感染率随年龄增加而升高,男女差异不大。我国属Hp高感染率国家,估计人群中Hp感染率在40%~70%。但由Hp感染发展而来的慢性多灶萎缩性胃炎的患病率则并不一定与人群的Hp感染率平行。自身免疫性胃炎在北欧多见,在我国仅有少数报道。

本病与中医学"胃络痛"和"胃痞"相类似,可归属于中医学"胃痛"、"痞满"、"嘈杂"等范畴。

【病因和发病机制】

一、Hp感染

Hp感染是慢性胃炎的主要病因,Hp为革兰阴性微需氧菌,呈弯曲螺旋状,有鞭毛,能在胃内穿过黏液层移向胃黏膜,其致病机制与以下因素有关:Hp产生多种酶,如脲酶及其代谢产物如氨等,从而保持细菌周围中性环境,Hp的这些特点有利于其在胃黏膜表面定植,对黏膜有破坏作用;分泌细胞毒素,如含有细胞毒素相关基因和空泡毒素基因的菌株,诱导上皮细胞分泌炎症因子,介导炎症反应,导致胃黏膜细胞的空泡样变性及坏死;抗原抗体反应,可造成自身免疫损伤。

许多研究证实:绝大多数慢性活动性胃炎患者胃黏膜中可检出Hp;根除Hp可使胃黏膜炎症消退;从志愿者和动物模型中可复制Hp感染引起的慢性胃炎;Hp在胃内的分布与胃内炎症分布一致。

二、免疫因素

免疫因素是慢性胃体炎的主要病因。患者血液中存在自身抗体,如壁细胞抗体和内因子抗体。壁细胞抗原和抗体形成的免疫复合体在补体参与下,破坏壁细胞,使壁细胞总数减少,导致胃酸分泌减少或丧失;内因子抗体与内因子结合阻碍维生素B_{12}吸收,导致恶性贫血。

三、理化因素

长期饮浓茶、烈酒、咖啡,食用过热、过冷、过于粗糙的食物,可导致胃黏膜的反复损伤;长期服用NSAID等药物可抑制胃黏膜前列腺素的合成,破坏黏膜屏障;饮食中高盐和缺乏新鲜蔬菜水果与胃黏膜萎缩、肠化生以及胃癌的发生密切相关。

四、其他

幽门括约肌功能不全时,含胆汁和胰液的十二指肠液反流入胃,可削弱胃黏膜屏障功能;心力衰竭、肝硬化合并门脉高压、营养不良都可引起慢性胃炎。糖尿病、甲状腺病、慢性肾上腺皮质功能减退和干燥综合征患者同时伴有萎缩性胃炎者亦较多见。

【病理】

慢性胃炎的过程是胃黏膜损伤与修复的慢性过程,主要组织病理学特征是炎症、萎缩和肠化生。

一、炎症

炎症表现为黏膜层以淋巴细胞和浆细胞为主的慢性炎症细胞浸润,Hp 引起的慢性胃炎常见淋巴滤泡形成。当见有中性粒细胞浸润时,显示有活动性炎症,称为慢性活动性胃炎,多提示存在 Hp 感染。

二、萎缩

由于长期慢性炎症损伤,导致胃固有腺体减少,包括:① 非化生性萎缩,胃黏膜固有腺体被纤维组织或纤维肌性组织代替或炎症细胞浸润,引起固有腺体数量减少;② 化生性萎缩,胃黏膜固有腺体被肠化生或假幽门腺化生所替代。

三、化生

慢性胃炎胃黏膜萎缩性病变中常见肠上皮化生、假幽门腺化生及异型增生。胃黏膜内出现肠型上皮时,称为胃黏膜的肠上皮化生。近年资料显示,肠上皮化生分型预测胃癌的价值有限,2006 年"慢性胃炎共识意见"更强调重视肠化生的范围,范围越广,其发生胃癌的危险性越高。胃底腺黏膜内出现幽门腺结构时,称假幽门腺化生。假幽门腺化生是胃体黏膜萎缩的重要标志。慢性胃炎进一步发展,胃上皮或化生的肠上皮在再生过程中发生发育异常,可形成异型增生,表现为细胞异型性和腺体结构的紊乱,异型增生是胃癌的癌前病变。

【临床表现】

一、症状

慢性胃炎缺乏特异性症状,有症状者可表现为上腹隐痛、食欲减退、餐后饱胀、反酸、恶心等消化不良症状,这些症状之有无及严重程度与慢性胃炎的内镜所见及组织病理学改变并无肯定的相关性,自身免疫性胃炎患者可伴有贫血,还可伴有维生素 B_{12} 缺乏的其他临床表现。

二、体征

临床体征多不明显,可有上腹压痛。

【实验室及其他检查】

一、胃镜及活检

胃镜检查并同时取活组织作病理组织学检查是诊断慢性胃炎的最可靠方法。非萎缩性胃炎内镜下表现为胃黏膜红斑,呈点状、片状或条状,红白相间以红为主,黏膜粗糙不平,可见出血点(斑)、黏膜水肿、渗出等基本表现。内镜下萎缩性胃炎有两种类型,即单纯萎缩性胃炎和萎缩性胃炎伴增生。前者主要表现为黏膜红白相间以白相为主,血管显露,色泽灰暗,皱襞变平甚至消失;后者主要表现为黏膜呈颗粒状或结节状。内镜下非萎缩性胃炎和萎缩性胃炎皆可见伴有糜烂、出血、胆汁反流。

二、Hp 检测

组织学检查可直接观察 Hp,内镜检查时再多取 1 块活组织作快速脲酶检查,以增加诊断的可靠性。根除 Hp 治疗后,可在胃镜复查时重复上述检查,亦可采用非侵入性检查。

三、血清学检查

血清胃泌素 G17、胃蛋白酶原Ⅰ和Ⅱ测定,近年国内已开始在临床试用。胃体萎缩者,血清胃泌素 G17 水平显著升高,胃蛋白酶原Ⅰ和(或)胃蛋白酶原Ⅰ/Ⅱ比值下降;胃窦萎缩者,血清胃泌素 G17 水平下降,胃蛋白酶原Ⅰ和胃蛋白酶原Ⅰ/Ⅱ比值正常;全胃萎缩者,则两者均低。

四、自身免疫性胃炎的相关检查

疑为自身免疫性胃炎者,应检测血壁细胞抗体和内因子抗体,如为该病,壁细胞抗体多呈阳性,伴恶性贫血时,内因子抗体多呈阳性。

【诊断与鉴别诊断】

一、诊断

本病的诊断主要有赖于胃镜检查和直视下胃黏膜多部位活组织病理学检查。慢性胃炎的确诊以及程度判定主要靠病理学检查。因此,只作胃镜检查,不作活检,是不完整或者不客观的评价。由于慢性胃炎的病变有局灶性分布,作活检时宜多部位取材。Hp 检测有助于病因诊断。怀疑自身免疫性胃炎应检测相关自身抗体及血清胃泌素。

二、鉴别诊断

1. **消化性溃疡** 部分慢性胃炎的症状与消化性溃疡类似,如慢性上腹痛、嗳气等,但消化性溃疡的疼痛具有规律性与周期性的特点。X线钡餐或胃镜检查可资鉴别,但慢性胃炎与消化性溃疡常同时存在。

2. **功能性消化不良** 功能性消化不良与慢性非萎缩性胃炎的临床表现相似,都有上腹胀、疼痛,食欲不佳等,需作胃镜以鉴别。

3. **胃癌** 慢性萎缩性胃炎可表现为严重的食欲减退、上腹不适、贫血等症状,所以应排除胃癌的可能,需作胃镜以鉴别。

4. **其他** 其他疾病如慢性胆囊炎、慢性胰腺炎、慢性肝炎等也常有食欲差、腹胀、嗳气等表现,可通过B超、CT等影像学检查提供鉴别依据。

【中医病因病机】

中医学认为本病的发生主要由于饮食所伤、情志不遂和素体脾胃虚弱加之内外之邪侵袭,导致胃气郁滞,胃失和降,不通则痛。

1. **饮食伤胃** 饮食不节,或过饥过饱,损伤脾胃,胃气壅滞,致胃失和降,不通则痛;或进食不洁食物,邪从口入,嗜食辛辣肥甘之品,蕴湿生热,导致脾胃运化失司,胃失和降。

2. **情志不畅** 忧思恼怒,伤肝损脾,肝失疏泄,横逆犯胃,脾失健运,胃气阻滞,胃失和降,导致肝胃不和,气滞日久或久痛入络,可致胃络血瘀。

3. **脾胃虚弱** 素体脾胃虚弱,中气不足,或饥饱失常,饮食不节,损伤脾胃,脾失健运,则升降失常,胃阴不足,则濡养失司。

本病初起多实,病在气分,久病多虚或虚实夹杂,寒热相兼,病在血分,虽然病位在胃,但与肝、脾关系密切,其病机为"不荣则痛"或"不通则痛"。

【中医诊断及病证鉴别】

一、诊断

(1) 上腹胀满不适,隐痛,嗳气,反酸,餐后饱胀,嘈杂,恶心,呕吐,纳差等。

(2) 发病常与情志不畅、饮食不节、劳累、受寒等因素有关,无明显的规律性,日久则出现体重减轻,乏力,严重者出现贫血等症状。

二、病证鉴别

1. **胁痛** 肝气犯胃所致的胃痛常攻撑连胁,应与胁痛鉴别,胃痛以胃脘部疼痛为主,伴有食少、恶心、呕吐、泛酸、嘈杂等。胁痛以胁肋疼痛为主,伴胸闷、喜太息等。在病位和兼症上有明显差别。

2. **腹痛** 与胃痛均为腹部疼痛,但腹痛是以胃脘以下、耻骨毛际以上部位的疼痛为主。据其疼痛部位不难区别。但胃处腹中,与肠相连,有时腹痛可以伴有胃痛症状,胃痛又常兼有腹痛表现,这时应从起病及主要症状、病位加以区分。

【治疗】

一、治疗思路

本病的治疗分为两个方面:消除治病因子,保护胃黏膜,增强胃黏膜防御功能。由于慢性胃炎绝大多数都存在Hp的感染,而在根除Hp方面,西医有一定的优势,疗效优于中医。而中医治疗以理气和胃止痛为原则,对延缓腺体萎缩、阻止化生等慢性胃炎的病理改变以及改善临床症状,中医有较明显的优势,而中西医结合协同应用能提高疗效。

二、西医治疗

(一) 一般治疗

消除与发病相关的致病因素。宜易消化无刺激性的食物,少吃过酸过甜食物及饮料,忌烟酒、浓茶、咖啡,进食细嚼慢咽等。避免服用损伤胃黏膜的药物。

(二) 根除Hp

对慢性萎缩性胃炎、合并肠上皮化生或上皮内瘤变、有胃癌家族史者应给予根除Hp治疗,其他慢性胃炎合并Hp感染,根据具体情况选择进行根除Hp治疗。成功根除Hp可改善胃黏膜组织学,可预防消化性溃疡及可能降低胃癌发生的危险性,少部分患者消化不良症状也可取得改善。

（三）制酸治疗

H_2RA 或 PPI 能有效降低胃内 H^+ 浓度,减少 H^+ 逆弥散,促进胃泌素的释放,加强胃黏膜炎症的修复,对于有胃黏膜糜烂或烧心、发酸等症状者可选用西咪替丁、雷尼替丁、法莫替丁或奥美拉唑等药治疗。

（四）对症治疗

对于消化不良以腹胀、早饱为主要表现的病例,应用促动力药物如甲氧氯普胺、多潘立酮、莫沙必利等治疗有助于改善症状;伴恶性贫血者,可给予维生素 B_{12} 和叶酸;对于有睡眠差、明显焦虑等精神因素者,可选用艾司唑仑、氟西汀等抗抑郁药或镇静剂。

另外,对轻度异型增生除给予上述积极治疗外,关键在于定期随访。对肯定的重度异型增生则宜予预防性手术,目前多采用内镜下胃黏膜切除术。

三、中医治疗

辨证论治

1. 肝气犯胃

证候：胃脘胀满,痛连两胁,胸闷嗳气,喜长叹息,遇烦恼郁怒加重,得嗳气、矢气则舒,嘈杂反酸,大便不畅,舌质红,苔薄白,脉弦。

治法：疏肝理气,和胃止痛。

方药：柴胡疏肝散。

药用柴胡、枳壳、香附、陈皮、芍药、甘草、川芎等。气郁明显,胀满较甚,加郁金、厚朴;若痛甚者,可加川楝子、延胡索理气止痛;呕恶明显者加半夏、生姜;嗳气者加竹茹、沉香。

2. 肝胃湿热

证候：胃脘疼痛,嘈杂灼热,口干口苦,渴不欲饮,身重肢倦,纳呆恶心,小便色黄,大便不畅,舌苔黄腻,脉象滑数。

治法：清热化湿,理气和胃。

方药：清中汤。

药用黄连、栀子、制半夏、茯苓、草豆蔻、陈皮、甘草等。热偏盛者加黄芩、蒲公英;热盛便秘者加大黄、枳实;湿偏盛者加薏苡仁、佩兰、荷叶、藿香;气滞腹胀者加厚朴、大腹皮;若寒热互结,干噫食臭,心下痞硬,可用半夏泻心汤。

3. 脾胃气虚

证候：胃脘隐痛,食后脘腹满闷,喜温喜按,纳呆便溏,神疲乏力,少气懒言,语声低微,舌质淡,苔薄白,脉细弱。

治法：补气健脾,温中和胃。

方药：参苓白术散加减。

药用人参、白术、茯苓、甘草、砂仁、陈皮、桔梗、扁豆、山药、莲子肉、薏苡仁等。泛吐清水较重者可加干姜、吴茱萸;寒盛者可用大建中汤,或附子理中丸温中散寒;泛酸嘈杂者加左金丸;胀闷较重者加枳壳、木香、厚朴;纳呆厌食者加神曲。

4. 胃阴不足

证候：胃脘隐痛或灼痛,嘈杂,饥不欲食,恶心,嗳气,口燥咽干,大便秘结,舌红少苔,脉细数。

治法：滋阴益胃,和中止痛。

方药：益胃汤加减。

药用生地、麦冬、沙参、玉竹等。津伤较重者加石斛、天花粉;腹胀较著者加枳壳、厚朴;食滞者加谷麦芽;便秘者加火麻仁、玄参。

5. 瘀阻胃络

证候：胃脘疼痛,痛如针刺或刀割,痛有定处,按之痛甚,痛时持久,食后加剧,入夜尤甚,或见吐血、黑便,舌质紫黯或有瘀点、瘀斑,脉涩。

治法：化瘀通络,理气和胃。

方药：失笑散合丹参饮。

药用蒲黄、五灵脂、丹参、檀香、砂仁等。痛甚可酌加延胡索、三棱、莪术,并可加理气之品,如枳壳、木香、郁金;若出现黑便时,加三七、白及;症见心悸少气,多梦少寐,体倦纳差,唇白舌淡,脉虚弱者,可用归脾汤以健脾养心,益气养血。

【转归、预防与调护】

感染 Hp 后少有自发清除，因此，慢性胃炎常长期持续存在，部分 Hp 感染的胃炎可发生消化性溃疡，少部分慢性非萎缩性胃炎可发展为慢性多灶萎缩性胃炎。极少数慢性多灶萎缩性胃炎经长期演变可发展为胃癌。

应避免或去除可能导致胃黏膜慢性炎症的不利因素，饮食有规律，勿过饥过饱，要寒温得当，忌烟酒；保持乐观情绪，适当锻炼身体，增强抵抗力，避免过分的紧张和劳累。

（张春晖）

第二十四章 消化性溃疡

消化性溃疡(peptic ulcer)指胃肠道黏膜被胃酸和胃蛋白酶消化而发生的溃疡,好发于胃和十二指肠,也可发生在食管下段、小肠、胃肠吻合口,以及异位的胃黏膜,如位于肠道的梅克尔憩室(Meckel diverticulum)。胃溃疡(gastric ulcer, GU)和十二指肠溃疡(duodenal ulcer, DU)是最常见的消化性溃疡。

国外自20世纪50年代以后,消化性溃疡发病率呈下降趋势。我国在近十多年来亦开始下降。本病可发生于任何年龄,但中年最为常见,DU多见于青壮年,而GU多见于中老年,后者发病高峰比前者约迟10年。男性患病比女性较多。临床上DU比GU为多见,两者之比为(2~3):1,但有地区差异,在胃癌高发区GU所占的比例有增加。同一国家消化性溃疡患病率存在差异,我国南方患病率高于北方,城市高于农村,可能与饮食习惯、生活节奏有关。发作有季节性,秋冬和冬春之交是高发季节。

本病与中医学的"胃疡"相似,可归属于中医学"胃脘痛"、"反酸"等范畴。

【病因和发病机制】

在正常生理情况下,由于胃十二指肠黏膜有一完善而有效的抵抗胃酸及胃蛋白酶的侵蚀防御和修复机制,虽然胃十二指肠黏膜经常接触有强侵蚀力的胃酸和在酸性环境下被激活、能水解蛋白质的胃蛋白酶,或者经常受摄入的各种有害物质的侵袭,但却能抵御这些侵袭因素的损害,维持黏膜的完整性。只有当某些因素使胃十二指肠黏膜的损伤因子与其防御因素失去平衡才可能发生胃酸及胃蛋白酶侵蚀黏膜而导致溃疡形成。近年的研究发现,胃酸、药物、神经精神等因素与消化性溃疡发病有密切关系,但Hp和NSAID是损害胃十二指肠黏膜屏障,从而导致消化性溃疡发病的最常见病因。

一、Hp

自从20世纪80年代以来,人们对消化性溃疡的病因的认识发生了巨大的改变,大量研究已证明Hp感染是引起消化性溃疡的重要病因。DU的患者Hp的检出率约为90%,GU为70%~80%;临床研究肯定,应用根除Hp治疗方案不再给予抑酸治疗,能有效使溃疡愈合;应用抗酸治疗效果不理想者,在成功根除Hp后,溃疡可以痊愈;同时临床研究还发现,在成功根除Hp后,溃疡复发率明显下降,用常规抑酸治疗后愈合的溃疡年复发率为50%~70%,而根除Hp可使溃疡复发率降至5%以下,这就表明,去除病因后,消化性溃疡可获治愈,同时根除Hp还可以显著降低消化道出血等并发症的发病率。

二、NSAID

NSAID是引起消化性溃疡的另一个主要因素。大量研究资料显示,服用NSAID患者发生消化性溃疡及其并发症的危险性显著高于普通人群。临床研究报道,在长期服用NSAID患者中,10%~25%可发现胃或十二指肠溃疡,在溃疡的发病中GU的发病率明显高于DU,另外,使溃疡者出现严重并发症的危险性增加4~6倍,如出血、穿孔等。溃疡形成及其并发症发生的危险性与服用NSAID的种类、剂量、疗程长短、患者年龄及抗凝药物和糖皮质激素使用有关,其作用机制除直接损伤黏膜外,还通过抑制环氧合酶,使胃肠黏膜中具有细胞保护作用的内源性前列腺素合成减少,使防御因素减弱有关。

三、胃酸和胃蛋白酶

消化性溃疡的最终形成是由于胃酸及胃蛋白酶对黏膜自身消化和损伤,因此,胃酸及胃蛋白酶是导致溃疡形成的直接原因。由于胃蛋白酶由胃体和胃底部的主细胞分泌的胃蛋白酶原经盐酸激活转化而来,活性与胃内pH有关,在pH>4时便失去活性,由于胃酸的高低制约着胃蛋白酶的活性,因此,胃酸的存在是溃疡发生的决定性因素。研究表明,DU患者中基础酸排量和最大酸排量都大于正常人,而GU患者基础酸排量多属正常或偏低,可能解释为GU患者多伴多灶萎缩性胃炎,因而,胃体壁细胞泌酸功能已受影响,而 DU 患者多为慢性胃窦炎,胃体黏膜未受损或受损轻微,因而,仍能保持旺盛的泌酸能力。

四、胃十二指肠运动异常

胃排空加快,使十二指肠中酸负荷量增加,黏膜易受损,诱发十二指肠溃疡。部分胃溃疡者存在胃排空延迟和十二指肠-胃反流,这可增加十二指肠液反流入胃,加重胃黏膜屏障损害。

五、遗传因素

遗传因素曾一度被认为是消化性溃疡发病的重要因素,但随着 Hp 在消化性溃疡发病中的重要作用得到认识,遗传因素的重要性受到挑战。例如,消化性溃疡的家族史可能是 Hp 感染的"家庭聚集"现象;O 型血胃上皮细胞表面表达更多黏附受体而有利于 Hp 定植。因此,遗传因素的作用尚有待进一步研究。

六、精神因素

急性应激可引起应激性溃疡已是不争的事实。在慢性溃疡患者,情绪应激和心理障碍的致病作用尚有争论。但临床观察发现,长期精神紧张者确实容易使溃疡发作或加重,可能是通过神经内分泌途径影响胃十二指肠分泌、运动和黏膜血流的调节。但这多在慢性溃疡已经存在时发生,因此,情绪应激可能主要起诱因作用。

七、其他因素

秋冬和冬春之交是溃疡的好发季节。长期吸烟者发病率显著高于对照组,这是由于烟草刺激胃酸分泌增加,黏膜下血管收缩,抑制胰液和胆汁分泌,而减弱其在十二指肠内中和胃酸的能力,导致十二指肠持续酸化,使幽门括约肌张力减低,胆汁反流,破坏胃黏膜屏障。咖啡、浓茶、烈酒等,以及偏食、饮食过快等不良饮食习惯,均可能是本病发生的有关因素。

【病理】

DU 发生在十二指肠球部,前壁比较常见,偶有发于球部以下者,称为球后溃疡;GU 以胃角和胃窦小弯多见。溃疡一般为单个,也可多个,呈圆形或椭圆形。DU 直径多小于 10 mm,GU 要比 DU 稍大。亦可见到直径大于 2 cm 的巨大溃疡。组织学上,溃疡边缘光整,底部洁净,由肉芽组织构成,上面覆盖有灰白色或灰黄色纤维渗出物。活动性溃疡周围黏膜常有炎症水肿。溃疡浅者累及黏膜肌层,深者达肌层甚至浆膜层,溃破血管时引起出血,穿破浆膜层时引起穿孔。溃疡愈合时,周围黏膜炎症、水肿消退,边缘上皮细胞增生覆盖溃疡面,其下的肉芽组织纤维转化,变为瘢痕,瘢痕收缩使周围黏膜皱襞向其集中。

【临床表现】

上腹痛是消化性溃疡的主要症状,其典型的临床特点为:周期性发作,发作与自发缓解相交替,发作期可为数周或数月,缓解期亦长短不一,发作常有季节性,多在秋冬或冬春之交发病;发作时上腹痛呈节律性,多与进食有关;病程长,病史可达数年至数十年。

一、症状

上腹痛为主要症状,但部分患者可无症状或症状较轻,以致不为患者所注意,而以出血、穿孔等并发症为首发症状。疼痛性质多为灼痛,亦可为钝痛、胀痛、剧痛或饥饿样不适感;部位多位于中上腹,可偏右或偏左,一般为轻至中度持续性痛,胃或十二指肠后壁溃疡、特别是穿透性溃疡可放射至背部;上腹痛呈节律性,表现为空腹痛即餐后 2~4 小时或(及)午夜痛,腹痛多为进食或服用抗酸药所缓解,典型节律性表现在 DU 多见。部分患者无上述典型表现的疼痛,而仅表现为无规律性的上腹隐痛或不适。具或不具典型疼痛者均可伴有反酸、嗳气、上腹胀等症状。

二、体征

溃疡活动时上腹部可有局限性轻压痛,缓解期无明显体征。

三、并发症

1. 上消化道出血　是本病最常见并发症,发生率为 20%~25%,也是上消化道出血的最常见原因。十二指肠溃疡多于胃溃疡。尤以十二指肠球后溃疡更多见,消化性溃疡出血的临床表现取决于出血的部位、速度和出血量。如十二指肠后壁溃疡,常可穿透至毗邻的胰十二指肠动脉,而致异常迅猛的大量出血;前壁较少发生大量出血。消化性溃疡出血速度快而量多者,表现为呕血及黑便;出血量少,仅表现为黑便。消化性溃疡并发出血前,溃疡局部的充血致上腹疼痛加重,出血后则因充血减轻,以及血液对胃酸的中和与稀释作用,腹痛可随之缓解。对临床表现不典型,需与其他上消化道出血的原因进行鉴别诊断,可行急诊内镜检查。

2. **穿孔** 溃疡病灶向深部发展,穿透浆膜层则出现穿孔。溃疡穿孔临床上可分为急性、亚急性和慢性3种类型,以急性穿孔常见。急性穿孔的溃疡常位于十二指肠前壁或胃前壁,发生穿孔后,胃肠的内容物渗入腹腔而引起急性腹膜炎,临床上突然出现剧烈腹痛,腹痛常起始于右上腹或中上腹,持续而较快蔓延至全腹,也可放射至肩部(大多为右侧)。因腹痛剧烈而卧床,两腿蜷曲而不愿移动;体检腹肌强直,有压痛和反跳痛;腹部X线透视膈下有游离气体。十二指肠或胃后壁的溃疡深至浆膜层时,已与邻近的组织或器官发生粘连,穿孔时胃肠内容物不流入腹腔,称为慢性穿孔,又称为穿透性溃疡。这种穿透性溃疡改变了腹痛规律,变得顽固而持续,疼痛常放射至背部。邻近后壁的穿孔或游离穿孔较小,只引起局限性腹膜炎时,称亚急性穿孔,症状较急性穿孔轻而体征较局限,且易漏诊。

3. **幽门梗阻** 主要是由DU或幽门管溃疡所致。溃疡急性发作时,周围组织的炎性充血、水肿可引起幽门反射性痉挛,而引起暂时性梗阻,内科治疗有效,可随炎症的好转而缓解;慢性梗阻由于溃疡愈合,瘢痕组织收缩或与周围组织粘连而阻塞幽门通道所致者呈持久性,一般需外科治疗。幽门梗阻临床表现为:餐后上腹饱胀、上腹疼痛加重,伴有恶心、呕吐,大量呕吐后症状可以改善,呕吐物含发酵酸性宿食。严重呕吐可致失水和低氯低钾性碱中毒,出现呼吸短促,四肢无力,烦躁不安,甚至手足搐搦。空腹时上腹部饱胀和逆蠕动的胃形以及上腹部振水音,是幽门梗阻的特征性体征。进一步作胃镜或X线钡餐检查可确诊。

4. **癌变** 少数GU可发生癌变,DU一般不发生。GU癌变发生于溃疡边缘,据报道癌变率在1%左右。长期慢性GU病史、年龄在45岁以上、溃疡顽固不愈或大便隐血试验持续阳性的患者,更应及时行内镜检查,并多取可疑部位的组织活检,除外癌变。

【实验室及其他检查】

一、胃镜检查

胃镜检查是确诊消化性溃疡首选的检查方法。胃镜检查不仅可以观察溃疡的部位、大小、数目和形态,还可以在直视下取活组织作病理学检查及Hp检测,同时对胃十二指肠黏膜直接观察、摄像,因此,胃镜检查对消化性溃疡的诊断及胃良、恶性溃疡的鉴别诊断有很高的准确性。内镜下消化性溃疡多呈圆形或椭圆形,也有呈线形,边缘光整,底部覆有灰黄色或灰白色渗出物,周围黏膜可有充血、水肿,可见皱襞向溃疡集中,内镜下溃疡可分为活动期、愈合期和瘢痕期。

二、X线钡餐检查

X线钡餐检查发现龛影是消化道溃疡的直接征象,对溃疡有确诊价值;局部压痛、十二指肠球部激惹和球部畸形、胃大弯侧痉挛性切迹均为间接征象,仅提示可能有溃疡。X线钡餐检查适用于对胃镜检查有禁忌或不愿接受胃镜检查者。

三、Hp检测

Hp检测已成为消化性溃疡诊断的常规检查项目,因为有无Hp感染,选择的治疗方案不同。检测方法分为侵入性和非侵入性两大类。前者需通过胃镜检查取胃黏膜活组织进行检测,主要包括快速脲酶试验、组织学检查和Hp培养,其中快速脲酶试验是侵入性检查的首选方法,操作简便、费用低。组织学检查可直接观察Hp,与快速脲酶试验结合,可提高诊断准确率。后者主要有 ^{13}C 或 ^{14}C 尿素呼气试验、大便Hp抗原检测及血清学检查(定性检测血清抗HpIgG抗体)。^{13}C 或 ^{14}C 尿素呼气试验检测Hp敏感性及特异性高而无需胃镜检查,可作为根除治疗后复查的首选方法。

四、胃液分析和血清胃泌素测定

一般仅在疑有胃泌素瘤时作鉴别诊断之用。

【诊断与鉴别诊断】

一、诊断

有长期反复发作的周期性、节律性的上腹部疼痛应用制酸剂可以缓解的病史;上腹部可有局限的深压痛;X线钡餐检查发现龛影;胃镜检查可见到活动期的溃疡。但应注意,一方面,有典型溃疡样上腹痛症状者不一定是消化性溃疡,另一方面,部分消化性溃疡患者症状可不典型甚至无症状,因此,单纯依靠病史难以作出可靠诊断。确诊有赖于胃镜检查或X线钡餐检查。

二、特殊类型的消化性溃疡

(一)复合溃疡

复合溃疡指胃和十二指肠同时发生的溃疡。DU往往先于GU出现,幽门梗阻发生率较高。

（二）幽门管溃疡

幽门管位于胃远端，与十二指肠交接。与 DU 相似，幽门管溃疡常伴胃酸分泌过高，餐后可立即出现中上腹疼痛，其程度较为剧烈而无节律性，对药物治疗反应较差，易引起幽门梗阻而呕吐，也可出现穿孔和出血等并发症。

（三）球后溃疡

一般指位于十二指肠降部近端的溃疡，具 DU 的临床特点，但午夜痛及背部放射痛多见，对药物治疗反应较差，较易并发出血。

（四）巨大溃疡

巨大溃疡指直径大于 2 cm 的溃疡。对药物治疗反应较差，愈合时间较慢，易发生慢性穿透或穿孔。胃的巨大溃疡并非都属于恶性，但应与胃癌相鉴别诊断。病程长的巨大溃疡往往需要外科手术治疗。

（五）老年人消化性溃疡

临床表现多不典型，GU 多见，也可发生 DU，GU 常位于胃体上部甚至胃底部，溃疡常较大，直径常可超过 2.5 cm，易误诊为胃癌。

（六）无症状性溃疡

约 15% 消化性溃疡患者可无症状，因其他疾病作胃镜或 X 线钡餐检查时偶然被发现；或以出血、穿孔等并发症为首发症状。可见于任何年龄，以老年人较多见；NSAID 引起的溃疡近半数无症状。

三、鉴别诊断

1. **胃癌** 临床症状非常相似，胃癌多表现为持续疼痛，药物治疗效果差，大便潜血试验持续阳性，除病史及报警症状外。主要手段为内镜活检。对于怀疑恶性溃疡的患者，应行多处活检，阴性者必须短期内复查内镜并再次活检。而对初诊为胃溃疡者，必须在完成正规治疗的疗程后进行胃镜复查，胃镜复查溃疡缩小或愈合不是鉴别良、恶性溃疡的最终依据，必须重复活检加以证实。

2. **胃泌素瘤** 亦称佐林格-埃利森综合征（Zollinger-Ellison syndrome），是胰腺非 β 细胞瘤分泌大量胃泌素所致。肿瘤往往很小（<1 cm），生长缓慢，半数为恶性。特点为发生多发性溃疡、不典型部位溃疡，具难治性特点，有过高胃酸分泌及高空腹血清胃泌素，常 >500 pg/ml。可作超声、CT、MRI 等检查有助于诊断。

【中医病因病机】

中医学认为多种原因可以导致本病的发生，常与饮食不节、情志内伤、脾胃虚弱等因素相关。

1. **饮食伤胃** 饮食不节，或过饥过饱，损伤脾胃，或恣食辛辣刺激，肥甘厚味，恣饮酒浆，则蕴湿生热，伤脾碍胃，胃气壅滞，不通则痛。

2. **情志不畅** 忧思恼怒，情志不遂，肝失疏泄，气机阻滞，横逆乘脾犯胃，脾胃纳运失常，气机郁滞，而发胃痛。肝郁日久，可化火生热，邪热犯胃，肝胃郁热，可致胃脘灼热而痛；若肝失疏泄，气机不畅，气滞日久，可深入血分，致血行不畅，血脉凝滞，瘀血内停，胃络受阻，发生胃痛。

3. **脾胃虚弱** 素体阳气不足，或劳倦过度，或过服寒凉药物，或诸邪犯胃，或久病脾胃受损，致脾胃失于温煦，均可引起脾胃虚弱，中焦虚寒，致使胃失温养作痛。热病伤阴，久服香燥理气之品，耗伤胃阴，胃失濡养，亦致胃痛。

本病起病缓慢，常反复发作，多因寒邪、饮食及情志等原因而诱发，本病初起在气，久病入血，病变部位在胃，但与肝、脾的关系极为密切。病性属本虚标实，本虚为脾胃虚弱，标实可为气滞、热郁、湿阻、血瘀。若胃热炽盛，迫血妄行，或瘀血阻滞，血不循经，或脾气虚弱，不能统血，而致便血、呕血。出现大量出血，若胃痛日久，痰瘀互结，壅塞胃脘，可形成胃癌。

【中医诊断及病证鉴别】

一、诊断

（1）上腹近心窝处胃脘部发生疼痛为特征，疼痛性质为胀痛、刺痛、灼痛、剧痛、隐痛等。

（2）起病或急或缓，多有反复发作病史，发病常与情志不畅、饮食不节、劳累、受寒等因素有关，或服用有损脾胃的药物等。

二、病证鉴别

1. **胃痛与胁痛** 胁痛是以胁部疼痛为主症，可伴发热恶寒，或目黄肤黄，或胸闷太息，极少伴嘈杂泛酸、嗳气吐腐。肝气犯胃的胃痛有时亦可攻窜连胁，但仍以胃脘部疼痛为主症。两者具有明显的区别。

2. 胃痛与腹痛 腹痛是以胃脘部以下，耻骨毛际以上整个位置疼痛为主症。胃痛是以上腹胃脘部近心窝处疼痛为主症，两者仅就疼痛部位来说，是有区别的。但胃处腹中，与肠相连，因而，胃痛可以影响及腹，而腹痛亦可牵连于胃，需从其疼痛的主要部位和如何起病来加以辨别。

3. 真心痛 真心痛为胸痹心痛重证，典型真心痛为当胸而痛，其疼痛部位多在胸骨后或左胸部，其痛多刺痛、剧痛，且痛引肩背，常有气短、汗出等，病情较急，心电图有异常表现。胃痛部位在胃脘，病势不急，多为隐痛、胀满等，常有反复发作史，心电图无异常，但上消化道造影及胃镜常见异常表现。但因心居胸中，其痛常及心下，故部分真心痛患者可出现胃痛的表现，应高度警惕，防止与胃痛相混。对老年人既往无胃痛病史，而突发胃脘部疼痛者，当行心电图检查排除真心痛。

【治疗】

一、治疗思路

治疗消化性溃疡的目标就是消除致病因素，消除症状，促进溃疡的愈合，防止复发及避免并发症的发生。西医治疗在根除 Hp、缓解疼痛等症状方面有一定的优势，所以，在治疗过程中必须先明确是否有 Hp 感染，如果有 Hp 感染，应首先进行根除，非 Hp 相关的溃疡，则进行抗酸和保护胃黏膜的治疗。中医针对本病的本虚标实的特点，应用辨证与辨病相结合的治疗方法对 Hp 有一定的抑杀作用，更能调节引起溃疡病的攻击因子和护卫功能的失衡，改善消化功能，对控制症状、稳定病情、预防溃疡病的复发有较好的长期疗效，所以中西医相结合治疗本病具有较好的协同作用。

二、西医治疗

（一）一般治疗

生活要有规律，工作要劳逸结合避免过度劳累和精神紧张。饮食要规律，定时定量进餐，戒烟、酒及辛辣食物，避免服用对胃肠黏膜有损害的药物。

（二）根除 Hp

对消化性溃疡 Hp 阳性者，无论是溃疡初发或复发，活动或静止，有无并发症，都应行 Hp 感染的治疗已得到共识。现已证明克拉霉素、阿莫西林、甲硝唑（或替硝唑）、四环素、呋喃唑酮、某些喹喏酮类如左氧氟沙星等是在体内具有杀灭 Hp 作用的抗生素，由于目前尚无单一药物可有效根除 Hp，因此，必须联合用药。

目前推荐的有三联疗法和四联疗法。三联治疗方案：PPI（如奥美拉唑 40 mg/d）或枸橼酸铋钾 480 mg/d，以上任选一种，克拉霉素 1 000 mg/d，阿莫西林 2 000 mg/d，甲硝唑 8 000 mg/d，上述剂量分 2 次服，连服 7 天；四联疗法则为 PPI 与铋剂合用，再加上任 2 种抗生素。由于近年发现，Hp 对甲硝唑和克拉霉素的耐药率在增加，导致 Hp 根除失败，而呋喃唑酮耐药性少见，用呋喃唑酮代替克拉霉素或甲硝唑的三联疗法亦可取得较高的根除率，常用量 200 mg/d，分 2 次口服，首次治疗时应选择根除率高的一线药物，避免耐药菌株的产生。初治失败时，可换用另外 2 种抗生素如 PPI 加左氧氟沙星（500 mg/d，每天 1 次）或四环素（1 500 mg/d，每天 2 次）和甲硝唑的四联疗法。治疗后至少 4 周应常规复查 Hp 是否已被根除，且在检查前停用 PPI 或铋剂 2 周，否则会出现假阴性。检查方式可采用非侵入性的 ^{13}C 或 ^{14}C 尿素呼气试验，也可通过胃镜在检查溃疡是否愈合的同时取活检作脲酶及（或）组织学检查。

（三）抗酸药治疗

抗酸药物包括碱性抗酸药、H_2RA、PPI，其中碱性抗酸药具中和胃酸作用，可迅速缓解疼痛症状，因其一次服用剂量大，副作用大，故目前多作为加强止痛的辅助治疗，不单独使用。

1. H_2RA 通过竞争性与 H_2 受体结合，使胃酸分泌明显减少，促进溃疡愈合。包括西咪替丁、雷尼替丁、法莫替丁和尼扎替丁。西咪替丁可通过血脑屏障，偶有精神异常不良反应及延长华法林、苯妥英钠、茶碱等药物的肝内代谢。雷尼替丁、法莫替丁和尼扎替丁上述不良反应较少。此类药物由于价格便宜，临床上特别适用于根除 Hp 疗程完成后的后续治疗，及某些情况下预防溃疡复发的长程维持治疗。

2. PPI 作用于壁细胞胃酸分泌终末步骤中的关键酶 H^+-K^+ ATP 酶，使其不可逆失活，故其抑酸作用强于 H_2RA，且更持久，PPI 促进溃疡愈合的速度较 H_2RA 快，使溃疡愈合率较高，因此，特别适用于难治性溃疡或 NSAID 溃疡患者不能停用 NSAID 时的治疗。目前应用于临床的有奥美拉唑、兰索拉唑、泮托拉唑、雷贝拉唑和埃索美拉唑等。短期服用无明显副作用。

（四）保护胃黏膜药物治疗

常用的胃黏膜保护剂有硫糖铝、枸橼酸铋钾、前列腺素类药物。

1. 硫糖铝 在酸性胃液中,凝聚成糊状黏稠物,直接附着溃疡面,有利于黏膜上皮细胞的再生和阻止氢离子向黏膜内逆弥散,促进溃疡的愈合。目前已少作为治疗消化性溃疡的一线药物。

2. 枸橼酸铋钾 因兼有较强抑制 Hp 的作用,可作为根除 Hp 联合治疗方案的组成,因会过量蓄积而引起神经毒性,故此药不能长期服用,疗程一般不超过 14 天。

3. 前列腺素类药物 目前主要是米索前列醇能抑制胃酸的分泌,增加黏膜血流量,加强胃肠黏膜的防卫能力,加速黏膜修复再生。主要用于 NSAID 溃疡的预防。腹泻是主要不良反应,也能引起子宫收缩,故孕妇忌用。

(五) NSAID 溃疡的治疗

对于服用 NSAID 出现相关性溃疡患者,应尽可能停用或减少 NSAID 用量。如果病情需要长期服用 NSAID,应选择 COX-2 抑制剂等对胃肠黏膜损害较少的药物,以减少胃肠道反应,提高患者耐受性和安全性,或者合用 PPI、米索前列醇,有较好的预防效果(H_2RA 疗效差)。由于 Hp 和 NSAID 是两个最重要并相互独立的致病因素,因此,应同时检测 Hp,如有 Hp 感染应同时根除 Hp。

(六) 溃疡病的维持治疗

溃疡病的维持治疗是预防溃疡复发的重要措施。对于溃疡复发同时伴有 Hp 感染复发者、长期服用 NSAID 而不能停用 NSAID 的溃疡患者、Hp 阴性的溃疡者、曾有严重并发症的高龄或有严重伴随病的患者,维持治疗一般以 H_2RA 或 PPI 常规剂量的半量维持。

(七) 外科治疗

由于内科治疗的进展,目前外科手术主要限于少数有并发症者,包括:① 大量出血经内科治疗无效;② 急性穿孔;③ 瘢痕性幽门梗阻;④ 胃溃疡癌变;⑤ 严格内科治疗无效的顽固性溃疡。

三、中医治疗

辨证论治

1. 肝气犯胃

证候:胃脘胀痛,痛连两胁,遇烦恼则痛作或痛甚,嗳气、得矢气则痛舒,胸闷嗳气,喜叹息,大便不畅,舌苔多薄白,脉弦。

治法:疏肝解郁,理气止痛。

方药:柴胡疏肝散加减。

药用柴胡、枳壳、香附、陈皮、芍药、甘草、川芎等。若胀重可加青皮、郁金、木香助理气解郁之功;若痛甚者可加川楝子、延胡索理气止痛;嗳气频作者加半夏、旋覆花、代赭石,亦可用沉香降气散降气解郁。

2. 湿热中阻

证候:胃脘疼痛,痛势急迫,脘闷灼热,口干口苦,口渴而不欲饮,纳呆恶心,小便色黄,大便不畅,舌红,苔黄腻,脉滑数。

治法:清化湿热,理气和胃。

方药:清中汤。

药用黄连、栀子、制半夏、茯苓、草豆蔻、陈皮、甘草等。恶心呕吐加橘皮、竹茹;大便秘结加生大黄(后下);气滞腹胀加厚朴、枳实;纳呆少食加神曲、谷麦芽。

3. 脾胃虚寒

证候:胃痛隐隐,绵绵不休,喜温喜按,空腹痛甚,得食则缓,劳累或受凉后发作或加重,泛吐清水,神疲纳呆,四肢倦怠,手足不温,大便溏薄,舌淡苔白,脉虚弱或迟缓。

治法:温中健脾,和胃止痛。

方药:黄芪建中汤。

药用黄芪、饴糖、桂枝、生姜、大枣、白芍、甘草等。泛吐清水较多加干姜、半夏、茯苓、陈皮;泛酸去饴糖,加左金丸、乌贼骨、煅瓦楞;胃脘冷痛,虚寒较甚,呕吐,肢冷,合理中汤;形寒肢冷,腰膝酸软,合附子理中汤。

4. 胃阴亏耗

证候:胃脘隐隐灼痛,似饥而不欲食,口燥咽干,五心烦热,消瘦乏力,口渴思饮,大便干结,舌红少津,脉细数。

治法:养阴益胃,和中止痛。

方药:一贯煎合芍药甘草汤。

药用沙参、麦冬、生地、枸杞子、当归、川楝子、芍药、甘草等。胃脘灼痛,泛酸嘈杂,加珍珠粉、牡蛎、海螵蛸;胃脘胀痛较剧,兼有气滞,加厚朴花、玫瑰花、佛手等;大便干结难解加火麻仁、瓜蒌仁;阴虚胃热加石斛、知母、黄连。

5. 瘀血停胃

证候：胃脘疼痛，如针刺，似刀割，痛有定处，按之痛甚，痛时持久，食后加剧，入夜尤甚，或见吐血黑便，舌质紫黯或有瘀斑，脉涩。

治法：化瘀通络，理气和胃。

方药：失笑散合丹参饮。

药用蒲黄、五灵脂、丹参、檀香、砂仁等。胃痛甚者加延胡索、木香、郁金、枳壳；气虚四肢不温，舌淡脉弱，加党参、黄芪、仙鹤草；便黑加三七粉、白及粉；口干咽燥，舌光无苔，脉细，加生地、麦冬。

【转归、预防与调护】

消化性溃疡是一种具有反复发作特点的慢性病，随着内科有效治疗的发展，预后较过去为佳，死亡率明显下降。高龄患者死亡的主要原因是大出血和急性穿孔等并发症。

应保持精神愉快，性格开朗，劳逸结合。养成良好的饮食规律，忌暴饮暴食、饥饱无常。胃痛发作时，进流质或半流质饮食，少食多餐，以清淡易消化食物为主，忌食粗糙多纤维食物，尽量避免饮浓茶、咖啡和进辛辣食物，进食宜细嚼慢咽。寒证忌过食生冷，热证忌过食辛辣醇酒厚味。慎用对胃有刺激的药物。

（张春晖）

第二十五章
胃 癌

胃癌(gastric carcinoma)是起源于胃上皮的恶性肿瘤,是最常见的恶性肿瘤之一。虽然胃癌全球总发病率有所下降,但2/3胃癌病例分布在发展中国家,东亚、南美、东欧为高发区,而北美、澳大利亚、新西兰为低发区。

男性胃癌的发病率和死亡率高于女性,男女之比约为2:1。发病年龄以中老年居多,35岁以下较低,55~70岁为高发年龄段。死亡率随年龄增长而增高。高发区发病及死亡年龄前移。全国平均年死亡率约为16/10万(男性21/10万,女性10/10万)。近30年欧美国家以及我国部分地区胃癌发病率呈下降趋势,而近贲门部位胃癌发病率升高。

本病属中医"胃脘痛"、"反胃"、"噎膈"、"伏梁"等病证范畴。

【病因和发病机制】

胃癌的发生是一个多步骤、多因素进行性发展的过程,胃癌病因和发病机制尚未阐明。正常情况下,胃黏膜上皮细胞的增殖和凋亡之间保持动态平衡。这种平衡的维持有赖于癌基因、抑癌基因及一些生长因子的共同调控。多种因素会影响上述调控体系,共同参与胃癌的发生。目前认为下列因素与胃癌的发生有关。

一、环境和饮食因素

不同国家与地区发病率的明显差别说明与环境因素有关,其中最主要的是饮食因素。摄入过多的食盐、高盐的盐渍食品、熏制鱼类、亚硝胺类化合物的食物是诱发胃癌的相关因素,另外,还有发霉的食物含有较多的真菌毒素,大米加工后外面覆有滑石粉。也有研究表明胃癌与营养素失去平衡有关。此外,慢性胃炎及胃部分切除者胃酸分泌减少有利于胃内细菌繁殖。老年人因泌酸腺体萎缩常有胃酸分泌不足,有利于细菌生长。胃内增加的细菌可促进亚硝酸盐类致癌物质产生,长期作用于胃黏膜将导致癌变。

二、Hp感染

Hp感染与胃癌的关系已引起关注。Hp感染与胃癌有共同的流行病学特点,胃癌高发区人群Hp感染率高;Hp抗体阳性人群发生胃癌的危险高于阴性人群;Hp感染的致癌机制复杂,多数学者认为:① Hp感染主要作用于慢性活动性胃炎、慢性萎缩性胃炎、肠化生的癌变起始阶段;同时细胞毒素及炎症反应等造成DNA损伤,基因突变也可能成为主要原因。② Hp感染诱导胃黏膜上皮细胞凋亡和增殖失平衡,促进癌变发生。③ Hp感染导致胃内抗坏血酸明显减少,削弱其清除亚硝酸盐、氧自由基的作用。

三、遗传因素

胃癌有明显的家族聚集倾向,家族发病率高于人群2~3倍。最著名的Bonaparte家族例子很好地说明了遗传因素在胃癌发病中的作用。浸润型胃癌有更高的家族发病倾向,提示该型与遗传因素有关。一般认为遗传素质使致癌物质对易感者更易致癌。

四、癌前状态

胃癌的癌前状态分为癌前疾病和癌前病变,前者是指与胃癌相关的胃良性疾病,有发生胃癌的危险性,后者是指较易转变为癌组织的病理学变化。

1. 癌前疾病 包括:

(1) 慢性萎缩性胃炎:慢性萎缩性胃炎基础上可进一步发生肠上皮化生、不典型增生而癌变。其病史长短和严重程度与胃癌的发生率有关,据报道胃癌的发生率为2%~10%。

(2) 胃息肉:炎性息肉约占80%,直径多在2cm以下,癌变率低;腺瘤性息肉癌变的概率较高,特别是直径>2cm的广基息肉,以绒毛状腺瘤恶变率最高。恶变后多为肠型胃癌。

(3) 胃溃疡:癌变多从溃疡边缘发生,多因溃疡边缘的炎症、糜烂、再生及异型增生所致。

(4) 残胃炎：毕Ⅱ式胃切除术后，癌变常在术后 10～15 年发生。胃酸分泌减少致使亚硝胺等致癌物质产生增多；十二指肠内容物反流至残胃，胆酸浓度增高是促发癌变的重要因素。

2. 癌前病变　包括：

(1) 肠型化生：肠化有小肠型和大肠型 2 种。大肠型化生又称不完全肠化，其肠化细胞不含亮氨酸氨基肽酶和碱性磷酸酶，被吸收的致癌物质易于在细胞内积聚，导致细胞异型增生而发生癌变，其中Ⅱb 型肠化分化不成熟，与胃癌发生（尤其是肠型胃癌）关系密切。

(2) 异型增生：胃黏膜腺管结构及上皮细胞失去正常的状态出现异型性改变，组织学上介于良、恶性之间。因此，对上述癌前病变应注意密切随访。

【病理】

胃腺癌的好发部位依次为胃窦（58%）、贲门（20%）、胃体（15%）、全胃或大部分胃（7%）。根据胃癌的进程可分为早期胃癌和进展期胃癌。早期胃癌是指病灶局限且深度不超过黏膜下层的胃癌，不论有无局部淋巴结转移。进展期胃癌深度超过黏膜下层，已侵入肌层者称中期，侵及浆膜或浆膜外者称晚期胃癌。

一、大体形态分型

（一）早期胃癌的分型

由日本内镜学会 1962 年首先提出，并沿用至今。

Ⅰ型（息肉型）：病灶隆起呈小息肉状，基底宽无蒂，常大于 2 cm，占早期胃癌的 15% 左右。

Ⅱ型（浅表型）：癌灶表浅，分 3 个亚型，共占 75%。

Ⅱa 型（浅表隆起型）：病变稍高出黏膜面，高度不超过 0.5 cm，表面平整。

Ⅱb 型（浅表平坦型）：病变与黏膜等平，但表面粗糙呈细颗粒状。

Ⅱc 型（浅表凹陷型）：最常见，凹陷不超过 0.5 cm，病变底面粗糙不平，可见聚合黏膜皱襞的中断或融合。

Ⅲ型（溃疡型）：约占早期胃癌的 10%，黏膜溃烂较Ⅱc 深，但不超过黏膜下层；周围聚合皱襞有中断、融合或变形成杵状。

（二）进展期胃癌大体形态类型

仍沿用 Borrmann 提出的分类法。

Ⅰ型：又称息肉型或蕈伞型，肿瘤呈结节状，向胃腔内隆起生长，边界清楚。此型不多见。

Ⅱ型：又称溃疡型，单个或多个溃疡，边缘隆起，形成堤坎状，边界较清楚。此型常见。

Ⅲ型：又称溃疡浸润型，隆起而有结节状的边缘向周围浸润，与正常黏膜无清晰的分界。此型最常见。

Ⅳ型：又称弥漫浸润型，癌组织发生于黏膜表层之下，在胃壁内向四周弥漫浸润扩散，同时伴有纤维组织增生。此型少见。病变如累及胃窦，可造成狭窄；如累及全胃，可使整个胃壁增厚、变硬，称为皮革胃（linitis plastica）。

二、组织分型

组织病理学上，胃癌绝大多数是腺癌，极少数是腺鳞癌、鳞癌、类癌等。按组织结构不同，腺癌包括管状腺癌、乳头状腺癌、黏液腺癌、印戒细胞癌等数种，根据其分化程度又可分为高分化、中分化与低分化 3 种。根据组织起源可分为肠型和胃型（弥散型）。

三、侵袭与转移

胃癌有 4 种扩散方式。

1. 直接蔓延侵袭至相邻器官　胃底贲门癌侵犯食管、肝及大网膜，胃体癌侵犯大网膜、肝及胰腺。

2. 淋巴结转移　一般先转移到局部淋巴结，再到远处淋巴结，胃的淋巴系统与锁骨上淋巴结相连接，转移到该处时称为 Virchow 淋巴结。

3. 血行播散　晚期患者可占 60% 以上，最常转移到肝，其次是肺、腹膜及肾上腺，也可转移到肾、脑、骨髓等。

4. 种植转移　癌细胞侵及浆膜层脱落入腹腔，种植于肠壁和盆腔，如种植于卵巢，称为 Krukenberg 瘤；也可在直肠周围形成一明显的结节状板样肿块（Blumer's shelf）。

【临床表现】

一、症状

早期胃癌多无症状，或者仅有一些非特异性消化道症状。因此，仅凭临床症状，诊断早期胃癌十分困难。病情发展到一定程度才出现自觉症状，如有上腹不适、反酸、嗳气、早饱等非特异性消化不良症状，可时隐时现，可长期存在。

进展期胃癌最早出现、最常见的症状是上腹痛，与进食无明确关系或餐后加重，部分患者疼痛与消化性溃疡相似，进食或服抗酸药可有一定程度缓解。癌肿侵及胰腺或横结肠系膜时可呈持续性剧痛，向腰背部放射。极少数癌性溃疡穿孔时可出现腹膜刺激征。食欲减退和消瘦多见，往往进行性加重，晚期呈恶病质状态。

胃癌发生并发症或转移时可出现一些特殊症状，贲门癌累及食管下段时可出现吞咽困难。并发幽门梗阻时可有恶心呕吐，溃疡型胃癌出血时可引起呕血或黑便，继之出现贫血。胃癌转移至肝脏可引起右上腹痛，黄疸和（或）发热；转移至肺可引起咳嗽，呃逆，咯血，累及胸膜可产生胸腔积液而发生呼吸困难；肿瘤侵及胰腺时，可出现背部放射性疼痛。

二、体征

早期胃癌可无任何体征，中晚期胃癌的体征以上腹压痛最为常见。1/3患者可扪及上腹部肿块，质坚而不规则。其他体征如肝大、黄疸、腹水、左锁骨上淋巴结肿大、直肠前隐窝肿块常提示远处转移。

有些胃癌可以分泌某些特殊激素或具有某些生理活性的物质，而引起某些特殊的临床表现，称副癌综合征。如：① 皮肤表现：Leser-Trelat 综合征——突然出现并迅速加重的脂溢性角化病、黑棘皮病等；② 神经综合征：多发性神经炎、小脑变性等；③ 血栓-栓塞综合征；④ 血液病综合征：微血管病性贫血等；⑤ 膜性肾病等。

三、并发症

1. **出血** 约5%可发生大出血，表现为呕血和（或）黑便，偶为首发症状。
2. **幽门或贲门梗阻** 病变位于贲门或胃窦近幽门部时常发生。
3. **穿孔** 较良性溃疡少见，多见于幽门前区的溃疡型癌。

【实验室及其他检查】

一、内镜检查

内镜检查结合黏膜活检，是目前最可靠的诊断手段。为此，需多取活检，应在病灶边缘与正常交界处至少取6块以上。对早期胃癌，内镜检查是最佳的诊断方法。

（一）早期胃癌

内镜下早期胃癌可表现为小的息肉样隆起或凹陷。癌灶直径小于1 cm者称小胃癌，小于0.5 cm者称微小胃癌。早期胃癌有时难于辨认，可在内镜下对可疑病灶行美兰染色，癌性病变处将着色，有助于指导活检部位。新近的放大内镜能更仔细观察细微病变，提高早期胃癌的诊断率。

（二）进展期胃癌

在临床上较早期胃癌多见，大多可以从肉眼观察作出拟诊，肿瘤表面多凹凸不平，糜烂，有污秽苔，活检易出血；也可呈深大溃疡，底部覆有污秽灰白苔，溃疡边缘呈结节状隆起，无聚合皱襞，病变处无蠕动。大体形态类型见本章的病理部分。

超声内镜是指将超声探头引入内镜的一种检查。对胃壁各层肿瘤浸润状况、邻近器官及淋巴结转移的诊断有独到之处，为早期胃癌的确诊、治疗前TMN分期选择合理的治疗方式提供依据。诊断浸润深度的准确性为70%~80%；淋巴结转移的准确性约65%，但可能过度分期。此外，超声内镜还可以引导对淋巴结的针吸活检，进一步明确肿瘤性质。

二、X线钡餐检查

X线检查气钡双重对比造影可检查出胃壁微小病变，是诊断胃癌的重要方法。

1. **早期胃癌的X线钡餐表现** 在适当加压或双重对比下，Ⅰ型：常显示小的充盈缺损，表面多不光整，基部稍宽，附近黏膜颗粒或小结节状。Ⅱ型：黏膜平坦，表面可见轻微盘状隆起。部分患者可见小片钡剂积聚，或于充盈相呈微小突出。Ⅲ型：可见龛影，底部大多毛糙，胃壁可较正常略僵。
2. **中晚期胃癌的X线表现** 蕈伞型：突出于胃腔内的充盈缺损，轮廓不规则，基底广阔，在充盈缺损中可有不规则龛影，周围胃黏膜纹理中断或消失。溃疡型：表现为不规则龛影，有指压迹征与环堤征，周围皱襞结节增生，有时至环堤处突然中断。混合型者常见以溃疡为主，伴有增生、浸润性改变。浸润型：局限性者表现为黏膜纹理异常增粗或消失，局部胃壁僵硬，胃腔固定。广泛浸润型：黏膜皱襞平坦或消失，胃腔明显缩小，胃壁僵硬，无蠕动波。

三、肿瘤血清学检查

如血清癌胚抗原（CEA）可能出现异常，对诊断胃癌的意义不大，也不作为常规检查。但这些指标对于监测胃癌术后情况有一定价值。

此外,本病合并缺铁性贫血较常见,系长期失血所致。如有恶性贫血,可见巨幼细胞性贫血。肝功能异常提示可能有肝转移。大便隐血试验常呈持续阳性,有辅助诊断意义。胃液分析对胃癌的诊断意义不大,一般不纳入常规检查。

【诊断】

胃癌的诊断主要依据内镜检查加活检以及X线钡餐。早期诊断是根治胃癌的前提。对下列情况应及早和定期胃镜检查:① 40岁以上,特别是男性,近期出现消化不良、呕血或黑便者;② 慢性萎缩性胃炎伴胃酸缺乏,有肠化或不典型增生者;③ 良性溃疡但胃酸缺乏者;④ 胃溃疡经正规治疗2个月无效,X线钡餐提示溃疡增大者;⑤ X线检查发现大于2cm的胃息肉者,应进一步行胃镜检查;⑥ 胃切除术后10年以上者。

【中医病因病机】

本病发病多与下列因素有关。

1. 饮食不节　烟酒过度,或恣食辛香燥热、熏制、腌制、油煎之品,或霉变、不洁的食物等,日久损伤脾胃,脾失健运,聚湿生痰,痰凝气阻血瘀,或胃有积热,阴液为之耗损,津枯血燥,瘀热积聚,胃脘干槁,而致病。如《景岳全书·反胃》说:"以酷饮无度,伤于酒湿,或以纵食生冷,败其真阳……内伤之甚,致损胃气而然"。

2. 情志不遂　郁闷忧愁,肝郁气滞,犯胃乘脾,而致肝胃不和;忧思伤脾,聚湿生痰,或郁怒伤肝,肝气郁结,气滞血瘀,久郁化火,伤阴损络,则痰瘀互结,而致病。如《素问·通评虚实论》所说:"隔塞闭绝,上下不通,则暴忧之病也。"

3. 禀赋不足　素体亏虚,或久病正气亏虚,痰瘀互结;年老体虚及其他病久治不愈,正气不足,脾胃虚弱,日久气血亏耗,复因饮食不节、情志失调等因素,可致胃脘干槁,而发本病。《医宗必读·反胃噎膈》:"大抵气血亏损,复因悲思忧患,则脾胃受伤,血液渐耗,郁气生痰,痰塞而不通,气则上而不下,妨碍道路,饮食难进,噎塞所由成也。"

总之,中医认为本病的发生多因饮食不节,情志不遂,或损伤脾胃,导致肝胃不和;或正气不足,尤其是脾胃虚弱,加之情志、饮食失调,痰凝气滞,热毒血瘀交阻于胃,积聚成块。本病病位主要在胃,与肝、脾有关。基本病机为本虚标实。

【中医诊断及病证鉴别】

胃癌在中医文献中,根据症状的不同,可归属于"胃脘痛"、"反胃"、"噎膈"、"伏梁"等范畴。最早记载可追溯到《内经》。《素问·六元正纪大论》说:"木郁之发……故民病胃脘当心而痛,上支两胁,鬲咽不通,食饮不下"。《灵枢·四时气》曰:"饮食不下,膈塞不通,邪在胃脘"。《外台秘要·癥癖等一切病》曰:"心腹积聚久癥癖,块大如杯碗,黄疸,宿食朝起呕变,支满上气,时时腹胀,心下坚结……"诸上述说明了本病的病位和主要证候。

本病中医辨证要点主要是察其标本虚实。初期常为邪实入侵,气郁、痰阻、血瘀等标实之证渐次发生,兼杂互见,实证居多;后期气滞阻络,痰瘀互结,日渐成积,或邪毒结聚化热,灼伤气阴,或阴损及阳,气血亏耗,津液枯槁,以虚实夹杂证或虚证为主。由于本病早期多无症状,不易发现,因此,大多病患多处于中晚期,病情往往以虚实夹杂或虚证为主。

【治疗】

一、治疗思路

本病西医治疗原则:① 早期治疗:早期发现、早期诊断、早期治疗是提高胃癌疗效的关键。② 手术为主的综合治疗:以手术为中心,开展化疗、放疗、靶向治疗等疗法,是改善胃癌预后的重要手段。

手术切除辅以扶正中药,可改善患者的一般状况,有利于手术顺利,术后辅以中药调理脾胃,恢复胃肠功能,促进术后体力恢复,同时西医化疗,配合中药治疗,可减少肿瘤转移,减轻化疗反应,增强化疗敏感性,对于手术后复发转移及晚期不能切除的患者化疗配合口服中药能增效减毒;晚期患者可予中药改善生活质量,减轻痛苦,延长生存期,甚至能长期带瘤生存。

二、西医治疗

胃癌治疗方案的选择:① Ⅰ期胃癌可视为早期癌,以根治性手术切除为主。一般不主张辅助治疗。② Ⅱ期胃癌可视为中期,根治性手术切除为主,术后常规辅以化疗、免疫治疗。③ Ⅲ期胃癌视为进展期,手术以扩大根治性切除为主,术后更应强调放化疗、靶向治疗等综合性疗法。④ Ⅳ期胃癌属晚期,以非手术治疗为主。

(一)手术治疗

外科手术切除加区域淋巴结清扫是目前治疗胃癌的手段。胃切除范围可分为近端胃切除、远端胃切除及全胃切除,切除后分别用比尔罗特Ⅰ式吻合术(Billroth Ⅰ anastomosis)、比尔罗特Ⅱ式吻合术(Billroth Ⅱ anastomosis)及鲁氏Y形吻合术(Roux-en-Y anastomosis)重建消化道连续性。手术效果取决于胃癌的分期、浸润的深度和扩散范围。对那些无法通过手术治愈的患者,部分切除仍然是缓解症状最有效的手段,特别是有梗阻的患者,术后有50%的患者症状能缓解。因此,即使是进展期胃癌,如果无手术禁忌证或远处转移,应尽可能手术切除。

(二) 内镜下治疗

早期胃癌可在内镜下行电凝切除或剥离切除术。由于早期胃癌可能有淋巴结转移,故需对切除的癌变息肉进行病理检查,如癌变累及到根部或表浅型癌肿侵袭到黏膜下层,需追加手术治疗。

(三) 化疗

1. **术前化疗** 即新辅助化疗可使肿瘤缩小,增加手术根治及治愈机会。但术前治疗可能会增加术后并发症的发生率,并使其不易处理;术前治疗使得术后病理分期不够精确,需要完全依赖临床分期;一部分患者可能会接受过度治疗;如何能够在治疗前即区分出那些对治疗不敏感的患者,从而避免不必要的治疗延误,是目前研究的热点;为了在术前制订合理的、个体化的治疗方案,需要对肿瘤进行分期,但传统的CT、B超等检查手段其敏感性和准确性对准确分期的价值有限,尚不能满足新辅助化疗个体化治疗对分期的要求。

2. **术后辅助化疗** 化疗对于进展期胃癌的中位生存时间仍然小于9个月。术后化疗方式主要包括静脉化疗、腹腔内化疗、持续性腹腔温热灌注和淋巴靶向化疗等。

单一药物化疗只适合于早期需要化疗的患者或不能承受联合化疗者。常用药物有5-氟尿嘧啶、丝裂霉素、阿霉素、顺铂等。联合化疗指采用2种以上化学药物的方案,一般只采用2~3种联合,以免增加药物毒副作用。

早期胃癌且不伴有任何转移灶者,手术后一般不需要化疗。胃癌对化疗并不敏感,目前应用的多种药物以及多种给药方案的总体疗效评价不理想,尚无标准方案。

(四) 其他治疗

体外实验及动物体内实验表明,生长抑素类似物及COX-2抑制剂能抑制胃癌生长。其对人类胃癌的治疗尚需进一步临床研究。

三、 中医治疗

辨证论治

1. 痰食交阻

证候:胸膈满闷,吞咽困难,腹胀厌食,泛吐黏痰,或呕吐宿食,苔白腻,脉弦滑。

治法:理气化痰,消食散结。

方药:海藻玉壶汤加减。

药用海藻、昆布、法半夏、青皮、陈皮、当归、川芎、贝母、独活、海带、连翘、甘草等。若兼痰结毒滞,去独活、连翘,加蚤休、半枝莲、白花蛇舌草;痰气互结,去独活、海藻、连翘,加柴胡、枳壳、郁金、香附。

2. 肝胃不和

证候:胃脘痞满,时时作痛,串及两胁,嗳气频繁,或进食发噎,舌质红,苔薄白或薄黄,脉弦。

治法:疏肝和胃,降逆止痛。

方药:柴胡疏肝散合旋覆代赭汤加减。

药用柴胡、白芍、川芎、枳壳、香附、陈皮、旋覆花等。若口苦,口干,胃脘痞胀伴灼热感者,去当归、柴胡、生姜,酌加吴茱萸、黄连、黄芩;若便秘燥结,腑气不通者,酌加瓜蒌仁、郁李仁、火麻仁。

3. 瘀毒内阻

证候:脘痛剧烈或向后背放射,痛处固定,拒按,上腹肿块,肌肤甲错,眼眶呈黧黑,舌质紫黯或有瘀斑,舌下脉络紫胀,脉弦涩。

治法:理气活血,软坚消积。

方药:膈下逐瘀汤加减。

药用五灵脂、川芎、丹皮、当归、赤芍、乌药、延胡索、桃仁、红花、香附、枳壳、甘草等。胃中灼热加蒲公英、山栀子;呕血、黑便者,加白及、地榆。

4. 脾胃虚寒

证候:胃脘隐痛,绵绵不断,喜按喜暖,食生冷痛剧,进热食则舒,时呕清水,大便溏薄,或朝食暮吐,暮食朝吐,面色无华,神疲肢凉,舌淡而胖,有齿痕,苔白滑润,脉沉细或沉缓。

治法:温中散寒,健脾益气。

方药：黄芪建中汤加减。

药用桂枝、芍药、黄芪、生姜、大枣、炙甘草、饴糖等。若便溏泄泻，属脾肾阳虚者，加山药、补骨脂、制肉豆蔻；若脘胀嗳气，呕恶，苔白厚腻，减人参量，酌加藿香、苍术、草果等。

5. 胃热伤阴

证候：胃脘嘈杂灼热，痞满吞酸，食后痛胀，口干喜冷饮，五心烦热，便结尿赤，舌红，苔少或剥苔、无苔，脉细数。

治法：清热和胃，养阴润燥。

方药：益胃汤加减。

药用沙参、麦冬、生地、玉竹、冰糖。若热盛津伤可加丹皮、黄连、山栀、天花粉；兼气滞可加郁金、枳实；兼肝胃不和加川楝子、柴胡、白芍、郁金、枳壳等。

6. 气血亏虚

证候：胃脘痞块，形体消瘦，浮肿，面色㿠白，神疲乏力，气短自汗，头晕心悸，舌淡少苔，脉细弱。

治法：补气养血，健脾益肾。

方药：八珍汤合左归饮。

药用党参、白术、茯苓、炙甘草、白芍、当归、熟地、川芎、山药、枸杞、山茱萸等。可酌加黄芪益气，丹参化瘀，天花粉养阴。

【转归、预防与调护】

胃癌的预后取决于癌肿的部位与范围、组织类型、浸润胃壁的深度、转移情况、宿主反应、手术方式等有关。全球胃癌治疗的最佳临床证据表明，胃癌的预后直接与诊断时的分期有关。迄今为止，手术仍然是胃癌的最主要治疗手段，但由于胃癌早期（0～Ⅰ）诊断率低（约10%），大部分胃癌在确诊时已处于中晚期，5年生存率较低（7%～34%）。女性较男性预后要好；远端胃癌较近端胃癌的预后好。5年生存率，Ⅰ期胃癌术后可达90%以上，Ⅱ期胃癌70%左右，Ⅲ期胃癌25%～50%，Ⅳ期胃癌<10%。

由于胃癌病因未明，故缺乏有效的一级预防（病因预防）。二级预防的重点是早期诊断与早期治疗，日本内镜普查的工作开展较好，故早期胃癌诊断率较高。我国人口众多，全面普查不可能，但在胃癌高发地区对高危人群定期普查，是一个可行的办法。对癌前期病变，要进行密切随访。对有胃癌发生的高危因素如中至重度萎缩性胃炎、中至重度肠型化生、异型增生癌前病变者、有胃癌家族史者应予根除 Hp 治疗。

根据流行病学调查，多吃新鲜蔬菜和水果，少吃腌腊制品，可以降低胃癌发病。

（卜 平）

第二十六章
溃疡性结肠炎

溃疡性结肠炎(ulcerative colitis, UC)是一种病因不明的直肠和结肠慢性非特异性炎症性疾病。病变主要限于大肠黏膜与黏膜下层。临床表现为腹泻、黏液脓血便、腹痛。病情轻重不等,多呈反复发作的慢性病程。本病可发生在任何年龄,多见于20～40岁,亦可见于儿童或老年。男女发病率无明显差别。本病在我国较欧美少见,但近年患病率有增加趋势。

本病与中医学的"大瘕泻"相似,归属于中医学"泄泻"、"肠风"、"脏毒"等范畴。

【病因和发病机制】

溃疡性结肠炎的病因及发病机制至今尚未完全明确,目前,认为其主要因素是免疫、遗传、感染、环境因素及精神因素以及其相互作用。

一、免疫因素

肠道黏膜免疫系统在本病肠道炎症发生、发展、转归过程中始终发挥重要作用,在肠道菌丛的参与下,启动了肠道免疫及非免疫系统,使肠道的特异性免疫细胞、非特异性免疫细胞及非免疫细胞参与异常激活的免疫炎症反应,从而释放出各种导致肠道炎症反应的免疫因子和介质,包括免疫调节性细胞因子、促炎症性细胞因子以及许多参与炎症损害过程的物质,如反应性氧代谢产物和一氧化氮等导致肠上皮的损伤。另外,本病常伴有其他免疫系统疾病,如类风湿关节炎、结节性红斑狼疮等,因此,糖皮质激素治疗常能奏效。

二、遗传因素

本病可能与遗传密切相关,存在着遗传易感性表现为：白种人和犹太人发病率高,犹太人的发病率是同地区其他民族的2～4倍,而亚洲人、非洲人的发病率低；欧美的研究表明,本病患者直系血缘亲属中的发病率为10%～20%,一级相关亲属的发病危险增加10～15倍。近年来,全基因组扫描及候选基因的研究发现了不少可能与本病相关的染色体上的易感区域及易感基因。因此,可认为,本病不仅是多基因病,而且也是遗传异质性疾病。

三、感染因素

微生物感染与本病发病之间的关系一直受人们的关注,有报道显示,溃疡性结肠炎可能与表达特异黏附分子的大肠杆菌有关,与双链球菌、志贺菌、RNA病毒有关,肠道感染可能是疾病的一种诱发因素,但至今并未发现直接特异性的病原体。目前更关注于肠腔内环境改变,特别是菌群的改变。菌群紊乱可能通过抗原刺激、肠上皮细胞受损、黏膜屏障通透性增加,影响肠黏膜的免疫系统,而产生肠道持续性炎症。

四、环境因素及精神因素

在社会经济较发达的国家,本病发病率较高,以北欧和北美洲人群多见。随着经济的发展,我国也呈现上升趋势。脑力劳动者发病率明显高于体力劳动者,这一现象反映了环境因素微妙但却重要的变化。临床上可见本病因紧张、劳累而诱发发作,患者有精神抑郁和焦虑表现。

【病理】

病变主要累及结肠黏膜和黏膜下层,呈连续性、弥漫性分布。范围多自肛端直肠和乙状结肠开始,从远端向近端逆行发展,甚至累及全结肠及末段回肠。

活动期黏膜呈弥漫性炎症反应,黏膜和黏膜下层高度充血、水肿,淋巴细胞、浆细胞、单核细胞等炎症细胞弥漫性浸润,炎症细胞浸润肠上皮,可导致隐窝炎和隐窝脓肿,当隐窝脓肿融合溃破,黏膜出现广泛的小溃疡,并可逐渐融合成大片溃疡。肉眼见黏膜弥漫性充血、水肿,表面呈细颗粒状,脆性增加,出血,糜烂及溃疡,由于结肠病变一般限于黏膜与黏膜下层,很少深入肌层,所以并发结肠穿孔、瘘管或周围脓肿少见。少数暴发型或重症患者病变涉及结肠全层,可发生中毒性巨结肠,若溃疡累及肌层至浆膜层,常并发急性穿孔。若黏膜不断破坏和修复,可形成炎性息肉,少数患者发生结肠癌变。

【临床表现】

起病多数缓慢,少数急性起病,偶见急性暴发起病。病程呈慢性经过,多表现为发作期与缓解期交替,少数症状持续并逐渐加重。刺激、感染等诱因可诱发或加重症状,部分患者多与饮食失调、劳累等因素有关。

一、消化系统表现

1. 腹泻和黏液脓血便　见于绝大多数患者。腹泻主要与炎症导致大肠黏膜对水钠吸收障碍以及结肠运动功能失常有关,大便中的黏液脓血则为炎症渗出、黏膜糜烂及溃疡所致。轻者每日排便2~4次,重者每日10次以上。粪质亦与病情轻重有关,多数为糊状,重者可至稀水样。大便中出现黏液脓血便是本病活动期的重要表现。病变限于直肠或乙状结肠的患者中,除有腹泻、便血外,偶尔会有便秘。

2. 腹痛　轻度或病变缓解期患者可无腹痛或仅有腹部不适。一般呈轻至中度腹痛,疼痛多为左下腹或下腹的阵痛,亦可涉及全腹,呈现疼痛-便意-便后缓解的规律,常有里急后重。若并发中毒性巨结肠或炎症波及腹膜,有持续性剧烈腹痛。

3. 其他症状　可有腹胀,严重病例有食欲不振、恶心、呕吐。

二、全身表现

一般出现在中、重度患者,活动期可出现低至中度发热,高热多提示合并症或见于急性暴发型。重症或病情持续活动可出现衰弱、消瘦、贫血、低蛋白血症、水与电解质平衡紊乱等表现。少数患者表现为情绪不稳定,如抑郁、焦虑、失眠等。

三、肠外表现

本病有时出现包括结节性红斑、外周关节炎、坏疽性脓皮病、前葡萄膜炎、巩膜外层炎、口腔复发性溃疡等肠外表现,这些表现随着结肠炎控制或结肠切除后可以缓解或恢复,对于骶髂关节炎、强直性脊柱炎、原发性硬化性胆管炎及少见的淀粉样变性、急性发热性嗜中性皮肤病等肠外表现,可与溃疡性结肠炎共存,与溃疡性结肠炎本身的病情变化无关。

四、体征

轻、中度患者仅有左下腹轻压痛,有时可触及痉挛的降结肠或乙状结肠,重型和暴发型患者常有明显压痛和鼓肠。若有腹肌紧张、反跳痛、肠鸣音减弱,应注意中毒性巨结肠、肠穿孔等并发症。

五、并发症

1. 中毒性巨结肠　多发生在暴发型或重度溃疡性结肠炎患者。国外报道,重度患者中的发生率约为5%。此时结肠病变广泛而严重,累及肌层与肠肌神经丛,肠壁张力减退,结肠蠕动消失,肠内容物与气体大量积聚,引起急性结肠扩张,一般以横结肠为最严重。常因低钾、钡剂灌肠、使用抗胆碱能药物或阿片类制剂而诱发。本并发症预后差,易引起急性肠穿孔。

2. 直肠结肠癌变　多见于广泛性结肠炎、幼年起病而病程漫长者。国外有报道,起病20年和30年后癌变率分别为7.2%和16.5%。

3. 其他并发症　肠大出血在本病发生率约3%。肠穿孔多与中毒性巨结肠有关。肠梗阻少见,发生率远低于克罗恩病。

【实验室及其他检查】

一、血液检查

血红蛋白在轻度病例多正常或轻度下降,中、重度病例有轻或中度下降,甚至重度下降。白细胞计数在活动期可有增高。血沉加快和C反应蛋白增高是活动期的标志。严重病例血清白蛋白下降。

二、粪常规检查

肉眼观常有黏液脓血,显微镜检见红细胞和脓细胞,急性发作期可见巨噬细胞。大便病原学检查找不到明确的致病菌,可排除感染性结肠炎。

三、自身抗体检测

研究发现,血中外周型抗中性粒细胞胞浆抗体和抗酿酒酵母抗体分别为溃疡性结肠炎和克罗恩病的相对特异性抗体,同时检测这两种抗体有助于溃疡性结肠炎和克罗恩病的诊断和鉴别诊断。

四、结肠镜检查

结肠镜中表现：① 病变多从直肠开始,呈连续性、弥漫性分布;黏膜血管模糊、充血、水肿及附有脓性分泌物,呈细颗粒状;② 病变严重处见弥漫性糜烂和多发性浅溃疡;③ 慢性病变见假性息肉,结肠袋变钝或消失。结肠镜下黏膜活检组织学见弥漫性慢性炎症细胞浸润,活动期表现为表面糜烂、溃疡、隐窝炎、隐窝脓肿;慢性期表现为隐窝结构紊乱,杯状细胞减少和潘氏细胞化生。

五、X线钡剂灌肠检查

X线钡剂灌肠检查所见X线征象主要有：① 黏膜粗乱和(或)颗粒样变化;② 多发性浅溃疡,表现为管壁边缘毛糙,呈毛刺状或锯齿状,以及见小龛影,亦可有炎症性息肉而表现为多个小的圆或卵圆形充盈缺损;③ 肠管缩短,结肠袋消失呈铅管状。

【诊断与鉴别诊断】

一、诊断

(1) 具有持续或反复发作腹泻和黏液脓血便,腹痛,里急后重,伴有(或不伴)不同程度全身症状者。

(2) 排除急性自限性结肠炎、阿米巴痢疾、慢性血吸虫病、肠结核等感染性结肠炎及结肠克罗恩病、缺血性肠炎、放射性肠炎等疾病。

(3) 具有上述结肠镜检查重要改变中至少1项及黏膜活检组织学所见或X线钡剂灌肠检查具有上述X线征象中至少1项,也可以拟诊本病。

(4) 初发病例、临床表现、结肠镜改变不典型者,暂不作出诊断,须随访3~6个月,观察发作情况。

按临床类型可分为初发型、慢性复发型、慢性持续型和急性暴发型。初发型指无既往史的首次发作;慢性复发型临床上最多见,指发作期与缓解期交替;慢性持续型指症状持续,间以症状加重的急性发作;急性暴发型少见,急性起病,病情严重,全身毒血症状明显,可伴中毒性巨结肠、肠穿孔、败血症等并发症。上述各型可相互转化。

临床病情程度可分为轻度、中度、重度。轻度：腹泻每日4次以下,便血轻或无,无发热、脉速,贫血无或轻,血沉正常;重度：腹泻每日6次以上,并有明显黏液脓血便,体温>37.5℃、脉搏>90次/分,血红蛋白<100 g/L,血沉>30 mm/h;中度：介于轻度与重度之间。

病变范围分为直肠炎、直肠乙状结肠炎、左半结肠炎、广泛性结肠炎以及全结肠炎。

病情分期分为活动期和缓解期。

二、鉴别诊断

1. **克罗恩病** 克罗恩病与溃疡性结肠炎同属炎症性肠病,为一种慢性肉芽性炎症,病变可累及胃肠道各部位,而以末端回肠及邻近结肠为主,多呈阶段性、非对称性分布;克罗恩病的腹泻一般无肉眼血便,结肠镜及X线检查可与溃疡性结肠炎鉴别。

2. **阿米巴肠炎** 病变主要侵犯右侧结肠,也可累及左侧结肠,结肠溃疡较深,边缘潜行,溃疡间的黏膜多属正常。大便或结肠镜取溃疡渗出物检查可找到溶组织阿米巴滋养体或包囊。抗阿米巴治疗有效。

3. **血吸虫病** 有疫水接触史,常有肝脾肿大,大便检查可发现血吸虫卵,孵化毛蚴阳性。直肠镜检查在急性期可见黏膜黄褐色颗粒,活检黏膜压片或组织病理检查发现血吸虫卵。免疫学检查亦有助鉴别。

【中医病因病机】

本病发病多与下列因素有关。

1. **感受外邪** 外邪之中,以暑、湿、热较为常见,其中又以感受湿邪最为常见。脾喜燥而恶湿,外来湿邪,最易困阻脾土,以致升降失职,脾失健运,湿热或寒湿蕴于大肠,血与之相搏结,肠道传导失司,脉络受损,气血凝滞,化腐成脓,而痢下赤白。

2. **饮食所伤** 饮食过量,停滞不化;或恣食肥甘,湿热内蕴;或过食生冷,寒邪伤中,寒湿内蕴;或误食不洁,均可损伤脾胃,化生食滞、寒湿、湿热之邪,致运化失职,升降失调,清浊不分,混杂而下,而发生泄泻。

3. **情志不调** 肝失疏泄,烦恼郁怒,肝气不舒,横逆克脾,脾失健运,升降失调;或忧郁思虑伤脾,脾气不运,土虚木乘,升降失职;或素体脾虚,逢怒进食,更伤脾土,而成泄泻。

4. **脾胃虚弱** 长期饮食不节,饥饱失调,或劳倦内伤,或久病体虚,或素体脾胃虚弱,不能受纳水谷、运化精微,聚水成湿,积谷为滞,湿滞内生,清浊不分,混杂而下,遂成泄泻。

5. 肾阳虚衰　年老体弱,肾气不足;或久病之后,或房室无度,肾阳受损。命门火衰,脾失温煦,运化失职,水谷不化,而成泄泻。且肾为胃之关,主司二便,若肾气不足,关门不利,则泻下不止。

本病的发生与素体脾胃功能虚弱,先天禀赋不足或感受外邪、饮食不节、情志失调等致病因素,导致脏腑功能失调,气机不利,气滞血瘀,寒热错杂,肠络受损。本病病位在肠,与脾胃关系密切,久则及肾。故本病是以脾胃虚弱为本,以湿热、血瘀、痰湿为标,本虚标实的病证。

【中医诊断及病证鉴别】

一、诊断

(1) 以腹泻、腹痛、黏液脓血便和里急后重为主要症状。急性暴泻起病突然,病程短,可伴恶寒、发热等症。

(2) 慢性久泻起病缓慢,病程较长,反复发作,时轻时重,多由饮食不当、感受寒热或情绪变化而诱发。

二、病证鉴别

1. 痢疾　痢疾与泄泻均有大便次数增多、粪质稀薄的特征,而泄泻以大便次数增加,粪质稀溏,甚则如水样,或完谷不化为主症,大便不夹有脓血,也无里急后重,腹痛或有或无,且腹痛泻后则安。而痢疾以腹痛,里急后重,便下赤白脓血为主症,腹痛便后不止。

2. 霍乱　霍乱是一种上吐下泻同时并作的病证,发病特点是来势急骤,变化迅速,病情凶险,起病时先突然腹痛,继则吐泻交作,所吐之物均为未消化之食物,气味酸腐热臭;所泻之物多为黄色粪水,或如米泔,常伴恶寒、发热,部分患者在吐泻之后,津液耗伤,迅速消瘦,或发生转筋,腹中绞痛;若吐泻剧烈,则见面色苍白、目眶凹陷、汗出肢冷等津竭阳衰之危候。其发病特点、临床表现及转归均与胃痛不同。

【治疗】

一、治疗思路

本病的治疗目的是控制急性发作,缓解病情、减少复发,防止并发症。中医治疗本病以辨证论治为主,辨证与辨病相结合,口服给药与局部给药相结合,对症状的迅速控制和疗效的提高有较好的作用。治疗过程中要确定疾病的分级、分期以及病情程度,参考病程以及过去的治疗方法、用药情况及疗程,对于不同情况有针对性地制订治疗方案,中西医结合治疗能提高疗效,防止复发,减轻激素的副作用。

二、西医治疗

(一) 一般治疗

对活动期患者,应充分休息,以减少精神和体力负担。患者的情绪对病情有影响,可予心理治疗。给予流质或半流饮食,待病情好转后改为富营养少渣饮食。重度或暴发型患者应入院治疗,及时纠正水、电解质平衡紊乱,贫血者可输血,低蛋白血症者输注白蛋白。病情严重应禁食,并予完全胃肠外营养治疗。有过敏史者,限制乳制品摄入。

对腹痛、腹泻的患者,要权衡利弊,在使用抗胆碱能药物或止泻药如地芬诺酯,或洛哌丁胺时宜慎重,特别是大剂量时,在重度患者有诱发中毒性巨结肠的危险。

(二) 药物治疗

1. 氨基水杨酸制剂　水杨酸柳氮磺吡啶是治疗本病的常用药物。该药在结肠内由细菌分解为 5-氨基水杨酸和磺胺吡啶。5-氨基水杨酸是治疗的有效成分,作用机制是通过对肠黏膜局部花生四烯酸代谢多个环节进行调节,抑制前列腺素、白三烯的合成,清除氧自由基,抑制免疫反应而发挥抗炎作用。该药适用于轻、中度患者或重度经糖皮质激素治疗已有缓解者。用药方法:4 g/d,分 4 次口服。病情完全缓解后仍要继续用药,长期维持治疗。该药可出现磺胺类药物相关的副作用如恶心、呕吐、食欲减退、头痛及可逆性男性不育等,严重者可出现过敏,见皮疹、粒细胞减少、自身免疫性溶血、再生障碍性贫血等。口服 5-氨基水杨酸新型制剂有美沙拉嗪、奥沙拉嗪和巴柳氮。上述药物可避免在小肠近段被吸收,而在结肠内发挥药效。这类制剂有多种剂型:5-氨基水杨酸的灌肠剂适用于病变局限在直肠乙状结肠者,栓剂适用于病变局限在直肠者。

2. 糖皮质激素　对急性发作期有较好疗效。适用于对氨基水杨酸制剂疗效不佳的轻、中度患者,特别适用于重度患者及急性暴发型患者。一般予口服泼尼松 40~60 mg/d;重度患者先予较大剂量静脉滴注,如氢化可的松 300 mg/d、甲泼尼龙 48 mg/d 或地塞米松 10 mg/d,7~10 天后改为口服泼尼松 60 mg/d。病情缓解后以每 1~2 周减少 5~10 mg 用量至停药。减量期间加用氨基水杨酸制剂逐渐接替激素治疗。

病变局限在直肠乙状结肠者,可用琥珀酸钠氢化可的松 100 mg 或地塞米松 5 mg 加生理盐水 100 ml 作保留灌肠,每晚 1 次。病变局限于直肠者,如有条件也可用布地奈德泡沫灌肠剂 2 mg 保留灌肠,每晚 1 次,该药是以局部作用为主的糖皮质激素,故全身不良反应较少。

3. 免疫抑制剂　小剂量硫唑嘌呤,1.5 mg/(kg·d)口服,可试用于对激素治疗效果不佳或对激素依赖的慢性持续型病例。因其毒性大,不良反应多,故需慎重使用。近年国外报道,对严重溃疡性结肠炎急性发作静脉用糖皮质激素治疗无效的病例,应用环孢素 4 mg/(kg·d)静脉滴注,大部分患者可取得暂时缓解,而避免急症手术。

4. 手术治疗　有大出血、肠穿孔、中毒性巨结肠等内科治疗无效且伴有严重毒血症状者,应行紧急外科手术治疗。对于并发结肠癌变,慢性持续型病例内科治疗效果不理想而严重影响生活质量,或虽然用糖皮质激素可控制病情,但糖皮质激素不良反应太大而不能耐受者,一般采用全结肠切除加回肠肛门小袋吻合术。

三、中医治疗

辨证论治

1. 湿热蕴结

证候:腹痛腹泻反复发作,大便夹带黏液脓血,里急后重,肛门灼热,脘痞呕恶,口苦口臭,小便短赤,舌红,黄腻,脉濡数。

治法:清利肠道湿热。

方药:白头翁汤加减。

药用白头翁、黄柏、黄连、秦皮等。热毒重可加马齿苋、败酱草;兼瘀滞者加地榆、丹参、丹皮、赤芍、红花;腹痛,里急后重明显,可加木香、槟榔。

2. 肝脾不调

证候:腹痛肠鸣,泻后痛缓,大便黏液脓血,嗳气纳少,胸胁胀闷,急躁易怒,病情每因情绪波动而变化,舌淡红,苔薄白,脉弦。

治法:疏肝健脾。

方药:痛泻要方加味。

药用白芍、白术、陈皮、防风等。兼湿热者加白头翁、黄连、马齿苋;肝郁气滞,胸胁脘腹胀痛者加柴胡、枳壳、香附、郁金;兼瘀滞者加蒲黄、丹参;若久泻不止,可加酸收之品,如乌梅等。

3. 脾胃虚弱

证候:大便时溏时泻,迁延反复,大便中带有黏液或脓血,食后脘闷不舒,稍进油腻食物,则大便次数明显增加,面色萎黄,神疲倦怠,舌淡,苔白,脉细弱。

治法:健脾益气,化湿止泻。

方药:参苓白术散。

药用人参、白术、茯苓、甘草、砂仁、陈皮、桔梗、扁豆、山药、莲子肉、薏苡仁等。若久泻不止,中气下陷,或兼有脱肛者,可用补中益气汤重用黄芪、党参以健脾止泻,升阳举陷;若黏液多者加法半夏、竹茹;瘀滞明显者加蒲黄、丹参。

4. 气滞血瘀

证候:肠鸣腹胀,腹痛拒按,痛有定处,泻下不爽,嗳气少食,面色晦暗,腹部或有癥块,肌肤甲错,舌质紫黯,或有瘀斑、瘀点,脉涩或弦。

治法:行气活血,健脾益气。

方药:膈下逐瘀汤加减。

药用当归、川芎、桃仁、红花、枳壳、丹皮、赤芍、五灵脂、乌药、延胡索、甘草、香附等。兼湿热者加白头翁、马齿苋;兼脾虚湿困者加党参、陈皮、苍术;兼肝郁气滞者加柴胡、枳壳、郁金。

5. 阴血亏虚

证候:久泻不止,便下脓血,腹中隐痛,午后低热,头晕目眩,失眠盗汗,心烦易怒,消瘦乏力,舌红少苔,脉细数。

治法:滋阴养血,清热化湿。

方药:驻车丸加减。

药用黄连、炮姜、当归、阿胶等;可加生地黄、麦冬、玄参、玉竹滋阴生津。热重者加知母、天花粉、熟大黄。

6. 脾肾阳虚

证候:腹泻迁延日久,腹痛喜温喜按,腹胀,腰酸,膝软,食少,形寒肢冷,神疲懒言,舌质淡,或有齿痕,苔白润,脉沉细或尺弱。

治法：健脾温肾止泻。

方药：四神丸加味。

药用补骨脂、肉豆蔻、吴茱萸、五味子等；可加附子、炮姜温补脾肾。若年老体弱，久泻不止，中气下陷，加黄芪、党参、白术益气健脾，亦可合桃花汤固涩止泻。还可以辨证选用右归丸、肾气丸等。

【转归、预防与调护】

本病一般呈慢性过程，大部分患者反复发作，轻度及长期缓解者预后较好。急性暴发型、有并发症及年龄超过60岁者预后不良，但近年由于治疗水平提高，病死率已明显下降。慢性持续活动或反复发作频繁，预后较差。

应注意气候影响，作好腹部的保暖，以防外寒直中而诱发，保持居处环境安静整洁、空气清新。同时饮食适度，不要过多饮用冷制品及变质食物，对于可疑不耐受的食品，如鱼、虾、牛奶、花生以及辛辣食品，避免使用。饮食应以柔软、易消化、营养丰富、有足够热量、足够维生素为原则，并注意少食多餐。保持心情舒畅，并适当参加体育锻炼。

（张春晖）

第二十七章 胆囊炎

胆囊炎分急、慢性胆囊炎两种。急性胆囊炎(acute cholecystitis)是由胆囊管梗阻、化学性刺激和细菌感染所引起的胆囊急性炎症性病变。慢性胆囊炎(chronic cholecystitis)是胆囊持续的、反复发作的炎症过程。可由结石、慢性感染、化学刺激及急性胆囊炎反复迁延发作所致。临床上可表现为慢性反复发作性上腹部隐痛、消化不良等症状。

本病多属于中医学"胁痛"、"黄疸"等范畴。

【病因和发病机制】

一、胆囊出口梗阻

急性胆囊炎患者中90%以上是由于结石梗阻胆囊管所致,此外尚有蛔虫、梨形鞭毛虫、华支睾吸虫、黏稠炎性渗出物所致梗阻,及胆囊管扭曲畸形、胆囊管外肿大淋巴结及肿瘤的压迫等原因所致胆囊管梗阻或胆囊出口梗阻。

二、胰液反流

当胆总管和胰管的共同通道发生梗阻时,可导致胰液反流进入胆囊,胆汁中胆盐可激活胰蛋白酶原,引起化学性急性胆囊炎。

三、细菌感染

急性胆囊炎的发病早期常无细菌感染,但发病后1周,50%以上的患者可继发细菌感染。胆盐可被细菌分解,产生有毒性的胆汁酸,从而进一步损伤胆囊黏膜。

四、其他因素

急性非结石性胆囊炎是指临床病理均诊断为急性胆囊炎而无胆囊结石,为一种少见的胆囊疾病,占急性胆囊炎的5%~10%,大多数与严重创伤、烧伤、腹部手术等病因有关。

【病理】

急性胆囊炎一般可分为3种类型:① 单纯性急性胆囊炎;② 急性化脓性胆囊炎;③ 坏疽性胆囊炎。急性胆囊炎病理病变开始时,胆囊管梗阻,黏膜水肿、充血,胆囊内渗出增加,胆囊肿大。如病情进一步加重,病变波及胆囊壁全层,囊壁增厚,血管扩张,甚至浆膜炎症,有纤维素或脓性渗出,发展至化脓性胆囊炎。此时治愈后也产生纤维组织增生、瘢痕化,容易再发生胆囊炎症。反复发作则呈现慢性炎症过程,胆囊可完全瘢痕化而萎缩。如胆囊梗阻未解除,胆囊内压继续升高,胆囊壁血管受压,导致血供障碍,继而缺血坏疽,则为坏疽性胆囊炎。坏疽胆囊炎常并发胆囊穿孔,多发生在底部和颈部。

慢性胆囊炎病理特点是:黏膜下和浆膜下的纤维组织增生及单核细胞的浸润,随着炎症反复发作,可使胆囊与周围组织粘连、囊壁增厚并逐渐瘢痕化,最终导致胆囊萎缩,完全失去功能。

【临床表现】

一、主要症状

1. 腹痛 是本病的主要症状,发病早期,腹痛可发生于中上腹部、右上腹部,以后转移至右肋缘下的胆囊区,常于饱餐或高脂饮食后突然发作,或发生于夜间,是因夜间仰卧时胆囊内结石易于滑入胆囊管,形成嵌顿之故。疼痛常呈持续性、膨胀样或绞痛性,可向右肩和右肩胛区放射。患者中2/3可有典型胆绞痛的既往史。在老年人中,由于对疼痛的敏感性降低,可无剧烈腹痛,甚至可无腹痛的症状。

2. 恶心、呕吐和食欲缺乏 患者常有食欲缺乏,反射性恶心和呕吐,呕吐剧烈时,可吐出胆汁,且可引起水、电解质紊乱。呕吐后患者的腹痛不能缓解。

3. **全身症状** 大多数患者伴有38℃左右的中度发热,当发生化脓性胆囊炎时,可有寒战、高热、烦躁、谵妄等症状,甚至可发生感染性休克。10%患者可出现轻度黄疸。

二、体征

腹部检查时可见右上腹部稍膨胀,腹式呼吸减弱,右肋下胆囊区可有局限性腹肌紧张、压痛及反跳痛,胆囊触痛征和墨菲征(Murphy sign)。有胆囊积脓及胆囊周围脓肿者,可在右上腹部扪及包块。当腹部压痛及腹肌紧张扩展至腹部其他区域或全腹时,则提示已发生胆囊穿孔、急性弥漫性腹膜炎或急性出血坏死型胰腺炎等并发症。

【实验室及其他检查】

85%的患者白细胞升高,有时抗感染治疗后或老年人可不升高。血清丙氨酸转移酶、碱性磷酸酶常升高,约1/2的患者血清胆红素升高,1/3的患者血清淀粉酶升高。B超检查可见胆囊增大,囊壁增厚,甚至有"双边征",囊内结石显示强回声,其后有声影;对急性胆囊炎的诊断准确率为85%~95%。CT、MR检查均可协助诊断。此外,^{99m}Tc标记二乙基乙酰苯胺基亚氨酸(^{99m}Tc-EHIDA)检查,急性胆囊炎由于胆囊管的梗阻,胆囊不显影,其敏感性几乎达100%;反之,如有胆囊显影,95%的患者可排除急性胆囊炎。

【诊断与鉴别诊断】

典型的临床表现,结合实验室和影像学检查,诊断一般无困难。但应注意与以下疾病鉴别:消化性溃疡穿孔、急性胰腺炎、高位阑尾炎、肝脓肿、胆囊癌、结肠肝曲癌或小肠憩室穿孔,以及右侧肺炎、胸膜炎和肝炎等。

有腹痛发作并胆囊结石证据提示慢性胆囊炎。B超检查作为首选,可显示胆囊壁增厚,胆囊排空障碍或胆囊内结石。口服胆囊造影逐渐为B超检查替代,但如胆囊显影淡薄或不显影,则表明胆囊功能障碍或胆囊管梗阻,有助于慢性胆囊炎的诊断。胃肠道钡餐、纤维胃镜、腹部CT、泌尿系静脉造影等检查对鉴别胃食管反流性疾病、消化性溃疡、胃炎、急性胰腺炎、消化道肿瘤、右肾及输尿管疾病等有帮助。

【中医病因病机】

本病的致病因素主要有以下几个方面。

1. **情志抑郁或暴怒伤肝** 肝失条达,疏泄不利,胆汁不能正常排泄而瘀滞,肝胆气机阻滞不通,而发胁痛。气郁日久,血流不畅,瘀血阻痹胁络,而致胁痛不适。

2. **饮食不节或外湿内侵** 损伤脾胃,运化失利,痰湿中阻,气郁化热,湿热阻滞中焦,影响肝胆气机不畅,引发胁痛。

3. **蛔虫及结石阻滞肠道** 蛔虫上窜胆道或阻于胆囊,胆道结石阻塞,胆气不通,胆汁外溢,或化生湿热,则发生黄疸、胁痛等。本病若治疗及时,多易缓解,治不彻底,可演变为胆胀。胆瘅常合并胆石。少数病重者,可伴胆囊穿孔,发为脂膜瘅(急性腹膜炎)等病。

4. **久病或劳欲过度** 精血亏损,肝中阴血不足,脉络失养,导致胁痛。本病的病因主要与情志、饮食、虫石、体虚等因素有关。其病机属肝络失和,实证为肝气郁结,瘀血停滞,肝胆湿热,邪阻肝络,不通则痛;虚证为肝阴不足,肝脉失养,不荣则痛。其病变部位主要在肝胆,又与脾、胃、肾相关。

【中医诊断及病证鉴别】

胁痛的病位在于肝胆,病性以实证为主,也可虚实并见。辨证之先,首当明气血,察虚实。临证胀痛明显者属气滞为主,刺痛者属血瘀为主,而气滞、血瘀互相夹杂。本病临证以实证为主,有气滞、湿热、火毒之分,实证化火伤阴或虚证兼有气滞,又可虚实并见。本病临床上以实证最为多见。胁痛的各个证候在一定条件下,可以相互转化。

病证鉴别

1. **胰瘅** 发病更急骤,多因酒食无度而诱发,多有脘腹坚满、痞胀、疼痛拒按,以左上腹为明显,血、尿淀粉酶升高。

2. **真心痛** 真心痛特点为剧烈而持久的胸骨后疼痛,伴心悸、水肿、肢冷、喘促、汗出、面色苍白等症状,甚至危及生命。素有胸痹心痛病史,突发上腹部剧痛,并波及全腹,伴心慌、气短等,结合心电图等检查可资鉴别。

【治疗】

一、治疗思路

胆囊炎一般先采用非手术治疗,包括输液,营养支持,补充维生素,纠正水、电解质及酸碱代谢失衡。抗感染可选用对革兰阴性细菌及厌氧菌有效的抗生素和联合用药。需并用解痉止痛、消炎利胆药物。

中医学认为六腑以通为顺,胆属腑,其有"泻而不藏"的生理特性,故治疗应以通降为主,采用理气、化瘀、清利湿热、清热解毒等法。急性胆囊炎发病早期可以中药疏肝利胆,行气活血为主,辅以抗生素预防感染,并用西药解痉镇痛药对症治疗;病程第2周后多有继发感染,应以西药抗感染,配合中药清利湿热;后期若发生胆囊化脓,感染中毒严重时,则以西医抗感染、抗休克为主,并用中药清热解毒治疗。对非手术治疗效果不好,或病情恶化而无手术禁忌证者,可行胆囊切除术。

二、西医治疗

（一）内科治疗

1. 一般治疗　包括卧床休息、禁食、吸氧,伴严重呕吐者可安置胃肠减压管,使胆汁分泌减少,有利于胆汁的引流。并应静脉补充水、电解质和营养等。

2. 解痉、镇痛　可使用阿托品、硝酸甘油、哌替啶、美沙酮等,以解除肝胰壶腹括约肌的痉挛而止痛。

3. 抗感染治疗　抗生素的使用是为了预防菌血症和治疗化脓性并发症,应选择在血和胆汁中浓度较高的抗生素。常选用氨苄西林、克林霉素、氨基糖苷类、第三代头孢菌素和喹诺酮类等抗生素,并应根据血和胆汁细菌培养和药物敏感试验结果更换抗生素。因常伴有厌氧菌感染,故宜加用甲硝唑静脉滴注。

4. 利胆治疗　硫酸镁有松弛肝胰壶腹括约肌的作用,使滞留的胆汁易于排出,故可用50%硫酸镁10 ml,每日3次口服治疗。

5. 其他药物　吲哚美辛,每天3次,每次25 mg,维持1周,可以逆转胆囊的炎症和急性胆囊炎早期(第1天)的胆囊收缩功能障碍,改善餐后胆囊的排空。1次肌内注射75 mg的双氯芬酸钠可显著降低胆石症患者急性胆囊炎的发生率。

（二）外科治疗

治疗急性结石性胆囊炎最终需采用手术治疗。应争取择期进行手术。手术方法首选腹腔镜胆囊切除术,其他还有传统的开腹手术、胆囊造瘘术。

急性期手术力求安全、简单、有效,对年老体弱、合并多个重要脏器疾病者,选择手术方法应慎重。急诊手术的适应证:① 发病在48～72小时内者;② 经非手术治疗无效或病情恶化者;③ 有胆囊穿孔、弥漫性腹膜炎、并发急性化脓性胆管炎、急性坏死性胰腺炎等并发症者。

三、中医治疗

辨证论治

1. 肝气郁滞

证候:右胁和右上腹隐痛或胀痛,痛引两胁,有时向右肩背部放射,常伴有口苦、咽干,纳谷不香,轻度寒热,无黄疸或有轻度黄疸,小便清或微黄,舌红,苔薄白,脉平或小弦。

治法:疏肝利胆,理气止痛。

方药:柴胡疏肝饮合金铃子散加减。

药用柴胡、枳实、黄芩、白芍、川芎、厚朴、半夏、川楝子、金铃子、元胡索等。右胁下痛剧加青皮、川楝子、延胡索;气郁化火,见口苦而干,烦躁易怒者,加丹皮、栀子;恶心呕吐重者加竹茹、石菖蒲。

2. 湿热内阻

证候:右胁下持续性胀痛,或阵发加重,或绞痛时作,口苦咽干,胸胁胀满,恶心呕吐,高热畏寒,寒热往来,身目发黄,尿赤便结,舌苔黄腻,脉弦滑数。

治法:清热利湿,通腑理气。

方药:大柴胡汤合茵陈蒿汤加减。

药用柴胡、黄芩、白芍、半夏、枳实、大黄、生姜、大枣、茵陈、栀子等。若热重者加金银花、连翘、蒲公英;疼痛明显加川楝子、元胡、郁金;伴有结石加金钱草、海金沙、鸡内金等。

3. 火毒内扰

证候:寒战高热,右上腹疼痛剧烈,痛处拒按,可扪及包块,全身发黄,恶心呕吐,大便秘结,小便短黄,烦躁,甚至神昏谵语,舌质红绛,舌苔黄燥,脉弦数。

治法:清热解毒,苦寒攻下。

方药:茵陈蒿汤合黄连解毒汤加减。

药用茵陈、栀子、大黄、黄芩、黄连、黄柏等。若右胁痛剧加郁金、延胡索;发热重者,重用栀子、大黄,加龙胆草、黄芩;神昏配服安宫牛黄丸;脉细无力或神志淡漠,加用参附汤或独参汤。

4. 瘀血阻滞

证候:胸胁胀痛,痛不可忍,按之痛甚,固定不移,入夜尤甚,齿龈有瘀斑,舌质紫黯或有瘀点,脉沉弦。

治法:理气活血祛瘀。

方药:复元活血汤。

药用柴胡、瓜蒌、当归、穿山甲、大黄、桃仁、红花等。若右胁刺痛,拒按,加莪术、三棱、三七;胀痛加青皮、枳壳、木香等。

5. 肝阴不足

证候:右胁部隐痛不已,悠悠不休,稍劳尤甚,神倦,头晕目眩,口干不欲饮,心烦易怒,自觉烦热,舌红少苔,脉细弦。

治法:滋阴养血,柔肝和络。

方药:滋水清肝饮或一贯煎加减。

药用地黄、茯苓、丹皮、山药、萸肉、泽泻、白芍、柴胡、山栀、沙参、麦冬、当归、枸杞子、川楝子等。情志不遂者可酌加合欢花、玫瑰花、白蒺藜等疏肝调气;心烦者加酸枣仁、丹参养血安神;头目昏晕者加桑椹子、女贞子补益肝肾。

【转归、预防与调护】

急性胆囊炎总病死率为0.5%~11%,经过积极治疗一般于12~24小时后症状可得到改善,经3~7日后症状消退。如有胆囊积脓,则症状可持续数周。如急性胆囊炎反复迁延发作,则可转为慢性胆囊炎。慢性胆囊炎较为顽固,常反复发作,老年人有严重的合并症如心、肺疾病和糖尿病等严重疾患者,死亡率可达5%~10%。并发胆囊局限性穿孔预后尚好;如胆囊穿孔引起弥漫性腹膜炎时,死亡率高达25%。

本病与情志所伤、饮食不节相关。因此,平素保持心情舒畅,避免过怒、过悲、过劳及过度紧张;同时注意饮食清淡,切忌过度饮酒或嗜食辛辣肥甘,控制油腻多脂饮食,多吃新鲜蔬菜、水果、瘦肉及豆制品等清淡饮食,以防湿热内生。

(卜 平)

第二十八章 肝硬化

肝硬化(hepatic cirrhosis)是一种由不同病因引起的肝慢性、进行性、弥漫性病变,本病在肝细胞广泛变性和坏死基础上产生肝纤维组织弥漫性增生,并形成再生结节和假小叶,导致正常肝小叶结构和血管解剖的破坏。临床上,起病隐匿,病程发展缓慢,晚期以肝功能减退和门静脉高压为主要表现,常出现多种并发症。肝硬化是常见病,发病高峰年龄在35~50岁,男女比例为(3.6~8):1,出现并发症时死亡率高。

本病属中医学"癥积"、"鼓胀"等范畴。

【病因和发病机制】

一、病因

引起肝硬化的病因很多,在国内以乙型病毒性肝炎所致的肝硬化最为常见。在国外,特别是北美、西欧则以乙醇所致的肝硬化最多见。

1. 病毒性肝炎 主要为乙型、丙型和丁型肝炎病毒感染,占60%~80%。病毒的持续存在是演变为肝硬化的主要原因。甲型和戊型病毒性肝炎不发展为肝硬化。

2. 慢性乙醇中毒 在欧美国家,酒精性肝硬化占全部肝硬化的50%~90%,我国近年来有上升趋势。其发病机制主要是乙醇中间代谢产物乙醛对肝的直接损害,继而可发展为肝硬化。

3. 非酒精性脂肪性肝炎 是仅次于上述2种病因的最为常见的肝硬化前期病变。危险因素有肥胖、糖尿病、高三酰甘油血症、空回肠分流术、药物、全胃肠外营养、体重极度下降等。

4. 胆汁淤积 持续肝内淤胆或肝外胆管阻塞时,可引起原发性胆汁性肝硬化或继发性胆汁性肝硬化。

5. 肝静脉回流受阻 慢性充血性心力衰竭、缩窄性心包炎、肝静脉阻塞综合征(Budd-Chiari综合征)、肝小静脉闭塞病等引起肝脏长期淤血缺氧。

6. 遗传代谢性疾病 先天性酶缺陷疾病,致使某些物质不能被正常代谢而沉积在肝脏,如肝豆状核变性(铜沉积)、血色病(铁沉积)、α_1-抗胰蛋白酶缺乏症等。

7. 工业毒物或药物 长期接触四氯化碳、磷、砷等或服用双醋酚汀、甲基多巴、异烟肼等可引起中毒性或药物性肝炎而演变为肝硬化;长期服用甲氨蝶呤可引起肝纤维化而发展为肝硬化。

8. 血吸虫 病虫卵沉积于汇管区,引起纤维组织增生,导致窦前性门静脉高压。

病因仍不明者称隐源性肝硬化,占5%~10%。

此外,自身免疫性肝炎可演变为肝硬化。

二、发病机制

肝硬化的主要发病机制是进行性纤维化。肝硬化的演变发展过程包括以下4个方面:① 广泛肝细胞变性坏死,肝小叶纤维支架塌陷;② 不规则结节状肝细胞团(再生结节)的形成;③ 大量纤维结缔组织增生,假小叶的形成;④ 侧支循环的建立和开放。

【病理】

在大体形态上,在肝硬化的早期,肝脏变形、肿大,晚期明显缩小,肝的硬度增加,表面有弥漫性大小不匀的结节和塌陷区,外观呈棕黄色和灰褐色,边缘薄锐,肝包膜增厚。

组织学改变,正常肝小叶结构破坏,被假小叶所取代。假小叶的肝细胞索排列紊乱,中央静脉阙如、偏位或内含两三个中央静脉。假小叶内的肝细胞常出现不同程度的肿胀、脂肪变性和坏死,并常出现再生的肝细胞。汇管区因结缔组织增生而显著增宽,并有一定程度的炎症细胞浸润,新生的细小胆管和假胆管形成。根据结节形态,1994年国际肝病信息小组将肝硬化分为3型:① 小结节性肝硬化:结节大小相仿,直径小于3 mm;② 大结节性肝硬化:结节大小不等,一般平均大于3 mm,最大结节直径可达5 cm以上;③ 大小结节混合性肝硬化:肝内同时存在大、小结节2种病理形态。

肝硬化时其他器官亦可有相应病理改变。脾因长期淤血而肿大、增生和大量结缔组织形成。胃黏膜因淤血而见充血、水肿、糜烂,若见呈马赛克或蛇皮样改变时,称门脉高压性胃病。睾丸、卵巢、肾上腺皮质、甲状腺等常有萎缩和退行性变。

肝功能减退(失代偿)和门静脉高压是肝硬化发展的两大后果,进一步发展可产生一系列并发症。在此重点讨论门静脉高压症和腹水发生的病理生理基础。

门静脉压随门静脉血流量和门静脉阻力增加而升高。肝纤维化及再生结节对肝窦及肝静脉的压迫导致门静脉阻力升高,是门静脉高压的起始动因。肝硬化时,因肝功能减退及各种因素导致多种血管活性因子失调,形成心输出量增加、低外周血管阻力的高动力循环状态,此时,内脏充血进而导致门静脉血流量增加是维持和加重门静脉高压的重要因素。根据导致门静脉血流阻力上升的部位可将门脉高压分为窦前性(如血吸虫性肝硬化)、窦性、窦后性(如Budd-Chiari综合征)三大类,而以窦性最常见。门静脉高压造成的后果包括:① 门-体侧支循环开放;② 脾大;③ 腹水形成。

肝硬化腹水形成是门静脉高压和肝功能减退共同作用的结果,为肝硬化肝功能失代偿时最突出的临床表现。涉及多种因素,主要有:① 门静脉压力升高;② 血浆胶体渗透压下降;③ 有效血容量不足;④ 其他因素:ANP相对不足及机体对其敏感性下降、抗利尿素分泌增加可能与水钠潴留有关。

【临床表现】

无症状者占30%~40%,常在体格检查或因其他疾病行剖腹术时才被发现。其他一部分患者症状无特异性,如低热、乏力、恶心、体重减轻、白细胞及血小板低下,在求诊时怀疑此诊断。部分慢性肝炎患者行肝活检时诊断此病。

本病起病隐匿,病程发展缓慢,可隐伏数年至10年以上,但少数因短期大片肝坏死,可在数月后发展为肝硬化。早期可无症状或症状轻微,当出现腹水或并发症时,临床上称为失代偿期肝硬化。失代偿期肝硬化临床表现明显,可发生多种并发症。

一、症状

1. 全身症状 乏力为早期症状,其程度可自轻度疲倦至严重乏力。体重下降往往随病情进展而逐渐明显。少数患者有不规则低热,与肝细胞坏死有关,需注意与合并感染、肝癌鉴别。

2. 消化道症状 食欲不振为常见症状,可有恶心,偶伴呕吐。腹胀亦常见,与胃肠积气、腹水和肝脾肿大等有关,腹水量大时,腹胀成为患者最难忍受的症状。腹泻往往表现为对脂肪和蛋白质耐受差,稍进油腻肉食即易发生腹泻。部分患者有腹痛,多为肝区隐痛,当出现明显腹痛时,要注意合并肝癌、原发性腹膜炎、胆道感染、消化性溃疡等。

3. 出血倾向 可有牙龈、鼻腔出血、皮肤紫癜、女性月经过多等,主要与肝脏合成凝血因子减少及脾功能亢进所致血小板减少有关。

4. 与内分泌紊乱有关的症状 男性可有性功能减退、男性乳房发育,女性可发生闭经、不孕。肝硬化患者糖尿病发病率增加。严重肝功能减退易出现低血糖。

5. 门静脉高压症状 如食管胃底静脉曲张破裂而致上消化道出血时,表现为呕血及黑便;脾功能亢进可致白细胞、红细胞和血小板计数减少,因贫血而出现皮肤黏膜苍白等;发生腹水时腹胀更为突出。

二、体征

肝硬化患者呈肝病病容,面色黝黑而无光泽。晚期患者消瘦、肌肉萎缩。皮肤可见蜘蛛痣、肝掌、男性乳房发育。腹壁静脉以脐为中心显露至曲张,严重者脐周静脉突起呈水母状,并可听见静脉杂音。黄疸提示肝功能储备已明显减退,黄疸呈持续性或进行性加深提示预后不良。腹水伴或不伴下肢水肿是失代偿期肝硬化最常见的表现,部分患者可伴肝性胸水,以右侧多见。肝脏早期肿大可触及,质硬而边缘钝;后期缩小,肋下常触不到。半数患者可触及肿大的脾脏,常为中度,少数重度。

各型肝硬化起病方式与临床表现并不完全相同。如大结节性肝硬化起病较急,进展较快,门静脉高压症相对较轻,但肝功能损害则较严重;血吸虫病性肝纤维化的临床表现则以门静脉高压症为主,巨脾多见,黄疸、蜘蛛痣、肝掌少见,肝功能损害较轻,肝功能多基本正常。

三、并发症

1. 食管胃底静脉曲张破裂出血 为最常见并发症。多突然发生呕血和(或)黑便,常为大量出血,引起出血性休克,可诱发肝性脑病。在血压稳定、出血暂停时,内镜检查可以确诊。

2. 感染　肝硬化患者免疫功能低下,常并发感染,如呼吸道、胃肠道、泌尿道等而出现相应症状。有腹水的患者常并发特发性细菌性腹膜炎,特发性细菌性腹膜炎是指在无任何邻近组织炎症的情况下发生的腹膜和(或)腹水的细菌性感染,是肝硬化常见的一种严重的并发症,其发病率颇高。腹水细菌培养有助确诊。

3. 肝性脑病　是本病最严重的并发症,亦是最常见的死亡原因,主要临床表现为性格行为失常,意识障碍,昏迷。

4. 电解质和酸碱平衡紊乱　肝硬化患者常见的电解质和酸碱平衡紊乱有:① 低钠血症:长期钠摄入不足、长期利尿或大量放腹水导致钠丢失、抗利尿激素增多致水潴留超过钠潴留(稀释性低钠);② 低钾低氯血症:钾的摄入不足、呕吐腹泻、长期应用利尿剂或高渗葡萄糖液、继发性醛固酮增多等,均可促使或加重血钾和血氯降低;低钾低氯血症可导致代谢性碱中毒,并诱发肝性脑病;③ 酸碱平衡紊乱:肝硬化时可发生各种酸碱平衡紊乱,其中最常见的是呼吸性碱中毒或代谢性碱中毒,其次是呼吸性碱中毒合并代谢性碱中毒。

5. 原发性肝细胞癌　肝硬化特别是病毒性肝炎肝硬化和酒精性肝硬化发生肝细胞癌的危险性明显增高。当患者出现肝区疼痛、肝大、血性腹水、无法解释的发热时要考虑此病,血清甲胎蛋白升高及B超提示肝占位性病变时应高度怀疑,CT可确诊。必要时行肝动脉造影检查。对肝癌高危人群(35岁以上、乙肝或丙肝病史≥5年、肝癌家族史和来自肝癌高发区)应定期进行甲胎蛋白和B超筛查,争取早期诊断、早期治疗。持续甲胎蛋白定量高于正常而未达肝癌诊断标准者,应定期跟踪随访。

6. 肝肾综合征(hepatorenal syndrome)　是指发生在严重肝病基础上的肾衰竭,但肾脏本身并无器质性损害,故又称功能性肾衰竭。主要见于伴有腹水的晚期肝硬化或急性肝功能衰竭患者。发病机制主要是全身血流动力学的改变,表现为内脏血管床扩张,心输出量相对不足和有效血容量不足,RAAS和交感神经系统被进一步激活,最终导致肾皮质血管强烈收缩,肾小球滤过率下降。肝肾综合征临床表现为自发性少尿或无尿,氮质血症和血肌酐升高,稀释性低钠血症,低尿钠。

7. 肝肺综合征(hepatopulmonary syndrome)　是指发生在严重肝病基础上的低氧血症,主要与肺内血管扩张相关,而过去无心肺疾病基础。临床特征为严重肝病、肺内血管扩张、低氧血症/肺泡-动脉氧梯度增加的三联征。发病的关键是肺内血管扩张特别是肺内前毛细血管和毛细血管扩张,毛细血管、小静脉、小动脉壁增厚等,导致通气/血流比例失调,氧弥散受限及肺内动静脉分流,均最终引起低氧血症。

8. 门静脉血栓形成　近年发现本并发症并不少见。如果血栓缓慢形成,可无明显的临床症状。如发生门静脉急性完全阻塞,可出现剧烈腹痛,腹胀,血便,休克,脾脏迅速增大和腹水迅速增加。

【实验室及其他检查】

一、血、尿、粪三大常规检查

血常规代偿期多正常,失代偿期可有轻重不等的贫血。脾功能亢进时,白细胞、红细胞和血小板计数减少。尿常规一般正常,可出现胆红素和尿胆原增加。消化道出血时,出现肉眼可见的黑便;门脉高压性胃病引起的慢性出血,大便隐血试验阳性。

二、肝功能检查

代偿期大多正常或仅有轻度的酶学异常,失代偿期则多有较全面的损害,且其异常程度往往与肝脏的储备功能减退程度相关。

1. 血清酶学　转氨酶升高与肝脏炎症、坏死相关。一般为轻至中度升高,以谷丙转氨酶升高较明显;肝细胞严重坏死时,则谷草转氨酶升高更明显。γ-谷氨酰转肽酶及碱性磷酸酶也可有轻至中度升高。

2. 蛋白代谢　血清白蛋白下降,球蛋白升高,A/G倒置,血清蛋白电泳显示以γ-球蛋白增加为主。

3. 凝血酶原时间　有不同程度延长,且不能为注射维生素K纠正。

4. 胆红素代谢异常　肝储备功能明显下降时出现总胆红素升高,结合胆红素及非结合胆红素均升高,仍以结合胆红素升高为主。

5. 其他　① 反映肝纤维化的血清学指标:包括Ⅲ型前胶原氨基末端肽、Ⅳ型胶原、透明质酸、层粘连蛋白等,上述指标升高及其程度可反映肝纤维化存在及其程度,但要注意这些指标会受肝脏炎症、坏死等因素影响;② 失代偿期可见总胆固醇特别是胆固醇酯下降;③ 定量肝功能试验:包括吲哚菁绿清除试验、利多卡因代谢产物生成试验,可定量评价肝储备功能,主要用于对手术风险的评估。

三、血清免疫学检查

免疫功能改变有:① 细胞免疫功能下降;② 体液免疫功能中IgG、IgA水平增高,以IgG增高最为显著;③ 可出现非特异性自身抗体,如抗核抗体、抗线粒体抗体、抗平滑肌抗体等;④ 在病毒性肝炎肝硬化中可检测到乙型、丙型、丁型肝炎病毒标记物。

四、影像学检查

1. X 线检查　食管静脉曲张时,行食管 X 线钡餐检查显示虫蚀样或蚯蚓状充盈缺损,纵行黏膜皱襞增宽;胃底静脉曲张时,胃肠 X 线钡餐检查可见菊花瓣样充盈缺损。

2. 腹部超声检查　可显示肝、脾大小、外形;门脉高压症时可见门静脉和脾静脉直径增宽,有腹水时可以见到液性暗区。

3. CT 和 MRI　CT 对肝硬化的诊断价值与 B 超相似,但对肝硬化合并原发性肝癌的诊断价值则高于 B 超。当 B 超筛查疑似合并原发性肝癌时,常需 CT 进一步检查,诊断仍有疑问者,可配合 MRI 检查,综合分析。

五、内镜检查

内镜检查可确定有无食管胃底静脉曲张,阳性率较 X 线钡餐检查为高。腹腔镜检查能直接观察肝、脾等腹腔脏器及组织,并可在直视下取活检,对诊断有困难者有价值。

六、肝穿刺活检

肝穿刺活检具有确诊价值,尤适用于代偿期肝硬化的早期诊断、肝硬化结节与小肝癌的鉴别及鉴别诊断有困难的其他情况者,假小叶形成是确定诊断的依据。

七、腹水检查

新近出现腹水者、原有腹水迅速增加原因未明者及疑似合并特发性细菌性腹膜炎者应进行腹腔穿刺,抽腹水作常规检查、腺苷脱氨酶(ADA)测定、细菌培养及细胞学检查。为提高培养阳性率,腹水培养应在床边进行,使用血培养瓶,分别作需氧菌和厌氧菌培养。无合并特发性细菌性腹膜炎的肝硬化腹水为漏出液性质,血清-腹水白蛋白梯度 >11 g/L;合并特发性细菌性腹膜炎时,则为渗出液或中间型,腹水白细胞及中性粒细胞增高、细菌培养阳性。腹水呈血性应高度怀疑癌变,细胞学检查有助诊断。

八、门静脉压力测定

经颈静脉插管测定肝静脉楔入压与游离压,两者之差为肝静脉压力梯度,反映门静脉压力。正常多小于 5 mmHg,大于 10 mmHg 则为门脉高压症。

【诊断与鉴别诊断】

一、诊断

失代偿期肝硬化诊断并不困难,依据下列各点可作出临床诊断:① 有病毒性肝炎、长期大量饮酒等可导致肝硬化的有关病史;② 有肝功能减退和门静脉高压的临床表现;③ 肝功能检查有血清白蛋白下降、血清胆红素升高及凝血酶原时间延长等提示肝功能失代偿;④ B 超或 CT 提示肝硬化以及内镜发现食管胃底静脉曲张。肝活检见假小叶形成是诊断本病的金标准。

代偿期肝硬化的临床诊断常有困难,对慢性病毒性肝炎、长期大量饮酒者应长期密切随访,注意肝脾情况及肝功能检查结果的变化,如发现肝硬度增加,或有脾大,或肝功能异常变化,B 超检查显示肝实质回声不均等变化,应注意早期肝硬化,必要时肝穿刺活检可获确诊。

完整的诊断应包括病因、病期、病理和并发症,如"乙型病毒性肝炎肝硬化(失代偿期),大结节性,合并食管静脉曲张破裂出血"。同时,对肝脏储备功能的评估不但有助预后估计,且对治疗方案的选择具有重要意义,临床常用 Child-Pugh 分级来评估(表 28-1)。

表 28-1　肝功能 Child-Pugh 分级

	评分		
	1	2	3
总胆红素(μmol/L)	<34	34~51	>51
血清白蛋白(g/L)	>35	28~35	<28
凝血酶原时间延长	1~3 秒	4~6 秒	>6 秒
腹水	无	轻度	中等量
肝性脑病(级)	无	1~2	3~4

注:按积分法,5~6 分为 A 级,7~9 分为 B 级,10~15 分为 C 级

二、鉴别诊断

1. **肝脾肿大的鉴别诊断** 如血液病、代谢性疾病引起的肝脾肿大，必要时可作肝穿刺活检。
2. **腹水的鉴别诊断** 腹水有多种病因，如结核性腹膜炎、缩窄性心包炎、慢性肾小球肾炎等。根据病史及临床表现、有关检查，与肝硬化腹水鉴别并不困难，必要时作腹腔镜检查常可确诊。
3. **肝硬化并发症的鉴别诊断** 与上消化道出血、肝性脑病、肝肾综合征等的鉴别诊断见有关章节。

【中医病因病机】

中医学认为肝主疏泄与藏血，前者指疏泄胆脾精气，舒畅气机，条达情志，通利三焦，疏通水道；后者指贮藏血液精微，调节血量，使血行而不妄不瘀。若各种病因作用于肝脏，使肝体损伤，失却其柔润之性，疏泄失职，藏血无权，久之可发为癥积、鼓胀。常见的病因有：

1. **酒食不节** 如嗜酒过度，或恣食甘肥厚味，损伤脾胃，酿湿生热，蕴聚中焦，清浊相混，壅阻气机，水谷精微失于输布，湿浊内聚，血行受阻，开阖不利，气、血、水互结，乃成鼓胀。
2. **情志所伤** 情志抑郁，气机失于调畅，以致肝气郁滞，久则气滞血瘀。肝失疏泄，横逆而乘脾胃，运化失常，水湿停留，进而壅阻气机，水湿气血停瘀蕴结，日久不化，渐侵及肾，开阖不利，三脏俱病，而成鼓胀。
3. **邪毒感染** 遭受肝炎病毒、血吸虫感染，未能及时治疗，迁延日久，内伤肝脾，虫毒阻塞经隧，脉道不通，久延失治，肝脾两伤，形成癥积；气滞络瘀，清浊相混，水液停聚，乃成鼓胀。此即《诸病源候论》所称的"水毒"、"水蛊"之类。
4. **黄疸、积聚等病迁延日久** 本病初起，气滞血瘀，邪气壅实，正气未虚，病理性质多属实；积聚日久，病势较深，正气耗伤，可转为虚实夹杂之证。病至后期，气血衰少，体质羸弱，则往往转以正虚为主。以上所谓虚实，仅是相对而言，因积聚的形成，总与正气不强有关。故《素问·经脉别论》说："勇者气行则已，怯者著而为病也。"

总之，本病基本病理变化总属肝、脾、肾受损，气滞、血瘀、水停腹中。病位主要在于肝、脾，久则及肾。因肝主疏泄，司藏血，肝病则疏泄不行，气滞血瘀，进而横逆乘脾，脾主运化，脾病则运化失健，水湿内聚，进而土壅木郁，以致肝脾俱病。病延日久，累及于肾，肾关开阖不利，水湿不化，则胀满愈甚。

【中医诊断及病证鉴别】

本病属中医学"癥积"、"鼓胀"等范畴。中医分气臌、水臌与血臌三种：腹部膨隆，嗳气或矢气则舒，腹部按之空空然，叩之如鼓，是为"气臌"，多属肝郁气滞；腹部胀满膨大，或状如蛙腹，按之如囊裹水，常伴下肢浮肿，是为"水臌"，多属阳气不振，水湿内停；脘腹坚满，青筋显露，腹内积块痛如针刺，面颈部赤丝血缕，是为"血臌"，多属肝脾血瘀水停。临床上气、血、水三者常相兼为患，但各有侧重，掌握上述特点，有助于辨证。

病证鉴别

1. **本病代偿期与瘕聚鉴别** 本病属癥积，癥积指腹内结块有形可征，固定不移，痛有定处，病属血分，多为脏病，形成的时间较长，病情一般较重；瘕即是聚，瘕聚多属空腔脏器胃肠的炎症、痉挛、梗阻等病变，临床表现为腹内结块聚散无常，痛无定处，病在气分，多为腑病，病史较短，病情一般较轻。

2. **本病失代偿期需与水肿病、痞满等疾病相鉴别** 本病代偿期属鼓胀，以腹大裹水为特征。皮色苍黄晦暗，腹皮脉络显露，四肢消瘦不肿。常伴有疲乏、纳差、腹胀、心悸、气促不能平卧等证候。若胁腹有癥块，面、颈、胸、腹表现红丝赤缕，更支持本病诊断。而水肿病之发病规律一般系目窠或足踝先肿，逐渐泛滥全身肌肤，然后腹大留水，腹皮浮厚无筋；鼓胀则腹大裹水，而四肢不肿反瘦，有浮肿者也是腹水在先而脚肿在后，且每有腹皮青筋显露。痞满是一种自觉症状，感觉腹部痞塞不通，胀满难忍，但不能触及肿物。

【治疗】

一、治疗思路

对肝硬化，目前西医尚缺乏特效治疗，关键在于早期诊断，针对病因给予相应处理，阻止肝硬化进一步发展，后期积极防治并发症，至终末期则只能依赖肝移植。在肝功能失代偿期宜中西医结合积极治疗，尤其是对腹水的治疗可在中医辨证论治基础上合并使用西医利尿剂；对顽固性腹水可酌情多次输注适当量的白蛋白或血浆，可明显提高疗效。

中医辨证标实为主者，当根据气、血、水的偏盛，分别采用行气、活血、祛湿利水或暂用攻逐之法，同时配以疏肝健脾，临证可根据病情采用先攻后补，或先补后攻，或攻补兼施等方法，扶助正气，调理脾胃，减少副作用，增强疗效；本虚为主者，当根据阴阳的不同，分别采取温补脾肾或滋养肝肾法，同时配合行气活血利水。由于本病总属本虚标实错杂，故治当攻补兼施,补虚不忘实,泻实不忘虚。经过治疗,腹水可能消退,但肝脾肾正气未复畅,腹水仍然可能再起,此时必须抓紧时机,疏肝健脾,活血利水,培补正气,以巩固疗效。

二、西医治疗

(一) 一般治疗

肝功能代偿期患者可参加一般较轻松的工作。肝功能失代偿期或有并发症者,须卧床休息。饮食以高热量、高蛋白和维生素丰富而易消化的食物为原则。盐和水的摄入视病情调整。禁酒,忌用对肝有损害药物。有食管静脉曲张者避免进食粗糙、坚硬食物。有腹水者,应予少钠盐或无钠盐饮食。对病情重、进食少、营养状况差的患者,可通过静脉给药以纠正水、电解质失衡,适当补充营养,视情况输注白蛋白或血浆。

(二) 抗纤维化治疗

迄今尚无有力的循证证据推荐能有效逆转肝纤维化的方法,IFN-γ和IFN-α用于早期肝硬化治疗,有一定的抗纤维化作用。

(三) 腹水的治疗

治疗腹水不但可减轻症状,而且可防止在腹水基础上发展的一系列并发症,如特发性细菌性腹膜炎、肝肾综合征等。

1. **限制钠和水的摄入**　钠摄入量限制在60~90 mmol/d(相当于食盐1.5~2 g/d)。限钠饮食和卧床休息是腹水的基础治疗,部分轻、中度腹水患者经此治疗可发生自发性利尿,腹水消退。应用利尿剂时,可适当放宽钠摄入量。有稀释性低钠血症(<125 mmol/L)者,应同时限制水摄入,摄入水量在500~1 000 ml/d。

2. **利尿剂**　对上述基础治疗无效或腹水较大量者,应使用利尿剂。临床常用的利尿剂为螺内酯和呋塞米。前者为潴钾利尿剂,单独长期大量使用可发生高钾血症;后者为排钾利尿剂,单独应用时应同时补钾。目前主张两药合用,既可加强疗效,又可减少不良反应。先用螺内酯40~80 mg/d,4~5天后视利尿效果加用呋塞米20~40 mg/d,以后再视利尿效果分别逐步加大两药剂量(最大剂量螺内酯400 mg/d,呋塞米160 mg/d)。理想的利尿效果为每天体重减轻0.3~0.5 kg(无水肿者)或0.8~1 kg(有下肢水肿者)。过猛的利尿会导致水、电解质紊乱,严重者诱发肝性脑病和肝肾综合征。因此,使用利尿剂时应监测体重变化及血生化。

3. **提高血浆胶体渗透压**　对低蛋白血症患者,每周定期输注白蛋白或血浆,可通过提高胶体渗透压促进腹水消退。

4. **难治性腹水的治疗**　难治性腹水(refractory ascites)定义为使用最大剂量利尿剂(螺内酯400 mg/d加上呋塞米160 mg/d)而腹水仍无减退。对于利尿剂使用虽未达最大剂量,腹水无减退且反复诱发肝性脑病、低钠血症、高钾血症或高氮质血症者,亦被视为难治性腹水。这表明患者对利尿剂反应差或不耐受,需辅以其他方法治疗。判定为难治性腹水前应首先排除其他因素对利尿剂疗效的影响并予纠正,如水钠摄入限制不够、严重的水电解质紊乱(如低钾、低钠血症)、肾毒性药物的使用、特发性细菌性腹膜炎、原发性肝癌、门静脉血栓形成等。难治性腹水患者发生肝肾综合征的危险性很高,应予积极治疗。难治性腹水的治疗可选择下列方法。

(1) 大量排放腹水加输注白蛋白:在1~2小时内放腹水4~6 L,同时输注白蛋白8~10 g/L,继续使用适量利尿剂。可重复进行。此法对大量腹水患者,疗效比单纯加大利尿剂剂量效果要好,对部分难治性腹水患者有效。但应注意不宜用于有严重凝血障碍、肝性脑病、上消化道出血等情况的患者。

(2) 自身腹水浓缩回输:将抽出腹水经浓缩处理(超滤或透析)后再经静脉回输,起到清除腹水、保留蛋白、增加有效血容量的作用。对难治性腹水有一定疗效。在经济不富裕的地区,此法用于治疗较大量的腹水可减少输注白蛋白的费用。但注意,使用该法前必须对腹水进行常规、细菌培养和内毒素检查,感染性或癌性腹水不能回输。不良反应包括发热、感染、DIC等。

(3) 经颈静脉肝内门体分流术:是一种以血管介入的方法在肝内的门静脉分支与肝静脉分支间建立分流通道。该法能有效降低门静脉压,可用于治疗门静脉压增高明显的难治性腹水,但易诱发肝性脑病,故不宜作为治疗的首选。

(4) 肝移植:顽固性腹水是肝移植优先考虑的适应证。

(四) 并发症的治疗

1. **食管胃底静脉曲张破裂出血**

(1) 急性出血的治疗:死亡率高,急救措施包括防治失血性休克、积极的止血措施、预防感染和肝性脑病等。

(2) 预防再次出血:在第一次出血后,70%的患者会再出血,且死亡率高,因此,在急性出血控制后,应采取措施预防再出血。在控制活动性曲张静脉出血后,可以在内镜下对曲张静脉进行套扎。如果无条件行套扎,可以使用硬化剂注射。对胃底静脉曲张宜采用组织胶注射治疗。也可根据设备条件和医师经验联合使用内镜治疗方法。没有条件的地方可采用药物预防再出血。首选药物为β受体阻滞剂——普萘洛尔,该药通过收缩内脏血管,降低门静脉血流,而降低门静脉压力,普萘洛尔由10 mg/d开始,逐日加10 mg,逐渐加量至静息心率降为基础心率75%左右,或心率不低于55次/分。普萘洛尔合用5-单硝酸异山梨醇酯可能更好地降低门静脉压力。

(3) 预防首次出血:对中重度静脉曲张伴有红色征的患者,需采取措施预防首次出血。普萘洛尔是目前最佳选择之一,普萘洛尔治疗的目的是降低肝静脉压力梯度至<12 mmHg。如果普萘洛尔无效、不能耐受或有禁忌证者,可以慎重考虑采取内镜下食管曲张静脉套扎术或硬化剂注射治疗。

2. 特发性细菌性腹膜炎 由于特发性细菌性腹膜炎后果严重,如临床上怀疑特发性细菌性腹膜炎或腹水中性粒细胞>$250×10^6$/L,应立即给予经验性治疗。抗生素首选头孢曲松2 g,1次/日,静脉注射,或头孢噻肟2 g,1次/12小时,静脉注射5~7天。为减少肾损害,预防发展为肝肾综合征,给予白蛋白1.5 g/kg,以后3天剂量为1 g/(kg·d)。以下患者应口服喹诺酮类药物预防发生特发性细菌性腹膜炎:① 食管静脉破裂出血后,环丙沙星0.4 g,2次/日,7天;② 既往有特发性细菌性腹膜炎史或腹水蛋白<10 g/L,环丙沙星0.4 g,1次/日,长期应用。

3. 肝性脑病 肝性脑病是肝脏疾病中最严重的一种并发症,病死率高,尚无特效疗法。针对其发病机制和相关学说,治疗一般包括鉴别并去除诱因、病因治疗、支持治疗、维持内环境稳定、减少肠源性毒物生成及吸收、促进体内毒物尤其是氨的清除、调节神经递质的平衡等。

4. 肝肾综合征 积极防治肝肾综合征的诱发因素如感染、上消化道出血、水电解质紊乱、大剂量利尿剂等和避免使用肾毒性药物,是预防肝肾综合征发生的重要措施。合并特发性细菌性腹膜炎的肝硬化患者肝肾综合征发生率明显升高,而除积极抗感染外,及早输注足量白蛋白可降低肝肾综合征发生率及提高生存率。

过去认为,一旦发生肝肾综合征,一切内科治疗均难起效,近年研究证实下列治疗有可能改善肝肾综合征,不但能为肝移植赢取时间,且可减少术后并发症,这些疗法主要有:① 血管活性药物加输注白蛋白:特利加压素加输注白蛋白对1型肝肾综合征的疗效已证实,用法为特利加压素每次0.5~1 mg,每隔4~6小时1次,无效时可每2天加倍量至最大量12 mg/d;白蛋白第1天1 g/(kg·d),继20~40 g/d(若血白蛋白>45 g/L或出现肺水肿时停用)。② 经颈静脉肝内门体分流术:有报道,经颈静脉肝内门体分流术可促进肝肾综合征患者肾功能的恢复和难治性腹水的消退,并可提高1型肝肾综合征患者生存率。对药物治疗疗效欠佳的1型肝肾综合征患者如无禁忌可试用。

肝移植是唯一能使患者长期存活的疗法。

5. 肝肺综合征 本症目前无有效内科治疗,给氧只能暂时改善症状,但不能改变自然病程。肝移植为唯一治疗选择。

(五) 门静脉高压症的手术治疗

手术治疗的目的主要是切断或减少曲张静脉的血流来源、降低门静脉压力和消除脾功能亢进,一般用于食管胃底静脉曲张破裂大出血各种治疗无效而危及生命者,或食管胃底静脉曲张破裂大出血后,用于预防再出血,特别是伴有严重脾功能亢进者。

(六) 肝移植

肝移植是晚期肝硬化治疗的最佳选择,掌握手术时机及尽可能充分作好术前准备可提高手术存活率。

三、中医治疗

辨证论治

1. 气滞湿阻

证候:腹大胀满,按之软而不坚,胁下胀痛,饮食减少,食后胀甚,得嗳气或矢气稍减,小便短少,舌苔薄白腻,脉弦。

治法:疏肝理气,化湿行满。

方药:柴胡疏肝散合胃苓汤加减。

药用柴胡、白芍、枳壳、川芎、炙甘草、制香附、苍术、厚朴、陈皮等。若腹胀甚者加木香、大腹皮、沉香行气消胀;泛吐清水加半夏、干姜;胁下疼痛者加丹参、延胡索、川楝子活血化瘀,通络止痛。

2. 寒湿困脾

证候:腹大胀满,按之如囊裹水,周身困重,下肢浮肿,怯寒懒动,精神困倦,小便短少,大便溏薄,舌淡胖,苔白腻,脉弦滑。

治法:温中健脾,行气利湿。

方药:实脾饮加减。

药用熟附子、干姜、白术、茯苓、木瓜、槟榔、厚朴、木香、草果、葫芦、甘草、大枣等。若浮肿较甚,尿少者,加猪苓、肉桂、泽泻行水利尿;脘腹胀满者加砂仁、枳壳等。

3. 湿热蕴结

证候：腹大坚满，或腹痛拒按，口苦心烦，渴不欲饮，小便赤涩，大便秘结或溏滞不爽，可出现黄疸，舌质红，苔黄腻或灰黑，脉弦数。

治法：清热利湿。

方药：中满分消丸合茵陈蒿汤加减。

药用茯苓、人参、白术、炙甘草、砂仁、姜黄、干姜、厚朴、枳实、知母、黄芩、黄连、半夏、猪苓、泽泻、陈皮、茵陈、山栀、大黄等。若湿热壅盛，症见黄疸者，可去人参、砂仁、干姜，加虎杖、金钱草清热利湿退黄；小便赤涩，量少者，加陈葫芦、马鞭草、滑石清热利尿。

4. 肝脾血瘀

证候：腹大胀满，脉络怒张，胁腹刺痛，面色晦暗黧黑，胁下癥块，面颈胸壁等处可见红点赤缕，手掌赤痕，口干不欲饮，或大便色黑，舌质紫黯，或有瘀斑，脉细涩。

治法：化瘀通络，活血利水。

方药：膈下逐瘀汤加减。

药用柴胡、当归、桃仁、丹皮、五灵脂、炙山甲、炙土鳖虫、丹参、白茅根、大腹皮、云苓、白术等。若胁下癥块者可酌加三棱、莪术、穿山甲破血化瘀，消癥散结；大便色黑者加蒲黄、三七粉、茜草化瘀止血；若明显胀满加沉香、莱菔子等。

5. 脾肾阳虚

证候：腹大胀满，形如蛙腹，朝宽暮急，神疲怯寒，面色苍黄或㿠白，脘闷纳呆，腰膝酸软，下肢浮肿，小便短少不利，舌淡胖或淡紫，可有齿痕，苔白滑，脉沉迟无力。

治法：温补脾肾。

方药：附子理中丸合五苓散加减。

药用制附子、党参、白术、干姜、肉桂、茯苓、猪苓、泽泻、车前子、大腹皮等。偏于肾阳虚者合济生肾气丸，药用山药、山萸肉、熟地、丹皮、茯苓、泽泻、牛膝、车前子、附子、桂枝等。与上方可以交替使用。若青筋暴露者，可加丹参、水蛭活血化瘀；若腹部胀满，食后益甚者，酌加木香、砂仁、厚朴理气除满；神疲乏力，少气懒言者，可加黄芪、薏苡仁、扁豆以益气健脾。

6. 肝肾阴虚

证候：腹大胀满，甚或青筋暴露，面色晦滞，口干舌燥，心烦失眠，牙龈出血，时或鼻衄，小便短少，舌红绛少津，少苔或无苔，脉弦细数。

治法：滋养肝肾，育阴利水。

方药：六味地黄丸或一贯煎合膈下逐瘀汤加减。

药用生、熟地黄、南沙参、黄精、枸杞子、山萸肉、山药、当归、丹参、泽泻、茯苓、赤芍、桃仁、红花等。午后潮热加鳖甲、地骨皮、白薇、银柴胡等；若神识异常可加菖蒲、郁金；若口干咽燥者加石斛、沙参、玄参、白茅根生津止渴；牙龈出血、鼻衄者可加侧柏叶、藕节、仙鹤草以止血；若见神昏谵语，急用安宫牛黄丸。

鼓胀"阳虚易治，阴虚难调"，因水为阴邪，得阳则化，故阳虚患者使用温阳利水药物，腹水较易消退。若是阴虚，温阳易伤阴，滋阴又助湿，治疗颇为棘手。临证可选用甘寒淡渗之品，如沙参、麦冬、楮实子、干地黄、芦根、茅根、猪苓、茯苓、泽泻、车前草等，以达到滋阴生津而不黏腻助湿的效果。此外，在滋阴药中少佐温化之品（如小量桂枝或附子），既有助于通阳化气，又可防止滋腻太过。

【转归、预防与调护】

肝硬化的预后与病因、肝功能代偿程度及并发症有关。如能在肝硬化未进展至失代偿期前予以消除病因，则病变可趋静止。Child-Pugh 分级与预后密切相关，A 级最好，C 级最差。死亡原因常为肝性脑病、肝肾综合征、食管胃底静脉曲张破裂出血等并发症。

肝硬化的病因最常见的是病毒性肝炎，后者在我国的发病率较高，因此，防治病毒性肝炎尤其是慢性乙肝，是预防肝硬化的关键。乙醇可直接引起肝脏损害，故肝病患者应戒酒。积极治疗原发病，尽早进行有效的抗肝纤维化治疗。并且确诊为肝硬化尤其是病期较久的患者，应预防并发症，如消化道出血、肝性脑病等。肝硬化代偿期患者，宜适当减少活动，注意劳逸结合。肝硬化失代偿期患者，则应注意卧床休息，合理营养。

（卜 平）

第二十九章 原发性肝癌

原发性肝癌(primary carcinoma of the liver, PLC)主要包括肝细胞癌(hepatocellular cancer, HCC)、肝内胆管细胞癌(intrahepatic cholangiocarcinoma, ICC)和肝细胞癌-肝内胆管细胞癌混合型等不同病理类型,由于其中 HCC 占到 90%以上,故本文所指的"肝癌"主要是指 HCC。本病由于起病隐匿,早期没有症状或症状不明显,进展迅速,确诊时大多数患者已经达到局部晚期或发生远处转移,治疗困难,预后很差,如果仅采取支持对症治疗,自然生存时间很短,严重地威胁人民群众的身体健康和生命安全。全世界每年平均约有 25 万人死于肝癌,而我国占其中的 45%。本病多见于中年男性,以 40~50 岁多见,男女之比为(2~5):1。

本病多属中医学"肝积"、"积聚"、"癥积"、"痞气"、"鼓胀"、"黄疸"等范畴。

【病因和发病机制】

原发性肝癌的病因和发病机制尚未完全明确,根据高发区流行病学调查,可能与下列因素有关。

一、病毒性肝炎

在我国,慢性病毒性肝炎是原发性肝癌诸多致病因素中最主要的病因。原发性肝癌患者中约 1/3 有慢性肝炎史,流行病学调查发现肝癌患者 HBsAg 阳性率可达 90%,提示乙型肝炎病毒(hepatitis B virus, HBV)与肝癌高发有关。

二、肝硬化

原发性肝癌合并肝硬化的发生率各地报告为 50%~90%。在我国原发性肝癌主要在病毒性肝炎后肝硬化基础上发生;在欧美国家,肝癌常在酒精性肝硬化的基础上发生。

三、黄曲霉毒素

流行病学调查发现粮食受到黄曲霉毒素污染严重的地区,人群肝癌发病率高,而黄曲霉毒素的代谢产物黄曲霉毒素 B1 有强烈的致癌作用。黄曲霉毒素 B1 可能是某些地区肝癌高发的因素,它可能通过影响 ras、c-foc、p53、Survivin 等基因的表达而引起肝癌的发生。

四、饮用水污染

根据肝癌高发地区江苏启东的报道,饮用池塘水的居民肝癌发病率(60/10 万~101/10 万),明显高于饮用井水的居民(0~19/10 万)。池塘中生长的蓝绿藻产生的藻类毒素可污染水源,可能与肝癌有关。

五、遗传因素

不同种族人群肝癌发病率不同。在我国的肝癌高发区,可发现肝癌的家族聚集现象,多提示为乙型肝炎病毒的垂直传递,肝癌似亦具有遗传的倾向,尚待进一步的证实。

六、其他

一些化学物质如亚硝胺类、偶氮芥类、有机氯农药、乙醇等均是可疑的致肝癌物质。肝小胆管中的华支睾吸虫感染可刺激胆管上皮增生,为导致原发性胆管细胞癌的原因之一。

【病理】

病理组织学和(或)细胞学检查是肝癌的诊断金标准的依据,但是在进行病理学诊断时仍然必须重视与临床证据相结合,全面了解患者的乙型肝炎病毒或丙型肝炎病毒(hepatitis C virus, HCV)感染情况、血清甲胎蛋白(AFP)和其他肿瘤标志物的检测结果以及肝占位的影像学特征等情况。

一、病理分型

(一) 大体形态分型

1. **块状型** 最多见,呈单个、多个或融合成块,直径≥5 cm。大于10 cm者称巨块型。多呈圆形,质硬,呈膨胀性生长,癌块周围的肝组织常被挤压,形成假包膜,此型易液化、坏死及出血,故常出现肝破裂、腹腔内出血等并发症。

2. **结节型** 较多见,有大小和数目不等的癌结节,一般直径不超过5 cm,结节多在肝右叶,与周围肝组织的分界不如块状型清楚,常伴有肝硬化。单个癌结节直径小于3 cm或相邻两个癌结节直径之和小于3 cm者称为小癌型。

3. **弥漫型** 最少见,有米粒至黄豆大的癌结节弥漫地分布于整个肝脏,不易与肝硬化区分,肝脏肿大不显著,甚至可以缩小,患者往往因肝功能衰竭而死亡。

(二) 组织学分型

1. **肝细胞型** 最为多见,约占原发性肝癌的90%。癌细胞由肝细胞发展而来,呈多角形排列成巢状或索状,在巢或索间有丰富的血窦,无间质成分。癌细胞核大、核仁明显、胞浆丰富、有向血窦内生长的趋势。

2. **胆管细胞型** 较少见,癌细胞由胆管上皮细胞发展而来,呈立方或柱状,排列成腺样,纤维组织较多、血窦较少。

3. **混合型** 最少见,具有肝细胞癌和胆管细胞癌两种结构,或呈过渡形态,既不完全像肝细胞癌,又不完全像胆管细胞癌。

二、BCLC分期

BCLC分期即巴塞罗那临床肝癌分期(2010),见表29-1。

表29-1 HCC的BCLC分期

期 别	PS评分	肿瘤状态 肿瘤数目	肿瘤大小	肝功能状态
0期:极早期	0	单个	<2 cm	没有门脉高压
A期:早期	0	单个 3个以内	任何 <3 cm	Child-Pugh A~B Child-Pugh A~B
B期:中期	0	多结节肿瘤	任何	Child-Pugh A~B
C期:进展期	1~2	门脉侵犯或N_1、M_1	任何	Child-Pugh A~B
D期:终末期	3~4	任何	任何	Child-Pugh C

注:PS:performance status,体力活动状态

三、一般健康状态评分

评价患者的体力活动状态(performance status, PS),即从患者的体力来了解其一般健康状况和对治疗耐受能力。HCC通常也采用美国东部肿瘤协作组(ECOG)评分系统,具体如下。

0分:活动能力完全正常,与起病前活动能力无任何差异。

1分:能自由走动及从事轻体力活动,包括一般家务或办公室工作,但不能从事较重的体力活动。

2分:能自由走动及生活自理,但已丧失工作能力,日间不少于一半间时间可以起床活动。

3分:生活仅能部分自理,日间一半以上时间卧床或坐轮椅。

4分:卧床不起,生活不能自理。

5分:死亡。

四、肝脏储备功能评估

通常采用Child-Pugh分级。

【临床表现】

一、症状

肝癌的亚临床前期是指从病变开始至诊断亚临床肝癌之前,患者没有临床症状与体征,临床上难以发现,通常大约10个月时间。在肝癌亚临床期(早期),瘤体3~5 cm,大多数患者仍无典型症状,诊断仍较困难,多为血清AFP普查发现,平均8个月左右,期间少数患者可以有上腹闷胀、腹痛、乏力和食欲不振等慢性基础肝病的相关症状。因此,对于

具备高危因素,发生上述情况者,应该警惕肝癌的可能性。一旦出现典型症状,往往已达中、晚期肝癌,此时,病情发展迅速,共3~6个月,其主要表现:

1. **肝区疼痛** 右上腹疼痛最常见,为本病的重要症状。常为间歇性或持续性隐痛、钝痛或胀痛,随着病情发展加剧。疼痛部位与病变部位密切相关,病变位于肝右叶为右季肋区疼痛,位于肝左叶则为剑突下区疼痛;如肿瘤侵犯膈肌,疼痛可放射至右肩或右背;向右后生长的肿瘤可引起右侧腰部疼痛。疼痛原因主要是肿瘤生长使肝包膜绷紧所致。突然发生的剧烈腹痛和腹膜刺激征,可能是肝包膜下癌结节破裂出血引起腹膜刺激。

2. **食欲减退** 饭后上腹饱胀,消化不良,恶心、呕吐和腹泻等症状,因缺乏特异性,容易被忽视。

3. **消瘦、乏力、全身衰弱** 少数晚期患者可呈现恶液质状况。

4. **发热** 比较常见,多为持续性低热,37.5~38℃,也可呈不规则或间歇性、持续性或者弛张型高热,表现类似肝脓肿,但是发热前无寒战,抗生素治疗无效。发热多为癌性热,与肿瘤坏死物的吸收有关;有时可因癌肿压迫或侵犯胆管而致胆管炎,或因抵抗力减低合并其他感染而发热。

5. **肝外转移灶症状** 如肺部转移可以引起咳嗽、咯血;胸膜转移可以引起胸痛和血性胸腔积液;骨转移可以引起骨痛或病理性骨折等。

6. **其他全身症状** 晚期患者常出现黄疸、出血倾向(牙龈、鼻出血及皮下淤斑等)、上消化道出血、肝性脑病以及肝肾功能衰竭等。

7. **伴癌综合征**(paraneoplastic syndrome) 即肝癌组织本身代谢异常或癌组织对机体产生的多种影响引起的内分泌或代谢紊乱的症候群。临床表现多样且缺乏特异性,常见的有自发性低血糖症、红细胞增多症,其他有高脂血症、高钙血症、性早熟、促性腺激素分泌综合征、皮肤卟啉症、异常纤维蛋白原血症和类癌综合征等,但比较少见。

二、体征

在肝癌早期,多数患者没有明显的相关阳性体征,仅少数患者体检可以发现轻度的肝大、黄疸和皮肤瘙痒,应是基础肝病的非特异性表现。中晚期肝癌,常见黄疸、肝大(质地硬,表面不平,伴有或不伴结节,血管杂音)和腹腔积液等。如果原有肝炎、肝硬化的背景,可以发现肝掌、蜘蛛痣、红痣、腹壁静脉曲张及脾大等。

1. **肝大** 往往呈进行性肝大,质地坚硬、表面凹凸不平,有大小不等的结节甚至巨块,边缘清楚,常有程度不等的触压痛。肝癌突出至右肋弓下或剑突下时,相应部位可见局部饱满隆起;如癌肿位于肝脏的横膈面,则主要表现横膈局限性抬高而肝脏下缘可不肿大;位于肝脏表面接近下缘的癌结节最易触及。

2. **血管杂音** 由于肝癌血管丰富而迂曲,动脉骤然变细或因癌块压迫肝动脉及腹主动脉,约半数患者可在相应部位听诊到吹风样血管杂音;此体征具有重要的诊断价值,但对早期诊断意义不大。

3. **黄疸** 皮肤巩膜黄染,常在晚期出现,多是由于癌肿或肿大的淋巴结压迫胆管引起胆道梗阻所致,亦可因为肝细胞损害而引起。

4. **门静脉高压征象** 肝癌患者多有肝硬化背景,故常有门脉高压和脾大。腹腔积液为晚期表现,一般为漏出液,血性积液多为癌肿向腹腔破溃所致,亦可因腹膜转移而引起;门静脉和肝静脉癌栓,可以加速腹腔积液的生长。

三、浸润和转移

1. **肝内转移** 肝癌最初多为肝内播散转移,易侵犯门静脉及分支并形成瘤栓,脱落后在肝内引起多发性转移灶。如果门静脉干支瘤栓阻塞,往往会引起或加重原有的门静脉高压。

2. **肝外转移**

(1) 血行转移:以肺转移最为多见,还可转移至胸膜、肾上腺、肾脏及骨骼等部位。

(2) 淋巴转移:以肝门淋巴结转移最常见,也可转移至胰、脾和主动脉旁淋巴结,偶尔累及锁骨上淋巴结。

(3) 种植转移:比较少见,偶可种植在腹膜、横膈及胸腔等处,引起血性的腹腔、胸腔积液;女性可发生卵巢转移,形成较大的肿块。

四、常见并发症

1. **上消化道出血** 肝癌常有肝炎、肝硬化背景伴有门静脉高压,而门静脉和肝静脉癌栓可以进一步加重门脉高压,故常引起食管中下段或胃底静脉曲张裂破出血。若癌细胞侵犯胆管可致胆道出血,呕血和黑便。有的患者可因胃肠黏膜糜烂、溃疡和凝血功能障碍而广泛出血,大出血可以导致休克和肝性脑病。

2. **肝病性肾病和肝性脑病** 肝癌晚期尤其弥漫性肝癌,可以发生肝功能不全甚至衰竭,引起肝肾综合征,即功能性急性肾衰竭(functional acute renal failure, FARF),主要表现为显著少尿,血压降低,伴有低钠血症、低血钾和氮质血症,往往呈进行性发展。肝性脑病(hepatic encephalopathy, HE),往往是肝癌终末期的表现,常因消化道出血、大量利尿剂、电解质紊乱以及继发感染等诱发。

3. 肝癌结节破裂出血　为肝癌最紧急而严重的并发症。癌灶晚期坏死液化可以发生自发破裂,也可因外力而破裂,故临床体检触诊时宜手法轻柔,切不可用力触压。癌结节破裂可以局限于肝包膜下,引起急剧疼痛,肝脏迅速增大,局部可触及软包块,若破溃入腹腔则引起急性腹痛和腹膜刺激征。少量出血可表现为血性腹腔积液,大量出血则可导致休克甚至迅速死亡。

4. 继发感染　肝癌患者因长期消耗及卧床,抵抗力减弱,尤其在化疗或放疗之后白细胞降低时容易并发多种感染,如肺炎、肠道感染、真菌感染和败血症等。

【实验室及其他检查】

一、血液生化检查

肝癌可以出现谷草转氨酶(AST 或 GOT)和谷丙转氨酶(ALT 或 GPT)、碱性磷酸酶(AKP)、乳酸脱氢酶(LDH)或胆红素的升高,而白蛋白降低等肝功能异常,以及淋巴细胞亚群等免疫指标的改变。乙肝表面抗原(HBsAg)阳性或"二对半"五项定量检查(包括 HBsAg、HBsAb、HBeAg、HBeAb 和抗-HBc)阳性和(或)丙肝抗体阳性(抗 HCVIgG、抗 HCVst、抗 HCVns 和抗 HCVIgM)都是肝炎病毒感染的重要标志;而 HBVDNA 和 HCVmRNA 可以反映肝炎病毒载量。

二、肿瘤标志物检查

血清 AFP 及其异质体是诊断肝癌的重要指标和特异性最强的肿瘤标记物,国内常用于肝癌的普查、早期诊断、术后监测和随访。对于 AFP≥400 μg/L 超过 1 个月,或≥200 μg/L 持续 2 个月,排除妊娠、生殖腺胚胎癌和活动性肝病,应该高度怀疑肝癌;关键是同期进行影像学检查(CT 或 MRI)是否具有肝癌特征性占位。尚有 30%~40% 的肝癌患者 AFP 检测呈阴性,包括 ICC、高分化和低分化 HCC,或 HCC 已坏死液化者,AFP 均可不增高。因此,仅靠 AFP 不能诊断所有的肝癌,AFP 对肝癌诊断的阳性率一般为 60%~70%,有时差异较大,强调需要定期检测和动态观察,并且要借助于影像学检查甚或 B 超导引下的穿刺活检等手段来明确诊断。

其他可用于 HCC 辅助诊断的标志物还有多种血清酶,包括 γ-谷氨酰转肽酶(GGT)及其同工酶、α-L-岩藻苷酶(AFU)、异常凝血酶原(DCP)、高尔基体蛋白73(GP73)、5-核苷酸磷酸二酯酶(5'NPD)同工酶、醛缩酶同工酶 A(ALD-A)和胎盘型谷胱甘肽 S-转移酶(GST)等,还有异常凝血酶原(DCP)、铁蛋白(FT)和酸性铁蛋白(AIF)等。部分 HCC 患者,可有癌胚抗原(CEA)和糖类抗原 CA19-9 等异常增高。

三、影像学检查

1. 腹部超声检查　因操作简便、直观、无创性和价廉,超声检查已成为肝脏检查最常用的重要方法。该方法可以确定肝内有无占位性病变,提示其性质,鉴别是液性或实质性占位,明确癌灶在肝内的具体位置及其与肝内重要血管的关系,以用于指导治疗方法的选择及手术的进行;有助于了解肝癌在肝内以及邻近组织器官的播散与浸润。对于肝癌与肝囊肿、肝血管瘤等疾病的鉴别诊断具有较大参考价值。

2. CT　目前是肝癌诊断和鉴别诊断最重要的影像检查方法,用来观察肝癌形态及血供状况、肝癌的检出、定性、分期以及肝癌治疗后复查。CT 的分辨率高,特别是多排螺旋 CT,扫描速度极快,数秒内即可完成全肝扫描,避免了呼吸运动伪影;能够进行多期动态增强扫描,最小扫描层厚为 0.5 mm,显著提高了肝癌小病灶的检出率和定性准确性。

3. MRI　无放射性辐射,组织分辨率高,可以多方位、多序列成像,对肝癌病灶内部的组织结构变化如出血坏死、脂肪变性以及包膜的显示和分辨率均优于 CT 和超声检查。对良、恶性肝内占位,尤其与血管瘤的鉴别,可能优于 CT;同时,无需增强即能显示门静脉和肝静脉的分支;对于小肝癌 MRI 优于 CT。

4. 选择性肝动脉造影(digital subtraction angiography,DSA)　目前多采用数字减影血管造影,可以明确显示肝脏小病灶及其血供情况,同时可进行化疗和碘油栓塞等治疗。DSA 检查意义不仅在于诊断和鉴别诊断,在术前或治疗前可用于估计病变范围,特别是了解肝内播散的子结节情况;也可为血管解剖变异和重要血管的解剖关系以及门静脉浸润提供正确客观的信息,对于判断手术切除的可能性和彻底性以及决定合理的治疗方案有重要价值。

5. PET-CT　PET-CT 是将 PET 与 CT 融为一体而成的功能分子影像成像系统,既可由 PET 功能显像反映肝脏占位的生化代谢信息,又可通过 CT 形态显像进行病灶的精确解剖定位,并且同时全身扫描可以了解整体状况和评估转移情况,达到早期发现病灶的目的,同时可了解肿瘤治疗前后的大小和代谢变化。但是,PET-CT 肝癌临床诊断的敏感性和特异性还需进一步提高,且在我国大多数医院尚未普及应用,不推荐其作为肝癌诊断的常规检查方法,可以作为其他手段的补充。

6. SPECT　SPECT 全身骨显像有助于肝癌骨转移的诊断,可较 X 线和 CT 检查提前 3~6 个月发现骨转移癌。

四、肝穿刺活检

在超声引导下经皮肝穿刺空心针活检或细针穿刺,进行组织学或细胞学检查,可以获得肝癌的病理学诊断依据以及了解分子标志物等情况,对于明确诊断、病理类型、判断病情、指导治疗以及评估预后都非常重要,近年来被越来越多地被采用,但是也有一定的局限性和危险性。肝穿刺活检时,应注意防止肝脏出血和针道癌细胞种植;禁忌证是有明显出血倾向、患有严重心肺、脑、肾疾患和全身衰竭的患者。

【诊断与鉴别诊断】

一、病理学诊断标准

肝脏占位病灶或者肝外转移灶活检或手术切除组织标本,经病理组织学和(或)细胞学检查诊断为HCC,此为金标准。

二、临床诊断标准

在所有的实体瘤中,唯有HCC可采用临床诊断标准,国内、外都认可,非侵袭性、简易方便和可操作强,一般认为主要取决于三大因素,即慢性肝病背景,影像学检查结果以及血清AFP水平;但是学术界的认识和具体要求各有不同,常有变化,实际应用时也有误差,因此,结合我国的国情、既往的国内标准和临床实际,专家组提议宜从严掌握和联合分析,要求在同时满足以下条件中的(1)+(2)两项或者(1)+(2)+(3)三项时,可以确立HCC的临床诊断:

(1)具有肝硬化以及HBV和(或)HCV感染[HBV和(或)HCV抗原阳性]的证据。

(2)典型的HCC影像学特征 同期多排CT扫描和(或)动态对比增强MRI检查显示肝脏占位在动脉期快速不均质血管强化,而静脉期或延迟期快速洗脱。① 如果肝脏占位直径≥2 cm,CT和MRI两项影像学检查中有一项显示肝脏占位具有上述肝癌的特征,即可诊断HCC;② 如果肝脏占位直径为1~2 cm,则需要CT和MRI两项影像学检查都显示肝脏占位具有上述肝癌的特征,方可诊断HCC,以加强诊断的特异性。

(3)血清AFP≥400 μg/L持续1个月或≥200 μg/L持续2个月,并能排除其他原因引起的AFP升高,包括妊娠、生殖系胚胎源性肿瘤、活动性肝病及继发性肝癌等。

三、鉴别诊断

(一)血清AFP阳性

血清AFP阳性时,HCC应该与下列疾病进行鉴别。

1. 慢性肝病 如肝炎、肝硬化,应对患者的血清AFP水平进行动态观察。肝病活动时AFP多与ALT同向活动,且多为一过性升高或呈反复波动性,一般不超过400 μg/L,时间也较短暂。应结合肝功能检查,作全面观察分析,如果AFP与ALT两者的曲线分离,AFP上升而ALT下降,即AFP与ALT异向活动和(或)AFP持续高浓度,则应警惕HCC的可能。

2. 妊娠、生殖腺或胚胎型等肿瘤 主要通过病史、体检、腹盆腔B超和CT检查鉴别。

3. 消化系统肿瘤 某些发生于胃肠以及胰腺的腺癌也可引起血清AFP升高,称为肝样腺癌。鉴别诊断时,除了详细了解病史、体检和影像学检查外,测定血清AFP异质体有助于鉴别肿瘤的来源。如胃肝样腺癌时,AFP以扁豆凝集素非结合型为主。

(二)血清AFP阴性

血清AFP阴性时,HCC应该与下列疾病进行鉴别。

1. 继发性肝癌 多见于消化道肿瘤转移,还常见于肺癌和乳腺癌。患者可以无肝病背景,了解病史可能有便血、饱胀不适、贫血及体重下降等消化道肿瘤表现,血清AFP正常,而CEA、CA19-9、CA50、CA724以及CA242等消化道肿瘤标志物可能升高。

影像学检查特点:① 常为多发性占位,而HCC多为单发;② 典型的转移瘤影像,可见"牛眼征"(肿物周边有晕环,中央缺乏血供而呈低回声或低密度);③ 增强CT或DSA造影可见肿瘤血管较少,血供没有HCC丰富;④ 消化道内窥镜或X线造影检查可能发现胃肠道的原发癌灶病变。

2. 肝内胆管细胞癌 是原发性肝癌的少见病理类型,好发年龄为30~50岁,临床症状无特异性,患者多无肝病背景,多数AFP不高,而CEA和CA19-9等肿瘤标志物也可能升高。影像学检查CT平扫表现常为大小不一的分叶状或类圆形低密度区,密度不均匀,边缘一般模糊或不清楚,但是最有意义的是CT增强扫描可见肝脏占位的血供不如HCC丰富,且纤维成分较多,有延迟强化现象,呈"快进慢出"特点,周边有时可见肝内胆管不规则扩张;还可有局部肝叶萎缩,肝包膜呈内陷改变,有时肝肿瘤实质内有线状高密度影(线状征)。影像学检查确诊率不高,主要依赖手术后病理检查证实。

3. 肝肉瘤 常无肝病背景，影像学检查显示为血供丰富的均质实性占位，不易与 AFP 阴性的 HCC 相鉴别。

4. 肝脏良性病变 包括：① 肝腺瘤：常无肝病背景，女性多，常有口服避孕药史，与高分化的 HCC 不易鉴别，对鉴别较有意义的检查是 ^{99m}Tc 核素扫描，肝腺瘤能摄取核素，且延迟相表现为强阳性显像；② 肝血管瘤：常无肝病背景，女性多，CT 增强扫描可见自占位周边开始强化充填，呈"快进慢出"，与 HCC 的"快进快出"区别，MRI 可见典型的"灯泡征"；③ 肝脓肿：常有痢疾或化脓性疾病史而无肝病史，有或曾经有感染表现，有发热、外周血白细胞和中性粒细胞增多等，脓肿相应部位的胸壁常有局限性水肿，压痛及右上腹肌紧张等改变。B 超检查在未液化或脓稠时常与肝癌混淆，在液化后则呈液性暗区，应与肝癌的中央坏死鉴别；DSA 造影无肿瘤血管与染色。必要时可在压痛点作细针穿刺。抗阿米巴试验治疗为较好的鉴别诊断方法。④ 肝包虫：肝脏进行性肿大，质地坚硬和结节感、晚期肝脏大部分被破坏，临床表现可似肝癌；但本病一般病程较长，常具有多年病史，进展较缓慢，叩诊有震颤即"包虫囊震颤"是特征性表现，往往有流行牧区居住及与狗、羊接触史，包虫皮内试验（Casoni 试验）为特异性试验，阳性率达 90%~95%，B 超检查在囊性占位腔内可发现漂浮子囊的强回声，CT 有时可见囊壁钙化的头结。由于可诱发严重的过敏反应，不宜行穿刺活检。

【中医病因病机】

本病发病多与下列因素有关。

1. 肝气不舒 情志失调，郁结肝气，阻滞气机，瘀浊内结，日积月累，结成肝之癥积。正如《灵枢·百病始生》："内伤于忧怒，则气上逆，气上逆则六输不通，温气不行，凝血蕴里而不散，津液涩渗，著而不去，而积皆成矣。"

2. 气滞血瘀 气为血帅，气行则血行，气滞则血滞；痰湿内停，痰气交阻，痰瘀互结，结于胁下，日渐成积。《难经》曰："肝之积，名曰肥气，在胁下如覆杯，有头足，久不愈，令人四肢不收，发黄疸，饮食不为。"

3. 饮食不节 嗜酒过度，损伤脾胃，脾虚湿困，湿郁化热，湿热蕴结肝脏，损伤络脉，津液外溢、津液灼竭，致肝阴不足，肾气虚弱，气化不利，水湿停聚，聚于腹内，发为鼓胀，久之成瘤。

总之，本病的病位在肝，损及脾土。始于气滞，发于血瘀，终归于气血水互结而成黄疸、鼓胀。肝癌与脾的关系最为密切，随着病情的发展，可出现气滞、血瘀、湿热、热毒等表现，后期常见阴虚、津亏的症状。其病机可归纳为正气亏虚，邪毒凝结于内。

【中医诊断及病证鉴别】

一、诊断

本病多属中医学"癥"、"积"之病，又称本病"肝积"、"肥气"、"鼓胀"、"癖黄"等。如《难经·五十六难》记载："肝之积，名曰肥气。在左胁下，如覆杯，有头足。久不愈，令人发咳逆、疟，连岁不已。"《诸病源候论·积聚病诸候》曰："诊得肝积，脉弦而细，两胁下痛，邪走心下。"《诸病源候论·癖黄候》中说"病水饮停滞积聚成癖，因热气相搏，则郁蒸不散，故胁下满痛，而身发黄，名为癖黄。"具体阐明了本病的发病部位及典型临床表现。这些描述与西医学的原发性肝癌症状十分相似。

中医辨证要点，首先应辨其虚实。实者指气、血、湿、毒互结于肝，虚者系属津血之日渐枯槁。初期以标实为主，根据气滞、血瘀、湿热、热毒等表现的不同分别进行治疗，后期以本虚为主，常见阴虚、津亏等证候，根据虚弱不同程度给予治疗。中晚期患者病情往往以虚实夹杂或虚证为主，治法当权衡其虚实，分清虚实何者为患，选用合理的方药加以运用。

二、病证鉴别

1. 黄疸 黄疸以目黄、身黄、小便黄为主症，主要病机为湿浊阻滞，胆液不循常道外溢而发黄，起病有急缓，病程有长短，黄疸色泽有明暗，以利湿、解毒为治疗原则。而肝癌以右胁疼痛、肝脏进行性肿大、质地坚硬、腹胀大、乏力、形体逐渐消瘦为特征，中晚期可伴有黄疸。

2. 胁痛 是以一侧或两侧胁肋部疼痛为主要表现，其病机关键或在气，或在血，或气血同病。肝癌虽亦有胁痛，但只是一个症状，且以右胁为主，常伴有坚硬、增大之肿块，纳差乏力，形体明显消瘦，病证危重。

【治疗】

一、治疗思路

早期肝癌宜尽早手术切除。不能切除者首选肝动脉栓塞化疗。化疗（包括介入化疗）的副反应主要表现为损伤气血、脾胃失调及肝肾亏损等证候，及时加用中医治疗能有效减轻化疗副反应，增强患者对化疗的耐受性。主要治疗原则为:补气养血,健脾和胃,滋补肝肾,清热解毒。因此,恰当运用中西医结合治疗有助于改善患者的生活质量,延长患者生存期。早期肝癌和小肝癌即行手术根治切除治疗。对中晚期失去手术机会者,特别是运用放、化疗过程等治疗的过程中,应采用中西药有机结合的治疗方法,辅以中医辨证治疗,可以改善症状,提高机体免疫功能,减少毒副作用,从而提高疗效。

中医药有助于减少放、化疗的毒性,改善癌症相关症状和生活质量,延长生存期,可以作为肝癌治疗的重要辅助手段。除了采用传统的辨证论治、服用汤药之外,多年来我国药监部门业已批准了若干种现代中药制剂,包括消癌平、康莱特、华蟾素、榄香烯和得力生注射液及其口服剂型等用于治疗肝癌,在临床上已经广泛应用和积累了许多实践经验,具有一定的疗效和各自的特点,患者的依从性、安全性和耐受性均较好。此外,20世纪90年代日本就开始了以小柴胡汤为主的中医药抗肝癌转移治疗研究,国内在中医药抗血清AFP阳性方面也积累了不少成功经验。

二、西医治疗

治疗早期诊断,早期治疗,根据不同病情进行综合治疗,是提高疗效的关键;而早期施行手术切除仍是目前首选的、最有效的治疗方法。

(一)外科治疗

1. 手术切除 手术适应证(中华医学会肝外科学组,2004)如下。

(1)患者一般情况:① 较好,无明显心、肺、肾等重要脏器器质性病变;② 肝功能正常,或仅有轻度损害,按肝功能分级属A级;或属B级,经短期护肝治疗后,肝功能恢复到A级;③ 肝外无广泛转移性肿瘤。

(2)下述情况可作根治性肝切除:① 单发的微小肝癌;② 单发的小肝癌;③ 单发的向肝外生长的大肝癌或巨大肝癌,表面较光滑,周围界限较清楚,受肿瘤破坏的肝组织少于30%;④ 多发性肿瘤,但肿瘤结节少于3个,且局限在肝的一段或一叶内。

(3)下述情况仅可作姑息性肝切除:① 3~5个多发性肿瘤,局限于相邻2~3个肝段或半肝内,影像学显示无瘤肝组织明显代偿性增大,达全肝的50%以上;如肿瘤分散,可分别作局限性切除;② 左半肝或右半肝的大肝癌或巨大肝癌,边界较清楚,第一、二肝门未受侵犯,影像学显示无瘤侧肝代偿性增大明显,达全肝组织的50%以上;③ 位于肝中央区的大肝癌,无瘤肝组织明显代偿性增大,达全肝的50%以上;Ⅰ或Ⅷ段的大肝癌或巨大肝癌;⑤ 肝门部有淋巴结转移者,如原发肝肿瘤可切除,应作肿瘤切除,同时进行肝门部淋巴结清扫;淋巴结难以清扫者,术后可进行放射治疗;⑥ 周围脏器(结肠、胃或右肾上腺等)受侵犯,如原发肿瘤可切除,应连同受侵犯脏器一并切除;远处脏器单发转移性肿瘤,可同时作原发肝癌切除和转移瘤切除术。

2. 对不能切除的肝癌的外科治疗 可根据具体情况,术中采用肝动脉结扎、肝动脉化疗栓塞、射频、冷冻、激光、微波等治疗,都有一定的疗效。

3. 根治性切除术后复发肝癌的再手术治疗 对根治性切除术后患者进行定期随诊,监测AFP和B超等影像学检查,早期发现复发,如一般情况良好、肝功能正常,病灶局限允许切除,可施行再次切除。

4. 肝癌破裂出血 肝癌破裂出血的患者,可行肝动脉结扎或动脉栓塞术,也可作射频或冷冻治疗,情况差者或仅作填塞止血。如全身情况较好、病变局限,在技术条件具备的情况下,可行急诊肝叶切除术治疗。对出血量较少,血压、脉搏等生命体征尚稳定,估计肿瘤又不可能切除者,也可在严密观察下进行输血,应用止血剂等非手术治疗。

(二)化学药物治疗

原则上不作全身化疗。经剖腹探查发现癌肿不能切除可采用肝动脉和(或)门静脉置泵(皮下埋藏式灌注装置)作区域化疗栓塞;也可行放射介入治疗,即经股动脉作超选择性插管至肝动脉,注入栓塞剂(常用如碘化油)和抗癌药行化疗栓塞,有一定姑息性治疗效果,常可使肿瘤缩小,部分患者可因此获得手术切除的机会。

(三)放射治疗

对一般情况较好,肝功能尚好,不伴有肝硬化,无黄疸、腹水,无脾功能亢进和食管静脉曲张,癌肿较局限,尚无远处转移而又不适于手术切除或手术后复发者,可采用放射为主的综合治疗。

(四)生物治疗和免疫治疗

常用的有免疫核糖核酸、干扰素、IL-2等,可与化疗等联合应用。

三、中医治疗

辨证论治

1. 肝郁脾虚

证候:胸腹胀满,食后更甚,胁下疼痛,恶心纳差,乏力,下肢浮肿,舌苔腻或黄腻,脉弦细或濡细。

治法：疏肝理气，健脾化湿。

方药：柴胡疏肝散合参苓白术散加减。

药用柴胡、陈皮、芍药、枳实、佛手、川楝子、郁金、太子参、香附、茯苓、生薏苡仁、生白术等。若见痰核（淋巴结转移）者加大贝母、夏枯草、昆布、牡蛎、山慈菇等；便血者加地榆炭、槐花炭、仙鹤草等。

2. 湿热瘀毒

证候：胁下结块坚实，痛如锥刺，脘腹胀满，目肤黄染，日渐加深，面色晦暗，肌肤甲错，或高热烦渴，口苦咽干，小便黄赤，大便干黑，舌质红有瘀斑，苔黄腻，脉弦数或涩。

治法：清利湿热，化瘀解毒。

方药：茵陈蒿汤合膈下逐瘀汤加减。

药用茵陈蒿、栀子、大黄、归尾、赤芍、丹参、炮山甲、红花、延胡索、地鳖虫、石见穿、白花蛇舌草等。有明显腹水者可加用利水理气之品，如大腹皮、汉防己、车前草等。

3. 肝肾阴虚

证候：右胁胀痛，纳差乏力，心烦，五心发热，腰酸腿软，形体消瘦，腹水，舌红苔少或剥苔，脉细数。

治法：滋补肝肾。

方药：一贯煎合知柏地黄丸加减。

药用生、熟地黄、丹皮、赤芍、白芍、麦冬、枸杞子、青蒿、鳖甲、何首乌、半枝莲、白花蛇舌草等。若见腹痛，腹内积块，加乳香、没药、红藤；兼见痰核（淋巴结转移）者加大贝母、夏枯草、昆布、牡蛎等。

【转归、预防与调护】

原发性肝癌的预后一般不佳，自有临床症状到黄疸、腹水或远处转移、恶病质、死亡，其病程往往只有 3~6 个月。随着诊断和治疗方法的不断进步，早诊早治者不断增加，早期肝癌的根治切除率和术后 5 年生存率明显提高，无症状、直径小于 4~5 cm 的小肝癌切除后的 5 年生存率已高达 69.4%。原发性肝癌的预后估计有以下几点：① 瘤体小于 5 cm，能早期手术者预后好；② 癌肿包膜完整，尚无癌栓形成者预后好；③ 机体免疫状态良好者预后好；④ 合并肝硬化或有肝外转移者预后较差；⑤ 发生消化道出血，肝癌破裂者预后很差；⑥ ALT 显著升高者预后差。此外，机体免疫状态和心理行为状态对肝癌预后也有一定的影响。

原发性肝癌的预防，宜采取综合措施，积极防治病毒性肝炎、肝硬化，注意饮食卫生，防止肝炎传播。对于黄疸或积聚的患者积极治疗，忌饮酒，同时加强情志调节，防止劳欲过度等。

（卜 平）

第三十章
急性胰腺炎

急性胰腺炎(acute pancreatitis)是一种常见的急腹症,是多种病因导致胰酶在胰腺内被激活后引起胰腺组织自身消化、水肿、出血甚至坏死的炎症反应。病变程度轻重不等,轻者以胰腺水肿为主,临床多见,病情常呈自限性,预后良好,又称为轻症急性胰腺炎(mild acute pancreatitis, MAP)。少数重者的胰腺出血坏死,常继发感染、腹膜炎和休克等多种并发症,病死率高,称为重症急性胰腺炎(severe acute pancreatitis, SAP)。大多数患者的病程呈自限性,20%~30%患者临床经过凶险。总体死亡率为5%~10%。

急性胰腺炎属中医学"腹痛"、"胃脘痛"、"脾心痛"、"胁痛"等范畴。

【病因和发病机制】

一、病因

急性胰腺炎的病因甚多。国内以胆道疾病为主,占50%以上,称胆源性胰腺炎。西方主要与过量饮酒有关,约占60%。

(一) 胆石症与胆道疾病

胆道结石向下移动可阻塞胆总管末端,此时胆汁可经"共同通道"反流入胰管,其中经细菌作用将结合胆汁酸还原成的游离胆汁酸可损伤胰腺,并能将胰液中的磷脂酶原A激活成为磷脂酶A,从而引起胰腺组织坏死,产生急性胰腺炎。造成胆总管末端阻塞的原因还有胆道蛔虫以及因炎症或手术器械引起的十二指肠乳头水肿或狭窄、Oddi括约肌痉挛等。

(二) 大量饮酒和暴饮暴食

在美国过量饮酒是其主要致病危险因素。乙醇除了能直接损伤胰腺,尚能刺激胰液分泌,并可引起十二指肠乳头水肿和Oddi括约肌痉挛,其结果造成胰管内压力增高,细小胰管破裂,胰液进入腺泡周围组织。此时胰蛋白酶原被胶原酶激活成胰蛋白酶,后者又激活磷脂酶A、弹力蛋白酶、糜蛋白酶和胰舒血管素等对胰腺进行"自我消化",而发生急性胰腺炎。

(三) 胰管阻塞

胰管梗阻常见病因是胰管结石,其他原因如Oddi括约肌功能不全导致胰管内压力增高阻止胰液排出,或胰管良恶性肿瘤引起的狭窄。少见的有十二指肠乳头旁憩室,均可引起胰管内压力增高。

(四) 手术与创伤

创伤因素上腹部钝器伤、穿通伤、手术操作,特别是经Vater壶腹的操作,如ERCP和内镜经Vater壶腹胆管取石术等。

(五) 内分泌与代谢障碍

任何引起高钙血症的原因,如甲状旁腺肿瘤、维生素D过多等,均可引起胰管钙化、管内结石导致胰液引流不畅,甚至胰管破裂,高血钙还可刺激胰液分泌增加和促进胰蛋白酶原激活。任何原因的高血脂,如家族性高脂血症,因胰液内脂质沉着或来自胰外脂肪栓塞并发胰腺炎。妊娠、糖尿病昏迷和尿毒症也偶可发生急性胰腺炎;妊娠时胰腺炎多发生在中晚期,但90%合并胆石症。

(六) 感染

急性胰腺炎继发于急性传染性疾病者多数较轻,随感染痊愈而自行消退,如急性流行性腮腺炎、传染性单核细胞增多症、柯萨奇病毒、Echo病毒和肺炎衣原体感染等。常可伴有特异性抗体浓度升高。沙门菌或链球菌败血症时可出现胰腺炎。

(七) 药物

已知应用某些药物如噻嗪类利尿药、硫唑嘌呤、糖皮质激素、四环素、磺胺类等可直接损伤胰腺组织,可使胰液分泌或黏稠度增加,引起急性胰腺炎,多发生在服药最初2个月,与剂量不一定相关。

(八) 其他

其他因素胰腺炎的致病危险因素还有很多,如饮食因素、感染因素、药物因素以及与高脂血症、高血钙、妊娠有关的代谢、内分泌和遗传因素等。除上述病因外,少数急性胰腺炎找不到原因,称为特发性胰腺炎。

二、发病机制

在正常情况下,胰液中的酶原在十二指肠内被激活方有消化功能。在上述致病因素存在时,各种胰酶将通过不同途径相继提前在胰管或腺泡内被激活,将对机体产生局部和全身损害。在局部对胰腺及其周围组织产生"自身消化",造成组织细胞坏死,特别是磷脂酶A可产生有细胞毒性的溶血卵磷脂,后者可溶解破坏细胞膜和线粒体膜的脂蛋白结构,致细胞死亡。弹力蛋白酶可破坏血管壁和胰腺导管,使胰腺出血和坏死。胰舒血管素可使血管扩张,通透性增加。脂肪酶将脂肪分解成脂肪酸后,与钙离子结合形成脂肪酸钙,可使血钙降低。此外,细胞内胰蛋白酶造成细胞内的自身消化也与胰腺炎发生有关,人胰腺炎标本的电镜观察发现细胞内酶原颗粒增大和较大的自家吞噬体形成。胰液中的各种酶被激活后发挥作用的共同结果是胰腺和胰周组织广泛充血、水肿甚至出血、坏死,并在腹腔和腹膜后渗出大量的液体。患者在早期可出现休克。到了疾病后期所产生的坏死组织又将因为细菌移位而继发感染,在腹膜后、网膜囊或游离腹腔形成脓肿。

大量胰酶及有毒物质被腹膜吸收入血可导致心、脑、肺、肝、肾等器官的损害,引起多器官功能障碍综合征。细菌内毒素入血后还可触发体内的单核巨噬细胞、中性粒细胞和淋巴细胞产生并释放大量内源性介质,这将加重全身损害和多器官功能障碍。

急性胰腺炎时血流动力学发生改变,如血液黏度增高、红细胞聚集增加和红细胞变形能力下降,这些变化将加重胰腺血循环障碍,使病情恶化,可使水肿性胰腺炎向出血坏死性胰腺炎转化。

【病理】

急性胰腺炎的病理变化表现为从水肿到出血坏死等一系列改变。从病理上可分为急性水肿型和急性出血坏死型两种。

一、急性水肿型

大体形态为整个外形肿大;胰周组织可有少量坏死。显微镜下见间质充血、水肿和炎症细胞浸润为主,可见少量腺泡坏死,血管变化常不明显。内外分泌腺无损伤表现。

二、急性出血坏死型

其基本病变为:① 胰实质坏死;② 血管损害引起水肿、出血和血栓形成;③ 脂肪坏死;④ 伴随的炎症反应。大体形态上可见钙皂呈大小不等、稍隆的象牙色斑点或斑块,散落在大网膜和胰腺上。

【临床表现】

急性胰腺炎常在饱食、脂餐或饮酒后发生,部分患者无诱因可追寻,其临床表现和病情轻重取决于病因、病理类型和诊治是否及时。

一、症状

1. 腹痛 为本病的主要表现和首发症状,突然起病,程度轻重不一,可为钝痛、刀割样痛、钻痛或绞痛,呈持续性,可有阵发性加剧,不能为一般胃肠解痉药缓解,进食可加剧。疼痛部位多在中上腹,可向腰背部呈带状放射,取弯腰抱膝位可减轻疼痛。水肿型腹痛3~5天即缓解。坏死型病情发展较快,腹部剧痛延续较长,由于渗液扩散,可引起全腹痛。极少数年老体弱患者可无腹痛或轻微腹痛。

腹痛的机制主要是:① 胰腺的急性水肿,炎症刺激和牵拉其包膜上的神经末梢;② 胰腺的炎性渗出液和胰液外溢刺激腹膜和腹膜后组织;③ 胰腺炎症累及肠道,导致肠胀气和肠麻痹;④ 胰管阻塞或伴胆囊炎、胆石症引起疼痛。

2. 恶心、呕吐及腹胀 多在起病后出现,有时颇为频繁,吐出食物和胆汁,呕吐后腹痛并不减轻。同时有腹胀,甚至出现麻痹性肠梗阻。

3. 发热 多数患者有中度以上发热,持续3~5天。持续发热1周以上不退或逐日升高、白细胞升高者应怀疑有继发感染,如胰腺脓肿或胆道感染等。

4. 低血压或休克　重症胰腺炎常发生。患者烦躁不安、皮肤苍白、湿冷等；有极少数休克可突然发生，甚至发生猝死。主要原因为有效血容量不足，缓激肽类物质致周围血管扩张，并发消化道出血。

5. 水、电解质、酸碱平衡及代谢紊乱　多有轻重不等的脱水，低血钾，呕吐频繁可有代谢性碱中毒。重症者尚有明显脱水与代谢性酸中毒，低钙血症（<2 mmol/L），部分伴血糖增高，偶可发生糖尿病酮症酸中毒或高渗性昏迷。

二、体征

1. 轻症急性胰腺炎　患者腹部体征较轻，往往与主诉腹痛程度不十分相符，可有腹胀和肠鸣音减少，无肌紧张和反跳痛。

2. 重症急性胰腺炎　患者上腹或全腹压痛明显，并有腹肌紧张、反跳痛。肠鸣音减弱或消失，可出现移动性浊音，并发脓肿时可扪及有明显压痛的腹块。伴麻痹性肠梗阻且有明显腹胀，腹水多呈血性，其中淀粉酶明显升高。少数患者因胰酶、坏死组织及出血沿腹膜间隙与肌层渗入腹壁下，致两侧肋腹部皮肤呈暗灰蓝色，称格雷·特纳征（Grey Turner sign）；可致脐周围皮肤青紫，称卡伦征（Cullen sign）。在胆总管或壶腹部结石、胰头炎性水肿压迫胆总管时，可出现黄疸。后期出现黄疸应考虑并发胰腺脓肿或假囊肿压迫胆总管或由于肝细胞损害所致。患者因低血钙引起手足搐搦者，为预后不佳表现，系大量脂肪组织坏死分解出的脂肪酸与钙结合成脂肪酸钙，大量消耗钙所致，也与胰腺炎时刺激甲状腺分泌降钙素有关。

三、并发症

1. 局部并发症　① 胰腺脓肿：为胰腺内或胰腺周围的脓液积聚，外周为纤维囊壁；② 假性囊肿：为有完整的非上皮性包膜包裹的液体积聚，内含胰腺分泌物、肉芽组织及纤维组织等。多发生于急性胰腺炎的第4周以后，假性囊肿破裂后可引起胰源性腹水；③ 胰腺坏死：增加CT检查是目前诊断坏死的最佳方法，可提示无生命力的胰腺组织或胰周脂肪组织。

2. 全身并发症　重症胰腺炎常并发不同程度的多器官功能衰竭（multiple organ failure，MOF）：① 急性呼吸衰竭：即急性呼吸窘迫综合征，突然发作、进行性呼吸窘迫、发绀等，常规氧疗不能缓解；② 急性肾衰竭：表现为少尿、蛋白尿和进行性血尿素氮、肌酐增高等；③ 心力衰竭与心律失常：心包积液、心律失常和心力衰竭；④ 消化道出血：上消化道出血多由于应激性溃疡或黏膜糜烂所致，下消化道出血可由胰腺坏死穿透横结肠所致；⑤ 胰性脑病：表现为精神异常（幻想、幻觉、躁狂状态）和定向力障碍等；⑥ 败血症及真菌感染：早期以革兰阴性杆菌为主，后期常为混合菌，且败血症常与胰腺脓肿同时存在；严重病例机体的抵抗力极低，加上大量使用抗生素，极易产生真菌感染；⑦ 高血糖：多为暂时性；⑧ 慢性胰腺炎：少数演变为慢性胰腺炎。

【实验室及其他检查】

一、白细胞计数

多有白细胞增多及中性粒细胞核左移。

二、血、尿淀粉酶测定

血清（胰）淀粉酶在起病后6~12小时开始升高，48小时开始下降，持续3~5天。血清淀粉酶超过正常值3倍可确诊为本病。淀粉酶的高低不一定反映病情轻重，出血坏死型胰腺炎淀粉酶值可正常或低于正常。其他急腹症如消化性溃疡穿孔、胆石症、胆囊炎、肠梗阻等都可有血清淀粉酶升高，但一般不超过正常值2倍。

尿淀粉酶升高较晚，在发病后12~14小时开始升高，下降缓慢，持续1~2周，但尿淀粉酶值受患者尿量的影响。胰源性腹水和胸水中的淀粉酶值亦明显增高。

三、血清脂肪酶测定

血清脂肪酶常在起病后24~72小时开始上升，持续7~10天，对病后就诊较晚的急性胰腺炎患者有诊断价值，且特异性也较高。

四、C反应蛋白

C反应蛋白是组织损伤和炎症的非特异性标志物。有助于评估与监测急性胰腺炎的严重性，在胰腺坏死时C反应蛋白明显升高。

五、生化检查

暂时性血糖升高常见，可能与胰岛素释放减少和胰高血糖素释放增加有关。持久的空腹血糖高于10 mmol/L反映胰腺坏死，提示预后不良。高胆红素血症可见于少数患者，多于发病后4~7天恢复正常。血清AST、LDH可增加。暂时性低钙血症（<2 mmol/L）常见于重症急性胰腺炎，低血钙程度与临床严重程度平行，若血钙低于1.5 mmol/L以下提

示预后不良。急性胰腺炎时可出现高三酰甘油血症,这种情况可能是病因或是后果,后者在急性期过后可恢复正常。

六、影像学检查

1. 腹部平片　可排除其他急腹症,如内脏穿孔等。"哨兵襻"和"结肠切割征"为胰腺炎的间接指征。弥漫性模糊影、腰大肌边缘不清,提示存在腹水。可发现肠麻痹或麻痹性肠梗阻征。

2. 腹部B超　应作为常规初筛检查。急性胰腺炎B超可见胰腺肿大,胰内及胰周围回声异常;亦可了解胆囊和胆道情况;后期对脓肿及假性囊肿有诊断意义。但因患者腹胀常影响其观察。

3. CT显像　CT根据胰腺组织的影像改变进行分级,对急性胰腺炎的诊断和鉴别诊断、评估其严重程度,特别是对鉴别轻和重症胰腺炎,以及附近器官是否累及具有重要价值。轻症可见胰腺非特异性增大和增厚,胰周围边缘不规则;重症可见胰周围区消失;网膜囊和网膜脂肪变性,密度增加;胸腹膜腔积液。增强CT是诊断胰腺坏死的最佳方法,疑有坏死合并感染者可行CT引导下穿刺。

【诊断与鉴别诊断】

一、诊断

对任何患有上腹疼痛、难以解释的休克或是血尿淀粉酶增高的患者,均应考虑急性胰腺炎的可能。急性胰腺炎的诊断标准为:① 急性发作的上腹痛伴有上腹部压痛或加上腹膜刺激征;② 血、尿和(或)腹水、胸水中淀粉酶升高达到实验室标准;③ 影像学(超声、CT等)或手术发现胰腺炎症、坏死等间接或直接的改变。具有上述第①项在内的2项以上标准,并排除其他急腹症后(如消化性溃疡合并穿孔、肠系膜动脉栓塞以及异位妊娠破裂等)诊断即可成立(动态CT,扫描具有重要诊断价值)。

胆源性急性胰腺炎的诊断依据有:① 超声检查示胆总管内有结石或胆总管扩张幅度 >4 mm(胆囊切除者胆总管扩张 >8 mm);② 血清胆红素 >40 μmol/L;③ 胆囊结石同时伴有 AKP 或(和)ALT 高于正常上限的3倍。

二、鉴别诊断

急性胰腺炎应与下列疾病鉴别。

1. 消化性溃疡急性穿孔　有较典型的溃疡病史,腹痛突然加剧,腹肌紧张,肝浊音界消失,X线透视见膈下有游离气体等可资鉴别。

2. 胆石症和急性胆囊炎　常有胆绞痛史,疼痛位于右上腹,常放射到右肩部,墨菲征阳性,血及尿淀粉酶轻度升高。B超及X线胆道造影可明确诊断。

3. 急性肠梗阻　腹痛为阵发性,腹胀、呕吐,肠鸣音亢进,有气过水声,无排气,可见肠型。腹部X线可见液气平面。

4. 心肌梗死　有冠心病史,突然发病,有时疼痛限于上腹部。心电图显示心肌梗死图像,血清心肌酶升高。血、尿淀粉酶正常。

【中医病因病机】

胰在中医学中虽不在五脏之列,但其功能属于脾、肝两脏。胃与脾、胆与肝互为表里,功能相关而病理相干。其常见病因病机如下。

1. 饮食不节　素体肠胃热盛,或恣食辛辣,或暴饮暴食,酗酒无度,肠胃积热,腑气通降不利,发为本病。

2. 情志内伤　抑郁恼怒,肝失疏泄条达,乘脾犯胃,肝脾不和,气机不利,脏腑经络气血郁滞,而成本病。

3. 肝胆久病　久患胆胀胁痛,湿热蕴结,肝气不舒,胆汁郁滞,肝火煎熬,而成石积,壅阻胆胰通道,肝胆疏泄失常,每可恶逆成病。

4. 蛔虫内扰　蛔虫上扰,窜入胆道,肝胆气逆,亦可发为病。

本病的发生多由外感六淫、饮食不节、胆道石阻、蛔虫上扰、精神刺激以及创伤、手术、妊娠等,导致邪阻气滞、肝胆不利、湿郁热结、蕴于中焦,表现为肝郁气滞、肝胆湿热、胃肠热结之证。气、湿、热结聚不散则酿生热毒,终致血瘀,血瘀的存在又可进一步形成留瘀化热、络瘀化毒的恶性循环,发展为毒瘀互结之证。本病的病位本于脾而标于肝、胆、肠、胃;病性多属阳证和里、热、实证,以邪实为主。其发病和病机发展变化过程可包含有郁(气机郁滞)、瘀(血行瘀阻)、热(实热或湿热)、结(实邪结聚)、厥(气血逆乱、脏衰)五个环节,尤以热、结之病机为主要环节。

【中医诊断及病证鉴别】

本病在中医文献中并无明确记载,根据其主要临床表现,一般属于胁痛、心痛、结胸等病证范畴。《伤寒论·辨太阳病脉证并治》载："结胸热实，脉沉而紧，心下痛，按之石硬"；《灵枢·厥病》论厥心痛时载有："腹胀胸满，心尤痛甚，胃心痛也……痛如以锥针刺其心，心痛甚者，脾心痛也。"

本病辨证重在辨在气、在血、属实、属虚，一般而论；属气、属实者多，属虚、属血者少。

病证鉴别

临床常需与下列疾病鉴别。

1. **胆石、胆瘅** 右上腹疼痛，常放射至右肩部，多有右上腹绞痛史。B超、X线胆囊造影可明确诊断。血清淀粉酶不升高，尿淀粉酶正常。

2. **胸痹（心痛）、厥（真）心痛** 疼痛部位可局限于心窝下，伴恶心呕吐，酷似胰瘅。心电图显示心肌缺血或心肌梗死图象。

3. **蛔厥** 好发于青少年，钻顶样绞痛阵作，可吐出蛔虫，缓解时可如常人，腹部体征不明显。

【治疗】

一、治疗思路

急性胰腺炎作为典型的阳明腑实证，应用以通里攻下法为主的中西医结合治疗已有近30年历史，其取得的显著疗效已为临床实践所证实。同时近年来国内多家单位针对多种通里攻下代表方剂和方药，如大承气汤、清胰汤、柴芩承气汤、单味大黄等，开展了广泛深入的实验研究，发现通里攻下法治疗急性胰腺炎作用机理广泛，主要包括增强胃肠道运动功能；改善腹腔脏器血供和毛细血管通透性，促进炎症吸收；减少内毒素吸收，防治细菌移位；抑制全身炎症反应，保护组织器官，以及菌毒并治作用等。在多个环节阻断或抑制了急性胰腺炎的病理生理过程，为其治疗急性胰腺炎提供了理论依据。经大量的临床和实验研究表明，中西医结合治疗能明显提高疗效，单味中药或中医专方联合西医治疗已成为SAP治疗方案的重要组成部分。对于水肿型胰腺炎则可以中医治疗为主，或实施中西医结合治疗。但对于出血坏死型胰腺炎仍应以西医治疗为主，重在解痉止痛、抑制和减少胰酶分泌、防止和纠正休克及水电解质平衡失调，并预防并发症的发生。即便如此，仍有较高的风险及病死率。

二、西医治疗

治疗根据急性胰腺炎的分型、分期和病因选择恰当的治疗方法。

（一）非手术治疗

适用于急性胰腺炎全身反应期、水肿性及尚无感染的出血坏死性胰腺炎。

1. **禁食、胃肠减压** 持续胃肠减压可防止呕吐、减轻腹胀并增加回心血量。

2. **补液、防治休克** 静脉输液，补充电解质，纠正酸中毒，预防治疗低血压，维持循环稳定，改善微循环。对重症患者应进行重症监护。

3. **镇痛解痉** 在诊断明确的情况下给予止痛药，同时给予解痉药（山莨菪碱、阿托品）。禁用吗啡，以免引起Oddi括约肌痉挛。

4. **抑制胰腺分泌** 抑酸和抑胰酶制剂：H受体拮抗剂（如西咪替丁）可间接抑制胰腺分泌；生长抑素一般用于病情比较严重的患者，以及胰蛋白酶抑制剂等具有一定的疗效。

5. **营养支持** 禁食期主要靠完全肠外营养。若手术附加空肠造瘘，待病情稳定，肠功能恢复后可经造瘘管输入营养液。当血清淀粉酶恢复正常，症状、体征消失后可恢复饮食。

6. **抗生素的应用** 对重症急性胰腺炎，应经静脉使用致病菌敏感的广谱抗生素。常见致病菌有大肠杆菌、铜绿假单胞菌、克雷伯杆菌和变形杆菌等。

（二）手术治疗

1. **手术适应证** ①不能排除其他急腹症时；②胰腺和胰周坏死组织继发感染；③经非手术治疗，病情继续恶化；④暴发性胰腺炎经过短期（24小时）非手术治疗多器官功能障碍仍不能得到纠正；⑤伴胆总管下端梗阻或胆道感染者；⑥合并肠穿孔、大出血或胰腺假性囊肿。

2. **手术方式** 最常用的是坏死组织清除加引流术。经上腹弧形切口开腹，游离、松动胰腺，切断脾结肠韧带，将结肠向中线翻起，显露腹膜后间隙，清除胰周和腹膜后的渗液、脓液以及坏死组织，彻底冲洗后放置多根引流管从腹壁或腰部引出，以便术后灌洗和引流。缝合腹部切口，若坏死组织较多切口也可部分敞开，以便术后经切口反复多次清除坏死组织。同时行胃造瘘、空肠造瘘（肠内营养通道），酌情行胆道引流术。

若继发肠瘘，可将瘘口外置或行近端造瘘术。形成假性囊肿者，可酌情行内、外引流术。

3. 胆源性胰腺炎的处理　伴有胆总管下端梗阻或胆道感染的重症急性胰腺炎,宜急诊或早期(72小时内)手术。取出结石,解除梗阻,畅通引流,并按上述方法清除坏死组织作广泛引流。若以胆道疾病表现为主,急性胰腺炎的表现较轻,可在手术解除胆道梗阻后,行胆道引流和网膜囊引流术。病情许可时同时切除胆囊。若有条件可经纤维十二指肠镜行Oddi括约肌切开、取石及鼻胆管引流术。急性胰腺炎经非手术治愈后2~4周作胆道手术。

三、中医治疗

辨证论治

急性胰腺炎基本病机为湿热蕴结,气机郁滞,腑气不通,以疏肝泄胆,清热利湿,通腑泻下为基本治法。

1. 肝郁气滞

证候:脘胁持续胀痛,阵阵加剧,嗳气频作或干呕,大便不畅,甚则腹胀结痛,得矢气胀痛稍缓,舌淡红,苔薄黄,脉弦。

治法:疏肝理气清热。

方药:清胰汤加减。

药用柴胡、白芍、生大黄、黄芩、胡黄连、木香、玄参、芒硝、元胡等。若恶心呕吐重加法夏、陈皮,或用生姜汁滴舌;若便结不通加芒硝兑服;腹胀明显者加厚朴、莱菔子以破气消积。

2. 脾胃实热

证候:脘腹坚痞满,疼痛拒按,身热烦躁,口干渴,大便燥结,小便短赤,舌红,苔黄燥或厚腻,脉弦滑数。

治法:清热解毒,通里攻下。

方药:清胰汤合大承气汤加减。

药用柴胡、白芍、生大黄(后下)、黄芩、胡黄连、木香、玄参、芒硝、元胡、厚朴、枳实等。若湿热困脾,口臭,口苦,脘满不饥,舌苔厚腻,加藿香、佩兰、茵陈、枳壳、砂仁以醒脾化湿;若兼较明显血瘀表现加丹参、当归、丹皮;呕吐者加竹茹、代赭石降逆止呕。

3. 肝胆湿热

证候:脘胁胀痛痞满,身热不扬,午后热甚,口苦泛恶,身目发黄,重倦怠,大便秘结或便溏不爽,尿色黄,舌红,苔黄厚腻,脉弦滑数。

治法:清利肝胆湿热。

方药:清胰汤合龙胆泻肝汤加减。

药用柴胡、白芍、生大黄、黄芩、胡黄连、木香、玄参、芒硝、元胡、龙胆草、山栀子、泽泻、木通、车前子、当归、生地黄、生甘草等。若黄疸明显者加茵陈、虎杖、金钱草利胆退黄;恶心呕吐者加竹茹、陈皮、枇杷叶清热止呕。

4. 蛔虫上扰

证候:持续性上腹部疼痛,钻痛起病,继而胀痛拒按,阵阵加剧,恶心呕吐,发热,舌红,苔薄白,脉弦紧。

治法:清胰驱蛔,理气通里。

方药:清胰汤Ⅱ号加减。

药用柴胡、黄芩、胡黄连、木香、槟榔、使君子、苦楝皮、细辛、芒硝(冲兑)。黄疸明显者加茵陈蒿、虎杖、郁金等;痛甚者加延胡索、白芍活血止痛。

5. 气阴耗竭

证候:上述证型证候急变,腹大硬满,剧痛难忍,口唇干裂,气息微弱,冷汗淋漓,四肢厥逆。舌红干,苔黄燥有裂纹,脉细弱欲绝。

治法:益气固脱增液,通里泻热存阴。

方药:增液承气汤加减。

药用人参、麦冬、元参、生地、栀子、元胡、大黄(后下)、芒硝(冲兑)等。

本病也可采用分期、分阶段进行辨证论治,初期表现为严重的腹膜炎、肠麻痹,符合中医的里实证,用大承气汤保留灌肠,当胃肠运动、吸收功能稍有恢复后,即改用大承气汤胃管注入。进展期主要表现是胰腺及胰周组织严重的感染,为实热证,用清胰承气汤(柴胡、黄芩、木香、川楝子、元胡、枳实、厚朴、大黄等),每日2剂,早晚分服,并配合应用抗生素。恢复期由于使用抗生素和苦寒药物及手术的打击,往往出现脾胃虚弱证候,以香砂六君子汤加减治疗。

【转归、预防与调护】

急性胰腺炎的预后取决于病变程度及有无并发症。轻症预后良好,常在1周内恢复,不遗留后遗症。重症病情凶险,预后差,病死率可达30%~60%,如果合并多器官功能衰竭,死亡率可达100%。存活者有不同程度的胰功能不全,或演变为慢性胰腺炎。应针对病因预防本病的发生与复发。主要是积极防治胆囊炎、胆石症、胆道蛔虫病等胆道疾病。注意饮食卫生,节制饮食,避免酗酒,尤忌暴饮暴食。治疗初期应严格禁食。

(卜 平)

第三十一章
上消化道出血

上消化道出血(upper gastrointestinal hemorrhage)是指屈氏韧带以上的消化道,包括食管、胃、十二指肠、上段空肠或胰、胆等病变引起的出血以及胃-空肠吻合术和空肠病变引起的出血。主要表现为呕血、黑便,常表现为急性大量出血,可出现休克及休克前期症状,是临床常见急症,近年来对本病的诊断及治疗水平已有明显的提高,但在高龄、有严重并发症的患者中病死率仍较高,临床应予高度重视。

根据临床表现,本病属于中医学"吐血"、"呕血"、"便血"等范畴。

【病因和发病机制】

引起上消化道出血的原因很多,临床上以消化性溃疡、食管胃底静脉曲张破裂、急性糜烂出血性胃炎和胃癌最常见。概括起来有下列因素。

一、上消化道疾病

包括食管疾病,如食管炎、食管癌、食管贲门黏膜撕裂综合征、器械检查、异物食管损伤等物理食管损伤以及强酸、强碱或其他化学剂引起的化学食管损伤;胃十二指肠疾病,如消化性溃疡、胃泌素瘤、急性糜烂出血性胃炎、胃癌、胃黏膜脱垂、胃手术后病变等。其中消化性溃疡是上消化道出血的主要原因。

二、门静脉高压

门静脉高压引起的食管胃底静脉曲张破裂或门脉高压性胃病。

三、上消化道邻近器官或组织的疾病

包括胆道疾病(胆管或胆囊结石、胆囊或胆管癌、术后胆总管引流管造成的胆道受压坏死、肝癌、肝脓肿或肝血管瘤破入胆道)引起的胆道出血;胰腺疾病累及十二指肠;主动脉瘤破入食管、胃或十二指肠;纵隔肿瘤或脓肿破入食管等。

四、全身性疾病

包括过敏性紫癜、动脉粥样硬化等血管性疾病;血友病、血小板减少性紫癜、白血病等血液病;尿毒症;结节性多动脉炎、系统性红斑性狼疮等结缔组织病;流行性出血热、钩端螺旋体病等急性感染性疾病以及各种严重疾病引起的应激性溃疡等。

【临床表现】

一、呕血与黑便

呕血与黑便是上消化道出血的特征性表现。上消化道出血后,一般均有黑便。出血部位在幽门以上者常伴有呕血。若出血量少、速度慢,也可无呕血。同样,出血部位在幽门以下者,若出血量大、速度快,也会引起呕血。呕血多见棕褐色或咖啡渣样,若出血量大,未经胃酸充分混合即呕出,则为鲜红或有血块。黑便呈柏油样,黏稠而发亮,当出血量大,粪便可呈黯红色甚至鲜红色,大便潜血为强阳性。

二、失血性周围循环衰竭

消化道出血因失血量过大,出血速度过快,出血不止可致循环血容量迅速减少而出现急性周围循环衰竭,表现为头昏、心悸、乏力、冷汗、突然起立发生晕厥;严重者出现烦躁不安或神志不清、面色苍白、肢体湿冷,脉搏细弱、心率加快、血压下降,口唇发绀、呼吸急促等休克状态表现。

三、贫血和血象变化

在出血早期,患者的血红蛋白、红细胞计数及红细胞压积等可无变化,在出血后,组织液渗入血管内,使血液稀释,

患者常呈正细胞正色素性贫血;慢性失血则呈小细胞低色素性贫血,上消化道大量出血2~5小时,白细胞计数轻至中度升高,血止后2~3天才恢复正常。但在肝硬化患者,则白细胞计数可不增高,其原因是患者存在着脾功能亢进。

四、氮质血症

大量上消化道出血后,血液蛋白的分解产物在肠道被吸收,以致血中氮质升高,称肠源性氮质血症,一般在出血后数小时血尿素氮开始上升,24~48小时可达高峰,大多不超出14.3 mmol/L(40 mg/dl),3~4日后降至正常。

五、发热

大量出血后,多数患者在24小时内常出现低热,可持续数日。可能由于血容量减少、贫血、周围循环衰竭、血分解蛋白的吸收等因素导致体温调节中枢的功能障碍。同时要注意寻找其他因素,如合并其他部位感染。

【实验室及其他检查】

一、胃镜检查

胃镜检查可直观地观察食管、胃、十二指肠球部直至降段,从而判断出血病变的部位、病因及出血情况,是目前诊断上消化道出血病因的首选检查方法。出血早期进行胃镜检查提高出血病因诊断的准确性,多主张在出血后24~48小时内进行检查,称急诊胃镜检查。在急诊胃镜检查前需先纠正休克、补充血容量、改善贫血。如有大量活动性出血,可先插胃管抽吸胃内积血,并用生理盐水灌洗后观察。

二、X线钡餐检查

X线钡餐检查主要适用于有胃镜检查禁忌证或不愿进行胃镜检查者,对十二指肠降段以下小肠病变有特殊诊断价值。检查一般在出血停止数天后进行。

三、其他

选择性动脉造影、放射性核素标记红细胞扫描、棉线试验检查主要适用于不明原因的小肠出血检查。

【诊断与鉴别诊断】

一、诊断

（一）消化道出血的确定

根据呕血、黑便和有效循环血量不足的临床表现,以及血红蛋白、红细胞计数、血细胞比容的下降,便潜血实验强阳性等作出诊断并不困难,虽然呕血、黑便是上消化道出血的特征性表现,但临床上少数患者以周围循环衰竭为首要表现,因此,需要排除脏器破裂的内出血以及其他类型的休克。还要与来自呼吸道和口、鼻、咽喉的出血,以及口服动物血液、炭粉、铁剂或铋剂和某些中药也可引起的粪便发黑相鉴别。

（二）出血量的判断

据研究,成人每日消化道出血大于5~10 ml,粪便隐血试验出现阳性,每日出血量50~100 ml,可出现黑粪。胃内储积血量在250~300 ml可引起呕血。一次出血量不超过400 ml时,因轻度血容量减少可由组织液及脾脏贮血所补充,一般不引起全身症状。出血量超过400~500 ml,可出现全身症状,如头昏、心慌、乏力等。短时间内出血量超过1000 ml,可出现周围循环衰竭表现。由于周围循环衰竭是急性大出血导致死亡的直接原因,故对急性消化道大出血患者,应将对周围循环状态的有关检查放在首位,重点监测的关键指标是血压和心率,如果患者由平卧位改为坐位时出现血压下降(下降幅度大于15~20 mmHg)、心率加快(上升幅度大于10次/分),已提示血容量明显不足,是紧急输血的指征。如收缩压低于90 mmHg、心率大于120次/分,伴有面色苍白、四肢湿冷、烦躁不安或神志不清则已进入休克状态,属严重大量出血,需立即抢救。

（三）出血是否停止的判断

上消化道大出血经过恰当治疗,可于短时间内停止出血。由于肠道内积血需经数日才能排尽,故不能以黑便作为继续出血的指标。临床上出现下列情况应考虑继续出血或再出血:反复呕血,或黑便次数增多、粪质稀薄,伴有肠鸣音亢进;周围循环衰竭的表现经充分补液输血而未见明显改善,或虽暂时好转而又恶化;血红蛋白浓度、红细胞计数与血细胞比容继续下降,网织红细胞计数持续增高;补液与尿量足够的情况下,血尿素氮持续或再次增高。

二、鉴别诊断

由于引起上消化道出血的原因很多,临床中需要鉴别的疾病也很多,以下就常见的疾病进行简要的鉴别。

1. 胃与十二指肠溃疡病　是引起上消化道出血的最常见的原因。有慢性、周期性、节律性上腹疼痛服用制酸剂后缓解,并在饮食不当、精神疲劳等诱因下并发出血,出血后疼痛可减轻,急诊或早期胃镜检查可发现溃疡出血灶。

2. **急性胃黏膜病变** 是引起上消化道出血的重要病因之一,常有引起胃、十二指肠黏膜损伤的诱因存在,如有服用非甾体消炎药、糖皮质激素类药物史;处于如严重创伤、烧伤、手术、败血症等重症的应激状态,常有上腹部疼痛或隐痛,反酸、恶心呕吐等前驱症状,也可以呕血或黑便为首发。急诊胃镜可发现胃、十二指肠黏膜弥漫性充血、水肿,多处有出血糜烂灶。

3. **肝硬化** 是引起上消化道出血的病因之一,常有病毒性肝炎史,长期饮酒史或慢性血吸虫病史,伴有肝掌、蜘蛛痣、腹壁静脉曲张、腹水等体征,以门脉高压伴食管胃底静脉曲张破裂出血为最大可能。应当指出的是,肝硬化患者有上消化道出血,不一定都是食管胃底静脉曲张破裂出血所致,有一部分患者出血可来自消化性溃疡、急性糜烂出血性胃炎、门脉高压性胃病、异位静脉曲张破裂出血等。

4. **胃癌** 中年以上患者慢性持续性大便隐血试验阳性,伴有缺铁性贫血、持续性上腹痛、厌食、消瘦,应警惕胃癌的可能性。

另外,突然腹痛、休克、便血者要立即想到可能是动脉瘤破裂。黄疸、发热、腹痛伴消化道出血时,胆源性出血不能除外。

【中医病因病机】

本病属于中医学"吐血"、"呕血"、"便血"等范围,主要与饮食、情志及劳倦等因素有关。

1. **热伤胃络** 外感风热燥火之阳邪,或风寒之邪郁而化热,热伤营血,邪热迫血妄行,血随胃气上逆而吐血。

2. **饮食所伤** 饮食不节,如饮酒过度,或嗜食酸辣煎炸之品,均可导致热蕴胃肠,胃火内炽,损伤胃络;或燥热伤阴,虚火扰动血络,血因火动而产生出血,血失统摄,而引起吐血、便血。

3. **情志内伤** 肝火犯胃,郁怒伤肝,或情志抑郁,肝气郁结化火,肝火犯胃,损伤胃络,迫血上行,或素有胃热,又由肝火扰动,气逆血奔而上逆以致吐血。

4. **劳倦久病** 脾气虚弱,劳倦过度,损伤脾胃,或久病脾虚,久病使正气亏损,气虚不摄,血溢脉外而致出血;或脾胃素虚饮冷,以致寒郁中宫,脾胃虚寒不能统血,血溢脉外而吐血;久病入络,使血脉瘀阻,血行不畅,血不循经而致出血。

总之,本病多因热伤胃络,饮食所伤,脾虚不摄,致胃络瘀阻,出现血不循经而外溢,若血随气火上逆,从口而出,则为呕血;血随胃气下降入肠道,随便而出,则大便黑色;失血可致气血不足,则见神疲乏力,头晕心悸等,倘若出血量大可致气随血脱,见昏厥、汗出肢冷等危证。

【中医诊断及病证鉴别】

一、诊断

(1)血随呕吐而出,常夹有食物残渣等胃内容物,血色多为咖啡色或紫黯色,也可为鲜红色,大便色鲜红、黯红或紫黯,甚至黑如柏油。严重者神情淡漠或烦躁,甚则神志昏迷,面色爪甲苍白,目合口张,冷汗淋漓,少尿或无尿。

(2)多有胃痛、胁痛、黄疸、癥积等病史。

二、病证鉴别

1. **吐血与咯血** 咯血与吐血血液均经口出,但两者截然不同。咯血是血由肺来,经气道随咳嗽而出,血色多为鲜红,常混有痰液,咯血之前多有咳嗽、胸闷、喉痒等症状,大量咯血后,可见痰中带血数天,大便一般不呈黑色。吐血是血自胃而来,经呕吐而出,血色紫黯,常夹有食物残渣,吐血之前多有胃脘不适或胃痛、恶心等症状,吐血之后无痰中带血,但大便多呈黑色。

2. **便血与痢疾、痔疾** 上消化道出血之便血,特点为大便色黑,血液夹粪或全为血便,血色黯红,患者无里急后重,无内外痔发现。痢疾初起有发热、恶寒等症,其便为脓血相兼,且有腹痛、里急后重、肛门灼热等。痔疾便血,血常在大便后滴下,或鲜血敷在大便外,患者肛门有不适或疼痛感,检查可见内外痔。

【治疗】

一、治疗思路

上消化道大量出血病情急、变化快,严重者可危及生命,应采取积极措施进行抢救。抗休克、迅速补充血容量、控制出血治疗应放在一切医疗措施的首位。西医在此方面有独特的优势和疗效。而中药制剂参麦注射液、参附注射液虽有一定的抗休克的作用,但不能迅速补充血容量,可作辅助用药。

根据中医学对血证的治疗以"治火、治气、治血"为原则,应用中西医结合疗法,在出血控制后使用,综合调理,有助于机体的恢复,减少出血的复发。

二、西医治疗

(一)一般治疗

绝对卧床休息,保持患者呼吸道通畅,必要时吸氧。活动出血期间禁食,严密监测患者生命体征,如心率、血压、呼吸、尿量及神志变化,观察呕血与黑粪情况;定期复查血红蛋白浓度、红细胞计数、血细胞比容与血尿素氮。

(二)积极补充血容量

立即查血型和配血,尽快建立有效的静脉输液通道以补充血容量。在配血或运送途中,可先输平衡液或葡萄糖盐水以补充血容量保证重要脏器的血液供应,而改善急性失血性周围循环衰竭的关键是要输血。当改变体位出现晕厥、血压下降和心率加快,血红蛋白低于 70 g/L,应紧急输血。应注意避免因输液、输血过快、过多而引起肺水肿,原有心脏病或老年患者必要时可根据中心静脉压调节输入量。

(三)止血措施

1. 食管、胃底静脉曲张破裂大出血 本病往往出血量大、再出血率高、死亡率高。

(1)药物止血:血管加压素等通过对内脏血管的收缩作用,减少门脉血流量,降低门脉压。但有升高血压、诱发心绞痛和心律失常等副作用,临床上常与硝酸甘油一起使用,以减少血管加压素引起的不良反应,同时硝酸甘油还有协同降低门静脉压的作用,具体用法是:血管加压素的推荐疗法是 0.2 U/min 静脉持续滴注,逐渐增加剂量至 0.4 U/min,同时舌下含服硝酸甘油 0.6 mg,每 30 分钟 1 次。近年来加压素拟似物、生长抑素及其拟似物等都有较好的止血疗效。

(2)气囊压迫止血:经鼻腔或口插入三腔二囊管,注气入胃囊,向外加压牵引,用以压迫胃底,若未能止血,再注气入食管囊,压迫食管曲张静脉。鉴于近年药物治疗和内镜治疗的进步,目前已不推荐气囊压迫作为首选止血措施,其应用宜限于药物不能控制出血时作为暂时止血用,以赢得时间去准备其他更有效的治疗措施。

(3)内镜治疗:一般经药物治疗出血基本控制,患者基本情况稳定后,应立即进行急诊内镜检查同时进行治疗,内镜直视下注射硬化剂或组织粘合剂至曲张的静脉,或用皮圈套扎曲张静脉,不但能达到止血目的,而且可有效防止早期再出血,是目前治疗食管胃底静脉曲张破裂出血的重要手段。

(4)外科手术或经颈静脉肝内门体静脉分流术:在大量出血药物和内镜治疗无效时,唯有进行经颈静脉肝内门体静脉分流术治疗,该法尤适用于准备做肝移植的患者。

2. 非曲张静脉上消化道大出血 除食管胃底静脉曲张破裂出血之外的其他病因引起的上消化道大出血,其中以消化性溃疡所致出血最为常见。止血措施主要有:

(1)抑制胃酸分泌的药物:临床上,对消化性溃疡和急性胃黏膜损害所引起的出血,常规予 H_2 受体拮抗剂或质子泵抑制剂,如西咪替丁,每次 200~400 mg,每 6 小时 1 次;雷尼替丁,每次 50 mg,每 6 小时 1 次;奥美拉唑,每次 40 mg,每 12 小时 1 次,静脉注射或滴注。

(2)内镜治疗:如见有活动性出血或暴露血管的溃疡应进行内镜止血。可用注射药物、热探头、高频电灼、激光、微波、上止血夹等方法进行止血。

(3)手术及介入治疗:内科积极治疗仍大量出血不止危及患者生命,须不失时机行手术治疗;对既无法进行内镜治疗,又不能耐受手术,可考虑在选择性肠系膜动脉造影找到出血灶的同时,进行血管栓塞治疗。

三、中医治疗

辨证论治

1. 胃中蕴热

证候:吐血色红或紫黯,常夹有食物残渣,脘腹胀闷灼痛,口臭,便秘,大便色黑,或紫黯,甚至黑如柏油,舌质红,苔黄腻,脉滑数。

治法:清胃泻火,化瘀止血。

方药:泻心汤合十灰散加减。

药用大黄、黄芩、黄连、大蓟、小蓟、侧柏叶、茜草根、栀子、丹皮、白茅根等。胃气上逆,而见恶心呕吐者,可加代赭石、竹茹,热伤胃阴,而表现口渴,加生地、麦冬、天花粉养胃生津。

2. 肝火犯胃

证候:吐血色红或紫黯,口苦胁痛,心烦易怒,失眠多梦,舌质红绛,脉弦数。

治法:泻肝清胃,凉血止血。

方药:龙胆泻肝汤加减。

药用龙胆草、柴胡、栀子、黄芩、木通、泽泻、车前子、当归、甘草、生地等。可加白茅根、藕节、旱莲草、茜草加强止血;胁痛甚者加郁金、香附理气活络定痛;吞酸者加乌贼骨、瓦楞子。

3. 气虚血溢

证候:吐血缠绵不止,时轻时重,或下血紫黯,或色如黑漆,胃脘隐隐作痛,面色无华,神疲懒言,舌质淡,脉细弱。

治法:益气健脾摄血。

方药:归脾汤加减。

药用党参、茯苓、白术、甘草、当归、黄芪、酸枣仁、远志、龙眼肉、木香等。若脾胃虚寒,症见肤冷,畏寒,便溏者,治宜温经摄血,加艾叶、炮姜炭温经止血,侧柏叶凉血止血。

4. 气随血脱

证候:呕血盈盆,便血色红或黧黑,头昏,心慌,烦躁不安,面色苍白,四肢厥冷,大汗淋漓,神志恍惚或昏迷,脉微细。

治法:益气摄血,回阳固脱。

方药:独参汤或阴阳两救汤加减。

药用熟地、附子、人参、菟丝子、栀子、茯神、远志、紫河车、炮姜炭等。心悸不宁者加酸枣仁、远志、五味子以养血安神。

【转归、预防与调护】

本病预后与原发病及出血量的多少密切相关。原发病较重且出血量大者以及高龄,合并其他基础疾病,反复出血者预后不良。

上消化道出血是上消化道疾病的主要并发症,常反复发作,严重者危及生命,因此,对本病的预防十分关键。尤其有消化道溃疡、食管胃底静脉曲张的患者饮食的调摄更为重要,要忌食有刺激性的食物,如辛辣食物、过冷过热食品,油炸及不易消化食品,戒烟酒,不暴饮暴食,注意饮食卫生,多吃富营养、易消化吸收的软食。必要时可少吃多餐,或进食半流食。同时,郁怒伤肝,忧思伤脾,肝脾失和可诱发或加重原有疾病,引起出血,患者应保持精神愉快、喜怒有常,切忌大喜大悲。

(张春晖)

第五篇 泌尿系统疾病

中西医结合内科学

第三十二章 肾小球肾炎

第一节 急性肾小球肾炎

急性肾小球肾炎(acute glomerulonephritis, AGN),简称急性肾炎,其特点为急性起病,出现血尿、蛋白尿、水肿和高血压,并可伴有一过性氮质血症,由于其表现为一组临床综合征,又称为急性肾炎综合征。本病大多数为急性链球菌感染后肾小球肾炎。发病以学龄儿童最为多见,青年次之,中年及老年较少见。

本病一般归属于中医学"水肿"范畴。

【病因和发病机制】

一、病因

急性肾小球肾炎的病因目前认为主要为β溶血性链球菌(常为A组链球菌的Ⅻ型)感染后所致。常在上呼吸道感染(多见于扁桃体炎)、皮肤感染、猩红热等感染后发生。

二、发病机制

本病主要由链球菌胞壁成分M蛋白或某些分泌产物所引起的免疫反应致肾损伤。其发病机制为:① 免疫复合物沉积于肾脏;② 抗原原位种植于肾脏;③ 肾脏正常抗原改变,诱导自身免疫反应。具体免疫病理损伤途径主要有:① 免疫复合物与补体结合激活补体,释放炎性介质,引起肾小球正常结构的物理和免疫化学性质的变化。② 炎症时,巨噬细胞释放溶菌酶和多肽酶,破坏了肾小球结构的多肽成分。③ 纤维蛋白沉积于系膜区,刺激系膜细胞增殖。

【病理】

肾脏体积可较正常增大,病变主要累及肾小球。本病急性期病理表现为弥漫性毛细血管内增生性肾小球肾炎。光镜检查:肾小球增大并富含细胞成分,内皮细胞增生、肿胀,系膜细胞增生,致使毛细血管腔狭窄,甚至闭塞。临床表现为肾病型者除上述表现外,电镜检查可见肾小球上皮细胞下有驼峰状大块电子致密物沉积,并可有上皮新月体形成。临床表现为急进过程者则有广泛的新月体形成。免疫病理检查可见 IgG 及 C3 呈粗颗粒状沿毛细血管壁和(或)系膜区沉积。电镜检查可见肾小球上皮细胞下有驼峰状大块电子致密物沉积。

【临床表现】

多数患者有前驱感染史,以呼吸道及皮肤感染为主,链球菌感染后1~3周(平均10天左右)出现临床症状。皮肤感染患者潜伏期较长,平均为18~21天。本病典型者呈急性肾炎综合征表现,重症者可发生急性肾衰竭。

1. 血尿 常为起病的第一个症状,几乎所有患者都有血尿,肉眼血尿出现率约40%。严重血尿患者排尿时尿道有不适感及尿频,但无典型的尿路刺激征。

2. 水肿 80%以上患者均有水肿,常为起病的初发表现,典型表现为晨起眼睑水肿或伴有下肢轻度凹陷性水肿,少数严重者可波及全身。

3. 少尿 大部分患者起病时尿量少于500 ml/d,只有少数由少尿发展成为无尿。

4. 高血压 约80%患者出现一过性轻、中度高血压,常与其水钠潴留有关,利尿后血压可逐渐恢复正常。少数患者可出现严重高血压,甚至高血压脑病。

5. 全身表现 患者常伴有疲乏、厌食、恶心、呕吐、头晕、腰痛、嗜睡等症状。

6. 合并症

(1)心力衰竭:常发生在急性肾炎综合征期,水钠严重潴留和高血压为重要的诱发因素。患者可有颈静脉怒张、奔马律和肺水肿等症状。老年患者发生率较高(可达40%)，儿童患者少见(<5%)。

(2) 急性肾衰竭：是急性肾炎死亡的主要原因。临床表现为少尿或无尿，血肌酐、尿素氮升高，高血钾，代谢性酸中毒等改变。

非典型病例的临床表现可全无水肿、高血压及肉眼血尿，仅于链球菌感染后行尿常规检查而发现镜下血尿，或仅血中 C3 呈典型的规律性改变，即急性期明显降低，而 6~8 周恢复。

【实验室及其他检查】

一、尿液检查

尿常规可见红细胞，多为畸形红细胞；蛋白尿，75%患者 24 小时尿蛋白定量小于 3.0 g；尿沉渣可见红细胞管型、颗粒管型，偶可见白细胞管型；常见少量肾小管上皮细胞及白细胞。

二、肾功能检查

患者起病早期可因肾小球滤过率下降、水钠潴留而尿量减少（常在 400~700 ml/d），少数患者甚至少尿（<400 ml/d）。肾功能可一过性受损，表现为轻度氮质血症。多于 1~2 周后尿量渐增，肾功能于利尿后数日可逐渐恢复正常。

三、血生化检查

血钾、氯可轻度升高，血钠轻度降低，血沉于急性期增快，血浆白蛋白轻度下降，一过性高脂血症。

四、免疫学检查

起病初期血清 C3 及总补体下降，8 周内渐恢复正常，对诊断本病意义很大。患者血清抗链球菌溶血素O（简称抗O或ASO）滴度可升高，提示近期内曾有过链球菌感染。另外，部分患者起病早期循环免疫复合物及血清冷球蛋白可呈阳性。

五、肾活检

毛细血管增生性肾炎，以肾小球中内皮及系膜细胞增生为主，早期可有中性粒细胞和单核细胞浸润，免疫病理检查可见 IgG 及 C3 沉积于系膜区与毛细血管壁。电镜检查可见上皮下驼峰状电子致密物沉积。

【诊断与鉴别诊断】

一、诊断

过去无肾脏病史，多数在链球菌感染后 1~3 周，出现水肿、高血压，肉眼或镜下血尿，红细胞管型，不同程度的蛋白尿。急性期血清 ASO 增高，补体 C3 下降。一般在数月内痊愈，病程一般在 1 年以内。临床症状不典型者，必要时需作肾活检以确诊。

二、鉴别诊断

1. 急进性肾小球肾炎　起病过程与急性肾炎相似，但除急性肾炎综合征外，多早期出现少尿、无尿，肾功能急剧恶化等特征。重症急性肾炎呈现急性肾衰竭者与该病相鉴别困难时，应及时作肾活检以明确诊断。

2. 慢性肾小球肾炎急性发作　既往有肾脏病史，症状发作常在感染后 1~2 日内出现，多有较重的贫血及持续性高血压，常伴有心脏及眼底改变，尿比重固定，B 超检查或可见双肾体积缩小。

3. IgA 肾病　约 20%患者可呈急性肾炎综合征。但潜伏期短，常在上呼吸道感染后数小时至数天内发生血尿或蛋白尿，多不伴水肿、高血压，血清 ASO 不升高，补体正常，易反复发作，不典型者需肾活检鉴别。

4. 全身系统性疾病　系统性红斑狼疮肾炎及过敏性紫癜肾炎均可呈急性肾炎综合征的临床表现，但多伴有其他系统受累的表现如皮肤病损、关节酸痛等，通过详细询问病史及相关检查可鉴别。

【中医病因病机】

本病发病多与下列因素有关。

1. 风邪袭表　风为六淫之首，每夹寒夹热，风寒或风热之邪，侵袭肺卫，肺失通调，风水相搏，发为水肿。

2. 湿毒浸淫　肌肤疮痍，湿毒内盛，未能及时清解，则内归肺脾，致肺失宣降，脾失运化，导致津液气化失常，发为水肿。

3. 水湿浸渍　久居湿地，冒雨涉水，湿衣裹身时间过久，水湿内侵，困遏脾阳，脾胃失其升清降浊之功，水无所制，发为水肿。

4. 脾肾阳虚　饮食不节，损伤脾胃，脾气失养，运化失司，水湿停聚。先天禀赋薄弱，或生育不节，房劳过度或久病伤肾，肾气亏虚，开阖不利，不能化气行水，水湿停聚成肿。

5. 瘀水互结　气行则水行,血行水亦行,水停湿阻,迁延不愈,则致气滞血瘀,三焦气化不利,水瘀互结,发为水肿。

水肿是全身气化功能障碍的一种表现,其病位在肺、脾、肾,而关键在肾。诚如《景岳全书·肿胀》指出:"凡水肿等证,乃肺、脾、肾三脏相干之病。盖水为至阴,故其本在肾;水化于气,故其标在肺;水唯畏土,故其制在脾。今肺虚则气不化精而化水,脾虚则土不制水而反克,肾虚则水无所主而妄行。"肺主一身之气,有主治节、通调水道、下输膀胱的作用。风邪犯肺,肺气失于宣畅,不能通调水道,风水相搏,泛溢肌肤,发为水肿。脾主运化,有布散水精的功能。外感水湿,脾阳被困,或饮食劳倦等损及脾气,造成脾失转输,水湿内停,乃成水肿。肾主水,水液的输化有赖于肾阳的蒸化、开阖作用。久病劳欲,损及肾脏,则肾失蒸化,开阖不利,发为水肿。

【中医诊断及病证鉴别】

水肿是以头面、眼睑、四肢、腹背,甚至全身浮肿为特征的一类病证,可有乳蛾、心悸、疮毒、紫癜以及久病体虚病史。临床表现先从眼睑或下肢开始水肿,继及四肢全身。轻者仅眼睑或足胫浮肿,重者全身皆肿,甚则腹大胀满,气喘不能平卧。更严重者可见尿闭或尿少,恶心呕吐,口有秽味,头痛,抽搐,神昏谵语等危象。水肿病证辨证要点首先须辨阳水、阴水,区分其病理属性为风邪、水湿、疮毒及瘀血之不同;其次应辨病变之脏腑,在肺、脾、肾之差异。

病证鉴别

1. 水肿与鼓胀　鼓胀之水肿先见腹部,呈胀大如鼓,早期四肢多不肿,后期或可伴见肢体浮肿;多有肝病病史,病机为肝脾肾功能失调,气滞血瘀,水聚腹中,临床常伴见面色苍黄,腹壁青筋显露。本病之水肿先从眼睑开始,继则延及四肢、全身,病机重在肺脾肾气化功能失调,水液潴留,泛滥肌肤,临床伴有血尿、蛋白尿等特点,腹壁无青筋显露。

2. 阳水与阴水　水肿可分为阳水与阴水。阳水病因多为风邪、疮毒、水湿,发病较急,肿多由面目开始,自上而下,继及全身,肿处皮肤绷急光亮,按之凹陷即起,兼有寒热等表证,属表、属实,一般病程较短。阴水病因多为饮食劳倦,先天或后天因素所致的脏腑亏损,发病缓慢,肿多由足踝开始,自下而上,继及全身,肿处皮肤松弛,按之凹陷不易恢复,甚则按之如泥,属里、属虚或虚实夹杂,病程较长。

【治疗】

一、治疗思路

西医治疗主要以对症处理和休息为主,其环节主要包括利尿消肿,积极治疗感染灶,稳步地控制血压,同时预防各种并发症,如急性肾衰竭、心力衰竭等。

"开鬼门"、"洁净腑"、"去苑陈莝"(亦即发汗、利尿、泻下逐水)为治疗水肿的三条基本原则。阳水以祛邪为主,应予发汗、利水或攻逐,同时配合清热解毒、理气化湿等法;阴水当以扶正为主,宜健脾温肾,同时配以利水、养阴、理气、祛瘀等法。在治疗上一般分急性期和恢复期两个阶段进行,急性期以实证、热证为主,治疗以驱邪利水消肿为原则,治法包括祛风利水、清热祛湿、清热解毒、凉血止血、活血化瘀等。恢复期常以虚实错杂证多见,虚以气阴两虚为主,实则表现为湿热余邪未尽,治疗上强调芳香化湿,清热利水,佐以益气养阴,慎用温补、滋腻、苦寒之品,以免病情加重或迁延难愈。

二、西医治疗

(一)一般治疗

急性期应卧床休息,待肉眼血尿消失、水肿消退及血压恢复正常后逐步增加活动量。急性期应予低盐(每日3 g以下)饮食。肾功能正常者不需限制蛋白质入量,但氮质血症时应限制蛋白质摄入,并以优质动物蛋白为主。明显少尿者应限制液体入量。

(二)药物治疗

1. 感染灶治疗　对有咽部、皮肤感染者,可用青霉素80万U肌内注射,每日2次;或大环内酯类抗生素如红霉素0.25 g,每日4次,连用10~14天。

2. 对症治疗　经限制水、盐摄入仍尿少、水肿者,应使用利尿剂。可选用氢氯噻嗪25 mg,每日2~3次,或呋塞米20~40 mg,每日1~2次。严重者可使用呋塞米静脉注射。血压增高经利尿剂而不能控制者,可用钙通道阻滞药如硝苯地平10~20 mg,每日2~3次;或氨氯地平5~10 mg,每日1次。对于严重的高血压可选用硝普钠静脉滴注。急性心力衰竭治疗主要措施为利尿、降压,必要时应用酚妥拉明或硝普钠以减轻心脏前后负荷。

(三)透析治疗

对于出现少尿性急性肾衰竭,严重而又难于纠正的高钾血症和心力衰竭患者应采用腹膜或血液透析治疗。由于本病具有自愈倾向,肾功能多可逐渐恢复,一般不需要长期维持透析。

三、中医治疗

辨证论治

1. 风水相搏

证候：眼睑浮肿，延及全身，小便不利。偏于风寒者，可见恶寒，肢节酸痛，咳嗽气促，苔薄白，脉浮紧；偏于风热者，并见发热不恶寒，咽喉肿痛，尿色赤，舌质红，苔薄黄，脉浮数或滑数。

治法：宣肺清热，祛风利水。

方药：越婢加术汤加减。

药用麻黄、石膏、生姜、甘草、白术、大枣等。风寒偏盛，去石膏，加苏叶、桂枝、防风祛风散寒；若风热偏盛可加连翘、桔梗、板蓝根、鲜芦根以清热利咽，解毒散结；若咳喘较甚可加杏仁、前胡以降气定喘；如见汗出恶风，卫阳已虚，则用防己黄芪汤加减，以益气行水。

2. 湿毒浸淫

证候：头面、四肢浮肿，尿少色赤，皮肤疮疡肿痛，或恶风发热，口干口苦，舌质红，苔薄黄或黄腻，脉滑数。

治法：清热解毒，化湿消肿。

方药：麻黄连翘赤小豆汤合五味消毒饮加减。

药用麻黄、连翘、杏仁、赤小豆、大枣、桑白皮、生姜、甘草、金银花、野菊花、蒲公英、紫花地丁、紫背天葵子等。水肿重者加茯苓皮、猪苓、泽泻；皮肤糜烂者加苦参、土茯苓；皮肤瘙痒者加白鲜皮、地肤子；大便不通者加生大黄。

3. 水湿浸渍

证候：起病缓慢，病程较长。全身水肿，下肢明显，按之没指，小便短少，身体困重，胸闷，纳呆，泛恶，苔白腻，脉沉缓。

治法：健脾化湿，通阳利水。

方药：五皮饮合胃苓汤加减。

药用陈皮、茯苓皮、生姜皮、桑白皮、大腹皮、苍术、白术、官桂、泽泻、猪苓、厚朴、甘草等。若肿甚而喘可加麻黄、杏仁、葶苈子宣肺泻水而平喘。畏寒困倦，大便溏薄，可加黄芪、桂枝益气通阳，或加补骨脂、附子温肾助阳。

4. 脾肾阳虚

主证：身肿，腰以下为甚，形寒肢冷，脘腹胀闷，纳呆便溏，腰膝酸软，神疲，尿少，面色㿠白，舌质淡胖，苔白，脉沉迟或沉细无力。

治法：温肾助阳，化气行水。

方药：济生肾气丸合真武汤加减。

药用肉桂、制附子、熟地黄、山茱萸、丹皮、山药、茯苓、泽泻、牛膝、车前子、芍药、白术、生姜等。小便清长量多，去泽泻、车前子，加菟丝子、补骨脂以温固下元。复感外邪，症见发热恶寒，肿势增剧，小便短少者，先从风水论治，但应顾及正气虚衰一面，不可过用解表药，酌加党参、菟丝子等健脾温肾。

5. 瘀水互结

证候：水肿迁延不退，肿势轻重不一，四肢或全身浮肿或伴血尿，以下肢为主，皮肤瘀斑，腰部刺痛，舌紫黯，苔白，脉沉细涩。

治法：活血祛瘀，化气行水。

方药：桃红四物汤合五苓散加减。

药用桃仁、红花、生地黄、川芎、赤芍、当归、茯苓、猪苓、泽泻、白术、桂枝等。全身肿甚，气喘烦闷，小便不利，加葶苈子、川椒目、泽兰以逐瘀泻肺；如见腰膝酸软，神疲乏力，合用济生肾气丸以温补脾肾，利水肿；气虚阳微者可配黄芪、附子益气温阳以助化瘀行水之功；对于久病水肿者，虽无明显瘀阻之象，也应酌加泽兰、桃仁、红花等活血化瘀药，以助利尿消肿之功。

【转归、预防与调护】

本病大多预后良好，常可在数月内临床自愈。绝大多数患者治疗后，1～4周内尿液化验好转，血清C3在8周内恢复正常，病理检查亦大部分恢复正常或仅遗留系膜细胞增生。但少量镜下血尿及微量尿蛋白有时可迁延半年至1年才消失。心力衰竭、高血压脑病、急性肾衰竭是急性肾炎急性期主要的致死性合并症。因此，治疗过程中必须注意预防，这是提高急性肾炎治愈率的关键环节。

现代医学对急性肾炎目前尚无特异性治疗方法，基本上对症治疗，但对改善、促进病情好转，预防急性期并发症发生有重要意义。中医认为，本病初起以实证、热证居多，若治疗及时，调理合理，预后一般较好；若失治误治，调理不当，病情加重，发展成关格、癃闭等危重证，需注意分辨并积极救治。

日常应积极锻炼身体,增强体质,注意个人卫生,预防感冒及皮肤感染的发生。发生链球菌感染患者应于2~3周内常规检查尿液,以便及早发现、及早治疗。急性肾炎发病后,应注意避免使用对肾脏有毒副作用的药物。病后应注意摄生,做到坐卧起居有时,饮食有节,避免过度疲劳,尤应节制房事,这对促进病情好转康复有重要意义。

第二节 慢性肾小球肾炎

慢性肾小球肾炎(chronic glomerulonephritis),简称慢性肾炎,是由多种原因引起、病理类型多样的原发于肾小球的一组疾病。临床特点为病程长,病情缓慢发展。症状以蛋白尿、血尿、水肿、高血压和肾功能不全为特征。慢性肾炎是内科常见多发病,可发生于不同年龄,其中以青壮年多见;男女之比为2:1。本病是导致慢性肾衰竭的重要原因之一。

根据本病的临床表现,可归属于中医学"水肿"、"腰痛"、"血尿"、"虚劳"等范畴。

【病因和发病机制】

一、病因

目前大多数慢性肾炎的病因尚不清楚。急性链球菌感染后肾炎迁延不愈,病程在1年以上,可转为慢性肾炎。但大部分慢性肾炎并非由急性肾炎演变而来,目前认为慢性肾炎与其他细菌、病毒等感染也有关。

二、发病机制

可分为免疫因素和非免疫因素两类。

(一)免疫因素

(1)循环免疫复合物沉积于肾小球,激发补体,引起肾组织损伤。

(2)抗原(肾小球固有抗原或外源性种植抗原)与抗体在肾单位形成免疫复合物,激活补体,引起肾损伤。

(3)沉积于肾小球局部的细菌毒素、代谢产物等通过"旁路系统",激活补体,引起一系列的炎症反应而导致肾小球肾炎。

(二)非免疫因素

(1)肾动脉硬化,可加重肾实质缺血性损害。

(2)肾小球内血流动力学代偿性改变(高灌注、高滤过)引起肾小球硬化。

(3)高血压引起肾小球结构和功能的改变,导致及加速肾小球硬化。

(4)肾小球系膜的超负荷状态可引起系膜区(基质及细胞)增殖,终至肾小球硬化。

【病理】

慢性肾炎根据大部分肾小球的主要病变,可分为如下几型:① 系膜增生性肾炎;② 膜性肾病;③ 局灶性节段性肾小球硬化;④ 系膜毛细血管性肾小球肾炎;⑤ 增生硬化性肾小球肾炎。早期慢性肾炎的病变继续发展,导致肾组织严重破坏,形成终末性固缩肾。由于病变继续发展,肾小球毛细血管逐渐破坏,系膜基质和纤维组织增生,导致整个肾小球纤维化、玻璃样变。由于肾小球血流受阻,相应肾小管萎缩,间质炎症细胞浸润,纤维组织增生。病变较轻的肾单位发生代偿性肥大,导致肾脏体积缩小的同时,表面呈现细颗粒状,称颗粒状固缩肾。

【临床表现】

慢性肾炎可发生于任何年龄,但以青中年为主,男性多见,多数起病缓慢、隐袭。早期患者可有乏力,疲倦,腰部酸痛,纳差;水肿时有时无,可轻可重;有的患者可无明显症状,仅表现为尿液检查轻度异常,肾功能正常或轻度受损。这种情况可持续数年、甚至几十年。随着病情的发展,可见夜尿增多。多数患者有高血压,部分病者以持续中等以上程度的高血压为突出表现,这种患者常伴有眼底渗出、出血,甚至视神经盘水肿。晚期可表现为慢性肾衰竭。此外,慢性肾炎患者易有急性发作倾向,每在病情相对稳定情况下,因呼吸道感染等引起病情急骤恶化,症见水肿、高血压明显加重,蛋白尿、血尿显著增加,肾功能恶化。

【实验室及其他检查】

一、尿液检查

有不同程度的蛋白尿,一般24小时尿蛋白定量在1~3 g/d,重者亦可呈大量蛋白尿(>3.5 g/d),蛋白尿可呈选择性或非选择性。尿沉渣检查可见颗粒管型和透明管型。血尿可轻可重,甚至可完全没有。尿红细胞位相显微镜检查以畸形为主。

二、血常规检查

早期常无明显贫血,后期可出现不同程度的贫血,属正红细胞性或小红细胞性贫血,贫血程度与肾功能减退有密切关系。白细胞和血小板多正常。

三、肾功能检查

慢性肾炎的肾功能不全主要表现为肾小球滤过率(glomerular filtration rate, GFR)、内生肌酐清除率(endogenous creatinine clearance rate, Ccr)降低,血、尿 β_2 微球蛋白测定可正常或升高。当 Ccr 降至正常值的 50% 以下时,血肌酐、尿素氮可升高,继之肾小管功能也受损害,如酚红排泄试验、尿液浓缩功能减退,与此同时出现酸碱平衡、电解质紊乱。

四、B超检查

早期肾脏大小正常,晚期可出现双侧对称性缩小,皮质变薄。

【诊断与鉴别诊断】

一、诊断

慢性肾炎起病缓慢,病情迁延,临床表现时轻时重,随着病情发展,可有肾功能减退、贫血、电解质紊乱等表现,出现蛋白尿、血尿、水肿及高血压,轻重不一,有时可伴有肾病综合征或重度高血压,病程中可因呼吸道感染等原因而诱发急性发作,出现类似急性肾炎的表现。有些病例可自动缓解,有些病例出现病情加重。需排除其他继发性慢性肾小球疾病。

二、鉴别诊断

1. **继发性肾小球疾病** 狼疮性肾炎、紫癜性肾炎、糖尿病肾病等继发性肾病均可表现为水肿、蛋白尿等症状,与慢性肾炎表现类似。但继发性肾病一般具有原发病的各自临床特征及实验室检查,如狼疮性肾炎多见于女性,常有发热、关节痛、皮疹、抗核抗体阳性、血清补体水平下降等;紫癜性肾炎常有皮肤紫癜、关节痛、腰痛等症状;糖尿病肾病则有长期糖尿病病史,血糖升高,肾脏活检有助于鉴别。

2. **感染后急性肾炎** 有前驱感染并以急性发作起病的慢性肾炎需与此病相鉴别。两者的潜伏期不同,血清 C3 的动态变化有助鉴别;此外,疾病的转归不同,慢性肾炎无自愈倾向,呈慢性进展。

3. **原发性高血压肾损害** 原发性高血压继发肾损害者,通常高血压病史较长,患者年龄较大,肾损伤发生较晚,尿蛋白不多,罕见有持续性血尿和红细胞管型,肾小管功能损害早于肾小球。慢性肾炎多见于青壮年,先有蛋白尿、水肿,后见高血压,常伴有血尿。肾穿刺活检有助于鉴别。

4. **慢性肾盂肾炎** 慢性肾盂肾炎晚期,可见较大量尿蛋白、水肿及高血压,有时与慢性肾炎难以鉴别,但慢性肾盂肾炎患者女性较多,有反复尿路感染病史,肾功能损害多以肾小管为主,尿细菌学检查、尿沉渣、B 超及静脉肾盂造影有助于诊断。

【中医病因病机】

本病发病多与下列因素有关。

1. **脾肾亏虚** 患者禀赋薄弱,体衰多病,脾肾亏虚;或先天不足,肾元亏虚;或生育不节,房劳伤肾;或劳倦过度、饮食不节,损伤脾肾。肾虚不能化气行水,脾虚不能运化水湿,皆可导致水液代谢受阻,水湿泛溢,而成本病。

2. **风邪外袭** 风邪外袭,内舍于肺,肺失通调肃降,风遏水阻,风水相搏,泛溢肌肤,诱发本病或使本病加重。

3. **湿热内盛** 水湿郁久化热,或外感湿热,或痈疡疮毒,未能消解消透,疮毒内归肺脾,致肺脾气化失调,水液代谢受阻,水湿泛溢,发为本病或致本病病情加重,迁延不愈。

4. **瘀血内阻** 脾肾气虚,血行无力,或湿热伤络、阻滞气机,或水肿日久不愈,久病入络,瘀血内阻肾络,肾气化功能进一步失调,使本病病情进一步加重。

本病病因主要与虚、风、湿热、瘀有关,虚以脾肾虚亏为重,为本病发病的主要内因;实邪中,风、湿热是诱发本病或使本病加重,迁延不愈的常见因素,而瘀血则为本病病情加重、发展的主要原因。本病病机以脾肾虚亏为关键。本病为本虚标实之证,临床以虚实错杂证多见。

【中医诊断及病证鉴别】

根据主症、病情轻重及病情发展的不同阶段,归属于中医学"水肿"、"腰痛"、"血尿"、"虚劳"等范畴。临床表现为头面或肢体浮肿,神疲乏力,腰脊酸痛,尿浊,血尿等。本病临床以虚实错杂证多见,临床应以辨虚实、分缓急、辨危重为要点。依据临床主症的不同按"水肿"、"虚劳"、"腰痛"、"尿血"等辨病辨证论治。

病证鉴别

1. 心病水肿　慢性肾炎水肿与心病水肿临床均可表现从下肢足跗开始,继则遍及全身。心病水肿病位在心,有心脏病史,常伴有心悸,胸闷气促,面青唇紫,脉结代等症;慢性肾炎水肿病位在肾,多有慢性肾炎病史,尿液检查有蛋白尿、血尿,或有肾功能减退等特点。

2. 石淋　慢性肾炎与石淋临床均可出现腰痛、血尿等共同证候。石淋的腰痛在发作阶段较剧,常呈腰腹绞痛难忍,且多伴有小便艰涩,或尿中夹砂石,或排尿突然中断,或尿道窘迫疼痛特点,尿血常在腰腹剧痛后发生,尿液检查红细胞形态正常,常伴有白细胞。慢性肾炎腰痛以酸痛为主,常在劳累后加重,休息后可减轻或缓解。尿血以镜下血尿多见,尿液检查红细胞以畸形为主,且伴有蛋白尿为特点。

【治疗】

一、治疗思路

西医学目前对本病尚无特效药物治疗,治疗措施主要包括饮食控制、利尿、降压等对症处理。中医认为,本病病因主要与脾肾亏虚、风邪、湿热、瘀血等有关。其中脾肾亏虚为本病发病的主要内因,而风邪、湿热、瘀血则为诱发本病或使本病病情加重、迁延不愈的常见外因。中医治疗以扶正祛邪为治疗大法,扶正以脾肾为关键,重在益气养阴;祛邪则注重清解湿热、活血化瘀。此外,还应该注意预防外感,慎防药毒伤肾。

二、西医治疗

（一）一般治疗

对有水肿、大量蛋白尿、血尿、高血压、肾功能受损者,应强调适当的休息。水肿、高血压及肾功能不全者,应限制食盐和液体入量。肾功能不全患者应根据肾功能减退程度控制蛋白入量(每日 0.6~1.0 g/kg),并以优质蛋白为主,同时控制磷的摄入,适当增加碳水化合物的摄入以满足机体基本能量需要,防止负氮平衡。

（二）药物治疗

1. 利尿　有水肿的慢性肾炎患者,可应用利尿剂以减轻症状。常用利尿药可选用双氢克尿噻、螺内酯、呋塞米等。

2. 降压　高血压是导致慢性肾炎肾小球进行性损伤的重要因素,故对慢性肾炎患者应积极控制血压,防止肾功能恶化。高血压的治疗目标:力争把血压控制在理想水平,尿蛋白≥1 g/d,血压应控制在 125/75 mmHg 以下;尿蛋白 <1 g/d,血压控制可放宽到 130/80 mmHg 以下。尿蛋白的治疗目标则为争取减少至 <1 g/d。降压药多选用 ACEI,或钙通道阻滞药,其他降压药如 β 受体阻滞剂、α 受体阻滞剂、血管扩张剂,亦可选用联合降压。

3. 抗凝和血小板解聚药　慢性肾炎出现高凝状态时,可应用抗凝及血小板解聚药,如大剂量双嘧达莫(300~400 mg/d)、小剂量阿司匹林(40~300 mg/d)有抗血小板聚集作用,以往有报道服用此类药物能延缓肾功能衰退,但近年来多数循证医学的研究结果并未证实其确切疗效,目前结果显示对系膜毛细血管性肾炎有一定降尿蛋白作用。

4. 激素和细胞毒素药物的应用　目前,国内外对慢性肾炎是否应用激素和(或)细胞毒素药物尚无统一看法,一般不主张使用。但若患者肾功能正常,肾脏体积正常,尿蛋白 >2.0 g/24 h,如无禁忌证可试用激素、细胞毒素药物,无效者逐步撤减。

5. 防止引起肾损害的其他因素　预防上呼吸道及其他部位的感染,以免加重甚至引起肾功能急骤恶化;避免应用肾毒性和易诱发肾功能损害的药物,如庆大霉素、磺胺药及非甾体消炎药等。

三、中医治疗

辨证论治

1. 肺肾气虚

证候:面色萎黄,浮肿,少气乏力,易感冒,腰脊酸痛,舌淡、有齿印,苔白润,脉细弱。

治法:补益肺肾。

方药:补肺汤合济生肾气丸加减。

药用人参、黄芪、熟地、五味子、紫菀、桑白皮、山茱萸、丹皮、山药、茯苓、泽泻、肉桂、制附子、牛膝、车前子等。水肿者加重猪苓、泽泻或合五苓散;尿蛋白者加芡实、金樱子;尿中红细胞多者加白茅根、小蓟、旱莲草。

2. 脾肾阳虚

证候:全身浮肿,面色㿠白,畏寒肢冷,腰脊酸痛,纳少便溏,神疲乏力,性功能减退,或月经失调,舌淡胖、有齿印,苔白,脉沉细或沉迟无力。

治法:温补脾肾。

方药:实脾饮合真武汤加减。

药用炮附子、茯苓、白术、干姜、生姜、大枣、甘草、木瓜、草果、厚朴、木香、槟榔、芍药等。脾虚重者加黄芪、党参健脾益气;伴胸水而咳逆上气,不能平卧者,合用葶苈大枣泻肺汤;水肿严重者合用五皮散。

3. 肝肾阴虚

证候:头晕耳鸣,视物模糊或目睛干涩,五心烦热或手足心热,口干咽燥,腰脊酸痛,或梦遗,或月经不调,舌质红,苔少,脉细数或弦细。

治法:滋养肝肾。

方药:杞菊地黄丸加减。

药用枸杞、菊花、熟地黄、山茱萸、丹皮、山药、茯苓、泽泻等。虚热重者加知母、黄柏;伴血尿者加女贞子、旱莲草、白茅根、小蓟;大便干结者加生大黄。

4. 水湿停聚

证候:颜面或肢体浮肿,口中黏腻,纳呆,身重困倦,恶心或呕吐,苔腻,脉细或沉细。

治法:健脾化湿,利湿消肿。

方药:胃苓汤加减。

药用苍术、陈皮、厚朴、泽泻、猪苓、茯苓、白术、肉桂、生姜、大枣、甘草等。呕吐者加法夏、竹茹、砂仁;湿浊重,血肌酐尿素氮高者,加大黄、积雪草、川草薢。

5. 湿热内蕴

证候:皮肤疖肿、疮疡,咽喉肿痛,胸闷纳呆,口苦口黏,或口干不欲饮,小便黄赤,苔黄腻,脉濡数或滑数。

治法:清利湿热。

方药:黄连温胆汤加减。

药用黄连、竹茹、枳实、半夏、陈皮、茯苓、甘草、生姜、大枣等。热邪偏盛者加黄芩、山栀子;皮肤疮疡者,改用五味消毒饮;咽喉肿痛者加板蓝根、牛蒡子、桔梗;小便黄赤者加滑石、车前草。

6. 肾络瘀阻

证候:面色黧黑或晦暗,腰痛固定或刺痛,肌肤甲错或肢体麻木,舌质紫黯或有瘀点、瘀斑,脉细涩。

治法:活血化瘀。

方药:血府逐瘀汤加减。

药用桃仁、红花、当归、生地、赤芍、枳壳、柴胡、甘草、桔梗、川芎、牛膝等。内热甚者加银花藤、丹皮;伤阴者加旱莲草、生地;水肿者加猪苓、益母草;尿血者加蒲黄、白茅根。

【转归、预防与调护】

慢性肾炎病程较长,一般以首次发现尿异常到发展至慢性肾衰竭,可历时几十年。本病的预后与病理类型有密切关系。一般来说,高血压型预后较差,肾功能常迅速恶化;普通型及急性发作型预后相对较好,但如无有效的治疗,最终都将发生肾衰竭。高血压伴肾功能不全者,预后较差。中医学认为本病初为脾肾不足,日久脾肾由虚入损,最后可导致脾肾衰败,湿浊壅塞三焦,发展成关格、癃闭、虚劳等危急证而殃及生命。

应积极治疗急性肾炎,避免因不彻底治疗而转变为慢性肾炎。避免受凉、受湿、劳累,防止外邪侵袭,以免诱发慢性肾炎的发生或加重。积极治疗感染,如上呼吸道感染、皮肤疖肿、尿路感染等,以免加重慢性肾炎病情。避免应用对肾脏有损害的中西药,如氨基糖苷类抗生素、磺胺类药、非类固醇类消炎药、含马兜铃酸的中草药等。有水肿、大量蛋白尿、尿血、血压升高者,应适当休息,直至症状缓解;病情缓解稳定阶段,可适当增加活动,锻炼身体,增强体质。慢性肾炎无明显水肿、高血压及肾功能不全患者,宜低盐饮食,水、蛋白质的供给不必严格限制。水肿明显、高血压及肾衰竭者,应控制食盐和饮水量;肾衰竭患者,蛋白质摄入量应控制,不宜过高,并以优质蛋白为主,同时忌食辛热肥甘厚味之品。

(王淑美)

第三十三章 肾病综合征

肾病综合征(nephrotic syndrome，NS)是多种肾小球疾病引起的一组临床症候群，其临床特征为：① 大量蛋白尿(≥3.5 g/d)；② 低白蛋白血症(≤30 g/L)；③ 水肿；④ 高脂血症。其中"大量蛋白尿"和"低白蛋白血症"为诊断必备条件。

本病与中医学中的"肾水"相似，可归属于中医学"水肿"、"腰痛"、"虚劳"等范畴。

【病因】

NS 可分为原发性和继发性两大类，可由多种病理类型的肾小球疾病所引起。原发性 NS 的诊断主要依靠排除继发性 NS，引起原发性 NS 的病理类型以微小病变型肾病、系膜增生性肾小球肾炎、系膜毛细血管性肾小球肾炎、膜性肾病及局灶节段性肾小球硬化 5 种临床病理类型最为常见。继发性 NS 的病因很多，常见有糖尿病肾病、过敏性紫癜性肾炎、乙肝相关性肾炎、系统性红斑狼疮肾炎、肾淀粉样变性、新生物(实体瘤、白血病及淋巴瘤)、药物及感染等。

【病理生理】

一、大量蛋白尿

NS 时蛋白尿产生的基本原因是电荷屏障和分子选择屏障破坏，特别是电荷屏障受损时，致使原尿中蛋白含量增多，当其远超过近曲小管回吸收量时，形成大量蛋白尿，在此基础上，凡增加肾小球内压力及导致高灌注、高滤过的因素(如高血压、高蛋白饮食或大量输注血浆蛋白)均可加重尿蛋白的排出。

二、低蛋白血症

NS 时大量白蛋白从尿中丢失，促进白蛋白肝脏代偿性合成增加，同时由于近端肾小管摄取滤过蛋白增多，也使肾小管分解蛋白增加。当肝脏白蛋白合成增加不足以克服丢失和分解时，则出现低蛋白血症。此外，NS 患者因胃肠道黏膜水肿导致蛋白质摄入不足及吸收能力下降，也是加重低蛋白血症的原因。

除血浆白蛋白减少外，血浆的某些免疫球蛋白(如 IgG)和补体成分、抗凝及纤溶因子、金属结合蛋白及内分泌素结合蛋白也可减少，尤其是肾小球病理损伤严重，大量蛋白尿，和非选择性蛋白尿时更为显著。患者易产生感染、高凝、微量元素缺乏、内分泌紊乱和免疫功能低下等并发症。

三、水肿

NS 时低蛋白血症及胶体渗透压降低，血管内的水分和电解质进入组织间隙，是水肿形成的基本原因。部分患者因有效血容量减少，刺激肾素-血管紧张素-醛固酮活性增加和抗利尿激素分泌增加，可进一步加重水钠潴留，加重水肿。近年的研究表明，约50%患者血容量正常或增加，血浆肾素水平正常或下降，提示某些原发于肾内钠、水潴留因素在 NS 水肿发生机制中起一定作用。

四、高脂血症

血浆胆固醇、三酰甘油、低和极低密度脂蛋白浓度增加，常与低蛋白血症并存。其发生机制与肝脏合成脂蛋白增加及脂蛋白分解和利用减少有关。目前认为后者可能是高脂血症更为重要的原因。

【病理类型及临床特征】

引起原发性 NS 的病理类型有以下 5 种，其病理及临床特征如下。

一、微小病变型肾病

光镜下观察肾小球基本正常，可见近曲小管上皮细胞脂肪变性。免疫病理检查阴性。电镜下有广泛的肾小球脏层上皮细胞足突融合,这也是本病病理类型的特征性改变和主要的诊断依据。

微小病变型肾病占儿童原发性 NS 的 80%~90%,占成人原发性 NS 的 20%~25%。本病男性多于女性,儿童高发,成人发病率降低,但 60 岁后发病率又呈现一小高峰。典型的临床表现为 NS,仅 15% 左右患者伴有镜下血尿,一般无持续性高血压及肾功能减退。可因严重水钠潴留导致一过性高血压和肾功能损害。30%~40% 病例可能在发病后数月内自发缓解,90% 病例对激素治疗敏感,可达临床完全缓解,但本病复发率高达 60%,若反复发作或长期大量蛋白尿未得到控制,本病可能转变为系膜增生性肾小球肾炎,进而转变为局灶性节段性肾小球硬化。一般认为,成人的治疗缓解率和缓解后复发率均较儿童低。

二、系膜增生性肾小球肾炎

光镜下可见弥漫性肾小球系膜细胞及系膜基质增生,为本病的特征性改变。早期以系膜细胞增生为主,后期系膜基质增多。根据系膜增生的程度不同可分为轻、中、重度 3 种。据其免疫病理检查又可将本组疾病分为 IgA 肾病和非 IgA 系膜增生性肾小球肾炎。在系膜区前者以 IgA 沉积为主,后者以 IgG(我国多见)或 IgM 沉积为主,均常伴有 C3 呈颗粒状沉积于系膜区,有时也同时沉积于肾小球毛细血管壁。电镜下系膜区可见电子致密物。

该病理类型在我国发病率很高,在原发性 NS 中约占 30%。其中男性多于女性,好发于青少年。约 50% 患者有前驱感染,可于上呼吸道感染后急性起病,甚至表现为急性肾炎综合征,部分患者为隐匿起病。非 IgA 系膜增生性肾小球肾炎者约 50% 患者表现为 NS,约 70% 患者伴有血尿;而 IgA 肾病者几乎均有血尿,约 15% 出现 NS。随肾脏病变程度由轻至重,肾功能不全及高血压的发生率逐渐增加。本组疾病呈 NS 者,对糖皮质激素及细胞毒药物的治疗反应与其病理改变轻重相关,轻者疗效好,重者疗效差。

三、系膜毛细血管性肾小球肾炎

光镜下可见肾小球系膜细胞和系膜基质弥漫重度增生,插入到肾小球基底膜和内皮细胞之间,使毛细血管襻呈现"双轨征"。免疫病理检查可见 IgG 和 C3 呈颗粒状沉积于系膜区及毛细血管壁。电镜下系膜区和内皮下可见电子致密物沉积。

该病理类型占我国原发性 NS 的 10%~20%。男性多于女性,好发于青少年。50%~60% 的患者表现为 NS,几乎所有患者均伴有血尿,少数可见发作性肉眼血尿;25%~30% 的患者常在上呼吸道感染后,表现为急性肾炎综合征;其余少数患者表现为无症状性血尿和蛋白尿。50%~70% 的病例的血清 C3 持续降低,对提示本病有重要意义。肾功能损害、高血压及贫血出现早,病情多持续进展。本病所致 NS 治疗困难,糖皮质激素及细胞毒药物治疗可能仅对部分儿童病例有效,成人疗效差。病变进展较快,发病 10 年后约有 50% 的病例将进展至慢性肾衰竭。

四、膜性肾病

以肾小球基底膜上皮细胞下弥漫免疫复合物沉积伴基底膜弥漫性增厚为特点。光镜下早期基底膜无增厚,仅嗜复红小颗粒有规则地排列在基底膜上皮侧(Masson 染色);进而基底膜逐渐增厚,可见到钉突形成(嗜银染色)。免疫病理显示 IgG 和 C3 呈颗粒状沿肾小球毛细血管壁沉积。电镜下早期可见基底膜上皮侧有排列整齐的电子致密物,常伴有广泛的足突融合。

本病病理类型占我国原发性 NS 的 10%~20%。男性多于女性,好发于中老年。起病隐匿,约 80% 表现为 NS,约 30% 可伴有镜下血尿,一般无肉眼血尿。常在发病 5~10 年后逐渐出现肾功能损害。本病极易发生血栓栓塞并发症,肾静脉血栓发生率可高达 40%~50%。有 20%~35% 患者的临床表现可自发缓解。60%~70% 的早期膜性肾病患者(尚未出现钉突)经糖皮质激素和细胞毒药物治疗后可达临床缓解。但随疾病逐渐进展,病理变化加重,治疗疗效则较差。

五、局灶性节段性肾小球硬化 (focal segmental glomerulosclerosis, FSGS)

光镜下可见病变呈局灶、节段性分布,主要表现为部分肾小球及肾小球毛细血管襻部分小叶硬化(系膜基质增多、毛细血管闭塞、球囊粘连等),相应的肾小管萎缩,肾间质纤维化。免疫病理显示 IgM 和 C3 在局灶硬化损害处呈不规则、团块状、结节状沉积。电镜下可见肾小球上皮细胞足突广泛融合、足突与基底膜分离及裸露的基底膜节段。根据硬化部位及细胞增殖的特点,FSGS 可分为 5 种亚型:经典型、塌陷型、顶端型、细胞型、非特殊型,其中非特殊型最为常见,约占半数以上。

本病病理类型占我国原发性 NS 的 5%~10%。好发于青少年男性。多为隐匿起病,部分病例可由微小病变型肾病转变而来。大量蛋白尿、低蛋白血症、水肿、高脂血症为其主要临床特点,血尿发生率高,部分可见肉眼血尿。本病确诊时患者约半数有高血压和约 30% 有肾功能减退。多数顶端型 FSGS 糖皮质激素治疗有效,预后良好。塌陷型治疗反应差,进展快,多于2年内进入终末期肾衰竭。其余各型的预后介于两者之间。过去认为FSGS对糖皮质激素治疗效果很差,近年的研究表明50%患者治疗有效,只是起效较慢,平均缓解期为4个月。NS能否缓解与预后密切相关,缓解者预后好,不缓解者6~10年超过半数患者进入终末期肾衰竭。

【临床表现】

原发性NS常无明显病史,部分患者有上呼吸道感染等病史;继发性NS常有明显的原发病史。临床常见"三高一低"经典的NS症状,但也有非经典的NS患者,仅有大量蛋白尿,低蛋白血症,而无明显水肿,常伴高血压。此类患者病情较重,预后较差。

一、主要症状

水肿,纳差,乏力,腰痛,肢节酸重,甚至胸闷气喘、腹胀膨隆等。

二、体征

1. 水肿　水肿常渐起,最初多见于踝部,呈凹陷性,晨起时眼睑、面部可见水肿。随着病情的发展,水肿发展至全身,可出现胸腔、腹腔、阴囊甚至心包腔的大量积液。

2. 高血压　成人NS患者20%~40%有高血压,水肿明显者约半数有高血压。部分患者为容量依赖型,随水肿消退而血压恢复正常,肾素依赖型高血压主要与肾脏基础病变有关。

3. 低蛋白血症　与营养不良长期持续性大量蛋白尿导致血浆蛋白降低,白蛋白下降尤为明显。患者出现毛发稀疏干枯、皮肤苍白、肌肉萎缩等营养不良表现。

三、并发症

1. 感染　感染是NS的常见并发症,与蛋白质营养不良、免疫功能紊乱及应用糖皮质激素治疗有关。常见感染部位的顺序为呼吸道、泌尿道、皮肤。

2. 血栓、栓塞性并发症　与血液浓缩(有效血容量减少)、高黏状态、抗凝和纤溶系统失衡,以及血小板功能亢进、应用利尿剂和糖皮质激素等有关。其中以肾静脉血栓最为常见。此外,肺血管血栓、栓塞,下肢静脉、下腔静脉、冠状血管血栓和脑血管血栓也不少见。

3. 急性肾衰竭　有效血容量不足而致肾血流量下降,诱发肾前性氮质血症,经扩容、利尿后可得到恢复。少数病例可出现急性肾衰竭,尤以微小病变型肾病者居多,发生多无明显诱因,表现为少尿甚或无尿,扩容利尿无效。

4. 蛋白质及脂肪代谢紊乱　长期低蛋白血症可以导致严重的负氮平衡和蛋白质-热量营养不良,主要表现在肌肉萎缩、儿童生长发育障碍;免疫球蛋白减少造成机体免疫力下降、易致感染;药物结合蛋白减少可影响某些药物的药代动力学,影响药物疗效。高脂血症增加血液黏稠度,可促进血栓、栓塞并发症的发生,还将增加心血管系统并发症,并可促进肾小球硬化和肾小管-间质病变的发生。

【实验室及其他检查】

以尿蛋白增加为主,尿蛋白定性多呈(+++)~(++++),定量>3.5 g/24 h。血清蛋白测定呈现低白蛋白血症(≤30 g/L)。血清胆固醇、三酰甘油、低和极低密度脂蛋白浓度增加,高密度脂蛋白可以增加、正常或减少。肾功能多数正常(肾前性氮质血症者例外)或肾小球滤过功能减退。肾脏B超、双肾SPECT有助于本病的诊断。肾活检是确定肾组织病理类型的唯一手段,可为治疗方案的选择和预后估计提供可靠的依据。

【诊断与鉴别诊断】

一、诊断

凡大量蛋白尿(>3.5 g/d)、低蛋白血症(血浆白蛋白≤30 g/L)、明显水肿和高脂血症者可诊断为肾病综合征,其中前2项为诊断所必需,同时必须首先除外继发性病因和遗传性疾病才能诊断为原发性NS,最好能进行肾活检作出病理诊断,另外还要判定有无并发症。

二、鉴别诊断

临床上确诊原发性NS之前,需与以下常见的继发性NS鉴别。

1. 系统性红斑狼疮性肾炎　好发于青、中年女性,临床表现为多系统损害,伴有发热、皮疹及关节痛,尤其是面部蝶形红斑最具诊断价值。免疫学检查可检测出多种自身抗体。

2. 过敏性紫癜性肾炎　好发于青少年,有典型的皮肤紫癜,可伴有关节痛、腹痛及黑便,多在皮疹出现后1~4周左右出现血尿和（或）蛋白尿。

3. 糖尿病肾病　多发生于糖尿病10年以上的患者，早期可发现尿微量白蛋白排出增加，以后逐渐发展成大量蛋白尿、NS，并较快进展为慢性肾衰竭。眼底检查可见微动脉瘤。

4. 肾淀粉样变性　好发于中老年，肾淀粉样变性是全身多器官受累的一部分，肾受累时体积增大，常呈NS，需肾活检确诊。

5. 乙型肝炎病毒相关性肾炎　多见于儿童及青少年，以蛋白尿或NS为主要临床表现，常见的病理类型为膜性肾病，其次为系膜毛细血管性肾小球肾炎等。应有乙型肝炎病毒抗原阳性，肾活检证实乙型肝炎病毒或其抗原沉积才能确诊。

【中医病因病机】

本病发病多与下列因素有关。

1. 风邪袭表　风寒或风热之邪外袭肌表，内舍于肺，肺失通调，风遏水阻，风水相搏，以致水液不能正常敷布，小便不利，水液溢于肌肤，发为水肿。

2. 疮毒浸淫　咽喉肿烂，或身患疮痍，未能清解消透，热毒内攻脾肺，脾失转输，肺失通调，三焦水道失畅，水液溢于肌肤，而成本病。

3. 水湿浸渍　久居湿地或冒雨涉水等致湿邪内侵，脾受湿困，不能制水，水液泛于肌肤而成本病。或长期居处寒湿，伤及元阳，以致肾失开合，气化失常，水湿停聚，而成本病。

4. 饮食不节　过食肥甘，嗜食辛辣，久则湿热中阻，损伤脾胃；或因生活饥馑，营养不足，脾气失养，以致脾运不健，脾失转输，水湿壅滞，发为水肿。

5. 禀赋不足，劳倦内伤　先天禀赋不足，肾气亏虚，气化失常，水泛肌肤，发为水肿。或因劳倦久病，脾肾亏虚，津液转输及气化失常，发为水肿。

6. 瘀血阻滞　久病入络，瘀血内阻，导致水气停滞发为本病。此外，水肿日久，壅阻经隧，水停瘀阻，瘀水互结，而致水肿迁延难愈。

本病基本病机为肺失通调，脾失转输，肾失开阖，三焦气化不利。其病位在肺、脾、肾，而关键在肾。病理因素为风邪、水湿、疮毒、湿热、瘀血。肺主一身之气，有主治节、通调水道、下输膀胱的作用。风邪犯肺，肺气失于宣畅，不能通调水道，风水相搏，发为水肿。脾主运化，有布散水精的功能。外感水湿，脾阳被困，或饮食劳倦等损及脾气，造成脾失转输，水湿内停，乃成水肿。肾主水，水液的输布有赖于肾阳的蒸化、开阖作用。久病劳欲，损及肾脏，则肾失蒸化，开阖不利，水液泛滥肌肤，则为水肿。

由于致病因素及体质的差异，水肿的病理性质有阴水、阳水之分，并可相互转化或夹杂。阳水属实，多由外感风邪、疮毒、水湿、湿热而成，病位在肺、脾。阴水属虚或虚实夹杂，多由饮食劳倦、禀赋不足、久病体虚所致，病位在脾、肾。阳水迁延不愈，反复发作，正气渐衰，脾肾阳虚，或因失治、误治，损伤脾肾，阳水可转为阴水。反之，阴水复感外邪，或饮食不节，使肿势加剧，呈现阳水的证候，而成本虚标实之证。

【中医诊断及病证鉴别】

一、诊断

（1）水肿先从眼睑或下肢开始，继及四肢全身。轻者仅眼睑或足胫浮肿；重者全身皆肿，甚则腹大胀满，气喘不能平卧；更严重者可见尿闭或尿少，恶心呕吐，口有秽味，鼻衄牙宣，头痛，抽搐，神昏谵语等危象。

（2）可有乳蛾、心悸、疮毒、紫癜以及久病体虚病史。

二、病证鉴别

1. 水肿与鼓胀　鼓胀是指肝、脾、肾三脏功能失调，气、血、水结于腹内，以腹部胀大，面色苍黄，腹皮青筋显露为主要特征，肢体一般不肿，严重时可见四肢尽肿。而水肿是肺、脾、肾三脏功能失常，三焦气化不利，导致水液泛溢肌肤，以头面或下肢先肿，继而全身，腹壁无脉络显露。

2. 阳水与阴水　水肿可分为阳水、阴水。阳水多因风邪、疮毒、水湿所致，发病较急，每成于数日之间，肿多由面目开始，自上而下，继及全身，肿处皮肤绷急光亮，按之凹陷即起，兼有寒热等表证，属表证、属实证，一般病程较短。阴水病因多为饮食劳倦、先天或后天因素所致，发病缓慢，或反复发作，或由阳水转化而来，肿多由足踝开始，自下而上，继及全身，肿处皮肤松弛，按之凹陷不易恢复，甚则按之如泥，属里、属虚或虚实夹杂，病程较长。

【治疗】

一、治疗思路

原发性 NS 的治疗原则主要有：① 根据不同病理类型及病变程度制订治疗方案；② NS 的治疗目前仍以糖皮质激素或糖皮质激素加细胞毒类药物为主线，原则上应在增强疗效的同时最大限度地减少副作用；③ NS 治疗不仅要减轻、消除患者的临床症状，并要努力防治和减少感染、血栓栓塞、蛋白质及脂肪代谢紊乱等严重并发症；④ 努力保护肾功能，防治或延缓肾功能恶化是 NS 治疗的重要目标。

NS 水肿的治疗以发汗、利尿、泻下逐水为基本原则，阳水者，予发汗、利水或攻逐，同时配合清热解毒、理气化湿等法；阴水者，健脾温肾，同时配以利水、养阴、活血、祛瘀等法；对于虚实夹杂者，则当兼顾，攻补兼施。中西医结合治疗 NS 有一定的优势，单纯中药治疗 NS 疗效出现较缓慢，糖皮质激素、细胞毒药物副作用较大，一般主张中药分阶段辨证治疗与糖皮质激素、细胞毒药物联合应用，可减轻糖皮质激素、细胞毒药物的副作用，保证糖皮质激素、细胞毒药物的治疗疗程完成；在糖皮质激素撤减阶段，或使用糖皮质激素后仍然反复发作，或糖皮质激素无效、激素依赖的患者，或不符合糖皮质激素及细胞毒类应用指征者，中药的治疗应作为主要治疗手段。中药在治疗顽固性蛋白尿、降低 NS 复发率、延缓肾脏进展等方面具有较为肯定的作用。最好能根据病理类型指导中西药物的使用。

二、西医治疗

（一）一般治疗

患者应以卧床休息为主，水肿消失、一般情况好转后，可下床活动。应给予正常量 $0.8\sim1.0\ g/(kg\cdot d)$ 的优质蛋白（富含必需氨基酸的动物蛋白）饮食，保证充分热量，宜少进富含饱和脂肪酸（动物油脂）的饮食，多食富含多聚不饱和脂肪酸（如植物油、鱼油）及富含可溶性纤维（如燕麦、米糠及豆类）的饮食；水肿时应限制水、盐摄入，盐摄入 $<3\ g/d$。

（二）对症治疗

1. 利尿消肿　对 NS 患者利尿治疗的原则是不宜过快、过猛，以免造成有效血容量不足，加重血液高黏倾向，诱发血栓、栓塞并发症。常用药物有：① 噻嗪类利尿剂，常用氢氯噻嗪，长期服用应防止低钾、低钠血症；② 潴钾利尿剂，可与噻嗪类利尿剂合用，常用氨苯蝶啶或醛固酮拮抗剂螺内酯，长期服用需防止高钾血症，肾功能不全者慎用；③ 襻利尿剂，常用呋塞米或布美他尼，分次口服或静脉注射，谨防低钠血症及低钾、低氯血症性碱中毒的发生；④ 渗透性利尿剂，常应用不含钠的右旋糖酐40（低分子右旋糖酐）或羟乙基淀粉40氯化钠注射液静脉滴注；⑤ 提高血浆胶体渗透压，采用血浆或血浆白蛋白等静脉输注。

2. 减少尿蛋白　ACEI（如贝那普利、福辛普利）、ARB（如氯沙坦、厄贝沙坦）等，均可通过其有效的控制高血压而显示出不同程度地减少尿蛋白的作用。此外，ACEI、ARB 可有不依赖于降低全身血压的减少尿蛋白作用。

（三）主要治疗

抑制免疫与炎症反应

1. 糖皮质激素　可能是通过抑制炎症反应、抑制免疫反应、抑制醛固酮和抗利尿激素分泌，影响肾小球基底膜通透性等综合作用而发挥其利尿、消除尿蛋白的疗效。使用原则和方案：① 起始足量：常用药物为泼尼松 $1\ mg/(kg\cdot d)$，口服8周，必要时可延长至12周；② 缓慢减药：足量治疗后每 $2\sim3$ 周减原用量的10%，当减至 20 mg/d 左右时症状易反复，应更加缓慢减量；③ 长期维持：最后以最小有效剂量（10 mg/d）作为维持量，再服半年至1年或更长。激素可采取全日量顿服或在维持用药期间2日量隔日1次顿服，以减轻激素的副作用。长期应用需加强监测，防止并及时处理感染、药物性糖尿病、骨质疏松等不良反应，少数病例发生股骨头无菌性缺血性坏死。

2. 细胞毒药物　此类药物可用于"激素依赖型"或"激素抵抗型"的患者，协同激素治疗。若无激素禁忌，一般不作为首选或单独治疗用药。临床常用细胞毒药物：① 环磷酰胺，应用剂量为每日每公斤体重2 mg，分 $1\sim2$ 次口服；或 200 mg 加入生理盐水 20 ml 内，隔日静脉注射，累计达 $6\sim8$ g 后停药；② 氮芥，为最早用于治疗 NS 的药物，治疗效果较佳，因可引起注射部位血管炎或局部组织坏死及严重的胃肠道反应和甚强的骨髓抑制作用，目前临床上较少应用。

3. 环孢素　能选择性抑制 T 辅助细胞及 T 细胞毒效应细胞，因有肝、肾毒性，并可致高血压、高尿酸血症、多毛及牙龈增生等不良反应和停药后易复发等，限制其临床广泛使用，作为二线药物用于治疗糖皮质激素及细胞毒药物无效的难治性 NS。常用量为每日每公斤体重 $3\sim5$ mg，分2次口服，服药期间需监测并维持其血药浓度值为 $100\sim200$ ng/ml，服药 $2\sim3$ 个月后缓慢减量，共服半年左右。

4. 吗替麦考酚酯　能选择性抑制 T、B 淋巴细胞增殖及抗体形成达到治疗目的，已广泛用于肾移植后排异反应，不良反应相对小，近年一些报道表明对部分难治性 NS 有效。常用量 $1.5\sim2$ g/d，分 $1\sim2$ 次口服，共用 $3\sim6$ 个月，减量维持半年。已有导致严重贫血和伴肾功能损伤者应用后出现严重感染的个案报道,应引起足够重视。

应用激素及细胞毒药物治疗 NS 可有多种方案,应以增强疗效的同时最大限度地减少副作用为宜,综合考虑患者的年龄、肾小球病病理类型、肾功能损害和有否相对禁忌证等情况区别对待,制订个体化治疗方案。

三、中医治疗

辨证论治

1. 风水相搏

证候:初起眼睑浮肿,继则四肢及全身皆肿,来势迅速,多伴发热,肢节酸楚,小便不利等症。偏于风热者,伴咽喉红肿疼痛,舌质红,脉浮滑数;偏于风寒者,兼恶寒、咳喘,舌苔薄白,脉浮滑或浮紧。

治法:疏风解表,宣肺利水。

方药:越婢加术汤加减。

药用麻黄、石膏、白术、甘草等。偏于风热者加板蓝根、桔梗、银花、连翘以疏解风热;偏于风寒者,去石膏,加苏叶、桂枝、防风,以助麻黄辛温解表;水肿重者加浮萍、茯苓、冬瓜皮,以助宣肺利水消肿;若咳喘较甚,可加杏仁、前胡,以降气定喘;若表证已解,身重而水肿不退者,可按水湿浸渍证论治。

2. 湿毒浸淫

证候:身发疮痍,或咽喉肿痛溃烂,眼睑浮肿,延及全身,皮肤光亮,恶风发热,小便不利,舌质红,苔薄黄,脉浮数或滑数。

治法:宣肺解毒,利湿消肿。

方药:麻黄连翘赤小豆汤合五味消毒饮加减。

药用麻黄、杏仁、生梓白皮、连翘、赤小豆、银花、野菊花、公英、紫花地丁、紫背天葵等。脓肿毒甚者,当重用清热解毒药,如蒲公英、紫花地丁;湿盛者加苦参、土茯苓;瘙痒者加蝉蜕、白鲜皮、地肤子;血热而红肿者加丹皮、赤芍。

3. 水湿浸渍

证候:全身水肿,下肢明显,按之没指,小便短少,伴有身重神倦,胸闷,纳呆,泛恶,舌苔白腻,脉象缓。

治法:运脾化湿,通阳利水。

方药:五皮饮合胃苓汤加减。

药用桑白皮、陈皮、生姜皮、大腹皮、茯苓皮、苍术、厚朴、白术、茯苓、猪苓等。若肿甚而喘加麻黄、杏仁、葶苈子、大枣宣肺泻水而平喘;若湿困中焦,脘腹胀满者,加川椒目、大腹皮、干姜温脾化湿。

4. 湿热内蕴

证候:遍身浮肿,肌肤绷急,脘腹胀满,烦热口渴,小便短赤,大便干结,舌红,苔黄腻,脉沉数或濡数。

治法:分利湿热。

方药:疏凿饮子加减。

药用羌活、秦艽、茯苓、泽泻、椒目、赤小豆、生姜皮、大腹皮、槟榔等。若腹满不减,大便不通者,可合己椒苈黄丸,以助攻泻之力,使水从大便而泻;若气粗喘满,倚息不得卧,肿势严重,加葶苈子、桑白皮泻肺利水;湿热久羁,化燥伤阴,可用猪苓汤;若伴血尿,可加白茅根、大小蓟以清热利湿,凉血止血。

5. 脾虚湿困

证候:身肿日久,腰以下为甚,按之凹陷不起,腹胀纳少,面色萎黄,神疲乏力,小便短少,大便或溏,舌质淡,苔白腻或白滑,脉沉缓或沉弱。

治法:温运脾阳,利水消肿。

方药:实脾饮加减。

药用附子、干姜、茯苓、白术、厚朴、木瓜、木香、大腹皮等。气虚甚,症见气短声弱者,加党参、黄芪以健脾补气;若小便短少,可加桂枝、泽泻,以助膀胱化气行水。

6. 肾阳衰微

证候:面浮身肿,腰以下为甚,按之凹陷不起,心悸气短,腰痛酸重,小便量少或增多,形寒神疲,面色灰滞,舌质淡胖,苔白,脉沉细或沉迟无力。

治法:温肾助阳,化气行水。

方药:真武汤加减。

药用炮附子、茯苓、白术、芍药、生姜等。小便不利,水肿较甚者,加五苓散,加强通阳利水之效;神疲肢冷,上述虚寒症状加重,加巴戟天、肉桂温肾壮阳;若心悸,唇绀,脉虚数或结代,加桂枝、炙甘草、丹参以温阳化瘀;喘促,汗出,脉虚浮而数,加人参、蛤蚧、五味子、山萸肉补肾纳气;神昏欲寐,溲闭,泛恶,甚至口泛尿臭或兼头痛烦躁,加大黄、半夏、黄连通腑泻浊,降逆清神。

7. 瘀水互结

证候:水肿延久不退,肿势轻重不一,四肢或全身浮肿,以下肢为甚,小便短少,腰部刺痛,或伴血尿,肌肤甲错或有瘀斑,妇女月经不调或经闭,舌质紫黯,有瘀点、瘀斑,脉沉细涩。

治法:活血祛瘀,化气行水。

方药:桃红四物汤合五苓散加减。

药用桃仁、红花、当归、白芍、熟地黄、川芎、茯苓、猪苓、泽泻、白术、桂枝等。如见腰膝酸软,神疲乏力,属脾肾亏虚者,可合用济生肾气丸以温补脾肾,利水消肿;气虚者加黄芪、党参益气行水;阳虚者加附子温阳行水。对于久患水肿者,虽无明显瘀阻之象,临床上亦常合用丹参、川芎、当归、泽兰、桃仁、红花等药,加强利尿消肿效果。

【转归、预防与调护】

NS 的个体差异很大。决定预后的主要因素包括:① 病理类型:一般说来,微小病变型肾病和轻度系膜增生性肾小球肾炎的预后好,膜性肾病次之,系膜毛细血管性肾小球肾炎、局灶性节段性肾小球硬化及中度系膜增生性肾小球肾炎预后差,易进入慢性肾衰竭;② 临床因素:大量蛋白尿、高血压和高血脂均可促进肾小球硬化,成为预后不良的重要因素;③ 并发症:如反复感染、血栓栓塞等常影响预后。

NS 患者有明显水肿和高血压时需卧床休息,水肿基本消退血压平稳后,可以适量的活动,病情基本缓解后,可适当增加活动量,以增强体质及抵抗力,但要避免过度劳累,以免加重病情或使病情反复。饮食以清淡易消化为宜,合理采用补益脾肾的食物,肿甚时应限制盐和水的摄入。起居有时,随气候变化,及时增减衣物,预防感冒。

(丁英钧)

第三十四章
IgA 肾病

IgA 肾病(IgA nephropathy)指肾小球系膜区以 IgA 或 IgA 沉积为主的原发性肾小球病,临床以血尿和(或)蛋白尿为主要表现。IgA 肾病发病率在世界各地差别较大,亚太地区、欧洲、北美洲该病分别占原发性肾小球疾病的 40%～50%、20%、8%～12%;是我国最常见的肾小球疾病,是终末期肾脏病的重要病因之一。

IgA 肾病可归属于中医学"尿血"、"水肿"等范围。

【病因和发病机制】

一、病因

IgA 肾病的发病往往与上呼吸道、胃肠道和泌尿系等黏膜感染有关。细胞免疫功能的异常在 IgA 肾病的免疫异常中也起关键作用。目前许多研究表明细胞因子及炎症介质在 IgA 肾病中具有重要的致病作用。

二、发病机制

目前,IgA 肾病确切的发病机制尚未阐明,一般认为本病是免疫复合物引起的肾小球疾病。IgA 肾病的发病环节大致包括 3 个环节,即致病性 IgA1 分子的形成、肾小球系膜区多聚 IgA1 的沉积、触发肾小球局部的炎症反应,从而促使 IgA 肾病的形成与发展。致病性 IgA1 分子的形成是 IgA 肾病发病的始动环节。IgA 肾病患者血循环中多聚 IgA1 或 IgA1 免疫复合物与系膜细胞有较高亲和力,两者结合后,诱导系膜细胞分泌炎症因子,活化补体,导致 IgA 肾病病理改变和临床症状的产生。

【病理】

IgA 肾病的特征性免疫病理改变是在肾小球系膜区有 IgA 沉积。光镜下,IgA 肾病以肾小球系膜细胞增生及系膜外基质增多为主要表现,可伴有 IgG、IgM、C3、C4、C1q 等沉积,但病变程度轻重不一。免疫荧光以 IgA 为主,呈颗粒样或团块样在系膜区或沿毛细血管壁分布,常伴有 C3 沉积,一般无 C1q、C4 沉积。也可有 IgG、IgM 相似于 IgA 的分布,但强度较弱。电镜下主要为不同程度的系膜细胞增生和系膜基质的增多,在系膜区有较多的电子致密物沉积,有些致密物也可沉积于内皮下,少部分患者肾小球基底膜可呈节段变薄或增厚,有些患者还可以见到上皮细胞足突融合现象。

【临床表现】

IgA 肾病的临床表现轻重不一,有发作性肉眼血尿,无症状镜下血尿和(或)蛋白尿,大量蛋白尿,肾病综合征,高血压,急、慢性肾功能不全等。

1. 发作性肉眼血尿　多见于儿童。其肉眼血尿多在上呼吸道感染后发生,亦有部分在急性胃肠炎或尿路感染后发作,持续数小时至数日。肉眼血尿发作后,尿红细胞可消失,也可转为镜下血尿;少数患者肉眼血尿可反复发作。可伴有轻微全身症状,如肌肉酸痛、尿痛、腰痛等,或一过性血压及血尿素氮升高。

2. 无症状镜下血尿和(或)蛋白尿　为儿童及青少年 IgA 肾病的主要临床表现,无临床症状,常在体检中被发现,可表现为单纯镜下血尿,或镜下血尿伴少量蛋白尿。本类型所占 IgA 肾病的比例约为 40%,被发现和确诊只是其中的一部分,应引起足够重视。

3. 大量蛋白尿　约 10% IgA 肾病出现大量尿蛋白,也是影响肾病进展的独立危险因素,在出现大量蛋白尿后其肾脏 5 年存活率为 55%,甚至出现肾病综合征表现,预后较差。

4. 高血压　约 1/3 患者发生高血压,而高血压是公认的 IgA 肾病预后不良的因素,在确诊有高血压后肾脏 3 年存活率为 70%。血压应控制在 130/70 mmHg 水平较为理想。

5. 其他　部分患者可出现急进性肾炎综合征、急性肾衰竭、慢性肾衰竭等,预后较差。少数可出现腰和(或)腹部剧痛伴血尿。

【实验室及其他检查】

一、尿液检查

可表现为肉眼血尿或镜下血尿,相差显微镜显示变形红细胞为主,尿蛋白可阴性,少数患者呈大量蛋白尿(>3.5 g/d)。

二、血液检查

30%~50%患者血清 IgA 增高,肾功能检查可正常或不同程度的肾功能减退,如肌酐清除率降低,肌酐和尿素氮升高。血 β_2 微球蛋白增高者,常提示有肾小球硬化。

三、肾活检

肾小球系膜细胞增生,系膜外基质增多,免疫荧光见肾小球系膜区有以 IgA 为主的颗粒状沉积物。

【诊断与鉴别诊断】

一、诊断

凡出现无症状性肾小球血尿,兼或不兼有蛋白尿者,尤其是在发生咽炎后出现血尿或血尿加重者,应考虑 IgA 肾病的可能。但本病的确诊必须依靠肾活检免疫病理检查,其诊断依据是肾小球系膜区有以 IgA 为主的颗粒状沉积。血清 IgA 增高不能作为诊断的主要依据。

二、鉴别诊断

由于肾小球系膜区 IgA 沉积可见于许多其他疾病,所以应注意与下列疾病鉴别。

1. 急性链球菌感染后肾炎　该病与 IgA 肾病均可于上呼吸道感染(急性扁桃体炎和咽炎)后出现血尿,并可伴有蛋白尿、水肿及高血压。但 IgA 肾病在感染后1~3天出现血尿,可伴有血清 IgA 升高,而急性肾炎在感染后1~2周出现急性肾炎综合征症状,血清补体降低,IgA 正常。

2. 非 IgA 系膜增生性肾炎　该病与 IgA 肾病均可表现为单纯性血尿,临床上鉴别困难,可作肾活检鉴别之。

3. 过敏性紫癜性肾炎　为继发性肾小球疾病,本病与 IgA 肾病均可表现为镜下血尿或肉眼血尿,肾活检两者同样有肾小球系膜区 IgA 沉积,但过敏性紫癜有皮肤紫癜、腹痛、关节痛等全身症状。

4. 慢性酒精性肝硬化　50%~90%的酒精性肝硬化患者肾组织可显示以 IgA 为主的免疫球蛋白沉积,但仅很少数患者有肾脏受累的临床表现。与 IgA 肾病鉴别主要依据肝硬化存在。

【中医病因病机】

本病发病多与下列因素有关。

1. 风邪外袭　在先天禀赋不足、劳累过度、正气虚弱的基础上,外感风邪(多为风热)入侵肺系,循经袭肾,使肾络受损,封藏失司,遂致本病。

2. 下焦湿热　多因饮食肥甘厚味或辛热刺激之品,湿热内生,下注膀胱,损伤血络;或湿热扰肾,肾失固摄所致。

3. 阴虚内热　素体阴虚,或烦劳过度,或过服辛温燥热之品,耗伤阴液等,均可产生阴虚内热,热伤肾络,则尿血,肾失固摄,则见蛋白尿。若反复发作,阴液损及阳气,可引起气阴两伤。

4. 脾肾阳虚　常由素体阳虚,或劳累过度,或过服寒凉药物,或久病伤阳所致。脾不升清,肾失封藏,则出现蛋白尿,气不摄血,可出现血尿。

此外,本病常因虚、因实或久病而致瘀。本病的发生,与风邪外袭、下焦湿热、阴虚内热和脾肾阳虚等有关。本病总以阴虚或气虚为本,风邪、湿热、瘀血为标,阴虚常兼湿热,气虚可伴血瘀。

【中医诊断及病证鉴别】

一、诊断

1. 发病特点　尿血为血随小便排出而不痛的病证。多于咽炎、劳累过度后发病。
2. 临床表现　血随小便而出,或为肉眼血尿或为镜下血尿,病程可较长,而无尿痛。

二、病证鉴别

1. 血淋和尿血　均可见血随尿出,以小便时痛与不痛为其鉴别要点,不痛者为尿血,淋漓刺痛者为血淋。

2. 尿血和石淋　均有血随尿出,但石淋尿中时有砂石夹杂,小便涩滞不畅,时有小便中断,或伴腰腹绞痛等症。尿血则小便不痛。

【治疗】

一、治疗思路

IgA 肾病以血尿、或伴有少量蛋白尿为主要表现者,治疗以中医药为主,适当配合使用西药 ACEI/ARB 类药物。而以肾病综合征为主要表现者,则以糖皮质激素为主治疗,配合中医辨证治疗。

IgA 肾病表现为尿血时,当分清虚实。实证尿血,一般病程较短,发病较急,尿色鲜红,临床以风热、湿热表现为主,治以疏风解表、清热利湿为法。虚证尿血,病程较长,病势较缓,尿色较淡,临床以气虚、阴虚和气阴两虚为多,治疗宜养阴清热、益气摄血、益气养阴。IgA 肾病表现为大量蛋白尿时,临床可以脾肾阳虚为主要表现,治疗应温阳利水。如尿中夹有血丝、血块或有瘀血征象者,应注意活血化瘀,但不能活血、破血太过,以免加重血尿。雷公藤制剂对减少 IgA 肾病蛋白尿、血尿有较好效果,可选择使用。

二、西医治疗

（一）糖皮质激素

适用于表现为肾病综合征或大量蛋白尿者。一般口服泼尼松 1 mg/(kg·d),病情缓解后逐渐减量。如使用 8 周无效,应尽快减量、直至停药或配合使用其他免疫抑制剂。

（二）细胞毒药物

单用激素无效或新月体形成超过 30%,可配合使用细胞毒药物,如环磷酰胺(CTX),200 mg/d,加生理盐水 100 ml 稀释后静脉滴注,隔日 1 次,总量在 150 mg/kg 以内。用药期间,应密切观察有无骨髓抑制、胃肠反应及局部刺激等毒副作用。

（三）其他免疫抑制剂

1. 吗替麦考酚酯　通过抑制嘌呤经典合成途径而抑制 DNA 的合成,最终抑制 T 淋巴细胞、B 淋巴细胞的增殖和抗体的生成。每日 1~1.5 g,分 2~3 次口服,病情缓解后逐渐减量,维持时间应在 6 个月以上。主要副作用有腹泻、白细胞降低、易合并感染等。

2. 环孢素 A　免疫作用机理尚不太清楚,可能与其抑制 T、B 细胞的活性和吞噬细胞功能,特别是抑制辅助性 T 淋巴细胞合成、释放 IL-2,从而抑制了具有杀伤能力的 T 细胞有关,主要用于移植后患者。一般用法 3~5 mg/(kg·d),分 2 次口服,治疗时间 6 个月。但应 1~2 周查环孢素血药浓度,一般全血谷值在 150~250 ng/ml,过高易引起中毒,特别是肝、肾损害。本药对减少尿蛋白有一定作用,但停药后易复发。

（四）其他药物

1. 抗血小板聚集药和抗凝药　主要用于高凝状态或肾小球硬化者,可使尿蛋白减少,肾小球硬化改善。常用药物有双嘧达莫和肝素。

2. ACEI 与 ARB　两者在治疗高血压、降低尿蛋白和延缓肾功能进展等方面的作用已得到公认。ARB 与 ACEI 类似,但引起咳嗽较少,还有促进尿酸排泄的作用。

（五）扁桃体切除

中度以上扁桃体肿大、反复上呼吸道和扁桃体感染而致肉眼血尿,可行扁桃体切除术,部分患者病情好转、血尿消失。

三、中医治疗

辨证论治

1. 风邪外袭

证候：发热恶风,咽喉肿痛,咳嗽口干,小便黄赤,舌红,苔薄黄,脉浮。

治法：疏风清热。

方药：银翘散加减。

药用银花、连翘、桔梗、薄荷、竹叶、生甘草、荆芥穗、淡豆豉、牛蒡子等。发热明显加生石膏、柴胡;咽喉肿痛甚者加板蓝根、射干;咳嗽痰黄加黄芩、鱼腥草、浙贝母;尿血加白茅根。

2. 下焦湿热

证候：身体多壮实或肥胖,可见面目、下肢轻度浮肿,口苦口干,胸脘痞闷,大便硬结或不爽,小便短赤,舌红,苔黄腻,脉滑数。

治法:清热利湿,凉血止血。

方药:小蓟饮子加减。

药用生地黄、小蓟、滑石、木通、蒲黄、藕节、淡竹叶、当归、山栀子、炙甘草等。热盛而心烦口渴者加黄芩、天花粉清热生津;尿血较甚者加槐花、白茅根凉血止血;尿中夹有血块者加三七、丹参、益母草等化瘀止血。

3. **阴虚内热**

证候:头晕颧红,五心烦热,口干咽燥,大便干结,小便短赤,舌红,苔少或无苔,脉细数。

治法:滋阴清热。

方药:知柏地黄丸合二至丸加减。

药用知母、黄柏、熟地黄、山茱萸、丹皮、山药、茯苓、泽泻、女贞子、旱莲草等。若湿热重者加茵陈蒿、石韦、萹蓄;气阴两虚者,症见神疲乏力,头晕耳鸣,腰酸膝软,气短懒言,用生脉散合六味地黄丸加减。

4. **脾肾阳虚**

证候:全身浮肿,以下半身为重,畏寒肢冷,面色㿠白,尿少纳呆,舌淡胖,苔白,脉沉迟。

治法:健脾益肾,温阳利水。

方药:真武汤加减。

药用炮附子、白术、茯苓、芍药、生姜等。咳者加五味子、细辛、干姜;下利者去芍药,加干姜;呕者加重生姜;如果无浮肿,可改用右归丸加减。

【转归、预防与调护】

IgA 肾病最初由 Berger 于 1968 年报告,开始多认为它的预后良好,但近年来的一系列研究发现,20%～50% 患者病情呈进行性进展,最终发展为终末期肾脏病而需进行透析或肾移植。经过长期随访观察,下列因素与预后有关:① 男性,且起病年龄较大者(大于 40 岁)预后较差;② 肾炎综合征或肾病综合征患者预后差;③ 大量蛋白尿者(特别是无水肿)预后较差;④ 持续高血压者预后差;⑤ 肾功能减退者预后差;⑥ 肾小球内同时有 IgA、IgG、IgM 沉积者较单纯 IgA 沉积者预后差;⑦ 严重肾小管间质病变、肾小球新月体形成多、广泛肾小球硬化者预后差。

本病的预防调护很重要,约 60% 的 IgA 肾病患者因感染、劳累而复发。本病常因上呼吸道感染、扁桃体炎而使病情加重,故应注意保暖,预防感冒,如体质较差、容易感冒者可服用玉屏风散。劳累过度、剧烈运动、饮食不节常可使血尿加重或病情复发,故应尽量避免,忌食辛辣厚味之品。

(王淑美)

第三十五章
尿路感染

尿路感染(urinary tract infection, UTI),简称尿感,是指各种病原微生物在尿路中生长、繁殖而引起的尿路急、慢性炎症反应。根据感染发生部位可分为上尿路感染和下尿路感染,前者系指肾盂肾炎,后者主要指膀胱炎。根据有无尿路功能或结构的异常,又可分为复杂性、非复杂性尿感。复杂性尿感是指伴有尿路引流不畅、结石、畸形、膀胱输尿管反流等结构或功能的异常,或在慢性肾实质性疾病基础上发生的尿路感染。不伴有上述情况者称为非复杂性尿感。

本病女性发病率明显高于男性,比例约8:1。未婚女性发病率为1%~3%,已婚女性发病率增高,约5%,与性生活、月经、妊娠等因素有关。此外,本病也多见于老年人、免疫功能低下、肾移植和尿路畸形者。

尿路感染相当于中医学"淋证"、"腰痛"等范畴。

【病因和发病机制】

一、病因

革兰阴性杆菌为尿路感染最常见致病菌,其中以大肠埃希菌最为常见,占全部尿路感染的80%~90%,其次为变形杆菌、克雷伯杆菌。5%~10%的尿路感染由革兰阳性细菌引起,主要是粪链球菌和葡萄球菌。大肠埃希菌最常见于无症状性细菌尿、非复杂性尿路感染,或首次发生的尿路感染。医院内感染、复杂性或复发性尿感、尿路器械检查后发生的尿感,则多为粪链球菌、变形杆菌、克雷伯杆菌和铜绿假单胞菌所致。此外,结核分枝杆菌、沙眼衣原体、病毒、真菌等也可导致尿路感染。

二、发病机制

细菌能否引起感染主要取决于细菌的致病力和人体的免疫力两个方面,与易感因素也密切相关。

(一) 感染途径

1. 上行感染 病原菌经由尿道上行至膀胱,甚至输尿管、肾盂引起的感染称为上行感染,约占尿路感染的95%。正常人前尿道和尿道口周围有细菌寄生,但由于机体的正常防御功能并不发病。下列因素可能导致上行感染:① 性生活;② 尿道插管和器械检查;③ 尿流不畅。

2. 血行感染 指病原菌通过血液循环到达肾脏和尿路其他部位引起的感染。此种途径少见,不足3%。常见的病原菌有金黄色葡萄球菌、沙门菌属、假单胞菌属等。

3. 直接感染 泌尿系统周围器官、组织发生感染时,病原菌可直接侵入泌尿系统导致感染。

4. 淋巴道感染 盆腔和下腹部的器官感染时,病原菌可从淋巴道感染泌尿系统,但罕见。

(二) 机体防御功能

细菌进入泌尿系统后是否发生尿路感染与机体的防御功能有关,机体的防御机制包括:① 排尿可冲洗出绝大部分细菌;② 输尿管和膀胱连接处活瓣可防止尿液和细菌反流进入肾脏;③ 前列腺分泌物可抑制细菌生长;④ 感染出现后,白细胞很快进入膀胱上皮组织和尿液中,起清除细菌的作用。

(三) 易感因素

1. 尿路梗阻 任何妨碍尿液自由流出的因素,如结石、前列腺增生、狭窄、肿瘤等均可导致尿液积聚,细菌不易被冲洗清除,而在局部繁殖引起感染。尿路梗阻合并感染可使肾组织结构快速破坏,因此,及时解除梗阻非常重要。

2. 膀胱输尿管反流 输尿管壁内段及膀胱开口处的黏膜形成阻止尿液从膀胱输尿管口反流至输尿管的屏障,当其功能或结构异常时可使膀胱内菌尿逆流到输尿管,甚至肾盂,引起感染。

3. 性别和性活动 尿道短而宽,距离肛门较近是女性容易发生尿路感染的重要因素。性生活时可将尿道口周围的细菌挤压入膀胱引起尿路感染。前列腺增生导致的尿路梗阻是中老年男性尿路感染的一个重要原因。包茎、包皮过长是男性尿路感染的原因之一。

4. 器械检查　使用尿路器械检查能把致病菌带入膀胱或上尿路,还常使黏膜损伤而导致感染。留置导管时细菌可通过导管腔进入膀胱。

5. 机体抵抗力减弱　糖尿病、高血压、慢性肾脏疾病、低血钾及高血钙等疾病,长期使用糖皮质激素或免疫抑制剂的患者,均使机体抵抗力减弱,尿路感染的发病率增高。

【病理】

急性膀胱炎的病理变化主要表现为黏膜充血、上皮细胞肿胀、黏膜下组织充血、水肿及炎症细胞浸润,重者可有点状或片状出血,并可出现黏膜溃疡。急性肾盂肾炎可单侧或双侧肾脏受累,表现为局限或广泛的肾盂肾盏黏膜充血、水肿,表面有脓性分泌物,黏膜下可有细小脓肿。病灶内可见不同程度的肾小管上皮细胞肿胀、坏死、脱落,肾小管腔中有脓性分泌物。肾间质水肿,内有白细胞浸润和小脓肿形成。肾小球可正常或轻度小球周围纤维化,如有长期高血压,则可见肾小球毛细血管壁硬化,肾小球囊内胶原沉着。

【临床表现】

一、膀胱炎

膀胱炎占尿路感染的60%以上,一般无明显的全身感染症状,典型表现为尿频、尿急、尿痛、排尿不畅及下腹部不适等膀胱刺激症状。部分患者迅速出现排尿困难,尿液常混浊,并有异味,多有白细胞尿,偶可有血尿。少数患者出现腰痛、发热,但体温常不超过38.0℃。

二、急性肾盂肾炎

(一) 全身表现

寒战、发热、头痛、全身酸痛、恶心、呕吐,体温多在38.0℃以上,常伴有血白细胞计数升高、血沉增快。个别严重者可发生革兰阴性杆菌败血症,多发生于有尿路梗阻者。

(二) 泌尿系表现

尿频、尿急和尿痛等下尿路症状,腰痛及一侧或两侧肋脊角或输尿管点压痛和(或)肾区叩击痛。部分患者下尿路症状不典型。

三、慢性肾盂肾炎

临床表现复杂,50%以上患者有急性肾盂肾炎病史,其后有乏力、间歇性低热、厌食等症状。急性发作时可有寒战、发热、恶心、呕吐等症状,伴有腰酸、腰痛、腹部轻度不适和尿频、尿急、尿痛等膀胱刺激症状。肾小管受损时可出现夜尿增多,低渗和低比重尿。病情持续可发展为慢性肾衰竭。

四、无症状细菌尿

无症状细菌尿是指患者有真性细菌尿,而无尿路感染的症状,可由症状性尿感演变而来或无急性尿路感染病史。致病菌多为大肠埃希菌,患者可长期无症状,尿常规可无明显异常,但尿培养有真性菌尿。

五、并发症

尿路感染如能及时治疗,并发症很少;但伴有糖尿病和(或)存在复杂因素的肾盂肾炎治疗不当时可出现下列并发症。

1. 肾乳头坏死　指肾乳头及其邻近肾髓质缺血性坏死,主要表现为寒战、高热、剧烈腰痛或腹痛和血尿等,可同时伴发革兰阴性杆菌败血症和(或)急性肾衰竭。当有坏死组织脱落从尿中排出,阻塞输尿管时可发生肾绞痛。

2. 肾周围脓肿　为严重肾盂肾炎直接扩展而致,多有糖尿病、尿路结石等易感因素。致病菌常为革兰阴性杆菌,尤其是大肠埃希菌。除原有症状加剧外,常出现明显的单侧腰痛,且在向健侧弯腰时疼痛加剧。

【实验室及其他检查】

一、血液分析

外周血白细胞总数可轻度或中度增加,中性粒细胞增加,并可有核左移,血沉可增快。

二、尿液分析

可有白细胞尿、血尿、蛋白尿。尿沉渣中白细胞数>5个/高倍视野称为白细胞尿,提示泌尿道感染,主要见于急性肾盂肾炎、泌尿道结石、膀胱炎等;红细胞数>3个/高倍视野即为镜下血尿,见于部分泌尿系感染患者。蛋白尿多为阴性~微量。部分肾盂肾炎患者尿中可见白细胞管型、颗粒管型。

三、中段尿培养

对急性尿路感染有决定诊断意义。目前常采用新鲜清洁中段尿培养法,若菌落数≥10^5/ml,称为真性菌尿,可确诊尿路感染;菌落数为10^4~10^5/ml为可疑阳性;菌落数<10^4/ml可能为污染。

四、肾功能检查

急性肾盂肾炎,肾功能一般无改变,偶有肾浓缩功能轻度障碍,为可逆性。慢性肾盂肾炎肾功能受损时可出现肾小球滤过率下降,血肌酐升高等。

五、影像学检查

影像学检查如B超、X线腹平片、静脉肾盂造影、逆行性肾盂造影等,目的是了解尿路情况,及时发现有无尿路结石、梗阻、反流、畸形等导致尿路感染反复发作的因素。尿路感染急性期不宜作静脉肾盂造影,可作B超检查。

【诊断与鉴别诊断】

一、诊断

典型尿路感染根据感染中毒症状、膀胱刺激症状、尿液改变及尿液细菌学检查,诊断并不困难。无症状性尿路感染主要根据尿液细菌学检查作出诊断。诊断标准为:① 新鲜清洁中段尿细菌定量培养菌落数≥10^5/ml;② 清洁离心中段尿沉渣白细胞数>5个/高倍视野,且涂片找到细菌者;③ 膀胱穿刺尿细菌培养阳性。必须符合上列指标之一者才能确诊。

真性菌尿的存在表明有尿路感染,但不能判定是上尿路或下尿路感染,需进行定位诊断。上尿路感染常有发热、寒战、甚至出现毒血症症状,伴明显腰痛,输尿管点和(或)肋脊点压痛、肾区叩击痛等。而下尿路感染,常以膀胱刺激征为突出表现,一般少有发热、腰痛等。而慢性肾盂肾炎的诊断除反复发作尿路感染病史之外,尚需结合影像学及肾脏功能检查。

二、鉴别诊断

1. **尿道综合征** 尿道综合征为多次尿液细菌、真菌、厌氧菌培养阴性,并排除结核感染。应注意区别:① 感染性尿道综合征:由支原体、沙眼衣原体或单纯疱疹病毒等导致的尿路感染,常伴有白细胞尿;② 非感染性尿道综合征:常见于中年妇女,可能与神经焦虑、抑郁有关,尿沉渣正常。

2. **肾结核** 泌尿系结核除了有尿频、尿急、尿痛等外,还有午后低热、盗汗、消瘦等结核中毒症状,常有肾外结核灶存在。尿沉渣可找到结核分枝杆菌,反复多次尿培养或镜检可以发现结核分枝杆菌,静脉肾盂造影可见肾实质虫蚀样缺损等表现。但要注意肾结核常可能与尿路感染并存,尿路感染经抗生素治疗后,仍残留有尿路感染症状或尿沉渣异常者,应高度注意肾结核的可能性。

3. **慢性肾小球肾炎** 慢性肾盂肾炎当出现肾功能减退、高血压时应与慢性肾小球肾炎相鉴别。后者多为双侧肾脏受累,且肾小球功能受损较肾小管功能受损突出,并常有较明确蛋白尿、血尿和水肿病史;而前者常有尿路刺激征,细菌学检查阳性,影像学检查可表现为双肾不对称性缩小。

【中医病因病机】

淋证的病因可归结为外感湿热、饮食不节、情志失调、禀赋不足或劳伤久病四个方面。其主要病机为湿热蕴结下焦,肾与膀胱气化不利。根据不同病因病机及临床表现,淋证可分为六种,即热淋、石淋、血淋、气淋、膏淋、劳淋。

1. **外感湿热** 因下阴不洁,秽浊之邪从下侵入机体,或他脏外感之热邪传入膀胱,发为淋证。
2. **饮食不节** 多食辛热肥甘之品,或嗜酒太过,脾胃运化失常,积湿生热,下注膀胱,乃成淋证。
3. **情志失调** 情志不遂,肝气郁结,膀胱气滞,或气郁化火,气火郁于膀胱,导致淋证。
4. **禀赋不足或劳伤久病** 禀赋不足,肾与膀胱先天畸形,或久病缠身,劳伤过度,房事不节,多产多育不愈,耗伤正气,或妊娠、产后脾肾气虚,膀胱容易感受外邪,而致本病。

上述病因可导致湿热蕴结膀胱或膀胱气化不利,从而导致本病的发生。尿路感染的病位在肾与膀胱,正如《诸病源候论·诸淋病候》中所说:"诸淋者,由肾虚而膀胱热故也"。由于膀胱与肾相表里,在病机上有密切联系,如膀胱气化失常,则湿热内蕴,熏蒸于肾;肾虚不能制水,则水道不利,湿热蓄于膀胱。此外与肝、脾相关。肝肾同源,肾阴虚日久,累及于肝;脾肾为先后天关系,肾阳虚日久,常累及脾。

【中医诊断及病证鉴别】

小便频数，淋沥涩痛，小腹拘急引痛，为各种淋证的主症，是诊断淋证的主要依据。淋证有六淋之分，证型有虚有实，且多虚实夹杂，各种淋证又常易转化。临床辨证首先应别六淋之类别，并明确其病因、病机、病位、虚实以及标本缓急。

病证鉴别

1. 癃闭　两者均有排尿不适的临床表现，病位均在肾与膀胱。癃闭以排尿困难、小便量少甚至点滴全无为特征，一般无尿痛，每日排尿量低于正常，严重时，无尿排出。尿路感染多有尿痛，每日排尿量多正常。

2. 血淋与尿血　血淋与尿血都有小便出血，尿色红赤，甚至尿出纯血等症状。其鉴别的要点是有无尿痛，尿血多无疼痛之感，虽亦间有轻微的胀痛或热痛，但终不若血淋的小便滴沥而疼痛难忍，故一般以痛者为血淋，不痛者为尿血。

3. 膏淋与尿浊　两者均有小便浑浊。尿浊虽然有小便浑浊，白如泔浆，但排尿时无疼痛滞涩感，与尿路感染不同。

4. 六种淋证　热淋起病多急骤，小便赤热，溲时灼痛，或伴有发热，腰痛拒按。石淋以小便排出砂石为主症，或排尿时突然中断，尿道窘迫疼痛，或腰腹绞痛难忍。气淋小腹胀满较明显，小便艰涩疼痛，尿后余沥不尽。血淋为尿血而痛。膏淋症见小便浑浊如米泔水或滑腻如膏脂。劳淋小便不甚赤涩，尿痛不甚，但淋沥不已，时作时止，遇劳即发。

【治疗】

一、治疗思路

中西医结合治疗尿路感染是最好的治法，临床患者病情复杂多样，首先应用实验室检查明确诊断，西医根据药敏实验抗感染治疗，但容易耐药，容易反复发作。中医治疗的基本原则是实则清利，虚则补益。由于本病主要是湿热毒邪蕴结肾与膀胱所致，属于实证居多。实证以膀胱湿热为主者，治宜清热利湿；以热灼血络为主者，治以凉血止血；以砂石结聚为主者，治以通淋排石；以气滞不利为主者，治以利气疏导。虚证以脾虚为主者，治以健脾益气；以肾虚为主者，治宜补虚益肾。

二、西医治疗

（一）一般治疗

多饮水，勤排尿，促进细菌和炎性渗出物从尿液中排出。发热者注意休息及水、电解质平衡，给予易消化、高热量、富含维生素饮食。膀胱刺激症状明显者应给予碳酸氢钠 1 g，每天 3 次，可以减少膀胱刺激症状并抑制细菌生长繁殖。

（二）抗感染治疗

用药原则：① 选用致病菌敏感的抗生素。无病原学结果前，一般首选对革兰阴性杆菌有效的抗生素，尤其是首发尿感。治疗 3 天症状无改善，应按药敏结果调整用药。② 抗生素在尿和肾内的浓度要高。③ 选用肾毒性小，副作用少的抗生素。④ 单一药物治疗失败、严重感染、混合感染、耐药菌株出现时应联合用药。

1. 急性膀胱炎　① 单剂量疗法：常用磺胺甲噁唑 2.0 g、甲氧苄啶 0.4 g、碳酸氢钠 1.0 g，一次顿服；氧氟沙星 0.4 g，一次顿服；阿莫西林 3.0 g，一次顿服。② 短疗程疗法：目前更推荐此法，与单剂量疗法相比，短疗程疗法更有效，耐药性并无增高，可减少复发，增加治愈率。可选用磺胺类、喹诺酮类、半合成青霉素或头孢类等抗生素，任选 1 种药物，连用 3 天，约 90% 的患者可治愈。停服抗生素 7 天后，需进行尿细菌定量培养。

2. 急性肾盂肾炎　初发急性肾盂肾炎，全身中毒症状不明显，无尿培养和药敏结果前，可用磺胺甲噁唑 2 片，每天 2 次；或氧氟沙星 0.2 g，每天 3 次；7~14 天为 1 个疗程。严重感染有明显全身中毒症状者应静脉用药，可选用氨苄西林 2 g，每 8 小时 1 次，也可选用头孢唑啉 0.5 g，每 8 小时 1 次，或头孢噻肟，2~4 g，每天 2 次，静脉注射或滴注。必要时联合用药。获得尿培养结果后按药敏选药。停药后第 2、第 6 周应分别进行尿细菌定量培养，以后最好能每月复查 1 次，追踪 1 年。如追踪过程中发现尿路感染复发，应再行治疗。

3. 慢性肾盂肾炎　治疗的关键应寻找并及时有效祛除易感因素。慢性肾盂肾炎急性发作期抗生素治疗原则为：① 常需两类药物联合使用；② 疗程应适当延长，通常为 2~4 周，如无效，可将细菌敏感的抗生素分为 2~4 组，交替使用；③ 部分慢性肾盂肾炎虽然无临床症状，但菌尿可持续存在导致肾功能受损。可选用氧氟沙星 0.2 g，每天 3 次；呋喃妥因 0.1 g，每天 3 次；头孢氨苄 0.25 g，每天 3 次等，10~14 天为 1 个疗程或再发可使用长期抑菌疗法。

4. 再发性尿路感染　再发性尿路感染包括重新感染和复发：① 重新感染：治疗后症状消失，尿菌阴性，但在停药 6 周后再次出现真性细菌尿，菌株与上次不同，称为重新感染。多数病例有尿路感染症状，治疗方法与首次发作相同。对半年内发生 2 次以上者，可用长程低剂量抑菌治疗，即每晚临睡前排尿后服用小剂量抗生素 1 次，如磺胺甲噁唑 1~

2片或呋喃妥因50～100 mg或氧氟沙星200 mg,每7～10天更换药物一次,连用半年。②复发:治疗后症状消失,尿菌阴转后在6周内再出现菌尿,菌种与上次相同(菌种相同且为同一血清型),称为复发。复发且为肾盂肾炎者,特别是复杂性肾盂肾炎,在祛除诱发因素(如结石、梗阻、尿路异常等)的基础上,应按药敏选择强有力的杀菌性抗生素,疗程不少于6周。反复发作者,给予长程低剂量抑菌疗法。

5. 无症状性菌尿　是否治疗目前有争议,一般认为有下述情况者应予治疗:① 妊娠期无症状性菌尿;② 学龄前儿童;③ 曾出现有症状感染者;④ 肾移植、尿路梗阻及其他尿路有复杂情况者。根据药敏结果选择有效抗生素,主张短疗程用药,如治疗后复发,可选长程低剂量抑菌疗法。

6. 妊娠期尿路感染　宜选用毒性小的抗生素,如阿莫西林、呋喃妥因或头孢菌素类等。孕妇的急性膀胱炎治疗时间一般为3～7天。孕妇急性肾盂肾炎应静脉滴注抗生素治疗,可用半合成广谱青霉素或第三代头孢菌素,疗程为2周。反复发生尿感者,可用呋喃妥因行长程低剂量抑菌治疗。

三、中医治疗

辨证论治

1. 热淋

证候:小便频数短涩,灼热刺痛,尿色黄赤,少腹拘急胀痛,或有寒热,口苦,呕恶,或有腰痛拒按,或有大便秘结,苔黄腻,脉滑数。

治法:清热利湿通淋。

方药:八正散加减。

药用车前子、瞿麦、萹蓄、滑石、栀子、炙甘草、木通、大黄、灯心草等。发热加银花、连翘;恶寒发热,呕恶者,加柴胡、黄芩、半夏;血尿明显加白茅根、小蓟、生地;小便涩滞不畅加入青皮、琥珀粉。

2. 石淋

证候:尿中夹砂石,排尿涩痛,或排尿时突然中断,尿道窘迫疼痛,少腹拘急,往往突发一侧腰腹绞痛难忍,甚则牵及外阴,尿中带血,舌红,苔薄黄,脉弦或带数。若病久砂石不去,可伴见面色少华,神疲乏力,少腹坠胀,或腰膝酸软,腰部隐痛者,舌淡苔白,脉细而弱。

治法:清热利湿,排石通淋。

方药:石韦散加减。

药用石韦、冬葵子、瞿麦、滑石、车前子等。腰腹绞痛者加芍药、甘草;尿中带血可加小蓟、生地黄、藕节;伴有瘀滞者加桃仁、红花、炮山甲、皂角刺。石淋日久,症见神疲乏力,少腹坠胀者,配用补中益气汤;腰膝酸软,腰部隐痛者,加杜仲、续断、补骨脂;形寒肢冷,夜尿清长,加巴戟肉、肉苁蓉、肉桂。若结石过大,阻塞尿路,肾盂严重积水者,宜手术治疗。

3. 血淋

证候:小便热涩刺痛,尿色深红,或夹有血块,或见心烦,舌尖红,苔黄,脉滑数。

治法:清热通淋,凉血止血。

方药:小蓟饮子加减。

药用生地黄、小蓟、滑石、木通、蒲黄、藕节、淡竹叶、当归、栀子、炙甘草等。有瘀血征象加三七、牛膝、桃仁;出血不止可加仙鹤草、琥珀粉;若久病肾阴不足,虚火扰动阴血,用知柏地黄丸加减;肾阴亏耗严重者加熟地黄、麦冬、鳖甲、旱莲草;若久病脾虚,气不摄血者,用归脾汤加仙鹤草、泽泻、滑石。

4. 气淋

证候:郁怒之后,小便涩滞,淋沥不宣,少腹胀满疼痛。

治法:理气疏导,通淋利尿。

方药:柴胡疏肝散加减。

药用柴胡、陈皮、川芎、枳实、芍药、香附、甘草等。少腹胀满者加延胡索、川楝子;日久气滞血瘀者加牛膝、丹参;气郁日久化火,而成肝胆郁热者,可用龙胆泻肝汤。

5. 膏淋

症状:小便浑浊,乳白或如米泔水,上有浮油,置之沉淀,或伴有絮状凝块物,或混有血液、血块,尿道热涩疼痛,尿流阻塞不畅,口干,舌质红,苔黄腻,脉濡。

治法:清热利湿,分清泄浊。

方药:程氏萆薢分清饮加减。

药用萆薢、黄柏、茯苓、车前子、莲子心、丹参、石菖蒲、白术等。偏于脾虚中气下陷者,配用补中益气汤。偏于肾阴虚者,配用七味都气丸。偏于肾阳虚者,用金匮肾气丸加减。伴有血尿者加仙鹤草、阿胶;夹瘀者,加参三七、当归。

6. 劳淋

症状:小便不甚赤涩,尿痛不甚,但淋沥不已,时作时止病程缠绵,遇劳即发,腰膝酸软,神疲乏力,舌质淡,脉细弱。

治法:补脾益肾。

方药:无比山药丸加减。

药用山药、熟地黄、杜仲、肉苁蓉、山茱萸、茯苓、菟丝子、巴戟天、泽泻、牛膝、五味子、赤石脂等。中气下陷者可用补中益气汤加减。若肾阴虚者加生熟地黄、龟板;阴虚火旺,面红烦热,尿黄赤伴有灼热不适者,可用知柏地黄丸。若阳虚明显者,可加熟附子、桂枝。

【转归、预防与调护】

尿路感染的预后与病情轻重有关。一般尿路感染初期,多较易治,但少数患者可出现高热、神昏、谵语等危重症候。急性膀胱炎为一自限性疾病,多能自愈。急性肾盂肾炎,若失治误治,可发展为慢性肾盂肾炎,则病情迁延不愈。少数急性肾盂肾炎可伴发败血症,肾周脓肿,则病情严重。

尿路感染重在预防,坚持多饮水、勤排尿(每2~3小时排尿1次),以冲洗膀胱和尿道,避免细菌在尿路繁殖,是最有效的预防方法。具体预防措施为:① 注意会阴部清洁,以减少尿道口的细菌群;② 尽量避免使用尿路器械,在尿路器械检查之前已有菌尿者,应先服抗菌药以控制感染,以往有反复尿路感染史或尿路有异常者,在尿路器械检查前后48小时宜服用抗生素预防感染;③ 与性生活有关的尿感,应于性交后立即排尿,并口服一次常用量抗生素;④ 膀胱-输尿管反流者,推荐"二次排尿",即每次排尿后数分钟再排尿一次;⑤ 中医学认为,精神紧张、焦虑易使机体气机郁滞,从而促进尿路感染的发生,故保持心情开朗、舒畅有利于预防和治疗尿路感染。

(王淑美)

第三十六章
急性肾衰竭

急性肾衰竭(acute renal failure, ARF)是由各种原因引起的肾功能在短时间内(几小时至几周)突然下降而出现的氮质废物滞留和尿量减少综合征。ARF 主要表现为氮质废物血肌酐(Scr)和尿素氮(BUN)升高,水、电解质和酸碱平衡紊乱,及全身各系统并发症。常伴有少尿(<400 ml/d)或无尿(<100 ml/d),但也可以无少尿表现。肾功能下降可发生在原来无肾脏病的患者,也可发生在慢性肾脏病(chronic kidne ydisease, CKD)患者。

中医学原无急性肾衰竭此病名,可归属于"癃闭"、"关格"等病证范畴。

【病因和分类】

ARF 有广义和狭义之分,广义的 ARF 可分为肾前性、肾性和肾后性 3 类。狭义的 ARF 是指急性肾小管坏死(acute tubular necrosis, ATN)。

肾前性 ARF 是由血容量减少(如各种原因的液体丢失和出血)、有效动脉血容量减少、肾血管阻塞、肾血管动力学的自身调节紊乱等因素引起肾血灌注量减少,肾小球滤过率降低,肾小管内压低于正常,尿量减少,血氮质增高,从而出现的急性肾衰竭。

肾后性 ARF 是由急性尿路梗阻(结石、肿瘤、血块、坏死肾组织或前列腺肥大、腹膜后纤维化等原因),梗阻可发生在尿路从肾盂到尿道的任何部位,使肾实质受压,肾脏功能急剧下降引起的急性肾衰竭。

肾性 ARF 有肾实质损伤,常见的是肾缺血或肾毒性物质(包括外源性毒素如生物毒素、化学毒素、抗生素、造影剂等,和内源性毒素如血红蛋白、肌红蛋白等)损伤肾小管上皮细胞(如 ATN)。在这一类中也包括肾小球病、血管病和小管间质病导致的。本章主要以急性肾小管坏死(ATN)为代表进行叙述。

【发病机制】

ARF 是多种因素综合作用的结果,目前尚无一种学说能完全解释各种 ARF。其机制研究大多着重于肾缺血和(或)肾中毒引起肾小管损伤学说。其主要发病机制:① 肾小管损伤:当肾小管急性严重损伤时,以肾小管阻塞和肾小管基底膜断裂引起的肾小管内液反漏入间质,从而引起急性肾小管上皮细胞变性、坏死,肾间质水肿,肾小管阻塞,肾小球有效滤过压降低。② 肾小管上皮细胞代谢障碍:肾小管上皮细胞的损伤及代谢障碍,导致肾小管上皮细胞死亡。③ 肾血流动力学变化:肾缺血和肾毒素的作用致使肾素-血管紧张素系统、前列腺素、儿茶酚胺、内皮素、心钠素、抗利尿激素、血管内皮舒张因子、肿瘤坏死因子等血管活性物质释放,引起肾血流动力学变化,导致肾血液灌注量减少,肾小球滤过率下降而导致急性肾衰竭。④ 缺血再灌注损伤:实验证实肾缺血再灌注损伤主要为氧自由基及细胞内钙超负荷,使肾小管上皮细胞内膜脂质过氧化增强,导致细胞功能紊乱,以致细胞死亡。⑤ 表皮生长因子:实验研究表明,肾脏是体内合成表皮生长因子的主要部位之一,ARF 时由于肾脏受损,使表皮生长因子降低,在恢复期,肾小管上皮细胞的表皮生长因子及其受体数目明显增多,血肌酐及钠滤过分数下降,提示表皮生长因子与肾脏的修复与再生有关。

【病理】

由于病因及病变的严重程度的不同,病理改变有差异显著。一般肾小球正常,小管腔内存在一些管型,中度间质水肿。严重、持续的缺血性 ARF 光镜检查见肾小管上皮细胞片状和灶状坏死,从基底膜上脱落,肾小管管腔管型堵塞。管型由未受损或变性的上皮细胞、细胞碎片、Tamm-Horsfall 黏蛋白和色素组成。肾缺血严重者,肾小管基底膜常遭破坏。如基底膜完整性存在,则肾小管上皮细胞可迅速再生,否则上皮细胞不能再生。

肾毒性 ARF 形态学变化最明显的部位在近端肾小管的曲部和直部。肾小管上皮细胞坏死不如缺血性 ARF 明显。

【临床表现】

急性肾小管坏死(ATN)是肾性 ARF 最常见的类型,通常按其病因分为缺血性和肾毒性。但临床上常是多因素,如发生在危重疾病时,它综合包括了脓毒病、肾脏低灌注和肾毒性药物等因素。

临床病程典型可分为三期:

一、起始期

患者常有低血压、缺血、脓毒血症和肾毒素等一些已知的 ATN 的病因,尚未发生明显的肾实质损伤,此阶段 ARF 是可预防的。但随着肾小管上皮细胞发生明显损伤,GFR 突然下降,临床上 ARF 综合征的表现变得明显,则进入维持期。

二、维持期

又称少尿期,典型的为 1~2 周,也可短至几天,长至 4~6 周。肾小球滤过率保持在低水平。许多患者可出现少尿(<400 ml/d)。但也有些患者表现为非少尿型 ARF,尿量在 400 ml/d 以上,其病情大多较轻,预后较好。不论尿量是否减少,随着肾功能减退,临床上均可出现尿毒症一系列表现。

(一)ARF 的全身并发症

1. 消化系统症状　食欲减退、恶心、呕吐、腹胀、腹泻等,严重者可发生消化道出血。
2. 呼吸系统症状　除感染的并发症外,因过度容量负荷,尚可出现呼吸困难、咳嗽、憋气、胸痛等症状。
3. 循环系统症状　多因尿少和未控制饮水,致体液过多,出现高血压及心力衰竭、肺水肿表现;因毒素滞留、电解质紊乱、贫血及酸中毒等原因可引起各种心律失常及心肌病变。
4. 神经系统症状　出现意识障碍、躁动、谵妄、抽搐、昏迷等尿毒症脑病症状。
5. 血液系统症状　可有出血倾向及轻度贫血现象。

感染是 ARF 另一常见而严重的并发症。在 ARF 同时或在疾病发展过程中还可合并多脏器衰竭,病死率可高达 70%。

(二)水、电解质和酸碱平衡紊乱

可表现为:① 代谢性酸中毒:主要因为肾排酸能力减低,同时又因 ARF 常合并高分解代谢状态,使酸性产物明显增多;② 高钾血症:除肾排泄钾减少外,酸中毒、组织分解过快也是主要原因。在严重创伤、烧伤等所致横纹肌溶解引起的 ARF,有时每日血钾可上升 1.0~2.0 mmol/L 以上;③ 低钠血症:主要由水潴留引起的稀释性低钠。此外,还可有低钙、高磷血症,但远不如慢性肾衰竭时明显。

三、恢复期

肾小管细胞再生、修复,肾小管完整性恢复。肾小球滤过率逐渐恢复正常。少尿型患者开始出现利尿,可有多尿表现,每日尿量可达 3 000~5 000 ml,或更多,通常持续 1~3 周,继而逐渐恢复。与肾小球滤过率相比,肾小管上皮细胞功能的恢复相对延迟,常需数月后才能恢复。少数患者可最终遗留不同程度的肾脏结构和功能缺陷。

【实验室及其他检查】

一、肾功能检查

急骤发生进行性氮质血症。① 血尿素氮进行性升高,每日可上升 3.6~10.7 mmol/L。血肌酐每日上升 44.2~176.8 μmol/L。② 电解质紊乱:少尿期可出现高钾血症,血钾可超过 6.5 mmol/L,并可伴低钠血症及高磷血症。多尿期可出现低血钾、低血钠等电解质紊乱。③ 酸碱平衡紊乱:可出现酸中毒、二氧化碳结合力下降。

二、尿液检查

尿比重较低(多在 1.015 以下),蛋白尿常为(±)~(+),以小分子蛋白为主,尿沉渣常有颗粒管型、上皮细胞碎片、红细胞和白细胞;肾前性 ARF 时,尿渗透浓度 >500 mmol/L,急性肾小管坏死时,尿渗透浓度 <350 mmol/L,尿与血渗透浓度低于 1.1;尿钠含量增高,多在 20~60 mmol/L;滤过钠排泄分数 ATN 及肾后性 ARF 时多 >1%;肾前性 ARF、急性肾小球肾炎和血管炎时 <1%。肾衰指数用于鉴别肾前性 ARF 和 ATN,一般认为肾前性 ARF <1;ATN 时多见 >1。

三、影像学检查

双肾超声显像可用于与慢性肾衰竭相鉴别。怀疑尿路梗阻时,尿路超声显像、腹部平片、必要时 CT 检查有助于诊断。判断肾血管堵塞等疾患时,X 线、放射性核素检查、血管造影等对诊断有帮助,但需注意造影剂对肾脏的毒性作用。

四、肾穿刺活检

为明确肾实质性 ARF 的病因,可进行肾穿刺活检,并可判断治疗的有效性。但需严格掌握适应证,注意病情严重、有出血倾向时不宜作此检查。

【诊断与鉴别诊断】

一、诊断

基于血肌酐的绝对或相对值的变化来诊断急性肾衰竭,如血肌酐绝对值每日平均增加 44.2 μmol/L 或 88.4 μmol/L;或在 24~72 小时内血肌酐值相对增加 25%~100%。

根据原发病因,肾功能急速进行性减退,结合相应临床表现和实验室检查,对 ATN 不难作出诊断。

二、鉴别诊断

首先排除慢性肾衰竭,其次应明确肾性或肾前性、肾后性 ARF,在明确为肾实质性后,需鉴别肾小管还是肾小球、肾间质、肾血管病变引起的 ARF。

1. ARF 与慢性肾衰竭　主要从以下几方面考虑:① 病史:有无慢性肾脏病史或可能影响到肾脏的全身疾病的病史,或有无导致急性肾衰竭的原发病因。② 临床表现:贫血、尿量增多、夜尿增多,常是慢性肾衰竭的一个较明显的临床症状。③ 肾脏大小:慢性肾衰竭双肾缩小,或形态上皮髓分界不清,而 ARF 时肾脏大小正常或稍增大。

2. ATN 与肾前性少尿　发病前有容量不足、体液丢失等病史,体检发现皮肤和黏膜干燥、低血压、颈静脉充盈不明显者,应首先考虑肾前性少尿,如果补足血容量后血压恢复正常,尿量增加,则支持肾前性少尿的诊断。低血压时间长,特别是老年人伴心功能欠佳时,补液后无尿量增多者应怀疑肾前性氮质血症已过渡为 ATN。肾前性 ARF 时,尿渗透浓度 >500 mmol/L,尿钠 <20 mmol/L,钠排泄分数 <1%,肾衰指数 <1;ATN 时,尿渗透浓度 <300 mmol/L,尿钠 >40 mmol/L,钠排泄分数 >1%,肾衰指数 >1。

3. ATN 与肾后性尿路梗阻　肾后性尿路梗阻常见于结石、肿瘤或前列腺肥大病史患者,可突发完全无尿或间歇性无尿;肾绞痛,胁腹或下腹部疼痛;肾区叩击痛;如膀胱出口处梗阻,膀胱区膨胀,叩诊呈浊音。超声和 X 线检查等可帮助确诊。

【中医病因病机】

本病发生多与外感六淫邪毒、饮食不当、津血亡失、药毒伤肾等因素有关。

1. 六淫邪毒　外感六淫邪毒,入气入血,邪热炽盛,肺热壅滞,膀胱湿热,损伤肾元,气化失司,水道闭阻,而见少尿、血尿或衄血;邪热毒邪,郁闭于内,燔营耗阴,津伤气脱,肾水竭,而致少尿、无尿。

2. 饮食不当　误食毒物,邪毒入里,湿毒中阻,气机升降失常,内犯于肾,经络气血瘀阻,气化不行,而见少尿或尿闭。

3. 津血亡失　跌仆打坠、挤压创伤、妊娠流产、烧烫伤等急性损伤或外科手术等导致失血失液,或汗、吐、下太过等原因导致阴血亏耗,水无化源,而致少尿、无尿。

4. 药毒伤肾　各类对肾脏有毒性的中西药物若使用不当,或虫蛇咬伤等,可致火热毒邪内生,灼伤肾络,闭阻水道,或热毒耗液,致精亏血少,肾府空虚,使肾元衰竭而发病。

本病病位在肾,涉及肺、脾(胃)、三焦、膀胱。病机主要为津血亡失,肾亏水竭或邪毒伤肾,气化失司,水道闭阻。初期主要为火热、湿毒、瘀浊之邪壅滞三焦,水道不利,以实热居多,后期以脏腑虚损为主。本病发病急骤,应辨明其病因是津血亡失,还是邪毒伤肾;邪毒伤肾者当辨明火热、湿毒、瘀浊的不同;后期以脏腑虚损为主,当区分气虚、阴虚的不同。

【中医诊断及病证鉴别】

一、诊断

(1) 临床以起病急,变化迅速,病情凶险为特点。

(2) 初起即见尿少尿闭,进而尿多清长,继之尿量恢复正常;可伴乏力、纳差、呕恶、胸闷气急,甚则神昏抽搐、衄血等症。

(3) 有邪毒侵袭、饮食不当、津血亡失、药毒伤肾等病史。

二、病证鉴别

癃闭与淋证　两者均有小便量少,排尿困难的症状,但淋证尿频而尿痛,每日排尿总量多为正常,而癃闭无尿痛,每日排尿量少于正常,严重时甚至无尿。如癃闭复感湿热,常可并发淋证,而淋证日久不愈,亦可发展成癃闭。

【治疗】

一、治疗思路

ARF属危急重症,治疗目的应为减少并发症,降低死亡率和促进肾功能恢复。本病初期应以西药治疗为主。积极抗感染,调节水、电解质、酸碱平衡紊乱,救治休克、心力衰竭等严重并发症,必要时及早透析;中医中药通过辨证论治,整体调节,可改善症状,提高救治率。初期,气脱津伤者,以益气养阴,回阳固脱为要务;邪毒伤肾者,分别治以泻火解毒、活血化瘀、利湿泄浊等治法。后期,根据阴阳属性及病变脏腑,分别治以益气养阴、健脾、补肾等治法,促进肾功能恢复。

二、西医治疗

(一) 纠正可逆因素

对于引起ARF的原发可逆因素,如严重外伤、心力衰竭、急性大出血等应积极治疗,处理好感染、休克、血容量不足等。避免使用或停用影响肾灌注或肾毒性药物。

(二) 营养支持

保证每日足够的能量供给。一般需要量为每日 147 kJ(35 kcal)/kg,主要由碳水化合物和脂肪供应;蛋白质的摄入量应限制为 0.8 g/(kg·d),对于有高分解代谢或营养不良以及接受透析的患者蛋白质摄入量可放宽。

(三) 积极控制感染

一旦出现感染迹象,应尽早使用有效抗生素治疗。根据细菌培养和药敏试验选择对肾无毒性或毒性小的药物。

(四) 维持水、电解质和酸碱平衡

少尿期应严格记录24小时液体出入量,量出为入,纠正高血钾及酸中毒。多尿期则须防止脱水及低血钾。

(五) 透析疗法

出现明显的尿毒症综合征,包括心包炎和严重脑病、高钾血症、严重代谢性酸中毒、容量负荷过重等,对利尿药治疗无效者,应进行透析治疗。对非高分解型、尿量不少的患者,可试行内科综合治疗。透析疗法包括血液透析、腹膜透析,以及肾替代疗法等。如达到急诊透析的参考指标则应采用透析疗法,可使患者度过少尿期,降低病死率和缩短疗程。

(六) 多尿的治疗

多尿开始时,由于肾小球滤过率尚未恢复,肾小管的浓缩功能仍较差,治疗仍应维持水、电解质和酸碱平衡,控制氮质血症和防止各种并发症。已施行透析的患者,仍应继续透析。多尿期1周左右后可见血肌酐和尿素氮水平逐渐降至正常范围,饮食中蛋白质摄入量可逐渐增加,并逐渐减少透析频率直至停止透析。

(七) 恢复期的治疗

一般无需特殊处理,定期随访肾功能,避免使用对肾有损害的药物。

三、中医治疗

辨证论治

少尿期

1. 热毒炽盛

证候:尿量急骤减少,甚至闭塞不通,发热不退,口干欲饮,头痛身痛,烦躁不安,舌质红绛,苔黄干,脉数。

治法:泻火解毒。

方药:黄连解毒汤加味。

药用黄连、黄芩、黄柏、栀子等。热结肠腑,大便干结者,加生大黄、枳实泻热通腑;胃失和降,恶心呕吐者,加姜半夏、陈皮、姜竹茹和胃止呕;若由蛇毒、蜂毒所致,加白花蛇舌草、半边莲、夏枯草、生甘草清热解毒。

2. 火毒瘀滞

证候:尿点滴难出,或尿血、尿闭,高热谵语,吐血、衄血,斑疹紫黑或鲜红,舌质绛紫,苔黄焦或芒刺遍起,脉细数。

治法:清热解毒,活血化瘀。

方药:清瘟败毒饮加减。

药用石膏、生地、栀子、桔梗、黄芩、知母、赤芍、玄参、连翘、竹叶、甘草、丹皮等。若热扰心营,烦躁谵语,加黄连、石菖蒲清热开窍,或另服安宫牛黄丸;肺热壅盛,咳嗽气促者,加桑白皮、麦冬清泄肺热;大便不通者,加生大黄、桃仁通腑泻热,或以桃仁承气汤加减;热盛动血者加白茅根、水牛角丝、紫草清热凉血止血。

3. 湿热蕴结

证候：尿少尿闭，恶心呕吐，口中尿臭，发热口干而不欲饮，头痛烦躁，严重者可见神昏抽搐，舌苔黄腻，脉滑数。

治法：清热利湿，降逆泄浊。

方药：黄连温胆汤加减。

药用陈皮、半夏、茯苓、竹茹、枳实、黄连、甘草等。水湿内蕴，水肿严重者，加泽兰、猪苓利水消肿；湿阻中焦，苔黄厚腻者，加佩兰、砂仁、白蔻仁、生薏苡仁、苍术以化湿。

4. 气脱津伤

证候：尿少或无尿，汗出湿冷，气微欲绝，或喘咳息促，唇黑甲青，脉细数或沉伏。多见于吐泻失水或失血过多之后。

治法：益气养阴，回阳固脱。

方药：生脉饮合参附汤加味。

药用人参、麦冬、五味子、炮附子等。若瘀血明显，唇黑甲青，加当归、丹参养血活血；失血，血虚者，以当归补血汤加味，重用黄芪，加熟地黄以补气养血。

多尿期

1. 气阴两虚

证候：面色萎黄，全身疲乏，咽干思饮，手足心热，尿多清长，舌红少津，或舌淡有齿印，脉细。

治法：益气养阴。

方药：参芪地黄汤加减。

药用党参、黄芪、熟地黄、山萸肉、山药、丹皮、茯苓、泽泻等。气虚为主者加人参、白术健脾益气；阴虚明显者加沙参、枸杞子、知母滋阴清热；若余邪未尽，湿热留恋，身热苔腻，则须注意化湿而不伤阴，清热而不苦燥，加黄芩、连翘、滑石、薏苡仁、白豆蔻、藿香清化湿热。

2. 肾阴亏损

证候：腰膝酸软，尿多不禁，口干欲饮，手足心热，舌红少苔，脉细。

治法：滋阴补肾。

方药：六味地黄丸加减。

药用熟地黄、山萸肉、山药、丹皮、茯苓、泽泻等。若肾失固摄，尿多不禁，加桑螵蛸、金樱子、芡实固摄缩尿；若阴虚内热，五心烦热者，加知母、鳖甲、赤芍养阴清热。

恢复期

脾肾气虚

证候：腰膝酸软，头晕耳鸣，食欲不振，神疲乏力，少气懒言，舌质淡，苔薄白或微腻，脉沉细弱。

治法：健脾补肾。

方药：四君子汤合金匮肾气丸加减。

药用人参、白术、茯苓、肉桂、附子、熟地黄、山萸肉、山药、丹皮、泽泻等。腰膝酸软者可加桑寄生、川续断；纳差者可加陈皮、砂仁、焦三仙开胃消食。

【转归、预防与调护】

及早诊断及救治，可提高存活率。若病情严重，诊治不及时，或并发多脏器功能衰竭，病死率依然较高。ATN 的患者大多数肾功能可恢复正常而存活，但有 5% 以下的患者肾功能不可恢复，特别是老年人及存在潜在肾脏疾病及病变严重的患者，预后较差。有些患者虽然肾功能恢复，但遗留肾小管酸化功能及浓缩功能减退。

积极治疗原发病，及时发现导致 ATN 的危险因素并加以去除，是防止发生 ARF 的关键。在老年人、糖尿病、原有慢性肾脏病及危重病患者，尤应注意避免肾毒性药物、造影剂、肾血管收缩药物的应用及避免肾缺血和血容量缺失。高危患者若必须造影检查应注意水化。

注意卧床休息，避免劳累。饮食宜清淡，保证足够热量，避免辛辣刺激之品。少尿期水钠摄入"量出为入"，多尿期要防止脱水及低血钾。鼓励患者保持乐观、愉快的心情。

（丁英钧）

第三十七章 慢性肾衰竭

各种原因引起的慢性肾脏结构和功能障碍(肾脏损伤病史>3个月),包括GFR正常和不正常的病理损伤、血液或尿液成分异常,及影像学检查异常,或不明原因的GFR下降(GFR<60 ml/min)超过3个月,称为慢性肾脏病(chronic kidney diseases,CKD)。而广义的慢性肾衰竭(chronic renal failure,CRF)是指各种原发或继发性慢性肾脏病引起的GFR下降及与此相关的代谢紊乱和临床症状组成的综合征,简称慢性肾衰。

中医学原无慢性肾衰竭的病名,根据其临床表现可归属于中医学"关格"、"溺毒"、"肾劳"、"癃闭"等范畴。

【病因和发病机制】

一、病因

任何泌尿系统疾病能破坏肾脏的正常结构和功能者,均可引起肾衰竭。原发性肾病中,慢性肾小球肾炎最为常见,其次为肾小管间质性肾炎。而继发性肾病,则为全身系统性疾病和中毒等因素导致的肾脏继发性损害:如糖尿病、长期高血压、系统性红斑狼疮、过敏性紫癜、痛风,以及多种药物性肾损害等。在发达国家,糖尿病肾病、高血压肾小动脉硬化已成为慢性肾衰竭的主要病因;包括中国在内的发展中国家,这两种疾病在CRF各种病因中仍位居原发性肾小球肾炎之后,但近年也有明显增高趋势。

二、慢性肾衰竭进展的危险因素

CRF病情进展有时缓慢而平稳(渐进性),有时短期内急剧加重(进行性)。病程进展既有"不可逆"的一面,也有"可逆"(主要在早中期)的一面。

1. **慢性肾衰竭渐进性发展的危险因素** 包括高血糖控制不满意、高血压、蛋白尿、低蛋白血症、吸烟等。此外,部分研究提示,贫血、高血脂、营养不良、老年、尿毒症毒素蓄积等,也可能在CRF的病程进展中起一定作用。

2. **慢性肾衰竭急性加重的危险因素** ① 累及肾脏的疾病(如原发性肾小球肾炎、高血压、糖尿病、缺血性肾病等)复发或加重;② 血容量不足(如低血压、脱水、大出血或休克等);③ 肾脏局部血供急剧减少(如肾动脉狭窄患者应用ACEI、ARB等药物);④ 严重高血压控制不良;⑤ 应用肾毒性药物;⑥ 泌尿道梗阻;⑦ 严重感染;⑧ 其他:如高钙血症、严重肝功不全等。在上述因素中,第②、③条危险因素可致残余肾单位低灌注、低滤过状态,是导致肾功能急剧恶化的主要原因之一。

三、发病机制

(一) 慢性肾衰竭进展的发生机制

1. **肾单位高滤过** CRF时残余肾单位肾小球出现高灌注和高滤过状态是导致肾小球硬化和残余肾单位进一步丧失的重要原因之一。由于高滤过的存在,可促进系膜细胞增殖和基质增加,导致微动脉瘤的形成、内皮细胞损伤和血小板集聚增强、炎性细胞浸润、系膜细胞凋亡等,因而,肾小球硬化不断发展。

2. **肾单位高代谢** CRF时残余肾单位肾小管也可出现高代谢状况,肾小管氧消耗增加和氧自由基增多,小管内液Fe^{2+}的生成和代谢性酸中毒所引起补体旁路途径激活和膜攻击复合物(C5b-9)的形成,均可造成肾小管-间质损伤。肾小管高代谢状况是肾小管萎缩、间质纤维化和肾单位进行性损害的重要原因之一。

3. **肾组织上皮细胞表型转化的作用** 近年研究表明,在某些生长因子(如TGF-β)或炎症因子的诱导下,肾小管上皮细胞、肾小球上皮细胞、肾间质成纤维细胞均可转变为肌成纤维细胞,在肾间质纤维化、局灶节段性或球性肾小球硬化过程中起重要作用。

4. **某些细胞因子-生长因子的作用** 近年研究表明,如TGF-β、IL-1、单核细胞趋化蛋白-1、血管紧张素Ⅱ、内皮素-1等,均参与肾小球和小管间质的损伤过程,并在促进细胞外基质增多中起重要作用。

5. 其他 有少量研究发现,肾脏固有细胞凋亡增多与肾小球硬化、小管萎缩、间质纤维化有密切关系。近年发现,醛固酮过多也参与肾小球硬化和间质纤维化的过程。

(二) 尿毒症各种症状的发生机制

1. 尿毒症毒素的作用 尿毒症患者有不少症状是由于各种代谢产物在体内潴留而引起的,这些代谢产物统称尿毒症毒素。尿毒症毒素约有30余种,可分为:① 小分子物质:常见的有尿素、肌酐、胍类、各种胺类、酚类等蛋白代谢废物;② 中分子物质:如内分泌激素、多肽以及结合的芳香族氨基酸等,与尿毒症脑病、某些内分泌紊乱、细胞免疫低下等有关。③ 大分子物质:如核糖核酸酶、β_2微球蛋白、维生素A等,也具有某些毒性。

2. 体液因子的缺乏 慢性肾衰竭时,主要由肾脏分泌的某些激素,如红细胞生成素(EPO)、骨化三醇[$1,25-(OH)_2D_3$]的缺乏,引起肾性贫血和肾性骨病。

3. 营养素的缺乏 如蛋白质和某些氨基酸、热量、水溶性维生素(如B族维生素等)、微量元素(如铁、锌、硒等),可引起营养不良、消化道症状、免疫功能降低等。又如,缺铁或(及)蛋白质的缺乏可使肾性贫血加重。L-肉碱缺乏可致肾衰竭患者肌肉无力、食欲不振、贫血加重。

【临床表现】

在CRF的不同阶段,其临床表现不一。在CRF的代偿期和失代偿早期,患者可以无任何症状,或仅有乏力、腰酸、夜尿增多等轻度不适;少数患者可有食欲减退、代谢性酸中毒及轻度贫血。CRF中期以后,上述症状更趋明显。在晚期尿毒症时,可出现急性心衰、严重高钾血症、消化道出血、中枢神经系统障碍等,甚至有生命危险。

一、水、电解质代谢紊乱

1. 代谢性酸中毒 在部分轻中度慢性肾衰竭(GFR > 25 ml/min,或Scr < 350 μmol/L)患者中,可发生正常阴离子间隙的高氯血症性代谢性酸中毒,即肾小管性酸中毒。当GFR降低至 < 25 ml/min(Scr > 350 μmol/L)时,可发生高氯血症性(或正氯血症性)高阴离子间隙性代谢性酸中毒,即"尿毒症性酸中毒"。多数患者能耐受轻度慢性酸中毒,当二氧化碳结合力 < 13.5 mmol/L时才有较明显症状,如食欲不振、呕吐、虚弱无力、呼吸深长、嗜睡,逐渐陷入昏迷状态。

2. 水钠代谢紊乱 水钠平衡紊乱主要表现为水钠潴留,有时也可表现为低血容量和低钠血症。水钠潴留可表现为不同程度的皮下水肿或(和)体腔积液,此时易出现血压升高、左心功能不全和脑水肿。低血容量主要表现为低血压和脱水。低钠血症的原因,既可因缺钠引起(真性低钠血症),也可因水过多或其他因素所引起(假性低钠血症),而以后者更为多见。

3. 钾代谢紊乱 当GFR降至20~25 ml/min或更低时,肾脏排钾能力逐渐下降,易于出现高钾血症;尤其当钾摄入过多、酸中毒、感染、创伤、消化道出血等情况发生时,更易出现高钾血症。严重高钾血症(血清钾 > 6.5 mmol/L)有一定危险,需及时治疗抢救。有时由于钾摄入不足、胃肠道丢失过多、应用排钾利尿剂等因素,也可出现低钾血症。

4. 钙磷代谢紊乱 主要表现为钙缺乏和磷过多。钙缺乏主要与钙摄入不足、活性维生素D缺乏、高磷血症、代谢性酸中毒等多种因素有关,明显钙缺乏时可出现低钙血症。

血磷浓度由肠道对磷的吸收及肾的排泄来调节。当肾小球滤过率下降、尿内排出减少,血磷浓度逐渐升高。血磷浓度高会与血钙结合成磷酸钙沉积于软组织,使血钙降低,并抑制近曲小管产生骨化三醇,刺激甲状旁腺激素(PTH)升高。在肾衰的早期,血钙、磷仍能维持在正常范围,且通常不引起临床症状,只在肾衰的中、晚期(GFR < 20 ml/min)时才会出现高磷血症、低钙血症。低钙血症、高磷血症、活性维生素D缺乏等可诱发继发性甲状旁腺功能亢进(简称甲旁亢)和肾性骨营养不良。

二、蛋白质、糖类、脂肪和维生素的代谢紊乱

1. 蛋白质代谢紊乱 一般表现为蛋白质代谢产物蓄积(氮质血症),也可有血清白蛋白水平下降、血浆和组织必需氨基酸水平下降等。主要与蛋白质分解增多或(和)合成减少、负氮平衡、肾脏排出障碍等因素有关。

2. 糖代谢异常 主要表现为糖耐量减低和低血糖症两种情况,前者多见,后者少见。糖耐量减低主要与胰高血糖素升高、胰岛素受体障碍等因素有关,可表现为空腹血糖水平或餐后血糖水平升高,一般较少出现自觉症状。

3. 脂肪代谢紊乱 高脂血症较常见,多表现为轻到中度高三酰甘油血症,少数表现为轻度高胆固醇血症,或两者兼有;有些患者血浆极低密度脂蛋白(VLDL)、脂蛋白a[LP(a)]水平升高,高密度脂蛋白(HDL)水平降低。

4. 维生素代谢紊乱 可见血清维生素A水平增高、维生素B_6及叶酸缺失等,常与饮食摄入不足、某些酶活性下降有关。

三、心血管系统表现

心血管病变是CKD患者的主要并发症之一和最常见的死因,尤其是进入终末期肾病阶段,死亡率进一步增高。表现为:① 高血压和左心室肥厚;② 心力衰竭:是尿毒症患者最常见死亡原因;③ 尿毒症性心肌病;④ 心包病变;⑤ 血管钙化和动脉粥样硬化等。

四、呼吸系统症状

体液过多或酸中毒时均可出现气短、气促,严重酸中毒可致呼吸深长。体液过多、心功能不全可引起肺水肿或胸腔积液。由尿毒症毒素诱发的肺泡毛细血管渗透性增加、肺充血可引起"尿毒症肺水肿",此时肺部X线检查可出现"蝴蝶翼"征。

五、胃肠道症状

为较早出现和最突出的症状,并随病情进展而加剧。主要表现有食欲不振、恶心、呕吐、口中有氨味。严重者可见消化道出血,多是由于胃黏膜糜烂或消化性溃疡,尤以前者为最常见。

六、血液系统表现

主要表现为肾性贫血和出血倾向。大多数患者一般均有轻、中度贫血,其原因主要由于红细胞生成素缺乏,故称为肾性贫血;如同时伴有缺铁、营养不良、出血等因素,可加重贫血程度。晚期CRF患者有出血倾向,轻者可出现皮下或黏膜出血点、瘀斑,重者则可发生胃肠道出血、脑出血等。其原因多与血小板功能降低有关,部分晚期CRF患者也可有凝血因子Ⅷ缺乏。

七、神经肌肉系统症状

早期症状可有疲乏、失眠、注意力不集中等,其后会出现性格改变、抑郁、记忆力减退、判断力降低。尿毒症时常有反应淡漠、谵妄、惊厥、幻觉、昏迷、精神异常等。周围神经病变也很常见,感觉神经障碍更为显著,最常见的是肢端袜套样分布的感觉丧失,也可有肢体麻木、烧灼感或疼痛感、深反射迟钝或消失,并可有神经肌肉兴奋性增加,如肌肉震颤、痉挛、不宁腿综合征,以及肌萎缩、肌无力等。

八、内分泌功能紊乱

主要表现有:① 肾脏本身内分泌功能紊乱:如红细胞生成素不足和肾内肾素-血管紧张素Ⅱ过多;② 下丘脑-垂体内分泌功能紊乱:如泌乳素、促黑色素激素(MSH)、促黄体生成激素(FSH)、促卵泡激素(LH)、促肾上腺皮质激素(ACTH)等水平增高;③ 外周内分泌腺功能紊乱:大多数患者均有继发性甲旁亢(血PTH升高),部分患者有轻度甲状腺素水平降低;其他如胰岛素受体障碍、性腺功能减退等也较常见。

九、骨骼系统表现

常见肾性骨营养不良(即肾性骨病),包括纤维囊性骨炎(高转化性骨病)、骨生成不良、骨软化症(低转化性骨病)及骨质疏松症。在透析前患者中骨骼X线检查发现异常者约35%,而出现骨痛、行走不便和自发性骨折者较少见。而骨活体组织检查(骨活检)约90%可发现异常,故早期诊断要靠骨活检。

【实验室及其他检查】

实验室检查可见血尿素氮(BUN)、Scr上升,Scr > 133 μmol/L,GFR < 60 ml/min,二氧化碳结合力下降,血尿酸升高。尿常规检查可出现蛋白尿、血尿、管型尿或低比重尿。血常规检查常出现不同程度的贫血。电解质检查常表现为高钾、高磷、低钙等。B超检查多数可见双肾明显缩小、结构模糊。

【诊断与鉴别诊断】

一、诊断

慢性肾衰竭的诊断是GFR < 60 ml/min,有慢性原发或继发性肾脏疾病病史。

关于慢性肾衰竭的肾功能损害程度,可分为:① 肾贮备功能下降期:约相当于美国国家肾脏病基金会的"肾脏病生存质量指导(K/DOQI)"的第2期,GFR减少至正常的50%~80%,血肌酐正常,患者无症状;② 氮质血症期:约相当于K/DOQI的第3期,是肾衰的早期,GFR减少至正常的25%~50%,出现氮质血症,血肌酐高于正常,但小于450 μmol/L,可有轻度贫血、多尿和夜尿多;③ 肾衰竭期:约相当于K/DOQI的第4期,GFR减少至正常的10%~25%,血肌酐显著升高(为450~707 μmol/L),贫血较明显,夜尿增多以及水、电解质失调,可有轻度胃肠道、心血管和中枢神经系统症状;④ 尿毒症期:约相当于K/DOQI的第5期,是肾衰的晚期,GFR减少至正常的10%以下,血肌酐大于707 μmol/L,肾衰的临床表现和血生化异常已十分显著。

二、鉴别诊断

1. **急性肾衰竭与慢性肾衰竭的鉴别** 多数情况下并不困难,往往根据患者的病史即可作出鉴别诊断。在患者病史欠详时,可借助于影像学检查(如B超、CT等)或肾图检查结果进行分析,如双肾明显缩小,或肾图提示慢性病变,则支持CRF的诊断。

CRF有时可发生急性加重或伴发急性肾衰竭。如CRF本身已相对较重,或其病程加重过程未能反映急性肾衰竭演变特点,则称为"慢性肾衰竭急性加重"。如果慢性肾衰竭较轻,而急性肾衰竭相对突出,且其病程发展符合急性肾衰竭演变过程,则可称为"慢性肾衰竭合并急性肾衰竭"。

2. **原发于各系统疾病的症状** CRF各系统表现无特异性,当慢性肾损害病史不清,并以某一系统症状为突出表现时,易误诊为某一系统疾病,如贫血、高血压、胃肠炎、上消化道出血、胸膜炎或心包炎等。

【中医病因病机】

本病发病多与下列因素有关。

1. **肾病日久** 水肿、尿血、淋证、癃闭等多种肾系疾病或消渴病、痹证等病证迁延日久,失治误治,或药毒伤肾,导致肾元亏虚,气化失常,水液内停,泛溢肌肤而为肿;肾失固摄,精微下泄,而成蛋白尿、血尿;气化不利,水液代谢失常,可致湿蕴成浊,升降失司,浊阴不降,则见少尿、大便不通、恶心、呕吐;湿浊毒邪外溢肌肤,可致皮肤瘙痒,或有霜样析出;湿浊毒邪上熏,可致口中臭秽,或有尿味,舌苔厚腻;湿浊上蒙清窍,可致昏睡或神识不清。肾病日久必累及脾,脾虚失运,水湿内停,久蕴亦可成浊成毒;运化失职,气血生化乏源,可见面色无华,气短乏力,心悸头晕,唇舌爪甲色淡。久病入络,可从虚致瘀或从湿致瘀,而见水瘀互结,或络脉瘀阻。

2. **感受外邪** 感受外邪,特别是风寒、风热之邪是该病的主要诱发及加重因素。感受外邪,肺卫失和,肺失通调,水道不利,水湿、湿浊壅盛,更易伤败脾肾之气,使正愈虚,邪愈实。

3. **饮食不当** 饮食不洁或不节,脾胃更损,运化失健,聚湿成浊,水湿壅盛,或湿蕴化热而成湿热。

4. **劳倦过度** 烦劳过度可损伤心脾,而生育不节,房劳过度,肾精亏虚,肾气内伐。脾肾虚衰,则不能化气行水,升清降浊,水液内停,湿浊中阻,而成肾劳、关格之证。肾精亏虚,肝木失养,阳亢风动,遂致肝风内扰。

本病基本病机为脾肾亏虚,湿浊内蕴。其中心病位在脾肾,可累及心、肝、肺、胃等多脏器。若肾阳衰竭,寒水上犯,凌心射肺,久则转变为心悸、胸痹;若阳损及阴,肾阴亏耗,肝阳化风,则可有眩晕、痉厥;若浊邪内盛,内陷心包,而成昏迷、谵妄;浊毒伤血,血不归经,还可出现衄血、呕血、便血等。慢性肾衰竭病理性质为本虚标实:本虚不外气血阴阳的亏虚;标实不外气血津液的病变,常以湿浊为主,兼夹瘀血、水湿、湿热、肝风等病理因素。本虚与标实之间可相互影响,使病情不断恶化,最终正不胜邪,发生内闭外脱、阴竭阳亡的变化。

【中医诊断及病证鉴别】

一、诊断

(1)临床以少尿、大便不通、恶心、呕吐为典型表现,可伴有水肿、面色无华,气短乏力、食欲不振、口中臭秽、皮肤瘙痒、抽搐等症。

(2)具有水肿、尿血、淋证、癃闭等肾系疾病和消渴病、痹证等病证病史。

二、病证鉴别

癃闭与关格 癃闭主要是指以排尿困难,尿量减少,甚则小便闭塞不通,点滴全无为主症的一类病证,是由多种原因导致的膀胱气化不利、尿液潴留引起。关格是大小便不通和恶心呕吐并见的一种病证,是由肾元虚衰,气化不利,湿浊毒邪内蕴,气机逆乱引起。两者皆有小便不通,故需鉴别。癃闭一般无呕吐症状,而关格可见恶心呕吐。不过癃闭可发展为关格,而关格并非都由癃闭发展而来,亦可由肾风、水肿、尿血、淋证、消渴病等发展而成。

【治疗】

一、治疗思路

CRF不同分期,采用不同治疗方法。肾贮备功能下降期应积极治疗原发病,防止肾功能恶化;氮质血症期除治疗原发病外,应防治或去除加重肾衰的诱因,保护残存的肾功能;肾衰竭期纠正水、电解质酸碱失衡及对症处理;尿毒症期必须透析或肾移植治疗。

中西医结合治疗CRF可发挥互补优势,西药在病因治疗、控制血压、利尿、纠正电解质及酸碱平衡失调等方面具有较好的作用。中药对延缓 CRF 病程进展,保护残余肾功能,改善临床症状,提高生存质量等方面具有优势。治疗应遵循《证治准绳·关格》提出的"治主当缓,治客当急"的原则,宜攻补兼施,标本兼顾。对慢性肾衰竭之本脾肾亏虚,治疗以缓,长期缓慢调补脾肾;对慢性肾衰竭之标湿浊毒邪,治疗当急,以泄浊解毒为要务;兼夹瘀血、水湿、肝风等标实证者,分别治以活血化瘀、利水消肿、平肝息风等治法。病程早期一般以辨证论治整体调理的中药水煎汤剂治疗,中晚期可配合静脉滴注中药和中药灌肠,以及药浴等中医综合治疗。

二、西医治疗

(一)治疗基础疾病和使 CRF 恶化的因素

有些引起 CRF 的基础疾病在治疗后具有可逆性。如狼疮性肾炎的尿毒症,若肾活检提示活动性指标较高者,则经治疗后肾功能会有所改善。此外,纠正某些使肾功能恶化的可逆因素,亦可使肾功能获得改善。如及时控制感染、积极控制血压、纠正电解质紊乱、治疗心力衰竭、停用肾毒性药物等。

(二)延缓 CRF 的发展

1. 饮食治疗　在 CRF 早期就该开始饮食治疗,可以缓解 CRF 症状和延缓健存肾单位的破坏速度。K/DOQI 建议,给予低蛋白饮食应考虑个体化,注意营养指标检测,避免营养不良的发生。① 限制蛋白饮食:蛋白质的摄入量宜根据 GFR 作适当调整,GFR 为 10~20 ml/min 者,每日蛋白质限制在 0.6 g/kg,GFR 大于 20 ml/min 者,可加 5 g。一般认为 GFR 降至 50 ml/min 以下时,需进行蛋白质限制,其中 50%~60% 必须是富含必需氨基酸的蛋白质,如鸡蛋、鱼、瘦肉、牛奶等。因植物蛋白含非必需氨基酸较多,故富含植物蛋白的食物应少食,如豆类及其制品等,可部分采用麦淀粉作主食,以代替大米、面粉。② 高热量摄入:高热量饮食可使低蛋白饮食的氮得到充分利用,减少体内蛋白质的分解消耗。热量每日至少需要 125.6 kJ/kg(30 kcal/kg),消瘦或肥胖者酌情加减。可多食入植物油和食糖,觉饥饿可食甜薯、芋头、马铃薯等。③ 其他:给予低磷饮食,每日不超过 600 mg。此外,除有水肿、高血压和少尿者要限制食盐,有尿少、水肿、心力衰竭者应严格控制进水量,尿量每日少于 1 000 ml 者要限制钾的摄入外,其他一般不需特别限制。

2. 必需氨基酸(essential amino acid, EAA)的应用　如果 GFR ≤ 10 ml/min 时,患者因食欲差、蛋白质摄入少,会发生蛋白质营养不良,必须加用 EAA 或 EAA 及其 α-酮酸混合制剂,才可使肾衰竭患者维持较好的营养状态。α-酮酸在体内与氨结合成相应的 EAA,EAA 在合成蛋白质过程中可以结合一部分尿素,故可减少血中尿素氮的水平。EAA 的适应证是肾衰竭晚期患者,一般用量为每日 0.1~0.2 g/kg,分 3 次服用。

3. 控制全身和(或)肾小球内高压力　首选 ACEI 和 ARB。肾小球内高压力亦会促使肾小球硬化,故虽无全身性高血压,亦宜使用 ACEI 或(及)ARB。因 ACEI 和 ARB 能扩张出球小动脉、入球小动脉,但扩张出球小动脉的作用强于入球小动脉,故能降低肾小球内高压力,此外,还能减少蛋白尿和抑制肾组织细胞炎症反应和硬化的过程,从而延缓肾功能减退。钙通道阻滞药控制肾小球内高压力的作用不如 ACEI 与 ARB,但除了有头痛、面部潮红、水肿等副作用外,降压作用亦较好,对肾功能无影响。其他药物如襻利尿剂、β 受体阻滞剂、α 受体阻滞剂等,可酌情联合应用。

(三)并发症的治疗

1. 纠正水、电解质紊乱

(1)维持水平衡:在 CRF 早期,患者可呈渗透性利尿,多尿、夜尿多,而出现脱水,因此,可以放开水分的摄入。到终末期出现尿少,甚至尿闭,就应该严格限制水的摄入,即使已经开始透析治疗,透析的间歇日,也应该适当限制水分摄入,每次透析体重的增长以 2~3 kg 为宜,不能超过 3 kg。每日入水总量 = 尿量 + 无形失水(约 500 ml/d) + 其他丧失(含汗、大便、透析超滤脱水)。假如不遵守以上原则,摄入水过多,就表现为血压增高,甚至导致高容量性心力衰竭,危及生命。当然控制过严,可造成脱水、低血压休克。

(2)钾平衡:CRF 早期因多尿常可低钾或正常钾。到终末期可有高血钾,应避免输库血,避免服含钾量高的中草药、大剂量青霉素(含钾盐)、螺内酯、氨苯蝶啶;若服用 ACEI 制剂,如卡托普利、贝那普利、西拉普利等时,易诱发高血钾,需定期监测血钾的变化,以及充分透析。如果血钾 > 6.5 mmol/L,出现心电图高钾表现,需紧急处理:① 10% 葡萄糖酸钙 20 ml,稀释后缓慢静脉注射;② 5% 碳酸氢钠 100 ml 静脉滴注;③ 25%~50% 葡萄糖液 100~250 ml 加普通胰岛素(6 g 糖:1 U 胰岛素)静脉注射;④ 急症透析(首选血液透析)。

(3)纠正磷钙平衡失调和肾性骨病的治疗:若已出现高磷血症,则口服磷结合剂如碳酸钙或醋酸钙;并在饮食中减少磷的摄入。若已有血甲状旁腺激素(PTH)增高,就应口服骨化三醇胶丸 0.25 μg/d 或 α-D_3(肝功能正常者);若 2~4 周后 PTH 仍居高不降,可用冲击治疗,用骨化三醇胶丸 3~5 μg,一周 3 次。使用中注意观察有无引起高钙血症的副作用。假如 SPECT 测得有肿大的甲状旁腺腺体,有异位钙化,对骨化三醇胶丸治疗无效,则可以用甲状旁腺全切除术或次全切除术。

2. 代谢性酸中毒的治疗　轻度酸中毒时,可口服碳酸氢钠 1~2 g,3 次/d,若严重酸中毒,尤其伴深大呼吸或昏迷时（HCO_3^- <13.5 mmol/L），应静脉补碱；5% 碳酸氢钠 0.5 ml/kg 可提高 1 mmol/L HCO_3^-，一般纠正到 17.1 mmol/L 便可。为预防因纠正酸中毒引起的低钙抽搐，需先给予 10% 葡萄糖酸钙 10 ml 静脉注射。当合并高血压心力衰竭时，静脉注射碳酸氢钠要严密观察，控制剂量。严重酸中毒可用透析治疗。

3. 肾性贫血的治疗 ① 促红细胞生成素（EPO）：当 Hb<60 g/L，红细胞比积（HCT）<30% 时，就应使用，剂量为 2 000~3 000 U，皮下注射 2~3 次/周，用 4~8 周 HCT 升至 35% 时，减量维持，副作用有高血压、血黏度增高。② 补充铁剂和叶酸：常需与 EPO 并用，如硫酸亚铁口服，右旋糖酐铁静脉注射，注意观察铁代谢。③ 输血或红细胞：在严重贫血时，可小量输血，但需注意库血可导致高血钾，输血过多过快可增加容量负荷，诱发心力衰竭。

4. 并发感染的处理 主要是抗生素的选择，禁用有肾毒性的药物，比如氨基糖苷类抗生素、一代和二代头孢霉素、两性霉素等，无肾毒性的药物有青霉素族、第三代头孢霉素如头孢曲松、头孢哌酮等。

（四）替代治疗

当 GFR 6~10 ml/min（Scr>707 μmol/L），且患者开始出现尿毒症临床表现，经治疗不能缓解时，便应行透析治疗。对糖尿病肾病，可适当提前（GFR 10~15 ml/min）安排透析。透析疗法可部分替代肾的排泄功能，但不能代替内分泌和代谢功能。血液透析（简称血透）和腹膜透析（简称腹透）的疗效相近，但各有其优缺点，在临床应用上可互为补充。通常先作透析，待病情稳定并符合有关条件后，可考虑肾移植。

1. 血液透析 血透前 3~4 周，应预先做动静脉内瘘，位置一般在前臂，在长期作血透时，易于用针头穿刺做成血流通道。一般每周作血透 3 次，每次 4~6 小时。每次透析时间的长短，视透析膜性能及临床病情综合决定。在开始血液透析 4~8 周内，尿毒症症状逐渐好转，但 Scr 和 BUN 不会下降到正常水平。贫血虽有好转，但依然存在。肾性骨病可能在透析后仍会有所发展。如能坚持合理的透析，不少患者能存活 15~20 年以上。

2. 腹膜透析 持续不卧床腹膜透析（continuous ambulatory peritoneal dialysis，CAPD）疗法用一医用硅胶透析管永久地插植入腹腔内，透析液通过它输入腹腔，每次约 2 L，6 小时交换一次，一天换 4 次透析液，每次花费时间约半小时。CAPD 是持续地进行透析，尿毒症毒素持续地被清除，血容量不会出现明显波动，在保存残存肾功能方面优于血透，对心血管系统的保护也较好，其疗效与血液透析相同。CAPD 的装置和操作近年已有很大的改进，例如使用 Y 型或 O 型管道，腹膜炎等并发症已大为减少。CAPD 适用于老人、有心血管合并症的患者、糖尿病患者、小儿患者或做动静脉内瘘有困难者。等待肾移植的患者也可作 CAPD。

3. 肾移植 成功的肾移植会恢复正常的肾功能（包括内分泌和代谢功能），可使患者几乎完全康复。移植肾可由尸体或亲属供肾（由兄弟姐妹或父母供肾），亲属肾移植的效果较好。肾移植需长期使用免疫抑制剂，以防排斥反应，常用的药物为糖皮质激素、环孢素、硫唑嘌呤和（或）吗替麦考酚酯等。要在 ABO 血型配型和人类白细胞抗原（HLA）配型合适的基础上，选择供肾者。近年肾移植的疗效改善了很多，特别是尸体肾，在应用环孢素后，移植肾的存活率有较大的提高，HLA 配型佳者，移植肾的存活时间较长。肾移植后要使用大量免疫抑制剂，因而，并发感染者增加，恶性肿瘤的发病率也增加。

三、中医治疗

辨证论治

本虚证

1. 脾肾气虚

证候：倦怠乏力，气短懒言，纳呆腹胀，腰酸膝软，大便溏薄或大便秘结，口淡不渴，舌淡有齿痕，苔白或白腻，脉象沉细。

治法：补气健脾益肾。

方药：六君子汤加减。

药用人参、白术、茯苓、炙甘草、陈皮、半夏等。肾气虚者加仙灵脾、菟丝子、杜仲、寄生；若属脾虚湿困者，可加制苍术、藿香、佩兰、薏苡仁化湿健脾；脾虚便溏加炒扁豆、炒芡实、炒薏米健脾助运；便干者加制大黄通腑泻浊；水肿明显者加车前子、冬瓜皮、猪苓利水消肿。

2. 脾肾阳虚

证候：面色㿠白或黧黑晦暗，下肢浮肿，按之凹陷难复，神疲乏力，纳差便溏或五更泄泻，口黏淡不渴，腰膝酸痛或腰部冷痛，畏寒肢冷，夜尿频多清长，舌淡胖嫩，齿痕明显，脉沉弱。

治法：温补脾肾。

方药：济生肾气丸加减。

药用附子、肉桂、熟地黄、山茱萸、茯苓、牡丹皮、山药、泽泻、牛膝、车前子等。若中阳不振，脾胃虚寒，脘腹冷痛或便溏者,加干姜、炒白术、桂枝温运中阳;若阳虚水泛,水肿较甚者,加猪苓、玉米须、桑白皮、泽兰利水消肿。

3. 气阴两虚

证候：面色少华,神疲乏力,腰膝酸软,口干唇燥,饮水不多,或手足心热,大便干燥,夜尿清长,舌淡有齿痕,脉象沉细。

治法：益气养阴,健脾补肾。

方药：参芪地黄汤加减。

药用党参、黄芪、熟地黄、山萸肉、山药、丹皮、茯苓、泽泻等。若心气阴不足,心悸气短者,可加麦门冬、五味子、紫丹参、炙甘草益气养心;大便干结者可加大黄通腑泻浊。

4. 肝肾阴虚

证候：头晕头痛,耳鸣眼花,两目干涩或视物模糊,口干咽燥,渴而喜饮或饮水不多,腰膝酸软,大便易干,尿少色黄,舌淡红少津,苔薄白或少苔,脉弦或细弦。

治法：滋肾平肝。

方药：杞菊地黄汤加减。

药用枸杞、菊花、熟地黄、山萸肉、山药、丹皮、茯苓、泽泻等。若头晕头痛明显,耳鸣眩晕,血压升高者,可加钩藤、夏枯草、生牡蛎以平肝潜阳。

5. 阴阳两虚

证候：全身乏力,畏寒肢冷,或手足心热,口干欲饮,腰膝酸软,或腰部酸痛,大便稀溏或五更泄泻,小便黄赤或清长,舌胖润有齿痕,舌苔白,脉沉细,全身虚弱症状明显。

治法：温扶元阳,补益真阴。

方药：金匮肾气丸加减。

药用附子、肉桂、熟地黄、山萸肉、山药、茯苓、丹皮、泽泻等。恶心呕吐,纳少腹胀者,则先予调补脾胃,健脾助运,可选炒薏苡仁、炒白术、姜半夏、陈皮、川黄连、苏叶。

标实证

1. 湿浊证

证候：恶心呕吐,胸闷纳呆,或口淡黏腻,口有尿味。

治法：和中降逆,化湿泄浊。

方药：小半夏加茯苓汤加减。

药用半夏、生姜、茯苓等。湿浊较重,舌苔白腻,加制苍术、砂仁、白蔻仁、生薏苡仁运脾燥湿;小便量少者加冬瓜皮、车前子、玉米须利水泄浊。

2. 湿热证

证候：中焦湿郁化热常见口干口苦,甚则口臭,恶心频频,舌苔黄腻。下焦湿热可见小溲黄赤或溲解不畅,尿频、尿急、尿痛等。

治法：中焦湿热宜清化和中;下焦湿热宜清利湿热。

方药：中焦湿热者以黄连温胆汤加减;下焦湿热以四妙丸加减。

中焦湿热者,药用陈皮、半夏、茯苓、竹茹、枳实、黄连、甘草等;下焦湿热者,药用苍术、黄柏、牛膝、薏苡仁等。恶心明显者加苏叶、代赭石;尿频、尿急者加蒲公英、车前草、萹蓄、土茯苓。

3. 水湿证

证候：面目及四肢浮肿,或全身浮肿,甚则有胸水、腹水。

治法：利水消肿。

方药：五皮饮或五苓散加减。

药用桑白皮、陈皮、生姜皮、大腹皮、茯苓皮、白术、茯苓、猪苓、桂枝等。气虚水湿内停者用防己黄芪汤补气健脾利水;肾阳不足用济生肾气丸、真武汤加减;肝肾阴虚,气阴两虚证,加淡渗利水不伤阴液之品,如连皮茯苓、生薏苡仁、猪苓以扶正行水,少用或不用攻泻逐水之品。此外水气证日久或伴血瘀者常在各种辨证的基础上加用活血化瘀利水之品,如益母草、泽兰等。

4. 血瘀证

证候：面色晦暗或黧黑或口唇紫黯,腰痛固定或肢体麻木,舌紫黯或有瘀点、瘀斑,脉涩或细涩。

治法：活血化瘀。

方药：桃红四物汤加减。

药用桃仁、红花、当归、白芍、熟地黄、川芎等。通常在本虚证治疗的基础上加用活血化瘀之品。气虚血瘀者加用生黄芪益气活血；久病瘀滞，难以起效者，可加重活血化瘀药药量，或加蝉蜕、僵蚕、水蛭、地鳖虫等。

5. 肝风证

证候：头痛头晕，手足蠕动，筋惕肉瞤，抽搐惊厥。

治法：平肝息风。

方药：天麻钩藤饮加减。

药用天麻、钩藤、石决明、川牛膝、桑寄生、杜仲、栀子、黄芩、益母草、茯神、夜交藤等。肝肾阴虚者加用枸杞子、山茱萸、首乌、白芍、鳖甲、龟板等滋补肝肾，养阴息风。

【转归、预防与调护】

CRF通常是进行性肾功能损害，随着病情的进展，最终进入尿毒症。CRF的进展速度与原发病有关，并常受到诱发因素的影响，可出现肾功能的急剧恶化。因此，积极治疗原发病控制诱因，保护残余肾单位，有助于延缓肾功能的恶化。尿毒症期以及出现高血钾、严重酸中毒、心力衰竭等并发症则需配合透析治疗。

初级预防要及早发现肾脏病或可能累及肾脏的原发疾病，积极控制，以防发生CRF。对已出现CRF者，要积极控制诱发加重的可逆因素，治疗原发病，纠正高血压及水、电解质、酸碱平衡失调，以延缓肾衰竭进展。

生活上注意适当休息，避免劳累，防止感冒。饮食宜优质低蛋白、低磷饮食，忌生冷辛辣，肥甘厚味，暴饮暴食，戒烟忌酒。对血钾偏高者注意避免水果、红枣等高钾食物，对严重水肿及合并心力衰竭患者应减少盐的摄入。此外，应保持大便通畅，减少氮质潴留，以保持每日大便2~3次为宜，以利毒性物质排出。

（丁英钧）

中西医结合内科学

第六篇 血液系统疾病

第三十八章 缺铁性贫血

缺铁性贫血(iron deficient anemia,IDA)是指体内贮存铁不足引起的小细胞低色素性贫血,属于血红蛋白合成异常性贫血。由体内贮存铁不足致贮铁耗尽,继而缺铁性红细胞生成。

缺铁性贫血属于最常见的贫血性疾病,各国的发病率报道不同,但均以婴幼儿、青少年及妊娠期女性的发病率最高,尤其在经济不发达地区明显增高。

本病属中医学"虚劳"、"萎黄"、"黄胖"等范畴。

【病因和发病机制】

一、病因

1. 摄入不足及需铁量增加 婴幼儿、青少年、妊娠及哺乳期妇女需铁量较大,女性月经过多,对铁的需求增加,加之青少年偏食易缺铁,如不补充肉类、蛋类等高铁食物,易造成铁摄入不足而引起缺铁性贫血。

2. 吸收不良 十二指肠和空肠上段是主要的铁吸收部位,胃大部切除后,食物绕过十二指肠快速进入空肠,加之胃酸分泌减少,使铁的吸收障碍。慢性肠炎、长期不明原因的腹泻等导致的胃肠功能紊乱,均可导致铁吸收障碍而引起缺铁性贫血。肝病、无转铁蛋白血症等造成的铁转运障碍是缺铁性贫血的少见病因。

3. 损失过多 各种原因引起的失血过多,如胃十二指肠溃疡、胃底静脉曲张破裂、肺结核、月经失调、子宫肌瘤、血红蛋白尿、反复血液透析、多次献血等造成的铁损失过多。

二、发病机制

1. 血红蛋白合成障碍 转铁蛋白受体表达于红系造血细胞膜表面,吸收入血的铁与转铁蛋白结合并被转移到组织与细胞内,参与形成血红蛋白,当体内缺铁时,转铁蛋白饱和度减低,未结合铁的转铁蛋白升高,组织和红细胞内缺铁,原卟啉不能与铁结合成为血红素,红细胞胞浆少、体积小,胞核染色质致密,血红蛋白合成减少,形成小细胞低色素性贫血。

2. 含铁酶活性下降 细胞中含铁酶和铁依赖酶活性下降,影响线粒体的氧化酶解循环,出现神经、智力发育障碍,肌肉和免疫功能下降。缺铁可使上皮蛋白质角化变性,导致黏膜病变,外胚叶组织营养障碍,如出现胃酸分泌减少,消化道、呼吸道黏膜萎缩,屏障功能降低,易发感染等,或味觉异常,产生异食癖。

【病理】

骨髓增生活跃或明显活跃,以红系增生为主,中晚幼红细胞明显增生,体积比一般中幼红细胞略小,边缘不整齐,胞质少,染色偏蓝,核固缩似晚幼红细胞。白细胞及巨核细胞正常。铁幼粒细胞消失,细胞外铁阙如。

【临床表现】

一、贫血

头昏、头痛、易倦、乏力、纳差、耳鸣、眼花、记忆力减退、心悸、气促、眩晕等表现,常伴有心率增快、皮肤黏膜苍白。

二、缺铁表现

儿童智力低下、发育迟缓;易感染;体力下降;注意力不集中、烦躁、易怒等精神行为异常;皮肤干燥,毛发干枯,指(趾)甲无光泽、易裂,指(趾)甲变平或呈勺状;舌炎、口腔炎、缺铁性吞咽困难等。

三、原发病表现

消化道溃疡或息肉、寄生虫感染、痔疮等导致的血便、黑便或腹痛;子宫肌瘤、放置宫内节育器、月经失调引起的月经过多;肺结核、支气管扩张导致的咯血;血管内溶血的血红蛋白尿;肿瘤性消瘦等。

四、并发症

严重持久的贫血可导致心脏扩大,二尖瓣及肺动脉瓣闻及收缩期杂音,甚至发生心力衰竭。

【实验室及其他检查】

一、血液检查

小细胞低色素性贫血血液检查示,血红蛋白(Hb)男性<120 g/L,女性<110 g/L(孕妇<100 g/L),平均红细胞体积(MCV)<80 fl,平均红细胞血红蛋白量(MCH)<26 pg,平均红细胞血红蛋白浓度(MCHC)<0.32。红细胞形态呈体积小、中央染色区扩大的低色素表现。血小板及白细胞正常或减低,网织红细胞可正常或有轻度升高。

二、骨髓检查

红细胞系增生活跃或明显增生,中、晚期幼红细胞比例增多,体积小、边缘不齐,核染色质密,胞浆少且呈偏蓝色,血红蛋白形成不良。

三、铁代谢

总铁结合力>64.44 μmol/L,血清(血浆)铁浓度明显降低(<8.95 μmol/L),运铁蛋白饱和度<0.15,血清铁蛋白<12 μg/L。骨髓涂片铁粒幼红细胞减少或消失(<15%),无深蓝色的含铁血黄素颗粒。

四、卟啉代谢

红细胞内游离原卟啉(FEP)浓度增高(>0.9 μmol/L),锌卟啉(ZPP)>0.96 μmol/L(全血),FEP/Hb>4.5 μg/gHb。

【诊断与鉴别诊断】

一、诊断

(1) 小细胞低色素性贫血:Hb计数男性<120 g/L,女性<110 g/L(孕妇<100 g/L),MCV<80 fl,MCH<26 pg,MCHC<0.32。

(2) 血清(血浆)铁<8.95 μmol/L,运铁蛋白饱和度<0.15,总铁结合力>64.44 μmol/L。

(3) FEP浓度增高(>0.9 μmol/L),ZPP>0.96 μmol/L(全血),或FEP/Hb>4.5 μg/gHb。

(4) 骨髓涂片铁粒幼红细胞减少或消失(<15%),无深蓝色的含铁血黄素颗粒。

(5) 血清铁蛋白<12 μg/L。

(6) 明确的铁缺乏病因及临床表现。

(7) 铁剂治疗有效。

二、临床分期

(一) 贮铁耗尽期(ID)

血清铁蛋白<12 μg/L;骨髓涂片铁粒幼红细胞减少或消失(<15%),无深蓝色的含铁血黄素颗粒。血清铁和血红蛋白正常。

(二) 缺铁性红细胞生成期(IDE)

符合贮铁耗尽期的诊断,且运铁蛋白饱和度<0.15,血清(血浆)铁<8.95 μmol/L,总铁结合力>64.44 μmol/L,FEP/Hb>4.5 μg/gHb。

(三) 贫血期(IDA)

符合缺铁性红细胞生成期的诊断,且贫血为小细胞低色素性:Hb计数男性<120 g/L,女性<110 g/L(孕妇<100 g/L),MCV<80 fl,MCH<26 pg,MCHC<0.32。

三、鉴别诊断

1. **慢性病性贫血** 多由肿瘤、感染或慢性炎症等引起。多数患者呈正常细胞正常色素性贫血,部分患者呈现小细胞或低色素性贫血,血清铁降低、但总铁结合力不增加、运铁蛋白饱和度减低,血清铁蛋白增多,骨髓中红细胞可代偿性增生。

2. **铁幼粒细胞性贫血** 血红素在幼红细胞线粒体内合成异常引起的红细胞铁利用障碍性贫血。血清铁、血清铁蛋白和运铁蛋白饱和度增高,含铁血黄素颗粒增加,铁粒幼细胞增多,出现环形铁粒幼细胞(>0.15)。周围血片可呈正常形态和不正常两类细胞。

3. 地中海贫血 具慢性溶血面容,有家族史。血片中见较多靶形红细胞,有珠蛋白肽链合成数量异常的证据,可见胎儿血红蛋白F(HbF)和血红蛋白A_2(HbA_2)增高,血清铁、运铁蛋白饱和度、总铁结合力不减低或增高,血红蛋白电泳可见异常血红蛋白带。

4. 转铁蛋白缺乏症 因肿瘤或严重肝病继发,有原发病表现;染色体隐性遗传导致,伴发育不良或多器官功能受损,幼儿时发病。血清铁、血清铁蛋白、总铁结合力和含铁血黄素均明显减少。

【中医病因病机】

中医学认为,本病属虚损劳伤,因饮食不节、久病虚损、瘀血内生或虫积肠内,使脾胃虚弱,运化失常,气血生化无源或瘀阻而新血不生,久致气虚血少而发病。

1. 饮食不节 饮食不节,暴饮暴食,少食节食,使脾胃受损,运化失司;偏食而化血乏源,气血亏虚。
2. 久病虚损 久病未愈,如脾胃疾患,致脾虚胃弱,运化无力,而气血亏虚;或病损及肾,肾虚精亏,无以化生血液。失血过多,如长期咯血、便血、呕血,或崩漏、产后大出血等,致气血亏损。
3. 瘀血内生 久病不愈,气血不畅,瘀血内生,而致新血不生,气虚血少。
4. 虫积肠内 各种寄生虫侵入人体,长期积于肠内,大量吸收人体精华物质,久之则致气血亏损,虫积肠内也使脾胃受损,运化失常,致气血不足而发病。

【中医诊断及病证鉴别】

《医门法律·虚劳门》曰:"饮食少则血不生,血不生则阴不足以配阳,势必五脏齐损。"辩证以阴阳气血为纲,需辨明虚实。

脾胃虚弱,气血虚少症状,主要表现为面色无华或萎黄,神疲倦怠,四肢乏力,爪甲无华,口唇淡白,食少便溏。

病证鉴别

本病需与"眩晕"、"黄疸"相鉴别。

1. 眩晕 与虚损均有面色苍白,汗出,或恶心、呕吐表现,但主症是头晕眼花,轻者闭目即止,严重者感头晕目眩,如坐舟车,基本病机为风、火、痰、瘀上扰清窍,或精亏血虚,清空失养。虚损的头晕,无旋转感,病机为生化无源,气血亏虚。
2. 黄疸 与萎黄、黄胖均有面色萎黄、身黄,但萎黄以干萎无华为特征,黄胖有面目胖肿,萎黄和黄胖均无目黄和小便黄;黄疸除面身黄,还有目黄与小便黄,主要病机为脾胃肝胆功能失常,湿浊阻滞。

【治疗】

一、治疗思路

寻找病因,祛除病因;铁剂治疗,补足贮铁。

首先应查明病因,祛除病因并采取相应的治疗,如为单纯摄入不足,则积极地补铁治疗;如为吸收障碍和丢失过多,则在补铁治疗的同时,治疗并根除原发病。

西医补铁先采用口服补铁,不能耐受或效果不佳时则肌内注射铁剂。

中医治疗总的治则是,健脾益胃,补气生血。先分清标本虚实,病因为"本",导致的"萎黄"为标,急则治标,缓则治本;虚则补之,实则泻之。

二、西医治疗

(一)病因治疗

明确病因是治疗的基础,病因治疗可能比纠正贫血本身更重要,不除病因,贫血也难以彻底根治,所以,尽可能祛除缺铁的病因。婴幼儿、青少年、妊娠期单纯摄入不足的,补充蛋、肉等富含铁的食品,有偏食的要纠正偏食习惯;消化道疾患导致的长期出血,要反复检查大便潜血和胃镜或肠道X线检查,对消化性溃疡出血者采用抑酸治疗;各种原因引发的月经过多,积极治疗原发病;确认恶性肿瘤者应手术或放化疗;寄生虫感染者行驱虫治疗。

(二)补充铁剂

1. 口服铁剂 首先选用口服补铁。可选用,① 硫酸亚铁:0.3 g/次,每日3次,硫酸亚铁为二价铁,易于吸收。② 速力菲(琥珀酸亚铁):0.1 g/次,每日3次。③ 富马酸亚铁:0.2 g/次,每日3次,富马酸亚铁含铁较高。④ 多糖铁复合物胶囊(铁配体复合物):150 mg/次,每日1~2次。⑤ 右旋糖酐铁:50 mg/次,每日2~3次。⑥ 枸橼酸铁铵:可配成10%溶液,10 ml 均次内服,每日3次,因为是三价铁,不易被吸收,但便于儿童口服。

食用肉、蛋、鱼类等可促进铁的吸收,加用维生素C,使二价铁稳定,也有利于药物铁剂的吸收,乳类、谷类及茶等可抑制药物铁剂的吸收,服铁剂期间应注意。

2. 注射用铁剂　口服铁剂不能耐受者,或患有胃肠道疾病而铁吸收障碍者,改用铁剂注射。可选用右旋糖酐铁:首次剂量50 mg,缓慢深部肌内注射,观察患者反应,如无发热、头痛、过敏性休克、荨麻疹等不良反应,每日100 mg深部肌内注射。总剂量计算公式如下:铁注射剂总需量(mg)=[正常血红蛋白浓度(g/L) - 患者血红蛋白浓度(g/L)]×患者体重(kg)×0.24 + 500 mg。

口服铁剂治疗有效,首先表现在外周血网织红细胞增多,2 周后血红蛋白浓度上升,高峰出现在服药后5~10天,一般2个月左右恢复正常。缺铁性贫血患者补铁治疗的最终目的是要补足贮存铁,因此,血象恢复正常后,铁剂治疗必须至少持续4~6个月,待铁蛋白正常后才能停药,使贮存铁充足,以避免复发。

三、中医治疗

辨证论治

1. 脾胃虚弱

证候:面色萎黄或无华,神疲倦怠,四肢乏力,食少便溏,口唇淡白,爪甲无华,舌质淡,苔薄腻,脉细弱。

治法:健脾益胃,益气补血。

方药:补中益气汤加减。

药用人参、白术、黄芪、当归、升麻、陈皮、砂仁、柴胡、生姜、大枣、甘草。畏寒肢冷者改用炮姜,或加附子;泄泻便溏者加茯苓、山药。

2. 心脾血虚

证候:面色苍白或㿠白,倦怠乏力,头晕心悸,失眠,少气懒言,食欲不振,毛发干脱,爪甲裂脆,舌质淡胖,苔薄,脉濡细。

治法:补气益血,养心安神。

方药:归脾汤加减。

药用人参、白术、黄芪、茯神、龙眼肉、酸枣仁、远志、当归、木香、甘草。心悸失眠健忘重者可加夜交藤、合欢皮、生龙骨、生牡蛎以安神;贫血严重者加阿胶、黄精补血;崩漏、便血不止加艾叶炭止血。

3. 脾肾阳虚

证候:面色萎黄少华,形寒肢冷,腰膝酸软,神疲气短,唇甲淡白,周身浮肿,甚则可有心悸,腹水,大便溏薄或有五更泻,小便清长,男子阳痿,女子经闭,舌质淡或有齿痕,脉沉细。

治法:温脾补肾,温阳益气。

方药:八珍汤合无比山药丸加减。

药用人参、当归、川芎、白术、山药、茯苓、芍药、熟地黄、山茱萸、肉苁蓉、菟丝子、茯神、巴戟天、赤石脂、杜仲、牛膝、泽泻、甘草。腹泻严重者加炒扁豆;水肿明显加猪苓。

4. 肝肾阴虚

证候:头晕耳鸣,胁肋灼痛,潮热盗汗,五心烦热,面部烘热,两目干涩,口干咽燥,或手足蠕动,舌红少津,脉弦细数。

治法:滋补肝肾,养阴清热。

方药:知柏地黄丸加减。

药用知母、黄柏、熟地、山药、茯苓、山茱萸、泽泻、牡丹皮。目干涩畏光,或视物模糊者,加草决明养阴明目;眩晕耳鸣严重,头痛,急躁易怒者,加钩藤、石决明平抑肝阳,加栀子、龙胆草清肝降火。

5. 虫积肠胃

证候:儿童、青少年多见,除贫血症状外,尚有腹胀腹痛,善食易饥,恶心呕吐,大便干结或溏薄有虫体排出,神疲肢软,面色萎黄,嗜食生米、茶叶、泥土或有虫斑等虫积证候,色淡,苔薄白,脉虚弱。

治法:驱虫消积,补气益血。

方药:化虫丸合归脾汤加减。

药用胡粉(炒)、鹤虱(去土)、槟榔、苦楝根(去浮皮)、白矾、芜荑、使君子为末,以面糊丸,合用茯神、远志、酸枣仁、木香、龙眼肉、人参、黄芪、白术、当归、甘草。腹痛重者加元胡、延胡索以行气止痛。

【转归、预防与调护】

单纯因摄入不足而引起的贫血,预后好,易恢复;因原发病引起的,取决于原发病因和原发病是否能祛除。消除病因并用铁剂治疗,预后良好。

预防的重点人群在婴幼儿、青少年及妊娠期女性。婴幼儿应及时补充肝、蛋类等富含铁的食品;青少年定期查寄生虫,纠正偏食;妊娠期、哺乳期女性适当补充铁剂;防治女性月经过多;对于慢性出血性疾病、肿瘤患者,应重视并注意合理调护。

(伍 平)

第三十九章
再生障碍性贫血

再生障碍性贫血(aplastic anemia, AA),简称再障,是由多种原因引起的骨髓造血干祖细胞缺陷,造血微环境损伤以及免疫机制改变所致骨髓造血功能衰竭,临床上以全血细胞减少为主要表现的一组综合征。根据患者的病情、血象、骨髓象及预后,可将其分为重型再障和非重型再障。

再障与中医的"髓劳"相似,中医学称之为"血虚"、"血枯"、"血证"、"虚劳"、"虚损"等病名。历代医家对本病论述颇多,如《内经》记载:"精气内夺则积虚成损,积损成劳。"又如《类证治裁》记载:"凡虚损起于脾胃,劳瘵多起于肾经。"

【病因和发病机制】

一、病因

再障发生原因不明,可能与下列因素有关。

1. 药物因素 是最常见的发病因素。药物性再障有2种类型:

(1) 和剂量有关 系药物毒性作用,达到一定剂量就会引起骨髓抑制,一般是可逆的,停药后骨髓造血功能可以恢复。

(2) 和剂量关系不大 多系药物的过敏性反应,常导致持续性再障,难以逆转。药物性再障最常见的是由氯霉素引起的。

2. 化学因素 药物及化学物质与再障发病的关系较大,苯及其衍生物最多见,如杀虫剂、农药、染发剂等可引起再障。

3. 电离辐射 如X线、γ线等,长期超允许量放射线照射可致再障。

4. 病毒感染 病毒性肝炎和再障的关系已肯定,称为病毒性肝炎相关性再障。

5. 免疫因素 胸腺瘤、系统性红斑狼疮和类风湿关节炎等与免疫有关的疾病可继发再障。

6. 其他因素 阵发性睡眠性血红蛋白尿症(paroxysmal nocturnal hemoglobinuria, PNH)和再障关系相当密切,两者可相互转化,再障可发生在妊娠期,亦可继发于慢性肾衰竭等。

二、发病机制

(一) 造血干祖细胞缺陷

造血干细胞量和质的异常是重要的发病机制。AA患者骨髓$CD34^+$细胞较正常人明显减少,减少程度与病情相关;其$CD34^+$细胞中具有自我更新及长期培养启动能力的"类原始细胞"明显减少。AA造血干祖细胞集落形成能力显著降低,体外对造血生长因子(HGFs)反应差,免疫抑制治疗后恢复造血不完整。部分AA有单克隆造血证据,且可向PNH、骨髓增生异常综合征(myelodysplastic syndrome, MDS)甚至白血病转化。

(二) 造血微环境异常

造血微环境包括骨髓基质细胞、细胞外间质、血管系统特别是微循环,以及相随的神经组织。再障患者骨髓活检的组织切片中可见毛细血管较少,间质有水肿;电镜下观察可见严重的血窦、微血管壁损伤,造血微环境有病变。组织培养成纤维细胞集落生成单位(CFU-F)、骨髓的间质细胞也减少。故有学者认为再障的发病是造血微环境缺陷所致。

(三) 免疫异常

AA患者外周血及骨髓淋巴细胞比例增高,T细胞亚群失衡,T辅助细胞1型(Th1)、$CD8^+$T抑制细胞、$CD25^+$T细胞和$\gamma\delta TCR^+$T细胞比例增高。T细胞分泌的造血负调控因子(IFN-γ、TNF)明显增多,髓系细胞凋亡亢进。细胞毒性

T细胞分泌穿孔素直接杀伤造血干细胞而使髓系造血功能衰竭。多数患者用免疫抑制治疗有效。

以往认为,在一定遗传背景下,AA可能通过3种机制发病:原发、继发性造血干祖细胞(种子)缺陷、造血微环境(土壤)及免疫(虫子)异常。近年来认为AA的主要发病机制是免疫异常。T细胞功能异常亢进,细胞毒性T细胞直接杀伤和淋巴因子介导的造血干细胞过度凋亡引起的骨髓衰竭是AA的主要发病机制。造血微环境与造血干祖细胞量的改变是异常免疫损伤的结果。所谓造血干祖细胞质异常性"AA"实乃部分与AA相似,未能鉴别出来的PNH、MDS、范科尼贫血(Fanconi anemia)等。

【临床表现】

一、重型再生障碍性贫血

起病急,进展快,症状重,病程短;少数可由非重型AA进展而来。

1. 贫血 苍白、乏力、头昏、心悸和气短等症状进行性加重。

2. 感染 多数患者有发热,体温在39℃以上,感染部位以呼吸道感染最常见,其次有消化道、泌尿生殖道及皮肤、黏膜感染等。感染菌种以革兰阴性杆菌、金黄色葡萄球菌和真菌为主,常合并败血症。

3. 出血 出血严重而广泛,体表出血表现为皮肤可有出血点或大片瘀斑,口腔黏膜有血泡,有鼻出血、牙龈出血、眼结膜出血等。深部脏器出血时可见呕血、咯血、便血、血尿、阴道出血、眼底出血和颅内出血,后者常危及患者的生命。

二、非重型再生障碍性贫血

发病多缓慢,以贫血症状为主,病情进展比较缓慢,贫血、感染和出血的程度较重型轻,也较易控制。久治无效者可发生颅内出血。

【实验室检查】

一、血象

呈全血细胞减少,贫血属正常细胞型。网织红细胞显著减少。

二、骨髓象

多部位骨髓增生减低,粒、红系及巨核细胞明显减少且形态大致正常,淋巴细胞、网状细胞及浆细胞等非造血细胞比例明显增高。骨髓小粒无造血细胞,呈空虚状,可见较多脂肪滴。骨髓活检显示造血组织均匀减少,脂肪组织增加。

三、发病机制检查

检查$CD4^+$细胞:$CD8^+$细胞比值减低,Th1型细胞:Th2型细胞比值增高,$CD8^+$T抑制细胞、$CD25^+$T细胞和$\gamma\delta TCR^+$T细胞比例增高,血清IFN-γ、TNF水平增高;骨髓细胞染色体核型正常,骨髓铁染色示贮铁增多,中性粒细胞碱性磷酸酶染色强阳性;溶血检查均阴性。

【诊断与鉴别诊断】

一、诊断

(一)再障诊断标准

1. 血常规检查 全血细胞减少,校正后的网织红细胞比例<1%,淋巴细胞比例增高。至少符合以下3项中的2项:Hb<100 g/L;血小板计数$<50 \times 10^9$/L;中性粒细胞绝对值$<1.5 \times 10^9$/L。

2. 骨髓穿刺 多部位(不同平面)骨髓增生减低或重度减低;小粒空虚,非造血细胞(淋巴细胞、网状细胞、浆细胞、肥大细胞等)比例增高;巨核细胞明显减少或阙如;红系、粒系细胞均明显减少。

3. 骨髓活检(髂骨) 全切片增生减低,造血组织减少,脂肪组织和(或)非造血细胞增多,网硬蛋白不增加,无异常细胞。

4. 除外检查 必须除外先天性和其他获得性、继发性骨髓衰竭(BMF)性疾病。

(二)再障分型诊断标准

1. 重型AA诊断标准(Camitta标准) ①骨髓细胞增生程度<正常的25%;如≥正常的25%但<50%,则残存的造血细胞应<30%。②血常规:需具备下列3项中的2项:中性粒细胞绝对值$<0.5 \times 10^9$/L;校正的网织红细胞<1%或绝对值$<20 \times 10^9$/L;血小板计数$<20 \times 10^9$/L。③若中性粒细胞绝对值$<0.2 \times 10^9$/L为极重型AA。

2. 非重型 AA 诊断标准　未达到重型标准的 AA。

二、鉴别诊断

（一）与其他类型的再障鉴别

1. 遗传性 AA　如范科尼贫血、家族性增生低下性贫血（Estren-Dameshek 贫血）及胰腺功能不全性 AA（Schwachman-Diamond 综合征）等，家族史往往可以提供发生贫血的遗传背景。范科尼贫血，又称先天性 AA，表现为一系或两系或全血细胞减少，可伴发育异常、皮肤色素沉着、骨骼畸形、器官发育不全等。有可能发展为 MDS、急性白血病及其他各类肿瘤性疾病。实验室检查可发现"Fanconi 基因"，细胞染色体受丝裂霉素 C 作用后极易断裂。

2. 继发性 AA　有明确诱因。各种电离辐射、化学毒物和药物等暴露史对继发性再障诊断至关重要。长期接触 X 射线、γ 射线及放射性核素等可影响 DNA 的复制，抑制细胞有丝分裂，干扰骨髓细胞生成，使造血干细胞数量减少。抗肿瘤化疗药物以及苯等对骨髓的抑制与剂量相关，是引起继发性再障比较肯定的因素。一些严重疾病如肾衰竭，败血症和肿瘤浸润骨髓的晚期也可呈现 AA。

（二）与其他全血细胞减少的疾病鉴别

1. PNH　本病可伴有全血细胞减少，但出血和感染较少见，脾脏可能肿大，溶血发作时出现黄疸及酱油色尿；网织红细胞高于正常，酸溶血试验（Ham 试验）、糖水试验及尿含铁血黄素试验均为阳性。流式细胞仪检测骨髓或外周血细胞膜上的 CD55、CD59 表达明显下降。再障与本病有时可同时存在或互相转化。

2. MDS　MDS 的某些亚型有全血细胞减少，网织红细胞有时不高甚至降低，骨髓也可低增生，这些易与 AA 混淆。但病态造血现象，早期髓系细胞相关抗原（CD13、CD33、CD34）表达增多，造血祖细胞培养集簇增多、集落减少，染色体核型异常等有助于 AA 鉴别。

3. 自身抗体介导的全血细胞减少　包括伊文思综合征（Evans's syndrome）和免疫相关性全血细胞减少。前者可测及外周成熟血细胞的自身抗体，后者可测及骨髓未成熟血细胞的自身抗体。这两类患者可有全血细胞减少并骨髓增生减低，但外周血网织红细胞或中性粒细胞比例往往不低甚或偏高，骨髓红系细胞比例不低且易见"红系造血岛"，对糖皮质激素和大剂量静脉免疫球蛋白的治疗反应较好。

4. 急性造血功能停滞　本病常在溶血性贫血或感染发热的患者中发生，全血细胞尤其是红细胞骤然下降，网织红细胞可降至零，骨髓三系减少，与重型再生障碍性贫血相似。但病程早期骨髓涂片尾部可见巨大原始红细胞，病程呈自限性，约 1 个月后可自然恢复。

5. 低增生性急性白血病（hypoproliferative acute leukemia，HAL）　本病多见于老年人，常有贫血、出血和发热，外周血有全血细胞减少，骨髓增生减低，肝脾一般不大，血象中可有幼稚细胞，骨髓象有原始或幼稚细胞增多，原始细胞的增多达到白血病诊断标准。如能发现白血病的融合基因更有助于鉴别。

6. 间变性大细胞淋巴瘤和恶性组织细胞病　常有全血细胞减少，但是高热为非感染性，肝、脾、淋巴结肿大，黄疸、出血较重。多部位骨髓检查可找到异常淋巴细胞或组织细胞。

【中医病因病机】

中医学认为再障的发生主要因先天不足，七情妄动，外感六淫，饮食不节，邪毒外侵，或大病久病之后，伤及气血，脏腑，尤其影响到肝、心、脾、肾及骨髓，因而出现血虚及虚劳诸证。

1. 先天不足，肾精亏虚　由于先天禀赋薄弱，肾精不足，精不化血。《明医指掌》（订补本）曰："小儿之劳，得于母胎"。《虚劳心传》说："有童子患此病，则由于先天禀赋不足，肾精亏虚，精血不足"，而见一系列髓劳证候。

2. 七情妄动，伤及五脏　思虑过度，伤及心脾；恼怒伤肝，惊恐伤肾；劳力过度，损耗机体正气；房事不节，肾精耗损；五脏受损，阴精气血亏虚，气血生化不足，而发为本病。

3. 饮食不节，伤及脾胃　饥饱失常，饮食不节，脾胃受损，气血生化无源，遂成髓劳。

4. 外感六淫，伤及肝脾肾　外邪侵袭机体，体虚之人则易直中三阴，损伤肝脾肾三脏，精血生化乏源，发为本病。正如《内经》所云："邪之所凑，其气必虚。"

5. 邪毒外侵，入血伤髓　由于遭受邪毒侵害，或因药毒内攻，邪毒蕴郁，入血伤髓，发为髓劳。

6. 病久不愈，瘀血阻滞　大病久病，失于调理，久虚不复，致气血不畅，瘀血阻滞，新血不生，发为本病。

总之，本病多为虚证，也可见虚中夹实。气血阴阳虚损，脏腑功能紊乱为本病的基本病机，病变部位在骨髓，发病脏腑与心、肝、脾、肾相关，尤与肾的关系最为密切，肾虚是其根本，气血两虚为其标。

【中医诊断】

一、辨病

本病的临床表现常为乏力、疲劳、头晕、心悸、气短、鼻衄、齿衄、肌衄、手脚心热、怕冷、便溏、腰膝酸软、纳差等,舌质淡,苔白,或有舌面瘀斑,脉细数,如复感外邪,邪毒入血伤髓,临床表现还可见发热,咽痛,咳嗽,口干口苦,舌红,苔黄,脉滑数。中医辨证为气血不足,脾肾两虚,阴阳两虚,热毒壅盛。疾病早期只有气血两虚,晚期有严重阴虚或阳虚。

二、辨证分型

将重型再及非重型再障统一分为五型:热毒型、阴虚型、阳虚型、阴阳两虚型、气血两虚型。

【治疗】

一、治疗思路

再障的治疗应做到早期诊断,早期治疗。对有病因存在者,应祛除病因,禁用一切可能对骨髓造血功能有损害的药物。对急性或重型再障,应尽早使用免疫抑制剂及骨髓移植等;慢性再障以雄激素治疗为主,辅以免疫抑制剂及改善骨髓造血微环境药物。中医治疗急性再障多以清热凉血解毒为主,对慢性再障治疗除补肾温阳滋阴、益气补血外,近年有用活血化瘀法治疗。根据"瘀血不去,新血不生"的理论,可适当加用活血化瘀药如丹参、鸡血藤、三七等药治疗。据一些试验研究补肾药可促进造血干细胞的增殖,活血药可改善造血微环境,有利于血细胞的增殖与分化。

在再障的治疗中,中药结合西药治疗疗效比较满意,优于单纯用中药或西药。中西医结合能取长补短,充分发挥中、西医各自的优势,且可减少西药的用量,减轻西药的不良反应,缩短疗程,巩固疗效。

二、西医治疗

(一) 支持治疗

1. 保护措施 预防感染,注意皮和口腔卫生,重型再生障碍性贫血需要保护性隔离;避免出血,防止外伤及剧烈活动;禁用对骨髓有损伤和抑制作用的药物;加强心理护理。

2. 对症治疗

(1) 纠正贫血:严重贫血且有组织缺氧的情况发生,血红蛋白低于 60 g/L,可输注红细胞,但应防止输血过多。

(2) 控制出血:可用一般止血药物酚磺乙胺(止血敏)、氨基己酸(泌尿生殖系统出血患者禁用)止血。女性子宫出血可肌内注射丙酸睾酮,对非胃肠道出血者可适当用糖皮质激素。输浓缩血小板对血小板减少引起的严重出血有效。当血小板输注无效时,可输 HLA 配型相配的血小板。肝脏疾病如有凝血因子缺乏时应予纠正。

(3) 控制感染:采用经验性广谱抗生素治疗,对感染性发热,尽早取感染部位的分泌物或尿、大便、血液等行细菌培养和药敏试验,根据药敏试验结果换用敏感的抗生素。长期广谱抗生素治疗可诱发真菌感染和肠道菌群失调。真菌感染可用两性霉素 B 等抗真菌药物。

(4) 护肝治疗:AA 常合并肝功能损害,应酌情选用护肝药物。

(二) 针对发病机制的治疗

1. 免疫抑制治疗 免疫抑制剂主要用于急性再障,作用机理是再障患者免疫功能多有缺陷,应用免疫抑制剂可去除抑制性 T 淋巴细胞对骨髓造血的抑制;也可能是通过产生较多的造血调节因子促进造血干细胞增殖;此外对造血干细胞本身可能还有直接刺激作用等。

(1) 抗淋巴/胸腺细胞球蛋白(ALG/ATG):ATC 和 ALG 分别是用人胸腺细胞和人胸导管淋巴细胞免疫兔、马、猪等获得的一种抗血清,用于重型再生障碍性贫血。马 ALG 10~15 mg/(kg·d)连用 5 天或兔 ATG 3~5 mg/(kg·d)连用 5 天;用药前需做过敏试验,静脉滴注 ATG 不宜过快,每日剂量应维持点滴 12~16 小时,用药过程中用糖皮质激素防治过敏反应和血清病;可与环孢素(CsA)组成强化免疫抑制方案。

(2) 环孢素 A:每日 3~6 mg/kg,分 2 次口服,疗程一般长于 1 年,出现疗效后最好维持治疗 2 年。应监测患者的血药浓度,安全有效药浓度范围 200~300ng/ml。药物不良反应有肝、肾功能损害、牙龈增生及消化道反应,注意调整用药剂量和疗程。

(3) 大剂量丙种球蛋白:可封闭单核-巨噬 Fc 受体,延长抗体包裹血小板的寿命,也可封闭抑制性 T 淋巴细胞的作用,中和病毒和免疫调节作用。每次 1 g/kg,静脉滴注,每 4 周 1 次,连续 3~6 次。在患者有反复严重感染,应用 ATG 及 CsA 不适宜时可考虑使用。

(4) 其他:CD3 单克隆抗体、麦考酚吗乙酯(MMF)、环磷酰胺、甲泼尼龙等治疗重型再生障碍性贫血。

2. 促造血治疗

(1) 雄激素：其作用机理是刺激肾脏产生更多的促红细胞生成素（EPO），并加强造血干细胞对EPO的反应性，促使造血干细胞的增殖和分化。常用药物有：① 司坦唑醇2 mg，每日3次；② 十一酸睾酮40～80 mg，每日3次；③ 达那唑0.2 g，每日3次；④ 丙酸睾酮100 mg/d 肌内注射。这类药物起效慢，用药剂量要大，至少连续用药3～6个月才能判断疗效。药物副作用有：男性化、肝功能损害、水钠潴留等。

(2) 造血生长因子：特别适用于重型再生障碍性贫血。重组人粒细胞集落刺激因子（rhG-CSF），剂量为5 μg/(kg·d)；EPO，常用50～100 U/(kg·d)。一般在免疫抑制治疗重型再生障碍性贫血后使用，剂量可酌减，维持3个月以上为宜。

3. 造血干细胞移植

对40岁以下、无感染及其他并发症、有合适供体的重型再生障碍性贫血患者，可考虑造血干细胞移植。

三、中医治疗

辨证论治

1. 热毒壅盛

证候：高热，口渴，多汗，咽痛，鼻衄，齿衄，便血，尿血，皮下瘀点、瘀斑，心悸，舌红绛，苔黄，脉洪数。

治法：清热解毒，凉血止血。

方药：犀角地黄汤或清瘟败毒饮加减。

药用芍药、地黄、丹皮、犀角（水牛角代）、生石膏、生栀子、桔梗、黄芩、知母、赤芍、玄参、连翘、竹叶、甘草、丹皮等。口咽溃烂加银花、蒲公英、白花蛇舌草清热解毒；出血甚者加侧柏叶、十灰散、槐花、地榆、茜草根凉血止血；伴咳嗽加鱼腥草、黄芩、桑白皮清肺止咳；壮热不退，心烦神昏者，灌服安宫牛黄丸，以清热开窍，豁痰解毒；血热动血甚者，重用犀角、生地黄、丹皮以清热凉血止血。

2. 肾阴虚

证候：面色苍白，唇甲色淡，心悸乏力，颧红盗汗，手足心热，口渴思饮，腰膝酸软，出血明显，便结，舌质淡，舌苔薄，或舌红少苔，脉细数。

治法：滋阴补肾，益气养血。

方药：左归丸合当归补血汤加减。

药用熟地、山药、枸杞、山茱萸、川牛膝、鹿角胶、龟板胶、菟丝子、黄芪、当归等。低热加地骨皮、银柴胡、鳖甲清退虚热；阴虚火旺，迫血妄行，加仙鹤草、白茅根、侧柏叶凉血止血；气虚者加太子参、黄精以补气滋阴；阴虚明显者加女贞子、旱莲草以滋补肝肾；便秘者加枳实、火麻仁以行气润肠。

3. 肾阳虚

证候：畏寒肢冷，气短懒言，面色苍白，唇甲色淡，大便稀溏，面浮肢肿，出血不明显，舌胖有齿痕，苔薄白，脉细无力。

治法：温肾助阳，益气养血。

方药：右归丸合当归补血汤加减。

药用熟地、山药、山茱萸、枸杞、鹿角胶、菟丝子（制）、杜仲、当归、肉桂、制附子、黄芪、当归等。便溏重者加党参、白术、茯苓以健脾益气；浮肿明显者加桂枝、车前子、泽泻以温阳利水。

4. 肾阴阳两虚

证候：面色苍白，倦怠乏力，头晕心悸，手足心热，腰膝酸软，畏寒肢冷，齿鼻衄血或紫斑，舌质淡，苔白，脉细无力。

治法：滋阴助阳，益气补血。

方药：左归丸、右归丸合当归补血汤加减。

药用熟地、山药、枸杞、山萸肉、川牛膝、菟丝子、鹿角胶、龟板胶、杜仲、附子、肉桂、黄芪、当归等。阴虚明显者加女贞子、旱莲草以滋补肝肾；阳虚明显者加补骨脂、巴戟天以温肾助阳；瘀血者加桃仁、红花、鸡血藤以活血化瘀。

5. 气血两虚

证候：面白无华，唇淡，头晕心悸，气短乏力，动则加剧，舌淡，苔薄白，脉细弱。

治法：益气补血，养血活血。

方药：八珍汤加减。

药用当归、川芎、熟地、白芍药、人参、白术、茯苓、甘草等。气虚明显者加黄芪、山药以补气健脾；血虚明显者加阿胶、鸡血藤、龙眼肉；气损及阳者加鹿角胶、补骨脂以温肾助阳。

【转归与预后】

慢性再障感染、出血症状不严重,经治疗可使大部分患者缓解,有效率80%,预后良好;但若治不及时,可迁延不愈,甚至可转为重型再障,约1/3患者病情恶化或死亡。急性再障常伴内脏出血、严重感染,病情进展快,预后不良,1/3～1/2患者于数月至1年内死亡,再障患者的死因主要为感染及出血,尤其是颅内出血。但如骨髓移植成功则可望痊愈。

(朱玲玲)

第四十章
白细胞减少症和粒细胞缺乏症

白细胞减少症(leukopenia)指由各种病因导致外周血白细胞绝对计数持续低于 $4.0 \times 10^9/L$ 的病症。外周血中性粒细胞绝对计数,在成人低于 $2.0 \times 10^9/L$ 时,在儿童≥10 岁低于 $1.8 \times 10^9/L$ 或 <10 岁低于 $1.5 \times 10^9/L$ 时,称为中性粒细胞减少(neutropenia);当中性粒细胞严重减少,低于 $0.5 \times 10^9/L$ 时,称为粒细胞缺乏症(agranulocytosis)。

白细胞减少症和粒细胞缺乏症常以乏力或高热为主要临床表现,属于中医学"虚劳"、"虚损"或"温病"等范畴。《素问·宣明五气》中云:"五劳所伤,久视伤血,久卧伤气,久坐伤肉,久立伤骨,久行伤筋。"《素问·玉机真脏论》曰:"脉细、皮寒、少气、泄利前后、饮食不入、此为五虚"。五虚与白细胞减少症临床表现有相似之处。

【病因和发病机制】

根据其病因和发病机制大致分为3类:中性粒细胞生成缺陷,中性粒细胞破坏或消耗过多,中性粒细胞分布异常。

一、中性粒细胞生成缺陷

(一)生成减少

1. 细胞毒性药物、化学毒物、电离辐射　是引起中性粒细胞减少的最常见原因,可直接损伤造血干细胞或祖细胞及分裂期的早期细胞或干扰粒细胞增殖周期。其损伤作用呈剂量依赖性,另一些药物的作用与剂量无关,可能是由于过敏或免疫因素引起。

2. 影响造血干细胞的疾病　如再生障碍性贫血,另外还有骨髓造血组织被白血病、骨髓瘤及转移瘤细胞浸润等,由于中性粒细胞生成障碍而减少。而先天性中性粒细胞减少症其发病机制可能是由于造血干细胞缺陷而引起。

3. 感染和异常免疫　导致中性粒细胞减少,其机制是综合性的,与中性粒细胞分布异常及破坏有关,也可通过免疫异常机制,抑制中性粒细胞的生成。

(二)成熟障碍

由于粒细胞分化成熟障碍,造血细胞阻滞于干细胞池或分裂池,且可以在骨髓原位或释放入血后不久被破坏,出现无效造血,常有病态造血表现,如骨髓增生异常综合征、维生素 B_{12} 和(或)叶酸缺乏所致的巨幼细胞贫血、急性白血病等。

二、中性粒细胞破坏或消耗过多

1. 免疫性因素　中性粒细胞与抗粒细胞抗体或抗原抗体复合物结合而被免疫细胞或免疫器官破坏,见于自身免疫性粒细胞减少、各种自身免疫性疾病[如系统性红斑狼疮、类风湿关节炎、费尔蒂综合征(Felty syndrome)]及同种免疫性新生儿中性粒细胞减少。某些非细胞毒药物或病原微生物(如肝炎病毒)进入机体形成的半抗原能与粒细胞的蛋白质结合为全抗原,从而诱发产生针对该抗原的抗体使粒细胞被破坏。

2. 非免疫性因素　病毒、细菌感染及严重败血症时,可使粒细胞在血液或炎症部位消耗增多;脾功能亢进时大量粒细胞在脾内滞留、破坏增多。

三、中性粒细胞分布异常

1. 粒细胞转移至边缘池　循环池的粒细胞相对减少,但粒细胞总数并不减少,故多称为假性粒细胞减少。可见于异体蛋白反应、内毒素血症。

2. 粒细胞滞留循环池其他部位　如血液透析开始后2~15分钟滞留于肺血管内;脾大,滞留于脾脏。

【临床表现】

一、白细胞减少症

起病较缓慢,少数患者可无症状,检查血象时才被发现。多数患者可有头晕、乏力、心悸、食欲减退及低热等表现。有的患者可反复感染,如口腔炎、上呼吸道感染、支气管炎、肺炎、中耳炎或皮肤感染等,但有的患者却无反复感染的表现。

二、粒细胞缺乏症

大多病因明确,由药物或化学毒物或接受大剂量放射线照射后引起。起病多急骤,进展迅速,可突然畏寒、高热、头痛、乏力、出汗、周身不适。随后出现短时间(2~3天)临床上缓解,仅有极度疲乏感,易被忽视。6~7天后粒细胞已极度低下,出现严重感染,再度骤然发热。咽部疼痛、红肿、溃疡和坏死,颌下及颈部淋巴结肿大,可出现急性咽峡炎。此外,口腔、鼻腔、食管、肠道、肛门、阴道等处黏膜可出现坏死性溃疡。严重的肺部感染、败血症、脓毒血症或感染性休克。粒细胞严重缺乏时,感染部位不能形成有效的炎症反应,常无脓液,X线检查可无炎症浸润阴影;脓肿穿刺可无脓液。

【实验室及其他检查】

一、血常规检查

血常规检查发现有白细胞减少,中性粒细胞减少,淋巴细胞百分比相对增高。根据中性粒细胞减少的程度可分为轻度 $\geq 1.0 \times 10^9/L$、中度 $0.5 \times 10^9 \sim 1.0 \times 10^9/L$ 和重度 $< 0.5 \times 10^9/L$,重度减少者即为粒细胞缺乏症。

二、骨髓检查

骨髓涂片因粒细胞减少原因不同,骨髓象各异。非血液系统疾病之骨髓象可以单纯呈现粒细胞增生低下或成熟障碍,各阶段的粒细胞几乎消失;骨髓恢复阶段,原始及早幼粒细胞增加,类似白血病骨髓象,随后幼粒细胞增生,接近正常骨髓象。

三、肾上腺素试验

肾上腺素促使边缘池中粒细胞进入循环池。从而可鉴别假性粒细胞减少。中性粒细胞特异性抗体测定包括白细胞聚集反应、免疫荧光粒细胞抗体测定法,以判断是否存在抗粒细胞自身抗体。

【诊断与鉴别诊断】

根据血常规检查的结果即可作出白细胞减少、中性粒细胞减少或粒细胞缺乏症的诊断。为排除检查方法上的误差,必要时要反复检查。

详细询问病史,明确粒细胞减少的病因。有感染史,随访血常规检查数周后白细胞恢复正常,骨髓检查无特殊发现者要考虑感染引起的反应性白细胞减少。肾上腺素试验阳性者提示有粒细胞分布异常的假性粒细胞减少的可能。有家族史怀疑周期性中性粒细胞减少者,成人应每周检查血象2次,连续6~9周;儿童每周检查血象1次,连续4周,以明确中性粒细胞减少发生速度、持续时间和周期性。有药物、毒物或放射线的接触史或放化疗史者应考虑相关疾病诊断。有类风湿关节炎及其他结缔组织疾病史,存在抗白细胞自身抗体者,可能是自身免疫性疾病在血液系统的临床表现。伴脾大,骨髓粒系增生者有脾功能亢进的可能。淋巴结、肝脾肿大,胸骨压痛者要注意外周血象和骨髓象有无白血病、转移瘤等细胞浸润。如伴有红细胞和血小板减少,应考虑各种全血细胞减少疾病可能,如巨幼细胞贫血,再生障碍性贫血和骨髓增生异常综合征等。

【中医病因病机】

本病发病多与下列因素有关。

1. 禀赋不足　父母体虚,胎气不足,或胎中失养,临产受损等,致使禀赋不足,体质虚弱,脏腑不健,而发病。
2. 饮食不节　饮食失调,损伤脾胃,脾胃功能衰弱,不能化生水谷精微,气血生化乏源,导致气血不足,脏腑四肢失于濡养,从而表里俱虚。
3. 毒物损伤　内服药物、毒物损伤人体正气或脏腑功能低下,致使气血乏源,精血亏少。
4. 外感毒邪　六淫之邪入侵,迁延失治,邪气久羁,正气耗伤;或邪毒入里伤及骨髓;或因化疗药物所伤,损及脾肾,导致气血亏虚。

总之,本病病机多以肝、脾、肾及气血亏虚为本。病位在骨髓,与肝、脾、肾关系密切相关,病性以虚损证候为主。急性者则可表现为正虚邪侵之虚实夹杂证。

【中医诊断】

一、辨病

本病的临床表现常为乏力、疲劳等症状,相当于中医学"虚劳",其本质是脏腑虚弱及气血亏虚,在不感受外邪、无发热感染情况下，扶正补虚是治疗本病的基本原则，即"虚者补之"。如粒细胞缺乏症者又复感外邪，邪盛正衰，属中医温病范畴，应按温病卫气营血辨证论治，或攻补兼施，或先攻后补。

二、辨证分型

将白细胞减少症和粒细胞缺乏症统一分为四型：气血两虚型、脾肾亏虚型、气阴两虚型、外感温热型。

【治疗】

一、治疗思路

对白细胞减少症和粒细胞缺乏症的治疗，首先要及时祛除致病因素，包括停用有关药物和停止接触相应毒物等；积极治疗原发病，控制感染，同时使用提高白细胞的药物如 rhG-CSF 和重组人粒细胞-巨噬细胞集落刺激因子（rhGM-CSF）。中医药治疗对各种继发性白细胞减少症有效，对一些原因不明的白细胞减少症也可标本兼治，起到防止复发的作用。

二、西医治疗

（一）病因治疗

对可疑的药物或其他致病因素，包括停用有关药物和停止接触相应毒物等。继发性减少者应积极治疗原发病。脾功能亢进者可考虑脾切除。

（二）防治感染

粒细胞轻度减少者不需特别的预防措施。对于粒细胞中度减少患者因感染机会增加，应减少出入公共场所，并注意保持皮肤和口腔卫生，去除慢性感染病灶。

粒细胞缺乏者应急诊入院治疗，尽可能隔离治疗，防止继发感染，加强皮肤、口腔、肛门、阴道护理，以防交叉感染。感染者应行血、尿、痰及感染病灶分泌物的细菌培养和药敏试验及影像学检查，以明确感染类型和部位。在致病菌尚未明确之前，可经验性应用覆盖革兰阴性菌和革兰阳性菌的广谱抗生素治疗，待病原和药敏结果出来后再调整用药。若3~5天无效，可加用抗真菌治疗。病毒感染可加用抗病毒药物。感染严重者可大剂量静脉注射免疫球蛋白，有助于重症感染的治疗。

（三）造血细胞因子

rhG-CSF，每日 2~5 μg/kg，皮下注射，或 rhGM-CSF，每日 3~10 μg/kg。此两种药物半衰期短，只有 2~3 小时，最好每 12 小时皮下注射 1 次。治疗粒细胞缺乏症疗效明确，可缩短粒细胞缺乏症的病程，促进中性粒细胞增生和释放，并增强其吞噬杀菌及趋化功能。药物常见的副作用有发热、肌肉骨骼酸痛、皮疹等。

碳酸锂有刺激骨髓生成粒细胞的作用，常用量 0.6~0.9 g/d，副作用为轻度胃灼热感、恶心乏力等，肾脏疾病患者慎用。

（四）免疫抑制剂

自身免疫性粒细胞减少和免疫介导机制所致的粒细胞缺乏症可用糖皮质激素等免疫抑制剂治疗。其他原因引起的粒细胞减少，则不宜采用。

三、中医治疗

辨证论治

1. 气血两虚

证候：面色萎黄，倦怠乏力，头晕目眩，心悸怔忡，少寐多梦，纳呆食少，腹胀便溏，舌质淡，苔薄白，脉细弱。

治法：益气养血，健脾养心。

方药：归脾汤或八珍汤加减。

药用白术、茯神、黄芪、龙眼肉、酸枣仁、人参、木香、炙甘草、当归、远志、生姜、大枣等。脾虚厌食明显者加山药、麦芽以补脾消食；舌质紫黯，或舌有瘀点、瘀斑，有瘀血征象者，加丹参、益母草、赤芍以活血。

2. 脾肾亏虚

证候：神疲乏力，腰膝酸软，纳少便溏，甚至五更泄，畏寒肢冷，小便清长，舌质淡，舌体胖大或有齿痕，苔白，脉沉细或沉迟。

治法：益气健脾，温补肾阳。

方药：黄芪建中汤合右归丸加减。

药用黄芪、桂枝、芍药、生姜、大枣、炙甘草、熟地、山药、山茱萸、枸杞子、菟丝子、鹿角胶、杜仲、肉桂、当归、附子等。

腹胀呕恶,内有寒湿者,加砂仁、半夏、陈皮温中和胃降逆;肾虚遗精者加金樱子、桑螵蛸收涩固精;水湿内停,而见浮肿尿少者,加猪苓、茯苓、泽泻利水消肿。

3. 气阴两虚

证候:面色少华,疲倦乏力,头昏目眩,五心烦热,心悸失眠,盗汗或自汗,舌红,苔剥,脉细弱。

治法:益气健脾,滋阴养血。

方药:生脉散合当归补血汤加减。

药用人参、麦门冬、五味子、黄芪、当归等。胸闷心悸加丹参、香附、酸枣仁活血理气,养心安神;疲乏明显,短气懒言者,加黄芪、山茱萸以补益脾肾。

4. 外感温热

证候:寒战高热,或发热不退,头痛身痛,口渴欲饮,面赤咽痛,口腔糜烂,或咳嗽、咳痰,头晕乏力,舌质红绛,苔黄,脉滑数或细数。

治法:清热解毒,滋阴凉血。

方药:病在卫分予银翘散;病入气分予辛凉重剂白虎汤、黄连解毒汤或普济消毒饮;病入营分予清营汤或犀角地黄汤加减。

病在卫分,药用连翘、银花、苦桔梗、薄荷、竹叶、生甘草、芥穗、淡豆豉、牛蒡子等;病入气分,药用知母、石膏、炙甘草、粳米等;病入营分,药用犀角(水牛角代)、生地、元参、竹叶心、麦冬、丹参、黄连、银花、连翘等。若温热伤及气阴,疲乏而自汗出者,加西洋参、五味子养阴生津敛汗。

【转归与预后】

本病预后与粒细胞减少的程度、病程、病因及治疗方法有关。粒细胞轻、中度减少者,一般在1~2周可以恢复。然而氯霉素、保泰松等药可引起持久的粒细胞减少症,长达数月乃至20年以上,若不进展则预后较好。粒细胞缺乏症者病死率较高,抗生素广泛应用以后,死亡率已明显下降,但仍高达10%~20%。年老、全身衰竭、黄疸或合并严重感染者死亡率高。一般骨髓增生出现障碍时,其预后较差,常引起死亡。尽管如此,经综合治疗,即使严重感染阶段多数病例亦可安全度过。因此,早期诊断、早期处理、综合治疗是改善预后的关键。

(朱玲玲)

第四十一章 白血病

第一节 概述

白血病(leukemia)是一组异质性恶性克隆性疾病。系造血干细胞或祖细胞突变引起的造血系统恶性肿瘤。其主要表现为异常血细胞(即白血病细胞)在骨髓和其他造血组织中大量增生累积,使正常造血受抑制并浸润其他器官和组织。

根据白血病细胞的成熟程度和自然病程,将白血病分为急性和慢性两大类。急性白血病(acute leukemia,AL)的细胞分化停滞在较早阶段,多为原始细胞及早期幼稚细胞,病情发展迅速,自然病程仅几个月。慢性白血病(chronic leukemia,CL)的细胞分化停滞在较晚的阶段,多为较成熟幼稚细胞和成熟细胞,病情发展缓慢,自然病程为数年。其次,根据主要受累的细胞系列可将 AL 分为急性淋巴细胞白血病(acute lymphoblastic leukemia,ALL;简称急淋)和急性髓细胞白血病(acute myelocytic leukemia,AML)。CL 则分为慢性淋巴细胞白血病(chronic lymphoblastic leukemia,CLL;简称慢淋)、慢性髓细胞白血病(chronic myelocytic leukemia,CML)及少见类型的白血病如毛细胞白血病(hairy cell leukemia,HCL)、幼淋巴细胞白血病(prolymphocyte leukemia,PLL)等。

中医古代文献中无此病名记载,根据白血病的临床特点,属于中医学"急劳"、"热劳"、"虚劳"、"血证"、"癥积"、"温病"等范畴。慢性髓细胞白血病因脾脏明显肿大及慢性淋巴细胞白血病因浅表淋巴结肿大,又可分别归属于中医学"积聚"、"瘰疬"等范畴。历代医家对本病论述颇多,如《圣济总录》记载:"热劳之证,心神烦躁,面赤、头痛……身体壮热,烦渴不止,口舌生疮,急劳之病,其证与热劳相似,而得之差暴也。"

一、病因和发病机制

人类白血病的病因尚不完全清楚,其发病可能与生物、物理、化学及遗传等因素有关。

(一)生物因素

主要是病毒和免疫功能异常。成人 T 淋巴细胞白血病/淋巴瘤可由人类 T 淋巴细胞病毒 I 型(human T lymphocyte trophic virus-I,HTLV-I)所致。病毒感染机体后,作为内源性病毒整合并潜伏在宿主细胞内,一旦在某些理化因素作用下,即被激活表达而诱发白血病;或作为外源性病毒由外界以横向方式传播感染,直接致病。部分免疫功能异常者,如某些自身免疫性疾病患者白血病危险度会增加。

(二)物理因素

包括 X 射线、γ 射线等电离辐射导致白血病。研究表明,大面积和大剂量照射可使骨髓抑制和机体免疫力下降,DNA 突变、断裂和重组,导致白血病的发生。

(三)化学因素

多年接触苯以及含有苯的有机溶剂与白血病发生有关;有些药物如氯霉素、保泰松及乙双吗啉等与白血病发生有明显关系;抗肿瘤药物中烷化剂和拓扑异构酶 II 抑制剂被公认为有致白血病的作用。化学物质所致的白血病以 AML 为多。

(四)遗传因素

某些白血病发病与遗传因素有关。单卵孪生子,如果一个人发生白血病,另一个人的发病率为 20%,比双卵孪生者高 12 倍。唐氏综合征(Down syndrome)有 21 号染色体三体改变,其白血病发病率达 50/10 万,比正常人群高 20 倍。先天性再生障碍性贫血、范科尼贫血、布卢姆综合征(Bloom syndrome)、共济失调-毛细血管扩张症及先天性免疫球蛋白缺乏症等白血病发病率均较高。

(五)其他血液病

某些血液病最终可能发展为白血病,如 MDS、淋巴瘤、多发性骨髓瘤、PNH 等。

一般说来,白血病发生至少有两个阶段:①各种原因所致的单个细胞原癌基因决定性的突变,导致克隆性的异常造血细胞生成；② 进一步的遗传学改变可能涉及一个或多个癌基因的激活和抑癌基因的失活，从而导致白血病。通常理化因素先引起单个细胞突变，尔后因机体遗传易感性和免疫力低下，病毒感染、染色体畸变等激活了癌基因（如 ras 家族），并使部分抑癌基因失活（如 p53 突变或失活）及凋亡抑制基因（如 bcl-2）过度表达，导致突变细胞凋亡受阻，恶性增殖。

二、中医病因病机

本病发病多与下列因素有关。

1. **禀赋不足** 素体虚弱，正气不足，或先天已有胎毒内伏，复感瘟毒，损及脏腑，伤及骨髓，而发病。
2. **热毒久蕴** 外感湿毒、火毒等时令温毒之邪，致使热毒深伏体内，损伤脏腑，内侵骨髓，精髓被扰，阴阳气血失调，而发病。
3. **饮食劳倦** 饮食不节，劳倦过度，脾胃受损，生化不足，气血亏虚，正气衰弱，不胜邪扰，虚风贼邪伤肾损骨伤髓。
4. **浊邪内结** 由于邪毒内蕴，与气血互结，导致气滞血瘀，或邪毒损伤脏腑，留饮成痰，痰瘀互结，渐成癥瘕等。

总之，中医学认为白血病的主要病因是湿热毒邪乘虚入侵，加之素禀虚弱，正气不足所致，病性为本虚标实。正气亏虚为本，温热毒邪为标，病位在骨髓，外候在营血，与脾、肾、肺相关。临床以发热、出血、血亏、骨痛、瘕块等为临床特征；病性多属虚实夹杂，病情危重，预后差。

第二节 急性白血病

急性白血病是造血干细胞的恶性克隆性疾病，发病时骨髓中异常的原始细胞及幼稚细胞（白血病细胞）大量增殖并抑制正常造血，广泛浸润肝、脾、淋巴结等各种脏器。表现为贫血、出血、感染和浸润等征象。

【分类】

AL 分为 ALL 及 AML 两大类。

一、AML 分八型

M_0（急性髓细胞白血病微分化型）：骨髓原始细胞 >90%，无嗜天青颗粒及 Auer 小体，核仁明显，光镜下髓过氧化物酶（MPO）及苏丹黑 B 阳性细胞 <3%；在电镜下，MPO 阳性；CD33 或 CD13 等髓系标志可呈阳性，淋系抗原通常为阴性。血小板抗原阴性。

M_1（急性髓细胞白血病未分化型）：未分化原始粒细胞（Ⅰ型+Ⅱ型）占骨髓非幼红细胞的 90% 以上，至少 3% 细胞为 MPO 阳性。原粒细胞浆中无颗粒为Ⅰ型，出现少数颗粒为Ⅱ型。

M_2（急性髓细胞白血病部分分化型）：原始粒细胞占骨髓非红系有核细胞的 30%~89%，其他粒细胞 >10%，单核细胞 <20%。

M_3（急性早幼粒细胞白血病）：骨髓中以颗粒增多的早幼粒细胞为主，此类细胞在非红系细胞中 >30%。

M_4（急性粒-单核细胞白血病）：骨髓中原始细胞占非红系细胞的 30% 以上，各阶段粒细胞占 30%~80%；各阶段单核细胞 >20%，但 <80%。

M_4Eo：除上述 M_4 型各特点外，嗜酸性粒细胞在非红系细胞中 ≥5%。

M_5（急性单核细胞白血病）：骨髓非红系细胞中原始单核细胞、幼稚单核细胞及单核细胞 ≥80%。如果原始单核细胞 ≥80% 为 M_5a，<80% 为 M_5b。

M_6（红白血病）：骨髓中幼红细胞系 ≥50%，非红系细胞中原始细胞（Ⅰ型+Ⅱ型）≥30%。

M_7（急性巨核细胞白血病）：骨髓中原始巨核细胞 ≥30%。血小板抗原阳性，血小板过氧化酶阳性。

二、ALL 分三型

L_1：原始和幼淋巴细胞以小细胞（直径 ≤12 μm）为主。

L_2：原始和幼淋巴细胞以大细胞（直径 >12 μm）为主。

L_3（Burkitt 型）：原始和幼淋巴细胞以大细胞为主，大小较一致，细胞内有明显空泡，胞浆嗜碱性，染色深。

WHO 髓系和淋巴肿瘤分类法（2001）将患者临床特点与形态学（morphology）和细胞化学、免疫学（immunology）、细胞遗传学（cytogenetics）和分子生物学（molecular biology）结合起来，形成 MICM 分型。如 M_3 的诊断，更强调染色体核型和分子生物学结果。在 FAB 分类[1976 年法国（France）、美国（America）和英国（Britain）三国血细胞形态学专家讨论、制订了关于 AL 的分型诊断标准，简称 FAB 分型]基础上增设了有特定细胞遗传学和基因异常的 AML、伴多系增生异常的 AML 和治疗相关的 AML 等 3 组白血病亚型。

【临床表现】

AL 起病急缓不一。急者可以是突然高热,类似"感冒",也可以是严重的出血。缓慢者常为脸色苍白、皮肤紫癜、月经过多或拔牙后出血难止而就医时被发现。

一、正常骨髓造血功能受抑制表现

1. 贫血　部分患者因病程短,可无贫血。半数患者就诊时已有重度贫血,尤其是继发于 MDS 者。

2. 发热　发热是白血病最常见的症状之一,半数患者以发热为早期表现。可低热,亦可高达 39～40℃ 以上,伴有畏寒、出汗等。虽然白血病本身可以发热,但高热往往提示有继发感染。感染可发生在各个部位,以咽峡炎、口腔炎及肛周炎最常见,可发生溃疡或坏死;肺部感染、肛旁脓肿亦常见,感染严重时可致败血症、脓毒血症等。长期应用抗生素者,可出现真菌感染,如念珠菌、曲霉菌、隐球菌等。因患者伴有免疫功能缺陷,可发生病毒感染,如单纯疱疹病毒、带状疱疹病毒、巨细胞病毒感染等。偶见卡氏肺孢子虫病。

3. 出血　出血亦是白血病的常见症状。40% 的患者以出血为早期表现。大量白血病细胞在血管中淤滞及浸润、血小板减少、凝血异常以及感染是出血的主要原因。出血可发生在全身各部位,以皮肤瘀点、瘀斑、鼻出血、牙龈出血、月经过多为多见。眼底出血可致视力障碍。急性早幼粒白血病易并发凝血异常而出现全身广泛性出血。颅内出血,甚至昏迷而死亡。出血是急性白血病死亡的最重要原因,尤其是颅内出血。

二、白血病细胞增殖浸润的表现

1. 淋巴结和肝脾肿大　淋巴结肿大以 ALL 较多见。纵隔淋巴结肿大常见于 T 细胞 ALL。白血病患者可有轻至中度肝脾肿大,巨脾罕见,除 CML 急性变外。

2. 骨骼和关节　常有胸骨下段局部压痛。可出现关节、骨骼疼痛,尤以儿童多见。发生骨髓坏死时,可引起骨骼剧痛。

3. 眼部　髓细胞白血病形成的粒细胞肉瘤(granulocytic sarcoma)或绿色瘤(chloroma)常累及骨膜,以眼眶部位最常见,可引起眼球突出、复视或失明。

4. 口腔和皮肤　AL 尤其是 M_4 和 M_5,由于白血病细胞浸润可使牙龈增生、肿胀;皮肤可出现蓝灰色斑丘疹,局部皮肤隆起、变硬,呈紫蓝色结节。

5. 中枢神经系统白血病(central nervous system leukemia,CNSL)　由于化疗药物难以通过血脑屏障,隐藏在中枢神经系统的白血病细胞不能被有效杀灭,因而引起 CNSL。CNSL 可发生在疾病各个时期,但常发生在治疗后缓解期,以 ALL 最常见,儿童尤甚。临床上轻者表现头痛、头晕,重者有呕吐、颈项强直,甚至抽搐、昏迷。

6. 睾丸　睾丸出现无痛性肿大,多为一侧,另一侧虽无肿大,但在活检时往往也发现有白血病细胞浸润。睾丸白血病多见于 ALL 化疗缓解后的幼儿和青年,是仅次于 CNSL 的白血病髓外复发的根源。

此外,白血病可浸润其他组织器官。肺、心、消化道、泌尿生殖系统等均可受累。

【实验室及其他检查】

一、血象

大多数患者白细胞增多,超过 $10\times10^9/L$ 以上者,称为白细胞增多性白血病。也有白细胞计数正常或减少,低者可 $<1.0\times10^9/L$,称为白细胞不增多性白血病。血涂片分类检查可见数量不等的原始和幼稚细胞,但白细胞不增多型病例血片上很难找到原始细胞。患者常有不同程度的正常细胞性贫血,少数患者血片上红细胞大小不等,可找到幼红细胞。约 50% 的患者血小板低于 $60\times10^9/L$,晚期血小板往往极度减少。

二、骨髓象

骨髓象是诊断 AL 的主要依据和必作检查。FAB 协作组提出原始细胞 ≥ 全部骨髓有核细胞(all nucleated cell,ANC)的 30% 为 AL 的诊断标准,WHO 分类将骨髓原始细胞 ≥20% 定为 AL 的诊断标准。多数病例骨髓象有核细胞显著增生,以原始细胞为主,而较成熟中间阶段细胞阙如,并残留少量成熟粒细胞,形成所谓"裂孔"现象。M_3 以多颗粒的异常早幼粒细胞为主,此类患者的原始细胞也可能 <30%,正常的巨核细胞和幼红细胞减少。在原始和幼稚红细胞 ≥50% 时,若非红系有核细胞中原始细胞 ≥30%,即可诊断为红白血病,不管这些原始细胞在 ANC 中是否大于 30%。少数骨髓增生低下但原始细胞仍占 30% 以上者称为低增生性 AL。Auer 小体仅见于 AML,有独立诊断意义。

三、细胞化学染色

细胞化学染色在急性白血病的分型诊断中有重要意义。常见白血病的细胞化学反应见表41-1。

表41-1 常见急性白血病类型鉴别

	急淋白血病	急粒白血病	急性单核细胞白血病
过氧化物酶	(-)	分化差的原始细胞(-)~(+) 分化好的原始细胞(+)~(+++)	(-)~(+)
过碘酸雪夫(PAS)反应	(+)呈成块或颗粒状	(-)或(+),呈弥漫性淡红色	(-)或(+),呈弥漫性淡红色或颗粒状
非特异性酯酶	(-)	(-)~(+)NaF抑制不敏感	(+)能被NaF抑制
中性粒细胞碱性磷酸酶	增加	减少或(-)	正常或增加

注:PAS反应:periodic acid schiff's reaction

四、免疫学检查

根据白血病细胞表达的系列相关抗原,确定其系列来源。将急性淋巴细胞白血病进一步分为若干亚型(表41-2)。

表41-2 急性淋巴细胞白血病亚型

	CD10	CD19	CD22(c/m)	TdT	HlA-DR	CD3(c/m)	CD7	CD13	CD33	MPO
B-淋	+①	+	+/-	+②	+	-	-	-	-	-
T-淋	-	-	-	+	-③	+	+	-	-	-
急非淋	-	-	-④	+⑤	+	-	-⑥	+/-	+/-	+⑦

注:c/m:胞质或细胞膜;① 急性早期B前体细胞白血病CD10为阳性;② 急性B细胞白血病TdT为阴性(SmIg阳性);③ 少于10%的T-ALL血具有HIA-DR表达;④ 某些AML-M₁型可有TdT阳性;⑤ AML-M₃型HLA-DR阴性;⑥ 少部分(小于10%)AML可有CD7阳性;⑦ AML-M₇型MPO阴性

五、染色体和基因改变

白血病常伴有特异的染色体和基因改变。例如90%的M_3有t(15;17)(q22;q21),该易位使15号染色体上的PML(早幼粒白血病基因)与17号染色体上RARα(维A酸受体基因)形成PML-RARα融合基因。这是M_3发病及用全反式维A酸治疗有效的分子基础。常见AML的染色体异常见表41-3。

表41-3 AML常见的染色体异常及预后

预后	染色体异常	融合基因	常见白血病亚型
低危	t(8;21)(q22;q22)	AML1-ETO	M_2
	t(15;17)(q22;q21)	PML-RARα	M_3
	inv(16)(p13;q22)	CBFβ-MYH11	M_4EO
	t(16;16)(p13;q22)	CBFβ-MYH11	M_4EO
	del(16)		
中危	正常核型		
	t(9;11)(p22;q23)		
	del(9q)、del(11q)、del(20q)		
	-Y、+8、+11、+13、+21		
高危	复杂核型		
	inv(3)(q21;q23)/t(3;3)(q21;q26)		
	t(6;9)(p23;q34)、t(6;11)(q27;q23)		
	del(5q-)、-5、del(7q)、-7		

六、血液生化改变

血清尿酸浓度增高,特别在化疗期间。尿酸排泄量增加,甚至出现尿酸结晶。患者发生DIC时可出现凝血象异常。

原始和幼稚单核细胞增多的 M_5 和 M_4 血清及尿溶菌酶活性增高，其他类型 AL 不增高。

出现 CNSL 时，脑脊液压力升高，白细胞数增加，蛋白质增多，而糖定量减少。涂片中可找到白血病细胞。

【诊断与鉴别诊断】

一、诊断

根据临床表现、血象和骨髓象特点，诊断白血病一般不难。但因白血病细胞类型、染色体改变、免疫表型和融合基因的不同，治疗方案及预后亦随之改变，故初诊患者应尽力获得全面 MICM 资料，以便评价预后，指导治疗。

二、鉴别诊断

1. 骨髓增生异常综合征 该病的难治性贫血伴原始细胞增多(refractory anemia with excess blasts, RAEB)及难治性贫血伴原始细胞增多转化(refractory anemia with excess blasts in transformation, RAEB-t)型除病态造血外，外周血中有原始和幼稚细胞，全血细胞减少和染色体异常，易与白血病相混淆。但骨髓中原始细胞小于 20%。WHO 分类法已将 RAEB-t(原始细胞 20% ~ 30%)划为 AL。

2. 某些感染引起的白细胞异常 如传染性单核细胞增多症，血象中出现异形淋巴细胞，但形态与原始细胞不同，血清中嗜异性抗体效价逐步上升，病程短，可自愈。百日咳、传染性淋巴细胞增多症、风疹等病毒感染时，血象中淋巴细胞增多，但淋巴细胞形态正常，骨髓原幼细胞不增多。

3. 巨幼细胞贫血 巨幼细胞贫血有时可与红白血病混淆。但前者骨髓中原始细胞不增多，幼红细胞 PAS 反应常为阴性，予以叶酸、维生素 B_{12} 治疗有效。

4. 急性粒细胞缺乏症恢复期 在药物或某些感染引起的粒细胞缺乏症的恢复期，骨髓中原、幼粒细胞增多。但该症多有明确病因，血小板正常，原、幼粒细胞中无 Auer 小体及染色体异常。短期内骨髓成熟粒细胞恢复正常。

5. 再生障碍性贫血及特发性血小板减少性紫癜 血象与白细胞不增多性白血病可能混淆，但骨髓象检查可明确鉴别。

【中医诊断】

一、辨病

本病主要是由于机体正气不足，而先天已有"胎毒"内伏，复感瘟毒所致。正气虚而邪毒实，耗伤营阴，损及肝、肾、骨髓，而致气血亏损。由于本病凶险，易在短期内死亡。

二、辨证分型

本病分为热毒炽盛型、痰热瘀阻型、阴虚火旺型、气阴两虚型。

【治疗】

一、治疗思路

几年来急性白血病治疗已取得显著进展，治疗措施包括几个方面：① 化学治疗是当前主要的治疗措施，可使白血病病情缓解，延长患者生存时间。② 采用有效的支持治疗，保证化疗的顺利进行，防止并发症。③ 骨髓移植，这是当前将白血病完全治愈最有希望的措施。④ 中西医结合治疗能取长补短。诱导期以化疗为主，中药为辅，可减少化疗的毒副作用，增强机体对化疗的耐受性，促进造血功能的恢复；完全缓解或在骨髓移植后应以中药扶正培本为主，使化疗对机体的损伤得到恢复，增强机体的免疫功能，清除体内残留白血病细胞，提高白血病缓解率和无病生存率。

二、西医治疗

（一）一般治疗

1. 紧急处理高白细胞血症 当循环血液中白细胞数 $>200 \times 10^9/L$，患者可产生白细胞淤滞，表现为呼吸困难、呼吸窘迫、低氧血症、反应迟钝、言语不清、颅内出血等，可增加患者早期死亡率和髓外白血病的发病率和复发率。因此当血中白细胞 $>100 \times 10^9/L$ 时，应立即使用血细胞分离机清除过高的白细胞(M_3 型不首选)，同时给以化疗和水化。可按白血病分类诊断实施相应化疗方案，也可先用所谓化疗前短期预处理：ALL 用地塞米松 10 mg/m^2，静脉注射；AML 用羟基脲 1.5~2.5 g/6 h (总量 6~10 g/d) 约 36 小时，然后进行联合化疗。需预防白血病细胞溶解诱发的高尿酸血症、酸中毒、电解质紊乱、凝血异常等并发症。

2. 防治感染 白血病患者常伴有粒细胞减少，特别在化疗、放疗后粒细胞缺乏将持续相当长时间。粒细胞缺乏期间，患者宜住无菌病房。应用 G-CSF 和有效的抗生素治疗。

3. **控制出血及成分输血支持** 如果因血小板计数过低而引起出血,及时输注单采血小板悬液。如急性白血病并发 DIC(如 M_3),应立即给予适当的抗凝治疗。局部出血(如鼻咽部)可用填塞或明胶海绵局部止血。严重贫血可吸氧、输浓缩红细胞维持 Hb > 80 g/L,白细胞淤滞时,不宜马上输红细胞以免进一步增加血黏度。在输血时为防止异体免疫反应所致无效输注和发热反应,可以采用白细胞滤器去除成分血中的白细胞。拟行异基因造血干细胞移植(hematopoietic stem cell transplantation,HSCT)者及为预防输血相关移植物抗宿主病,输注前应将含细胞成分血液辐照 25~30 Gy,以灭活其中的淋巴细胞。

4. **防治高尿酸血症** 由于白血病细胞大量破坏,特别在化疗时更甚,血清和尿中尿酸浓度增高,积聚在肾小管,引起阻塞而发生高尿酸血症肾病。因此,应鼓励患者多饮水并碱化尿液。在化疗同时给予别嘌醇每次 100 mg,每日 3 次,以抑制尿酸合成。少数患者对别嘌醇会出现严重皮肤过敏,应予注意。当患者出现少尿和无尿时,应按急性肾衰竭处理。

5. **维持营养** 白血病系严重消耗性疾病,特别是化疗、放疗的副作用引起患者消化道黏膜炎及功能紊乱。应注意补充营养,维持水、电解质平衡,给患者高蛋白、高热量、易消化食物,必要时经静脉补充营养。

(二) 抗白血病治疗

抗白血病治疗的第一阶段是诱导缓解治疗,化学治疗是此阶段白血病治疗的主要方法。目标是使患者迅速获得完全缓解(complete remission,CR),所谓 CR,即白血病的症状和体征消失,外周血中性粒细胞绝对值 $\geq 1.5 \times 10^9$/L,血小板计数 $\geq 100 \times 10^9$/L,白细胞分类中无白血病细胞;骨髓中原始粒 I 型 + II 型(原始单核细胞 + 幼稚单核细胞或原始淋巴细胞 + 幼稚淋巴细胞) $\leq 5\%$,M_3 型原始粒 + 早幼粒 $\leq 5\%$,无 Auer 小体,红细胞及巨核细胞系列正常,无髓外白血病。理想的 CR 为初诊时免疫学、细胞遗传学和分子生物学异常标志消失。

达到 CR 后进入抗白血病治疗的第二阶段,即缓解后治疗,主要方法为化疗和 HSCT。诱导缓解获 CR 后,体内仍有残留的白血病细胞,称为微小残留病灶(minimal residual disease,MRD)。此时,AL 体内白血病细胞的数量由发病时的 $10^{10} \sim 10^{12}$ 降至 $10^8 \sim 10^9$;同时中枢神经系统、眼眶、睾丸及卵巢等髓外组织器官中,由于常规化疗药物不易渗透,也仍可有白血病细胞浸润。为争取患者长期无病生存(disease free suivival,DFS)和痊愈,必须对 MRD 进行 CR 后治疗,以清除这些复发和难治的根源。

1. **ALL 治疗** 随着支持治疗的加强、多药联合方案的应用、大剂量化疗和 HSCT 的推广,成人 ALL 的预后已有很大改善,CR 率可达到 80%~90%。ALL 治疗方案选择需要考虑年龄、ALL 亚型、治疗后的 MRD 和耐药性、是否有干细胞供体及靶向治疗的药物等。

(1) 诱导缓解治疗

1) VP 方案:由长春新碱(VCR)和泼尼松(P)组成,是急淋诱导缓解的基本方案。VP 方案能使 50% 的成人 ALL 获 CR,CR 期 3~8 个月。VCR 主要毒副作用为末梢神经炎和便秘。

2) DVP 方案:VP 加蒽环类药物如柔红霉素(DNR)组成,CR 率可提高至 70% 以上,但蒽环类药物有心脏毒性作用,对儿童尤甚。DNR、阿霉素、去甲氧柔红霉素(IDA)、表柔比星的累积量分别达 1 000 mg/m²、500 mg/m²、300 mg/m² 和 900 mg/m² 时,心脏毒性风险为 1%~10%。

3) DVLP 方案:DVP 加门冬酰胺酶(L-Asp),L-Asp 提高患者 DFS,是大多数 ALL 采用的诱导方案。L-Asp 的主要副作用为肝功能损害、胰腺炎、凝血因子及白蛋白合成减少和过敏反应。

在 DVLP 基础上加用环磷酰胺(CTX)或阿糖胞苷(Ara-C),可提高 T-ALL 的 CR 率和 DFS。成熟 B-ALL 和 ALL-L3 型采用含大剂量(high dose,HD)CTX 和大剂量甲氨蝶呤(MTX)方案反复短程强化治疗,总生存率已由不足 10% 达 50% 以上。伴有 t(9;22)的 ALL 可以合用伊马替尼进行靶向治疗。

(2) 缓解后治疗:缓解后进行强化巩固、维持治疗,同时要防治 CNSL。如未行异基因 HSCT,ALL 巩固维持治疗一般需 3 年。定期检测 MRD 并根据亚型决定巩固和维持治疗强度和时间。L-Asp 和 HD MTX 已广为应用并明显改善了治疗结果。HD MTX 的主要副作用为黏膜炎、肝肾功能损害,故在治疗时需要充分水化、碱化和及时亚叶酸钙解救。大剂量蒽环类、依托泊苷和 Ara-C 在巩固治疗中作用,尤其是远期疗效仍待观察。对于 ALL,即使经过强烈诱导和巩固治疗,仍需维持治疗。巯嘌呤(6-Mp)和 MTX 联合是普遍采用的有效维持治疗方案。为预防 CNSL,鞘内注射 MTX 10 mg,每周 1 次,至少 6 次。

(3) 白血病复发后治疗:复发指 CR 后在身体任何部位出现可检出的白血病细胞,多在 CR 后 2 年内发生,以骨髓复发最常见。此时可选择原诱导化疗方案再诱导,如 DVP 方案,CR 率可达 29%~69%。若选用 HD Ara-C 联合米托蒽醌(NVT)或其他药物如氟达拉滨,效果更好。如复发在首次 CR 期 18 个月后,再次诱导化疗缓解几率相对高。但 ALL 一旦复发,不管采用何种化疗方案和再缓解率多高,总的二次缓解期通常短暂(中位时间 2~3 个月),长期生存率 <5%。

(4) 髓外白血病治疗：髓外白血病复发中以 CNSL 最常见，以急淋白血病尤为突出。对 CNSL 预防现在多采用早期强化全身治疗和鞘内注射预防 CNSL 发生，因此，通常在缓解后开始鞘内注射甲氨蝶呤每次 10 mg，每周 2 次，共 3 周。如 CNSL 诊断已肯定，用甲氨蝶呤每次 10~15 mg，缓慢鞘内注射，每周 2 次，直到脑脊液细胞数及生化检查恢复正常，然后改用每次 5~10 mg，鞘内注射，每 6~8 周 1 次，随全身化疗结束而停用。甲氨蝶呤鞘内注射可引起急性化学性蛛网膜炎，患者有发热、头痛及脑膜刺激征，故甲氨蝶呤鞘内注射时宜加地塞米松 5~10 mg，可减轻不良反应。若甲氨蝶呤疗效欠佳，也可改用阿糖胞苷 30~50 mg/m^2（或安西他滨 25 mg/m^2）鞘内注射，每周 2 次。近年来已不推荐头颅照射作为预防 CNSL 的措施。对于睾丸白血病患者，即使一侧睾丸肿大也需双侧照射和全身化疗。

(5) 造血干细胞移植：HSCT 对治愈成人 ALL 至关重要。异基因造血干细胞移植（Allo-HSCT）可使 40%~65% 的患者长期存活。主要适应证为：① 复发难治 ALL；② CR2 期 ALL；③ CR1 期高危 ALL：如染色体为 t(9;22)、t(4;11)、+8 者；WBC > 30×10^9/L 的前 B-ALL 和 100×10^9/L 的 T-ALL；获 CR 时间 >4~6 周，CR 后 MRD 偏高，在巩固维持期持续存在或仍不断增加。骨髓移植治疗白血病的费用昂贵，风险大，目前推广使用有困难。

2. AML 治疗　近年来，由于强烈化疗、HSCT 及有力的支持治疗，60 岁以下 AML 患者的预后有很大改善，30%~50% 的患者可望长期生存。

(1) 诱导缓解治疗

1) DA(3+7)方案：DNR 45 mg/(m^2·d)静脉注射，第 1~3 天；阿糖胞苷(Ara-C) 100 mg/(m^2·d)，持续静脉滴注，第 1~7 天。60 岁以下患者，总 CR 率为 63%（50%~80%）。用 NVT 8~12 mg/(m^2·d)替代 DNR，效果相等，但心脏毒性低。用 IDA 12 mg/(m^2·d)代替 DNR，年轻患者中 CR 率增加。IDA + Ara-C + VP-16 联合应用可使年轻 AML 患者获得 80% CR 率。HD Ara-C 方案不增加 CR 率，但对延长缓解期有利。剂量增加的诱导化疗能提高一疗程 CR 率和缓解质量，但相关毒性亦随之增加。国内创用 HOAP 或 HA（高三尖杉酯碱 3~6 mg/d，静脉滴注 5~7 天）方案诱导治疗 AML，CR 率为 60%~65%。一疗程获 CR 者 DFS 长，经过 2 个疗程诱导才达 CR 者 5 年 DFS 仅 10%。达 CR 所用的诱导时间越长则 DFS 越短。2 个标准疗程仍未 CR 者提示患者原发耐药存在，需换方案或进行 Allo-SCT。

2) 急性早幼粒白血病(acute promyelocytic leukemia, APL)采用全反式维 A 酸[ATRA 25~45 mg/(m^2·d)]口服治疗直至缓解。ATRA 可诱导带有 t(15;17)(q22;q21)/PML-RARα 融合基因的早幼粒白血病细胞分化成熟。ATRA + 化疗的 CR 率为 70%~95%，同时降低"维 A 酸综合征"的发生率和死亡率。维 A 酸综合征多见于 APL 单用 ATRA 诱导过程中，初诊时白细胞较高及治疗后迅速上升者易发生 ATRA 综合征，发生率为 20%~25%，发生机制可能与细胞因子大量释放和黏附分子表达增加有关。临床表现为发热、肺间质浸润、胸腔积液、呼吸窘迫，甚至呼吸衰竭死亡。治疗包括暂时停服 ATRA，吸氧，利尿，地塞米松 10 mg 静脉注射，每日 2 次，白细胞单采清除和化疗等。ATRA 的其他不良反应为头痛、颅内压增高、骨痛、肝功能损害、皮肤与口唇干燥、阴囊皮炎溃疡等。APL 常伴有原发纤溶亢进，合并出血者除服用 ATRA 外，还需抗纤溶治疗，补充凝血因子和血小板。如有 DIC，可酌情应用小剂量肝素。对高白细胞的 APL，也可将砷剂作为一线药物。砷剂小剂量能诱导 APL 白血病细胞分化、大剂量则诱导其凋亡。成人用 0.1% 的亚砷酸(As$_2$O$_3$)注射液 10 ml 稀释于 5% 葡萄糖液或生理盐水 250~500 ml 中静脉滴注 3~4 小时，儿童剂量按体表面积 6 mg/(m^2·d)，每日 1 次，4 周为 1 个疗程，每疗程可间隔 5~7 天，亦可连续应用，连用 2 个月未 CR 者应停药。

(2) 缓解后治疗：缓解后急非淋白血病治疗方法很不一致，但近年来趋向于缓解后早期强化治疗，定期巩固，不需长期维持。巩固强化治疗方法：① 用原方案巩固 4~6 个疗程；② 以大剂量或中剂量（middle dose, MD）Ara-C（HD/MD Ara-C）为主方案早期强化治疗；③ 用与原诱导治疗方案无交叉耐药的新方案（VP-16 + NVT）。每 1~2 个月化疗 1 次，共计 1~2 年。

AML 的 CNSL 发生率虽为 2%，但初诊高白细胞、伴髓外病变、M4/M5、t(8;21) 或 inv(16)、CD7$^+$ 和 CD56$^+$ 者应在 CR 后作脑脊液检查并鞘内预防性注药至少 1 次。APL 用 ATRA 获得 CR 后采用化疗与 ATRA 或砷剂交替维持治疗 2~3 年。AML 缓解后复发几乎不可避免。复发后不行 HSCT 则生存者甚少。

高危组（表 6-3）首选 Allo-SCT；低危组（不含 APL）首选 HD Ara-C 为主的强烈化疗，复发后再行 Allo-SCT；中危组强化疗、大剂量化疗 + 自体 HSCT 或同胞相合 HSCT 均可。

HD Ara-C 方案巩固强化，一般指 Ara-C 3.0 g/m^2，每 12 小时 1 次，连用 3~6 天，可单用或与安吖啶、NVT、DNR、IDA 等联合使用。AML 用 HD Ara-C 巩固强化至少 4 个疗程，或 1 次 HD Ara-C 后行自身 HSCT，长期维持治疗已无必要。HD Ara-C 的最严重并发症是小脑共济失调，发生后必须停药。皮疹、发热、眼结膜炎也常见，可用糖皮质激素常规预防。因贫困，年龄 > 55 岁或有合并症不能采用上述治疗者，也可用常规剂量的不同药物组成化疗方案，每 1~2 个月轮换巩固维持 2 年，但仅 10%~15% 的患者能够长期生存。

(3) 复发和难治 AML 的治疗：① HD Ara-C 联合化疗：对年龄 55 岁以下，支持条件较好者，可选用之。② 新方案:如氟达拉滨、Ara-C 和 G-CSF±IDA(FLAG±I)。③对于年龄偏大或继发性 AML,可采用预激化疗:G-CSF 300 μg/d 皮下注射,d1~14;阿克拉霉素 20 mg/d,静脉注射,d1~4;Ara-C 10~15 mg/m^2,每12小时1次,皮下注射,d1~14。④HSCT:除 HLA 相合的 HSCT 外还包括 HLA 部分相合或半相合的移植。⑤免疫治疗:非清髓性干细胞移植(post non myeloablative allogeneic stem cell transplantation,NST)、供体淋巴细胞输注(donor lymphocyte infusion,DLI)、抗 CD33 和 CD45 单抗也显示了一定的疗效。

3. 老年 AL 的治疗　大于60岁,由 MDS 转化而来、继发于某些理化因素、耐药、重要器官功能不全、不良核型者,更应强调个体化治疗。多数患者化疗需减量用药,以降低治疗相关死亡率,少数体质好,支持条件佳者可采用类似年轻患者的方案治疗,有 HLA 相合同胞供体者可行 NST。

三、中医治疗

辨证论治

1. 热毒炽盛

证候:高热,汗出不退,烦躁,头痛面赤,胸骨疼痛,口舌生疮,咽喉肿痛,面颊肿胀疼痛,或咳嗽,咯黄痰,皮肤、肛门肿痛,便秘尿赤,或见齿衄、鼻衄、吐血、便血、尿血、皮肤瘀斑,或神昏谵语,舌质红绛,苔黄,脉大。

治法:清热解毒,凉血止血。

方药:黄连解毒汤合清营汤加减。

药用黄连、黄芩、黄柏、栀子、犀角(水牛角代)、生地、元参、竹叶心、麦冬、丹参、银花、连翘等。夹湿者可加茵陈、藿香、薏苡仁以清利湿热;骨、关节疼痛加五灵脂、乳香、没药、蒲黄以活血化瘀止痛;出血加仙鹤草、侧柏叶、小蓟以凉血止血;神昏谵语者加服安宫牛黄丸清心开窍。

2. 痰热瘀阻

证候:面色晦暗,肌肤甲错,腹部癥积,颌下、腋下、颈部淋巴结肿大,痰多,胸闷,头重,纳呆,发热,肢体困倦,心烦口苦,目眩,骨痛,胸部刺痛,口渴而不欲饮,舌质紫黯,或有瘀点、瘀斑,舌苔黄腻,脉滑数或沉细而涩。

治法:清热化痰,活血散结。

方药:温胆汤合桃红四物汤加减。

药用半夏、竹茹、枳实、陈皮、甘草、茯苓、生姜、大枣、熟地、当归、白芍、川芎、桃仁、红花等。可酌情加白花蛇舌草、山慈菇、夏枯草、胆南星、蒲黄等清热化痰散结;若腹部癥块坚硬,可选用鳖甲、穿山甲、昆布、海藻、三棱、莪术等化瘀软坚消癥之品。

3. 阴虚火旺

证候:低热或五心烦热,皮肤瘀斑,鼻衄、齿衄,口苦口干,盗汗,乏力,体倦,面色晦滞,舌质红,苔黄,脉细数。

治法:滋阴降火,凉血解毒。

方药:知柏地黄丸合二至丸加减。

药用知母、黄柏、熟地黄、山茱萸(制)、牡丹皮、茯苓、泽泻、山药、女贞子、旱莲草等。可酌情加青蒿、地骨皮、银柴胡以退虚热;若火毒较甚加白花蛇舌草、半支莲、蒲公英清热解毒;虚火灼络,迫血妄行,加石膏、知母、仙鹤草、小蓟以凉血止血。

4. 气阴两虚

证候:低热,面色苍白,自汗,盗汗,手足心热,气短,乏力,头晕,腰膝酸软,皮肤瘀点、瘀斑,鼻衄、齿衄,舌淡有齿痕,脉沉细。

治法:益气养阴,清热解毒。

方药:生脉饮加味。

药用人参、麦冬、五味子等。如兼夹瘀血、骨痛、胸痛、腹部癥块,可加桃仁、红花、三棱、莪术、鳖甲、当归尾等活血散结;若兼有痰核者,加贝母、山慈菇、黄药子、海藻、生牡蛎、海蛤壳以化痰散结;若热毒甚加白花蛇舌草、半支莲、蒲公英以清热解毒。

【转归与预后】

急性白血病若不经特殊治疗,平均生存期仅3个月左右,若积极治疗,已有不少患者获得病情缓解以至长期存活。近20年来急性白血病治疗已取得显著进展,由于化学治疗使成人急淋和急非淋白血病完全缓解率分别达到72%~77%和60%~85%;5年无病存活率分别达到50%和30%~40%,对于儿童 ALL,1~9岁且白细胞<50×10^9/L 预后最好,完全缓解后经过巩固与维持治疗,50%~70%患者能够长期生存甚至治愈。随着造血干细胞移植治疗的开展,进一

步提高了无病生存率。

第三节 慢性髓细胞白血病

慢性髓细胞白血病(chronic myelocytic leukemia,CML),简称慢粒,是一种发生在多能造血干细胞上的恶性克隆增殖性疾病,表现为髓系各个阶段细胞的过度增殖,以外周血粒细胞增多并出现幼稚粒细胞、嗜碱性粒细胞增多、贫血、血小板增多和脾大为特征,具有 Ph 染色体和 BCR-ABL 融合基因。病程发展缓慢,由慢性期(chronic phase,CP)、加速期(accelerated phase,AP)、最终急变期(blastic phase,BP;blast crisis,BC)。

【病因和发病机制】

一、病因

人类慢粒的病因尚不完全清楚。大剂量的放射线照射是慢粒较明显的致病因素。

二、发病机制

Ph 染色体为慢粒骨髓中特征染色体,90%以上的慢粒患者中可发现 Ph 染色体,即 t(9;22)(q34;q11),9 号染色体长臂上 C-ABL 原癌基因易位至 22 号染色体长臂的断裂点簇集区(BCR)形成 BCR-ABL 融合基因。其编码的蛋白主要为 P_{210},P_{210} 具有酪氨酸激酶活性,导致 CML 发生。

【临床表现】

起病缓慢,早期常无自觉症状。患者可因健康检查或因其他疾病就医时才发现血象异常或脾大而被确诊。

一、慢性期

CP 一般持续 1~4 年。患者有乏力、低热、多汗或盗汗、体重减轻等代谢亢进的症状,由于脾大而自觉左上腹坠胀感。常以脾大为最显著体征,往往就医时已达脐或脐以下,质地坚实,平滑,无压痛。如果发生脾梗死,则脾区压痛明显,并有摩擦音。肝脏明显肿大较少见。部分患者胸骨中下段压痛。当白细胞显著增高时,可有眼底充血及出血。白细胞极度增高时,可发生"白细胞淤滞症"。

二、加速期

常有发热、虚弱、进行性体重下降、骨骼疼痛,逐渐出现贫血和出血。脾持续和进行性肿大,对原来治疗有效的药物无效。AP 可维持几个月到数年。

三、急变期

为 CML 的终末期,临床与 AL 类似。多数急粒变,少数为急淋变或急性单核细胞白血病(急单)变,偶有巨核细胞及红细胞等类型的急性变。急性变预后极差,往往在数月内死亡。

【实验室及其他检查】

一、慢性期

1. 血象 白细胞数明显增高,常超过 $20 \times 10^9/L$,可达 $100 \times 10^9/L$ 以上,血片中粒细胞显著增多,可见各阶段粒细胞,以中性中幼、晚幼和杆状核粒细胞居多;原始(Ⅰ+Ⅱ)细胞<10%;嗜酸、嗜碱性粒细胞增多,后者有助于诊断。血小板多在正常水平,部分患者增多;晚期血小板渐减少,并出现贫血。

2. 中性粒细胞碱性磷酸酶(neutrophil alkaline phosphatase,NAP) 活性减低或呈阴性反应。治疗有效时 NAP 活性可以恢复,疾病复发时又下降,合并细菌性感染时可略升高。

3. 骨髓 骨髓增生明显至极度活跃,以粒细胞为主,粒红比例明显增高,其中中性中幼、晚幼及杆状核粒细胞明显增多,原始细胞<10%。嗜酸、嗜碱性粒细胞增多。红细胞相对减少。巨核细胞正常或增多,晚期减少。偶见 Gaucher 样细胞。

4. 细胞遗传学及分子生物学改变 95%以上的 CML 细胞中出现 Ph 染色体,5% 的 CML 有 BCR-ABL 融合基因阳性而 Ph 染色体阴性。

5. 血液生化 血清及尿中尿酸浓度增高。血清乳酸脱氢酶增高。

二、加速期

在加速期,外周血或骨髓原始细胞占 10%~19%,外周血嗜碱性粒细胞≥20%,不明原因的血小板进行性减少(PLT < 100 × 10⁹/L)或增加(PLT > 1 000 × 10⁹/L)。除 Ph 染色体以外又出现其他染色体异常,如：+ 8、双 Ph 染色体、17 号染色体长臂的等臂(i17q)等。治疗无效的持续白细胞计数增加(WBC > 10 × 10⁹/L);粒-单系祖细胞(CFU-GM)培养,集簇增加而集落减少,骨髓活检显示胶原纤维显著增生。

三、急变期

外周血中原粒 + 早幼粒细胞 ≥ 20%,骨髓中原始细胞或原淋 + 幼淋或原单 + 幼单 ≥ 20%,原粒 + 早幼粒细胞 ≥ 50%,出现髓外原始细胞浸润。

【诊断与鉴别诊断】

一、诊断

凡有不明原因的持续性白细胞数增高,根据典型的血象、骨髓象改变,脾大,Ph 染色体阳性,BCR - ABL 融合基因阳性即可作出诊断。

二、鉴别诊断

1. 类白血病反应　常并发于严重感染、恶性肿瘤等疾病引起的反应性白细胞增高,白细胞数可达 50 × 10⁹/L。粒细胞胞浆中常有中毒颗粒和空泡。嗜酸性粒细胞和嗜碱性粒细胞不增多。NAP 反应强阳性。Ph 染色体及 BCR - ABL 融合基因阴性。血小板和血红蛋白大多正常。原发病控制后,白细胞恢复正常。

2. 其他骨髓增殖性疾病　通常将 CML、真性红细胞增多症、原发性血小板增多症与原发性骨髓纤维化总称为骨髓增殖性疾病。分别以粒系、红系、巨核系和成纤维细胞增生为特点。当上述疾病鉴别诊断有困难时,CML 的特异性 Ph 染色体和 bcr/abl 基因异常是最可靠的判断指标。

3. 其他原因引起的脾大　血吸虫病、慢性疟疾、黑热病、肝硬化、脾功能亢进等均有脾大。但各病均有各自原发病的临床特点,并且血象及骨髓象无 CML 的典型改变。Ph 染色体及 BCR - ABL 融合基因均阴性。

【中医诊断】

一、辨病

中医学认为慢粒是内伤与外感相互作用所致。本病的发生乃先天禀赋不足或后天失养引起脏腑亏虚,或由于外感六淫、内伤七情等引起气血功能紊乱,脏腑功能失调,致使毒邪乘虚而入,为气血痰食邪毒相互搏结而引起。

二、辨证分型

本病分为气滞血瘀型、气血两虚型、热毒壅盛型。

【治疗】

一、治疗思路

CML 治疗应着重于慢性期早期,避免疾病转化,力争细胞遗传学和分子生物学水平的缓解,一旦进入加速期或急变期则预后很差。甲磺酸伊马替尼和 Allo - SCT 是目前优先采用的治疗方式。中医辨证论治针对不同的病期进行治疗。对化疗有增效减毒的作用。慢粒乃邪毒久恋血分,因毒致瘀,因而在整个治疗过程中,自始至终贯穿着"解毒"、"祛瘀",基本法则为清热解毒,活血化瘀。晚期患者元气衰败,以调补正气,解毒祛瘀为辅。

二、西医治疗

(一) 一般治疗

当循环血液中白细胞 > 200 × 10⁹/L,患者可产生白细胞淤滞症,应使用血细胞分离机清除过高白细胞。慢粒常伴有高尿酸血症,患者出现痛风或肾损害,故高白细胞白血病在化疗时同时给予别嘌醇每次 100 mg,每日 3 次,抑制尿酸合成。鼓励患者多饮水、碱化尿液,预防并发症。

(二) 慢性期治疗

治疗目的是促进正常干细胞的增长和抑制白血病克隆增殖,以期降低外周血白细胞计数、缓解脾大并控制高代谢症群,达到细胞遗传学完全缓解或部分缓解。

1. 羟基脲　为细胞周期特异性抑制 DNA 合成的药物,毒性低,起效快,可延缓疾病进展,有利于提高移植成功率。常用剂量为 3 g/d,分 2 次口服,待白细胞减至 20 × 10⁹/L 左右时,剂量减半。降至 10 × 10⁹/L 时,改为小剂量(0.5 ~ 1 g/d)维持治疗。需经常检查血象,以便调节药物剂量。本药价格低廉,为当前首选化疗药物。

2. 甲磺酸伊马替尼　为 2 -苯胺嘧啶衍生物,能特异性阻断 ATP 在 abl 激酶上的结合位置,使酪氨酸残基不能磷酸化,从而抑制 BCR-ABL 阳性细胞的增殖。治疗剂量:CP、AP 和 BP/BC 分别为 400 mg/d、600 mg/d 和 600~800 mg/d。常见的非血液学不良反应包括:水肿、肌痉挛、腹泻、恶心、肌肉骨骼痛、皮疹、腹痛、疲劳、关节痛和头痛等,但一般症状较轻微。血象下降较常见,可出现粒细胞缺乏、血小板减少和贫血,严重者需减量或暂时停药。初治 CML-CP,甲磺酸伊马替尼治疗 1 年后血液学完全缓解(hematological complete remission,HCR)、细胞遗传学缓解(cytogenetic remission,CR)分别为 96% 和 69%,随治疗时间延长疗效提高。使用甲磺酸伊马替尼的患者 10%~15% 出现疾病进展,如出现耐药与基因点突变也可用新的酪氨酸激酶抑制剂,如达沙替尼等或行 Allo-SCT。

3. Allo-SCT 是目前认为根治 CML 的标准治疗。骨髓移植应在 CML 慢性期待血象及体征控制后尽早进行。常规移植患者年龄以 45 岁以下为宜。HLA 相合同胞间移植后患者 3~5 年无病存活率为 60%~80%。HLA 相合同胞间移植后复发率为 20%~25%,而无关供体移植较之为低。

4. IFN-α 剂量为 300 万~500 万 U/(m^2·d)皮下或肌内注射,每周 3~7 次,持续用数月至数年不等。IFN-α 起效较慢,对白细胞显著增多者,宜在第 1~2 周并用羟基脲或小剂量 Ara-C。50%~70% 患者能获 CHR;10%~26% 患者可获分子学完全缓解(molecular complete remission,MCR)。常见毒副反应为流感样症状:畏寒、发热、疲劳、头痛、厌食、恶心、肌肉及骨骼疼痛。

5. 其他药物 白消安是一种烷化剂,作用于早期祖细胞,起效慢且后作用长,剂量不易掌握。初始 4~6 mg/d,口服。白细胞降至 $20×10^9/L$ 停药,待稳定后改 0.5~2 mg/d,甚至更低,保持白细胞在 $7×10^9~10×10^9/L$。用药过量常致严重骨髓抑制,且恢复较慢。敏感者即使小剂量也可出现骨髓抑制,应提高警惕。白消安长期用药可出现皮肤色素沉着,精液缺乏及停经,肺纤维化等,现已较少使用。其他药物 Ara-C、高三尖杉酯碱(homoharringtonine,HHT)、靛玉红(indirubin)、异靛甲、二溴卫茅醇、6-巯基嘌呤(6-Mp)、美法仑、6-巯基鸟嘌呤(6-TG)、环磷酰胺、砷剂及其他联合化疗亦有效,但多在上述药物无效时才考虑使用。

(三)加速期和急变期治疗

1. 加速期治疗 ① Allo-SCT:HLA 相合同胞间移植和非亲缘间或单倍型移植的 DFS 分别为 30%~40% 和 15%~35%。② 甲磺酸伊马替尼:CHR 和 CCR 分别为 34% 和 11%~19%。③ 其他:干扰素联合化疗药物或使用联合化疗方案等。

2. 急变期治疗 ① 化疗:髓系急变可采用急性非淋巴细胞白血病(ANLL)方案化疗;急淋变可按急性淋巴细胞白血病(ALL)方案治疗。② 甲磺酸伊马替尼:CHR 和 CCR 分别为 8% 和 0~2%,且疗效维持短暂。③ Allo-SCT:复发率高达 60%,长期 DFS 仅 15%~20%。

三、中医治疗

辨证论治

1. 气滞血瘀

证候:胁下癥块,脘腹胀满疼痛,积块不坚,固定不移,低热,乏力,面色晦暗,苔薄,舌质紫黯,脉弦或涩。

治法:理气行滞,活血化瘀。

方药:膈下逐瘀汤加减。

药用灵脂(炒)、当归、川芎、桃仁(研泥)、丹皮、赤芍、乌药、玄胡索、甘草、香附、红花、枳壳等。胁下癥块明显者加鳖甲、穿山甲、生牡蛎软坚消癥;出血明显者加三七粉化瘀止血。

2. 气血两虚

证候:面色萎黄或黧黑,头晕心悸,神疲乏力,气短懒言,食欲减退,消瘦,自汗或盗汗,积块坚硬,痛处不移,肌肤甲错,舌质淡或紫黯,脉弦细或沉细。

治法:益气养血,活血化瘀。

方药:八珍汤合桃仁红花煎加减。

药用当归、川芎、熟地、白芍、人参、白术、茯苓、甘草、红花、桃仁、香附、延胡索、赤芍、乳香、青皮等。气虚血亏,气不摄血见鼻衄、肌衄者,可加黄芪、茜草根、仙鹤草、阿胶珠等摄血止血;有低热及口干者属阴液不足,可加旱莲草、麦冬等养阴;痰瘀互结者可用鳖甲煎丸软坚散结。

3. 热毒壅盛

证候:胁下积块进行性增大,硬痛不移,发热甚或壮热,汗出不解,渴喜冷饮,骨节剧痛,倦怠神疲,形体消瘦,衄血紫斑,或便血、尿血,舌红,无苔,脉细数。

治法:清热解毒,凉血散瘀。

方药:清瘟败毒饮加减。

药用生石膏、生地、犀角（水牛角代）、生栀子、桔梗、黄芩、知母、赤芍、玄参、连翘、竹叶、甘草、丹皮等。壮热不退加生石膏、知母清热；出血甚者加紫草、白茅根、仙鹤草、大蓟、小蓟凉血止血。

【转归与预后】

慢粒化疗后中位生存期为 39~47 个月，5 年生存率为 25%~35%，8 年生存率为 8%~17%，个别可生存 10~20 年。慢粒一旦发生急变，大多在几周或几个月内死亡。

（朱玲玲）

第四十二章
特发性血小板减少性紫癜

特发性血小板减少性紫癜(idiopathic thrombocytopenic purpura,ITP),也称为原发性血小板减少性紫癜或自身免疫性血小板减少性紫癜(autoimmune thrombocytopenic purpura,ATP),是因外周血中有拮抗血小板的自身抗体,引起血小板破坏过度所致的出血性疾病。

特发性血小板减少性紫癜的临床特征为血小板减少、生存时间缩短、骨髓巨核细胞发育成熟障碍,皮肤黏膜广泛出血,或内脏出血。ITP的发病率为5/10万~10/10万,占出血性疾病总数约30%,任何年龄阶段均可发病,男女发病率相似(1:0.94),育龄期女性略高,65岁以上年龄段的发病率有上升趋势。临床分急性型和慢性型,急性型多见于儿童,慢性型多见于成人。

本病属于中医学"紫癜"范畴,见于血证、肌衄、斑毒等。

【病因和发病机制】

特发性血小板减少性紫癜的确切病因,目前尚不明确,但可能主要与感染和免疫因素有关。

一、病因

1. 感染 急性特发性血小板减少性紫癜(acute idiopathic thrombocytopenic purpura,AITP)在发病前2周左右常有上呼吸道的感染,如风疹、麻疹、水痘、腮腺炎、流感等病毒感染性疾病,常在其恢复期发病。慢性特发性血小板减少性紫癜(chronic idiopathic thrombocytopenic purpura,CITP)发病前多无前驱感染史,但常因感染而致病情加重。

2. 免疫因素 免疫异常或免疫多态性因素与特发性血小板减少性紫癜的发病有一定的相关性,在50%~70%的特发性血小板减少性紫癜的患者,其血浆和血小板表面可检测到血小板膜糖蛋白特异性自身抗体,主要包括:① 长期接触过敏原;② 自身免疫性的疾病,如系统性红斑狼疮等;③ 抗体产生过程中发生某些重链选择;④ 异常的抗原递呈,如慢性淋巴细胞白血病等。健康受试者因输入特发性血小板减少性紫癜患者的血浆可产生一过性的血小板减少。

3. 脾脏及其他因素 脾脏是抗体产生的重要场所,也是血小板破坏的主要部位。特发性血小板减少性紫癜患者脾脏产生的IgG约为健康受检者的7倍,部分患者脾脏切除后,血小板上升迅速。

特发性血小板减少性紫癜的病因还可能与雌激素相关,育龄妇女多发本病,雌激素受体拮抗剂治疗有效,研究发现,雌激素可直接抑制血小板生成,并能增强单核巨噬细胞系统对与抗体结合之血小板的吞噬和破坏。

二、发病机制

目前研究认为,单核巨噬细胞系统过度吞噬破坏自身抗体致敏的血小板是特发性血小板减少性紫癜的主要发病机制。

80%~90% CITP 患者发病前多无前驱感染史,有血小板表面相关抗体——PAIgG、PAIgM、PAIgA 或 PAC_3 存在,抗体直接作用于血小板膜糖蛋白(GP)Ⅱb/Ⅲa,使血小板寿命缩短并改变其功能。雌激素可增强自身免疫反应,直接抑制血小板生成和刺激单核巨噬细胞系统对被抗体覆盖的血小板的吞噬和破坏,其机制可能是抗原抗体复合物与血小板膜上受体结合,或病毒抗原产生自身抗体与血小板膜产生交叉反应,使血小板遭受非特异性的破坏,被单核-巨噬细胞系统清除。

近年还有研究认为,患者体内的自身抗体 GPⅡb/Ⅲa 可能聚集功能异常及引发血小板的黏附。有学者观察到,CITP患者外周血总T细胞及辅助性T细胞(Th)和抑制性T细胞(Ts)比值明显低于正常人,提示免疫调节紊乱及细胞免疫比值失衡是发病的重要机制。

【病理】

骨髓增生程度多在正常范围,幼稚巨核细胞、颗粒型巨核细胞显著增多或正常,产血小板的巨核细胞(产板巨)减少或缺乏,外周血小板明显减少,粒系、单核系及红系正常。

【临床表现】

主要临床表现为皮肤、黏膜和内脏的出血症状。

一、急性型

半数以上见于儿童,约为儿童免疫性血小板减少病例的90%,男女发病率无明显差异。起病急,多数患者发病前1~2周有呼吸道或其他病毒感染史,如水痘、风疹、EB病毒或麻疹病毒感染等,多数在秋冬季发病。部分患者可有发热、畏寒,突发全身严重的皮肤紫癜,甚至可形成大片瘀斑或血泡、血肿,紫癜分布均匀,压之不退色,以下肢为多。常出现口腔黏膜及牙龈、鼻出血等,损伤部位可出现瘀斑或渗血不止。血小板 $< 20 \times 10^9/L$ 时可有咯血、呕血、黑粪、尿血、阴道出血等内脏出血,头痛呕吐、瘫痪、抽搐或意识障碍提示颅内出血(含蛛网膜下腔出血)的可能。病程平均4~6周,大部分患者能自行缓解,少数病程迁延半年或数年以上而转为慢性。

二、慢性型

主要见于成人,主要是青年女性,发病率为男性的3~4倍。起病隐匿,常因血液化验时发现,或因感染而加重。症状多轻而局限,但出血易反复发作,出血时间较长,有些可持续数月。皮肤瘀点、瘀斑,以下肢远端多见,可有口腔黏膜、鼻腔、牙龈出血,女性患者多表现为月经过多。血小板计数 $> 50 \times 10^9/L$,多为损伤性出血。多数患者无内脏出血,全身情况良好。少数反复发生、病程迁延半年以上者,可出现贫血或轻度脾大,如脾脏肿大较明显,要警惕引发继发性血小板减少的可能性。

三、并发症

全身皮肤、黏膜或内脏出血量过大,可能引起贫血甚至失血性休克,严重的颅内出血而危及生命。

【实验室及其他检查】

一、血小板检查

1. 血常规 血小板计数 $< 100 \times 10^9/L$;可伴有血小板平均体积常增大;血小板分布宽度增加;血块收缩不良。

2. 血小板相关抗体检测 用荧光免疫法或酶联免疫法检测血小板的相关抗体PAIgG、PAIgM、PAIgA、PAC$_3$均可增加,以PAIgG(85%左右)和PAIgM(15%左右)增加为主。继发于肝病、系统性红斑狼疮、HIV感染等其他疾病者,可出现抗血小板抗体阳性。

3. 血小板动力学 采用核素法或丙二醛法检测血小板存活时间,多数患者(90%左右)的血小板生存时间较正常人明显减少。

二、出凝血时间

出血时间增加,毛细血管脆性试验可阳性,纤溶机制和凝血机制检查可正常。

三、骨髓象

骨髓巨核细胞数量增多或正常,慢性型骨髓象中巨核细胞明显增多;巨核细胞发育成熟障碍,以未成熟型巨核细胞增多为主,巨核细胞体积增大,胞浆内颗粒缺乏,可呈单核;血小板生成障碍,产板型巨核细胞显著减少或缺乏($<30\%$),胞浆中可发现空泡。

四、其他

长期失血患者,可产生的正常细胞或小细胞低色素性的贫血,少数患者可出现伊文思综合征(自身免疫性溶血的证据)。

【诊断与鉴别诊断】

一、诊断

(1) 至少2次检查血小板计数减少,血细胞形态无异常。
(2) 脾脏一般不增大。
(3) 骨髓检查:巨核细胞数增多或正常、有成熟障碍。
(4) 须排除其他继发性血小板减少症,如自身免疫性疾病、甲状腺疾病、药物诱导的血小板减少、同种免疫性血小板减少、淋巴系统增殖性疾病、骨髓增生异常(再生障碍性贫血和骨髓增生异常综合征)、恶性血液病、慢性肝病、脾功能亢进、血小板消耗性减少、妊娠血小板减少、感染等;排除假性血小板减少以及先天性血小板减少等。

按疾病发生的时间及其治疗情况分期：

(1) 新诊断的 ITP：指确诊后 3 个月以内的 ITP 患者。

(2) 持续性 ITP：指确诊后 3～12 个月血小板持续减少的 ITP 患者。包括没有自发缓解的患者或停止治疗后不能维持完全缓解的患者。

(3) 慢性 ITP：指血小板减少持续超过 12 个月的 ITP 患者。

(4) 重症 ITP：指 PLT $< 10 \times 10^9$/L，且就诊时存在需要治疗的出血症状或常规治疗中发生新的出血症状，且需要采用其他升高血小板药物治疗或增加现有治疗的药物剂量。

(5) 难治性 ITP：对难治性 ITP 的诊断，目前尚无统一的标准，根据有关资料，具有下列之一者为难治性 ITP：① 标准剂量糖皮质激素[泼尼松 1～2 mg/(kg·d)]治疗 4 周，血小板计数仍 $< 50 \times 10^9$/L，或者血小板恢复正常，但随激素减量，血小板计数随之下降，或需泼尼松 ≥30 mg 才能维持血小板数目稳定者；② 脾切除(包括脾栓塞、脾化疗)后，血小板计数仍 ≤50×10^9/L，或者血小板一度恢复正常又下降，需继续内科治疗者；③ 经糖皮质激素、脾切除、静脉注射免疫球蛋白、免疫抑制剂等多方面治疗无效，血小板计数 ≤50×10^9/L；④ 血小板计数 ≤20×10^9/L，尤以 ≤10×10^9/L，有明显出血危及生命的重症患者。

二、鉴别诊断

本病的确诊需与过敏性紫癜、血栓性血小板减少性紫癜、溶血尿毒症综合征相鉴别，还需排除继发性血小板减少症，如再生障碍性贫血、骨髓增生异常综合征、系统性红斑狼疮、脾功能亢进、白血病、慢性肝炎、放疗、化疗引起的血小板减少等。

1. 过敏性紫癜　是一种常见的血管变态反应性毛细血管炎，血常规检查白细胞轻至中度增高，血小板计数正常，其紫癜多成批出现、对称分布、高出皮肤，且易反复发生，紫癜主要局限于四肢，可伴有关节肿痛、腹痛或出现血尿等。

2. 血栓性血小板减少性紫癜　具有血小板减少性紫癜、中枢神经系统异常和微血管病性溶血性贫血的临床特征，也称为"三联征"，如再出现发热和肾功能受损表现，通常又称"五联征"。

3. 继发性血小板减少性紫癜　如为血小板生成障碍引起的 MDS、早期再生障碍性贫血，或放疗、化疗所引起的继发性血小板减少性紫癜，多出现外周血白细胞计数和骨髓巨核细胞减少，或有淋巴样小巨核；自身免疫性疾病引起的如类风湿关节炎、系统性红斑狼疮、甲状腺功能亢进、慢性肝炎等，可先表现血小板减少性紫癜的临床特征，需通过相关原发病的特异性检查鉴别；血小板分布异常引起的如骨髓纤维化、血吸虫病、肝硬化等，其特征是脾脏明显肿大。

4. 溶血尿毒症综合征　以婴幼儿多见。发病常在上呼吸道或消化道感染后数天至 2 周，血液检查可见畸形和红细胞碎片，除皮肤和黏膜出血外，还可出现贫血、溶血、轻度神经精神或急性肾衰竭症状。

【中医病因病机】

病因为感受外邪，劳烦过度，饮食、房事不节，久病虚损等，与火及虚相关，火分虚火与实火，虚分阴虚与气虚。病机为血不归经，溢于脉外。

急性型，多为外感邪毒，入里化热，伤及血分，热灼脉络，迫血妄行，血溢脉外，留于肌肤，而发为紫癜；慢性型，多为劳倦过度，饮食不节，病久体虚，或久病伤络，脉络受阻，肝、脾、肾虚损，因外感邪热而发，虚实并存。

1. 热毒伤络　外感热毒，入内蕴结，郁久化火，或热毒炽盛，灼伤脉络，迫血妄行，而发病。血不循经，随火上升，发于清窍，则吐衄，血移于下，则见黑便、尿血。

2. 气不摄血　劳倦过度，或饮食不节，久病体虚等，损伤于脾，脾气虚弱，失于统摄，血溢脉外。

3. 阴虚火旺　烦劳过度，早婚多育，房事不节、久病等肝肾受损，伤阴耗津，阴虚血亏，滋生内火，热灼脉络。

4. 瘀血阻络　肝气郁积，气滞血瘀，脉络瘀阻，血行不畅，或久病伤络，脉络阻塞，致血不归经，溢于脉外，表现各种出血症状。

【中医诊断及病证鉴别】

《诸病源候论·斑毒》曰："斑毒之病，乃热气入胃，而胃主肌肉，其热挟毒，蕴积于胃，毒气熏发于肌肉而赤斑起，周匝遍体。"《外科正宗》："感受四时不正之气，郁于皮肤不散，结成大小青紫斑点，色若葡萄，发于遍体头面。乃为腑证，自无表里，邪毒传胃，牙龈出血，久则虚入，斑渐方退。"

中医病证鉴别同过敏性紫癜，除皮肤表现外，还有鼻衄、齿衄及脏器衄血。

【治疗】

一、治疗思路

本病在辨证论治基础上,采用中西医结合治疗有较好疗效。对急性型且患者出血严重时,应采取紧急的治疗措施,积极止血及防治可能危及生命的并发症。

二、西医治疗

药物首选糖皮质激素,短期有效率约80%,其次为脾切除和免疫抑制剂等治疗。出血广泛、严重时,要严格卧床休息,使用止血药,避免外伤,特别是对于血小板<20×10^9/L,或有颅内出血倾向,或将分娩妇女和实施手术者,应采取急救处置:静脉输注大剂量免疫球蛋白、血小板悬液或血浆置换等治疗。

(一) 糖皮质激素

常用药物为泼尼松:1.0 mg/(kg·d),分次口服或顿服,待血小板计数上升至正常或接近正常,可逐渐减量为5~10 mg/d,维持治疗3~6个月;对于成人,也可先采用小剂量的泼尼松,0.25 mg/(kg·d)口服,足量使用4周后,如病情未完全缓解,再采用其他方法治疗。病情严重者可短期内用地塞米松或甲泼尼龙静脉滴注。

糖皮质激素主要适用于血小板<30×10^9/L,并有严重出血或明显出血倾向者。作用机制:① 抑制自身抗体生成及减轻抗原抗体反应并促使结合的抗体游离。② 抑制单核-巨噬细胞系统对血小板的吞噬作用,促进血小板存活。③ 改善毛细血管通透性,减轻出血症状。④ 刺激骨髓造血,减少血小板在脾及骨髓中的消耗。

(二) 脾切除

适应证:① 正规糖皮质激素治疗3~6个月无效,病程迁延;② 糖皮质激素每日维持量大于30 mg者;③ 存在糖皮质激素使用禁忌证;④ ^{51}Cr扫描示脾区放射指数增高;⑤ 存在颅内出血的危险,而经内科治疗无效者。

禁忌证:① 年龄小于2岁,切脾后易出现严重感染;② 首次发病,且早期症状较轻者;③ 妊娠期;④ 骨髓巨核细胞数低于正常水平;⑤ 因其他疾病不宜手术。

脾切除治疗的有效率为70%~90%,有学者近年用脾区照射法或脾动脉栓塞法代替脾切除,疗效也较好。脾切除治疗无效者对糖皮质激素的需要量可减少。

(三) 免疫抑制剂治疗

主要药物有下面几种,以长春新碱为最常用药物。

1. 长春新碱 1~2 mg/次,静脉注射,每周1次,连用4~6周。有免疫抑制和促进血小板生成及释放的作用。

2. 环磷酰胺 2~3 mg/(kg·d),分3次口服,3~6周为1个疗程,一般治疗2个月可达明显效果,渐减量,维持治疗4~6周;可静脉注射,400~600 mg/d,每隔3~4周1次。

3. 硫唑嘌呤 2~4 mg/(kg·d),口服3~6周为1个疗程,见效后以25~50 mg/d维持8~12周。与糖皮质激素合用疗效较好,但毒副作用较大,可能导致粒细胞缺乏,使用时须谨慎。

4. 环孢素 250~500 mg/d,口服,维持治疗6个月以上,维持量50~100 mg/d。主要用于难治性的特发性血小板减少性紫癜。

(四) 大剂量静脉输注丙种球蛋白

可使血小板计数迅速提升。0.4 g/(kg·d),静脉滴注,连用5天为1个疗程,1个月后可重复使用。

作用机制:主要是单核巨噬细胞Fc受体封闭、抗体中和及免疫调节等。

适应证:① 难治性和严重型ITP:采用泼尼松和脾切除治疗无效和广泛、严重的皮肤、黏膜出血或内脏出血,脑出血易危及生命者;② 孕妇、高血压、糖尿病、结核病、溃疡病等不宜用糖皮质激素者;③ 手术及分娩妇女等,需迅速提升血小板者。

(五) 血小板悬液输注

成人输注按每次10~20 U给予,严重者每4~6小时重复1次,尽量使用单采血小板。

适应证:① 血小板<20×10^9/L;② 皮肤、黏膜出血严重,广泛或内脏出血者;③ 有明显的颅内出血倾向者;④ 分娩期妇女和近期将接受手术者。

(六) 甲泼尼龙

大剂量静脉注射,1 g/d,3~5次为1个疗程。

作用机制:抑制单核巨噬细胞系统。

(七) 血浆置换

每天置换3 000 ml血浆,连续置换3~5天,缺乏长期疗效,通过去除血浆中大量的抗血小板抗体,使新发的、难治性的急性患者可短期内缓解病情。

(八) 其他

1. 达那唑 合成的雄性激素,与糖皮质激素有合用能提升疗效。成人 300~600 mg/d,分次口服,一般用于难治性的特发性血小板减少性紫癜。作用机制：免疫调节、抗雌激素。

2. 氨肽素 1 g/d,分次口服。有资料显示,其有效率为 40%。

三、中医治疗

辨证论治

1. 热毒伤络

证候：发病急骤,出血广泛,肌肤紫斑重,紫斑颜色鲜红或深红,口干喜冷饮,咽痛舌燥,小便短赤,大便干结,伴齿衄、鼻衄,或便血、月经过多等,舌质红绛,苔黄燥,脉浮数。

治法：清热降火,凉血止血。

方药：犀角地黄汤加味。

药用犀角(水牛角代)、生地黄、芍药、牡丹皮等。伴便血加地榆、槐花；伴尿血加白茅根、小蓟、大蓟、龙胆草凉血止血；齿衄、鼻衄者加金银花、大黄、知母、生石膏清热解毒,引血下行。

2. 气不摄血

证候：起病较缓,出血局部、散在,反复发作,遇劳倦时加重,或紫斑色淡,时隐时现,伴气短乏力,心悸头晕,面色苍白或萎黄,脘腹胀满,食少纳差,可伴便溏,舌质淡,苔薄白,脉细弱。

治法：健脾益气,补血摄血。

方药：补中益气汤加减。

药用党参、黄芪、白术、当归、升麻、柴胡、生姜、陈皮、大枣、炙甘草等。伴腰膝酸软者加山茱萸、杜仲补肾益气；紫癜严重者加三七、茜草根、紫草等止血；伴畏寒、肢冷者加菟丝子、补骨脂、龙眼肉温阳补气。

3. 阴虚火旺

证候：起病较缓,紫癜散在分布,色红,出血时轻时重,伴头晕耳鸣,五心烦热,潮热盗汗,口渴不欲饮,或齿衄、鼻衄,舌质红,少苔或无苔,脉细数。

治法：滋阴清热,凉血安络。

方药：知柏地黄丸合茜根散加减。

药用知母、黄柏、熟地黄、生地黄、茯苓、山茱萸、茜草根、侧柏叶、牡丹皮、黄芩、山药、泽泻、阿胶、甘草等。紫癜重,血热甚者,加仙鹤草、紫草、龙胆草清热凉血,止血；烦热盗汗甚者加地骨皮、青蒿等滋阴清热。

4. 瘀血阻络

证候：病久迁延,紫癜色紫红或紫黑,反复发作,面色晦暗,胸胁疼痛,毛发、皮肤枯黄无泽,或指趾甲错,色质绛紫有瘀点,脉弦或涩。

治法：逐瘀通络,活血止血。

方药：桃红四物汤加减。

药用桃仁、红花、川芎、芍药、熟地黄、当归等。胸闷胁痛甚者加木香、郁金、青皮等以行气止痛；毛发、皮肤枯萎无华加党参、黄芪、白术补气益血。

紫癜广泛而严重,火热炽盛者,可配合外洗法。方药：水牛角、生地、丹皮、黄芩、黄柏、白芍、栀子、生甘草。上药煎煮后,用药液外洗。

【转归、预防与调护】

急性型病程一般 4~6 周,也有少数可迁延半年或数年,多为自限性,约80%以上患者可以自行缓解,痊愈后极少出现复发。慢性型很少有自发性缓解者,易反复发作。特发性血小板减少性紫癜的病死率极低,仅有约1%,死亡原因多为颅内出血。

平素适度运动,增强体质,注意预防病毒感染；因药物诱发者,要注意避免使用此类药物；减少与避免各种创伤；保持心情愉快,避免精神刺激或过度劳累诱发本病。

急性期出血严重时,要卧床休息,饮食要易消化,忌食辛辣刺激之物；消化道出血时,进半流质或流质；密切关注内脏出血,特别是颅脑出血,积极预防并发症的发生。

(伍 平)

第七篇 内分泌系统疾病

中西医结合内科学

第四十三章
甲状腺功能亢进症

甲状腺功能亢进症(hyperthyroidism),简称甲亢,是指甲状腺呈现高功能状态,产生和释放过多的甲状腺激素所致的甲状腺毒症。甲亢的病因较复杂,主要包括弥漫性毒性甲状腺肿(Graves病)、多结节性毒性甲状腺肿和甲状腺自主高功能腺瘤(Plummer病)等。其中以弥漫性毒性甲状腺肿(Graves病)最多见,本章以此为重点进行阐述。

Graves 病

Graves 病(也称 Basedow 病、Parry 病,以下简称 GD)由 Parry 于 1825 年首次报告,Robert Graves 和 von Basedow 分别于 1835 年和 1840 年详细报告。GD 占全部甲亢的 80%~85%。西方国家报告本病的患病率为 1.1%~1.6%,我国学者报告是 1.2%,女性的患病率显著高于男性[女:男为(4~6):1],高发年龄为 20~50 岁。主要临床特征为:高代谢症候群、弥漫性甲状腺肿、眼征和胫前黏液性水肿。

本病与中医学的"瘿气"相似,可归属于"瘿病"、"心悸"、"瘿瘤"等范畴。

【病因和发病机制】

目前公认本病的发生与自身免疫有关,属于器官特异性自身免疫病。它与自身免疫性甲状腺炎等同属于自身免疫性甲状腺病(autoimmune thyroid diseases,AITD)。

一、遗传

本病有显著遗传倾向,目前发现它与组织相容性复合体(MHC)基因相关:白种人与 HLA-B8、HLA-DR3、DQA1*501 相关;非洲人种与 HLA-DQ3 相关;亚洲人种与 HLA-Bw46 相关。

二、自身免疫

GD 患者血清中存在针对甲状腺细胞促甲状腺激素(thyroid-stimulating hormone,TSH)受体的特异性自身抗体,称为 TSH 受体抗体(TSH receptor antibodies,TRAb),也称为 TSH 结合抑制性免疫球蛋白(TSH-binding inhibitory immunoglobulin,TBII)。TRAb 有两种类型,即 TSH 受体刺激性抗体(TSHR stimulation antibody,TSAb)和 TSH 受体刺激阻断性抗体(TSHR stimulation-blocking antibody,TSBAb)。TSAb 与 TSH 受体结合,激活腺苷酸环化酶信号系统,导致甲状腺细胞增生和甲状腺激素合成、分泌增加。所以,TSAb 是 GD 的致病性抗体。95% 未经治疗的 GD 患者 TSAb 阳性,母体的 TSAb 也可以通过胎盘,导致胎儿或新生儿发生甲亢。TSBAb 与 TSHR 结合,使 TSH 无法与 TSHR 结合,所以产生抑制效应,甲状腺细胞萎缩,甲状腺激素产生减少。TSBAb 是自身免疫性甲状腺炎(autoimmune thyroiditis,AIT)导致甲状腺功能减退症(简称甲减)的原因之一。因为 GD 和 AIT 同属于 AITD,所以 50%~90% 的 GD 患者也存在针对甲状腺的其他自身抗体,如甲状腺过氧化物酶抗体(TPOAb)、甲状腺球蛋白抗体(TgAb)等。

Graves 眼病(Graves ophthalmopathy,GO)是本病的表现之一,其发病机制目前尚未完全阐明。一般认为患者血中针对甲状腺滤泡细胞抗原的 T 细胞,可识别包括球后组织在内的共同抗原决定簇;球后成纤维细胞作为免疫效应细胞或靶细胞,在 T 细胞和细胞因子的刺激下,合成糖胺聚糖(glycosaminoglycan,GAG),产生突眼。同时,细胞因子刺激的结缔组织的增生也起重要作用,球后组织尚可有成纤维细胞和脂肪细胞的增生。

三、环境因素

环境因素可能参与了 GD 的发生,如细菌感染、性激素、应激等都对本病的发生和发展有影响。

【病理】

甲状腺呈不同程度的弥漫性肿大。甲状腺滤泡上皮细胞增生,呈高柱状或立方状,滤泡腔内的胶质减少或消失,滤泡间可见不同程度的与淋巴组织生发中心相关的淋巴细胞浸润。这些淋巴细胞的构成特点是以T细胞为主,伴少数的B细胞和浆细胞。Graves眼病的眶后组织中有脂肪细胞浸润,纤维组织增生,大量黏多糖和GAG沉积,透明质酸增多,淋巴细胞和浆细胞浸润,同时眼肌纤维增粗,纹理模糊,肌纤维透明变性、断裂和破坏。胫前黏液性水肿者皮肤光镜下可见黏蛋白样透明质酸沉积,肥大细胞、巨噬细胞和成纤维细胞浸润。

【临床表现】

一、神经精神系统

患者易激动、精神过敏、伸舌和双手向前平举时可见细震颤、多言、多动、失眠紧张、思想不集中、焦虑烦躁、多疑等,有时出现幻觉,甚至亚狂躁症,但也有寡言、抑郁不欢者。腱反射活跃,反射时间缩短。

二、高代谢综合征

患者怕热、多汗,手掌、面、颈、腋下皮肤红润多汗。常有低热,发生危象时可出现高热,患者常有心动过速、心悸、胃纳明显亢进,但体重下降,疲乏无力。

三、甲状腺肿大

多数患者以甲状腺肿大为主诉。呈弥漫性对称性肿大、质地不等,吞咽时上下移动。少数患者的甲状腺肿大不对称或肿大不明显。由于甲状腺的血流量增多,故在上下极外侧可闻及血管杂音和触及震颤,尤以腺体上部较明显。甲状腺弥漫对称性肿大伴杂音和震颤为本病一种特殊体征,在诊断上有重要意义,但应注意与静脉音和颈动脉杂音相区别。

四、眼征

1. 非浸润性突眼 又称良性突眼,占大多数。一般为对称性,有时一侧突眼先于另一侧。主要因交感神经兴奋,眼外肌群和提上睑肌张力增高所致,主要改变为眼睑及眼外部的表现,球后组织改变不大。眼征有以下几种:① 眼裂增宽,少瞬和凝视;② 眼球内侧聚合不能或欠佳;③ 因上眼睑挛缩,在眼下视时不能跟随眼球下落;④ 眼上视时,额部皮肤不能皱起。

2. 浸润性突眼 又称"内分泌性突眼"、"眼肌麻痹性突眼症"或"恶性突眼",较少见,病情较严重。也可见于甲亢症状不明显或无高代谢症的患者中,主要由于眼外肌和球后组织体积增加、淋巴细胞浸润和水肿所致。

五、心血管系统

可有心悸、气促、稍事活动即明显加剧。重症者常有心律不齐、心脏扩大、心力衰竭等严重表现。

1. 心动过速 常系窦性,一般心率100~120次/分,静息或睡眠时心率仍快,为本病特征之一,是诊断和疗效观察的一个重要参数。

2. 心律失常 以房性心律失常尤其是房性期前收缩为最常见,阵发性或持久性心房颤动和扑动以及房室传导阻滞等也可发生。

3. 心音和杂音 心搏出量增加,心尖区第一心音亢进,可闻及收缩期杂音,似二尖瓣关闭不全的杂音,偶可闻及舒张期杂音。

4. 心脏肥大和充血性心力衰竭 多见于长年患病的老年重病者,如合并感染或应用β受体阻滞剂容易诱发心力衰竭。

5. 收缩期动脉高血压 心搏出量和每分输出量增加,舒张压稍低或正常,脉压增大。

六、消化系统

食欲亢进,体重却明显下降,两者伴随常提示本病或同时伴有糖尿病的可能。过多甲状腺素可兴奋肠蠕动而致大便次数增加,有时因脂肪吸收不良而类似脂肪痢。甲状腺激素对肝脏的毒性作用可致肝大及肝功能损害,偶有黄疸。

七、血液和造血系统

循环血白细胞计数偏低,淋巴细胞及单核细胞增多,血小板寿命较短,有时可出现血小板减少性紫癜,偶可见贫血。

八、运动系统

主要表现为肌肉软弱无力,少数可表现为"甲亢性肌病"。

九、生殖系统

女性患者常有月经减少,周期延长,甚至闭经,但部分患者仍能妊娠、生育。男性多见阳痿,偶见乳房发育。

十、皮肤及肢端表现

小部分患者有典型对称性黏液性水肿,与皮肤的自身免疫性损害有关。多见于小腿胫前下段,有时也可见于足背和膝部、面部、上肢、胸部甚而头部。皮损初起呈暗紫红色,皮肤粗厚,以后呈片状或结节状叠起,最后呈树皮状,可伴继发感染和色素沉着。少数患者尚可见指端软组织肿胀,呈杵状,掌指骨骨膜下新骨形成,以及指或趾甲的邻近游离边缘部分和甲床分离现象,称为指端粗厚。

十一、内分泌系统

肾上腺皮质功能于本病早期常较活跃,而在重症(特别是危象)患者中,其功能可呈相对减退或不全;垂体分泌ACTH增多,血浆皮质醇的浓度正常,但其清除率加速。

【实验室及其他检查】

一、血清总甲状腺素(TT_4)检查

T_4全部由甲状腺产生,每天产生80~100μg。血清中99.96%的T_4以与蛋白结合的形式存在,其中80%~90%与TBG结合。TT_4测定的是这部分结合于蛋白的激素,所以血清TBG量和蛋白与激素结合力的变化都会影响测定的结果。妊娠、雌激素、急性病毒性肝炎、先天因素等可引起TBG升高,导致TT_4增高;雄激素、糖皮质激素、低蛋白血症、先天因素等可引起TBG降低,导致TT_4减低。如果排除上述因素,TT_4稳定、重复性好,仍然是诊断甲亢的主要指标。

二、血清总三碘甲状腺原氨酸(TT_3)检查

人体每天产生$T_3$20~30μg,20%的T_3由甲状腺产生,80%的T_3在外周组织由T_4转换而来。血清中99.6%的T_3以与蛋白结合的形式存在,所以本值同样受TBG含量的影响。正常情况下,血清T_3与T_4的比值小于20。甲亢时TT_3增高,T_3与T_4的比值也增加;T_3型甲状腺毒症时仅有TT_3增高。

三、血清游离甲状腺素(FT_4)、游离三碘甲腺原氨酸(FT_3)检查

游离甲状腺激素是实现该激素生物效应的主要部分。尽管FT_4仅占T_4的0.025%,FT_3仅占T_3的0.35%,但它们与甲状腺激素的生物效应密切相关,所以是诊断临床甲亢的首选指标。但因血中FT_4、FT_3含量甚微,测定方法学上许多问题尚待解决,测定的稳定性不如TT_4、TT_3。此外,目前临床应用的检测方法都不能直接测定真正的游离激素水平。

四、TSH检查

血清TSH浓度的变化是反映甲状腺功能最敏感的指标。血清TSH测定技术经历了放射免疫法、免疫放射法后,目前已经进入第三代和第四代测定方法,即敏感TSH(sTSH)(检测限0.01 mU/L)和超敏TSH测定方法(检测限达到0.005 mU/L)。免疫化学发光法(ICMA)属于第四代TSH测定法,成人正常值为0.3~4.8 mU/L。sTSH成为筛查甲亢的第一线指标,甲亢时TSH通常小于0.1 mU/L。sTSH使得诊断亚临床甲亢成为可能,因为后者甲状腺激素水平正常,仅有TSH水平的改变。传统的应用促甲状腺激素释放激素(thyrotropin-releasing hormone,TRH)刺激试验诊断不典型甲亢的方法已经被sTSH测定所取代。

五、^{131}I摄取率检查

^{131}I摄取率是诊断甲亢的传统方法,目前已经被sTSH测定技术代替。^{131}I摄取率正常值(盖革计数管测定)为3小时5%~25%,24小时20%~45%,高峰在24小时出现。甲亢时^{131}I摄取率表现为总摄取量增加,摄取高峰前移。本方法现在主要用于甲状腺毒症病因的鉴别以及计算^{131}I治疗甲亢时需要的活度。

六、TRAb检查

TRAb是鉴别甲亢病因、诊断GD的指标之一。新诊断的GD患者75%~96% TRAb阳性。需要注意的是,TRAb中包括刺激性(TSAb)和抑制性(TSBAb)两种抗体,而检测到的TRAb仅能反映有针对TSH受体的自身抗体存在,不能反映这种抗体的功能。但是,当临床表现符合Graves病时,一般都将TRAb视为TSAb。

七、TSAb检查

TSAb是诊断GD的重要指标之一。与TRAb相比,TSAb反映了这种抗体不仅与TSH受体结合,而且这种抗体产生了对甲状腺细胞的刺激功能。85%~100%的新诊断GD患者TSAb阳性,TSAb的活性平均在200%~300%。

八、CT和MRI

眼部CT和MRI可排除其他原因所致的突眼,评估眼外肌受累的情况。

九、甲状腺放射性核素扫描

对于诊断甲状腺自主高功能腺瘤有意义。肿瘤区浓聚大量核素,肿瘤区外甲状腺组织和对侧甲状腺无核素吸收。

【诊断与鉴别诊断】

一、诊断

(一) 甲亢的诊断

具备下述 3 项,诊断即可成立:① 高代谢症状和体征;② 甲状腺肿大;③ 血清 TT_4、FT_4 增高,TSH 减低。应注意的是,淡漠型甲亢的高代谢症状不明显,仅表现为明显消瘦或心房颤动,尤其在老年患者;少数患者无甲状腺肿大;T_3 型甲亢仅有血清 T_3 增高。

(二) GD 的诊断

① 甲亢诊断确立;② 甲状腺弥漫性肿大(触诊和 B 超证实),少数病例可以无甲状腺肿大;③ 眼球突出和其他浸润性眼征;④ 胫前黏液性水肿;⑤ TRAb、TSAb、TPOAb、TgAb 阳性。以上标准中,①②项为诊断必备条件,③④⑤项为诊断辅助条件。TPOAb、TgAb 虽然不是本病致病性抗体,但是可以交叉存在,提示本病的自身免疫病因。

二、鉴别诊断

1. **单纯性甲状腺肿** 除甲状腺肿大外,无甲亢的症状和体征,虽然测甲状腺摄 ^{131}I 率有时可增高,但高峰不前移,且 T_3 抑制试验大多显示可抑制性。TRH 兴奋试验正常,血清 T_3、T_4 水平正常。

2. **神经官能症** 由于自主神经调节紊乱,可出现心悸、气短、易激动、手颤、乏力、多汗等症状,与甲亢患者临床表现相似,但无突眼,甲状腺不肿大,血清 T_3、T_4 水平及甲状腺摄 ^{131}I 率等检查结果正常。

3. **其他** 以低热、多汗、心动过速等为主要表现者,需要与结核病和风湿热鉴别。以腹泻为主要表现者常被误诊为慢性结肠炎。老年甲亢的表现多不典型,常有淡漠、厌食、明显消瘦,容易被误诊为癌症。单侧浸润性突眼症需与眶内和颅底肿瘤鉴别。甲亢伴有肌病者,需与家族性周期性瘫痪和重症肌无力鉴别。

【中医病因病机】

本病的发生主要与情志和体质等因素有关。如长期情志抑郁或紧张,或突遭剧烈的精神创伤,致肝郁气滞,津液输布失常;或肝旺乘脾,脾失健运,聚湿成痰;或气郁日久,化火伤阴,炼液为痰,痰气交阻,随肝气上逆,搏结颈前而成瘿气;或素体阴虚,肝肾不足,或先天禀赋不足,加之后天调摄不当,致肝肾阴虚,虚火妄动,煎熬津液而成痰,凝聚颈部成瘿气。若邪聚于目,上犯肝窍则成突眼;肝郁化火则急躁易怒,面热目赤,口苦而干;胃火炽盛则多食善饥;肝气犯脾,脾失健运则便溏,消瘦,倦怠乏力;火热伤阴,心阴不足,心神不宁,则心悸怔忡,心烦不寐,自汗;久病及肾,水不涵木,可致阳亢风动,见手抖舌颤。尚有重感外邪或突受惊恐、恼怒等,致病情急剧恶化。此时,肝阳暴张于上,阴液亏竭于下,往往出现阴竭阳脱,风动痉厥的危候。妇女由于经、带、胎、产、乳等生理特点与肝经气血密切相关,如遇有情志不畅等因素,常可致气滞痰结,肝郁化火,故女性易患本病。

总之,本病与肝、肾、心、脾、胃等脏腑关系密切,初起多实,以气滞痰凝、肝火旺盛为主;久病阴损气耗,多以虚为主,表现为气阴两虚之证。本病日久,可致气血运行不畅,血脉瘀滞。

【中医诊断及病证鉴别】

一、诊断

颈前喉结两旁结块肿大,伴目突心悸、急躁亢奋、多食消瘦、恶热多汗、舌淡红、苔薄黄或舌红少苔、脉弦或细数等。

二、病证鉴别

本病应注意与瘰疬、消渴等鉴别。瘰疬的肿块部位在颈项两侧,肿块较小,约黄豆大,数量不等,不随吞咽移动;消渴除消谷善饥外,还伴多饮、多尿等症,无颈前肿块及目突等。

【治疗】

一、治疗思路

由于本病的病因未完全阐明,因此尚不能进行病因治疗,目前对本病的治疗主要是控制高代谢症候群。西医的治疗方法主要有抗甲状腺药物(antithyroid drugs, ATD)、放射性 ^{131}I 和手术治疗 3 种。3 种方法疗效均较显著,其中以抗甲状腺药物治疗最为简便和安全,应用最广,且一般不会引起永久性甲减,但疗程较长,停药后复发率高,仅有 50% 左右的治愈率,并存在继发性失效可能。放射性^{131}I 治疗和手术属于损伤性治疗,治愈率较高,但有引发永久性甲减的可能。因此,应掌握不同疗法的适应证及禁忌证,选用适当的治疗方法。中医药疗法对本病治疗积累了丰富的经验,取得了良好的疗效。中药不仅可以减少西药治疗过程中出现的白细胞减少等副作用,而且还可以明显缓解症状,且无明显副作用。目前多采用不含碘的中药进行辨证施治。

二、西医治疗

(一) ATD

ATD 治疗是甲亢的基础治疗,也用于手术和^{131}I 治疗前的准备阶段。常用的 ATD 分为硫脲类和咪唑类两类,硫脲类包括丙硫氧嘧啶(propylthiouracil, PTU)和甲硫氧嘧啶等;咪唑类包括甲巯咪唑(methimazole, MMI)和卡比马唑(carbimazole)等。普遍使用 MMI 和 PTU。MMI 半衰期长,血浆半衰期为 4~6 小时,可以每天单次使用;PTU 血浆半衰期为 60 分钟,具有在外周组织抑制 T_4 转换为 T_3 的独特作用,所以发挥作用较 MMI 迅速,控制甲亢症状快,但是必须保证 6~8 小时给药一次。PTU 与蛋白结合紧密,通过胎盘和进入乳汁的量均少于 MMI,所以在妊娠伴发甲亢时优先选用。

1. 适应证　① 病情轻、中度患者;② 甲状腺轻、中度肿大;③ 年龄<20 岁;④ 儿童、孕妇、高龄或由于其他严重疾病不适宜手术者;⑤ 手术前和^{131}I 治疗前的准备;⑥ 手术后复发又不适宜^{131}I 治疗者。

2. 剂量与疗程(以 PTU 为例,如用 MMI 则剂量为 PTU 的 1/10)　① 初治期:300~450 mg/d,分 3 次口服,持续 6~8 周,每 4 周复查血清甲状腺激素水平一次。由于 T_4 的血浆半衰期在 1 周左右,加之甲状腺内储存的甲状腺激素释放约需要 2 周时间,所以 ATD 开始发挥作用多在 4 周以上。临床症状缓解后开始减药。临床症状的缓解可能要滞后于激素水平的改善。② 减量期:每 2~4 周减量一次,每次减量 50~100 mg/d,3~4 个月减至维持量。③ 维持期:50~100 mg/d,维持治疗 1~1.5 年。近年来提倡 MMI 小量服用法。即 MMI 15~30 mg/d,治疗效果与 40 mg/d 相同。在治疗过程中出现甲状腺功能低下或甲状腺明显增大时可酌情加用左甲状腺素(L-T_4),同时减少 ATD 的剂量。

3. 不良反应　① 粒细胞减少:ATD 可以引起白细胞减少,发生率为 5% 左右,严重者可发生粒细胞缺乏症,发生率为 0.37% 左右。主要发生在治疗开始后的 2~3 个月内,外周血白细胞低于 $3×10^9/L$ 或中性粒细胞低于 $1.5×10^9/L$ 时应停药。由于甲亢本身也可引起白细胞减少,所以要区分是甲亢所致,还是 ATD 所致。治疗前和治疗后必须定期检查白细胞,发现有白细胞减少时,应当先使用升白细胞药物。② 皮疹:发生率为 2%~3%。多病情较轻,可先试用抗组胺药,严重时应及时停药,以免发生剥脱性皮炎。③ 中毒性肝病:发生率为 0.1%~0.2%,多在用药后 3 周发生,表现为变态反应性肝炎,转氨酶显著上升,肝脏穿刺可见片状肝细胞坏死,死亡率高达 25%~30%。PTU 还可以引起 20%~30% 的患者转氨酶升高,升高幅度为正常值的 1.1~1.6 倍。另外甲亢本身也有转氨酶增高,所以在用药前需要检查基础的肝功能,以区别是否是药物的副作用。

4. 停药指标　主要依据临床症状和体征。目前认为 ATD 维持治疗 18~24 个月可以停药。下述指标预示甲亢可能治愈:① 甲状腺肿明显缩小;② TSAb(或 TRAb)转为阴性。

(二) ^{131}I 治疗

1. 治疗效果和副作用的评价　治疗机制是甲状腺摄取^{131}I 后释放出 β 射线,破坏甲状腺组织细胞,现已是欧美国家治疗成人甲亢的首选疗法。我国由 1958 年开始用^{131}I 治疗甲亢至今已数十万例,但欧美国家的使用频度明显高于我国和其他亚洲国家。现已明确:① 此法安全简便,费用低廉,效益高,总有效率达 95%,临床治愈率 85% 以上,复发率小于 1%。第 1 次^{131}I 治疗后 3~6 个月,部分患者如病情需要可行第 2 次治疗;② 没有增加患者甲状腺癌和白血病等癌症的发病率;③ 没有影响患者生育能力和遗传缺陷的发生率;④ ^{131}I 在体内主要蓄积在甲状腺内,对甲状腺以外的脏器,例如心脏、肝脏、血液系统等不造成急性辐射损伤,可以比较安全地用于治疗患有这些脏器合并症的重度甲亢患者。

2. 适应证和禁忌证　2007 年,中华医学会内分泌病学分会和核医学分科学会制订的《中国甲状腺疾病诊治指南》达成了下述共识。适应证:① 成人 Graves 甲亢伴甲状腺肿大Ⅱ度以上;② ATD 治疗失败或过敏;③ 甲亢手术后复发;④ 甲状腺毒症心脏病或甲亢伴其他病因的心脏病;⑤ 甲亢合并白细胞和(或)血小板减少或全血细胞减少;⑥ 老年甲亢;⑦ 甲亢合并糖尿病;⑧ 毒性多结节性甲状腺肿;⑨ 自主功能性甲状腺结节合并甲亢。相对适应证:① 青少年和儿童甲亢,用 ATD 治疗失败、拒绝手术或有手术禁忌证;② 甲亢合并肝、肾等脏器功能损害;③ Graves 眼病,对轻度和稳定期的中、重度病例可单用^{131}I 治疗甲亢,对病情处于进展期患者,可在^{131}I 治疗前后加用泼尼松。禁忌证:妊娠和哺乳期妇女。

3. 并发症　^{131}I 治疗甲亢后的主要并发症是甲减。国外报道甲减的发生率在治疗后第 1~2 年为 5%~10%,以后每年增加5%,5年达到30%,10年达到40%~70%。国内报告早期甲减发生率约10%,晚期达59.8%。核医学和内分泌学专家都一致认为,甲减是^{131}I治疗甲亢难以避免的结果,选择^{131}I治疗主要是要权衡甲亢与甲减后果的利弊关系。由于甲减并发症的发生率较高,在用^{131}I治疗前需要患者知情并签字同意。医生应同时要告知患者^{131}I治疗后有关辐射防护的注意事项。

（三）手术治疗

1. 适应证　① 中、重度甲亢,药物治疗无效,或停药复发,或不能或不愿长期服药者;② 甲状腺肿大显著,有压迫症状;③ 胸骨后甲状腺肿伴甲亢;④ 多结节性甲状腺肿伴甲亢。手术治疗的治愈率为95%左右,复发率为0.6%~9.8%。

2. 禁忌证　① 伴严重Graves眼病;② 合并较重心脏、肝、肾疾病,不能耐受手术者;③ 妊娠初3个月和第6个月以后。

3. 手术方式　通常为甲状腺次全切除术,两侧各留下2~3 g甲状腺组织。主要并发症是手术损伤导致甲状旁腺功能减退症和喉返神经损伤,有经验的医生操作时发生率为2%,普通医院条件下的发生率达到10%左右。

（四）其他治疗

1. 碘剂　减少碘摄入量是甲亢的基础治疗之一。过量碘的摄入会加重和延长病程,增加复发的可能性,所以甲亢患者应当食用无碘食盐,忌用含碘药物。复方碘化钠溶液仅在手术前和甲状腺危象时使用。

2. β受体阻滞剂　作用机制是:① 阻断甲状腺激素对心脏的兴奋作用;② 阻断外周组织T_4向T_3的转化,主要在ATD初治期使用,可较快控制甲亢的临床症状。通常应用普萘洛尔每次10~40 mg,每天3~4次。但对支气管哮喘患者需慎用。

（五）甲状腺危象的治疗

① 针对诱因治疗;② 抑制甲状腺激素合成:首选PTU 600 mg口服或经胃管注入,以后给予250 mg每6小时口服,待症状缓解后减至一般治疗剂量;③ 抑制甲状腺激素释放:服PTU 1小时后再加用复方碘口服溶液5滴,每8小时1次,或碘化钠1.0 g加入10%葡萄糖盐水溶液中静脉滴注24小时,以后视病情逐渐减量,一般使用3~7日。如果对碘剂过敏,可改用碳酸锂0.5~1.5 g/d,分3次口服,连用数日;④ 普萘洛尔20~40 mg、每6~8小时口服一次,或1 mg稀释后静脉缓慢注射;⑤ 氢化可的松50~100 mg加入5%~10%葡萄糖液静脉滴注,每6~8小时1次;⑥ 在上述常规治疗效果不满意时,可选用腹膜透析、血液透析或血浆置换等措施迅速降低血浆甲状腺激素浓度;⑦ 降温:高热者予物理降温,避免用乙酰水杨酸类药物;⑧ 其他支持治疗。

（六）Graves眼病的治疗

首先要区分病情程度。使用EUGOGO(European Group on Graves' Orbitopathy,欧洲Graves'眼病专家组)病情分级,轻度占40%、中度占33%、重度占27%。

1. 轻度Graves眼病　病程一般呈自限性,不需要强化治疗,以局部和控制甲亢为主。① 畏光:戴有色眼镜;② 角膜异物感:人工泪液;③ 保护角膜:夜间遮盖;④ 眶周水肿:抬高床头;⑤ 轻度复视:棱镜矫正;⑥ 强制性戒烟;⑦ 有效控制甲亢是基础性治疗,因为甲亢或甲减都可以促进Graves眼病进展,所以甲状腺功能应当维持在正常范围之内;⑧ 告知患者轻度Graves眼病是稳定的,一般不发展为中度和重度Graves眼病。

2. 中度和重度Graves眼病　在上述治疗基础上强化治疗。治疗的效果主要取决于疾病的活动程度。对处于活动期的病例(CAS≥3分),治疗可以奏效,例如新近发生的炎症、眼外肌障碍等。相反,对于长期病例、慢性突眼、稳定的复视治疗效果不佳,往往需要作眼科康复手术以矫正。视神经受累是本病最严重的表现,可以导致失明,需要静脉滴注糖皮质激素和眶减压手术的紧急治疗。

(1) 糖皮质激素:泼尼松40~80 mg/d,分次口服,持续2~4周。然后每2~4周减量2.5~10 mg/d。如果减量后症状加重,要减慢减量速度。糖皮质激素治疗需要持续3~12个月。静脉途径给药的治疗效果优于口服给药(前者有效率80%~90%;后者有效率60%~65%),局部给药途径不优于全身给药。常用的方法是甲泼尼龙500~1 000 mg加入生理盐水静脉滴注冲击治疗,隔日1次,连用3次。但需注意已有甲泼尼龙引起严重中毒性肝损害和死亡的报道,发生率为0.8%,可能与药物的累积剂量有关,所以糖皮质激素的总剂量不宜超过4.5~6.0 g。早期治疗效果明显则提示疾病预后良好。

(2) 放射治疗:适应证与糖皮质激素治疗基本相同。有效率在60%,对近期的软组织炎症和近期发生的眼肌功能障碍效果较好。推荐的总照射剂量在20 Gy,在2周内给予,2 Gy/d。糖尿病和高血压视网膜病变者是禁忌证。本疗法可以单独应用或者与糖皮质激素联合使用。联合应用可以增加疗效。

(3) 眶减压手术:目的是切除眶壁和(或)球后纤维脂肪组织,增加眶容积。适应证:① 视神经病变可能引起视力丧失;② 复发性眼球半脱位导致牵拉视神经可能引起视力丧失;③ 严重眼球突出引起角膜损伤。并发症是手术可能引起复视或者加重复视,尤其在手术切除范围扩大者。

三、中医治疗

（一）辨证论治

1. 气滞痰凝

证候：颈前肿胀，烦躁易怒，胸闷，两胁胀满，善太息，失眠，月经不调，腹胀便溏，舌淡红，苔白腻，脉弦或弦滑。

治法：疏肝理气，化痰散结。

方药：逍遥散合二陈汤加减。

药用柴胡、当归、白芍、白术、茯苓、半夏、橘红、炙甘草等。若颈前肿胀明显，胸闷胁痛甚者，加川楝子、枳壳、牡蛎、全瓜蒌理气化痰，软坚散结；月经不调者加香附、郁金、益母草疏肝理气，活血调经；恶心欲呕者加竹茹、生姜和胃降逆止呕；腹胀便溏者加陈皮、砂仁、薏苡仁健脾除湿。

2. 肝火旺盛

证候：颈前肿胀，眼突，烦躁易怒，易饥多食，手指颤抖，恶热多汗，心悸失眠，头晕目眩，口苦咽干，大便秘结，月经不调，舌红，苔黄，脉弦数。

治法：清肝泻火，消瘿散结。

方药：龙胆泻肝汤加减。

药用龙胆草、黄芩、栀子、泽泻、木通、车前子、当归、生地黄、柴胡、生甘草等。易饥多食者加石膏、知母、玉竹清胃泻火生津；烦躁易怒，头晕目眩者，加夏枯草、白蒺藜、菊花清肝泻火；手指颤抖者加钩藤、石决明、珍珠母镇肝息风。

3. 阴虚火旺

证候：颈前肿大，眼突，心悸汗多，手颤，易饥多食，消瘦，口干咽燥，五心烦热，急躁易怒，失眠多梦，月经不调，舌红，少苔，脉细数。

治法：滋阴降火，消瘿散结。

方药：天王补心丹加减。

药用生地黄、人参、丹参、玄参、茯苓、五味子、远志、桔梗、当归、天门冬、麦门冬、柏子仁、酸枣仁等。若阴虚明显，口干咽燥者，加枸杞子、何首乌、龟板滋阴润燥；眼突，手颤者，加白芍、钩藤、白蒺藜滋阴潜阳；烦热汗多者加丹皮、浮小麦、五味子滋阴清热敛汗；月经不调者加玄参、阿胶、益母草养血调经。

4. 气阴两虚

证候：颈前肿大，眼突，心悸失眠，手颤，消瘦，神疲乏力，气短汗多，口干咽燥，手足心热，纳差，大便溏薄，舌红或淡红，少苔，脉细或细数无力。

治法：益气养阴，消瘿散结。

方药：生脉散加味。

药用人参、麦冬、五味子等。若气短乏力明显，汗多者，加黄芪、白术、浮小麦益气固表敛汗；阴虚明显，口干咽燥，手足心热者，加玄参、女贞子、龟板、地骨皮滋阴清热；病久夹瘀者加丹参、桃仁、红花、三七等化瘀散结。

（二）中成药

1. 甲亢灵片　每次7片，每日3次。功能平肝潜阳，软坚散结。

2. 抑亢丸　每次1丸，每日2次。功能育阴潜阳，豁痰散结，降逆和中。

（三）针灸治疗

1. 针刺疗法　①体针疗法：取间使、内关、神门，用泻法；太溪、照海、复溜，用补法，三泻三补配合。②电针疗法：取气瘿穴（甲状腺体）、上天柱、内关、足三里、神门等穴，电针频率1~2 Hz，规律脉冲。

2. 灸法　取风门、风府、大杼、大椎、风池等穴为主，并根据病情辨证施治选用配穴，主穴与配穴结合分为2组，每日1组，交替使用。

【转归、预防与调护】

本病如能正确选择适当的方法，积极治疗，多数患者病情可得到缓解，预后良好。部分患者虽经治疗，但仍有复发，病情起伏，经久不愈。一些患者还发生各种并发症而恶化，甚至甲亢危象，预后不良。

应注意保持心情舒畅，避免精神刺激。预防和积极控制各种感染。在行手术或^{131}I治疗前应有效控制病情，以防病情加重。宜进食高热量及富含维生素的饮食，忌辛辣、香燥、烟酒等刺激之品。定期复查，坚持合理的治疗，避免不规则服药。

（徐海荣）

第四十四章
甲状腺功能减退症

甲状腺功能减退症(hypothyroidism),简称甲减,是由多种原因导致甲状腺激素(thyroid hormone,TH)合成、分泌或生物效应不足所引起的全身性低代谢综合征。主要临床表现为乏力、畏寒、水肿、小儿发育迟缓等。其病理特征是黏多糖在组织和皮肤堆积,严重时表现为黏液性水肿。根据病因不同本病可分为原发性甲减、继发性甲减、三发性甲减。国外报告的临床甲减患病率为0.8%~1.0%,发病率为3.5‰;我国学者报告的临床甲减患病率是1.0%,发病率为2.9‰。

本病与中医学"瘿劳"相类似,可归属于"虚劳"等范畴。

【病因和发病机制】

病因复杂,90%以上为原发性,垂体性和下丘脑性约占10%,其他少见。发病机制随病因和类型不同而异。

一、原发性甲状腺功能减退症

由甲状腺本身疾病引起。其病因可分为:① 自身免疫损伤:最常见的原因是自身免疫性甲状腺炎,包括桥本甲状腺炎、萎缩性甲状腺炎、产后甲状腺炎等;② 甲状腺破坏:包括手术、^{131}I治疗后;③ 伴甲状腺肿或结节的功能减退:慢性淋巴细胞性甲状腺炎多见,偶见于侵袭性纤维性甲状腺炎,可伴有缺碘所致的结节性地方性甲状腺肿和散发性甲状腺肿;④ 碘过量:少数高碘地区也可发生甲状腺肿和甲减,自身免疫性甲状腺炎的发病率也明显上升;⑤ 药物:包括锂盐、硫脲类、咪唑类等。

二、继发性甲状腺功能减退症

垂体或下丘脑疾患使TSH和(或)TRH分泌不足所致,如垂体肿瘤、手术或放疗、下丘脑肿瘤、创伤等。其中,由下丘脑病变引起的甲减称为三发性甲减。

三、甲状腺激素抵抗综合征

主要原因是组织对甲状腺激素的敏感性降低。正常情况下,垂体产生的TSH刺激甲状腺产生的主要为T_4,在肝内转化为T_3,T_3和T_4可抑制性地反馈作用于垂体,从而保持平衡。具有活性的T_3抵达外周组织与甲状腺激素受体结合产生生物效应。甲状腺激素抵抗时由于垂体对甲状腺激素的敏感性降低,其负反馈受抑制,导致TSH升高,结果甲状腺激素分泌增加,作用于外周不敏感的组织出现甲减症状,而抵抗不明显的组织则出现甲亢表现。

【病理】

一、甲状腺

根据病因不同可分为:① 萎缩性病变:多见于桥本甲状腺炎等。甲状腺组织明显萎缩,广泛纤维化,残余滤泡上皮细胞矮小萎缩,泡内胶质减少。继发性甲减者也有腺体缩小,滤泡萎缩,但泡腔内充满胶质。放疗和手术后患者的甲状腺也明显萎缩。② 甲状腺肿:甲状腺肿伴大小不等结节者常见于因缺碘所致的地方性甲状腺肿;桥本甲状腺炎后期也可伴有结节;药物所致者,腺体可呈代偿性弥漫性肿大。

二、垂体

原发性甲减者,腺垂体增生肥大,甚或发生腺瘤。垂体性甲减患者垂体萎缩,但亦可发生肿瘤或肉芽肿等病变。

三、其他

细胞间质中积聚多量透明质酸、黏多糖、硫酸软骨素和水分,引起皮肤非凹陷性水肿、内脏黏液性水肿、浆膜腔黏液性积液等,骨骼肌、平滑肌、心肌可有间质水肿,脑细胞萎缩、胶质化和灶性蜕变。肾小球和肾小管基底膜增厚,内皮及系膜细胞增生。胃肠黏膜萎缩以及动脉硬化等。

【临床表现】

甲减的临床表现取决于起病年龄。成年型甲减主要影响代谢及脏器功能,发生于胎儿或婴幼儿时,大脑和骨髓的生长发育受阻,患儿身材矮小、智力低下。

一、成年型甲减

1. 一般表现　易疲劳、怕冷、少汗、体重增加、记忆力减退、反应迟钝、嗜睡、精神抑郁、便秘、月经不调、肌肉痉挛等。体检可见表情淡漠,面色苍白,皮肤干燥发凉,粗糙脱屑,颜面、眼睑和手皮肤水肿,声音嘶哑,毛发稀疏,眉毛外1/3脱落。由于高胡萝卜素血症,手脚皮肤呈姜黄色。

2. 肌肉与骨关节　肌肉无力,暂时性肌强直、痉挛、疼痛,嚼肌、胸锁乳突肌、股四头肌和手部肌肉可有进行性肌萎缩。腱反射的弛缓期特征性延长,跟腱反射的半弛缓时间明显延长。关节常疼痛,偶有关节腔积液。

3. 心血管系统　心肌黏液性水肿导致心肌收缩力损伤、心动过缓、心排血量下降。左室扩大,心包积液,致心浊音界扩大、心音减弱。本病易并发冠心病,但因心肌耗氧量减少,心绞痛在甲减时减轻。

4. 血液系统　由于以下四种原因发生贫血:①甲状腺激素缺乏引起血红蛋白合成障碍;②肠道吸收铁障碍引起铁缺乏;③肠道吸收叶酸障碍引起叶酸缺乏;④恶性贫血是与自身免疫性甲状腺炎伴发的器官特异性自身免疫病。

5. 消化系统　厌食、腹胀、便秘常见,严重者出现麻痹性肠梗阻或黏液水肿性巨结肠。

6. 内分泌系统　性欲减退,男性阳痿,女性多有月经过多或闭经、不孕、溢乳等。原发性甲减伴特发性肾上腺皮质功能减退和1型糖尿病者属自身免疫性多内分泌腺体综合征的一种,称为多发性内分泌功能减退综合征。

7. 黏液性水肿昏迷　常见于病情严重者,诱因为严重的全身性疾病、中断TH替代治疗、寒冷、感染、手术和使用麻醉、镇静药等。临床表现为嗜睡、低体温(<35℃)、呼吸徐缓、心动过缓、血压下降、四肢肌肉松弛、反射减弱或消失,甚至昏迷、休克、肾功能不全危及生命。

二、呆小病

出生时常无特异表现,出生后数周内出现症状,起病越早病情越严重。主要表现为患儿体格、智力发育均较同龄人迟缓,表情呆钝,声音低哑,面色苍白,眼周浮肿,眼距增宽,鼻梁塌陷,前额多皱纹,唇厚流涎,舌大外伸,前后囟增大、关闭延迟,出牙、换牙延迟,身材矮小,四肢粗短,行走摇摆且呈鸭步,腹饱满膨大伴脐疝,性器官发育延迟。

三、幼年型甲减

介于呆小病与成人型之间。临床表现随起病年龄而异,幼儿发病者除体格发育迟缓和面容改变不如呆小病显著外,其余均和呆小病相似。较大儿童及青春期发病者,大多似成人黏液性水肿,但伴有不同程度的生长阻滞,青春期延迟。

【实验室及其他检查】

一、血红蛋白检查

多为轻、中度正常细胞正常色素性贫血。

二、生化检查

血清三酰甘油、总胆固醇、LDL-C增高,HDL-C降低,同型半胱氨酸(homocysteine,Hcy)增高,血清CK、LDH增高。

三、甲状腺激素及TSH测定

血清TSH增高、TT_4、FT_4降低是诊断原发性甲减的必备指标;严重病例血清TT_3和FT_3减低;只有TSH升高而T_3、T_4正常,为亚临床甲减;如TSH无明显升高而T_3、T_4降低,则表示垂体TSH储备功能降低,属垂体或下丘脑性甲减;采脐血、新生儿血,或妊娠第22周羊水测血清sTSH有助于新生儿和胎儿甲减诊断。

四、^{131}I摄取率

^{131}I摄取率降低。为避免^{131}I对甲状腺进一步损伤,一般不作此项检查。

五、TRH兴奋试验

主要用于原发性甲减与继发性甲减的鉴别。静脉注射TRH后,血清TSH不升高者为垂体性甲减;延迟升高者为下丘脑性甲减;如TSH基值已高,TRH刺激后更高,提示原发性甲减。

六、甲状腺自身抗体检查

TPOAb、TgAb 等增高,提示甲减由自身免疫性甲状腺炎所致。

七、X 线检查

可见心脏向两侧增大,可伴心包积液和胸腔积液。部分患者有蝶鞍增大。

【诊断与鉴别诊断】

一、诊断

除甲减的症状和体征外,主要依据是实验室检查,FT_4 降低,TSH 升高为原发性甲减。进一步寻找甲减的病因,如果 TPOAb 阳性,可考虑甲减的病因为自身免疫性甲状腺炎。TT_4、FT_4 降低,TSH 正常或减低,考虑为继发性甲减。TRH 兴奋试验可证实。

二、鉴别诊断

(1)水肿主要与特发性水肿相鉴别,甲状腺功能测定有助鉴别。
(2)贫血应与其他原因引起的贫血鉴别。
(3)低 T_3 综合征常见于肝、肾等伴血浆蛋白低下的慢性疾病,主要表现在血清 TT_3、FT_3 水平减低,血清 T_4、TSH 水平正常。
(4)蝶鞍增大应与垂体瘤鉴别。原发性甲减时 TRH 分泌增加可以导致高泌乳素血症、溢乳及蝶鞍增大,酷似垂体催乳素瘤。可行 MRI 鉴别。

【中医病因病机】

本病多由于先天不足、久病伤肾、情志内伤、饮食不节等,致正气内伤,阴阳失衡,脏腑功能失调而发病。

1. **先天不足** 肾为先天之本,主骨生髓。先天禀赋不足,则肾精亏虚,致五脏形体失养,脑髓失充,故见形体发育迟缓,智力发育迟滞,严重者可出现"五迟"、"五软"的表现。

2. **脾失健运** 忧愁思虑、饮食不节,损伤脾土,或外感邪气,耗伤中气,以致脾失健运,水湿停聚,而出现纳呆腹胀、面浮肢肿;气血生化乏源,则倦怠乏力、少气懒言、语声低微等。

3. **肾气衰微** 久病伤肾,或素体虚弱,致肾精亏损,肾气虚衰,肾阳不足,致形体失温,脑髓失充,见神疲短气、畏寒肢冷、智能下降等。肾阳不足,可致心阳亏虚,心失所养,可见心慌心悸,胸闷气短。病久渐致阳气衰竭,而见嗜睡、昏迷等危重情况。

综上所述,本病乃由先天不足,后天久病失调,脏气亏虚,正虚邪留而致。本虚是本病的基本病机,气血阴阳皆虚,尤以气虚、阳虚为甚,病变日久,正虚留邪,可出现虚实夹杂之证。病位主要在脾、肾,可涉及心、肝。

【中医诊断及病证鉴别】

本病属虚劳病之气虚、阳虚范畴,临床以神疲乏力,畏冷肢凉,纳呆腹胀,呆钝嗜睡,表情淡漠,面浮肢肿,腰脊酸痛,女子经迟或闭经,男子阳痿,舌淡或胖、脉沉细弱等为主要表现。

病证鉴别

1. **侠瘿瘤** 肿块缓慢生长,疲乏无力,反应迟钝,不欲饮食,腰痛尿血,骨骼疼痛或骨折,无原发瘿病史,基础代谢及 T_3、T_4 等检查有助于鉴别。

2. **溢饮** 以浮肿为主要表现,无基础代谢降低,T_3、T_4 等检查有助于鉴别。

3. **血风劳** 多因产后大失血等所致,有产后无乳,面色黧黑等症,一般无瘿病史,垂体分泌促性腺激素显著下降,肾上腺皮质功能检查减退。

4. **肾水** 浮肿按之没指,有大量蛋白尿,基础代谢并不降低。

5. **肥胖病** 多有家族史,形体肥胖,皮肤绷急润泽,动则乏力气短,无瘿病史,基础代谢并不降低。

【治疗】

一、治疗思路

甲减是由甲状腺激素的合成、分泌或生物效应不足引起,因此,TH 替代治疗是甲减治疗的主要方法,且应及早治疗,并多需终身服用。中医辨证论治不仅可以减轻 TH 替代治疗的副作用,还可以明显改善患者的症状,提高患者的生活质量。替代治疗与中医辨证论治有机结合,常常可发挥最佳的疗效。黏液性水肿昏迷者需及时积极抢救。

二、西医治疗

(一)替代治疗

不论何种甲减,均需 TH 替代治疗,永久性者需终身服用。

1. $L-T_4$　为首选药。该药半衰期7天,作用时间较长而稳定。$L-T_4$替代治疗的起始剂量及随访间期可因患者的年龄、体重、心脏情况以及甲减的病程而不同。一般应从小剂量开始,常用的起始剂量为每天1~2次,每次口服25 μg,之后逐步增加,每次剂量调整后一般应在6~8周后检查甲状腺功能以评价剂量是否适当。一般每天维持量为50~200 μg,成人甲减完全替代 $L-T_4$ 剂量为 1.6~1.8 μg/(kg·d)。儿童需要较高的剂量,大约 2.0 μg/(kg·d)。

2. 干甲状腺片　口服后吸收缓慢,TH 含量不稳定。起始量10~20 mg/d,每周增加10~20 mg,维持量60~180 mg/d。治疗过程中如有心悸、心律不齐、心动过速、失眠、烦躁、多汗等症状,应减少用量或暂停服用。

(二)对症治疗

有贫血者补充铁剂、维生素 B_{12}、叶酸等。胃酸不足者给予稀盐酸。但所有对症治疗的措施都必须在替代疗法的基础上进行,才可能获效。

(三)黏液性水肿昏迷的治疗

① 补充甲状腺激素。首选 T_3 静脉注射,每4小时10 μg,直至患者症状改善,清醒后改为口服;或 $L-T_4$ 首次静脉注射300 μg,以后每日50 μg,至患者清醒后改为口服。如无注射剂可予 T_3 片剂鼻饲,20~30 μg/次,每4~6小时1次,以后每6小时5~15 μg;或 $L-T_4$ 首次100~200 μg,以后每日50 μg,至患者清醒后改为口服。② 保温、供氧、保持呼吸道通畅,必要时行气管切开、机械通气等。③ 氢化可的松200~300 mg/d持续静脉滴注,患者清醒后逐渐减量。④ 根据需要补液,但是入水量不宜过多。⑤ 控制感染,治疗原发疾病。

三、中医治疗

(一)辨证论治

1. 脾气亏虚

证候:神疲乏力,少气懒言,反应迟钝,纳呆腹胀,便秘或便溏,四肢不温,面色萎黄或苍白,皮肤干燥,舌淡,苔薄白,脉细弱。

治法:健脾益气。

方药:四君子汤加减。

药用人参、白术、茯苓、炙甘草等。腹胀甚加广木香、陈皮理气除胀;伴阳虚者加肉桂、炮姜通阳散寒;伴心血虚者加茯神、远志、当归养血安神;夹瘀者加丹参、牛膝活血化瘀。

2. 脾肾阳虚

证候:神倦思睡,少气懒言,面色苍白,纳呆腹胀,畏寒肢冷,腰膝酸软,性欲淡漠,男子阳痿,女子闭经或不孕,小儿发育迟缓,智能低下,舌淡胖,苔白腻,脉沉细而缓。

治法:益气健脾,温肾助阳。

方药:济生肾气丸合四君子汤加减。

药用干地黄、山药、山茱萸、泽泻、牡丹皮、桂枝、附子、人参、白术、茯苓、炙甘草等。阳虚甚加仙茅、淫羊藿温阳散寒;气滞夹湿者去干地黄,加砂仁、广木香醒脾理气除湿;若智能发育不全,或智力下降明显,加鹿角胶(烊化)、菟丝子、巴戟天填精益髓;若夹瘀加川芎、丹参活血化瘀。

3. 心肾阳虚

证候:神疲倦怠,畏寒肢冷,面浮肢肿,心悸心慌,胸闷气促,腰膝酸软,阳痿闭经,舌淡胖,苔滑腻,脉迟缓。

治法:温补心肾,化气利水。

方药:济生肾气丸合保元汤加减。

药用干地黄、山药、山茱萸、泽泻、牡丹皮、桂枝、附子、黄芪、人参、肉桂、甘草等。若胸闷较甚,甚至胸痛,加郁金、川芎、枳壳理气止痛;畏寒肢冷较著者加仙茅、鹿茸温阳散寒;喘促短气,动则更甚,加五味子、蛤蚧固肾纳气。

4. 阳气衰微

证候:嗜睡、昏睡,甚至昏迷,肢软体凉,呼吸微弱,舌淡胖,脉迟微弱,甚至脉微欲绝。

治法:益气回阳救逆。

方药:四逆加人参汤加减。

药用附子、干姜、甘草、人参等。可同时应用大剂量参附注射液。

(二) 中成药

1. 全鹿丸　每次 2~3 g,每日 2~3 次。功能补益虚损,温肾养血。
2. 右归丸　每次 3~6 g,每日 1~2 次。功能温肾阳,补精血。

(三) 针灸治疗

可选脾俞、肾俞、足三里、关元、气海,施以补法或加艾灸。

【转归、预防与调护】

呆小病和幼年型甲减如不及时治疗,可影响患儿体格及智能的发育,造成不可逆性损害。成人甲减,经适当的治疗,症状和体征可有不同程度的缓解和改善。永久性甲减,目前尚不能完全治愈。

本病的预防极为重要,对防止先天性和医源性甲减有时起决定性作用:① 在地方性甲状腺肿流行地区应坚持食用碘化盐,并加强临床治疗,孕妇尤需供应足够碘化物。② 成人甲减很多是由于自身免疫性甲状腺炎、手术切除或使用放射性 ^{131}I 治疗甲亢引起,因此,必须及早治疗甲状腺炎,严格掌握手术适应证及甲状腺切除的多少,恰当掌握放射治疗的剂量。对成人甲亢应用抗甲状腺药物治疗时,必须掌握药物剂量和疗程,并随时根据情况调整。对胎儿、新生儿甲减,大力推广应用现代筛查诊断方法,进行宫内或出生后的早期治疗,将明显减少新生儿先天性甲减的发生及改善其不良预后。

(徐海荣)

第四十五章 糖尿病

糖尿病(diabetes mellitus, DM)是由于胰岛素分泌和(或)胰岛素作用缺陷所引起的以慢性血葡萄糖水平增高为特征的代谢性疾病。碳水化合物以及脂肪、蛋白质长期代谢紊乱可引起多系统损害,导致血管、眼、肾、神经、心脏等组织器官的慢性进行性病变、功能减退及衰竭,病情严重或应激时可发生急性代谢紊乱,如糖尿病酮症酸中毒(diabetic ketoacidosis, DKA)、高血糖高渗状态(hyperglycemic hyperosmolar status, HHS)、糖尿病乳酸性酸中毒等。本病如得不到良好控制可影响患者生活、工作和寿命,致残率、病死率明显增高。糖尿病是临床常见病、多发病,随着人们生活方式的改变及人口的老龄化,糖尿病患病率迅速增长。根据国际糖尿病联盟(International Diabetes Federation, IDF)统计,2000年全球有糖尿病患者1.51亿,而2010年全球有糖尿病患者2.85亿,按目前速度增长,估计到2030年全球将有近5亿人患糖尿病。中国1979~1980年调查成人糖尿病患病率为1%;而2007~2008年中华医学会糖尿病学分会的流行病学调查显示,中国20岁以上人群糖尿病患病率达9.7%,成人糖尿病总数达9 240万,已成为糖尿病患者最多的国家。糖尿病及其并发症严重威胁着人类健康,给世界各国的社会和经济带来沉重负担。

根据糖尿病典型的临床表现与中医学"消渴"相类似,中医学认为该病是由于禀赋不足、饮食失节、情志失调、劳欲过度、久坐少动、外感六淫、邪毒侵害等因素所致,临床以多饮、多尿、多食、乏力、消瘦或尿有甜味为主要特征。后期可发生眩晕、肺痨、疮痈、胸痹、中风、眼疾、水肿、脱疽、昏迷等并发症。

【病因和发病机制】

糖尿病的病因和发病机制比较复杂,至今尚未完全阐明。目前,普遍认为糖尿病是复合病因引起的综合征,是包括遗传及环境因素在内的多种因素共同作用的结果。WHO糖尿病专家委员会提出了糖尿病病因学分型标准(1999),将糖尿病分为四类,即1型糖尿病(T1DM)、2型糖尿病(T2DM)、其他特殊类型糖尿病、妊娠期糖尿病(GDM)。明确指出不同类型糖尿病的病因不尽相同,即使在同一类型中也存在着异质性。

一、1型糖尿病(T1DM)

1型糖尿病以β细胞破坏、胰岛素绝对缺乏为特征。临床又分为自身免疫性和特发性。

(一)病因

目前,普遍认为1型糖尿病是某些环境因素(病毒感染、化学毒性物质和饮食因素等)作用于有遗传易感性的个体,激活T淋巴细胞介导的一系列自身免疫反应,胰岛β细胞破坏和功能衰竭、胰岛素缺乏进行性加重而导致糖尿病。

(二)病程阶段及发病机制

1. 个体遗传易感性 关于遗传易感性包括多基因遗传因素,其中IDDM1/HLA、IDDM2/INS5'VNTR分别构成1型糖尿病遗传因素的42%和10%,IDDM1为1型糖尿病易感性的主效基因,IDDM3~IDDM13和IDDM15等为次效基因。1型糖尿病存在着遗传异质性,遗传背景不同的亚型其病因及临床表现不尽相同。

2. 环境因素 启动自身免疫过程在环境因素作用下,病毒感染、化学毒物或食物因素直接损伤胰岛β细胞或间接使胰岛β细胞自身抗原得以表达或因细胞损伤而被释放出来。免疫细胞通过各种细胞因子(如IL-1β、TNF-α、INF-γ等)或其他介质单独或协同、直接或间接造成β细胞损伤,促进胰岛炎症形成。

3. 免疫异常 免疫学异常体现在体液免疫与细胞免疫异常。体液免疫:已发现90%新诊断的1型糖尿病患者血清中存在胰岛细胞抗体,比较重要的有胰岛细胞胞浆抗体(ICA)、胰岛素自身抗体(IAA)、谷氨酸脱羧酶(GAD)抗体和胰岛抗原2(IA-2)抗体等。GAD抗体和IA-2抗体还可能通过"分子模拟"机制,导致胰岛β细胞损伤。细胞免疫异常在1型糖尿病的发病机制中更为重要,Th1和Th2之间存在相互调节和制约的关系,T1DM患者Th1及其细胞因子(IL-12、IL-2、INF-γ等)比例增高,Th2及其细胞因子(IL-4、IL-10)等比例降低,存在明显免疫调节紊乱。

4. 胰岛 β 细胞数目开始减少 由于体液免疫与细胞免疫损害,1 型糖尿病胰岛 β 细胞可由于坏死或凋亡而破坏,因胰岛 β 细胞数目减少是一个渐进的过程,开始阶段仍能维持糖耐量正常。

5. 胰岛 β 细胞持续损伤 达到一定程度时(只残存 10% β 细胞),胰岛素分泌不足,糖耐量降低或出现临床糖尿病。

6. 胰岛 β 细胞消失 最后胰岛 β 细胞几乎完全消失,需依赖胰岛素维持生命。

二、2 型糖尿病(T2DM)

2 型糖尿病是复杂遗传因素和环境因素共同作用的结果,从以胰岛素抵抗为主伴胰岛素分泌不足逐渐过渡到以胰岛素分泌缺陷为主伴胰岛素抵抗。

(一) 病因

2 型糖尿病是多基因遗传因素及环境因素共同作用引起的复杂病。其遗传因素的特点为:参与发病的基因很多,且每个基因参与发病的程度不等,每个基因只是赋予个体某种程度的易感性,多基因异常的总效应形成遗传易感性。环境因素包括人口老龄化、现代生活方式、营养过剩、体力活动不足、子宫内环境以及应激、化学毒物等。

在遗传因素和上述环境因素共同作用下所引起的肥胖,特别是中心性肥胖与胰岛素抵抗和 T2DM 的发生有密切关系。

(二) 病程阶段及发病机制

1. 遗传易感性 在多基因遗传因素基础上,环境因素参与,具有广泛的遗传异质性。

2. 2 型糖尿病早期存在胰岛素抵抗和高胰岛素血症 胰岛素抵抗是指胰岛素作用的靶器官(主要是肝脏、肌肉和脂肪组织)对胰岛素作用的敏感性降低。高胰岛素血症是胰岛素抵抗基础上胰岛 β 细胞代偿性增加胰岛素分泌。

3. 葡萄糖调节受损和糖尿病 当 β 细胞功能缺陷、对胰岛素抵抗无法代偿时,才会进展为葡萄糖调节受损和糖尿病。β 细胞功能缺陷主要表现为:① 胰岛素分泌量的缺陷:随着空腹血糖浓度增高,初期胰岛素分泌代偿性增多;但当空腹血糖浓度进一步增高时,胰岛素分泌反应逐渐降低。② 胰岛素分泌模式异常:静脉葡萄糖耐量试验(IVGTT)中第一时相胰岛素分泌减弱或消失;口服葡萄糖耐量试验(OGTT)中早期胰岛素分泌延迟、减弱或消失;胰岛素脉冲式分泌削弱;胰岛素原和胰岛素的比例增加等。T2DM 的葡萄糖调节受损和糖尿病早期不需胰岛素治疗,但随着病情进展,相当一部分患者需用胰岛素控制血糖或维持生命。

在糖尿病发生发展过程中所出现的高血糖和脂代谢紊乱可进一步降低胰岛素敏感性和损伤胰岛 β 细胞功能,分别称为"葡萄糖毒性"和"脂毒性",是糖尿病发病机制中最重要的获得性因素。脂毒性还可能是 2 型糖尿病发病机制中的原发性因素。血循环中游离脂肪酸(free fatty acids,FFA)浓度过高以及非脂肪细胞(主要是肌细胞、肝细胞、胰岛 β 细胞)内脂质含量过多可通过各种有关途径导致胰岛素抵抗的发生以及引起胰岛 β 细胞脂性凋亡和分泌胰岛素功能缺陷。

三、其他特殊类型糖尿病

1. 胰岛 β 细胞功能的基因缺陷 ① 年青发病的成年型糖尿病;② 线粒体基因突变糖尿病;③ 其他。

2. 胰岛素作用的遗传缺陷所致的糖尿病 ① A 型胰岛素抵抗;② 妖精貌综合征;③ Rabson-Mendenhall 综合征;④ 脂肪萎缩型糖尿病等。

3. 胰腺外分泌疾病 ① 胰腺炎;② 创伤/胰腺切除;③ 胰腺肿瘤;④ 胰腺囊性纤维化病;⑤ 血色病;⑥ 纤维钙化性胰腺病等。

4. 内分泌病 ① 肢端肥大症;② 库欣综合征;③ 胰升糖素瘤;④ 嗜铬细胞瘤;⑤ 甲状腺功能亢进症;⑥ 生长抑素瘤、醛固酮瘤等。

5. 药物或化学品所致糖尿病 ① 烟酸;② 糖皮质激素;③ 甲状腺激素;④ 噻嗪类利尿药;⑤ 苯妥英钠;⑥ 吡甲硝苯脲;⑦ β 肾上腺素受体激动剂;⑧ 二氮嗪;⑨ 喷他脒;⑩ α 干扰素等。

6. 感染 ① 先天性风疹;② 巨细胞病毒等。

7. 免疫介导的罕见类型糖尿病 ① 僵人综合征(stiff man syndrome);② 抗胰岛素受体抗体(B 型胰岛素抵抗);③ 胰岛素自身免疫综合征等。

8. 伴糖尿病的其他遗传性综合征 ① 唐氏综合征;② 克兰费尔特综合征(Klinefelter syndrome);③ 特纳综合征(Turner syndrome);④ Wolfram 综合征;⑤ 弗里德赖希共济失调(Friedreich ataxia);⑥ 亨廷顿舞蹈症(Huntington chorea);⑦ 劳-穆-比综合征(Laurence-Moon-Biedl syndrome);⑧ 强直性肌营养不良症;⑨ 卟啉病;⑩ 普拉德-威利综合征(Prader-Willi syndrome)等。

四、妊娠期糖尿病(GDM)

妊娠糖尿病是指妊娠期首次发生和发现的不同程度的糖代谢异常。妊娠期糖尿病发病因素主要与糖尿病家族史,高龄妊娠,肥胖,异常胎产史,种族,出生时低体重及吸烟等有关。

【病理】

一、1型糖尿病胰岛的病理改变

特征为胰岛β细胞数量显著减少及胰岛炎。其他改变有胰岛萎缩和β细胞空泡变性。分泌胰高糖素、生长抑素及胰多肽的细胞数量正常或相对增多。

二、2型糖尿病胰岛的病理改变

特征为淀粉样变性,90%患者的胰岛在光镜下见淀粉样物质沉积于毛细血管和内分泌细胞间;此外,胰岛可有不同程度纤维化。胰岛β细胞数量中度或无减少,胰高糖素分泌细胞增加,其他胰岛内分泌细胞数量无明显改变。

三、糖尿病大血管病变的病理改变

为大、中动脉粥样硬化和中、小动脉硬化。

四、糖尿病微血管病变

常见于视网膜、肾、肌肉、神经、皮肤等组织,特征性病变是PAS阳性物质沉积于内皮下,引起毛细血管基底膜增厚。

糖尿病控制不良时可引起肝脂肪沉积和变性(脂肪肝)。

【临床表现】

一、基本临床表现

糖尿病典型的表现是代谢紊乱症状群:多尿、口渴、多饮、易饥多食、乏力、消瘦,儿童生长发育迟缓等。常概括称之为"三多一少",即多尿、多饮、多食和体重减轻。可有皮肤瘙痒,尤其外阴瘙痒。血糖升高较快时可使眼房水、晶体渗透压改变而引起屈光改变致视力模糊。约50%2型糖尿病患者无任何症状,仅于健康检查或因其他疾病就诊时发现高血糖,也有的患者以并发症和(或)伴发病表现为主。

二、常见类型糖尿病的临床特点

1. 1型糖尿病

(1) 自身免疫性1型糖尿病(1A型):临床表现变化很大,可以是轻度非特异性症状、典型三多一少症状或昏迷。多数青少年患者起病较急,症状较明显;未及时诊断治疗,当胰岛素严重缺乏或病情进展较快时可出现"糖尿病酮症酸中毒"危及生命。某些成年患者,起病缓慢,早期临床表现不明显,经历一段或长或短不需胰岛素治疗的糖尿病阶段。尽管起病急缓不一,一般很快进展到糖尿病需用胰岛素控制血糖或维持生命。这类患者很少肥胖,血浆基础胰岛素水平低于正常,葡萄糖刺激后胰岛素分泌曲线低平。胰岛β细胞自身抗体检查可以阳性。

(2) 特发性1型糖尿病(1B型):通常起病急,胰岛β细胞功能明显减退甚至衰竭,临床上表现为糖尿病酮症甚至酸中毒,但病程中β细胞功能可以好转以至于一段时期无需继续胰岛素治疗。胰岛β细胞自身抗体检查阴性。在不同人种中临床表现可有不同。诊断时需排除单基因突变糖尿病和其他类型糖尿病。

2. 2型糖尿病 一般认为90%~95%糖尿病患者为T2DM,可发生在任何年龄,但多见于成人,常在40岁以后起病;多数发病缓慢,症状相对较轻,半数以上无任何症状;不少患者因慢性并发症、伴发病或仅于健康检查时发现。很少自发性发生DKA,但在感染等应激情况下也可发生DKA。常有家族史。临床上肥胖症、血脂异常、脂肪肝、高血压、冠心病、IGT或T2DM等疾病常同时或先后发生,并伴有高胰岛素血症,目前认为这些均与胰岛素抵抗有关,称为代谢综合征。有的早期患者进食后胰岛素分泌高峰延迟,餐后3~5小时血浆胰岛素水平不适当地升高,引起反应性低血糖,可成为这些患者的首发临床表现。

3. 某些特殊类型糖尿病

(1) 青年人中的成年型糖尿病:是一组高度异质性的单基因遗传病。主要临床特征:① 有三代或以上家族发病史,且符合常染色体显性遗传规律;② 发病年龄小于25岁;③ 无酮症倾向,至少5年内不需用胰岛素治疗。

(2) 线粒体基因突变糖尿病:临床特点为:① 母系遗传;② 发病早,β细胞功能逐渐减退,自身抗体阴性;③ 身材多消瘦(BMI<24);④ 常伴神经性耳聋或其他神经肌肉表现。

4. 妊娠期糖尿病 妊娠过程中初次发现的任何程度的糖耐量异常,均可认为是GDM。GDM不包括妊娠前已知的糖尿病患者,后者称为"糖尿病合并妊娠"。GDM妇女分娩后血糖可恢复正常,但若干年后有发生T2DM的高度危险性。

三、并发症

(一)急性严重代谢紊乱

1. **DKA** 是各种诱因使胰岛素严重不足引起糖、脂肪、蛋白质代谢紊乱,导致血糖升高、酮体堆积及代谢性酸中毒为主要表现的临床综合征。患者常表现为烦渴、多尿、乏力、恶心、呕吐、精神委靡、烦躁、嗜睡甚至昏迷等症状,严重酸中毒时可出现深大呼吸,呼吸有烂苹果味。可通过检测尿糖以及尿酮等指标进行诊断。分为几个阶段:① 早期血酮升高称酮血症,尿酮排出增多称酮尿症,统称为酮症;② 酮体中β-羟丁酸和乙酰乙酸为酸性代谢产物,消耗体内储备碱,初期血pH正常,属代偿性酮症酸中毒,晚期血pH下降,为失代偿性酮症酸中毒;③ 病情进一步发展,出现神志障碍,称糖尿病酮症酸中毒昏迷。

2. **HHS** 是以严重高血糖、高血浆渗透压、脱水为特点,无明显酮症酸中毒,患者常有不同程度的意识障碍或昏迷。引起血糖增高和脱水的因素如应激状态、不当用药、水摄入不足、误输大量葡萄糖或饮大量含糖饮料可诱发本病或使病情恶化。本病起病缓慢,最初表现为多尿、多饮,食欲减退,渐渐出现严重脱水和神经精神症状,患者反应迟钝、烦躁或淡漠、嗜睡,逐渐陷入昏迷、抽搐,晚期尿少甚至尿闭。实验室检查血酮、尿酮多正常。

3. **低血糖反应及昏迷** 低血糖反应及昏迷是血浆葡萄糖低于正常引起的一种临床表现。低血糖早期症状为饥饿感、颤抖、面色苍白、四肢发冷、出冷汗、心悸、头晕等,晚期还出现惊厥及昏迷等脑功能障碍。

(二)感染性并发症

糖尿病患者容易发生皮肤、尿路感染,如疖、痈、足癣、体癣等皮肤感染,肾盂肾炎、膀胱炎等尿路感染及女性真菌性阴道炎和巴氏腺炎。糖尿病合并肺结核的发生率较非糖尿病者高。

(三)慢性并发症

糖尿病的慢性并发症可遍及全身各重要器官,发病机制尚未完全阐明,认为与遗传易感性、胰岛素抵抗、高血糖、氧化应激等多方面因素的相互影响有关。

1. **糖尿病大血管病变** 糖尿病大血管病变主要侵犯主动脉、冠状动脉、脑动脉、肾动脉和肢体外周动脉等,引起糖尿病冠心病、糖尿病缺血性或出血性脑血管病、糖尿病肢体动脉硬化闭塞症等。

2. **糖尿病微血管病变** 糖尿病微血管病变主要表现在视网膜、肾、神经和心肌组织,其中尤以糖尿病肾病和视网膜病为多。

(1) 糖尿病肾病:是1型糖尿病患者的主要死亡原因之一,常见于病史超过10年的患者。早期除糖尿病症状外,一般缺乏肾脏损害的典型症状;临床期肾病患者可出现水肿、腰酸腿软、倦怠乏力、头晕耳鸣等症状;肾病综合征的患者可伴有高度水肿;肾功能不全氮质血症的患者,可见纳差,甚则恶心呕吐、手足搐搦;合并心衰可出现胸闷、憋气,甚则喘憋不能平卧。病理改变有3种类型:① 结节性肾小球硬化型,有高度特异性;② 弥漫性肾小球硬化型,最常见,对肾功能影响最大,但特异性较低,类似病变也可见于系膜毛细血管性肾小球肾炎和系统性红斑狼疮等疾病;③ 渗出性病变,特异性不高,也可见于慢性肾小球肾炎。糖尿病肾病可分五期:① Ⅰ期为糖尿病初期,肾体积增大,肾小球入球小动脉扩张,肾血浆流量增加,肾小球内压增加,GFR明显升高;② Ⅱ期肾小球毛细血管基底膜增厚,尿白蛋白排泄率(UAER)多数正常,可间歇性增高(如运动后、应激状态),GFR轻度增高;③ Ⅲ期早期肾病,出现微量白蛋白尿,即UAER持续在20~200 μg/min(正常<10 μg/min),GFR仍高于正常或正常;④ Ⅳ期临床肾病,尿蛋白逐渐增多,UAER>200 μg/min,即尿白蛋白排出量>300 mg/24 h,相当于尿蛋白总量>0.5 g/24 h,GFR下降,可伴有水肿和高血压,肾功能逐渐减退;⑤ Ⅴ期尿毒症,多数肾单位闭锁,UAER降低,血肌酐升高,血压升高。

(2) 糖尿病性视网膜病变:是糖尿病微血管并发症之一,病程较长的糖尿病患者几乎都会出现不同程度的视网膜血管病变,是视力下降的主要原因之一。视力下降通常由于黄斑水肿、黄斑毛细血管无灌注、玻璃体积血或牵拉性视网膜脱离引起。视网膜改变可分为六期,分属两大类。Ⅰ期:微血管瘤、小出血点;Ⅱ期:出现硬性渗出;Ⅲ期:出现棉絮状软性渗出。以上Ⅰ~Ⅲ期为背景性视网膜病变。Ⅳ期:新生血管形成、玻璃体积血;Ⅴ期:纤维血管增殖、玻璃体机化;Ⅵ期:牵拉性视网膜脱离、失明。以上Ⅳ~Ⅵ期为增殖性视网膜病变。当出现增殖性视网膜病变时,常伴有糖尿病肾病及神经病变。

(3) 其他:心脏微血管病变和心肌代谢紊乱可引起心肌广泛灶性坏死,称为糖尿病心肌病,可诱发心力衰竭、心律失常、心源性休克和猝死。

3. **神经系统并发症** 可累及神经系统任何一部分。目前认为其发生机制涉及大血管和微血管病变、免疫机制以及生长因子不足等。

(1) 中枢神经系统并发症：① 伴随严重 DKA、HHS 或低血糖症出现的神志改变；② 缺血性脑卒中；③ 脑老化加速及老年性痴呆危险性增高等。

(2) 周围神经病变：最为常见，通常为对称性，下肢较上肢严重，病情进展缓慢。先出现肢端感觉异常，可伴痛觉过敏、疼痛；后期可有运动神经受累，出现肌力减弱甚至肌萎缩和瘫痪。腱反射早期亢进，后期减弱或消失，音叉震动感减弱或消失。电生理检查可早期发现感觉和运动神经传导速度减慢。

(3) 自主神经病变：较常见，并可较早出现，影响胃肠、心血管、泌尿生殖系统功能。临床表现为瞳孔改变（缩小且不规则、光反射消失、调节反射存在）、排汗异常（无汗、少汗或多汗）、胃排空延迟（胃轻瘫）、腹泻（饭后或午夜）、便秘等，直立性低血压、持续心动过速、心搏间距延长等，以及残尿量增加、尿失禁、尿潴留、阳痿等。

4. 糖尿病足　是指糖尿病患者由于合并神经病变及各种不同程度末梢血管病变而导致下肢感染、溃疡形成和（或）深部组织的破坏。其临床特点为早期肢端麻木、疼痛、发凉和（或）有间歇性跛行、静息痛，继续发展则出现下肢远端皮肤变黑、组织溃烂、感染、坏疽。由于此病变多发于四肢末端，因此，又称为"肢端坏疽"，是截肢、致残主要原因。

【实验室及其他检查】

一、糖代谢异常程度的检查

（一）尿糖测定

尿糖阳性是诊断糖尿病的重要线索，但是并不能作为糖尿病诊断依据，也不能单凭尿糖阴性而否定诊断糖尿病。因尿糖是否阳性还取决于肾糖阈（大约 10 mmol/L）的高低。并发肾脏病变时，肾糖阈升高，虽然血糖升高，但尿糖阴性；妊娠期可出现肾糖阈降低，虽然血糖正常，尿糖可阳性。

（二）血糖测定

血糖升高是诊断糖尿病及监测糖尿病病情的主要依据，常用葡萄糖氧化酶法测定。诊断糖尿病时必须用静脉血浆测定血糖。正常情况下，血浆、血清血糖比全血血糖可升高 15%。

（三）葡萄糖耐量试验（OGTT）

该试验一般在血糖高于正常范围而又未达到诊断糖尿病标准时进行。在清晨空腹进行，至少禁食 10 小时。WHO 推荐成人口服 75 g 无水葡萄糖或 82.5 g 含一分子水的葡萄糖，溶于 250~300 ml 水中，5~10 分钟内饮完，于服糖前及开始饮葡萄糖水后 0.5、1、2、3 小时测静脉血浆葡萄糖。儿童服糖量按每公斤体重 1.75 g 计算，总量不超过 75 g。

（四）糖化血红蛋白（GHbA1）和糖化血浆白蛋白测定

糖化血红蛋白是葡萄糖或其他糖与血红蛋白的氨基发生非酶催化反应的产物，糖化血红蛋白量与血糖浓度成正相关。GHbA1 有 a、b、c 三种，以 GHbA1C（A1C）最为主要。正常人 A1C 占血红蛋白总量的 3%~6%。血糖控制不良者 A1C 升高，并与血糖升高的程度相关。反映患者近 8~12 周总的血糖水平，为糖尿病控制情况的重要监测指标。2010 年美国糖尿病学会（American Diabetes Association，ADA）指南已将 HbA1C≥6.5% 作为糖尿病诊断标准之一。

糖化血浆白蛋白测定。血浆蛋白同样也可与葡萄糖发生非酶催化的糖化反应而形成果糖胺，其形成的量与血糖浓度成正相关，正常值为 1.7~2.8 mmol/L。可反映患者近 2~3 周内总的血糖水平，为糖尿病患者近期病情监测的指标。

二、胰岛 β 细胞功能检查

（一）胰岛素释放试验

血浆胰岛素测定可反映基础和葡萄糖介导的胰岛素释放功能，以了解 β 细胞功能，协助糖尿病分型诊断及指导治疗。正常人空腹基础血浆胰岛素为 35~145 pmol/L（5~20 mU/L），餐后 30~60 分钟血浆胰岛素上升至高峰，峰值为基础值 5~10 倍，3~4 小时恢复到基础水平。胰岛素测定受血清中胰岛素抗体和外源性胰岛素干扰。

（二）C 肽释放试验

方法同上，基础值不小于 400 pmol/L，高峰时间同上，峰值为基础值 5~6 倍。也反映基础和葡萄糖介导的胰岛素释放功能。C 肽测定不受血清中胰岛素抗体和外源性胰岛素影响。

（三）其他检测 β 细胞功能的方法

如静脉注射葡萄糖-胰岛素释放试验可了解胰岛素释放第一时相，胰升糖素-C 肽刺激试验反映 β 细胞储备功能等，可根据患者的具体情况和检查目的而选用。

三、并发症检查

根据病情需要选用血脂、肝肾功能等常规检查，急性严重代谢紊乱时的酮体、电解质、酸碱平衡检查，心、肝、肾、脑、眼科以及神经系统的各项辅助检查等。

四、有关病因和发病机制的检查

GAD65 抗体、IAA 及 IA-2 抗体的联合检测；胰岛素敏感性检查；基因分析等。

【诊断与鉴别诊断】

糖尿病类型不同其临床特征也不尽相同,糖尿病患者可出现典型的三多一少症状,但大多数糖尿病(特别是2型糖尿病)早期无明显症状,有的糖尿病患者以并发症或伴发病症状为首发症状。诊断时应以血糖异常升高作为依据,必要时进行糖耐量实验。

一、糖代谢分类

糖代谢分类见表 45-1。

表 45-1 糖代谢分类(静脉血浆)

糖代谢分类	WHO1999 空腹血糖(FBG)	单位(mmol/L) 餐后2小时血糖(2 hPBG)
正常血糖(NGT)	3.9~6.0	<7.7
空腹血糖受损(IFG)	6.1~<6.9	<7.8
糖耐量减低(IGT)	<7.0	≥7.8~<11.1
糖尿病(DM)	≥7.0	≥11.1

注：IFG 或 IGT 统称为葡萄糖调节受损,即糖尿病前期或 ADA 称之为糖尿病风险增加状态

二、糖尿病诊断标准

糖尿病诊断标准见表 45-2。

表 45-2 WHO 糖尿病专家委员会诊断标准(1999)

[静脉血浆葡萄糖水平mmol/L(mg/dl)]

(1) 糖尿病症状(典型症状包括多饮、多尿、多食和不明原因的体重下降)加
① 随机血糖(指不考虑上次用餐时间,一天中任意时间的血糖)≥11.1(200)或
② 空腹血糖(空腹状态指至少8小时没有进食热量)≥7.0(126)或
③ 葡萄糖负荷后2小时血糖≥11.1(200)
(2) 症状不典型者,需另日重复检查明确诊断,如复查结果未达到糖尿病诊断标准,应定期复查

注意,在临床诊断中推荐采用葡萄糖氧化酶法测定静脉血浆葡萄糖。如用全血或毛细血管血测定,其诊断切点有所变动。

IFG 或 IGT 的诊断应根据3个月内的两次 OGTT 结果,用其平均值来判断。

在急性感染、创伤或各种应激情况下可出现血糖暂时升高,不能以此诊断为糖尿病,应追踪随访。

2010年 ADA 提出:A1C≥6.5% 可诊断为糖尿病。试验用 NGSP 认证的方法进行,并与 DCCT 的检测进行标化。

三、分型诊断

区别1型糖尿病与2型糖尿病,主要根据患者的临床特点和发病过程,从发病年龄、起病急缓、症状轻重、体重、酮症酸中毒倾向、是否依赖胰岛素维持生命等方面并结合胰岛 β 细胞自身抗体和 β 细胞功能检查结果进行临床综合分析。1型糖尿病由于 β 细胞的破坏,常致绝对胰岛素缺乏,胰岛 β 细胞自身抗体阳性多见。2型糖尿病是在胰岛素抵抗的基础上进行性胰岛素缺乏,但是两者的区别是相对的,有些患者暂时不能明确归为1型或2型,可随访而逐渐明确分型。

特殊类型糖尿病：确诊有赖于结合基因分析、胰腺外分泌疾病史、内分泌病史及用药史、感染史等一般不难鉴别。

妊娠糖尿病(GDM)的诊断：用危险因素分析筛查妊娠糖尿病,如果需要,可进行 OGTT 筛查糖尿病,空腹血糖≥5.3 mmol/L、1小时血糖≥10 mmol/L、2小时血糖≥8.6 mmol/L。以上血浆葡萄糖水平有2项或多项满足上述标准即可诊断 GDM(ADA2010 版糖尿病治疗指南)。GDM 的妇女应在产后6~12周筛查糖尿病并定期随访。

四、鉴别诊断

1. **肾性糖尿** 因肾脏疾病所致肾糖阈降低出现尿糖阳性,但血糖及 OGTT 正常。

2. 非葡萄糖尿 乳糖尿见于哺乳妇女或孕妇及婴儿,果糖及戊糖尿见于进食大量水果后,为罕见的先天性疾患。

3. 非糖尿病性葡萄糖尿 当过度饥饿后,一次进食大量糖类食物,可产生饥饿性糖尿;少数正常人在摄食大量糖类食物,或因吸收过快,可出现暂时性滋养性糖尿;胃切除可出现暂时性糖尿及低血糖症状。脑出血、大量上消化道出血、脑瘤、窒息等,有时血糖呈暂时性过高伴尿糖为应激性糖尿。尿酸、维生素C、葡萄糖醛酸等具有还原性物质或异烟肼、青霉素、强心苷、噻嗪类利尿剂等随尿排泄的药物均可使尿糖出现假阳性。

4. 甲状腺功能亢进症 表现为多食、易饥、口干口渴、怕热多汗、急躁易怒等高代谢状态,血甲状腺激素水平升高。

五、并发症的诊断

糖尿病患者长期病程中,要密切观察其病情变化及各项辅助检查,以便及时诊断糖尿病急、慢性并发症。

(1) 常见的急性并发症:① 糖尿病酮症酸中毒;② 高血糖高渗状态;③ 低血糖反应及昏迷;④ 感染等。

(2) 常见的慢性并发症:① 大血管并发症:糖尿病冠心病、糖尿病脑血管病、糖尿病下肢动脉硬化闭塞症;② 微血管并发症:糖尿病肾病、糖尿病视网膜病变;③ 糖尿病神经病变:糖尿病周围神经病变、糖尿病自主神经病变;④ 糖尿病足。

(3) 对糖尿病经常伴随出现的肥胖、高血压、血脂异常等也须进行相应检查和诊断以便给予治疗。

【中医病因病机】

本病发病多与下列因素有关。

1. 禀赋不足 先天禀赋不足是引起消渴的重要内在因素。五脏六腑藏精于肾,禀赋不足,阴精亏虚,五脏六腑失养,复因调摄失宜,而发病。正如《灵枢·五变》曰:"五脏皆柔弱者,善病消瘅"。

2. 饮食失节 长期过食肥甘、醇酒厚味、辛辣香燥太过,损伤脾胃,脾胃运化失职,积热内蕴,化燥伤津,消谷耗液,发为消渴。《素问·奇病论》曰:"此肥美之所发也,此人必数食甘美而多肥也,肥者令人内热,甘者令人中满,故其气上溢,转为消渴。"

3. 情志失调 长期过度精神刺激,情志不舒,肝气郁结,或思虑过度,心气郁结,郁久化火,火热内燔,消灼肺、胃、肾阴津,而发为消渴。《临证指南医案·三消》曰:"心境愁郁,内火自燃,乃消证大病。"

4. 劳欲过度 素体阴精亏虚,复因房事不节,劳欲过度,肾精亏损,虚火内生,致肾虚、肺燥、胃热俱现,发为消渴。《外台秘要·消渴消中》曰:"房劳过度,致令肾气虚耗,下焦生热,热则肾燥,肾燥则渴。"

5. 久坐少动 久坐少动,脾气呆滞,运化失常,脾不散精,精微物质不归正化,则为湿、为痰、为浊、为膏,日久化热而致消渴。

此外,外感六淫,风热、燥火毒邪内侵伤及脏腑,燥热伤津,阴液亏耗也可发生消渴。

该病为食、郁、痰、湿、热、瘀交织为患。其病机演变基本按郁、热、虚、损四个阶段发展。发病初期以气、血、痰、湿、火、食六郁为主,病位多在肝,在脾(胃);继则郁久化热,以肝热、胃热为主,亦可兼肺热、肠热;燥热既久,壮火食气,燥热伤阴,阴损及阳,终至气血阴阳俱虚;脏腑受损,病邪入络,络损脉损,变证百出。

【中医诊断及病证鉴别】

口渴多饮、多食易饥、尿频量多、形体消瘦或尿有甜味等具有特征性的临床症状,是诊断消渴病的主要依据。有的患者初起时"三多"症状不著,但中老年人群,嗜食膏粱厚味、醇酒炙煿,并发眩晕、肺痨、胸痹心痛、中风、雀目、疮痈等病证者,应考虑消渴的可能性。由于本病的发生与禀赋不足有较为密切的关系,故消渴病的家族史可供诊断参考。首先,应明确消渴的病位,在五脏,以脾(胃)、肝、肾为主,涉及心肺;其次,辨标本,阴虚或气虚为本,痰浊血瘀为标,虚实夹杂。其三辨病期,初期为情志失调,痰浊化热伤阴,以标实为主;继之为气阴两虚,最后阴阳两虚,兼夹痰浊瘀血,以本虚为主。阴虚血脉运行涩滞、气虚鼓动无力、痰浊阻滞、血脉不利等都可形成瘀血,瘀血贯穿该病始终,是变证发生和发展的病理基础;痰浊瘀血又可损伤脏腑,耗伤气血,使病变错综复杂。最后辨本证与变证,本证症见多饮、多食、多尿和乏力、消瘦;变证症见眩晕、肺痨、疮痈、胸痹、中风、眼疾、水肿、脱疽、昏迷等。

病证鉴别

1. 口渴症 口渴症是指口渴饮水的一个临床症状,可出现于多种疾病过程中,尤以外感热病为多见。但这类口渴随其所患病证的不同而临床症状各异;不伴多食、多尿、尿甜、瘦削等消渴病的特点。

2. 瘿病 瘿病中气郁化火、阴虚火旺的类型,以情绪激动,多食易饥,形体日渐消瘦,心悸,眼突,颈部一侧或两侧肿大为特征。其中的多食易饥、消瘦,类似消渴病的中消,但眼球突出,颈前生长肿物则与消渴有别,且无消渴病的多饮、多尿、尿甜等症。

【治疗】

一、治疗思路

由于糖尿病缺乏针对性病因治疗,目前,只是强调早期治疗、长期治疗、综合治疗以及个体化治疗。治疗目标为纠正代谢紊乱,消除症状,防止或延缓并发症的发生,维持良好的生活、工作、学习能力,延长寿命,降低病死率。西医治疗1型糖尿病以胰岛素替代为主,治疗2型糖尿病以口服降糖药为主,必要时加用胰岛素辅助或替代。中医强调分期辨证治疗。此外,根据本病脉损、络损引发变证,强调及早、全程治疗,根据不同病情选用辛香疏络、辛润通络、活血通络诸法,在改善糖尿病症状及预防并发症的发生方面具有一定优势。为发挥中西医结合疗法的优势,1型糖尿病西医治疗为主,辅以中医改善症状、提高组织对胰岛素的利用及预防并发症。2型糖尿病早期特别是糖调节受损阶段以中医治疗为主,辅以西药治疗,血糖控制不良者中西药联合应用可提高疗效。另外,要强调糖尿病知识的普及教育、饮食治疗、运动锻炼及定期监测。

二、西医治疗

（一）一般治疗

医学营养治疗也是基础治疗措施之一。提供均衡的营养膳食为其基本原则,其目标是达到并维持理想的血糖水平;减少心血管疾病的危险因素,包括控制血脂异常和高血压;减轻胰岛 β 细胞负荷;维持合理体重。

1. 总热量的制订　首先按患者性别、年龄和身高查表或用简易公式计算理想体重［理想体重(kg) = 身高(cm) – 105］,然后根据理想体重和工作性质计算每日所需总热量。成人休息状态下每日每公斤理想体重给予热量 105 ~ 125.5 kJ(25 ~ 30 kcal),轻体力劳动 125.5 ~ 146 kJ(30 ~ 35 kcal),中度体力劳动 146 ~ 167 kJ(35 ~ 40 kcal),重体力劳动 167 kJ(40 kcal)以上。儿童、孕妇、乳母、营养不良和消瘦以及伴有消耗性疾病者应酌情增加,肥胖者酌减,使体重逐渐恢复至理想体重的 ±5%。

2. 三大营养素的合理配比　糖类占饮食总热量 50% ~ 60%,提倡用粗制米、面和一定杂粮,忌食葡萄糖、蔗糖、蜜糖及其制品。蛋白质含量一般不超过总热量 15%,成人每日每公斤理想体重 0.8 ~ 1.2 g,儿童、孕妇、乳母、营养不良或伴有消耗性疾病者增至 1.5 ~ 2.0 g,伴有糖尿病肾病而肾功能正常者应限制至 0.8 g,血尿素氮升高者应限制在 0.6 g。蛋白质应至少有 1/3 来自动物蛋白质,以保证必需氨基酸的供给。脂肪约占总热量 30%,饱和脂肪、多价不饱和脂肪与单价不饱和脂肪的比例应为 1∶1∶1,每日胆固醇摄入量宜在 300 mg 以下。此外,每日饮食中纤维素含量不宜少于 40 g。每日摄入食盐应限制在 10 g 以下。限制饮酒。每日饮食总热量确定后,按每克糖类、蛋白质产热 16.7 kJ (4 kcal),每克脂肪产热 37.7 kJ(9 kcal),将热量换算为食品后制订食谱,并根据生活习惯、病情和配合药物治疗需要进行安排。可按每日三餐分配为 1/5、2/5、2/5 或 1/3、1/3、1/3。在治疗过程中随访调整饮食量十分重要。

（二）口服药物治疗

1. 促胰岛素分泌剂

（1）磺脲类(sulfonylureas, SUs)：磺脲类的主要作用为刺激胰岛 β 细胞分泌胰岛素,增加体内的胰岛素水平而降低血糖。其作用部位是胰岛 β 细胞膜上的 ATP 敏感的钾离子通道。磺脲类降血糖作用的前提条件是机体尚保存相当数量(30% 以上)有功能的胰岛 β 细胞。

第一代 SUs 如甲苯磺丁脲、氯磺丙脲等现已很少应用;第二代 SUs 有格列本脲、格列吡嗪、格列齐特、格列喹酮和格列美脲等为临床常用药,建议从小剂量开始,早餐前半小时一次服用,根据血糖逐渐增加剂量,剂量较大时改为早、晚餐前两次服药,直到血糖达到良好控制。

适应证：主要应用于新诊断的 2 型糖尿病非肥胖患者、用饮食和运动治疗血糖控制不理想时。随着疾病进展,磺脲类需与其他作用机制不同的口服降糖药或胰岛素联合应用。当 2 型糖尿病晚期 β 细胞功能几乎消失殆尽时,磺脲类及其他胰岛素促分泌剂均不再有效,而必须采用外源性胰岛素替代治疗。

禁忌证：1 型糖尿病,有严重并发症或晚期 β 细胞功能很差的 2 型糖尿病,儿童糖尿病,孕妇、哺乳期妇女,大手术围术期,全胰腺切除术后,对磺脲类过敏或有严重不良反应者等。

不良反应：常见的不良反应为低血糖反应,其他副作用可见体重增加、皮肤过敏反应、消化不良、上腹不适、食欲减退等,偶见肝功能损害、胆汁淤滞性黄疸及贫血等。

目前,临床应用的基本上是第二代 SUs。各种药物的降糖机制基本一致。建议从小剂量开始,早餐前半小时一次服用,根据血糖逐渐增加剂量,剂量较大时改为早、晚餐前两次服药,直到血糖达到良好控制。格列吡嗪和格列齐特的控释药片,也可每天服药一次。一般来说,格列本脲作用强、价廉,目前应用仍较广泛,但容易引起低血糖,老年人及肝肾心脑功能不好者慎用;格列吡嗪、格列齐特和格列喹酮作用温和,较适用于老年人;轻度肾功能减退(肌酐清除率 > 60 ml/min)时几种药物均仍可使用,中度肾功能减退(肌酐清除率 30~60 ml/min)时宜使用格列喹酮,重度肾功能减退(肌酐清除率 < 30 ml/min)时格列喹酮也不宜使用。应强调不宜同时使用各种 SUs,也不宜与其他胰岛素促分泌剂(如格列奈类)合用。

(2) 格列奈类:此类药物也作用在胰岛 β 细胞膜上的钾离子通道,但结合位点与磺脲类不同,是一类快速作用的胰岛素促泌剂,可改善早相胰岛素分泌。降血糖作用快而短,主要用于控制餐后高血糖。适宜于 2 型糖尿病早期餐后高血糖阶段或以餐后高血糖为主的老年患者。可单独或与二甲双胍、胰岛素增敏剂等联合使用。禁忌证与磺脲类相同。于餐前或进餐时口服。有 2 种制剂:① 瑞格列奈:常用剂量为每次 0.5~4 mg;② 那格列奈:常用剂量为每次 60~120 mg。

2. 双胍类 双胍类药物主要通过减少肝脏葡萄糖的输出和改善外周胰岛素抵抗而降低血糖。许多国家和国际组织制订的糖尿病指南中推荐二甲双胍作为 2 型糖尿病患者的一线用药和联合用药中的基础用药。单独用药极少引起低血糖,但二甲双胍与胰岛素或促胰岛素分泌剂联合使用时可增加低血糖发生的危险性。二甲双胍治疗 2 型糖尿病尚伴有体重减轻、血脂谱改善、纤溶系统活性增加、血小板聚集性降低、动脉壁平滑肌细胞和成纤维细胞生长受抑制等,被认为可能有助于延缓或改善糖尿病血管并发症。

适应证:① 可单用或联合应用其他药物治疗 2 型糖尿病;② 治疗 1 型糖尿病可与胰岛素联合应用可减少胰岛素用量和血糖波动。

禁忌证:① 肾功能不全、肝、心、肺功能减退以及高热患者禁用,慢性胃肠病、慢性营养不良、消瘦者不宜使用本药;② 1 型糖尿病不宜单独使用本药;③ 2 型糖尿病合并急性严重代谢紊乱、严重感染、外伤、大手术、孕妇和哺乳期妇女等禁用;④ 对药物过敏或有严重不良反应者禁用;⑤ 酗酒者不宜使用本药。

不良反应:主要不良反应是消化道症状,偶有皮肤过敏反应,罕见的严重副作用是诱发乳酸酸中毒。

该类药物现有两种制剂:① 二甲双胍:500~1 500 mg/d,分 2~3 次口服,最大剂量不超过 2 g/d;② 苯乙双胍:50~150 mg/d,分 2~3 次服用,此药现已少用,有些国家禁用。

3. 噻唑烷二酮类 又称为格列酮类,也被称为胰岛素增敏剂,主要通过激活过氧化物酶体增殖物激活受体 γ 起作用。明显减轻胰岛素抵抗,主要刺激外周组织的葡萄糖代谢,降低血糖,还可改善血脂谱、提高纤溶系统活性、改善血管内皮细胞功能、使 C 反应蛋白下降等,对心血管系统和肾脏显示出潜在的器官保护作用。近来发现它也可改善胰岛 β 细胞功能。噻唑烷二酮类可单独或与其他降糖药物合用治疗 2 型糖尿病患者,尤其是肥胖、胰岛素抵抗明显者;不宜用于 1 型糖尿病、孕妇、哺乳期妇女和儿童。注意与胰岛素或胰岛素促泌剂联合使用时可增加发生低血糖的风险。主要不良反应为水肿、体重增加。有心脏病、心力衰竭倾向或肝病者、严重骨质疏松和骨折病史者不用或慎用。现有两种制剂:① 罗格列酮:用量为 4~8 mg/d,每日 1 次或分 2 次口服,因罗格列酮的安全性问题尚存在争议,其使用在我国受到了较严格的限制;② 吡格列酮:用量为 15~30 mg/d,每日 1 次口服。

4. α 葡萄糖苷酶抑制剂(AGI) 通过抑制碳水化合物在小肠上部的吸收而降低餐后血糖。可作为 2 型糖尿病第一线药物,尤其适用于空腹血糖正常或轻度升高而餐后血糖明显升高者,可单独用药或与其他降糖药物合用。1 型糖尿病患者在胰岛素治疗基础上加用 α 葡萄糖苷酶抑制剂有助于降低餐后高血糖。现有 2 种制剂:① 阿卡波糖:主要抑制 α-淀粉酶,每次 50~100 mg,每日 3 次;② 伏格列波糖:主要抑制麦芽糖酶和蔗糖酶,每次 0.2 mg,每日 3 次。AGI 应在进食第一口食物后服用。常见不良反应为腹胀、排气增多或腹泻。

(三) 胰岛素治疗

1. 适应证 1 型糖尿病患者终生替代治疗;2 型糖尿病口服降糖药治疗无效、β 细胞功能明显减退者;糖尿病酮症酸中毒、高血糖高渗状态和乳酸性酸中毒伴高血糖;各种严重的糖尿病并发症;手术、妊娠和分娩;某些特殊类型糖尿病等。

2. 常用类型

(1) 根据其来源不同,目前胰岛素制剂有基因重组人胰岛素、动物胰岛素和人胰岛素类似物。人胰岛素比动物来源的胰岛素免疫反应显著降低,生物活性明显提高,吸收速率更快,副反应减少。胰岛素类似物是指氨基酸序列与人胰岛素不同,但仍能与胰岛素受体结合,功能及作用与人胰岛素相似的分子,目前已有多种不同氨基酸序列及作用特性的胰岛素类似物,可提供更符合临床需要的速效及长效制剂。

(2) 胰岛素制剂按起效时间不同可分为短效、中效、长效和预混胰岛素。短效有普通(正规)胰岛素,可皮下、肌内、静脉注射。注射后发生作用快,但持续时间短。中效胰岛素有低精蛋白胰岛素(中性精蛋白胰岛素)和慢胰岛素锌混悬液。该类胰岛素仅能皮下注射。长效制剂有精蛋白锌胰岛素注射液(鱼精蛋白锌胰岛素)和特慢胰岛素锌混悬液。长效制剂也仅能皮下注射。速效胰岛素主要控制一餐后高血糖;中效胰岛素主要控制两餐饭后高血糖,以第二餐为主;长效胰岛素无明显作用高峰,主要提供基础水平胰岛素。预混胰岛素是将短效、中效人胰岛素按各种比例配制成的人胰岛素预混制剂,使其兼具短效、中效胰岛素的作用。

3. 治疗原则和方法　任何类型糖尿病的胰岛素治疗均应在一般治疗等综合治疗基础上进行。剂量及治疗方案强调个体化。一般从小剂量开始,胰岛素剂量调整要以临床症状、空腹血糖水平、餐后2小时血糖水平和预定的控制目标等为依据,3~5天调整1次。

胰岛素治疗应力求模拟生理性胰岛素分泌模式。生理状态持续性胰岛素基础分泌保持空腹状态下葡萄糖的产生和利用的相互平衡;进餐后胰岛素分泌迅速增加使进餐后血糖水平维持在一定范围内,预防餐后高血糖发生。

1型糖尿病:初始剂量约为0.5~1.0 U/(kg·d)。需全天胰岛素剂量的40%~50%维持昼夜基础胰岛素水平,其余部分分别在每餐前应用。

提供基础胰岛素水平的方法:① 睡前注射中效胰岛素可保持夜间胰岛素基础水平,并减少夜间发生低血糖的危险性,另于早晨给予小剂量中效胰岛素可维持日间的基础水平;② 每天注射1~2次长效胰岛素或长效胰岛素类似物使体内胰岛素水平达到稳态而无明显峰值。

控制餐后高血糖的方法:每餐前20~30分钟皮下注射速效胰岛素使胰岛素水平迅速增高,以控制餐后高血糖。

2型糖尿病:由于2型糖尿病存在不同程度的胰岛素分泌缺陷和胰岛素抵抗,所以胰岛素治疗有补充治疗和替代治疗之分。胰岛素补充治疗主要用于经合理的饮食和口服降糖药治疗仍未达到良好控制目标的患者,白天口服降糖药,睡前注射中效胰岛素或每天注射1~2次长效胰岛素。胰岛素替代治疗的适应证为:T2DM诊断时血糖水平较高,特别是体重明显减轻的患者;口服降糖药治疗反应差伴体重减轻或持续性高血糖的患者;难以分型的消瘦的糖尿病患者。此外,在T2DM患者胰岛素补充治疗过程中,当每日胰岛素剂量已经接近50 U时,可停用胰岛素促分泌剂而改成替代治疗。应用胰岛素作为T2DM替代治疗时,可每天注射2次中效胰岛素或预混制剂;β细胞功能极差的患者应按与T1DM类似的方案长期采用强化胰岛素治疗。

胰岛素泵治疗是一种更为完善的强化胰岛素治疗方法,用可调程序的微型电子计算机控制胰岛素输注,模拟胰岛素的持续基础分泌和进餐时的脉冲式释放,在密切的自我血糖监测和正确及时的程序调整下,可保持良好的血糖控制。

人工胰由血糖感受器、微型电子计算机和胰岛素泵组成。葡萄糖感受器能敏感地感知血糖浓度的动态变化,将信息传给电子计算机,指令胰岛素泵输出胰岛素,模拟胰岛β细胞分泌胰岛素的模式。目前尚未广泛应用。

4. 注意事项　采用强化胰岛素治疗方案后,有时早晨空腹血糖仍然较高,可能的原因为:① 夜间胰岛素作用不足;② "黎明现象":即夜间血糖控制良好,也无低血糖发生,仅于黎明短时间内出现高血糖,可能由于清晨皮质醇、生长激素等胰岛素拮抗激素分泌增多所致;③ Somogyi效应:即在夜间曾有低血糖,在睡眠中未被察觉,但导致体内胰岛素拮抗激素分泌增加,继而发生低血糖后的反跳性高血糖。夜间多次(于0、2、4、6、8时)测定血糖,有助于鉴别早晨高血糖的原因。

采用强化胰岛素治疗时,低血糖症发生率增加,应注意避免、尽早识别和处理。2岁以下幼儿、老年患者、已有晚期严重并发症者不宜采用强化胰岛素治疗。

一部分1型糖尿病患者在胰岛素治疗后一段时间内病情部分或完全缓解,胰岛素剂量减少或可以完全停用,称为"糖尿病蜜月期"。但缓解是暂时的,其缓解的持续时间数周至数月不等,一般不超过1年。

5. 胰岛素的抗药性和不良反应　各种胰岛素制剂对人体有抗原性和致敏性。牛胰岛素的抗原性最强,其次为猪胰岛素,人胰岛素最弱。人体多次接受胰岛素注射约1个月后,血中可出现抗胰岛素抗体。临床上只有极少数患者表现为胰岛素抗药性,即在无酮症酸中毒也无拮抗胰岛素因素存在的情况下,每日胰岛素需要量超过100 U或200 U。此时应选用单组分人胰岛素速效制剂。如皮下注射胰岛素不能降低血糖,可试用静脉注射20 U并观察0.5~1小时后血糖是否肯定下降,如仍无效,应迅速加大胰岛素剂量,给予静脉滴注,有时每日剂量可达1 000 U以上,并可考虑联合应用糖皮质激素(如泼尼松每日40~80 mg)及口服降糖药治疗。此时胰岛素可从已形成的复合物中分离而使循环中游离胰岛素骤增,引起严重低血糖,应严密监护、及早发现和处理。胰岛素抗药性经适当治疗后可消失。

胰岛素的主要不良反应是低血糖反应,与剂量过大和(或)饮食失调有关,多见于接受强化胰岛素治疗者。

胰岛素过敏反应通常表现为注射部位瘙痒,继而出现荨麻疹样皮疹,全身性荨麻疹少见,可伴恶心、呕吐、腹泻等胃肠症状,罕见严重过敏反应(如血清病、过敏性休克)。处理措施包括更换胰岛素制剂,使用抗组胺药和糖皮质激素以及脱敏疗法等。严重者需停止或暂时中断胰岛素治疗。脂肪营养不良为注射部位皮下脂肪萎缩或增生,停止在该部位注射后可缓慢自然恢复,应经常更换注射部位以防其发生。随着胰岛素制剂的改进,目前过敏反应和脂肪营养不良已甚少发生。

(四)胰升糖素样多肽1类似物和二肽基肽酶Ⅳ抑制剂

胰升糖素样多肽1(GLP-1)由肠道L细胞分泌,具有刺激胰岛素分泌、加强胰岛素的生物合成;促进胰岛β细胞增殖、减少凋亡,增加胰岛β细胞数量;抑制胰升糖素分泌,减少肝葡萄糖输出;延缓胃内容物排空、抑制食欲及摄食;改善外周组织对胰岛素的敏感性的作用。GLP-1在体内迅速被二肽基肽酶Ⅳ(DPP-Ⅳ)降解而失去生物活性,其半衰期不足2分钟。采用长作用GLP-1类似物或DPP-Ⅳ抑制剂可延长其作用时间。长作用GLP-1类似物有艾塞那肽(exenatide)及艾塞那肽长效制剂(exenatide LAR)]和利拉糖肽(liraglutide)等,须注射给药。

DPP-Ⅳ抑制剂是通过抑制DPP-Ⅳ而升高GLP-1的浓度及活性,从而刺激胰岛素分泌。目前上市的有维格列汀(vildagliptin)、西格列汀(sitagliptin)和沙格列汀(saxagliptin)等,可口服给药。

(五)胰腺移植和胰岛细胞移植

胰腺移植和胰岛细胞移植多用于治疗T1DM患者。单独胰腺移植或胰肾联合移植可解除对胰岛素的依赖,改善生活质量,但手术难度大、风险大、供胰组织来源困难及术后存活率低,其应用受到极大限制。近年来,胰岛细胞移植技术已取得一定进展,但目前仍处于试验阶段,许多问题有待解决。

(六)妊娠期糖尿病及糖尿病合并妊娠的治疗

无论是妊娠期糖尿病或糖尿病合并妊娠,对孕妇和胎儿均有复杂的影响,因此,孕期血糖水平管理对减少母儿并发症的发生十分重要。由于胎儿先天性畸形危险性最大的时期是受孕7周内或停经9周前,因此,糖尿病妇女应在胰岛素治疗控制血糖正常后才能受孕。妊娠期糖尿病或糖尿病合并妊娠的医学营养治疗原则与非妊娠患者相同。运动治疗要适度,避免运动时间过长及过于剧烈。胰岛素治疗应选用短效和中效胰岛素,注意调节剂量。禁用口服降血糖药。在整个妊娠期间应密切监测孕妇血糖水平和胎儿情况。产后注意对新生儿低血糖症的预防、处理,产妇应在产后6周复查并长期追踪观察。

(七)糖尿病急性并发症的治疗

1. 糖尿病酮症酸中毒治疗

(1) 治疗原则:尽快补液以恢复血容量、纠正失水状态,降低血糖,纠正电解质及酸碱平衡失调,同时积极寻找和消除诱因,防治并发症,降低病死率。

(2) 补液:是救治DKA的关键措施。对早期酮症患者,仅需口服补充液体。DKA失水量明显者通常静脉输注生理盐水。一般根据患者体重和失水程度估计已失水量,输液速度先快后慢,在1~2小时内输入生理盐水1 000~2 000 ml,前4小时输入所计算失水量1/3的液体。24小时输液量应包括已失水量和部分继续失水量,一般为4 000~6 000 ml,严重失水者可达6 000~8 000 ml。开始治疗时不能给予葡萄糖液,当血糖下降至13.9 mmol/L(250 mg/dl)时改用5%葡萄糖液,并按每2~4g葡萄糖加入1U短效胰岛素。

(3) 胰岛素治疗:采用小剂量(短效)胰岛素疗法,即每小时给予胰岛素0.1 U/kg,使血清胰岛素浓度恒定达到100~200 μU/ml,即可产生抑制脂肪分解和酮体生成的最大效应以及相当强的降低血糖效应,而促进钾离子运转的作用较弱。血糖下降速度一般以每小时约降低3.9~6.1 mmol/L(70~110 mg/dl)为宜,每1~2小时复查血糖,若在补足液量的情况下2小时后血糖下降不理想或反而升高,提示患者对胰岛素敏感性较低,胰岛素剂量应加倍。

(4) 纠正电解质及酸碱平衡失调:随着输液和胰岛素治疗后,酮体水平下降,酸中毒可自行纠正,一般不必补碱。严重酸中毒影响心血管、呼吸和神经系统功能,应给予相应治疗,但补碱不宜过多、过快,补碱指征为血pH<7.1,HCO_3^-<5 mmol/L。应采用等渗碳酸氢钠(1.25%~1.4%)溶液。给予碳酸氢钠50 mmol/L,即将5%碳酸氢钠84 ml加注射用水至300 ml配成1.4%等渗溶液,一般仅给1~2次。

(5) 补钾:治疗前由于失水量大于失盐量,且存在代谢性酸中毒,此时血钾水平不能真实反映体内缺钾程度,补钾应根据血钾、心电图和尿量决定补钾方案。治疗前血钾低于正常,立即开始补钾,头2~4小时通过静脉输液每小时补钾13~20 mmol/L;血钾正常、尿量>40 ml/h,也立即开始补钾;血钾正常、尿量<30 ml/h,暂缓补钾,待尿量增加后再开始补钾;血钾高于正常,暂缓补钾。治疗过程中定时监测血钾和尿量,调整补钾量和速度。病情恢复后仍应继续口服钾盐数天。

(6) 处理诱发病和防治并发症:针对低血压或休克、感染、心衰、心律失常、肾衰竭、脑水肿等进行相应治疗。

2. 高血糖高渗状态

(1) 治疗原则同DKA。

(2) 补液扩容,降低渗透压。24小时补液量可达6 000~10 000 ml。关于补液的种类和浓度,多主张治疗开始时用等渗溶液如生理盐水,视病情可考虑同时给予胃肠道补液。休克患者应另予血浆或全血。如无休克或休克已纠正,在输入生理盐水后血浆渗透压高于350 mOsm/L,血钠高于155 mmol/L,可考虑输入适量0.45%氯化钠。当血糖下降至16.7 mmol/L时开始输入5%葡萄糖液并按每2~4 g葡萄糖加入1 U胰岛素。

(3) 胰岛素治疗方法与DKA相似,静脉注射胰岛素首次负荷量后,继续以每小时每0.05~0.1 U/kg的速率静脉滴注胰岛素,一般来说本症患者对胰岛素较敏感,因而胰岛素用量较小。

(4) 补钾要更及时,一般不补碱。

(5) 积极治疗诱发病及防治并发症。应密切观察从脑细胞脱水转为脑水肿的可能,及早发现和处理。

3. 低血糖反应及昏迷

(1) 治疗原则:低血糖时的处理原则是尽快纠正低血糖,以避免低血糖引起的心、脑血管急性事件和反跳性高血糖。反复发作严重低血糖或低血糖持续时间较长可引起不可逆的脑损害,所以应及早识别和防治。

(2) 低血糖发作期的处理:神志清醒的轻型患者,经口服糖水、含糖饮料,或进食糖果、饼干、面包、馒头等即可缓解。神志障碍的重症患者和疑似低血糖昏迷的患者,应及时测定毛细血管血糖,甚至无需血糖结果就及时给予50%葡萄糖液60~100 ml静脉注射,继以5%~10%葡萄糖液静脉滴注,必要时可加用氢化可的松100 mg和(或)胰高糖素0.5~1 mg肌内或静脉注射。注意神志不清者,切忌喂食,以避免呼吸道窒息。

(3) 病因治疗:低血糖症患者应积极寻找致病原因进行病因治疗。

(八) 糖尿病慢性并发症的治疗原则

糖尿病慢性并发症是患者致残、致死的主要原因,强调定期筛查、早期诊断、早期防治。糖尿病各种慢性并发症的病因及发病机制十分复杂,存在共同危险因素以及各自特殊的发病机制。防治策略首先应该是全面控制共同危险因素,包括积极控制高血糖、严格控制血压、纠正脂代谢紊乱、抗血小板治疗、控制体重、戒烟和改善胰岛素敏感性等并要求达标。

(1) 糖尿病、高血压、血脂紊乱和大血管病变的治疗原则与非糖尿病患者相似,但治疗更为积极,要求更为严格。中国高血压防治指南(2005年修订版)建议,糖尿病患者血压应控制在130/80 mmHg以下;如尿蛋白排泄量达到1 g/24 h,血压应控制低于125/75 mmHg,但要避免出现低血压或血压急速下降。糖尿病为冠心病等危症,LDL-C治疗的目标值为<2.6 mmol/L(100 mg/dl)。

(2) 糖尿病微血管并发症和周围神经病变:严格代谢控制可显著推迟其发生与发展。对糖尿病肾病应注意早期筛查微量白蛋白尿及评估GFR,糖尿病肾病抗高血压治疗可延缓GFR的下降速度,降压治疗的目标值已于上述,早期肾病应ACEI或ARB除可降低血压外,还可减轻微量白蛋白尿;减少蛋白质摄入量对早期肾病及肾功能不全的防治均有利,临床肾病(Ⅳ期)即要开始低蛋白饮食,肾功能正常的患者,饮食蛋白量为每天每公斤体重0.8 g,GFR下降后进一步减至0.6 g并加用复方α-酮酸;PKC-β抑制剂治疗糖尿病肾病可能有一定益处;尽早给予促红细胞生成素纠正贫血、尽早进行透析治疗,注意残余肾功能的保存等。

对糖尿病视网膜病变应由专科医生定期进行检查,必要时尽早应用激光光凝治疗,争取保存视力;RAS抑制剂、PKC-β抑制剂和VEGF抗体治疗视网膜病变可能有一定前景。

对糖尿病周围神经病变尚缺乏有效治疗方法,通常在综合治疗的基础上,采用多种维生素、醛糖还原酶抑制剂、肌醇以及对症治疗等可改善症状。

对于糖尿病足,强调注意预防,防止外伤、感染,积极治疗血管病变和末梢神经病变。

三、中医治疗

辨证论治

早期

该期尚未出现典型的消渴证候,其中肥胖或超重者多属痰浊,中等体型或消瘦者多属阴虚。痰浊者总以消痰转浊为要,气滞痰阻者治以理气化痰,脾虚痰湿者治以健脾化痰,化热者佐以清热;阴虚气滞者治以养阴理气,消瘦者勿忘养阴。

1. 气滞痰阻

证候:形体肥胖,腹型肥胖,或见脘腹胀闷,心烦口苦,大便干结,舌质淡红,苔白腻或厚腻,脉弦滑。

治法:理气化痰。

方药:越鞠丸加减。

药用香附、川芎、苍术、栀子、神曲、半夏、佩兰、陈皮。口苦,舌苔黄,加黄连、全瓜蒌;脘腹胀闷甚加枳实。

2. 脾虚痰湿

证候:形体肥胖,腹部增大,或见倦怠乏力,纳呆便溏,口淡无味或黏腻,舌质淡有齿痕,苔薄白或腻,脉濡缓。

治法:健脾化痰。

方药：六君子汤加减。

药用党参、白术、茯苓、甘草、陈皮、半夏、荷叶、佩兰。倦怠乏力加黄芪；食欲不振加焦三仙；口黏腻加薏苡仁、白蔻仁。

3．阴虚气滞

证候：形体中等或偏瘦，或见口干口渴，夜间为甚，两胁胀痛，盗汗失眠，舌质偏红，苔薄白，脉弦细。

治法：养阴理气。

方药：二至丸合四逆散加减。

药用女贞子、旱莲草、柴胡、白芍、枳实、甘草。两胁胀痛加青皮、橘叶；口干口渴加生地黄、石斛。

症状期

1．痰（湿）热互结

证候：形体肥胖，腹部胀大，口干口渴，喜冷饮，饮水量多，脘腹胀满，易饥多食，心烦口苦，大便干结，小便色黄，舌质淡红，苔黄腻，脉弦滑。或见五心烦热，盗汗，腰膝酸软，倦怠乏力，舌质红，苔少，脉弦细数。

治法：清热化痰。

方药：小陷胸汤加减。

药用全瓜蒌、半夏、黄连、枳实。渴喜饮加生石膏、知母；腹部胀满加炒莱菔子、焦槟榔。偏湿热困脾者，治以健脾和胃，清热祛湿，用六君子汤加减治疗。

2．热盛伤津

证候：口干咽燥，渴喜冷饮，易饥多食，尿频量多，心烦易怒，口苦，溲赤便秘，舌干红，苔黄燥，脉细数。

治法：清热生津止渴。

方药：消渴方或白虎加人参汤加减。

药用天花粉、石膏、黄连、生地黄、太子参、葛根、麦冬、藕汁、甘草。肝胃郁热，大柴胡汤加减；胃热，三黄汤加减；肠热，增液承气汤加减；热盛津伤甚，连梅饮加减。

3．气阴两虚

证候：咽干口燥，口渴多饮，神疲乏力，气短懒言，形体消瘦，腰膝酸软，自汗盗汗，五心烦热，心悸失眠，舌红少津，苔薄白干或少苔，脉弦细数。

治法：益气养阴。

方药：玉泉丸或玉液汤加减。

药用天花粉、葛根、麦冬、太子参、茯苓、乌梅、黄芪、甘草。倦怠乏力甚重用黄芪；口干咽燥甚重加麦冬、石斛。

变证期

肥胖型与非肥胖型患者日久均可导致肝肾阴虚或肾阴阳两虚，出现各种慢性变证，严重者发生死亡。

1．肝肾阴虚

证候：小便频数，浑浊如膏，视物模糊，腰膝酸软，眩晕耳鸣，五心烦热，低热颧红，口干咽燥，多梦遗精，皮肤干燥，雀目，或蚊蝇飞舞，或失明，皮肤瘙痒，舌红少苔，脉细数。

治法：滋补肝肾。

方药：杞菊地黄丸或麦味地黄汤加减。

药用枸杞子、菊花、熟地黄、山茱萸、山药、茯苓、丹皮、泽泻、女贞子、旱莲草。视物模糊加茺蔚子、桑椹；头晕加桑叶、天麻。

2．阴阳两虚

证候：小便频数，夜尿增多，浑浊如脂如膏，甚至饮一溲一，五心烦热，口干咽燥，神疲，耳轮干枯，面色黧黑，腰膝酸软无力，畏寒肢凉，四肢欠温，阳痿，下肢浮肿，甚则全身皆肿，舌质淡，苔白而干，脉沉细无力。

治法：滋阴补阳。

方药：金匮肾气丸加减；水肿者用济生肾气丸加减。

药用：制附子、桂枝、熟地黄、山茱萸、山药、泽泻、茯苓、丹皮等。

消渴后出现的眩晕、肺痨、疮痈、胸痹、中风、眼疾、水肿、脱疽、昏迷等其他变证参照相关病证辨证论治。

3．兼夹证

（1）兼痰浊

证候：形体肥胖，嗜食肥甘，脘腹满闷，肢体沉重，呕恶眩晕，恶心口黏，头重嗜睡，舌质淡红，苔白厚腻，脉弦滑。

治法：理气化痰。

方药：二陈汤加减。

药用姜半夏、陈皮、茯苓、炙甘草、生姜、大枣。脘腹满闷加广木香、枳壳；恶心口黏加砂仁、荷叶。

（2）兼血瘀

证候：肢体麻木或疼痛，下肢紫黯，胸闷刺痛，中风偏瘫，或语言謇涩，眼底出血，唇舌紫黯，舌有瘀斑或舌下青筋显露，苔薄白，脉弦涩。

治法：活血化瘀。

方药：一般瘀血选用桃红四物汤加减，也可根据瘀血的部位选用王清任五个逐瘀汤加减。

药用：桃仁、红花、当归、生地黄、川芎、枳壳、赤芍、桔梗、炙甘草等。瘀阻经络加地龙、全蝎；瘀阻血脉加水蛭。

【转归、预防与调护】

糖尿病是可控而难愈的疾病，需要终身治疗，通过长期饮食、心理、行为调摄及药物治疗可保障患者的生活质量、劳动能力及延缓并发症的发生、发展。糖尿病并发心、脑、肾疾病是患者死亡的重要原因。另外，重症感染、酮症酸中毒、高渗性昏迷、低血糖昏迷、视网膜病变、神经病变、周围血管病变、糖尿病足等并发症也是致死或致残的重要因素。因此，积极预防及治疗并发症可降低该病的致死或致残率。

预防工作分为三级：一级预防是干预和减少易感人群发生糖尿病的危险；二级预防是及早检出并有效治疗糖尿病；三级预防是延缓和（或）防治糖尿病并发症。

调护应从五个方面着手，第一，是普及糖尿病知识的宣传教育，定期查体早期诊断糖尿病；其次，改变生活行为，规律生活起居，加强体育锻炼；第三，调整饮食结构及调控饮食量，使身体能量摄入与消耗保持基本平衡；第四，修身养性，陶冶性情，保持心情舒畅及心理平衡；第五，已病者加强糖尿病监测，合理规律用药，预防并发症的发生。

（李继安）

第四十六章
水、电解质代谢和酸碱平衡失常

体液由水及溶解在其中的电解质、低分子有机化合物和蛋白质等组成。正常的体液容量、渗透压、电解质浓度及酸碱度是维持机体代谢和各器官功能正常的基本保证。水和电解质平衡是通过神经-内分泌系统及相关脏器的调节实现的。当体内水、电解质的变化超出机体的调节能力和(或)调节系统本身功能障碍时，均可导致水、电解质代谢紊乱。体液的酸碱度相对恒定，pH保持稳定状态，依靠人体中的体液缓冲系统、肺功能和肾功能以及离子交换等方面来维持和调节，如果体内产生或摄入的酸性或碱性物质过多过快，超过了其缓冲、中和、排除速度和能力，引起血液氢离子浓度改变，便发生酸碱平衡紊乱。

正常成年男性的体液总量约占体重的60%，正常成年女性的体液总量约占体重的55%。体液总量中的细胞内液占体重的35%～40%，细胞外液占体重的20%～25%。细胞外液中组织间液占体重的15%～20%，血浆占4%～5%。成人每日需水量为1500～2500ml，正常人每日水的排出和摄入是平衡的。

体液中的溶质分为电解质和非电解质两类。细胞外液电解质以Na^+、Cl^-和HCO_3^-为主；细胞内液电解质以K^+、Mg^{2+}、HPO_4^{2-}为主。其中单位体积所含溶质的多少决定了体液的渗透压。正常血浆渗透压范围为280～310 mmol/L，低于280 mmol/L为低渗，高于310 mmol/L为高渗。

人体维持体液容量和渗透压的相对恒定是由神经-内分泌-肾脏调节来完成的。正常渗透压通过下丘脑-垂体-抗利尿激素系统来恢复和维持，血容量通过肾素-醛固酮系统来恢复和维持。血容量和渗透压相比，前者更为重要，机体优先保持和恢复血容量。

第一节 水、钠代谢失常

水和钠是维持机体内环境稳定的重要组成部分，在体液中是同时存在的。因此，水、钠代谢失常也是相伴发生的，单纯性水(或钠)增多或减少极为少见。临床上常将水钠代谢失常分为失水、水过多、低钠血症和高钠血症。

失　水

失水是指体液丢失所致的体液容量减少而引起的一系列功能、代谢紊乱症候群。失水常伴钠的丢失。根据水和钠丢失的比例及体液渗透压的改变，可将失水分成低渗性失水、等渗性失水和高渗性失水三类。

【病因】

一、低渗性失水

电解质的丢失大于水的丢失，细胞外液渗透压降低，抗利尿激素分泌减少，尿量增多，血容量不足后醛固酮分泌增多，尿量减少。

1. 补水过多　体液大量在体腔内积聚、大创面的慢性渗液、消化液持续性丢失等，高渗或等渗失水时，补充水分过多。

2. 肾性原因　① 长期、大量使用噻嗪类、依他尼酸、呋塞米等排钠利尿药时未注意补钠；② 肾脏疾病：如失盐性肾炎、急性肾衰竭多尿期等；③ 肾上腺皮质功能不全；④ 肾小管中存在大量不被吸收的溶质(如尿素)，抑制钠和水的重吸收。

二、等渗性失水

水和电解质以血浆正常比例丢失，有效循环血量减少。

1. 消化液的丢失　如肠瘘、大量呕吐、胃肠引流或肠梗阻等。
2. 体液的皮肤丢失　如大面积烧伤、剥脱性皮炎等渗出性皮肤病变。
3. 组织间液丢失　如贮积胸、腹腔炎性渗出液的引流，反复大量放胸、腹水等。

三、高渗性失水

水的丢失大于电解质的丢失，使细胞外液减少而渗透压增高。

1. 水丢失过多
(1) 经肺失水，如哮喘持续状态、过度换气、气管切开等使肺呼出的水分明显增多（2～3倍）。
(2) 经皮肤失水，如环境高温、剧烈运动、高热等大量出汗。
(3) 经肾失水，如：① 中枢性及肾性尿崩症、非溶质性利尿药；② 糖尿病酮症酸中毒、非酮症性高渗性昏迷、高钙血症等致大量水分从尿中排出；③ 长期鼻饲高蛋白流质等所致的溶质性利尿（鼻饲综合征）；④ 使用高渗脱水药物致溶质性利尿。
2. 水摄入不足　① 昏迷、拒食、吞咽困难水摄入不足，各种原因致淡水供应断绝；② 损伤或疾病致渴感中枢迟钝或渗透压感受器不敏感。
3. 水向细胞内转移　剧烈运动或惊厥等使细胞内小分子物质增多，渗透压增高，水转入细胞内。

【临床表现】

一、低渗性失水

无口渴感是低渗性失水的特征。严重者导致细胞内低渗和细胞水肿。
1. 轻度　不口渴，疲乏、头晕、手足麻木，尿量正常或增多，尿钠减少。
2. 中度　恶心、呕吐、肌肉挛痛、手足麻木，体位性低血压、脉搏细速、尿钠消失。
3. 重度　神智淡漠、意识丧失，腱反射消失，木僵、休克。

二、等渗性失水

等渗性失水时，有效循环血容量和肾血流量减少而出现少尿、口渴，严重者血压下降，但渗透压基本正常。
1. 轻度　不口渴，乏力、少尿、舌干燥，眼窝凹陷，皮肤干燥松弛。
2. 中度　恶心、呕吐、肌肉挛痛、手足麻木，静脉下陷及直立性低血压。尿钠测不出。
3. 重度　更严重的休克表现。

三、高渗性失水

失水大于失钠，细胞外液容量减少，渗透压升高。
1. 轻度　表现为口渴、尿量减少、尿比重增高。
2. 中度　极度口渴、声音嘶哑、皮肤干燥松弛、眼窝凹陷、心率加快、乏力、头晕、烦躁、尿量更少和尿比重增加。
3. 重度　在上述基础上出现神经系统症状，如躁狂、谵妄、定向力失常、幻觉、晕厥和脱水热，严重者可出现高渗性昏迷、低血容量性休克、尿闭及急性肾衰竭。

【实验室检查】

一、低渗性失水

血钠降低（<130 mmol/L），血浆渗透压降低（<280 mOsm/L），尿比重低于正常，尿钠明显减少或消失。

二、等渗性失水

血钠及血浆渗透压正常，尿钠减少或正常。

三、高渗性失水

血钠升高（>145 mmol/L），血浆渗透压升高（>310 mOsm/L），除肾脏疾患外血红蛋白及血细胞比容、尿比重增高，尿钠增高或正常。

【诊断与鉴别诊断】

一、低渗性失水

失水的病史、相关临床表现，结合实验室检查，如血钠降低（<130 mmol/L），血浆渗透压降低（<280 mOsm/L），尿比重低于正常，尿钠明显减少或消失。

二、等渗性失水

失水病史,相关临床表现,血液浓缩表现,尿比重增加,血 Na^+、血浆渗透压正常。

三、高渗性失水

失水病史、相关临床表现,结合实验室检查,如血钠升高(>145 mmol/L),血浆渗透压升高(>310 mOsm/L),血红蛋白、血细胞比容增加,尿比重增高。

【治疗】

总体治疗思路,首先应依据失水的类型、程度和机体情况,决定补充液体量、种类、途径和速度;其次严密记录每日的出入水量,监测血电解质及酸碱平衡等指标的变化;再根据原发病进行积极的病因治疗。

一、补液量

补液量包括已丢失液体量及继续丢失的液体量两部分。

（一）已丢失量

有4种计算方法。

1. **依据临床表现判断失水程度** 如体重60 kg的成人,轻度失水为体重的2%~3%,需补液量1 200~1 800 ml;中度失水相当于体重的4%~6%,需补液量2 400~3 600 ml;重度失水相当于体重的6%以上,需补液量超过3 600 ml。
2. **依据体重减少量** 与原体重比较,患者体重下降重量相当于需要补液量。
3. **依据血钠浓度** 适用于高渗性失水。丢失量(ml) = 现体重×K×(实测血清钠-正常血清钠)。公式中的系数K在男性为4,在女性为3。
4. **依据血细胞比容计算** 适用于低渗性失水。可按下列公式计算：丢失量(ml) = (所测红细胞比容 - 正常红细胞比容)÷正常红细胞比容×体重(kg)×200。

注：正常血细胞比容：男性 = 0.48,女性 = 0.42。

（二）继续丢失量

继续丢失量是指治疗开始后继续发生的病理丢失量(如大量出汗、肺呼出、呕吐等)及生理必需的体液量(约1 500 ml)。

注意,临床实践中应根据患者的每日的出入水量,血电解质等监测指标的变化适当增减。

二、补液种类

高渗、等渗和低渗性失水均有失钠和失水,仅程度不一,均需要补钠和补水。

1. **低渗性失水** 以补充高渗溶液为主。静脉输注含盐溶液或高渗盐水,输液速度先快后慢,根据情况随时调整输液计划。补钠量 = (142 mmol/L - 实测血清钠)×0.2×体重(kg)。0.2×体重(kg)表示细胞外液量。
2. **等渗性失水** 以补充等渗溶液为主。常用0.9%氯化钠液1 000 ml + 5%葡萄糖液500 ml + 5%碳酸氢钠液100 ml。以避免静脉滴注等渗盐水引发的高氯性酸中毒。
3. **高渗性失水** 以补水为主,补钠为辅。经口或鼻饲补充水分,或经静脉先补充5%葡萄糖液,继之补充5%葡萄糖氯化钠液或0.9%氯化钠液。适当补充钾及碱性液。

三、补液途径与速度

1. **补液途径** 轻度失水尽量口服或鼻饲,中、重度失水者需经静脉补充;补液速度：宜先快后慢。重症者开始4~8小时内补充液体总量的1/3~1/2,其余在24~28小时补完。具体的补液速度要根据患者的年龄,心、肺、肾功能和病情而定。
2. **注意事项** 防止低血钾,宜在尿量>30 ml/h后补钾;另外,纠正酸碱平衡紊乱。

水过多和水中毒

水过多是水在体内过多潴留,导致细胞外液量增加、血浆渗透压下降所引起的一种病理状态。如过多的水进入细胞内,导致细胞内水过多则称为水中毒。水过多和水中毒归属于稀释性低钠血症。

【病因和发病机制】

临床多因水调节机制障碍,而又未限制饮水或不恰当补液引起。

1. **抗利尿激素(ADH)分泌过多** 右心衰竭、缩窄性心包炎、下腔静脉阻塞、门静脉阻塞、肾病综合征、低蛋白血症、肝硬化等可反射性引起ADH分泌增加;抗利尿激素分泌失调综合征、应激状态、尿崩症治疗中ADH用量过多等可引起水过多和水中毒。其特征是体液总量明显增多,有效循环血容量和细胞内液增加,血钠低,高血压少见,一般不出现水肿。

2. 急慢性肾功能不全　肾脏的排水能力降低多见于急性肾衰竭少尿期、急性肾小球肾炎、慢性肾炎末期、严重充血性心衰、肝硬化腹水等致肾血流量及肾小球滤过率降低,而摄入水分未加限制时。也见于水、钠滤过率低而肾近曲小管重吸收增加,水、钠进入肾远曲小管减少,水的排泄障碍,但有效循环血容量大致正常。

3. 肾上腺皮质功能减退症　盐皮质激素和糖皮质激素分泌不足使肾小球滤过率降低,在入水量过多时导致水潴留。

【临床表现】

一、急性水过多和水中毒

起病急,脑细胞水肿和颅内压增高,引起各种神经精神症状,有时可发生脑疝。如头痛、精神失常、定向力障碍、共济失调、癫痫样发作、嗜睡与躁动交替出现以至昏迷。也可呈头痛、呕吐、血压增高、呼吸抑制、心率缓慢等颅内高压表现。

二、慢性水过多和水中毒

轻度水过多仅有体重增加,缺乏特异症状。较重者有疲倦、表情淡漠、恶心、食欲减退等表现和皮下组织肿胀;严重者可出现头痛、嗜睡、神志错乱、谵妄等神经精神症状,甚至抽搐或昏迷。

【实验室检查】

血浆渗透压和血钠明显降低,严重时前者可降至 <230 mOsm/L,后者可降至 <110 mmol/L。尿钠低,但一般大于 20 mmol/L。血清钾、氯及血浆蛋白降低。平均红细胞血红蛋白浓度(MCHC)、红细胞比容均降低、平均红细胞体积(MCV)增大。

【诊断与鉴别诊断】

依据水过多和水中毒的病因,结合临床表现及必要的实验室检查,一般可作出诊断。

应注意与缺钠性低钠血症鉴别。水过多和水中毒时尿钠一般大于 20 mmol/L,而缺钠性低钠血症的尿钠常明显减少或消失。

【治疗】

积极去除病因,治疗原发病。记录 24 小时出入水量,控制水的摄入量和避免补液过多可预防水过多的发生或其病情的加重。

1. 轻、中度患者　限制进水量,多可恢复。如有心肝肾慢性疾病者,限制钠盐,并给予利尿剂。

2. 急重症水中毒　① 严禁摄入水分;② 低渗为主的重症者,如惊厥、昏迷时应立刻纠正低渗状态,除限水、利尿外,可用 3%~5% 氯化钠溶液,一般剂量为 5~10 ml/kg,并监测心肺功能;③ 高容量综合征以脱水为主,减轻心脏负荷,首选襻利尿药,如呋塞米、依他尼酸缓慢静脉注射。肾衰竭、难处理的急性水中毒可采用腹膜透析或血液透析疗法。

低 钠 血 症

血清钠 <135 mmol/L 称为低钠血症。其只反映血浆中钠的浓度降低,与体内总钠量(可正常、增高或降低)无关,包括如下几种情况。

缺钠性低钠血症:即低渗性失水(见低渗性失水)。稀释性低钠血症:即水过多,血钠被稀释(见水过多)。特发性低钠血症:亦称消耗性低钠血症,多见于恶性肿瘤、肝硬化晚期、营养不良、年老体衰及其他慢性疾病晚期。可能是细胞内蛋白质分解消耗,细胞内渗透压降低,水由细胞内移向细胞外导致稀释性低钠血症。转移性低钠血症:总体钠正常,细胞内液钠增多,血清钠减少。比较少见。

【诊断与治疗】

缺钠性低钠血症参阅低渗性失水。稀释性低钠血症参阅水过多和水中毒部分。特发性低钠血症主要是治疗原发病。转移性低钠血症临床上主要表现为低钾血症,治疗以去除原发病和纠正低钾血症为主。

严重高脂血症、高蛋白血症等可引起"假性低钠血症",要注意鉴别。

高钠血症

高钠血症是指血清钠 > 145 mmol/L,机体总钠量可增高、正常或减少。分为:① 浓缩性高钠血症:单纯性失水或失水 > 失钠,也即高渗性失水,常见。② 潴钠性高钠血症:因肾排泄钠减少和(或)钠的入量过多所致,比较少见。③ 特发性高钠血症:由于释放抗利尿激素的"渗透压阈值"升高所致。

【临床表现】

浓缩性高钠血症的临床表现及诊断见高渗性失水部分。潴钠性高钠血症以神经精神症状为主要表现,病情轻重与血钠升高的速度和程度有关。初期症状不明显,随着病情发展或在急性高钠血症时,主要呈脑细胞失水表现,如神志恍惚、烦躁不安、抽搐、惊厥、癫痫样发作、昏迷乃至死亡。特发性高钠血症的症状一般较轻,甚至无症状,常伴血浆渗透压升高。

【诊断】

血清钠 > 145 mmol/L 即可诊断。

【治疗】

积极治疗原发病,限制钠的摄入量,防止钠输入过多。浓缩性高钠血症的治疗见高渗性失水。潴钠性高钠血症除限制钠的摄入外,可用5%葡萄糖液稀释疗法或鼓励多饮水,但必须同时使用排钠性利尿药。因这类患者多有细胞外容量增高,需严密监护心肺功能,防止输液过快过多,以免导致肺水肿。氢氯噻嗪可缓解特发性高钠血症的症状。

第二节 钾代谢失常

钾的生理作用主要是维持细胞的正常代谢与酸碱平衡、细胞膜的应激性和心肌的正常功能。因此,钾代谢紊乱是水与电解质平衡失常中的常见病、多发病,在急慢性疾病中及时进行化验检查非常重要。

正常成人体内钾总量:男性为 50~55 mmol/kg,女性为 40~50 mmol/kg。体内98%的钾分布在细胞内,2%在细胞外,血钾仅占总量的0.30%。正常血钾浓度为 3.5~5.5 mmol/L。成人每日需钾 3~4 g 钾。肾脏是调节血钾的主要器官。细胞内外钾的平衡,主要依赖于细胞膜上的"钠泵"来维持。

低钾血症

血清钾浓度低于 3.5 mmol/L 为低钾血症。

【病因】

一、缺钾性低钾血症

1. 钾摄入不足 如禁食等。

2. 失钾过多 ① 经消化道失钾,如严重呕吐、腹泻、肠瘘等;② 经肾失钾:如排钾利尿药的大量使用;③ 经皮肤失钾,如高温环境下进行强体力劳动,引起大量出汗。

二、转移性低钾血症

钾向细胞内转移,如碱中毒,胰岛素的使用,周期性瘫痪,急性应激状态等。

三、稀释性低钾血症

细胞外液水潴留时,血钾浓度相对降低,机体总钾量和细胞内钾正常,可见于水过多和水中毒,或过多过快补液而未及时补钾时。

【临床表现】

一、中枢及周围神经兴奋性降低症状

肌无力最早出现,其他如委靡不振、反应迟钝、定向力障碍、嗜睡、腱反射减退或消失,重者软瘫或昏迷。呼吸肌受

累可致呼吸困难或窒息。

二、消化道症状

有厌食、恶心、呕吐、腹胀、肠蠕动消失等肠麻痹表现。严重者肠黏膜下组织水肿。

三、循环系统症状

主要表现为早期心动过速,可有房性、室性期前收缩;严重者出现多源性期前收缩或室性心动过速;更严重者可因心室扑动、心室颤动、心搏骤停或休克而猝死。典型心电改变(T波低平或倒置,Q-T间期延长,出现U波)。

四、泌尿系统表现

长期或严重失钾可导致肾小管上皮细胞变性坏死,尿浓缩功能下降而出现口渴多饮和夜尿多;进而发生失钾性肾病,出现蛋白尿和管型尿等。

五、对酸碱平衡的影响

引起代谢性碱中毒,细胞内酸中毒,反常性酸性尿。

【诊断】

依据病史、临床表现及检查。血钾浓度低于3.5 mmol/L有确诊意义。心电图检查(如低T波、Q-T间期延长和U波)可作为辅助性诊断方法。

【治疗】

积极处理低血钾的病因,以免继续失钾,并给予富含钾的饮食。

补钾是采取总量控制,分次补给,边治疗边观察。大致估计补钾量:① 轻度缺钾:血清钾3.0~3.5 mmol/L,可补充钾100 mmol(相当于氯化钾8.0 g);② 中度缺钾:血清钾2.5~3.0 mmol/L,可补充钾300 mmol(相当于氯化钾24 g);③ 重度缺钾:血清钾2.0~2.5 mmol/L水平,可补充钾500 mmol(相当于氯化钾40 g)。但一般每日补钾以不超过200 mmol(15 g氯化钾)为宜。

补充钾盐,口服安全可靠,不能口服者经静脉滴注氯化钾,必须做到:浓度20~40 mmol/L,速度以每小时20~40 mmol为宜,不能超过50~60 mmol/h。见尿补钾(尿量>30 ml/h),补钾不宜过量,完全纠正,常需3~5天。

高钾血症

血清K^+浓度大于5.5 mmol/L称为高钾血症。

【病因】

一、钾过多性高钾血症

1. 摄入过多 如静脉补钾过多,食用含钾药物或大量输注库存血等。

2. 肾排钾减少 ① 急性肾衰竭的少尿期;② 高钾型远曲小管性酸中毒;③ 醛固酮分泌减少或肾小管对醛固酮反应性降低;④ 长期使用能引起钾潴留的利尿剂。

二、转移性高钾血症

机体总钾量可增多、正常或减少。常由细胞内钾释放或转移到细胞外所致。如重度溶血,烧伤,创伤,肿瘤化疗等细胞破坏及代谢性酸中毒,组织缺氧,剧烈运动,癫痫持续状态,破伤风,高钾性周期性瘫痪,使用琥珀胆碱、精氨酸等药物。

三、浓缩性高钾血症

重度失水、失血、休克等致有效循环血容量减少,血液浓缩而钾浓度相对升高。多同时伴有肾前性少尿及排钾减少;休克、酸中毒、缺氧等使钾从细胞内进入细胞外液。

【临床表现】

一、对神经肌肉兴奋性的影响

轻度高钾血症常表现为神经肌肉兴奋性增加;重度高钾血症常引起麻木、肌麻痹和神志模糊。

二、对心脏的影响

可出现心肌收缩功能降低,心音低钝,可使心脏停搏于舒张期;也能引起心率减慢、室性期前收缩、房室传导阻滞、心室颤动等心律失常,甚至心脏停搏。早期血压升高,晚期降低,皮肤苍白、青紫、湿冷、酸痛等。

【诊断】

有导致血钾增高,特别是肾排钾减少的病因,血钾超过 5.5 mmol/L 可确诊。血钾浓度超过 7 mmol/L,有典型心电图改变,可辅助诊断。如:血清钾 >6 mmol/L 时,出现基底窄而高尖的 T 波;7~9 mmol/L 时,PR 间期延长,P 波消失,QRS 波群变宽,R 波渐低,S 波渐深,ST 段与 T 波融合;9~10 mmol/L 时,出现正弦波,QRS 波群延长,T 波高尖;进而心室颤动。

【治疗】

针对病因处理,停用一切含钾的药物或溶液。

血钾 >6.0 mmol/L 或心电图有典型高钾表现者,需紧急处理。① 促使 K^+ 转入细胞内:碱化细胞外液,用 11.2% 乳酸钠液,或 5% 碳酸氢钠液,或 10% 葡萄糖液 500 ml,按 3~4 g 葡萄糖加入 1 U 普通胰岛素比例,静脉滴注;② 利用钙对钾的拮抗作用:常用 10% 葡萄糖酸钙 10~20 ml 加等量 25% 葡萄糖液,缓慢静脉注射。③ 3%~5% 氯化钠液 100~200 ml 静脉滴注,效果迅速,但应注意监护心肺功能。

排钾措施:① 肠道排钾:常用聚磺苯乙烯钠交换树脂 10~20 g,口服,每日 2~3 次;或 40 g 加入 25% 山梨醇液 100~200 ml 中保留灌肠;② 肾排钾:应用呋塞米、依他尼酸、氢氯噻嗪等排钾性利尿药,但肾衰竭时效果不佳;③ 透析疗法。

第三节 酸碱平衡失常

体液的酸碱度相对恒定,pH 保持在(7.35~7.45)稳定状态,称为酸碱平衡。该平衡依靠人体中的体液缓冲系统调节、肺调节和肾调节以及离子交换调节等来维持。其中体液缓冲系统最敏感,包括碳酸氢盐系统、磷酸盐系统、血红蛋白及血浆蛋白系统,尤以碳酸氢盐系统最重要;正常时,碳酸氢盐($[HCO_3^-]$)/碳酸($[H_2CO_3]$)为 20∶1。肺调节作用快,10~30 分钟达高峰,主要以 CO_2 形式排出挥发性酸;离子交换一般在 2~4 小时发挥作用;肾调节较慢,在 12~24 小时才发挥作用,但效率高,作用持久,且是非挥发性酸和碱性物质排出的唯一途径。如果体内产生或摄入的酸性或碱性物质过多过快,超过了其缓冲、中和、排除的速度和能力在体内蓄积,引起血液氢离子浓度改变,称为酸碱平衡失常。早期通过 HCO_3^-/H_2CO_3 等的缓冲,尚能使其比值保持在 20∶1,pH 和 H^+ 浓度维持在正常范围,称为代偿性酸中毒或碱中毒。当病情严重,代偿失败,HCO_3^-/H_2CO_3 比值不能保持在 20∶1,pH 和 H^+ 浓度超过正常范围时,则发生失代偿性酸中毒或碱中毒。

酸碱平衡指标

1. pH 为 H^+ 浓度的负对数值 人体动脉血 pH 为 7.35~7.45,平均为 7.40,受呼吸和代谢双重因素的影响。pH <7.35,表示失代偿性酸中毒;pH >7.45,表示失代偿性碱中毒;pH 在正常范围内,不一定都表示酸碱平衡正常,也可见于代偿性酸中毒或代偿性碱中毒或混合性酸碱平衡失常。测量 pH 只能表示有无失代偿性酸中毒或碱中毒,不能鉴别是代谢性或呼吸性或混合性的酸碱平衡紊乱。

2. 标准碳酸氢盐(standard bicarbonate,SB)与实际碳酸氢盐(actual bicarbonate,AB)

(1) 标准碳酸氢盐指在标准情况下(37℃,血红蛋白完全氧合,与 $PaCO_2$ 为 40 mmHg 气体平衡后)测得的血浆 HCO_3^- 浓度。正常值为 22~26 mmol/L,平均 24 mmol/L。SB 不受呼吸因素影响,为代谢性酸碱紊乱的判定指标。

(2) 实际碳酸氢盐是实测的血浆 HCO_3^- 含量。AB 受呼吸和代谢两方面的影响。① 当 AB = SB = 22~26 mmol/L 时,表示正常;② AB = SB < 正常值为代谢性酸中毒;③ AB = SB > 正常值,为代谢性碱中毒;④ AB > SB 表示呼吸性酸中毒;⑤ AB < SB,表示呼吸性碱中毒。

3. 缓冲碱(buffer base,BB) 血液中一切具有缓冲作用的碱性物质的总和,正常范围 45~55 mmol/L。BB 只受血红蛋白浓度的影响,反映代谢性因素的指标。BB >55 mmol/L 表示代谢性碱中毒;BB <45 mmol/L 表示代谢性酸中毒。

4. 碱剩余(base excess,BE)或碱缺乏(base deficit,BD) 在标准情况下,将血液标本滴定到 pH7.4 所需要的酸(BE)或碱 BD 的量。正常值为 0±2.3,反映代谢性因素的指标。BE 负值表示代谢性酸中毒;BE 正值表示代谢性碱中毒。

5. 二氧化碳分压($PaCO_2$) 是指溶解于动脉血中的 CO_2 所产生的张力,为反映呼吸性酸或碱中毒的重要指标。

正常动脉血 $PaCO_2$ 值为 35~45 mmHg。如果，动脉血 $PaCO_2$ 升高提示肺通气不足，CO_2 潴留，为呼吸性酸中毒；如果 $PaCO_2$ 降低提示肺换气过度，CO_2 排出过多，为呼吸性碱中毒。代谢因素也可使 $PaCO_2$ 代偿性升高或降低。该指标适用于鉴别患者是否为呼吸性酸碱紊乱，代偿后的代谢性酸碱紊乱。代谢性酸中毒时 $PaCO_2$ 降低，代谢性碱中毒 $PaCO_2$ 升高。

6. **血浆二氧化碳结合力**（CO_2-CP） 是指血液内 HCO_3^- 和 H_2CO_3 中 CO_2 含量的总和。正常值为 22~29 mmol/L。CO_2-CP 受代谢和呼吸双重因素的影响，在代谢性酸中毒或代偿后呼吸性碱中毒时降低，在代谢性碱中毒或代偿后呼吸性酸中毒时升高。

7. **阴离子间隙**（anion gap，AG） 是指血浆测定的阴离子量与测定的阳离子量差值，用来区分不同类型的代谢性酸中毒。判定某些混合型酸碱平衡紊乱。正常值为 8~16（平均12）mmol/L，>16 mmol/L 常表示有机酸增多的代谢性酸中毒；<8 mmol/L 可能是低蛋白血症所致。

8. **H^+ 浓度** 正常动脉血 H^+ 浓度为 40 nmol/L ± 5 nmol/L，H^+ 浓度的临床意义同 pH。

代谢性酸中毒

凡引起体内非挥发性酸性物质产生过多，肾脏酸性物质排出过少，或经胃肠道及肾脏丢失的碱性物质过多，从而导致血 pH 降低所造成的一种酸碱平衡紊乱类型。代谢性酸中毒可分为 AG 增大型和 AG 正常型两类。

【病因】

一、AG 增大型代谢性酸中毒

① 乳酸酸中毒，见于缺氧、肝病、糖尿病等；② 酮症酸中毒，见于糖尿病、饥饿、乙醇中毒等；③ 尿毒症性酸中毒，体内的非挥发性酸性代谢产物不能由尿正常排出，为慢性酸中毒最常见的原因；④ 水杨酸中毒，由于医疗原因，大量摄入或给予水杨酸制剂。

二、AG 正常型代谢性酸中毒

① 消化道丢失 HCO_3^-，严重腹泻、小肠与胆道瘘管和肠引流术等均可引起 HCO_3^- 大量丢失而使血氯代偿性升高，AG 正常；② 尿液排出过多的 HCO_3^-，常见于轻、中度慢性肾衰竭，肾小管性酸中毒，碳酸酐酶抑制剂的应用，含氯的酸性药物摄入过多。

【临床表现】

轻度代谢性酸中毒可无明显症状，只有化验值的改变。

重症患者可有：① 疲乏、眩晕、嗜睡、精神委靡、甚至昏迷、腱反射减弱或消失；② 呼吸加深加快，呼气带有酮味；③ 心律不齐，血压低，急性肾功能不全和休克；④ 血 pH<7.35，HCO_3^- 下降，尿呈强酸性；⑤ 患者面部潮红，心率加快；⑥ 食欲减退、恶心、呕吐。

【实验室检查】

血 pH<7.35，HCO_3^- 下降，AB、SB、BB 下降，BE 负值增加，CO_2-CP 降低。

【诊断】

依据患者病史，上述临床表现可考虑有代谢性酸中毒。血气分析见 pH 和 HCO_3^-、AB、SB 下降，BE 负值增加，CO_2-CP 降低，AG>16 mmol/L，在排除呼吸因素后，可诊断代谢性酸中毒。对于高 AG 性代谢性酸中毒者，可根据有无糖尿病、缺氧、营养不良、肾脏疾病、消化道疾病等，选择血糖、血酮、血乳酸、尿素氮、肌酐等检查来协助诊断。

【治疗】

积极治疗原发病，消除病因。

轻度代谢性酸中毒，适当补液纠正脱水后，常可自行纠正，不必应用碱性药物。也可口服碳酸氢钠 1.2 g，每日 3 次。

对于重症酸中毒患者，应用碱性溶液纠正，临床常用 5% 碳酸氢钠溶液，一般首剂 100~250 ml 不等，用后 2~4 小时复查动脉血气分析及血电解质浓度,根据测定结果决定是否需继续输注及输注量。11.2%乳酸钠主要用于伴高钾血症、心搏骤停及药物性心率失常的酸中毒患者。氨丁三醇可用于代谢性和呼吸性酸中毒特别需限钠的患者。

呼吸性酸中毒

呼吸性酸中毒通常指因肺通气或换气功能障碍,以体内 CO_2 潴留、血浆中 $PaCO_2$ 上升和 pH 降低,H^+ 浓度上升为特征的酸碱平衡紊乱。

【病因】

常见病因有:
(1) 呼吸中枢受抑制或呼吸肌麻痹。
(2) 周围性肺通气或换气障碍。

【临床表现】

一、急性呼吸性酸中毒

患者因急性缺氧或 CO_2 潴留,表现发绀、气促、躁动不安,呼吸常不规则或呈潮式呼吸,可因脑水肿而呼吸骤停。

二、慢性呼吸性酸中毒

临床表现常为原发疾病所掩盖。$PaCO_2 > 75$ mmHg 时,出现 CO_2 麻醉,患者嗜睡、半昏迷或昏迷等;可伴有视神经盘水肿、震颤、抽搐、瘫痪。

【实验室检查】

急性呼吸性酸中毒因 CO_2 急剧潴留,肾尚来不及发挥代偿作用,使 $[HCO_3^-]/[H_2CO_3]$ 的比值减少,血 pH < 7.35。慢性呼吸性酸中毒肾代偿,血浆 $[HCO_3^-]$、$[H_2CO_3]$ 均增高,两者比值可维持在 20:1 或接近 20:1,血 pH 正常或略降低。$PaCO_2 > 48$ mmHg,AB > SB,AB、SB 上升,血清钾升高,血清氯降低。

【诊断】

急性呼吸性酸中毒常伴有明确的原发病,呼吸加深加快,心率增快;慢性呼吸性酸中毒多存在慢性阻塞性肺病,结合实验室检查即可确诊。

【治疗】

一、防治原发病

慢性阻塞性肺疾患是引起呼吸性酸中毒最常见的原因,临床上应积极抗感染、解痉、祛痰等。急性呼吸性酸中毒应迅速去除引起通气障碍的原因。

二、增加肺泡通气量

尽快改善通气功能,保持呼吸道畅通,以利于 CO_2 排出。必要时可做气管插管或气管切开和使用人工呼吸机改善通气。

三、适当供氧

面罩加压给氧,不宜单纯给高浓度氧。

四、谨慎使用碱性药物

对严重呼吸性酸中毒的患者,必须保证足够通气的情况下才能应用碳酸氢钠,因为 $NaHCO_3$ 与 H^+ 起缓冲作用后可产生 H_2CO_3,使 $PaCO_2$ 进一步增高,反而加重呼吸性酸中毒的危害。

五、呼吸中枢抑制

呼吸中枢抑制者可选用呼吸兴奋剂。

代谢性碱中毒

代谢性碱中毒是指体内酸性物质经胃肠、肾脏丢失过多,或从体外进入体内的碱过多而导致血浆 HCO_3^- 浓度原发性升高,和 pH 升高为基本特征的酸碱平衡紊乱。

【病因】

根据对氯化物治疗的反应,将代谢性碱中毒分为用氯化物治疗有效的代谢性碱中毒和氯化物治疗无效的代谢性碱中毒两类。

1. 用氯化物治疗有效的代谢性碱中毒　① 胃肠道 H^+ 丢失过多,常见于幽门梗阻、高位肠梗阻等引起的剧烈呕吐和胃肠引流等导致的大量含 HCl 的胃液丢失等;② 低氯性碱中毒,氯的大量丢失和氯摄入不足时可导致低氯性碱中毒,常见于长期应用利尿剂的患者。

2. 用氯化物治疗无效的代谢性碱中毒　① 盐类皮质激素过多;② 缺钾;③ 碱性物质输入过量,输入大量碳酸氢钠和库存血液可以造成医源性代谢性碱中毒。

【临床表现】

可有呼吸变浅变慢,面部及四肢肌肉抽动、手足搐搦,口周及手足麻木。伴低钾血症可表现为软瘫、腹胀。脑缺氧可见烦躁、头昏、嗜睡、精神错乱,严重时可因脑和其他器官代谢障碍而发生昏迷、心律失常。

【诊断】

血气分析可确定诊断及严重程度。失代偿时,血液 pH 和 HCO_3^- 明显升高,$PaCO_2$ 正常。代偿期血液 pH 可基本正常,但 HCO_3^- 和 BE 均有一定程度的升高。可伴有低氯血症和低钾血症。

【治疗】

积极治疗原发病。

轻症及中等程度碱中毒,一般不需要特殊处理;对氯化物有反应的碱中毒,只需补给足够的生理盐水,即可使肾排出 HCO_3^- 而得以纠正。

血钾低者,则需补充氯化钾,补钾量参阅"低钾血症"。

重症患者,① 对氯化物反应性代谢性碱中毒者,除给予足量的生理盐水补充血容量外,必要时用2% 氯化铵,每次 1~2 g,每日 3 次口服,或静脉滴注;② 稀盐酸:一般 10% 盐酸 20 ml 相当于氯化铵 3 g,可稀释 40 倍,每日 4~6 次口服;③ 盐酸精氨酸;④ 乙酰唑胺。

呼吸性碱中毒

呼吸性碱中毒主要是由于肺通气过度所引起的以血浆中 H_2CO_3 浓度原发性减少为特征的酸碱平衡紊乱。

【病因】

一、呼吸中枢兴奋换气过度

可见于癔症,中枢神经病变,代谢性疾病,尤其是慢性肝病引起者;中枢神经病变;水杨酸中毒;高温环境、高空缺氧等。

二、肺功能异常

严重贫血、低血压、氨茶碱等亦使呼吸过度增快;各种肺病可能通过反射机制引起换气过度;呼吸机辅助呼吸不当。

【临床表现】

患者呼吸加快,换气过度。神经肌肉兴奋性亢进,急性患者可出现口角周围感觉异常,手足发麻,甚至手足抽搐等低钙血症表现。此外往往伴有呼吸困难及意识改变,但发绀可不明显。慢性患者常见低氧血症,一般神经系统症状较急性患者为轻。

【实验室检查】

血 pH > 7.45;血 $PaCO_2$ < 35 mmHg;SB 降低,AB > SB;CO_2 结合力 < 22 mmol/L,除外代谢性酸中毒。

【诊断】

凡引起过度换气，出现上述表现者均应考虑，结合实验室检查可确诊。

【治疗】

防治原发病，去除引起通气过度的原因。

吸入含 CO_2 的气体：急性呼吸性碱中毒可吸入5% CO_2 的混合气体或用纸罩于患者口鼻，使吸入自己呼出的气体，提高 $PaCO_2$ 和 H_2CO_3。

对症处理：有反复抽搐的患者，可静脉注射钙剂；有明显缺 K^+ 者应补充钾盐；缺氧症状明显者，可吸氧。

混合型酸碱平衡紊乱

混合型酸碱平衡紊乱（mixed acid-base disturbance）指2种或2种以上原发性酸碱平衡紊乱同时并存。2种原发性酸碱平衡紊乱同时并存为双重性酸碱失衡，3种原发性酸碱平衡紊乱同时并存为三重性酸碱失衡。根据同时并存的原发性酸碱平衡紊乱的性质，双重性酸碱失衡又分成两类，即相加型酸碱失衡和相抵消型酸碱失衡。

1. 双重性相加型酸碱失衡　① 代谢性酸中毒合并呼吸性酸中毒；② 代谢性碱中毒合并呼吸性碱中毒。

2. 双重性相抵消型酸碱失衡　① 代谢性酸中毒合并呼吸性碱中毒；② 代谢性碱中毒合并呼吸性酸中毒；③ 代谢性酸中毒合并代谢性碱中毒。

3. 治疗混合性酸碱平衡紊乱的治疗　必须抓住其主要矛盾先行处理，即先处理其中一种较严重而主要的酸碱平衡紊乱，同时还要注意及时处理原发病。此外，要注意处理伴同的水、电解质失调。

（李继安）

第八篇 风湿性疾病

中西医结合内科学

第四十七章 风湿热

风湿热(rheumatic fever)是 A 组乙型溶血性链球菌感染后发生的一种常见的反复发作的急性或慢性全身性结缔组织炎症,主要累及心脏、关节、中枢神经系统、皮肤和皮下组织。临床表现以心脏炎和关节炎为主,可伴有发热、毒血症、皮疹、皮下小结、舞蹈病等。急性发作时通常以关节炎较为明显,但在此阶段风湿性心脏炎可造成患者死亡。急性发作后常遗留轻重不等的心脏损害,尤以瓣膜病变最为显著,形成慢性风湿性心脏病或风湿性瓣膜病。

本病多发于冬、春阴雨季节,潮湿和寒冷是重要的诱发因素。急性风湿热常侵犯儿童及青少年,初次发病常侵犯儿童及青少年,以 7~16 岁学龄期儿童比较多见,男女患病比例相当。复发多在初发后 3~5 年内。慢性风湿性心脏病以 20~40 岁最多见,女性稍多于男性,发病率农村高于城市。本病的发病与人群的生活条件有密切关系:居住过于拥挤、营养低下、医药缺乏,有利于溶血性链球菌的生长繁殖和传播,易构成本病的流行。

风湿热以关节炎为主要表现者相当于中医学"痹证"之"三痹",即行痹、着痹、痛痹;以心脏炎症状为主者,则属于中医学"怔忡"、"心悸"、"心痹"等病范畴。

【病因和发病机制】

A 组链球菌对风湿热和风心病的病因学关系,得到了临床、流行病学及免疫学方面一些间接证据的支持。已有多项临床及流行病学研究显示 A 组链球菌感染与风湿热密切相关,免疫学研究亦证实,急性风湿热发作前均存在先期的链球菌感染史;前瞻性长期随访时的抗菌治疗和预防链球菌感染可预防风湿热的初发及复发;此外,感染途径亦是至关重要的,链球菌咽部感染是风湿热发病的必需条件。尽管如此,A 组链球菌引起风湿热发病的机制至今尚未明了。风湿热并非链球菌的直接感染所引起。因为风湿热的发病并不在链球菌感染的当时,而是在感染后 2~3 周起病。在风湿热患者的血培养与心脏组织中从未找到 A 组链球菌。而在罹患链球菌性咽炎后,亦仅 1%~3% 的患者发生风湿热。

近年来,发现 A 组链球菌细胞壁上含有一层蛋白质,为 M、T 和 R 3 种蛋白组成,其中以 M 蛋白最为重要,既能阻碍吞噬作用,又是细菌分型的基础,亦称"交叉反应抗原"。此外,在链球菌细胞壁的多糖成分内,亦有一种特异抗原,称为"C 物质"。人体经链球菌感染后,有些人可产生相应抗体,不仅作用于链球菌本身,还可作用于心瓣膜,从而引起瓣膜病变。心瓣膜的黏多糖成分随年龄而变异,因而可解释青少年与成年人中的心瓣膜病变的不同发生率。免疫学研究提示,急性风湿热的免疫调节存在缺陷。其特征为 B 细胞数和辅助 T 细胞的增高,而抑制 T 细胞相对下降,导致体液免疫和细胞免疫的增强。慢性风湿性心脏病虽无风湿活动,但持续存在 B 细胞数增高,提示免疫炎症过程仍在进行。链球菌感染后是否发生风湿热还与人体的反应性有关,这种反应性的高低,一方面与对链球菌抗原产生的抗体的量成平行关系,抗体量多时发生变态反应的机会大;另一方面与神经系统功能状态的变化有关。

【病理】

风湿热是全身性结缔组织的炎症,早期以关节和心脏受累为最常见,而后以心脏损害为最重要,少数情况也可同时侵犯皮肤、脑及其他脏器。根据其病变发展过程可分为三期:

一、变性渗出期

本期病变是从结缔组织的基质改变开始。由于结缔组织中酸性黏多糖增加,胶原纤维断裂、肿胀,形成玻璃样和纤维素样变性,病灶内可同时有浆液渗出,周围有淋巴细胞、浆细胞、嗜酸细胞、中性粒细胞等炎性反应的细胞浸润。本期可持续 1~2 个月,然后恢复或进入第二、三期。

二、增殖期

本期的特点是上述病变的基础上出现风湿性肉芽肿或风湿小体[阿绍夫小体(Aschoff body)],这是风湿热的特征性病变,是病理学确诊风湿热的依据和风湿活动的标志。小体中央有纤维素样坏死,其边缘有淋巴细胞和浆细胞浸润,并有风湿细胞。风湿细胞呈圆形、椭圆形或多角形,胞浆丰富呈嗜碱性,胞核空,具有明显的核仁,有时出现双核或多核形成巨细胞,而进入硬化期。此期持续3~4个月。

三、硬化期

风湿小体中央的变性和坏死物质被吸收,炎症细胞减少,风湿细胞变为成纤维细胞,纤维组织增生,局部形成瘢痕灶。此期持续2~3个月。

由于本病常反复发作,上述三期的发展过程可交错存在,历时需4~6个月。第一期及第二期中常伴有浆液的渗出和炎症细胞的浸润,这种渗出性病变在很大程度上决定着临床上各种显著症状的产生。在关节和心包的病理变化以渗出性为主,而瘢痕的形成则主要限于心内膜和心肌,特别是瓣膜。风湿热的炎症病变累及全身结缔组织的胶原纤维,早期以关节和心脏受累为多,而后以心脏损害为主。各期病变在受累器官中有所侧重,如在关节和心包以渗出为主,形成关节炎和心包炎。以后渗出物可完全吸收,少数心包渗出物吸收不完全,机化引起部分粘连,在心肌和心内膜主要是增殖性病变,以后形成瘢痕增殖。心瓣膜的增殖性病变及粘连常导致慢性风湿性心瓣膜病。

【临床表现】

发病前2~3周,常有咽喉炎或扁桃体炎等上呼吸道感染史。典型表现为发热、关节炎和心脏炎。环形红斑、皮下结节和舞蹈病也偶尔见。

一、发热

50%~70%的患者有发热,热型不规则。高热多见于少年儿童,成人多中度发热。脉率加快,大量出汗,往往与体温不成比例。轻症病例往往仅有低热,甚至无发热。

二、关节炎

典型的表现是游走性多关节炎,常对称累及膝、踝、肩、腕、肘、髋等大关节;局部呈红、肿、热、痛的炎症表现,但不化脓。部分患者几个关节同时发病,手、足小关节或脊柱关节等也可累及。通常在链球菌感染后1个月内发作,抗链球菌抗体滴度常可增高。关节症状受气候影响较大,对天气变化甚为敏感,常在天气转变(尤其是变冷及阴雨)前出现明显关节痛,气候稳定后症状减轻。水杨酸制剂对风湿性关节炎有极好的疗效,用药后多于48小时内病情得到缓解。对轻症的关节炎患者,仔细检查,逐个关节进行触诊才能发现关节炎的存在。急性炎症消退后,关节功能完全恢复,不遗留关节强直和畸形,但常反复发作。典型者近年少见。关节局部炎症的程度与有无心脏炎或心瓣膜病变无明显关系。

三、心脏炎

为临床上最重要的表现,儿童患者中65%~80%有心脏病变。急性风湿性心脏炎是儿童期充血性心力衰竭的最常见的原因。典型的心脏炎患者常主诉有心悸、气短、心前区不适,瓣膜炎时可有新的心尖区高调、收缩期吹风样杂音,疾病早期此杂音响度呈易变性,但不随体位和呼吸而变化;亦可有心尖区短促低调舒张中期杂音。心肌炎常伴有心尖区收缩期及舒张期杂音;心动过速是心肌炎的早期表现。病情严重时可有充血性心力衰竭的症状和体征如心动过速、呼吸困难、咳嗽、端坐呼吸,甚至出现肺水肿。心包炎多为轻度,超声心动图检查可测出心包积液,但大量心包积液较罕见。

四、皮肤表现

1. 环形红斑　临床少见。其在风湿热的出现率为30%~60%。为淡红色的环状红晕、中央苍白,多分布在躯干或肢体的近端,时隐时现;有时几个红斑相互融合成不规则环形,其大小变化不一,不痒不硬,压之退色,历时可达数月之久。

2. 皮下结节　亦属少见,结节如豌豆大小,数目不等,较硬,触之不痛,常位于肘、膝、腕、踝、指(趾)关节伸侧、枕部、前额、棘突等骨质隆起或肌腱附着处。与皮肤无粘连。常数个以上聚集成群,对称性分布,通常2~4周自然消失,亦可持续数月或隐而复现。皮下小结伴有严重的心脏炎,是风湿活动的表现之一。

五、舞蹈症

发生在儿童期,4~7岁儿童较多见,女性多于男性,成人几乎不发生,一般出现在初次链球菌感染后2个月或以上,由于风湿热炎症侵犯基底节所致,为一种无目的、不自主的躯干或肢体的动作。如面部表现为挤眉弄目、眨眼、摇头转颈、咧嘴伸舌;肢体表现为伸直和屈曲、内收和外展、旋前和旋后等无节律的交替动作,激动兴奋时加重,睡眠时消失,情绪常不稳定是其特征之一。

六、其他

多汗、鼻衄、瘀斑也相当常见。有时风湿热表现为不明原因的进行性疲倦、乏力、贫血、肌痛、盗汗。皮肤的不典型表现可为结节性红斑和多形红斑,由于此两种皮肤改变可见于其他情况,故诊断时应慎重。有时临床上可有严重的腹痛,系风湿性血管炎所致。若发生风湿性肾炎,可有尿红细胞和蛋白的出现。

【实验室及其他检查】

一、链球菌感染检测方法

1. 咽拭子培养　本法的优点是简单可行,对近期的链球菌感染有较高的阳性率。但对风湿热发病时间较长或来诊前已用抗生素者,结果常为阴性;近年报道,阴性率一般在20%~25%之间。
2. ASO试验　>500 U为异常。
3. 抗去氧核糖核酸酶B试验　一般认为>200~240 U为异常。
4. 抗链球菌激酶试验　>80 U为异常。
5. 抗透明质酸酶试验　>128 U为异常。
6. 抗核苷酶试验　正常值为275 U。

二、急性期反应物的测定

1. 红细胞沉降率　风湿活动时加速;但心瓣膜病合并心功能不全、肝淤血、肝细胞制造纤维蛋白原功能低下时,血沉可不加快。
2. 血常规　白细胞计数轻度至中度增高,中性粒细胞稍增多,轻度红细胞计数及血红蛋白含量降低,为正常细胞性、正常色素性贫血。
3. C反应蛋白　风湿活动时,C反应蛋白浓度增高。
4. 血清糖蛋白或黏蛋白的检测　风湿活动时,胶原组织破坏,外周血清中糖蛋白、黏蛋白浓度增高。

三、免疫学的检查

1. 非特异性试验　风湿热时有免疫球蛋白IgM的增高,其阳性率在53%~59%之间,循环免疫复合物增高,且程度与病情轻重相一致。
2. 特异性试验　有心脏炎者,抗心肌抗体可呈阳性,抗A组链球菌胞壁多糖抗体(ASP)升高;在风湿热时,抗A组链球菌胞壁M蛋白抗体(抗M_1抗体、抗M_3抗体、抗M_5抗体、抗M_6抗体、抗M_{19}抗体、抗M_{24}抗体)明显升高。

四、其他辅助检查

1. 心电图检查　风湿性心脏炎患者典型变化为房室传导阻滞(P-R间期延长较多见)、房性及室期前收缩,亦可有ST-T改变,心房纤颤和心包炎也偶可发生。过去认为P-R间期延长常见,甚至可高达70%~80%,近年仅见于1/3左右病例。
2. 超声心动图检查　目前认为最具有诊断意义的超声改变为:①瓣膜增厚;②二尖瓣脱垂;③瓣膜反流;④心包积液。
3. 胸部X线检查　大多数风湿性心脏炎患者的增大是轻度的,如不进行X线胸片检查难以发现。

【诊断与鉴别诊断】

一、诊断要点

Jones标准虽然几经修订,但仍为世人所公认。1992年最新修订一次,新的修订标准主要针对初发风湿热的诊断,具体见下表(表47-1)。

表47-1　Jones诊断标准(美国心脏病协会,1992)

主要表现	次要表现	链球菌感染证据
1. 心脏炎	1. 临床表现	1. 近期患过猩红热
(1) 杂音	(1) 既往风湿热病史	2. 咽培养溶血性链球菌阳性
(2) 心脏增大	(2) 关节痛[a]	3. ASO或其他抗链球菌抗体增高
(3) 心包炎	(3) 发热	

主 要 表 现	次 要 表 现	链球菌感染证据
（4）充血性心力衰竭 2. 多发性关节炎 3. 舞蹈症 4. 环形红斑 5. 皮下结节	2. 实验室检查 （1）血沉增快，C 反应蛋白阳性，白细胞增多，贫血 （2）心电图[b]：PR 间期延长，QT 间期延长	

注：[a]：如关节炎已列为主要表现，则关节痛不能作为一项次要表现；[b]：如心脏炎已列为主要表现，则心电图不能作为一项次要表现

二、鉴别诊断

1. 类风湿关节炎　为多发性对称指掌等小关节炎和脊柱炎。特征是伴有"晨僵"和手指纺锤形肿胀，病程持续时间长，后期出现关节畸形。临床上心脏损害较少，但超声心动图检查可以早期发现心包病变和瓣膜损害。X 线显示关节面破坏，关节间隙变窄，邻近骨组织有骨质疏松。血清类风湿因子阳性，免疫球蛋白 IgG、IgM 及 IgA 增高。非甾体类抗炎药物治疗效果不明显。而风湿性关节炎不会有关节畸形，对水杨酸类药物治疗效果甚佳。

2. 系统性红斑狼疮　本病有关节痛、发热、心脏炎、肾脏病变等，类似风湿热；但对称性面部蝶形红斑，白细胞计数减少，ASO 阴性，血中有抗核抗体滴度增高，抗双链 DNA 抗体、抗 SM 抗体阳性，血液或骨髓涂片可找到狼疮细胞等有助于诊断。

3. 链球菌感染综合征　在急性链球菌感染的同时或感染后 2～3 周出现低热、乏力、关节酸痛、血沉增快、ASO 阳性，心电图可有一过性过早搏动或轻度 ST-T 改变，但无心脏扩大或明显杂音。经抗生素治疗感染控制后，症状迅速消失，不再复发。

4. 化脓性关节炎　以金黄色葡萄球菌败血症最常见，初起时有发热，多个关节痛，以后局限于个别关节，出现明显的关节红、肿、热、压痛和功能受限，有时关节积液。临床上常有明显的感染证据，血液和骨髓培养多呈阳性；其他细菌、病毒、螺旋体、真菌等也可诱发感染性关节炎。

【中医病因病机】

中医学认为，痹证的发生与体质因素、气候条件，生活环境及饮食等有密切关系。正虚卫外不固是痹证发生的内在基础，感受外邪是痹证发生的外在条件。邪气痹阻经脉为其病机根本，病变多累及肢体筋骨、肌肉、关节，甚则影响脏腑。

一、外因为痹证发生的条件

1. 感受风寒湿邪　久居潮湿之地，严寒冻伤，贪凉露宿、睡卧当风，暴雨浇淋、水中作业或汗出入水等，外邪注于肌腠经络，滞留于关节筋骨，导致气血痹阻而发为风寒湿痹。由于感受风寒湿邪各有所偏盛，而有行痹、痛痹、着痹之别。

2. 感受风湿热邪　久居炎热潮湿之地，外感风湿热邪，袭于肌腠，壅于经络，痹阻气血经脉，滞留于关节筋骨，发为风湿热痹。

二、内因为痹证发生的根本

1. 劳逸不当　劳欲过度，将息失宜防御功能降低，汗出肌疏，外邪乘袭。精气亏损，卫外不固；或激烈活动后体力下降。

2. 久病体虚　老年体虚，肝肾不足，肢体筋脉失养；或病后、产生气血不足，腠理空疏，外邪乘虚而入。如《济生方·痹》所云："皆因体虚，腠理空疏，受风寒湿气而成痹也。"

此外，恣食甘肥厚腻或酒热海腥发物，导致脾运失健，湿热痰浊内生；或跌仆外伤，损及肢体筋脉，气血经脉痹阻，亦与痹证发生有关。

风、寒、湿、热、痰、瘀等邪气滞留肢体筋脉、关节、肌肉，经脉闭阻，不通则痛，是痹证的基本病机。患者平素体虚，阳气不足，卫外不固，腠理空虚，易为风、寒、湿、热之邪乘虚侵袭，痹阻筋脉、肌肉、骨节，而致营卫行涩，经络不通，发生疼痛、肿胀、酸楚、麻木，或肢体活动不灵。外邪侵袭机体，又可因人的禀赋素质不同而有寒热转化。素体阳气偏盛，内有蓄热者，感受风寒湿邪，易从阳化热，而成为风湿热痹。阳气虚衰者，寒自内生，复感风寒湿邪，多从阴化寒，而成为风寒湿痹。

三、痰浊、瘀血、水湿

痰浊、瘀血、水湿在疾病的发生发展过程中起着重要作用。邪痹经脉，脉道阻滞，迁延不愈，影响气血津液运行输

布。血滞而为瘀,津停而为痰,酿成痰浊瘀血,痰浊瘀血阻痹经络,可出现皮肤瘀斑、关节周围结节、屈伸不利等症;痰浊瘀血与外邪相合,阻闭经络,深入骨骺,导致关节肿胀、僵硬、变形。痹证日久,影响脏腑功能,津液失于输布,水湿停聚局部,可致关节肢体肿胀。痰瘀水湿可相互影响,兼夹转化,如湿聚为痰,血滞为瘀,痰可碍血,瘀能化水,痰瘀水湿互结,旧病新邪胶着,而致病程缠绵,顽固不愈。

病初邪在经脉,累及筋骨、肌肉、关节,日久耗伤气血,损及肝肾,虚实相兼;痹证日久,也可由经络累及脏腑,出现相应的脏腑病变,其中以心痹较为多见,《素问·痹论》:"心痹者,脉不通,烦则心下鼓,暴上气而喘。"临床常见心烦、惊悸,动则喘促,甚则下肢水肿,不能平卧等症状。

【中医诊断及病证鉴别】

一般说来,痹证新发,风、寒、湿、热、痰、瘀之邪明显者为实;痹证日久,耗伤气血,损及脏腑,肝肾不足为虚;病程缠绵,日久不愈,常为痰瘀互结,肝肾亏虚之虚实夹杂证。临床痹痛游走不定者为行痹,属风邪盛;痛势较甚,痛有定处,遇寒加重者为痛痹,属寒邪盛;关节酸痛、重着,漫肿者为着痹,属湿邪盛;关节肿胀,肌肤焮红,灼热疼痛为热痹,属热邪盛。关节疼痛日久,肿胀局限,或见皮下结节者为痰;关节肿胀,僵硬,疼痛不移,肌肤紫黯或瘀斑等为瘀。

病证鉴别

1. **尪痹** 尪痹之关节肿胀疼痛类似"三痹",但尪痹以小关节为主,关节僵硬,晨起尤显,畸形,屈伸不利,无游走性。"三痹"以大关节为主,多呈游走性,无关节畸形。

2. **热痹** 热痹多因热毒输注关节,或内有蕴热,复感外邪,与热相搏于关节。以发热及患病关节红、肿、热、痛等为主要表现,与"三痹"虽可同有大关节红、肿、热、痛,但热痹症状更为显著,且发热较高,无明显游走性,后期局限在个别关节。临床上常能找到感染的证据。

3. **痿证** 痹证是由风、寒、湿、热之邪流注肌腠经络,痹阻筋脉关节而致。鉴别要点首先在于痛与不痛,痹证以关节疼痛为主,而痿证则为肢体力弱,无疼痛症状;其次,要观察肢体的活动障碍,痿证是无力运动,痹证是因痛而影响活动;再者,部分痿证病初即有肌肉萎缩,而痹证则是由于疼痛甚或关节僵直不能活动,日久废而不用导致肌肉萎缩。

【治疗】

一、治疗思路

风湿热的治疗,主要在于祛除病因,消灭链球菌及消除感染病灶;积极抗风湿治疗,控制临床症状及缩短临床病程;及时治疗并发症及合并症,改善疾病预后;并根据不同临床病型和个体实施个别化处理原则。中医辨证论治对改善风湿热的病情、减轻关节症状和改善预后等均可获得较好疗效。

二、西医治疗

(一) 一般治疗

应注意保暖,避免受寒及潮湿,以防止疾病过程中反复链球菌感染。如有心脏受累应卧床休息,避免体力活动及精神刺激。待体温、血沉正常,心动过速控制或其他明显的心电图变化改善后继续卧床休息3~4周。恢复期亦应适当控制活动量3~6个月。急性关节炎患者,早期亦应卧床休息,至血沉、体温正常后开始活动。病程中宜进食易消化和富有营养的饮食。

(二) 抗生素治疗

目的是消除链球菌感染,治疗咽部炎症及扁桃体炎。青霉素仍然是最有效的杀菌剂。常用剂量为每日80万~160万U,分2次肌内注射,儿童每月肌内注射40万U;疗程为10~14天。以后用苄星青霉素、(长效青霉素)120万U,儿童60万U,肌内注射,3周1次。经此治疗,多数能控制并预防咽喉部感染。少数患者的上呼吸道链球菌感染反复发作,以致成为慢性或迁延型风湿热,则可缩短长效青霉素的注射间隔为1~2周1次,至上呼吸道感染较稳定控制后,再维持3周1次;必要时可加用红霉素、罗红霉素等;若遇到对青霉素耐药菌株,则可通过咽拭子培养找出敏感的抗生素。对青霉素过敏的患者,可选用红霉素,儿童剂量为每日每千克体重30 mg,成人为每日1.5 g,分3次口服,疗程为10~14天。

(三) 抗风湿治疗

风湿性关节炎的首选药物为非甾体类抗炎药,因糖皮质激素有较多和较严重的副作用,除应用非甾体类抗炎药效果不佳者可考虑用激素外,一般不用;有心脏炎和舞蹈病的患者,则应该用激素治疗。阿司匹林对退热、消除关节的炎症及降低血沉、恢复C反应蛋白均有一定作用,是最常用的抗风湿药物之一。小儿每日每千克体重70~100 mg,成人每天4~6g,分3~4次口服。该药的剂量应因人而异,需根据具体情况调整剂量,逐步找出既安全又有效的剂量。本药一般需应用6~8周才可停用。若用阿司匹林后胃部有不适,则可加用氢氧化铝,而不能用苏打片,因苏打片会增加阿司匹林的排泄,会影响治疗效果。目前阿司匹林已逐渐被其他有效及安全性较大的非甾体类抗炎药物所取代,如布洛芬(每次0.2g,每日3~4次)、怡美力(尼美舒利每次0.1g,每日2次)、莫比可(每次7.5mg,每日1~2次)等。若患者患有心脏炎、舞蹈病等,一般采用糖皮质激素治疗。开始应用激素治疗剂量宜大,成人可用泼尼松或泼尼松龙,每日30~40mg;儿童每日每千克体重1~1.5mg,分3~4次,持续服用2~6周后逐渐减量,一般维持量为每日10~15mg,疗程最少12周。

（四）舞蹈病的治疗

应在上述治疗基础上加用镇静剂如地西泮、巴比妥类或氯丙嗪等,应尽量避免强光、噪音刺激。

（五）并发症和合并症的治疗

风湿热有心脏受累时最常见的并发症为心律失常(早搏及传导阻滞常见)、心功能不全、感染性心内膜炎和肺部感染。一般来说,风湿性心肌炎心律失常程度较轻,多能在系统抗风湿治疗后改善；少数情况才需用抗心律失常药。风湿热在并发心功能不全时对洋地黄耐受性差,不宜大量、长期应用。应控制在一个较低剂量,如地高辛 0.25 mg/d,在应用过程中应特别注意电解质平衡。发生感染性心内膜炎应早期应用有杀菌作用的抗生素,以减少心瓣膜的受损程度。对中年及高龄的风湿热(包括风心病)患者,应定期检测血脂、血糖,注意高脂血症、动脉硬化、冠心病和糖尿病的发生。

（六）其他疗法

风湿热是与链球菌感染有关的免疫性疾病,如经上述治疗后仍反复发作或经久不愈,可试用下列措施：① 易地治疗,以去除链球菌感染和其他诱发风湿热发作的外界因素。② 改变机体处于高度过敏的状态,可试用免疫调节或提高机体免疫力的药物和食物如花粉、蜂皇浆之类。

三、中医治疗

辨证论治

1. 行痹

证候：肢体关节肌肉疼痛,游走不定,屈伸不利,或见恶风发热等,舌苔薄白,脉浮。

治法：祛风通络,散寒除湿。

方药：防风汤加减。

药用石斛、熟地黄、杜仲、丹参、防风、川芎、麦门冬、桂枝、川独活等。腰背酸痛为主者,多与肾气虚有关,加杜仲、桑寄生、淫羊藿、巴戟天、续断等补肾壮骨；若见关节肿大,苔薄黄,邪有化热之象者,宜寒热并用,投桂枝芍药知母汤加减。

2. 痛痹

证候：肢体关节疼痛,痛势较剧,部位固定,遇寒则痛甚,得热则痛缓,关节屈伸不利,局部皮肤或有寒冷感,舌质淡,舌苔薄白,脉弦紧。

治法：散寒通络,祛风除湿。

方药：乌头汤加减。

药用麻黄、芍药、黄芪、甘草、川乌等。若寒湿甚者,制川乌可改用生川乌或生草乌；关节发凉,疼痛剧烈,遇冷更甚,加附子、细辛、桂枝、干姜、全当归温经散寒,通脉止痛。

3. 着痹

证候：肢体关节、肌肉酸楚、重着、疼痛,肿胀散漫,关节活动不利,肌肤麻木不仁,舌质淡,舌苔白腻,脉濡缓。

治法：除湿通络,祛风散寒。

方药：薏苡仁汤加减。

药用薏苡仁、当归、芍药、麻黄、官桂、甘草、苍术等。若关节肿胀甚者,加萆薢、木通以利水通络；若肌肤麻木不仁,加海桐皮、稀莶草以祛风通络；若小便不利,浮肿,加茯苓、泽泻、车前子以利水祛湿；若痰湿盛者,加半夏、南星。

久痹风、寒、湿偏盛不明显者,可选用蠲痹汤作为治疗风寒湿痹基本方剂,该方具有益气和营,祛风胜湿,通络止痛之功效,临证可根据感受外邪偏盛情况随证加减。

4. 风湿热痹

证候：游走性关节疼痛,可涉及一个或多个关节,活动不便,局部灼热红肿,痛不可触,得冷则舒,可有皮下结节或红斑,常伴有发热、恶风、汗出、口渴、烦躁不安等全身症状,舌质红,舌苔黄或黄腻,脉滑数或浮数。

治法：清热通络,祛风除湿。

方药：白虎加桂枝汤合宣痹汤加减。

药用知母、炙甘草、石膏、粳米、桂枝、防己、杏仁、滑石、连翘、山栀、薏苡仁、半夏、晚蚕沙、赤小豆皮等。前方以清热宣痹为主，适用于风湿热痹，热象明显者；后方重在清热利湿，宣痹通络，适用于风湿热痹，关节疼痛明显者。若皮肤有红斑者，加丹皮、赤芍、生地、紫草以清热凉血，活血化瘀；若发热，恶风，咽痛者，加荆芥、薄荷、牛蒡子、桔梗疏风清热，解毒利咽；若热盛伤阴，症见口渴心烦者，加元参、麦冬、生地以清热滋阴生津。如热毒炽盛，化火伤津，深入骨节，而见关节红肿，触之灼热，疼痛剧烈如刀割，筋脉拘急抽掣，入夜尤甚，壮热烦渴，舌红少津，脉弦数，宜清热解毒，凉血止痛，可选用五味消毒饮。

5. 久痹正虚

证候：骨节疼痛，时轻时重，腰膝软痛，形瘦无力，舌质淡，脉沉细无力。

治法：养血益气，培补肝肾。

方药：独活寄生汤加减。

药用独活、桑寄生、杜仲、牛膝、细辛、秦艽、茯苓、肉桂、防风、川芎、人参、甘草、当归、芍药、地黄等。若久痹内舍于心，可选用炙甘草汤加减；肾气虚，腰膝酸软，乏力较著，加鹿角霜；阳虚，畏寒肢冷，关节疼痛拘急，加附子、干姜、巴戟天，或合用阳和汤加减；肝肾阴亏，腰膝疼痛，低热心烦，或午后潮热，加龟板、女贞子，或合用河车大造丸加减。

【转归、预防与调护】

本病的预后决定于初次发病后有无复发。复发次数愈多，瓣膜病变的机会和受累的程度愈重。单纯关节炎的预后比心脏炎良好。亦有初发为关节炎及（或）舞蹈病，但复发时能侵犯心脏或已形成风心病者。预防关键是控制和预防上呼吸道链球菌感染，提高机体的免疫力。

一般预防应注意环境卫生，居室应通风通气、防潮、保暖，尤其对人口比较集中的场所如幼儿园、小学、军营更须注意，以避免链球菌的传播。同时要加强体育锻炼，提高抗病能力。凡5岁以上的青少年及中年人，有发热、咽喉炎等症状拟诊上呼吸道链球菌感染者，即给予青霉素或其他有效抗生素治疗。凡有过风湿热史和现患风心病者，若再有A组溶血性链球菌感染，有20%~50%会复发风湿热或风湿性心脏炎，应定期每3周肌内注射长效青霉素120万U，以维持足够的血浆浓度。青霉素过敏或其他原因不能使用者，可口服红霉素0.25g，2次/日。预防期限应根据患者年龄、链球菌的易感程度、风湿热的发作次数、有无瓣膜病遗留而定。

饮食应给容易消化，富于蛋白质，糖类及维生素C的饮食。重症病例可额外供给维生素B及维生素C。有充血性心力衰竭者可适当地限制盐及水分的摄入。为防止胃部膨胀压迫心脏而增加心脏负荷，可采取少量多餐。应用糖皮质激素的患儿亦应适当限盐。根据病情卧床休息及控制活动量：在急性期宜卧床休息，一般至临床症状消失，血沉近于正常，可逐渐起床活动。但恢复期也应限制活动量，一般无明显心脏症状者约1个月，心脏受累但不扩大者2~3个月，有心脏扩大或伴有心力衰竭者需5~6个月方可逐渐恢复正常活动。

（张金锋 包天佑）

第四十八章 类风湿关节炎

类风湿关节炎(rheumatoid arthritis,RA)是以慢性进行性对称性多关节炎为主要临床表现的疾病,可伴有关节外的系统性损害。其特征是持续反复、进行性的关节滑膜炎症、渗液、细胞增殖及血管翳形成,通常以对称性的手、腕、足等小关节病变为多见,当累及软骨和骨质时,可导致关节结构的破坏、畸形和功能障碍。本病呈慢性过程,临床表现多种多样,往往发作与缓解交替,造成不同程度的残废,是严重影响劳动力、生活质量和危害人类健康的疾病。由于可出现全身多系统受损,如浆膜炎、动脉炎、巩膜炎、间质性肺炎、肾淀粉样变、神经病变、淋巴结肿大、脾大、类风湿结节等,又认为本病是免疫系统调节紊乱所致的炎症反应性疾病,称为类风湿病,属结缔组织病。基因和环境因素控制着炎症反应的进程、范围和类型。

本病呈全球性分布,是造成人类丧失劳动力和致残的主要原因之一。新近有关 HLA 基因的研究提示本病存在一定的遗传背景。在欧美国家白人发病率为 1%~2%,我国 RA 的患病率略低于 0.5%~1% 的世界平均水平,为 0.32%~0.38%。各组年龄均可发病,女性高于男性,男女之比通常为 1:4,尤以 30~50 岁的女性好发。

本病与中医学"痹证"相似,属于"痛痹"、"尪痹"、"痛风"、"历节"、"历节病"、"白虎历节病"等范畴。

【病因和发病机制】

RA 的病因研究迄今尚无定论,MHC-Ⅱ抗原以及各种炎症介质、细胞因子、趋化因子在 RA 发病过程中的作用都被深入研究过,但其发病机制仍不清楚。

一、环境因素

未证实有导致本病的直接感染因子,但目前认为一些感染因素(可能有细菌、支原体和病毒等)可能通过某些途径影响 RA 的发病和病情进展,其机制为:① 活化 T 细胞和巨噬细胞并释放细胞因子;② 活化 B 细胞产生 RA 抗体,滑膜中的 B 细胞可能分泌致炎因子如 TNF-α,B 细胞可以作为抗原呈递细胞,提供 CD4 细胞克隆增殖和效应所需要的共刺激信号;③ 感染因子的某些成分和人体自身抗原通过分子模拟而导致自身免疫性的产生。

二、遗传易感性

流行病学调查显示,RA 的发病与遗传因素密切相关。家系调查发现 RA 先证者的一级亲属发生 RA 的概率为 11%。对孪生子的调查结果显示,单卵双生子同时患 RA 的概率为 12%~30%,而双卵孪生子同患 RA 的概率只有 4%。许多地区和国家进行研究发现 HLA-DR4 单倍型与 RA 的发病相关。

三、免疫紊乱

免疫紊乱被认为是 RA 主要的发病机制,是以活化的 CD4T 细胞和 MHC-Ⅱ型阳性的抗原呈递细胞(antigen presenting cell,APC)浸润滑膜关节为特点的。滑膜关节组织的某些特殊成分或体内产生的内源性物质也可能作为自身抗原被 APC 呈递活化 CD4T 细胞,启动特异性免疫应答,导致相应的关节炎症状。在病程中 T 细胞库的不同 T 细胞克隆因受到体内外不同抗原的刺激而活化增殖,滑膜的巨噬细胞也因抗原而活化,使细胞因子如 TNF-α、IL-1、IL-6、IL-8 等增多,促使滑膜处于慢性炎症状态。TNF-α 进一步破坏关节软骨和骨,结果造成关节畸形。IL-1 是引起 RA 全身性症状如低热、乏力、急性期蛋白合成增多的主要细胞因子,是造成 C 反应蛋白和血沉升高的主要因素。

另外,B 细胞激活分化为浆细胞,分泌大量免疫球蛋白。免疫球蛋白和 RF 形成的免疫复合物,经补体激活后可以诱发炎症。RA 患者中过量的 Fas 分子或 Fas 分子和 Fas 配体比值的失调都会影响滑膜组织细胞的正常凋亡,使 RA 滑膜炎免疫反应得以持续。

可见,RA 是遗传易感因素、环境因素及免疫系统失调等各种因素综合作用的结果。

【病理】

一、滑膜炎

类风湿关节炎的基本病理改变,从病变的一开始即为滑膜炎。在急性期滑膜表现为渗出性和细胞浸润性,滑膜下层有小血管扩张,内皮细胞肿胀,细胞间隙增大,间质有水肿和嗜中性粒细胞浸润。当病变进入慢性期,滑膜变得肥厚,形成许多绒毛样突起,突向关节腔内或侵入到软骨和软骨下的骨质。这种绒毛在显微镜下可见其滑膜细胞层由原来的1~3层增生到5~10层或更多,其中大部分为具有免疫活性的A型滑膜细胞(具有巨噬细胞样功能)及B型纤维母样细胞。绒毛具有很强的破坏性,是造成关节破坏、关节畸形、功能障碍的病理基础。滑膜下层有大量淋巴细胞,呈弥漫状分布或聚集成结节状,如同淋巴滤泡。其中大部分为CD4、T淋巴细胞,其次为B淋巴细胞和浆细胞。另外尚出现新生血管大量被激活的纤维母细胞样细胞以及随后形成的纤维组织。

二、血管炎

类风湿关节炎的关节外表现,很多与血管炎有关。它累及中、小动脉和(或)静脉,管壁有淋巴细胞浸润,纤维素沉着,内膜有增生,导致血管腔的狭窄或堵塞。类风湿结节是血管炎的一种表现,常见于关节伸侧受压部位的皮下组织,也可见于肺。结节中心为纤维素样坏死组织,周围有上皮样细胞浸润,排列成环状,外被以肉芽组织。肉芽组织间有大量的淋巴细胞和浆细胞。

【临床表现】

在成人任何年龄都可以发病,80%于35~50岁发病,然而60岁以上的发病率明显高于30岁以下者。女性患者约3倍于男性。

一、病史

最常以缓慢而隐匿方式起病,在出现明显关节症状前有数周的低热、乏力、全身不适、体重下降等症状,以后逐渐出现典型关节症状。少数起病较急剧,在数天内出现多个关节症状。

二、主要症状

(一)关节表现

1. 晨僵　约95%以上患者出现较长时间的晨僵,多在夜间或日间静止不动后出现(至少1小时),晨僵持续时间和关节炎症的程度成正比。

2. 痛与压痛　关节痛往往是最早的关节症状,最常出现在腕、掌指关节、近端指间关节,为对称性、持续性疼痛,时轻时重,其次是足趾、膝、踝、肘、肩等关节。疼痛的关节往往伴有压痛。

3. 关节肿　多因关节腔内积液或关节周围软组织炎症引起。病程较长者可因滑膜慢性炎症后的肥厚而引起肿胀。凡受累的关节均可肿胀,常见部位为腕、掌指关节、近端指间关节、膝等关节,亦多呈对称性。

4. 关节畸形　多见于较晚期患者。因滑膜炎的绒毛破坏了软骨和软骨下的骨质结构,造成关节纤维性或骨性强直,又因关节周围的肌腱、韧带受损使关节不能保持在正常位置,出现手指关节的半脱位如尺侧偏斜、屈曲畸形、天鹅颈样畸形等。

5. 关节功能障碍　关节肿痛和结构破坏都引起关节的活动障碍。美国风湿病学会将因本病而影响了生活的程度分为四级:Ⅰ级:能照常进行日常生活和各项工作;Ⅱ级:可进行一般的日常生活和某种职业工作,但参与其他项目活动受限;Ⅲ级:可进行一般的日常生活,但参与某种职业工作或其他项目活动受限;Ⅳ级:日常生活的自理和参与工作的能力均受限。

(二)关节外表现

有20%~30%的患者于关节隆突部位及受压部位出现类风湿结节;类风湿血管炎可出现在患者的任何系统;类风湿肺多为肺间质病变、结节样改变、胸膜炎;通过超声心动图检查约30%出现少量心包积液;神经系统可出现脊髓受压;周围神经因滑膜炎而受压出现腕管综合征;本病的血管炎很少累及肾脏;30%~40%本病患者出现干燥综合征;本病可出现小细胞低色素性贫血;费尔蒂综合征(Felty syndrome)是指类风湿关节炎者伴有脾大、中性粒细胞减少,有的甚至有贫血和血小板减少。

三、体征

凡受累的关节均可肿胀,关节肿胀的部位局部触之有灼热感。关节肿胀是RA活动期的主要临床体征。关节畸形、关节功能障碍多见于较晚期患者。

【实验室及其他检查】

一、血象

有轻至中度贫血。活动期患者血小板可增高。白细胞及分类多正常。

二、炎性标志物

血沉和C反应蛋白常升高,并且和疾病的活动度相关。

三、自身抗体

检测自身抗体有利于RA与其他炎性关节炎如银屑病关节炎、反应性关节炎和退行性关节炎的鉴别。RA新的抗体不断被发现,其中有些抗体诊断的特异性较RF明显提高,且可在疾病早期出现,如抗环瓜氨酸肽抗体,抗核周因子抗体、抗角蛋白抗体以及抗Sa抗体等。

1. 类风湿因子 可分为IgM、IgG和IgA型RF。在常规临床工作中主要检测IgM型RF,它见于约70%的患者血清,其滴度一般与本病的活动性和严重性成比例。但RF并非RA的特异性抗体,甚至在5%的正常人也可以出现低滴度的RF,因此,RF阳性者必须结合临床表现,方能诊断本病。

2. 抗角蛋白抗体 有抗核周因子抗体、抗角蛋白抗体、抗聚角蛋白微丝蛋白抗体和抗环瓜氨酸肽抗体。这组抗体的靶抗原为细胞基质的聚角蛋白微丝蛋白,环瓜氨酸肽是该抗原中主要的成分,因此抗环瓜氨酸肽抗体在此抗体谱中对RA的诊断敏感性和特异性高,已在临床中普遍使用。这些抗体有助于RA的早期诊断,尤其是血清RF阴性、临床症状不典型的患者。由于它们的表位都含有瓜氨酸,故称之为瓜氨酸相关自身免疫系统,此系统可能在RA的发病及发展中起作用。

四、免疫复合物和补体

70%患者血清中出现各种类型的免疫复合物,尤其是活动期和RF阳性患者。在急性期和活动期,患者血清补体均有升高,只有在少数有血管炎者出现低补体血症。

五、关节滑液

正常人关节腔内的滑液不超过3.5ml。在关节有炎症时滑液增多,滑液中的白细胞明显增多,达$2\,000 \times 10^3 \sim 75\,000 \times 10^3/L$,且中性粒细胞占优势,其黏度差,含葡萄糖量低(低于血糖)。

六、关节影像学检查

1. X线平片 对RA诊断、关节病变分期、病变演变的监测均很重要。初诊至少应拍摄手指及腕关节的X线片,早期可见关节周围软组织肿胀影、关节端骨质疏松(Ⅰ期);进而关节间隙变窄(Ⅱ期);关节面出现虫蚀样改变(Ⅲ期);晚期可见关节半脱位和关节破坏后的纤维性和骨性强直(Ⅳ期)。诊断应有骨侵蚀或肯定的局限性或受累关节近旁明显脱钙。

2. 其他 包括关节X线摄片、CT及MRI,它们对诊断早期RA有帮助。MRI可显示关节软组织早期病变,如滑膜水肿、骨破坏病变的前期表现骨髓水肿等。CT可以显示在X线片上尚看不出的骨破坏,但由于需要一定条件,目前不能普遍用于日常临床工作。

七、类风湿结节的活检

典型的病理改变有助于本病的诊断。

【诊断与鉴别诊断】

一、诊断

诊断主要是依靠1987年修订的美国风湿病学会类风湿关节炎的诊断标准:① 关节内或周围晨僵持续至少1小时,持续6周以上;② 至少同时有3个关节区软组织肿或积液;③ 腕、掌指、近端指间关节区中,至少1个关节区肿胀;④ 对称性关节炎;⑤ 有类风湿结节;⑥ 血清RF阳性(所用方法正常人群中不超过5%阳性);⑦ X线片改变(至少有骨质疏松和关节间隙狭窄)。符合以上7项中4项者可诊断为RA(第①~④项病程至少持续6周)。

二、鉴别诊断

1. 骨关节炎(osteoarthritis,OA) 为退行性骨关节病,本病多见于50岁以上者。主要累及膝、脊柱等负重关节。活动时关节痛加重,可有关节肿、积液。手指骨关节炎常被误诊为RA,尤其在远端指间关节出现赫伯登结节(Heberden

node)和近端指关节出现布夏尔结节(Bouchard node)时易被视为滑膜炎。OA通常无游走性疼痛,大多数患者血沉正常,RF阴性或低滴度阳性。X线示关节间隙狭窄、关节边缘呈唇样增生或骨赘形成。

2. 强直性脊柱炎(AS) 主要侵犯脊柱,当周围关节受累,特别是以膝、踝、髋关节为首发症状者,需与RA相鉴别。AS多见于青壮年男性,外周关节受累以非对称性的下肢大关节炎为主,极少累及手关节,骶髂关节炎具典型的X线改变。可有家族史,90%以上患者HLA-B27阳性。血清RF阴性。

3. 银屑病关节炎 本病多发生于皮肤银屑病后若干年,其中30%~50%的患者表现为对称性多关节炎,与RA极为相似。其不同点为本病累及远端指关节处更明显,且表现为该关节的附着端炎和手指炎。同时可有骶髂关节炎和脊柱炎,血清RF多阴性。

4. 系统性红斑狼疮 部分患者手指关节肿痛为首发症状,且部分患者RF阳性,而被误诊为RA。然而本病的关节病变较RA为轻,一般为非侵蚀性,且关节外的系统性症状如蝶形红斑、脱发、蛋白尿等较突出。血清ANA、抗双链DNA(dsDNA)抗体等多种自身抗体阳性。

5. 痛风 是由原发性或继发性高尿酸血症引起的关节滑膜及关节周围炎,多发于中年男性,常有家族病史。关节炎的好发部位为第1跖趾关节。常夜间急性起病,数小时内出现关节红、肿、热、痛,疼痛剧烈不能触摸。急性患者即使不经治疗,也可在数日或数周内自愈,但饮食失调、外伤、手术、过食海鲜,尤其饮酒后,常诱发和复发。慢性患者在受累关节附近或皮下可见痛风石。

【中医病因病机】

本病发病多与下列因素有关。

1. 先天不足,肾精亏虚 先天禀赋不足,肾气不充,骨失所养,外邪乘虚而入;或房劳过度,肾精不足,水亏于下,火炎于上,阴水销铄,真阴愈耗;或病久阴血暗耗,阴血少,成为发病的内在基础。

2. 外感寒湿,痹阻经络 由于居住潮湿、涉水冒雨、冷热交错等原因,风寒湿邪乘虚侵入,痹阻经络,流于关节,发为本病。

3. 风寒湿邪,郁而化热 风寒湿邪,留连不去,郁闭阳气日久,"若邪郁病久,风变为火,寒变为热,湿变为痰",可郁而化热化火,变生热毒,阻滞血脉,流注关节而发病。此即《类证治裁》所云:"初因风寒湿郁闭阴分,久则化热攻痛。"

4. 湿热伤阴,阴虚血热 湿热内生,蕴结为毒,攻注骨节,热与血结,或邪热灼伤血脉,或热伤阴津,血脉干涩,均可导致血瘀。

5. 湿热内蕴,痰瘀阻滞 湿热瘀相互蕴结,阻于经脉,气血瘀滞,阻遏气机,终致湿热痰瘀痹阻经络,流注骨节,出现骨节强直,身体屈曲,甚至畸形等表现。

可见,本病多因禀赋不足、感受外邪引起关节、经络的痹阻,不通而痛。病位在关节、经络,与肝肾有关。急性期以标实为主,多为寒湿、湿热、痰浊、瘀血内阻,缓解期以肝肾不足为主,或虚实夹杂。

【中医诊断及病证鉴别】

风邪偏胜者四肢小关节肿胀、疼痛,受累关节部位游走不定,常伴汗出、恶风,舌质红苔薄白,脉浮缓。湿邪偏胜者,关节漫肿疼痛,肢体僵硬困重,逢阴雨天,则漫肿疼痛,困重则明显加重,皮下结节,苔厚腻,脉滑。病程漫长,可长达几十年,病情恢复不明显。寒邪偏胜者,关节疼痛显著,逢寒则剧,病位固定,无汗,长期恶寒,苔白,脉紧。热邪偏胜者,关节灼热、剧痛,昼夜痛作不休,受累关节周围皮色红赤,恶热,舌红,苔黄,脉数。湿热交蕴者,关节红肿疼痛,关节周围皮色红且肿势明显,肢体困重,皮下结节,舌红,苔黄腻,脉濡数。寒热错杂者,关节烦痛发热,形寒,舌苔黄白相兼,脉弦细。痰浊痹阻者,关节肿硬麻痛,皮下结节,恶心,关节畸形,舌暗,苔白滑,脉弦滑。瘀血痹阻者,关节刺痛,肢体僵硬,舌紫黯有瘀斑,脉涩。气血不足者,关节乏痛,头晕,心悸,肢体麻木,舌淡,苔薄白,脉细无力。肾精亏虚者,腰膝足跟酸软疲痛,体倦,舌淡红有齿印,脉沉细。

病证鉴别

1. 热痹 热痹多因热毒输注关节,或内有蕴热,复感外邪,与热相搏于关节。以发热及患病关节红、肿、痛等为主要表现,与"三痹"虽可同有大关节红、肿、热、痛,但热痹症状更为显著,且发热较高,无明显游走性,后期局限在个别关节。临床上常能找到感染的证据。

2. 痿证 痿证是由风、寒、湿、热之邪流注肌腠经络,痹阻筋脉关节所致。鉴别要点首先在于痛与不痛,痹证以关节疼痛为主,而痿证则为肢体无力,无疼痛症状;其次,要观察肢体的活动障碍,痿证是无力运动,痹证是因痛而影响活动;再者,部分痿证病初即有肌肉萎缩,而痹证则是由于疼痛甚或关节僵直不能活动,日久废而不用导致肌肉萎缩。

【治疗】

一、治疗思路

治疗本病的目的是：① 减轻或消除患者因关节炎引起的关节肿胀、疼痛、晨僵或关节外的症状；② 控制疾病的发展，防止和减少关节骨的破坏，达到较长时间的临床缓解，尽可能地保持受累关节的功能；③ 促进已破坏的关节骨的修复，并改善其功能。为达到上述目的，早期诊断和尽早治疗是极为重要的。

本病以风、寒、湿、热、痰、瘀痹阻气血为基本病机，其治疗应以祛邪通络为基本原则，根据邪气的偏盛，分别予以祛风、散寒、除湿、清热、化痰、行瘀，兼顾"宣痹通络"。同时，还宜重视养血活血，即所谓"治风先治血，血行风自灭"；治寒宜结合温阳补火，即所谓"阳气并则阴凝散"；治湿宜结合健脾益气，即所谓"脾旺能胜湿，气足无顽麻"。久痹正虚者，应重视扶正，补肝肾、益气血是常用之法。临床上分为活动期和缓解期。活动期多以急性发作或慢性活动、复发等形式多现；缓解期即是稳定状态、相对静止阶段。急性发作期为邪实痹阻；慢性缓解期为正虚邪恋。急性发作经过治疗后，可转入缓解期，病情相对稳定。类风湿关节炎的治疗应以中西医结合治疗为主，急性期以非甾体消炎药控制关节肿痛，慢作用药控制疾病的进展，联合应用具有清热解毒、消肿止痛作用的中药汤剂；缓解期可用慢作用药与中药联合，以控制病情及防止复发。晚期有畸形期与功能障碍者，可考虑手术治疗。

二、西医治疗

（一）一般性治疗

包括休息、关节制动（急性期）、关节功能锻炼（恢复期）、物理疗法等。卧床休息只适宜于急性期、发热以及内脏受累的患者。

（二）药物治疗

根据药物性能，治疗 RA 的常用药物分为四大类，即非甾体消炎药、改变病情抗风湿药、糖皮质激素和植物药等。

1. **非甾体消炎药** 具镇痛消肿作用，是改善关节炎症状的常用药，但不能控制病情，必须与改变病情抗风湿药同服。常用非甾体消炎药的剂量如下：① 塞来昔布：每日 200～400 mg，分 1～2 次服用，有磺胺过敏者禁用；② 美洛昔康：每日 7.5～15 mg，分 1～2 次服用；③ 双氯芬酸：每日 75～150 mg，分 2 次服用；④ 吲哚美辛：每日 75～100 mg，分 3 次服用，胃肠道反应较上述 3 种药物多，属同类结构的有舒林酸、阿西美辛等；⑤ 萘普生：每日 0.5～1.0 g，分 2 次服；⑥ 布洛芬：每日 1.2～3.2 g，分 3～4 次服用。无论选择何种非甾体消炎药，都会出现胃肠道不良反应，使用中必须加以注意，剂量都应个体化；只有在一种非甾体消炎药足量使用 1～2 周后无效才更改为另一种；应避免 2 种或 2 种以上非甾体消炎药同时服用，因其疗效不叠加，而不良反应增多；老年人宜选用半衰期短的非甾体消炎药，对有溃疡病史的老年人，宜服用选择性 COX-2 抑制剂以减少胃肠道的不良反应。

2. **改变病情抗风湿药** 该类药物较非甾体消炎药发挥作用慢，临床症状的明显改善需 1～6 个月，有改善和延缓病情进展的作用。一般认为 RA 诊断明确都应使用改变病情抗风湿药，药物的选择和应用的方案要根据患者的病情活动性、严重性和进展而定。从临床研究疗效和费用等综合考虑，一般首选甲氨蝶呤（MTX），并将它作为联合治疗的基本药物。受累关节超过 20 个，起病 2 年内就出现关节骨破坏，RF 滴度持续很高，有关节外症状者应尽早采用改变病情抗风湿药联合治疗方案。各个改变病情抗风湿药有其不同的作用机制及不良反应，在应用时需谨慎监测。现将本类药物中常用者详述如下。

（1）MTX：本药抑制细胞内二氢叶酸还原酶，使嘌呤合成受抑，同时具抗炎作用。每周 7.5～25 mg，以口服为主（1 日之内服完），亦可静脉注射或肌内注射。4～6 周起效，疗程至少半年。不良反应有肝损害、胃肠道反应、骨髓受抑制和口角糜烂等，停药后多能恢复。

（2）柳氮磺吡啶：每日 2～3 g，分 2 次服用，由小剂量开始，会减少不良反应，对磺胺过敏者禁用。

（3）来氟米特：主要抑制合成嘧啶的二氢乳清酸脱氢酶，使活化淋巴细胞的生长受抑。其服法为 50 mg，每日 1 次，3 天以后 10～20 mg，每日 1 次。

（4）羟氯喹和氯喹：前者每日 0.2～0.4 g，分 2 次服。后者每日 0.25 g，一次服。长期服用可出现视物盲点，眼底有"牛眼"样改变，因此，每 6～12 个月宜作眼底检测，少数患者服用氯喹后出现心肌损害。

（5）生物制剂和免疫性治疗：生物制剂如 TNF-α 拮抗剂、IL-1 拮抗剂、CD20 单克隆抗体、细胞毒 T 细胞活化抗原-4 抗体等，近年在国内外都在逐渐使用，临床试验提示它们有抗炎及防止骨破坏的作用。为增加疗效和减少不良反应，本类生物制剂宜与 MTX 联合应用。其主要的副作用包括注射部位局部的皮疹，感染（尤其是结核感染），长期使用淋巴系统肿瘤患病率增加，TNF-α 单抗则可诱发短暂自身免疫性疾病，出现自身抗体。免疫性治疗包括口服诱导免疫耐受药、米诺环素类药,其疗效待定。免疫治疗还包括以去除血浆中异常免疫球蛋白为主要目的的血浆置换、免疫吸附等疗法,只用于一些难治的重症患者。

(6) 其他改变病情抗风湿药:① 金制剂:分为注射及口服2种剂型。常用的注射剂为硫代苹果酸金钠,每周肌内注射1次,由最小剂量开始,逐渐增至每次50 mg,待有效后注射间隔可延长,现很少使用。口服金诺芬,每日剂量6 mg,分2次口服,3个月后起效。口服金制剂不良反应少,适于早期或轻型患者。② 青霉胺:开始剂量为125 mg,每日2~3次,无不良反应者则每2~4周后剂量加倍,至每日达500~750 mg,待症状改善后减量维持。不良反应较多,包括胃肠道反应、骨髓抑制、皮疹、口异味、肝肾损害等。③ 硫唑嘌呤:抑制细胞的合成和功能。每日口服剂量为100 mg,病情稳定后可改为50 mg维持,服药期间需监测血象及肝肾功能。④ 环孢素:是近年来治疗本病的免疫抑制剂,每日3~5 mg/kg,分1~2次口服。其突出的不良反应为血肌酐和血压上升,服药期间宜严密监测。

3. **糖皮质激素** 本药有强大的抗炎作用,在关节炎急性发作可给予短效激素,其剂量依病情严重程度而调整,一般应不超过泼尼松每日10 mg,可使关节炎症状得到迅速而明显地缓解,改善关节功能。有系统症状如伴有心、肺、眼和神经系统等器官受累的重症患者,可予泼尼松每日量为30~40 mg,症状控制后递减,以每日10 mg或低于10 mg维持。但由于它不能根治本病,停药后症状会复发。长期使用糖皮质激素造成的依赖性导致停药困难,并可出现许多不良反应。关节腔注射激素有利于减轻关节炎症状,改善关节功能。但一年内不宜超过3次。过多的关节腔穿刺除了并发感染外,还可发生类固醇晶体性关节炎。

4. **植物药制剂** 常有的植物药制剂包括:① 雷公藤多苷,有抑制淋巴、单核细胞及抗炎作用。30~60 mg/d,分3次服用,其不良反应为对性腺的毒性,出现月经减少、停经、精子活力及数目降低、皮肤色素沉着、指甲变薄软、肝损害、胃肠道反应等。② 青藤碱:60 mg,饭前口服,每日3次。常见不良反应有皮肤瘙痒、皮疹等过敏反应,少数患者出现白细胞减少。③ 白芍总苷:常用剂量为0.6 g,每日2~3次。其不良反应有大便次数增多,轻度腹痛,纳差等。

(三) 外科手术治疗

包括关节置换和滑膜切除手术,前者适用于较晚期有畸形并失去功能的关节。滑膜切除术可以使病情得到一定的缓解,但当滑膜再次增生时病情又趋复发,所以必须同时应用改变病情抗风湿药。

三、中医治疗

(一) 辨证论治

活动期

1. 湿热痹阻

证候:发热,口苦,饮食无味,纳呆或有恶心,泛泛欲吐,关节肿痛以下肢为重,全身无力,下肢沉重酸胀,浮肿或有关节积液,舌苔黄腻,脉滑数。

治法:清热利湿,祛风通络。

方药:四妙丸加减。

药用苍术、黄柏、牛膝、薏苡仁等。若下肢重者,可加独活祛风除湿;若关节红肿热痛明显甚或浑身壮热者,加金银花、蒲公英、板蓝根、虎杖等。

2. 阴虚内热

证候:午后或夜间发热,盗汗或兼自汗,口干咽燥,手足心热,关节肿胀疼痛,小便赤涩,大便秘结,舌质干红,少苔,脉细数。

治法:养阴清热,祛风通络。

方药:丁氏清络饮加减。

药用白薇、石斛、赤芍、忍冬藤、生地、地骨皮、丹皮、青蒿、桑枝、地龙、威灵仙、丝瓜络、羚羊角等。若兼湿热者,可合三妙散以清热祛湿。

3. 寒热错杂

证候:低热,关节灼热疼痛,或有红肿,形寒肢凉,阴雨天疼痛加重,得温则舒,舌质红,苔白,脉弦细或数。

治法:祛风散寒,清热化湿。

方药:桂枝芍药知母汤加减。

药用桂枝、芍药、炙甘草、麻黄、白术、知母、防风、炮附子、生姜等。如关节红肿热痛明显者,酌加金银花、蒲公英、板蓝根以清热解毒;如畏寒明显者,酌加生黄芪、川乌头以固表散寒。

缓解期

1. 痰瘀互结，经脉痹阻

证候：关节肿痛且变形，屈伸受限，或肌肉刺痛，痛处不移，皮肤失去弹性，按之稍硬，肌肤紫黯，面色黧黑，或有皮下结节，肢体顽麻，舌质黯红或有瘀点、瘀斑，苔薄白，脉弦涩。

治法：活血化瘀，祛痰通络。

方药：身痛逐瘀汤合指迷茯苓丸加减。

药用秦艽、川芎、桃仁、红花、甘草、羌活、没药、香附、五灵脂、牛膝、地龙、当归、茯苓、枳壳、半夏、风化硝、生姜等。伴见血管炎、脉管炎者合用四妙勇安汤以清热毒，活血养阴；痛剧者加乳香、延胡索、地鳖虫等。

2. 肝肾亏损，邪痹筋骨

证候：形体消瘦，关节变形，肌肉萎缩，骨节烦疼、僵硬活动受限，筋脉拘急，或筋惕肉瞤，腰膝酸软无力，眩晕，心悸气短，指甲淡白，舌淡苔薄，脉细弱。

治法：益肝肾，补气血，祛风湿，通经络。

方药：独活寄生汤加减。

药用独活、寄生、秦艽、防风、细辛、当归、芍药、川芎、干地黄、杜仲、牛膝、人参、茯苓、甘草、桂心等。若头晕耳鸣，失眠多梦，盗汗，烦热，颧红，可加左归丸；若面色㿠白，浮肿，畏寒喜暖，手足不温，加右归丸；若肿胀甚者，加白芥子、皂角，外敷皮硝；若关节疼痛甚者，加老鹳草、忍冬藤、虎杖等；病痼日久可酌加蕲蛇、乌梢蛇、白花蛇等。

（二）常用中药制剂

1. 雷公藤多苷片　有抗炎及免疫抑制作用，每日每千克体重 1~1.5 mg，分 3 次饭后服，一般首次足量，症状控制后，逐渐减量或间歇治疗。不良反应有恶心，食欲减退，白细胞、血小板减少，月经紊乱，精子减少等。

2. 火把花根片　祛风除湿，杀虫活络，清热解毒。每日 2~3 次，每次 3~5 片，口服。不良反应有少数患者服药后有胃脘不适、恶心感，饭后服药可减轻，伴中、重度肾功能不全，拟生育的青年男女慎用，儿童慎用。

（三）其他治疗

1. 针灸疗法　主穴：肩髃、曲池、臂中、合谷、环跳、足三里等，或根据疼痛部位而定穴。配穴：指关节取八邪，腕关节取阳溪、大陵，肘关节取曲泽，肩关节取肩髎，髋关节取风市，膝关节取膝眼，踝关节取昆仑，趾关节取八风，脊椎取华佗夹脊。每次 2~8 个穴位，隔日 1 次。

2. 理疗　根据各个关节所处的病理阶段及不同证候，选择适当的方法。

（1）疾病早期急性炎症期：临床表现为关节肿胀、积液、疼痛及功能受限。① 醋离子导入疗法：用 100 ml 醋均匀洒在作用极布导子上，放置病患部位，接阴极，作用极接阳极，对置法 20 分钟，每日或隔日 1 次，20 次为 1 个疗程。② 石蜡疗法：适用于类风湿关节炎相对稳定期。方法有刷法、浸法。每日或隔日 1 次，每次 30 分钟，10~20 次为 1 个疗程。

（2）软骨、骨破坏期：此期理疗目的是改善骨和软骨的营养，预防关节强直。① 短波、微波疗法：属高频电疗法，能深部透热，改善血液循环，增强新陈代谢，促进关节病理代谢产物消散，有利于骨与软骨的营养供应。② 音频电疗：具有消炎、镇痛、松解组织的作用，并能促进局部血液循环，改善骨及软骨的营养作用。每日 1 次，每次 20 分钟，20 次为 1 个疗程。③ 温泉或矿泉水浴疗法：本疗法对类风湿关节炎有良好效果，配合按摩及体疗，可以改善关节功能，预防关节强直。④ 中药药浴、中药蒸气浴：一般情况尚可者即可采用以通络活血为主药的浸浴或熏蒸，对全身关节都能起到作用。

（3）关节强直期：① 超声波疗法：用较大剂量超声波可使结缔组织纤维束分散，间质松化。大关节可用局部移动法，1.5~2.5 W/cm^2，8~10 分钟。治疗后可配合按摩及被动运动。② 激光治疗：CO_2 激光，功率 29 W，照射距离 1 m 左右，以患者自我感觉温度适宜为准。其热量被大部分生物组织所吸收，从而引起局部组织充血，促进血液循环，改善局部组织营养，起到消炎、止痛、消肿的作用。每日 1 次，每次 10 分钟，每 10 次为 1 个疗程。

【转归、预防与调护】

类风湿关节炎病情多变化。约 10% 的患者能自然缓解；10% 的患者病程呈进行性；大多数患者的病情波动，反复发作，经及时合理治疗，其临床症状也能逐渐减轻，关节功能得到改善。应早期控制症状，达到较长期缓解。影响预后的因素：① 女性患者比男性患者预后差；② 年老患者较年轻患者预后差；③ 早期有关节积液、皮下结节者预后差；④ 伴关节外症状，如血管炎、神经病变，或侵及多系统、多脏器者预后差；⑤ 早期类风湿因子滴度计数越高，预后越差；⑥ 病情发展趋势呈急进型者预后差。

潮湿是诱发本病的重要因素,忌汗出当风,或睡于风口,或卧于地上(尤其是水泥地及砖石之地),或露宿达旦。同时,保持精神愉快和情绪乐观,加强体育锻炼,通过关节功能锻炼,避免出现僵直挛缩,防止肌肉萎缩,恢复关节功能,促进机体血液循环,改善局部营养状态。

(包天佑 张金锋)

第四十九章 系统性红斑狼疮

系统性红斑狼疮(systemic lupus erythematosus,SLE)是一种表现有多系统损害的慢性系统性自身免疫病,其血清具有以抗核抗体为代表的多种自身抗体。本病病程以病情缓解和急性发作交替为特点,有内脏(肾、中枢神经)损害者预后较差。本病在我国的患病率为0.7/1 000~1/1 000,高于西方国家报道的1/2 000。以女性多见,尤其是20~40岁的育龄女性。通过早期诊断及综合性治疗,本病的预后较前明显改善。

本病与中医学"蝶疮流注"相似,可归属于"红蝴蝶疮"、"鬼脸疮"、"蝴蝶丹"、"阴阳毒"、"周痹"、"虚劳"等范畴。

【病因和发病机制】

SLE的病因和发病机制尚未明确,根据目前的研究,认为与以下因素有关。

一、遗传素质

SLE存在遗传的易感性,如同卵双胎者发病率约为40%,而异卵双胎者仅约3%;患者家族中患SLE者,可高达约13%,SLE患者的子女中,SLE的发病率约5%;有色人种SLE发病率可能高于白种人。近年对SLE遗传学的研究显示,SLE与人类组织相容性复合体HLA-DR和DQ的某些基因位点关系密切,SLE的易感基因如HLA-DR2、HLA-DR3等,在患者中的发生频率高于正常人。

二、环境因素

日光、紫外线、某些化学药品(如肼苯达嗪、青霉胺、磺胺类等)、某些食物成分(如苜蓿芽)都可能诱发SLE。

三、性激素

SLE以女性占绝对多数,男女比例为1:(18~10);月经初潮前及绝经期后女性发病率较少,而育龄期、妊娠期发病率明显增加。无论男性或女性SLE患者,其16-a-羟化雌酮和雌三醇水平均显著增高;女性避孕药有时可诱发狼疮样综合征;雌性NZB-SLE模型小鼠阉割卵巢可使病情缓解,而雄性SLE模型鼠阉割睾丸可使病情加重。研究表明,雌性激可增加B细胞产生针对DNA的抗体,而雄激素可抑制此种反应。

四、免疫学异常

免疫系统紊乱贯穿了SLE的整个发病过程。遗传等内在的易感因素加上外在的环境因素(也包括感染或其他不明抗原的刺激等),导致免疫系统发生异常的免疫应答,持续产生大量的致病性自身抗体引起组织损伤。其中T淋巴细胞、B淋巴细胞和细胞因子网络起重要作用。T淋巴细胞的异常,过多地产生对B淋巴细胞有刺激性的细胞因子,而抑制性的细胞因子不足,导致B淋巴细胞高度活化,产生大量不同类型的自身抗体。自身抗体可以与循环中的自身抗原形成免疫复合物而致病。免疫复合物的形成和沉积是SLE发病的主要机制。

【病理】

主要病理改变为炎症反应和血管异常,它可以出现在身体任何器官。中小血管因免疫复合物(immune complex,IC)沉积或抗体直接侵袭而出现管壁的炎症和坏死,继发的血栓使管腔变窄,导致局部组织缺血和功能障碍。受损器官的特征性改变是:① 苏木紫小体(细胞核受抗体作用变性为嗜酸性团块);②"洋葱皮样病变",即小动脉周围有显著向心性纤维增生,明显表现于脾中央动脉,以及心瓣膜的结缔组织反复发生纤维蛋白样变性,而形成赘生物。

此外,心包、心肌、肺、神经系统等亦可出现上述基本病理变化。如作免疫荧光及电镜检查,几乎都可发现肾病变。WHO将狼疮肾炎的肾小球病变分为以下六型:① 正常或轻微病变型;② 系膜病变型;③ 局灶增殖型;④ 弥漫增殖型;⑤ 膜性病变型;⑥ 肾小球硬化型。

【临床表现】

一、病史

本病90%上见于女性,主要为青少年,约25%患者以肾脏为首发表现,其中5%肾脏病变持续数年之后才有全身系统性表现。

二、症状

早期患者多无明显症状,可有疲倦、乏力、体重减轻等。急性期可有发热、关节痛、肌痛、脱发、口腔溃疡等临床表现;累及心脏者可有心悸、气促、心前区不适等;累及肾脏者可有眼睑水肿或双下肢水肿;10%患者可累及中枢神经系统,发生各种精神障碍,如躁动、幻觉、猜疑、妄想等,约15%可出现癫痫发作;累及消化系统者可有食欲不振、腹痛、呕吐、腹泻等。

三、体征

1. 皮肤表现　以水肿性红斑常见,好发于颧部两侧,融合呈蝶翼状,亦可见于指(趾)甲周、甲床远端、前额、耳垂甚至眉梢、上臂、四肢大关节伸面、掌跖部。偶可为盘状红斑,或局限性斑丘疹,多见于日晒部位。亦可为各式各样的皮疹,如红斑、红点、丘疹、紫癜或紫斑、水疱和大疱等。大疱破后可形成糜烂和溃疡。有的患者有光过敏现象。偶有皮下小结节、网状青斑。多数患者有脱发、雷诺现象。

2. 黏膜表现　SLE的黏膜病变不少见,如口唇、软腭、硬腭、齿龈、舌、鼻腔弥漫性潮红、点状出血、糜烂、水疱或溃疡等皆可出现。

3. 肾脏表现　几乎所有患者的肾组织均有病理变化,但有临床表现者仅占75%,可表现为急性肾炎、急进性肾炎、隐匿性肾小球肾炎、慢性肾炎和肾病综合征等,以慢性肾炎和肾病综合征者较常见。早期多表现为无症状的尿异常,随着病程的发展,患者可出现大量蛋白尿、血尿(肉眼或显微镜下)、各种管型尿、氮质血症、水肿和高血压等;晚期发生尿毒症,是死亡的常见原因。

4. 心包炎、心肌炎　心前区疼痛或不适,超声心动图对诊断有很大帮助。心肌炎可有气促、心前区不适、心律失常,心电图有助于诊断。约10%患者可发生周围血管病变,如血栓静脉炎等。

5. 胸腔积液、狼疮肺炎　为干性或胸腔积液,多为中等量渗出液,可为双侧性。狼疮肺炎表现为发热、干咳、气促,肺X线可见片状浸润阴影,多在双下肺。偶可为肺间质病变,X线检查见间质纹理增粗。

6. 神经系统　可出现癫痫发作,脑脊液检查蛋白量常增加,葡萄糖量可减少,氯化物却正常,白细胞轻度增多,颅内压增高。少数患者可发生偏瘫,颅脑CT可以证实,部分患者可发生脊髓炎,颅神经和外周神经病变等。

7. 贫血　患者可有血红蛋白减少、血小板减少、白细胞减少或淋巴细胞绝对减少。有的因血小板减少明显而发生各系统出血。

8. 干燥综合征　发生于SLE者是继发性干燥综合征,多见于具有抗SSA及抗SSB抗体阳性者。

9. 眼表现　患者可有眼底变化,如出血、乳头水肿、视网膜渗出物等,有继发性干燥综合征者可出现干燥性角结膜炎。

10. 淋巴结肿大　约20%患者有无痛性轻、中度淋巴结肿大,以颈部和腋下为多见,约15%患者有脾大。

【实验室及其他检查】

一、一般检查

血沉在活动期常增高;C反应蛋白通常不高,合并感染或关节炎较突出者常可增高;活动期SLE的血细胞三系中可有一系或多系减少(需除外药物所致的骨髓抑制),尿蛋白、红细胞、白细胞、管型尿等提示临床肾损害。

二、自身抗体

1. 抗核抗体(ANA)　对SLE的敏感性为95%,是目前最佳的SLE筛选试验,但特异性差。

2. 抗双链DNA(ds-DNA)抗体　特异性高达95%,敏感性仅70%,对确诊SLE和判断狼疮的活动性参考价值大,本抗体滴度高者常有肾损害。

3. 抗Sm抗体　特异性高达99%,但敏感性仅为25%,在SLE不活动时亦可阳性,故可作为回顾性诊断的重要依据。

4. 抗RNP抗体　阳性率约40%,对SLE特异性不高,其他结缔组织病亦可阳性。

5. 抗SSA(Ro)抗体　阳性率约30%,特异性低,在ANA阴性SLE、合并干燥综合征者,老年人或新生儿狼疮,本抗体均可阳性。

6. 抗SSB(La)抗体　阳性率约10%,特异性低。

7. 抗Rib-P(rRNP)抗体　即抗核糖体P蛋白抗体,阳性率约15%,特异性较高。阳性者常有狼疮神经系统损害。

8. 抗磷脂抗体　阳性率低,包括狼疮抗凝物质、抗心脂抗体、梅毒试验假阳性,其抗原均为磷脂。有此抗体者,容易发生动脉与静脉血栓形成、习惯性流产、血小板减少,称为磷脂综合征。

9. 其他自身抗体　包括抗组蛋白、抗红细胞膜(与溶血有关)、抗血小板膜、抗淋巴细胞膜、抗神经元(与狼疮脑损害有关)等抗体均可阳性。此外,约15%的患者血清类风湿因子阳性。

三、补体

CH_{50}、C3、C4降低,有助于SLE的诊断,血清补体C3、C4水平与SLE活动度成负相关。血清补体极度低下,提示疾病处于进展期,常伴有或即将出现严重的系统损害,是应用激素和免疫抑制剂的信号。

四、病理检查

1. 狼疮带试验(LBT)　免疫荧光染色可见皮肤的真皮和表皮交界处有Ig沉积带。SLE的阳性率约为70%,IgG沉着诊断意义较大。取腕上方伸侧部位的正常皮肤作检查,可提高本试验的特异性。皮肤狼疮带试验对SLE的特异性较高。

2. 肾活检　对狼疮肾炎的诊断、治疗和估计预后,均有价值。肾组织示慢性病变为主,而活动性病变少者,对免疫抑制治疗反应差,反之,治疗反应好。肾组织活动性病变为肾小球坏死、细胞性新月体、透明血栓、肾间质纤维化、肾小管萎缩等。

【诊断与鉴别诊断】

一、诊断

目前普遍采用美国风湿病学会1997年推荐的分类标准(表49-2)。该分类标准的11项中,符合4项或4项以上者,在除外感染、肿瘤和其他结缔组织病后,可诊断SLE。其敏感性和特异性分别为95%和85%。需强调指出的是,患者病情的初始或许不具备分类标准中的4条,随着病情的进展方出现其他项目的表现。11条分类标准中,免疫学异常和高滴度抗核抗体更具有诊断意义。一旦患者免疫学异常,即使临床诊断不够条件,也应密切随访,以便尽早作出诊断和及时治疗。

表49-2　美国风湿病学会1997年推荐的分类标准

1. 颊部红斑	固定红斑,扁平或高起,在两颧突出部位
2. 盘状红斑	片状高起于皮肤的红斑,黏附有角质脱屑和毛囊栓;陈旧病变可发生萎缩性瘢痕
3. 光过敏	对日光有明显的反应,引起皮疹,从病史中得知或医生观察到
4. 口腔溃疡	经医生观察到的口腔或鼻咽部溃疡,一般为无痛性
5. 关节炎	非侵蚀性关节炎,累及2个或更多的外周关节,有压痛、肿或积液
6. 浆膜炎	胸膜炎或心包炎
7. 肾脏病变	尿蛋白>0.5g/24h或+++,或管型(红细胞、血红蛋白、颗粒或混合管型)
8. 神经病变	癫痫发作或精神病,除外药物或已知的代谢紊乱
9. 血液学疾病	溶血性贫血,或白细胞减少,或淋巴细胞减少,或血小板减少
10. 免疫学异常	抗ds-DNA抗体阳性,或抗Sm抗体阳性,或抗磷脂抗体阳性(包括抗心磷脂抗体、狼疮抗凝物、至少持续6个月的梅毒血清试验假阳性三者中具备1项阳性)
11. 抗核抗体	在任何时候和未用药物诱发"药物性狼疮"的情况下,抗核抗体滴度异常

二、鉴别诊断

1. 类风湿关节炎　少数SLE发病初期以对称性多关节滑膜炎为突出表现,RF可能阳性,抗核抗体阴性或低度阳性,且部分SLE患者实验室检查类风湿因子也可阳性。类风湿关节炎近10%~20%的患者免疫荧光抗核抗体也可阳性。但是SLE关节病变的特点是:关节的疼痛、肿胀、晨僵等均较类风湿关节炎轻且持续时间短,少有骨质侵蚀,不遗留关节畸形,且多伴有特征性的皮疹,以及肾脏、血液、中枢神经等多系统的损害,脏器受累多且重,一般无类风湿结节。

2. 心包炎与心肌炎　以浆膜炎为突出表现的SLE易被误诊为病毒性心肌炎或心包炎,需反复检测抗核抗体、ds-DNA、Sm抗体,必要时抽吸浆膜腔积液进行检测。

3. 肾小球肾炎与肾病综合征　对有面部蝶形红斑或颊部红色斑丘疹等典型皮损的狼疮性肾炎,临床不难鉴别,但对缺乏典型皮损的SLE患者,当累及肾脏出现水肿及尿蛋白时,应注意与慢性肾炎及肾病综合征相鉴别。SLE除肾脏损害外,往往具有多系统和多脏器受累的表现,且某些免疫学检查,如抗核抗体、抗双链DNA抗体、抗Sm抗体、红斑性狼疮细胞(LE cell)和狼疮带试验等均呈阳性。对早期不典型临床难以确诊者,必要时可进行肾活检鉴别。

4. 特发性血小板减少性紫癜　部分SLE血液系统异常比较突出,贫血、白细胞减少、血小板减少,且伴发血管炎酷似特发性血小板减少性紫癜,但特发性血小板减少性紫癜多有骨髓巨核细胞增多或正常,有成熟障碍,血小板生存时间缩短,有$PAIg$、PAC_3阳性,对脾切除治疗有效,而抗核抗体、抗双链DNA抗体、抗Sm抗体等均为阴性,两者不难鉴别。

【中医病因病机】

本病发病多与下列因素有关。

1. 先天不足　本病患者多有先天禀赋不足,阴阳失调,肾阴亏耗。女子体阴而用阳,阴常不足。少妇、少年正值气火旺盛之时,故多有阴虚内热,或房事不节,命相火动,水亏于下,火炎于上,阴液销铄,真阴愈亏,外邪乘虚而入,"邪入于阴则痹",血脉闭阻不通。病久阴血暗耗,阴损及阳,阴阳两虚,致病情加重。

2. 六淫外伤　六淫之中,风、暑、火、燥四邪为阳邪,阳热亢盛,消灼阴液,是其主要外因。冬春有风寒外袭由腠理而入,与气血相搏阻滞脉络,化热则伤阴;夏有湿热交阻,盛暑则阳光灼人,暑热由皮肤而入,酿成热毒;秋有燥气伤津,津亏血燥,而口眼干燥,瘀滞痹阻,则关节疼痛。风寒暑湿燥火,外能伤肤损络,内能波及营血、脏腑。

3. 瘀血阻络　真阴不足,水亏火旺,复受外感,郁而化热,血热则瘀,阻塞脉络。瘀热阻塞体表脉络,则瘀点满布,五心烦热,甚至肢痛难忍。瘀热阻塞上焦,水道不能通调,积而为饮,心肺受损;瘀热阻塞中焦,脾胃受损,气血不足,精华流失,血虚有火,热逼血行,血不循经,溢于脉外,则衄血紫斑,月经不调,或见血尿;瘀热闭塞下焦水道,肝肾受损,则见腰痛,浮肿,腹水,贫血;瘀热上入清窍,则偏瘫瘛疭。

本病初病在表,四肢脉络痹阻,先表后里,由表入里,由四肢脉络入内而损及脏腑脉络。在内先在上焦由上而下,渐至中焦再及下焦;由轻渐重,由浅渐深。在表在上较为轻浅,在里在下较为深重。若表里上下多脏同病,当为重证;如再由下而上弥漫三焦,五脏六腑俱损,上入清窍则最为危重。本病基本病机是素体虚弱,真阴不足,热毒内盛,痹阻脉络,内侵脏腑。病位在经络、血脉,与心、脾、肾密切相关,可累及于肝、肺、脑、皮肤、肌肉、关节等多个脏器。在整个病程中,初起多热毒炽盛,外发肌肤,壅滞经络;中期邪毒充斥三焦,或窜犯心营,或引动肝风;后期多邪热伤阴,阴虚内热,或伤肝夹瘀,或阴损及阳,脾肾阳虚。其性质是本虚标实,心脾肾阳虚血虚为本,郁热、火旺、瘀滞、积饮为标,且常虚实交错并见。

【中医诊断及病证鉴别】

本病多涉及五脏,尤以肝肾心脾为常见。实火多为外感热毒与心肝积热合邪、热毒入营所致,多见于急性发作期或亚急性期发作阶段。虚火多为肝肾阴虚,虚火上浮所致,多见于缓解期。标实表现为火热亢盛,气滞血瘀。本虚以肝肾阴虚为主。

病证鉴别

1. 盘状红蝴蝶疮　皮损好发于面颊、眉弓、耳郭、口唇、手背等曝光部位,呈黯紫红色浸润性斑片,表面覆有菲薄鳞屑,部分可见萎缩。皮肤病理检查有基底细胞液化变性,真皮血管和附件周围灶性淋巴细胞浸润,狼疮带试验阳性确诊。

2. 亚急性皮肤型红斑狼疮　皮损多为环状红斑或呈多形性,系统损害轻微,抗核抗体多为阳性。

【治疗】

一、治疗思路

SLE是一种自身免疫性疾病,其病因及发病机理尚未完全明了,因此难以根治。但合理治疗后可以缓解,尤其是早期患者。各种治疗方法旨在控制症状、稳定病情、防治重要脏器受累。在制订药物治疗方案时,应了解患者是否有疾病的活动、累及哪些系统或器官,治疗方案和剂量应高度个体化,经常评估所选择的药物和剂量对患者的风险/效果比率,在控制病情活动和药物毒性作用之间寻求最适宜的药物和剂量。益气养阴,滋补肝肾是治疗红斑狼疮的基本方法。急性期及亚急性期辅以清热解毒、凉血化斑;缓解期多兼血瘀,治疗须佐以活血化瘀。中医辨证论治对改善SLE的病情、减轻激素和免疫抑制剂的毒副作用、改善体质等方面都具有一定的优势。一般认为在急性活动期应用西药能迅速有效地控制病情,危重期如狼疮脑癫痫发作、肾衰竭等应使用甲强龙或环磷酰胺(CTX)冲击疗法。急性期采用中西医结合治疗,西药首选糖皮质激素,必要时合用细胞毒药物;中药以清热解毒,凉血化斑为主。缓解期的治疗则以维持性治疗为主,以泼尼松最低量维持;中药以益气养阴,清解余毒。对治疗后病情渐趋于稳定的患者在激素减至半量以下时应逐渐以中药治疗为主,当减至最小维持量并获得长年缓解后可逐渐撤除或长期用维持量激素配合中药治疗。

二、西医治疗

SLE 的病情轻重缓急变化很大,应根据不同情况制订个别化的治疗方案。首先对每个患者病情作出准确的判断,如初发或复发,有无脏器损害,损害程度,有无并发症及其严重性,对过去治疗的反应,患者对疾病的承受能力等,然后制订药物治疗方案。治疗原则是处于活动期且病情重者,予强有力的药物控制,病情缓解后,则改为维持性治疗。

(一) 一般治疗

非药物性一般治疗非常重要,必须:① 进行心理治疗使患者对疾病树立乐观情绪;② 急性活动期要卧床休息,病情稳定的慢性患者可适当工作,但注意勿过劳;③ 及早发现和治疗感染;④ 避免使用可能诱发狼疮的药物,如避孕药等;⑤ 避免强阳光暴晒和紫外线照射;⑥ 缓解期才可作防疫注射,但尽可能不用活疫苗。

(二) 轻型 SLE 的治疗

一些轻型患者虽有轻度活动性,但症状轻微,如疲倦、关节痛、肌肉痛、皮疹等,而无重要脏器损伤者。如以关节肌肉痛为主,可用非甾体消炎药如双氯芬酸 12 mg,每日 3 次。如以皮疹为主,可用抗疟药如氯喹 0.25 g,每日 1~2 次,治疗 2~3 周,可望改善。皮疹还可用含糖皮质激素的软膏,如 1% 醋酸氢化可的松外涂。如上述治疗无效,应及早服用小剂量糖皮质激素治疗(每日服泼尼松 0.5 mg/kg)。轻型 SLE 可因过敏、感染、妊娠生育、环境等因素而加重,甚至进入狼疮危象。

(三) 重型 SLE 的治疗

活动程度较高,病情较严重,患者每有发热、乏力、多汗等全身症状,实验室检查有明显异常。按病情需要,可应用下述治疗。

1. **糖皮质激素** 是治疗 SLE 的基础用药,具有强有力的抗炎作用和免疫抑制作用,能缓解急性期症状,逆转病情。一般选用泼尼松或甲泼尼龙,只有鞘内注射时用地塞米松。对不甚严重病例,可先试用泼尼松每日 0.5~1 mg/kg,晨起顿服,病情稳定后 2 周或疗程 8 周内,开始以 1~2 周减 10% 的速度缓慢减量,减至小于每日 0.5 mg/kg 后,减药速度按病情适当调慢;如果病情允许,维持治疗的激素剂量尽量小于泼尼松每日 10 mg。长期使用激素会出现以下不良反应,如向心性肥胖、血糖升高、高血压、诱发感染、股骨头无菌性坏死和骨质疏松等,应予以密切监测。

激素冲击疗法:用于急性暴发性危重 SLE,如急进性肾衰竭、神经精神狼疮的癫痫发作或明显精神症状、严重溶血性贫血等,即用甲泼尼龙 500~1 000 mg,溶于 5% 葡萄糖液 250 ml 中,缓慢静脉滴注每天 1 次,连用 3 天为 1 个疗程,接着使用如上所述的大剂量泼尼松,如病情需要,1 周后可重复使用,这样能较快控制 SLE 暴发。

2. **细胞毒药物** 活动程度较严重的 SLE,应给予大剂量激素和细胞毒药物,后者常用 CTX 或硫唑嘌呤。加用细胞毒药物有利于更好地控制 SLE 活动,减少 SLE 暴发,以及减少激素的需要量。狼疮肾炎用激素联合 CTX 治疗,会显著减少肾衰竭的发生。

(1) 环磷酰胺(CTX):是目前治疗重症 SLE 最有效的药物之一,它能有效地诱导疾病缓解,阻止和逆转病变的发展,改善预后。CTX 冲击疗法,每次剂量 10~16 mg/kg,加入生理盐水 200 ml 内,静脉缓慢滴注,时间要超过 1 小时。除病情危重者每 2 周冲击 1 次外,通常 4 周冲击 1 次,冲击 6 次后,改为每 3 个月冲击 1 次,至活动静止后 1 年,才停止冲击。CTX 口服剂量为每日 2 mg/kg,分 2 次服。CTX 有不少不良反应,如胃肠道反应、脱发、肝损害等,尤其是血白细胞减少,应定期作检查,当血白细胞 $<3 \times 10^9$/L 时,暂停使用。

(2) 硫唑嘌呤:疗效不及环磷酰胺冲击疗法。激素联合使用硫唑嘌呤也有疗效,仅适用于中等程度严重病例,脏器功能恶化缓慢者。硫唑嘌呤不良反应较 CTX 少,主要是骨髓抑制、肝损害、胃肠道反应等。剂量为每日口服 2 mg/kg。在 SLE 活动已缓解数月后,本药应减量,酌情停服。大剂量激素联用细胞毒药物治疗 4~12 周,如病情获得改善,激素在病情允许情况下,尽快减至小剂量。

3. **环孢素** 是一种非细胞毒免疫抑制剂,主要用于器官移植的排异反应,对自身免疫性风湿病也有疗效。如果大剂量激素联合应用细胞毒药物使用 4~12 周,病情仍不改善,应加用环孢素,每日口服 5 mg/kg,分 2 次服,服用 3 个月,以后每月减 1 mg/kg,至每日 3 mg/kg 作维持治疗。其主要不良反应为肾、肝损害,使用期间应予以监测。在需用 CTX 的病例,由于血白细胞减少而暂不能使用者,亦可用本药暂时替代。近年有学者报告吗替麦考酚酯治疗本病有效,用量为 0.5~1.5 g/d,分 2~3 次口服。但仍需进一步验证。

4. **丙种球蛋白** 静脉注射大剂量丙种球蛋白可以明显提高狼疮危象治疗的成功率。大剂量免疫球蛋白,一方面对SLE本身具有免疫治疗作用,另一方面具有非特异性的抗感染作用。本疗法是一种强有力的辅助治疗措施,对危重的难治性SLE颇有效。一般每日0.4 g/kg,静脉滴注,连用3~5天为1个疗程。

5. 雷公藤多苷片 对SLE有一定的疗效。每次20 mg,每日3次,病情控制后可减量或用间歇疗法,1个月为1个疗程。但不良反应较大,如对性腺的毒性,可发生停经、精子减少及肝脏损害、胃肠道反应、白细胞减少等,使用时要小心监测。

（四）急性暴发性危重SLE

狼疮危象包括各个系统的危重损害,应根据患者的具体情况对症治疗。对狼疮脑病癫痫发作者、急性肾衰竭者、狼疮心肌损害严重者,除甲泼尼龙冲击疗法和CTX冲击疗法外,对狼疮癫痫发作者,宜用卡马西平等抗癫痫药;急性肾衰竭者,宜采用保护和(或)替代肾功能措施;有心力衰竭表现者,宜减轻心脏前后负荷和适当使用洋地黄制剂。

（五）缓解期的治疗

急性期病情缓解后或器官损害基本得到控制之后即进入缓解期。缓解期的治疗目的是巩固已取得的疗效,防止病情复燃。此期应开始有计划地按个人实际反应减少糖皮质激素用量。在此期间应认真随访,指导患者减药量,防止病情复发。

（六）妊娠

妊娠可诱发或加重部分SLE病情,发生习惯性流产,但妊娠不是SLE绝对禁忌证,如果没有中枢神经系统、肾脏或心脏严重损害,而病情处于缓解半年以上,一般能安全地妊娠,并产出正常婴儿。非缓解期SLE易于流产、早产或死胎（发生率约30%）,故应避孕。妊娠可诱发SLE活动,特别在妊娠早期和产后6周。有习惯性流产病史或抗磷脂抗体阳性者,妊娠时应服低剂量阿司匹林50 mg/d。激素通过胎盘时被灭活(但地塞米松和倍他米松例外),不会对胎儿有害,妊娠时及产后1个月内可按病情需要给予激素治疗,必要时加用硫唑嘌呤。产后避免哺乳。

三、中医治疗

（一）辨证论治

1. 热毒炽盛

证候：高热,不恶寒,满面红赤,皮肤红斑鲜红,咽干,口渴喜冷饮,尿赤而少,关节疼痛,舌红绛,苔黄,脉滑数或洪数。

治法：清热解毒,凉血化斑。

方药：清瘟败毒饮加减。

药用生石膏、生地、玄参、犀角、黄连、栀子、桔梗、知母、连翘、甘草、丹皮、银花、连翘等。高热不退加牛黄粉、羚羊角粉或紫雪散以加强清热除火之力;关节痛加忍冬藤、桑枝以清热通络;衄血、尿血加藕节炭、白茅根、水牛角粉清热凉血;如有头痛呕吐,寒战,舌苔转黄厚,有热毒之象者,重用黄连、黄柏、大黄、贯众、板蓝根等清热解毒;神志不清者加服安宫牛黄丸。

2. 阴虚内热

证候：长期低热,手足心热,面色潮红而有黯紫斑片,口干咽痛,渴喜冷饮,目赤齿衄,关节肿痛,烦躁不寐,舌质红少苔或苔薄黄,脉细数。

治法：养阴清热。

方药：玉女煎合增液汤加减。

药用石膏、熟地黄、麦冬、知母、牛膝、玄参、麦冬、生地、丹皮、龟板等。关节痛者加海风藤、虎杖;低热者加青蒿、地骨皮;口干者加石斛、鲜芦根;脱发者加何首乌、熟地黄等。

3. 热郁积饮

证候：胸闷胸痛,心悸怔忡,时有微热,咽干口渴,烦热不安,红斑皮疹,舌红苔厚,脉滑数、濡数,偶有结代。

治法：清热蠲饮。

方药：葶苈大枣泻肺汤合泻白散加减。

药用葶苈子、大枣、桑白皮、地骨皮、粳米、甘草等。饮多体壮者可用制甘遂末吞服,以攻逐水饮;发热者加生石膏加强清热之力;畏冷或白痰多者加桂枝、白芥子以温化痰饮;心悸、脉结代者,加炙甘草、五味子、丹参、龙齿益气复脉,养心宁神;咳痰者加象贝母、炙百部清肺止咳;气急胸闷者加炙苏子、瓜蒌皮、厚朴宽胸顺气。

4. 瘀热痹阻

证候：手足瘀点累累,斑疹斑块黯红,两手白紫相继,两腿青斑如网,脱发,口糜、口疮、鼻衄、肌衄,关节肿胀疼痛,月经愆期,小便短赤,有蛋白尿、血尿,低热或自觉烘热,烦躁多怒,舌光红或边有瘀斑,苔薄,脉细弦或涩数。

治法：清热凉血，活血散瘀。

方药：犀角地黄汤加减。

药用犀角（以水牛角代）、生地、赤芍、丹皮等。若肌衄、鼻衄，血小板减少，加制首乌、茜草、生藕节、生地榆等；雷诺征严重，证属寒热错杂者，加桂枝、红花活血通络，温凉并用；闭经加当归、益母草活血通络。

5. 脾肾两虚

证候：面色不华，但时有潮红，两手指甲亦无华色，神疲乏力，畏寒肢冷，时而午后烘热，口干，小便短少，两腿浮肿如泥，进而腰股俱肿，腹大如鼓，舌胖、舌偏红或偏淡均有，苔薄白或薄腻，脉弦细、细数、细弱。

治法：滋肾填精，健脾利水。

方药：济生肾气丸加减。

药用附子、肉桂、熟地、山药、山萸肉、丹皮、泽泻、茯苓、牛膝、车前子等。面色无华，血红蛋白、白细胞下降者，加黄芪、女贞子、制首乌；膝酸腰痛者加杜仲、续断、桑寄生；面部潮红者加知母、黄芩；畏冷舌淡，蛋白尿者，加土茯苓、桑叶；胃纳不振，大便溏薄者，加芡实、鸡内金、山楂；头晕头痛，血压升高者，加菊花、钩藤、白蒺藜、天麻；恶心呕吐，二便俱少者，加大黄、玄明粉、木香、厚朴；已出现慢性肾衰竭、氮质血症或尿毒症者，必须及时利尿通便，也可用大黄、附子、牡蛎等水煎灌肠。

6. 瘀热伤肝

证候：低热绵绵，口苦纳呆，两胁胀痛，月经提前，经血黯紫带块，烦躁易怒，或黄疸、肝脾肿大，皮肤红斑、瘀斑，舌质紫黯或有瘀斑，脉弦。

治法：疏肝清热，凉血活血。

方药：茵陈蒿汤合柴胡疏肝散加减。

药用茵陈蒿、山栀、大黄、柴胡、川芎、陈皮、枳壳、白芍、香附、甘草等。便秘者加生大黄；腹水者加益母草、水红花子。

（二）常用中成药

1. 雷公藤多苷片 有抗炎及免疫抑制作用，每千克体重每日 1~1.5 mg，分 3 次饭后服，一般首次足量，症状控制后，逐渐减量或间歇治疗。不良反应有恶心，食欲减退，白细胞、血小板减少，月经紊乱，精子减少等。

2. 火把花根片 祛风除湿，杀虫活络，清热解毒。片剂，每日口服 2~3 次，每次 3~5 片。不良反应有少数患者服药后有胃脘不适、恶心感，饭后服药可减轻，伴中、重度肾功能不全，拟生育的青年男女慎用，儿童慎用。

【转归、预防与调护】

本病尚不能根治，大多能控制和缓解，应尽量控制在没有内脏损害的早期阶段；自应用激素以来，预后有明显改变，死亡率降低。5 年存活率国外报道已达 75%。死亡的原因，以肾衰竭、心力衰竭、各种感染（肺炎、败血症）、脑出血、消化道大量出血等为多见。中西医结合治疗使预后能进一步改善，有的患者可以达到恢复工作的程度。

预防应及时有效地控制感染，慎用某些诱发药物，避免日光暴晒及紫外线照射。内热重的患者，宜食凉性食物。羊肉、牛肉、狗肉、马肉、驴肉等温性食物，可能诱发和加重病情。水果也宜选用生梨、西瓜、生藕等。菠菜能发疮，增加尿蛋白和管型，花菜能加重脱发，宜忌口。不宜饮酒，也不宜用药酒、补酒等治疗。

（包天佑 张金锋）

第九篇 神经系统疾病

中西医结合内科学

第五十章
癫痫

癫痫(epilepsy)是脑部神经元反复发作异常放电,导致暂时性中枢神经系统功能失常为特征的慢性脑部疾病和综合征,其表现为运动、感觉、意识、自主神经等功能障碍及精神异常,具有突然发生、反复发作的特点,每次发作或每种发作称为痫性发作,患者可有一种或数种痫性发作作为其临床症状。

癫痫属于中医学"痫证"范畴。是因风痰伏阻脏腑,脏腑受损,神机受累,元神失控所致的病证。临床表现以发作突然意识丧失,仆倒不省人事,两目上视,口吐涎沫,四肢抽搐,或口中怪叫,移时苏醒,一如常人为主要表现的一种发作性疾病。又称"痫证"、"癫痫"、"羊痫风"。

【病因和发病机制】

一、病因

西医认为本病可由遗传因素和获得性因素引起。依据现有检查方法,按有无病因而将癫痫分为原发性癫痫和继发性癫痫两大类。

（一）原发性癫痫

又称"特发性"或"隐源性"癫痫。目前在这组患者的脑部尚未发现可以解释本病的病理变化或代谢异常的原因,推测与遗传因素密切相关。可能是由于遗传了较低的抽搐阈度;或某些遗传特性构成了某些特异性原发性癫痫的基础,或是脑的遗传性疾病中产生癫痫发作的结构性障碍等。此类型癫痫多见于幼儿及青少年期发病。

（二）继发性癫痫

又称症状性癫痫,见于多种脑部疾病和引起脑组织代谢障碍的一些全身性疾病,占癫痫的大多数,可发生于各个年龄组。其病理因素主要包括以下几方面。

1. **先天性损害** 脑先天性损害是胎儿发育中各种病因导致脑穿通畸形、小头畸形、先天性脑积水、胼胝体阙如及大脑皮质发育不全,围产期胎儿脑损伤等,以及母亲妊娠期药物毒性反应及放射线照射等引起的获得性发育缺陷。

2. **高热惊厥后遗症** 严重和持久的高热惊厥导致脑神经元缺失和胶质增生的脑损害,主要在额叶内侧面,尤其在海马体。

3. **颅脑外伤** 分娩时产伤是婴儿期癫痫的常见病因,颅脑外伤是成人癫痫发生的主要原因,绝大多数病例在外伤后2年内出现。

4. **感染** 各种中枢神经系统细菌、病毒、真菌、寄生虫、螺旋体感染及获得性免疫缺陷综合征神经系统并发症等。

5. **中毒** 一些重金属和药物,如铅、汞、一氧化碳(CO)、乙醇、士的宁(番木鳖碱)、异烟肼中毒以及全身性疾病如妊娠高血压综合征、尿毒症等。以及不恰当的停用镇静性药物或服用致抽搐药等。

6. **颅内肿瘤** 为中年发生癫痫的常见病因,生长于额叶及中央回皮质附近的胶质细胞瘤、脑膜瘤、星形细胞瘤和转移性肿瘤等较为多见。

7. **脑血管疾病** 如脑动静脉畸形、脑梗死和脑出血等。癫痫发作可发生于卒中的急性期,亦可见于卒中后1年左右。急性脑血管病中以蛛网膜下腔出血和脑栓塞引起癫痫较多见,此外颅内静脉窦及静脉血栓形成亦可引发癫痫,高血压脑病也常诱发癫痫。

8. **营养代谢性疾病** 儿童患佝偻病时常发生癫痫。在成人中,胰岛细胞瘤所致低血糖、糖尿病、甲亢、甲减和维生素B_6缺乏症等可产生发作。

9. **脑部变性疾病** 如胶原血管病、变态反应性脑病、多发性硬化、急性播散性脑脊髓炎等也是癫痫发生的原因。

二、发病机制

1. **神经元膜的兴奋性增高** 如体液中钙离子和二氧化碳张力降低,甲状腺素、雌激素增加以及脑内乙酰胆碱和脑腓肽含量增加可使神经元膜的兴奋性升高,使兴奋性电位易于扩布。
2. **抑制性冲动不足** 如癫痫灶中γ-氨基丁酸、牛磺酸、甘氨酸等抑制性递质含量减少;以及损害了正常情况下发出抑制性冲动的神经元群(如小脑齿状核)或其通路,从而降低了神经元的兴奋阈,有利于癫痫样放电的形成和扩散。
3. **神经元膜电位不稳定** 全身代谢障碍如低血糖或缺氧影响神经元的能源供应,多种中毒阻碍了神经元的酶代谢,结果不能维持膜电位稳定,从而使神经元膜难以维持相对稳定的极化状态,易形成自发性、长期的电位波动。
4. **遗传素质** 遗传的易感性能使较轻的代谢紊乱和上述异常变化易于导致癫痫发作。
5. **痫性活动的停止** 发作终止主要由于各层的抑制作用,包括痫灶周围抑制性神经细胞的活动,胶质细胞对兴奋性物质的回收,以及痫灶外抑制系统的参与。

【病理】

在正常人可因电刺激或化学刺激而诱发癫痫发作。因此,正常脑可能具有产生发作的解剖——生理基础,易受各种刺激而触发。一定频率和电流强度刺激脑产生的发作放电在刺激停止后仍持续放电,导致全身强直性发作。减弱刺激参数后可能只出现简短后放电。

癫痫病灶中,一组病态神经元异常过度放电,并能导致其周围以及远处的许多神经元同步放电。痫性活动仅涉及大脑皮质某一区域而不扩散,此为单纯部分性发作;如在皮质突触环内长期运转,则造成持续性部分性癫痫。痫性活动时常由皮质通过下行投射纤维传播到丘脑和中脑网状结构,引起意识丧失,再经弥散性丘脑投射系统扩散至整个大脑皮质,产生继发全面性强直-阵挛发作。痫性放电源于中脑及丘脑网状结构,再经丘脑投射系统扩布至双侧大脑皮质,此为原发的全面性强直-阵挛发作。失神发作痫性放电传播至网状结构内即被抑制。

【临床表现】

一、症状

癫痫在20岁以前发病率高,特别是10岁前的婴幼儿最高。这与婴幼儿大脑发育特点、先天性疾病、遗传因素等有关。20~50岁发病率相对较低和50岁以后再次升高。后者与颅脑外伤、脑血管病、脑瘤发病率增高有关。其中原发性癫痫多数为多基因遗传,仅少数家族呈现单基因遗传,故癫痫亲属患病率远高于一般人群。

影响癫痫发作的因素可概括为遗传和环境两个方面。

1. **遗传因素** 癫痫有着明显的家族遗传性,这在特发性癫痫尤其明显。大量研究发现癫痫患者亲属患病率远高于群体患病率,其中一级亲属为2.28%~6.86%,二级亲属为0.66%~1.03%。
2. **环境因素** 目前研究认为癫痫的发生是多因素作用的结果(除一些特殊表型外),即遗传和环境共同作用,这在继发性癫痫中体现更明显。

(1) 大脑发育过程的影响:多种特发性癫痫的发病率和年龄密切相关,如儿童期失神癫痫多在6~7岁出现,约半数成年以后自动痊愈,另半数青春期后转为全身性强直-阵挛发作。

(2) 内分泌:在女性患者中,许多类型发作与性激素代谢有关。雌激素低落和孕酮急降时最易发作。少数女性患者仅在经期内发作,称为经期性癫痫;有些仅在妊娠早期方发作,又称为妊娠性癫痫。

(3) 睡眠:特发性强直-阵挛发作和肌阵挛发作常在晨醒后发生,婴儿痉挛症常在醒后和睡前发作,良性儿童期中央颞部癫痫多在睡眠中发作,颞叶癫痫常在日间表现为精神运动性发作,而在夜间发生强直-阵挛发作。

(4) 诱发因素:疲劳、饥饿、过饱、饮酒、缺睡、便秘、情感冲动、过度换气,以及各种一过性代谢紊乱和过敏反应都可能诱发发作,一些患者对闪光也有诱发作用。

二、体征

（一）部分性发作

或称为局灶性、局限性发作。为以皮质某一区神经元激活起始的发作,临床症状决定于受涉及皮质区。因此,可根据局限性发作时的特异神经症状确定发作活动所起源的皮质局限区域而区分:

1. **简单部分性发作** 发作一般不超过1分钟,意识保持清醒,不失去对周围环境的知觉,可有四个方面的症状表现:运动性症状、感觉性症状、自主神经症状、精神症状等。

(1) 单纯部分性运动性发作:局部肢体抽动,多见于一侧口角、眼睑、手指或足趾,也可累及一侧肢体,有时表现为言语中断。发作自一处开始后沿大脑皮质运动区的分布扩散,如一侧拇指—上肢—面部—下肢,称为杰克逊癫痫(Jackson epilepsy)。局限性运动性发作连续不断而患者意识始终清醒者称为部分性癫痫连续发作。一次严重的局限性运动性发作后可出现抽动肢体的短时间瘫痪。

(2) 单纯部分性感觉性发作:放电发生在与感觉有关的皮质区可引起对侧身体局限部位的感觉异常,如发作性麻木感、针刺感、冷感、触电感等,也有的表现为发作性眩晕或简单视幻觉、听幻觉或嗅幻觉。

(3) 精神性发作:发作放电始自颞叶或额叶皮质有关结构时可引起发作性的精神症状,如恐惧、愤怒、似曾相识感、陌生感、各种错觉、复杂的幻觉(例如,听到他人呼唤自己名字或说话)。

(4) 自主神经性发作:发作性自主神经功能紊乱,表现为皮肤发红或苍白、血压升高、心悸、多汗、恶心、呕吐、腹痛、大便失禁、头痛、嗜睡等。这类发作多为伴随症状,易扩散出现意识障碍。

2. 复杂部分性发作　有意识障碍,发作时患者对外界刺激无反应,发作后不能或部分不能复述发作的细节,病灶多在颞叶及边缘系统。发作开始时可能先出现简单部分性发作的嗅幻觉或精神症状,患者意识到自己又将发作。患者往往先瞪视不动,然后进行一些无意识的动作,如咂嘴、咀嚼、吞咽、舔舌、流涎、抚摸衣扣或身体某个部位,或机械地继续其发作前正在进行的活动,如行走、骑车或进餐等。有的突然外出,无理吵闹、唱歌、脱衣裸体、爬墙跳楼等。每次发作持续达数分钟或更长时间后,神志逐渐清醒,对发作经过无记忆。

3. 部分性发作继而全身性发作　简单和复杂部分性发作两者均可转为全身性发作。患者意识丧失,全身强直-阵挛,与原发性全身性发作相同,患者常有发作后记忆丧失而忘却先出现的部分性发作症状。

(二) 原发性全身性发作

1. 全身性强直-阵挛性发作　发作开始时突然大叫一声伴意识丧失、跌倒,躯体和肢体双侧强直性伸展性强硬。强硬几秒钟后,转入阵挛期,阵挛期震颤幅度增大并延及全身,发作呈对称性、节律性四肢抽动,先快后慢。不同肌群强直和松弛交替出现,阵挛频率渐慢,松弛期逐渐延长,本期持续 0.5~1 分钟;最后一次强烈阵挛后抽搐停止,所有肌肉松弛。在强直期间,可伴紫绀、口吐白沫、二便失禁。若舌或颊部被咬破,则口吐血沫。自发作开始至意识恢复经历 5~10 分钟,偶有几小时,甚至一天或更长。意识逐渐转为清醒的过程中可能出现失定向或无意识的动作、行为。完全清醒后对整个发作经过无记忆,有时对发作前一段时间内的事也失去记忆,患者常感头痛、周身酸软,嗜睡。全身性强直-阵挛性发作若在短期内频繁发生,以致发作间歇期内意识持续昏迷者,称为癫痫持续状态。常伴有高热、脱水、血白细胞增多和酸中毒。

2. 强直性发作　突然发生的肢体或躯干强直收缩,其后不出现阵挛期,时间较全身性强直-阵挛性发作为短。

3. 肌阵挛发作　为身体一部分或全身肌肉突然、短暂的单次或重复收缩。患者可因全身肌阵挛发作而突然跌倒。常与其他发作形式合并存在。

4. 失神发作　见于 5~14 岁的儿童。失神发作是短暂的意识中断,失去对周围的知觉,但无惊厥,也不会跌倒。病孩突然停止原来的活动,中断谈话,面色变白,双目凝视,手中所持物件可能跌落,有时眼睑、口角或上肢出现不易觉察的颤动,也可能机械地从事原先的活动,一般持续 10 秒。在青春期趋于消失,且少有致残。

5. 非典型失神　表现与失神发作相似,发作和停止可能不如前者迅速。

6. 失张力性发作　多在儿童期起病,表现为意识和姿位张力的突然丧失,造成颈垂、张口、肢体下垂或全身跌倒,不发生肌肉的强直性收缩,很快恢复正常。

【实验室及其他检查】

一、脑电图

脑电图是诊断癫痫的一种重要方法。它不仅可以用于明确癫痫的诊断,也可用于确定癫痫的类型、监测治疗效果、客观评价预后。常见的癫痫放电类型有:棘波、尖波、棘-慢综合波、多棘-慢综合波、多棘波群等。脑电图检查可为诊断本病提供依据,但必须结合临床症状。

二、CT 和 MRI

有助于发现新发癫痫的青少年和成人发作癫痫的病灶,对于有明确的病史和体征等提示为原发性全身性发作的可不作此项检查。

三、SPECT 和 PET

SPECT 可检出致痫灶间歇期血流量减少,发作期血流量增加。PET 可发现复杂部分性发作致痫灶间歇期葡萄糖代谢减低,发作期代谢增加。

【诊断与鉴别诊断】

一、诊断

1. **病史** 癫痫诊断主要根据发作史，目击者对发作过程提供可靠的详细描述，包括发作的环境、过程，发作时姿态、面色、声音，有无肢体抽搐及大致顺序，发作后表现，有无怪异行为和精神失常，既往的发作史，发作的年龄、诱因、发作频率，有无产伤、头颅外伤、脑膜炎、脑炎、寄生虫感染史以及家族史等。

2. **脑电图** 脑电图是诊断癫痫最重要的辅助诊断依据。结合多种激发方法，特殊电极、长程或录像脑电图(video-EEG)，阳性率在80%以上。即使在发作间歇期，50%以上的癫痫患者仍有异常的脑电图，脑电图对癫痫的发作类型及局限性癫痫的定位有重要意义。

3. **影像学及实验室检查** 通常脑部影像学检查如CT、MRI、SPECT及各种化验有助于明确继发性癫痫的病因。

二、鉴别诊断

1. **癔症** 复杂部分性发作有时需与癔症鉴别。癔症为发作性，突发突止，发作时无意识丧失，常有一定的情绪因素，总有他人在场，有夸张色彩，哭叫、挥臂踢腿，逐渐跌倒而不致伤，脸色正常，无咬舌、血沫，无尿失禁，发作时间相当长，经抚慰或暗示治疗后好转，能回忆发作经过。癔症发作时EEG无异常，而癫痫发作时EEG多有异常改变。

2. **晕厥** 晕厥因全脑短暂缺血引起意识丧失和跌倒。起病和恢复都较缓慢，大多有一定的原因(见血、疼痛刺激、湿热环境中久立、排尿等)。一开始可能有头昏、眼前发黑、心慌胸闷、恶心或冷汗等症状，平卧后可逐渐恢复。清醒后常有肢体发冷、乏力等。

【中医病因病机】

本病发病多与下列因素有关。

1. **七情所伤** 主要责之于惊恐。由于突然受大惊大恐，造成气机逆乱，肝肾受损，则易致阴不敛阳而生热生风。脾胃受损，则易致精微不布，痰浊内聚，一遇诱因，痰浊随气逆，或随火炎，或随风动，蒙闭心神清窍，诱发痫证。小儿脏腑娇嫩，元气未充，神气怯弱，或素蕴风痰，受惊后易发痫证。

2. **先天因素** 痫证幼年发病者与先天因素有密切关系，也就是说"病从胎气而得之"，古人多责之于"在母腹中时，其母有所大惊"所致，若母体突受惊恐，一则致气机逆乱，一则致精伤而肾亏，所谓"恐则精却"，母体精气耗伤，必使胎儿发育不良，出生后，易发痫证。

3. **脑部外伤** 跌仆撞击，或出生时难产，颅脑受损伤，使神志逆乱，昏不知人，气血瘀阻，则络脉不和，肢体抽搐，遂发痫证。

本病的基本病机为气机逆乱，风痰闭窍，元神失控。其病位在心、脾、肝、肾。不同的证类，病位中心有所不同，但大多数均影响于心而发病。一般而言，心、肝、肾、脾亏虚是本病主要病理基础，并由此而产生之风阳、痰火、血瘀是本病的重要因素。本病以风痰伏阻脏腑，感邪即发或感而不发，故临床可有先兆症状或无先兆症状，但无论有无先兆症状，都以起病急骤为特点。故其病性以肝风痰浊为主，又可以寒化或热化，总的病势是由实转虚，虚实夹杂。初起痰瘀阻滞，继则伤及心、脾，最终导致肝肾阴虚。

至于发作时间的久暂，间歇期的长短，则与气机顺逆和痰浊内聚程度、正气的盛衰有密切关系。久发耗伤精气，可致心肾亏虚；或气血不足，而见心脾两虚。

痫证的病机转化决定于正气的盛衰及风痰伏邪深浅。发病初期，风痰阻窍，肝郁化火生风，或痰火炽盛等以实证为主，因正气尚足，痰浊尚浅，易于康复；若日久不愈，损伤正气，首伤心脾，继损肝肾，加以伏邪凝结胶痼，表现虚实夹杂，则治愈较难，甚至神情呆滞，智力减退。

【中医诊断及病证鉴别】

多有先天因素或家族史，尤其病发于幼年者，关系密切。每因惊恐、劳累、情志过极、饮食不节或不洁、或头部外伤、或劳欲过度等诱发。起病多骤急，发作前常有眩晕、胸闷、叹息等先兆。癫痫的辨证首当辨别病情轻重。而判别本病的轻重取决于以下两个方面：一是病发持续时间之长短，一般持续时间长则病重，短则病轻；二是发作间隔时间之久暂，即间隔时间久则病轻，短暂则病重。其次，应辨证候之虚实。痫证之风痰闭阻、痰火扰神属实，而心脾两虚、肝肾亏虚属虚。发作期多实或实中夹虚，休止期多虚或虚中夹实，阳痫发作多实，阴痫发作多虚。

病证鉴别

1. **中风病** 痫证重证需与中风病相鉴别。本病重证与中风中脏腑均有突然仆倒、昏不知人的主症,而本病无半身不遂、口舌歪斜等症。中风病一般亦无本病之口吐涎沫、两目上视或发作怪叫等症。

2. **厥证** 厥证亦见突然仆倒、昏不知人,伴有面色苍白、四肢厥冷,而无口吐涎沫、两目上视、四肢抽搐和怪叫之见症。

3. **痉证** 都具有时发时止、四肢抽搐等相同症状。痫证口吐涎沫及类似猪羊叫声,且醒后与常人无别。痉证发时则四肢抽搐、角弓反张、身体强直,一般经治疗方可恢复,但往往有原发疾病的存在。

【治疗】

一、治疗思路

不论是原发性或继发性癫痫,中西医目前尚未能根治,其最重要的治疗是控制发作。应用抗癫痫药物治疗,是控制发作的最主要手段。药物治疗约70%的癫痫患者发作能获得控制,而有些部分性发作或症状性癫痫,可继续发展成为难治性癫痫。若经过充分正规的药物治疗,仍不能使发作控制于较为合理程度,甚至严重影响到日常生活的患者,或有明显固定的局限性癫痫灶的患者,可考虑外科手术治疗。同时可结合中医的辨证施治优势,在西药控制发作的前提下,可减低发作频率和延长发病的间隔时间。针对痫证发作时而言,以开窍复苏与息风定痫为重点。在发作时要控制发作,开窍醒神治其标,辅以豁痰息风,开窍定痫。在缓解期,祛邪补虚以治其本,可采用健脾化痰、补益肝肾、养心安神法治疗。

二、西医治疗

(一) 发作时的处理

一般原则 不少发作的时间极短,等他人发现时已经终止。若无意识障碍,无需特殊照顾。全身性强直-阵挛性发作应防止患者意识丧失、跌倒而遭受伤害。应让患者取侧卧位,防止唾液和呕吐物误吸入气管。将手帕或其他软物塞入患者张开的上下臼齿间,以防痉挛时的舌部咬伤,并将衣领及裤带解松,不要强按患者抽动的肢体。发作短时后自行终止,适当休息即可恢复。

(二) 病因治疗

代谢紊乱如低血糖、低血钙等引起的发作,治疗要针对病因,代谢功能恢复后,会停止不发,脑瘤、囊肿或血管畸形在手术切除后也可能消除发作。服用酚噻嗪类、苯丙胺类、抗组胺类或氨茶碱等药物,铅、砷、四氯化碳或杀昆虫剂等中毒诱发的癫痫发作,应立即停止用药或接触。颅内感染给予针对致病因素的有效治疗。

(三) 预防复发

在没有诱因情况下出现2次癫痫发作的患者,必须给予正规抗痫药物治疗,但发作稀疏,如1年或数年1次者,则无必要。

(四) 药物控制

药物治疗为预防癫痫发作的基本手段,最理想的用药是以单个抗痫药物的最低有效剂量完全控制发作而无任何副作用,但临床上治疗上往往是以患者能耐受药物最少的副作用取得发作最大治疗效果,因此在单独应用可供选择的抗痫药物不理想时,应考虑合并药物治疗。联合用药时应逐渐调整剂量,密切注意药物的相互影响和可能出现的副作用和毒性反应。药物的选择:

1. **全身性强直-阵挛性发作** 多数患者可用以下一种药的适当剂量得到控制,但要具体根据患者对何种药物的副反应为最轻而选用。

(1) 苯妥英钠:儿童开始剂量:50~100 mg,每晚,用1周;然后每周增加25~50 mg。儿童维持剂量:5~8 mg/(kg·d),每日分2~3次服。成人剂量:3~5 mg/(kg·d)。

(2) 卡马西平:儿童开始剂量:50 mg 每晚,用1周,然后每周增加50 mg。儿童维持剂量:1岁以内100~200 mg;1~5岁200~400 mg;5~10岁400~600 mg;10~15岁600~800 mg,每日分2~3次服。成人剂量:10~20 mg/(kg·d)。

(3) 苯巴比妥:儿童开始剂量:每晚15 mg,用1周,然后每周增加15 mg。儿童维持剂量:3~5 mg/(kg·d),每晚1次或每日分2次服;成人剂量:1.5~3 mg/(kg·d)。

(4) 丙戊酸钠:儿童开始剂量:每日100~200 mg,用1周,然后每周增加100 mg。儿童维持剂量:20~30 mg/(kg·d),每日分3次服。成人剂量:10~20 mg/(kg·d)。

2. **其他原发性全身性发作** 失神发作的首选药物为乙琥胺,其次为丙戊酸钠;二线药物为氯硝西泮。苯妥英钠、苯巴比妥可加重失神发作。非典型失神和肌阵挛发作较难控制,选用丙戊酸钠,也可应用氯硝西泮,但易产生耐药性。

3. **部分性发作** 简单部分性发作首选卡马西平,其次为苯妥英钠或苯巴比妥;二线为氯硝西泮。复杂部分性发作首选卡马西平,其次苯妥英钠;二线为扑痫酮或苯巴比妥。

4. **癫痫持续状态** 多数是由于癫痫患者的突然停用或减少原来长期在服用的抗痫药物,少数患者是因脑部感染、颅脑外伤或代谢性脑病等。除病因治疗外,应在最短时间内终止发作,并保持连续24小时以上。

(1) 地西泮:为癫痫持续状态急救的首选药物。地西泮首剂量10~20 mg,注射速度<2 mg/min。地西泮静脉注射有效时间为30~60分钟,如静脉注射后发作未控制,半小时后可重复一次,或50~100 mg地西泮溶于5%葡萄糖生理盐水500 ml中,于12小时内静脉滴注完。地西泮对呼吸有抑止作用,甚至引起呼吸停顿。应有抢救呼吸的手段。使用时密切观察呼吸和血压。

(2) 苯妥英钠:为长作用抗痫药。在注射地西泮控制发作后,通常需要防止其复发。在癫痫大发作持续状态时,主要用静脉注射,首次剂量为150~250 mg,速度不超过50 mg/min,达到总量750~1 250 mg(15~18 mg/kg)。此药不产生呼吸抑制,但对心脏有明显影响,能降低心肌传导性,如果注射较快,能使心率减慢、血压下降,注射速度过快时,可引起严重低血压、甚至心跳停止,因此,在缓慢静脉注射过程中,应严密注意心率和血压变化,应在心电图监护下注射。有糖尿病者忌用。

(3) 异戊巴比妥钠:0.5~1.0 g,溶于注射用水10~20 ml内缓慢静脉注射。根据患者发作情况、呼吸、心率和血压调节注射速度。

(4) 水合氯醛:多与上述药物配合使用,成人量2~3 g,儿童为0.05 g/kg,配成10%溶液,加等量生理盐水保留灌肠。大剂量使用可引起呼吸抑制、血压下降和抑制心肌收缩力。

发作难于控制者,必要时在EEG监护下全身麻醉,达到惊厥和痫样电活动都消失的程度。一开始应注意维护患者的呼吸道畅通和监测血压、心脏。反复全身性强直-阵挛性发作会引起脑水肿而使发作不易控制,可静脉快滴甘露醇等。

三、中医治疗

辨证论治

发作期

1. **阳痫**

证候:病发前期多有眩晕,头痛而胀,胸闷乏力,喜呻欠等先兆症状,或无明显症状,旋即仆倒,不省人事,面色潮红或紫红,继之转为青紫或苍白,口唇青紫,牙关紧闭,两目上视,项背强直,四肢抽搐,口吐涎沫,或喉中痰鸣,或发猪羊叫,甚则二便自遗,移时苏醒。苏醒后除感疲乏、头痛外,一如常人,舌质红,苔多白腻或黄腻,脉弦或滑。

治法:急以开窍醒神,继以泻热涤痰息风。

方药:黄连解毒汤合定痫丸加减。

药用黄连、黄芩、黄柏、山栀子、贝母、胆南星、半夏、茯苓、橘皮、生姜、天麻、全蝎、僵蚕、琥珀、石菖蒲、远志、甘草等。热甚加清开灵注射液,或灌服安宫牛黄丸以清热醒脑开窍,或灌服紫雪丹清热镇痉。

2. **阴痫**

证候:发作时面色晦暗青灰,手足厥冷,昏愦,僵卧,肢体拘急,或抽搐时作,口吐涎沫。也有仅为呆木无知,不闻不见,不动不语;或动作中断,手中物件落地;或头突然向前倾下,又迅速抬起;或二目上吊数秒及至数分钟即可恢复,病发后对上述症状全然无知,多一日频作十数次或数十次。醒后周身疲乏,或如常人,舌质淡,苔白腻,脉多沉细或沉迟。

治法:息风涤痰,定痫开窍。

方药:半夏白术天麻汤合涤痰汤加减。

药用半夏、胆南星、橘红、茯苓、白术、党参、天麻、全蝎、蜈蚣、远志、石菖蒲等。昏愦,手足厥冷者,灌服苏合香丸芳香温化开窍,或加用参附注射液温阳补气固脱;出汗多者加参麦注射液益气固表;呕吐痰涎者加姜竹茹、白芥子化痰开结。

3. **脱证**

证候:持续不省人事,频频抽搐。偏阳衰者:伴面色苍白,汗出肢冷,鼻鼾息微,脉微欲绝;偏阴竭者:伴面红身热,躁动不安;息粗痰鸣,呕吐频频。

治法:益气固脱,化痰祛风,醒神开窍。

方药:予灌服安宫牛黄丸;偏阳衰者,予参附注射液静脉推注或静脉滴注;偏阴竭者,予参麦注射液静脉滴注。

抽搐甚者予紫雪丹；喉中痰声沥沥者予竹沥膏开水化溶后灌服。待苏醒后始按上述辨证方案给药。

恢复期

1. 痰火扰神

证候：急躁易怒，心烦失眠，咳痰不爽，口苦咽干，便秘溲黄。病发后，症情加重，甚则彻夜难眠，目赤，舌红，苔黄腻，脉多沉滑而数。

治法：清泻肝火，化痰宁神。

方药：当归龙荟丸加减。

药用龙胆草、芦荟、青黛、大黄、黄连、黄芩、黄柏、山栀子、木香、当归、麝香等。若痰火壅实，大便秘结，方中大黄宜后下，取其迫下泻热之功用；彻夜难眠者加柏子仁、酸枣仁宁心定志。

2. 风痰闭阻

证候：平素多有眩晕，胸闷，乏力，痰多，郁闷不悦，舌质红，苔白腻，脉滑有力。

治法：涤痰息风，镇痫开窍。

方药：定痫丸加减。

药用天麻、川贝母、全蝎、僵蚕、半夏、胆南星、橘红、石菖蒲、琥珀、远志、茯神、丹参、麦冬、姜汁、炙甘草等。抑郁者加香附、郁金以行气解郁；眩晕明显者加刺蒺藜平肝定眩；腹胀者加青皮、枳壳以行气消胀。

休止期

1. 心脾两虚

证候：反复发痫不愈，神疲乏力，心悸失眠，面色苍白，体瘦，纳呆，大便溏薄，舌质淡，苔白腻，脉细无力。

治法：补益心脾。

方药：归脾汤加减。

药用黄芪、党参、白术、茯苓、龙眼肉、炙甘草、酸枣仁、木香、当归、远志等。头晕痰多者加天麻、半夏、橘红息风涤痰；夜寐不安者加生龙骨、夜交藤以重镇安神；舌质淡黯，有瘀斑者，加丹参、红花行气活血化瘀。

2. 肝肾阴虚

证候：痫病频作，神思恍惚，面色晦暗，头晕目眩，两目干涩，耳轮焦枯不泽，健忘失眠，腰膝酸软，大便干燥，舌红，苔薄黄，脉沉细而数。

治法：滋养肝肾。

方药：大补元煎加减。

药用人参、熟地黄、枸杞子、山药、当归、山茱萸、杜仲、炙甘草等。若肾精不足，大便干结者，加肉苁蓉以养阴润燥通便；手足心热甚者加地骨皮、丹皮清虚热；腰膝酸软明显者加桑寄生、续断补肾强腰；兼有痰热者可加天竺黄、竹茹清热化痰。

【转归、预防与调护】

痫证的转归与预后取决于患者体质强弱、正气盛衰与感邪轻重。本病有反复发作的特点，病程一般较长，少则一两年，多数患者终身难愈。因此，本病应重视在病因上的预防，先天因素是本病的主要原因，注意妊娠期保健是预防本病的最重要一环。妊娠期要避免过度劳累；避免精神的过度兴奋和刺激；要防止外邪侵袭，并注意饮食调节，少吃动火扰神的食物。同时，在受孕以前应积极防治各种慢性疾病，以增强体质。另外，本病有一定的遗传性，故患有本病者，尤应注意。痫证初发或病程在半年内者，尤应重视休止期的治疗和精神、饮食的调理。一般而言，癫痫患者工作成绩、平均寿命与常人无异。发作时的突然意识丧失可能造成意外，持续状态可致生命危险。若能及早诊断，在医师指导下，坚持长期、正规治疗，大约60%的患者发作可完全控制。控制诱因是防止发作的重要措施，生活调摄当避免劳欲过度，尤其保持心情舒畅，饮食上凡能兴奋神经或有刺激性的食物，如民间的羊肉、狗肉、雄鸡、鲤鱼、春笋等"发物"，均不宜食用，忌烟、酒、咖啡及辛辣食品，以防诱发癫痫。本病患者不宜从事高空、驾驶及水上工作，亦应注意远离火源，骑自行车外出时以两人同行为宜。在发作期尤要注意去掉义齿，保护舌头。昏不知人时间长者，更要特别注意排痰和口腔卫生。

(陈景亮)

第五十一章 急性脑血管病

急性脑血管病，又称脑卒中，是指因脑部血液循环障碍引起急性脑功能损伤的一组疾病。其临床特点为起病急骤，迅速出现神经功能缺失症状。脑卒中又称中风，分为缺血性卒中和出血性卒中。前者又称为脑梗死，包括动脉血栓性脑梗死和脑栓塞；后者包括脑出血和蛛网膜下腔出血。本组疾病是具高发病率、高死亡率、高致残率和高复发率的严重疾病，是人类三大死亡原因之一的疾病。

急性脑血管病属于中医学"中风"病证范畴。本病是由于突发脏腑气血逆乱，产生风、火、痰、瘀导致脑脉痹阻或血溢脑脉之外，临床表现以突然昏仆、半身不遂、口舌歪斜、言语謇涩或不语、偏身麻木为主症。根据脑髓神机受损程度的不同，分为中经络、中脏腑。此外，亦有称本病为"暴厥"、"薄厥"、"偏枯"、"卒中"、"半身不遂"等。

【病因和发病机制】

一、病因

（一）脑出血

高血压是脑出血的主要原因，仅有少数为其他原因所致，如先天性脑血管畸形、脑动脉瘤、血液病（白血病、再生障碍性贫血、血小板减少性紫癜和血友病等）、梗死性出血、抗凝或溶栓治疗、类淀粉样血管病、脑底异常血管网病及脑动脉炎等导致出血。

（二）脑梗死

1. 脑血栓形成　最常见的病因是动脉粥样硬化，少见病因有细菌、病毒感染和结缔组织病等引起的血管炎，使脑动脉内膜粗糙、血流缓慢、血管痉挛和出现高凝血症。脑动脉粥样硬化斑块以动脉分叉处多见，如大脑中动脉、前后动脉起始部、颈内动脉等。

2. 心源性脑栓塞　心源性脑栓塞，以风湿性心脏病二尖瓣狭窄伴房颤所形成的附壁血栓脱落及瓣膜病并发感染性心内膜炎的赘生物脱落多见。心肌病、左房黏液瘤、心脏手术、心导管检查、人工瓣膜术后形成的附壁血栓也可成为栓子来源。

二、发病机制

（一）脑出血

高血压患者在长期高血压下，小动脉平滑肌透明性变，局部因纤维素样坏死或透明性变而变薄的小动脉壁和微小动脉瘤，在血压突然升高时破裂，这是引起脑出血最常见的原因。若出血量大形成大血肿压迫周围脑组织，引起脑组织缺血、缺氧、水肿、颅内压升高，又阻碍了静脉回流，增大脑灌流阻力，更加重脑缺血，与脑水肿、颅内高压形成恶性循环导致脑疝和继发脑干出血而危及生命。

（二）脑梗死

1. 脑血栓形成

（1）在长期动脉粥样硬化或其他动脉病变引起的血管壁损伤的基础上，血管内膜斑块、炎症、损伤及溃疡等因素，引起释放各种凝血因子启动凝血过程，导致局部血栓形成，使血管腔狭窄、闭塞，血流停滞，供血区脑组织缺血坏死。

（2）动脉粥样硬化斑块碎片或血栓脱落栓塞远端较小动脉，或血压下降、血流缓慢、脱水等血液黏度增加，致供血减少或促进血栓形成的情况下，使其供血的部分脑区缺血坏死。

2. 心源性脑栓塞

（1）风湿性心瓣膜病变的附壁血栓。

（2）心脏换瓣术后人工瓣膜上血栓。

(3) 各种心内膜炎瓣膜赘生物。
(4) 各种心脏病导致的心房纤颤、心律不齐引起的心内血栓。
(5) 心内膜下心肌梗死,所致心内膜表面附壁血栓。

【病理】

一、脑出血

脑组织局部出血及血肿形成引起脑水肿,导致脑组织受压、推移、软化和坏死,新近出血的脑组织呈不规则腔,内为冻状液化血液,腔周为软化带。脑出血破入脑室系统或脑组织因肿胀自大脑镰下嵌向对侧,或经天幕孔向下嵌压脑干(天幕裂孔疝)导致脑干缺血、出血和坏死,常是脑出血致死原因。脑出血若短时间内停止,则急性期过后血块收缩,组织水肿消退,腔壁由胶质细胞和纤维构成,内有含铁血黄素。

二、脑梗死

脑组织在缺血6~12小时局部苍白轻度肿胀,24~48小时脑组织水肿更明显,灰暗变软,灰白质界限不清,梗死范围大者,脑组织高度水肿,压迫中线移位,甚至形成脑疝。7~21天梗死中心区组织坏死、液化,坏死组织被吞噬细胞清除,逐渐出现新生毛细血管和增生的胶质细胞,1~2个月小梗死灶可变为胶质瘢痕,大的病灶成为中风囊。少数梗死在1~2周内,病灶内出现点状、片状或融合成大片出血,称为出血性梗死,多数灰质重于白质,周边重于中央。

【临床表现】

一、症状

急性脑血管病起病急骤,变化迅速,并因为人体侧支循环不同及血管解剖异常的存在,临床表现差异极大。即使同一部位的病变,临床表现亦可完全不同,这取决于脑部受损血管的部位、大小、程度及侧支循环等因素的情况。

(一) 脑出血

脑出血者多数有长期高血压史和有脑出血或脑梗死发作的病史,男多于女,几乎都是在清醒、活动时发病。可能有情绪激动、费劲用力的诱因。通常突然起病,在几分钟至数小时发展达顶峰,有些经24~48小时缓慢进行。出血严重的患者发生头痛、呕吐后,短时间内进入昏迷。较轻的患者可能在头痛、头昏后,先发生肢体的无力,逐渐产生意识障碍,出血量小的患者可以始终意识清醒。

(二) 脑梗死

脑梗死患者多有高血压、糖尿病或心脏病史,常在安静或睡眠中起病。发病时多无头痛、呕吐、昏迷,起病即有昏迷的多为脑干梗死,大片半球梗死多在局灶症状出现后意识障碍逐渐加深,直至昏迷。定位症状和体征取决于血栓栓塞的血管、梗死灶的大小,可在数小时至3天内逐渐加重。

二、体征

(一) 脑出血

1. 壳核-外囊出血　即内囊外侧型出血,为高血压性脑出血最常见类型。多由豆纹动脉外侧枝破裂引起。患者在几分钟至几小时内昏迷,血肿向内压迫内囊导致典型的对侧偏瘫和偏身感觉障碍,如为优势半球可有失语;如扩展至额、颞叶或破入脑室可致颅高压、昏迷;压迫上位脑干时,昏迷加深,瞳孔散大、固定,双侧肌张力增高,巴宾斯基征(Babinski sign)阳性,呈间歇、不规则呼吸。

2. 丘脑-内囊出血　即内囊内侧型出血,为第二常见出血类型。典型症状以偏身感觉障碍起病,向外压迫内囊可致偏瘫;主侧半球出血可发生失语,非主侧半球损害可出现自身疾病认识不能或对侧忽视。向内破入脑室或蔓延至中脑,引起垂直注视麻痹、瞳孔改变、昏迷。

3. 脑叶出血(皮质下白质出血)　老年人多为高血压动脉硬化或淀粉样变血管病引起,青壮年多由先天性脑血管畸形所致。病者几乎都有头痛,意识障碍却极少见。额叶出血表现额部头痛,对侧单肢或偏身轻瘫。颞叶出血开始可有同侧耳痛,检查可发现对侧同向象限盲或偏盲,主侧颞叶出血可有言语障碍。顶叶出血可有同侧颞顶部头痛,并有对侧单肢或偏身的感觉障碍或有手的运用障碍。枕叶出血的头痛可位于同侧眼区,可有不同程度的对侧同向偏盲。

4. 脑桥出血　脑桥出血多由高血压致基底动脉旁中央支破裂引起,可立刻昏迷、四肢瘫痪、针尖大瞳孔,数小时内死亡。也有小出血者,症状轻微,预后良好。

5. 小脑出血　小脑出血多发生于一侧半球,急起后枕痛、头晕、反复呕吐和站立不能,行走不稳,检查可发现构音障碍、辨距不良和两眼同向偏斜等。很少在早期出现意识障碍和明确的肢体肌力减退。病程中可由于压迫脑干或出现枕骨大孔疝或出现向上的天幕裂孔疝使脑干功能衰竭,呼吸心跳突然停止。

6. **脑室出血** 脑室出血多为继发性,偶见原发的,症状视原出血部位、脑室积血量及是否阻塞脑脊液通路而异,并非一定预后不良。

(二) 脑梗死

1. **颈内动脉系统** 包括颈内动脉、大脑前、中动脉及其分支。梗死灶在同侧额、顶、颞叶或基底节区。

(1) 构音障碍或失语(优势半球);对侧中枢性面瘫、舌瘫。

(2) 双眼向对侧注视障碍(向病灶侧同向偏视),偏盲。

(3) 对侧中枢性偏瘫和偏身感觉障碍。

2. **椎基动脉系统** 梗死灶在脑干、小脑、丘脑、枕叶及颞顶枕叶交界处。

(1) 出现眩晕、复视、呕吐、声嘶、吞咽困难、共济失调等。

(2) 体征:① 交叉性瘫痪:同侧周围性颅神经瘫痪,对侧中枢性偏瘫;② 交叉性感觉障碍;③ 四肢感觉运动障碍;④ 小脑共济失调:眼震、平衡障碍、四肢肌张力降低等。

3. **腔隙性脑梗死** 较常见的腔隙性脑梗死类型有:

(1) 纯运动性轻偏瘫:以同侧的面部、肩和腿完全或不完全的瘫痪为主,不伴有其他缺失体征,在脑卒中的任何时间无嗜睡。

(2) 纯感觉性卒中:以偏侧感觉减退和(或)感觉异常为主要表现。

(3) 感觉运动性卒中:出现偏身感觉障碍合并轻偏瘫。

(4) 共济失调性偏瘫:可有同侧共济失调-脚轻瘫或构音障碍-笨拙手综合征。

【实验室及其他检查】

一、CT

CT 对脑血管疾病的检出率较高,不但能够明确病变的部位、范围和大小,还能够明确脑血管病的性质,为临床诊断与治疗提供可靠的指征。

1. **脑出血** CT 显示血肿为高密度。在起病后1周内能正确诊断大脑或小脑半球内直径大于1 cm 血肿,2 周后 CT 诊断率即不高。CT 对脑出血的最大特点是能直接显示出血灶,观察血肿形成、吸收和囊变3个阶段的过程及是否破入脑室及蛛网膜下腔,能够显示血肿周围的水肿、中线结构是否移位。

2. **脑梗死** CT 显示梗死灶为低密度,可以明确病变的部位、形状及大小,较大的梗死灶可使脑室受压、变形及中线结构移位。但脑梗死起病4~6小时内,只有部分病例可见边界不清的稍低密度灶,而大部分的病例在24小时后才能显示边界较清的低密度灶。早期 CT 检查目的是排除脑出血、硬脑膜下血肿、颅内肿瘤等类似脑梗死的疾病。CT 优点为方便、迅速,适用于重危患者、不合作患者。

3. **出血性梗死** 系闭塞血管再通后血液渗入梗死区所致。CT 表现为大片低密度区内有不规则斑片状高密度区,与脑血肿的不同点为低密度区较宽广及出血灶呈散在小片状。

二、MRI

MRI 的图像与 CT 的图像相似,但磁共振更能显示出脑干、后颅凹及脊髓的病变,没有骨骼伪影,这是 CT 不能比拟的。

1. **脑出血** 随发病时间的变化,血肿及其边缘周围 MRI 上有不同的表现。在急性期血肿呈现低信号及等信号;血肿吸收期为高信号;瘢痕期为低信号。在出血急性期诊断不如 CT 敏感、准确。但对于脑干内小的血肿或血块已变为和脑组织等密度时,MRI 的诊断比 CT 可靠。

2. **缺血性脑血管病** MRI 在起病1小时内就可能显示皮质表面和后颅凹的梗死。起病6小时后的梗死几乎都能被 MRI 显示,表现为了 T1 加权低信号和 T2 加权高信号。MRI 不适用于重危患者、不合作者和装有金属义齿和心电起搏器的患者。但 MRI 可以检出可逆性和短暂性缺血改变,这也是 CT 所不及的。

三、非创伤性血管检查

双功超声可用于评估颅外段颈动脉病变及狭窄程度,经颅多普勒(TCD)可检测颅底大动脉血流流速,发现大脑中动脉主干、椎动脉远端段和基底动脉狭窄或阻断,可评估侧支循环情况。双焦探头 TCD 仪、双通道或四通道 TCD 仪可用于检测无症状栓子和推测栓子的心源性或动脉源性。磁共振血管造影(MRA)可用于检查颅外和颅内供血大动脉的病变。

【诊断与鉴别诊断】

一、诊断

(一) 脑出血

(1) 多数为 50 岁以上高血压患者，在活动或情绪激动时突然发病。

(2) 突然出现头痛、呕吐、意识障碍和偏瘫、失语等局灶性神经缺失症状，病程发展迅速。

(3) CT 检查可见脑内高密度区。

(二) 脑梗死

(1) 有动脉硬化、高血压、糖尿病、心房颤动等病史。

(2) 常有 TIA 中风病史。

(3) 突然起病（脑栓塞几秒或几分钟，脑血栓几小时），出现局限性神经缺失症状，并持续 24 小时以上。神经症状和体征可用某一血管综合征解释（脑栓塞多为完全性卒中）。意识常清楚或轻度障碍，多无脑膜刺激征。起病 3~4 日后又恶化者以脑出血为更多见。

(4) 脑部 CT、MRI 检查可显示梗死部位和范围，并可排除脑出血、肿瘤和炎症性疾病。腔隙性梗死诊断需依据 CT 或 MRI。

二、鉴别诊断

1. 脑出血与脑梗死　脑梗死大多在安静休息状态发病，可有 TIA 的病史，多数无意识障碍、头痛、呕吐或脑膜刺激征。脑出血多发生于活动状态，可能有一定诱因，常无前驱症状，起病时多有头痛和（或）呕吐，进展较快，大多有意识障碍。血压正常者脑梗死的机会多于脑出血。昏迷患者缺乏脑局灶症状者，脑出血的机会多于脑梗死。作头颅 CT 或 MRI 可作鉴别。

2. 中枢性面瘫与周围性面瘫　脑卒中引起的面瘫为中枢性面瘫，表现病灶对侧眼裂以下面瘫，皱眉和闭眼动作正常，常伴舌瘫和偏瘫；周围性面瘫表现为同侧表情肌瘫痪、额纹减少或消失、眼睑闭合不全，无偏瘫。

【中医病因病机】

本病发病多与下列因素有关。

1. 积损正衰　年高体弱，肾精亏虚；或久病气血亏损，元气耗伤。男子八八、女子七七之期后，肾精亏虚，不能生化阳气和阴血，气虚则运血无力，血流不畅，而致脑脉瘀滞不通，阴血亏虚，则阴不制阳，内风动越，痰浊瘀血上扰清窍，突发本病。

2. 劳倦内伤　"阳气者，烦劳则张"。烦劳过度，使阳气不能收藏，升腾上越，引动风阳，内风旋动，则气挟痰浊、瘀血上扰清窍，或因而肝阳暴张，血气上涌骤，而中风。

3. 脾失健运，痰浊内生　素体肥胖，或脾胃虚弱，运化失职；或过食肥甘醇酒，致使脾胃受伤，脾失运化，痰浊内生，郁久化火。痰热互结，阻滞经脉，上蒙清窍；或素体肝旺，克伐脾土，痰浊内生；或肝郁化热，炼津成痰，痰郁结合，夹风阳之邪，窜扰经脉，发为本病。

4. 七情过极　长期七情失调，肝失条达，血行不畅，瘀结脑脉，暴怒则肝阳暴张，或心火暴盛，风火相煽，血随气逆上冲均易引起气血逆乱发病。

5. 外邪侵袭　风邪乘虚入中经络，至经络痹阻，气血运行不畅，肌肉筋脉失于濡养；或外邪引动痰湿，痹阻经络，而致喎僻不遂，此即古人所谓"真中"。

中风的形成虽有上述各种原因，但其基本病机总属阴阳失调，气血逆乱。病位在心脑，与肝脾肾密切相关，病理基础则为肝肾阴虚。因肝肾之阴虚，则肝阳易于上亢，复加饮食起居不当，情志刺激或感受外邪，气血上冲于脑，神窍闭阻，故猝然昏仆，不省人事。病理因素主要为风、火、痰、气、瘀，其形成与脏腑功能失调有关。如肝肾阴虚，阳亢化火生风，或五志化火动风。脾失健运，痰浊内生，或火热炼液为痰。暴怒则血菀于上，或气虚无力推动，皆可致瘀血停滞。四者之间可互相影响或兼见同病，如风火相煽，痰瘀互结等。严重时风阳痰火与气血阻于脑窍，横窜经络，出现昏仆、失语、喎僻不遂。

病理性质多属本虚标实。肝肾阴虚，气血衰少为致病之本，风、火、痰、气、瘀为发病之标，两者可互为因果。发病之初，邪气鸱张，风阳痰火炽盛，气血上菀，故以标实为主；如病情剧变，在病邪极盛致正气损伤，出现以正虚为主，甚则正气虚脱。后期因正气未复而邪气独留，可留后遗症。由于病位浅深、病情轻重的不同，中风又有中经络和中脏腑之别。

轻者中经络,重者中脏腑。中经络之证,表现为半身不遂,口眼㖞斜,不伴神志障碍;中脏腑之证,见络损血溢,瘀阻脑络,而致猝然昏倒,不省人事。因邪正虚实的不同,而有闭脱之分及由闭转脱的演变。闭证之中腑者,因肝阳暴亢或痰热腑实,风痰上扰,见喎僻不遂,神志欠清,大便不通;中脏者,风阳痰火内闭神窍,脑络瘀阻,则见昏仆、不省人事、肢体拘急等症。因于痰火瘀热者,为阳闭;因于痰浊瘀阻者,为阴闭。若风阳痰火炽盛,进一步耗灼阴精,阴虚及阳,阴竭阳亡,阴阳离决,则出现脱证,表现为口开目合,手撒肢冷,气息微弱等虚脱症状。由此可见,中风的发生,病机虽然复杂,但归纳起来不外虚(阴虚、血虚)、火(肝火、心火)、风(肝风、外风)、痰(风痰、湿痰)、气(气逆、气滞)、血(血瘀)六端。

恢复期因气血亏虚,血脉不畅而产生半身不遂,口㖞或不语等后遗症。中脏腑者病情危重,但经积极抢救治疗,往往可使患者脱离危险,神志渐趋清醒,但因肝肾阴虚,气血亏损未复,风、火、痰、瘀之邪留滞经络,气血运行不畅,后遗症一般恢复较难。

【中医诊断及病证鉴别】

本病多急性起病。以40岁以上年龄为多见。病发多有诱因,病前常有头晕、头痛、肢体麻木、力弱等先兆症。临床按脑髓神机受损的程度与有无神识昏蒙分为中经络与中脏腑两大类型。中络、中经合称中经络,是无神识昏蒙者;中腑、中脏合称中脏腑,有神识昏蒙。

1. 中经络

(1) 中络:偏身或一侧手足麻木,或兼有一侧肢体力弱,或兼有口舌㖞斜者。

(2) 中经:以半身不遂、口舌㖞斜、舌强言蹇或不语、偏身麻木为主症。

2. 中脏腑

(1) 中腑:以半身不遂、口舌㖞斜、舌强言謇或不语、偏身麻木、神识恍惚或迷蒙为主症者。

(2) 中脏:必有神昏或昏愦,并见半身不遂、口舌㖞斜、舌强言謇或不语等症。

病证鉴别

1. 痫证　都有猝然昏仆的见症。痫证患者虽起病急骤,突然昏仆倒地,但神昏多为时短暂,移时自行苏醒,醒后如常人;中风患者昏仆倒地,其神昏症状重,持续时间长,多难以自行苏醒。痫证者多伴有肢体抽搐、口吐白沫、四肢僵直、两手握拳、双目上视、小便失禁,一般多无半身不遂、口舌㖞斜等症;发病者以儿童、青少年居多,且有多次相似发作的病史可寻。中风患者多数为老龄人,有一侧肢体瘫痪、言语不利和口眼㖞斜,需要长时间才能恢复。

2. 厥证　神昏常伴有四肢逆冷,一般移时苏醒,醒后无半身不遂、口舌㖞斜、言语不利等症。

3. 痉证　以四肢抽搐,项背强直,甚至角弓反张为主症。病发亦可伴神昏,但多出现在抽搐以后,无半身不遂、口舌㖞斜等症状。中风闭证者多起病即有神昏,而后出现抽搐。痉证者抽搐时间长,中风病者抽搐时间短。

4. 痿证　痿证有肢体瘫痪,活动无力,但多起病缓慢,起病时无神昏,以双下肢瘫或四肢瘫为多见,或见有患肢肌肉萎缩,或见筋惕肉眴。中风病肢体瘫痪多起病急骤,且以一侧肢体偏瘫不遂为多见,并常有不同程度的神昏;亦有见一侧肢体肌肉萎缩者,多于后遗症期由长期卧床废用所致。

【治疗】

一、治疗思路

在本病急性期,注意调整好血压,改善循环,加强护理,防治并发症。脑出血者防止继续出血,积极抗脑水肿,减低颅压,必要时行脑血肿清除术。脑梗死要防止血栓进展及减少梗死范围(主要是减小半影区),对大面积梗死应减轻脑水肿。中医药治疗当根据证型,处以平肝息风、清化痰热、化痰通腑、活血通络、醒神开窍等治疗方法,中经络以平肝息风,化痰祛瘀通络为主。中脏腑者,闭证当以息风清火、豁痰开窍、通腑泻热为主;脱证宜救阴回阳固脱。若闭证开始转为脱证之时,可闭、脱治疗互相参用。如昏迷渐醒,闭、脱症状缓解,可根据病情,标本同治,如平肝息风、清热化痰,同时滋养肝肾或补气养血。恢复期及后遗症期,多为虚实兼夹,当扶正祛邪,标本兼顾,平肝息风、化痰祛瘀与滋养肝肾,益气养血并用。

二、西医治疗

(一) 脑出血

急性期的治疗原则:保持安静,防止继续出血;积极抗脑水肿,减低颅压;调整血压,改善循环;加强护理,防治并发症。

1. 对症治疗

(1) 保持气道通畅:摆好头位,避免舌根后坠,吸氧。昏迷患者因换气不足和高碳酸血症更增加颅内压,应气管内插管和辅助呼吸。

(2) 高血压的处理：对严重高血压应积极处理，静脉给拉贝洛尔或避光滴注硝普钠。

(3) 上消化道出血的处理：多数由于脑干或丘脑下部受累所致，控制脑水肿是最根本的预防措施。对症处理可停留胃管密切观察出血量，选用奥美拉唑、西咪替丁或雷尼替丁控制胃液 pH 在 5~7，多可止血；也可从胃管注入凝血酶。

(4) 脱水降颅压治疗：包括控制出入水量，使用脱水降颅压药物甘露醇、呋塞米以及类固醇激素脱水降颅内压。

1) 呋塞米：40~80 mg，加入 25% 葡萄糖液中静脉注射，常与甘露醇交替使用，2~3 次/日。

2) 20% 甘露醇：每次 1 g/kg，15~20 分钟内快速静脉推注或静脉滴注，2~4 次/日，多与呋塞米交替。若剂量过大、持续时间过长易出现肾损害、水电解质紊乱等严重不良反应。有心、肾功能不全者慎用。

3) 甘油：10% 甘油按 1 g/kg 体重，缓慢静脉滴注。降颅压作用相对较迟缓但较持久。

4) 地塞米松：抗脑水肿治疗，首剂 20~30 mg，以后 10 mg，每天 1~2 次，3~5 天停药，同时用西咪替丁或雷尼替丁保护胃黏膜。

2. 外科疗法　无论行血肿清除术或血肿抽吸术，其目的都在于清除血肿，降低颅内压，使受压而未破坏的神经元恢复功能，对某些危重患者，不但可以挽救生命，而且可以提高生存质量。其适应证为：

(1) 意识状态：清醒者多不考虑手术；嗜睡或昏睡逐渐加深；浅或中度昏迷尚未形成脑疝者应紧急 CT 检查，积极手术。

(2) 出血量：大脑半球出血量大于 30 ml；小脑出血大于 10 ml 有手术指征。

(3) 病情演变：进展迅猛、大血肿的昏迷患者，若立即行床边锥颅穿刺引流术，能抽出血肿的 60%~70%，有可能挽救生命并避免血肿骤然减压诱发再出血。深昏迷，生命体征趋于衰竭，血压、呼吸需药物及人工维持的不考虑手术。

脑出血的预后主要决定于血肿大小、部位和意识状态，无明显意识障碍的小量出血者无需特殊治疗，预后良好；有明显意识障碍尚未出现脑疝的较大血肿者外科治疗优于内科治疗；深昏迷脑疝已形成的大量出血者内外科治疗效果均欠佳。

(二) 脑梗死

1. 基础治疗　维持呼吸、血压、血容量及心肺功能稳定，防治合并症，帮助机体渡过调控障碍的难关。

(1) 保持呼吸道通畅：昏迷患者要保持气管通畅，必要时气管插管或气管切开。

(2) 保持血压稳定：若舒张压不大于 16 kPa(120 mmHg)，一般不用降压药，否则引起血压下降，会减少脑灌流，导致脑缺血加重。

(3) 保持血容量稳定和水电解质平衡：这是维持足够心排出量和脑灌流压的基础。应避免过分扩容及过度脱水。

(4) 饮食营养：尽量经口或鼻胃管喂养易消化的食物。避免大量输入葡萄糖，高血糖会使梗死灶扩大。

(5) 防治并发症：积极防治各种并发症如上呼吸道和泌尿道感染、褥疮的发生，对降低卒中死亡率、避免缺血脑细胞受到进一步损害和为缺损脑功能更好恢复创造有利条件极其重要。

2. 脱水降颅压治疗　多数脑梗死发生脑水肿，但通常并不成为问题，特别老年患者已有不同程度脑萎缩能顺应不严重的脑肿胀。若患者有大脑、小脑半球的大片梗死，在发病后 48 小时~5 日为脑水肿高峰期，可因颅内压增高所致脑疝而死亡。可参照脑出血治疗颅内高压的方案应用脱水降颅压药物甘露醇、呋塞米以及类固醇激素脱水降颅内压。

3. 再通复流治疗

(1) 溶栓治疗：包括尿激酶、链激酶、蛇毒制剂、组织型纤溶酶原激活剂等，患者又是在发病即时就诊的，可在 4~6 小时的时间窗内进行以下急救治疗。

(2) 抗血小板聚集治疗：缺血性卒中早期使用阿司匹林可降低致死率和致残率，且症状性脑出血未显著增加。副作用为胃肠道刺激症状和出血等。溶栓及抗凝治疗时不要合用阿司匹林，因为合用可增加出血机会。

(3) 抗凝治疗：肝素、华法林等，除心源性脑栓塞可预防血栓扩展和再发外，对急性缺血脑损害本身无效。

(4) 血液稀释疗法：能减低血黏度以增加脑血流。适用于血黏度高的患者、因血流动力学因素引起的脑梗死、腔隙梗死，大动脉粥样硬化性脑梗死不适用。常用稀释液为白蛋白、低分子右旋糖酐和羟乙基淀粉 40 氯化钠注射液等。血液稀释虽可增加脑血流量，但降低血氧容量，实际脑供氧量并无增加。因可增加血容量，加大心脏负荷，冠心病、高血压患者慎用。

4. 缺血脑保护治疗

(1) 钙通道阻滞药：常用的有尼莫地平、尼卡地平、氟桂利嗪等，主要通过阻滞血管平滑肌钙通道，抑制钙离子内流，使血管扩张，血流增加。

(2) 自由基清除剂：常用的药物包括抗氧化剂维生素 E、维生素 C 和甘露醇等，SOD（超氧化物歧化酶）是最有效的自由基清除剂。

(3) 胰岛素：胰岛素有以下作用：① 矫正脑缺血后高糖无氧代谢引起的严重细胞内乳酸酸中毒；② 兴奋垂体肾上腺轴，促进分泌肾上腺皮质激素，后者是自由基清除剂；③ 减少血小板的聚集性，缓解血管痉挛，改善半暗带的供血。

(4) 神经节苷脂：有膜保护功能，可以减轻脑水肿，纠正离子失衡，增加脑血流量。

三、中医治疗

辨证论治

中风卒中期

1. 风痰瘀血，痹阻脉络

证候：半身不遂，口舌歪斜，舌强语謇或不语，偏身麻木，头晕目眩，舌质暗淡，舌苔薄白或白腻，脉弦滑。

治法：活血祛风，化痰通络。

方药：化痰通络汤。

药用法半夏、橘红、枳壳、川芎、红花、远志、石菖蒲、茯神、党参、丹参、炙甘草等。瘀血重，舌质紫黯或有瘀斑者，加桃仁、红花、赤芍以活血化瘀；舌苔黄腻，烦躁不安等有热象者，加黄芩、山栀子以清热泻火；头晕、头痛，加菊花、夏枯草以平肝息风；风痰互结，瘀血阻滞，易从阳化热，故临床上用药不宜过于温燥，以免助热生火。

2. 肝阳暴亢，风火上扰

证候：半身不遂，偏身麻木，舌强语謇或不语，或口舌歪斜，眩晕头痛，面红目赤，口苦咽干，心烦易怒，尿赤便干。舌红或红绛，舌苔薄黄，脉弦有力。

治法：平肝息风，泻火通络。

方药：天麻钩藤饮。

药用天麻、栀子、黄芩、杜仲、益母草、桑寄生、夜交藤、朱茯神、川牛膝、钩藤、石决明等。伴头晕头痛者加菊花、桑叶疏风清热；心烦易怒加丹皮、白芍清热凉血；便干便秘加生大黄通下。若症见神识恍惚、迷蒙者，为风火上扰清窍，由中经络向中脏腑转化，配合灌服牛黄清心丸或安宫牛黄丸以开窍醒神。

3. 痰热腑实，风痰上扰

证候：半身不遂，口舌歪斜，言语謇涩或不语，偏身麻木，腹胀便秘，头晕目眩，咯痰或痰多，舌质黯红或暗淡，苔黄或黄腻，脉弦滑。

治法：化痰通腑。

方药：星蒌承气汤。

药用全瓜蒌、胆南星、生大黄、芒硝等。舌苔黄腻、脉弦滑、便秘是本证的三大特征。热象明显者加山栀子、黄芩清泄三焦之热；年老体弱津亏者加生地、麦冬、玄参养阴生津。

4. 气虚血瘀

证候：半身不遂，口舌歪斜，言语謇涩或不语，偏身麻木，面色㿠白，气短乏力；口角流涎，自汗出，心悸便溏，手足肿胀，舌质暗淡，有瘀斑或瘀点，舌苔薄白或白腻，脉沉细、细缓或细弦。

治法：益气活血，扶正祛邪。

方药：补阳还五汤。

药用黄芪、归尾、赤芍、地龙、川芎、桃仁、红花等。气虚明显者加党参以益气通络；言语不利加远志、石菖蒲、郁金以祛痰利窍；心悸，喘息，加桂枝、炙甘草以温经通阳；肢体麻木者加木瓜、伸筋草、防己以舒筋活络；上肢偏废者加桂枝以通络；下肢瘫软乏力者加川断、桑寄生、杜仲、牛膝以强壮筋骨；小便失禁者加桑螵蛸、益智仁以温肾固涩；血瘀重者加莪术、水蛭、鸡血藤等破血通络之品。

5. 阴虚风动

证候：半身不遂，口舌歪斜，舌强言謇或不语，偏身麻木，烦躁失眠，眩晕耳鸣，手足心热，舌质红绛或黯红，少苔或无苔，脉细弦或细弦数。

治法：滋养肝肾，潜阳息风。

方药：镇肝熄风汤。

药用怀牛膝、代赭石、生龙骨、生牡蛎、生龟板、白芍、元参、天冬、川楝子、生麦芽、茵陈、甘草等。夹有痰热者加天竺黄、竹沥、川贝母以清化痰热；心烦失眠者加黄芩、山栀以清心除烦，夜交藤、珍珠母以镇心安神；头痛重者加生石决明、夏枯草以清肝息风。

6. 络脉空虚，风邪入中

证候：手足麻木，肌肤不仁，或突然口眼歪斜，语言不利，口角流涎，甚则半身不遂。或兼见恶寒发热，肢体拘急，关节酸痛等症，舌苔薄白，脉浮弦或弦细。

治法：祛风通络，养血和营。

方药：大秦艽汤加减。

药用川芎、独活、当归、白芍、石膏、甘草、秦艽、羌活、防风、白芷、黄芩、白术、茯苓、生地、熟地、细辛等。若兼表热者加银花、连翘、薄荷以疏散风热，必要时加红花以活血化瘀。

7. 痰热内闭清窍

证候：起病急骤，神昏或昏愦，半身不遂，鼻鼾痰鸣，肢体强痉拘急，项背身热，躁扰不宁，甚则手足厥冷，频繁抽搐，偶见呕血，舌质红绛，舌苔黄腻或干腻，脉弦滑数。

治法：清热化痰，醒神开窍。

方药：羚羊角汤配合灌服或鼻饲安宫牛黄丸。

药用羚羊角、珍珠母、竹茹、天竺黄、石菖蒲、远志、夏枯草、丹皮等。阳闭者可参考此证治疗。痰多者加竹沥、胆南星；热甚者加黄芩、山栀；神昏重加郁金。

8. 痰湿蒙塞心神

证候：素体阳虚，湿痰内蕴。发病神昏，半身不遂，肢体松懈，瘫软不温，甚则四肢厥冷，面白唇暗，痰涎壅盛，舌质暗淡，舌苔白腻，脉沉滑或沉缓。

治法：温阳化痰，醒神开窍。

方药：涤痰汤配合灌服或鼻饲苏合香丸。

药用半夏、陈皮、茯苓、胆南星、枳实、竹茹、石菖蒲、人参、甘草、生姜等。阴闭者可参考此证治疗。寒象明显加桂枝温阳化饮；兼有动风迹象者加天麻、钩藤平肝息风。

9. 元气败脱，神明散乱

证候：突然神昏或昏愦，肢体瘫软，手撒肢冷汗多，重则周身湿冷，二便失禁，舌痿，舌质紫黯，苔白腻，脉沉缓、沉微。

治法：益气回阳固脱。

方药：参附汤。

药用人参、炮附子。急救时水煎服。

中风后遗症期

1. 气虚血滞，脉络瘀阻

证候：偏枯不用，肢软无力，面色萎黄，或见肢体麻木，舌淡紫或有瘀斑，苔白，脉细涩或虚弱。

治法：益气活血通络。

方药：补阳还五汤加味。

药用黄芪、当归尾、川芎、桃仁、地龙、赤芍、红花。血虚甚加枸杞、首乌藤以补血；肢冷，阳失温煦，加桂枝温经通络。

2. 阴虚阳亢，脉络瘀阻

证候：半身不遂，患侧僵硬拘挛，语言謇涩，口眼歪斜，头痛头晕，耳鸣，舌红，苔黄，脉弦数有力。

治法：滋阴潜阳，活血通络。

方药：虎潜丸加减。

药用熟地、龟甲、黄柏、知母、白芍、锁阳、陈皮、石斛、牛膝、当归、生龙牡、桃仁、红花。腰酸腿软较甚加杜仲、桑寄生补肾壮腰；夹有痰浊加菖蒲、远志、茯苓化痰开窍。

3. 风痰阻窍，络脉瘀阻

证候：舌强语謇，肢体麻木，或口眼歪斜，舌黯，苔腻，脉弦滑。

治法：息风化痰，活血通络。

方药：解语丹加减。

药用白附子、石菖蒲、远志、天麻、全蝎、木香、甘草、南星、羌活。痰热偏盛者加全瓜蒌、竹茹、川贝清热化痰；咽干口燥加天花粉、天冬养阴润燥。

【转归、预防与调护】

中风病的康复是一个漫长而艰难的过程,而往往又是至关重要的,在此过程中,必须在亲朋、社会的大力支持下,帮助患者树立战胜疾病的信心、坚强的意志,在康复医师指导下以科学的方法进行康复治疗,循序渐进,长期坚持,可望获得较好的疗效。对老年人康复要采取积极态度,重视康复对老年人生活质量的正面意义。尽早开始肢体被动活动、主动运动和各种功能活动,有针对性地开展运动、言语、认知等缺损脑功能的康复治疗。调动病员主观能动性,家庭和社会的积极性,坚持长期、逐步增加难度的功能锻炼。根据病情和客观条件进行针灸、推拿、体疗、理疗、气功、神经心理治疗、职业医疗和言语治疗等。并在恢复期针对原发病(如高血压、糖尿病等)制订切实可行的防治措施,以预防复发。在卒中后存在相当长时间的脑功能缺损,仍存在改善的前景。

(陈景亮)

第五十二章 重症肌无力

重症肌无力（myasthenia gravis，MG）是乙酰胆碱受体抗体（Acetycholine receptor anlibody，AchR-Ab）介导的、细胞免疫依赖的及补体参与的一种神经-肌肉接头（NMJ）处传递障碍的自身免疫性疾病，病变主要累及 NMJ 突触后膜上乙酰胆碱受体（AchR）。临床特征为部分或全身骨骼肌易于疲劳，呈波动性肌无力，常具有活动后加重、休息后减轻和晨轻暮重等特点。

本病属于中医学"痿证"范畴，是以肢体筋脉迟缓、软弱无力，不能随意运动，或伴有肌肉萎缩的一种病证。

【病因和发病机制】

一、病因

早在 20 世纪 20~30 年代，曾有人提出 MG 病因为箭毒中毒学说、乙酰胆碱合成障碍学说、内分泌代谢紊乱学说，但未曾有实验证实。1960 年 Simpson 和 Nastuk 提出了 MG 可能是一种自身免疫性疾病的假说，后来得到了实验证实。1971 年 Miledi 等成功从美洲电鳗鱼中纯化了 AchR。1973 年，Partrick 等用纯化的电鳗鱼 AchR 反复接种家兔，制作了 MG 动物模型，之后，Lennon 成功制作大白鼠和豚鼠的 MG 模型，从而肯定了 AchR 在 MG 发病中的地位。

二、发病机制

1. **AchR 抗体异常机制** MG 患者中，胸腺几乎都有异常，10%~15% MG 患者合并胸腺瘤，约 70% 患者有胸腺肥大，淋巴滤泡增生。正常的胸腺是 T 细胞成熟的场所，T 细胞可介导免疫耐受以免发生自身免疫反应，而 AchR-Ab 由 B 细胞在增生的胸腺中产生。在胸腺中已检测到 AchR 亚单位的 mRNA，在正常和增生的胸腺中都能发现"肌样细胞"，具有横纹并载有 AchR，因此，推测在一些特定的遗传素质的个体中，由于病毒或其他非特异性因子感染胸腺后，导致"肌样细胞"表面的 AchR 构型发生变化，刺激机体的免疫系统产生 AchR-Ab。

2. **免疫调节异常机制** AchR 的 IgG 抗体是由周围淋巴器官、骨髓、胸腺的浆细胞产生，由抗原特异性 T 辅助细胞（$CD4^+$）激活，后者通过与 AchR 抗原肽序列（抗原决定簇）结合而被激活。如把 MG 患者的胸腺移植给先天性免疫缺陷小鼠亦会产生 AchR-Ab。胸腺激素在正常情况下促进 T 辅助细胞的分化，但长期过量合成可引起自身免疫反应，可能发生 MG；另外，终板 AchR 抗原免疫原性的改变也是可能的诱发因素。

MG 患者常合并其他自身免疫性疾病如甲状腺功能亢进、系统性红斑狼疮、类风湿关节炎、恶性贫血等，也提示 MG 是一种自身免疫病。MG 患者 HLA 基因型的频率较高提示其发病可能与遗传因素有关。

【病理】

约 70% 成人型 MG 患者的胸腺不退化，重量较正常人重，腺体有淋巴细胞增殖；约 10% MG 患者的胸腺含有淋巴上皮细胞型的胸腺瘤，其淋巴细胞是 T 细胞，新生的成分是上皮细胞，良性胸腺瘤组织几乎替代了正常的腺体；胸腺瘤好发于年龄较大的患者。

约 50% 病例肌肉内有淋巴细胞聚集，其周围有小坏死灶，但无周围血管受累。少数病例，尤其是无胸腺瘤的患者，有散在的肌纤维坏死伴炎性细胞浸润。NMJ 处的病理改变明显，突触后膜皱褶丧失或减少，突触间隙加宽。在残余的突触皱褶中，用免疫化学方法可证实有抗体和免疫复合物存在。

【临床表现】

一、症状

任何年龄组均可发病，但有两个发病年龄高峰，即 20~40 岁和 40~60 岁，前者女性多于男性，后者男性多见。

10岁以下前发病者仅占10%。年龄大者易伴有胸腺瘤。

初次发病者一般没有明显的诱因,部分患者或复发的患者可先有感染、精神创伤、过度疲劳、妊娠和分娩史。大多数为隐匿起病,呈进展性或缓解与复发交替性发展,部分可呈持续性。偶有亚急性起病,进展较快。部分患者发病后2~3年可自然缓解。仅表现为眼外肌麻痹者可持续3年左右,且多数不发展至全身肌肉。病程长短不一,可数月,数年,甚至10年。

二、体征

(1) 本病大多起病隐匿,首发症状多为一侧或双侧眼外肌麻痹,如上睑下垂、斜视和复视,重者眼球运动明显受限,甚至眼球固定,但瞳孔括约肌一般不受累,双侧眼症状多不对称,10岁以下小儿眼肌受损较为常见。

主要临床特征是受累肌肉呈病态疲劳,连续收缩后发生严重无力甚至瘫痪,经短期休息后又可好转;症状多于下午或傍晚劳累后加重,早晨和休息后减轻,呈较规律的晨轻暮重波动性变化。受累肌肉常明显地局限于某一组,如眼肌、延髓肌和颈肌等。常因面肌、咽肌受累,表现为面肌皱纹减少,表情动作困难,闭眼和示齿无力,连续咀嚼困难使进食经常中断,以及构音障碍、饮水呛咳、吞咽困难、声音嘶哑或带鼻音。颈肌受损时抬头困难。肢体无力很少单独出现,一般上肢重于下肢,近端重于远端。

(2) 肌无力危象:一些患者在发病早期迅速恶化或进展过程中突然加重,出现呼吸肌的受累,以致不能维持正常的换气功能时,称为重症肌无力危象。发生危象后如不及时抢救可危及患者生命,危象是MG死亡的常见原因。肺部感染或手术(如胸腺切除术)可诱发危象,情绪波动和系统性疾病可加重症状。药理学特点是胆碱酯酶抑制剂治疗有效和对箭毒类药物的超敏感性。

【实验室及其他检查】

一、血、尿和脑脊液常规检查

血、尿和脑脊液常规检查均正常。胸部CT可发现胸腺瘤,常见于年龄大于40岁患者。

二、电生理检查

电生理检查可见特征性异常,3 Hz或5 Hz重复电刺激时,约90%全身型MG患者出现衰减反应;微小终板电位降低,单纤维肌电图显示颤抖增宽或阻滞,阻滞数目在MG肌肉中增加。

三、全身型MG患者肌肉AchR-Ab检测

全身型MG患者肌肉AchR-Ab检测阳性率为85%~90%。一般无假阳性。一些眼肌型、胸腺瘤切除后缓解期患者,甚至有严重症状者可能测不出抗体,抗体滴度与临床症状不一致,临床完全缓解的患者其抗体滴度可能很高。肌纤蛋白(如肌凝蛋白、肌球蛋白、肌动蛋白)抗体可见于85%胸腺瘤患者,是某些胸腺瘤最早表现。抗核抗体、类风湿因子、甲状腺抗体也较正常者多见。

四、神经-肌肉接头处活检

诊断有困难的患者,还可作神经-肌肉接头处活检,可见突触后膜皱褶减少、变平坦和其上乙酰胆碱受体数目减少。

【诊断与鉴别诊断】

一、诊断

根据病变主要侵犯骨骼肌、症状波动性及晨轻暮重的特点诊断不难。下述检查有助于确诊。

1. 疲劳试验 受累肌肉重复活动后肌无力明显加重。具体做法有几种:如嘱患者用力眨眼30次后,眼裂明显变小;两臂持续平举后出现上臂下垂,休息后恢复则为阳性;起蹲10~20次后,则不能再继续进行。

2. 高滴度AchR抗体 支持MG的诊断,但正常滴度不能排除诊断。其特异性可达99%以上,敏感性为88%。

3. 神经重复电刺激 常规检查分别用低频(2~3 Hz和5 Hz)和高频(10 Hz以上)重复刺激尺神经、腋神经或面神经,如出现动作电位波幅递减10%以上为阳性。约80% MG患者于低频刺激时出现阳性反应。应在停用新斯的明24小时后检查,否则可出现假阴性。

4. 新斯的明试验 是最常采用的方法。一次性注射甲基硫酸新斯的明1~2 mg,10~20分钟后肌力改善为阳性,可持续2小时。因其所需时间较长,主要用于对肢体、呼吸肌的评估;可同时肌内注射阿托品0.4 mg以对抗新斯的明的毒蕈碱样反应。

二、鉴别诊断

1. 慢性炎性肌肉病 主要包括慢性多发性肌炎,皮肌炎及包涵体肌炎。与重症肌无力一样,可表现为明显的四肢

无力,但本病还可有全身反应现象,如肌肉压痛,血清激酶(CK、LDH)明显升高,肌电图提示明显的肌源性受损,但无晨轻暮重现象,神经重复电刺激阴性,血清 AchR 抗体滴度不高,抗胆碱酯酶药物治疗无效等可资区别。

2. 兰伯特-伊顿综合征(Lambert-Eaton syndrome)　又称肌无力综合征。该病也是一组自身免疫性疾病,主要表现为:以下肢近端肌无力为主,活动后即疲劳,但短暂用力收缩后肌力反而增强,而持续收缩后又呈疲劳状态。脑神经支配的肌肉很少受累。男性患者多见,约 2/3 患者伴发癌肿。新斯的明实验可阳性,但不如重症肌无力典型。血清 AchR 抗体阴性。以上这些特征可与重症肌无力鉴别。

3. 肉毒杆菌中毒　肉毒杆菌的毒素作用于突触前膜,导致神经-肌肉接头的传递功能障碍,出现骨骼肌瘫痪,此类患者通过询问病史可以发现肉毒杆菌中毒的流行病学史,突然发病,伴有相关中毒症状可以鉴别。

【中医病因病机】

本病发病多与下列因素有关。

1. 感受温毒　温热毒邪内侵,或病后余邪未尽,余热不解,或温病高热持续不退,皆令内热燔灼,伤津耗气,肺热叶焦,津伤失布,不能润泽五脏,五体失养而痿弱不用。

2. 湿热浸淫　久处湿地或涉水冒雨,感受外来湿邪,湿热浸淫经脉,营卫运行受阻,或郁遏生热,或痰热内停,蕴湿积热,导致湿热相蒸,久则浸淫筋脉,气血运行不畅,致筋脉失于滋养而成痿。正如《素问·痿论》所言:"有渐于湿,以水为事,若有所留,居处潮湿,肌肉濡渍,痹而不仁,发为肉痿。"

3. 饮食、毒物所伤　脾胃为后天之本,素体脾胃虚弱或饮食不节,劳倦思虑过度,或久病致虚,中气受损,脾胃受纳、运化、输布水谷精微的功能失常,气血津液生化之源不足,无以濡养五脏,以致筋骨肌肉失养;脾胃虚弱,不能运化水湿,聚湿成痰,痰湿内停,客于经脉;或饮食不节,过食肥甘,嗜酒辛辣,损伤脾胃,运化失职,湿热内生,均可致痿。此外,服用或接触毒性药物,损伤气血经脉,经气运行不利,脉道失畅,亦可致痿。

4. 久病房劳　先天不足,或久病体虚,或房劳太过,耗伤阴精,肾水亏虚,筋脉失于灌溉濡养,伤及肝肾,精损难复。

5. 跌仆瘀阻　跌打损伤,瘀血阻络,新血不生,经气运行不利,脑失神明之用,发为痿证;或产后恶露未尽,瘀血流注于腰膝,以致气血瘀阻不畅,脉道不利,四肢失其濡润滋养。

痿证病变部位在筋脉肌肉,但根本在于五脏虚损。肺主皮毛,脾主肌肉,肝主筋,肾主骨,心主血脉,五脏病变,皆能致痿,且脏腑间常相互影响。上述各种致病因素,耗伤五脏精气,致使精血津液亏损。而五脏受损,功能失调,生化乏源,又加重了精血津液的不足,筋脉肌肉因之失养而弛纵,不能束骨而利关节,以致肌肉软弱无力,消瘦枯萎,发为痿证。

一般而言,本病以热证、虚证为多,虚实夹杂者亦不少见。外感温邪、湿热所致者,病初阴津耗伤不甚,邪热偏重,故属实证;但久延肺胃津伤,肝肾阴血耗损,则由实转虚,或虚实夹杂。内伤致病,脾胃虚弱,肝肾亏损,病久不已,气血阴精亏耗,则以虚证为主,但可夹湿、夹热、夹痰、夹瘀,表现为本虚标实之候。故临床常呈现因实致虚、因虚致实和虚实错杂的复杂病机。

痿证病变累及五脏,且常常相互传变。如肺热叶焦,精津失其宣布,久则五脏失濡而致痿;热邪内盛,肾水下亏,水不制火,则火灼肺金,又可加重肺热津伤;湿热亦能下注于肾,伤及肾阴;温热毒邪,灼伤阴津,或湿热久稽,化热伤津,易致阴津耗损;脾胃虚弱,运化无力,又可津停成痰,痹阻经脉;肝肾阴虚,虚火内炽,灼伤津液,而致津亏血瘀,脉络失畅,致使病程缠绵难愈。

久痿病极,脾肾精气虚败,病情危笃。足少阴脉贯行舌根,足太阴脉上行夹咽,散于舌下。脾肾精气虚损,则舌体失去支持,脾气虚损,无力升清,肾气虚衰,宗气不足,可见舌体瘫软、呼吸和吞咽困难等凶险之候。

【中医诊断及病证鉴别】

本病部分患者发病前有感冒,腹泻病史,有的患者有神经毒性药物接触史或家族遗传史。

临床表现为患者肢体筋脉弛缓不收,下肢或上肢,一侧或双侧,软弱无力,甚则瘫痪,部分患者伴有肌肉萎缩。由于肌肉痿软无力,可有睑废、声嘶低暗、抬头无力等症状,甚则影响呼吸、吞咽功能。痿证初起,若见发热、咳嗽、咽痛,或热病后出现肢体软弱不用,病位多在肺;若见四肢痿软,食少便溏,下肢浮肿,腹胀纳呆,病位多在脾胃;若以下肢痿软无力明显,不能久站,腰脊酸软,头晕耳鸣,遗精阳痿,月经不调,咽干目眩,病位多在肝肾。痿证多以本虚为主,或本虚标实。因感受温热毒邪或湿热浸淫,发病急,病程短者,多为实证。内伤积损,久病不愈,多为虚证,但因夹杂湿热、痰浊、瘀血,可虚中有实,或虚实夹杂。

病证鉴别

1. 偏枯　偏枯亦称半身不遂,久则患肢肌肉枯瘦,病见一侧上下肢偏废不用,常伴有语言謇涩、口眼歪斜。其瘫痪是由于中风而致,两者临床不难鉴别。

2. 痹证　痹证后期,由于肢体关节疼痛,不能运动,肢体长期废用,亦有类似痿证之瘦削枯萎。但痿证肢体关节一般不痛,痹证则均有疼痛,其病因病机,治法也不相同,可予鉴别。

【治疗】

一、治疗思路

目前,西医治疗重症肌无力方法虽多,但多数药物疗效不够满意,存在疗效低、副作用多、复发率高等许多问题。故中西医结合已成为目前治疗 MG 的主要手段。一般主张中药与激素、免疫抑制剂联合应用。在使用激素、免疫抑制剂的同时,配合中药分阶段辨证治疗,可减轻激素、免疫抑制剂的副作用,保证激素、免疫抑制剂的治疗疗程完成;在激素撤减阶段,或使用激素后仍然反复发作,或激素无效、激素依赖的患者,或不符合激素及免疫抑制剂应用指征者,中药的治疗应作为主要治疗手段。

二、西医治疗

1. 胆碱酯酶抑制剂　主要是改善症状。常用新斯的明、溴吡斯的明、溴化新斯的明。溴吡斯的明最常用,成人每次 60～120 mg,每日 3～4 次,可在进餐前 30 分钟服用。其毒蕈碱样副作用表现为腹痛、腹泻、恶心、呕吐、流涎、支气管分泌物增多、流泪、瞳孔缩小和出汗等,预先给予阿托品 0.4 mg 可缓解其毒蕈碱症状,但阿托品过量可引起精神症状。

2. 病因治疗

(1) 糖皮质激素:通常对所有年龄的中至重度 MG 患者,特别是 40 岁以上的成人有效,不论其是否做过胸腺切除,均可应用,且较安全,常同时合用抗胆碱酯酶药。目前采用的治疗方法有三种:① 大剂量递减隔日疗法:隔日服泼尼松 60～80 mg/d 开始,症状改善多在 1 个月内出现,常于数月后疗效达到高峰,此时可逐渐减少剂量,直至隔日服 20～40 mg/d 的维持量,维持量的选择标准是不引起症状恶化的最少剂量;② 小剂量递增隔日疗法:隔日服泼尼松 20 mg/d 开始,每周递增 10 mg 直至隔日服 70～80 mg/d 或取得明显疗效为止;该法病情改善速度减慢,最大疗效常见于用药后 5 个月;使病情加重的几率较少,但病情恶化的日期可能推迟,使医生和患者的警惕性削弱,故较推崇大剂量隔日疗法;③ 大剂量冲击疗法:大剂量冲击疗法用于不能缓解或反复发生危象的病例,可试用甲泼尼龙 1 000 mg/d,连用 3～5 天的冲击疗法。1 个疗程常不能取得满意效果,隔 2 周再重复 1 个疗程,可治疗 2～3 个疗程。用药剂量、间隔时间及疗程次数等均应根据患者的具体情况作个体化处理。应注意皮质类固醇副作用如库欣综合征、高血压、糖尿病、白内障、骨质疏松、股骨头无菌性坏死、精神症状、胃溃疡等。可与 H_2 受体拮抗剂如雷尼替丁等合用。预防骨质疏松和股骨头无菌性坏死可给予维生素 D 和钙剂。

(2) 免疫抑制剂:激素治疗半年内无改善,应考虑选用硫唑嘌呤。每次口服 50～100 mg,每日 1 次,可长期应用,也可用环磷酰胺。需注意其骨髓抑制及感染易感性,应定期检查血象,还应注意肝、肾功能的变化。

(3) 血浆置换:通过正常人血浆或血浆代用品置换患者血浆,以清除血浆中的 AchR 抗体及免疫复合物。该治疗起效快,近期疗效好,但不持久。疗效维持 1 周至 2 个月,之后随抗体水平逐渐增高而症状复现。血浆交换量平均每次 2 L,每周 1～2 次,连用 3～8 次,适用于肌无力危象和难治性重症肌无力。如与糖皮质激素等合用,取长补短,可获长期缓解。对于老人由于有血流动力学不稳定,低血压休克和血管通路难以保持而受到限制。

(4) 免疫球蛋白:外源性免疫球蛋白可使 AchR 抗体的结合功能紊乱而干扰免疫反应,达到治疗效果。具体用法为每次静脉滴注免疫球蛋白,0.4 mg/(kg·d),3～5 为 1 个疗程可每月重复 1 个疗程。该法较血浆置换简单易行,2 种疗法在病情加重时都可使用。其副作用轻微,发生率为 3%～12%,表现为发热、皮疹、偶有头痛,对症处理可减轻。

(5) 胸腺治疗:主要用于伴有胸腺瘤、胸腺增生、药物治疗困难者,但对于 18 岁以下,既没有肿瘤也无严重增生,且病情不严重者,不采用此治疗。70% 的患者胸腺治疗后症状缓解或治愈;但部分患者治疗后,效果仍不佳,甚至加重,因此,还仍须应用药物治疗。胸腺治疗包括胸腺切除和胸腺放射治疗,前者适用于大多数患者,后者主要用于少数不能进行手术或术后复发者。

3. 危象的处理　一旦发生危象,出现吞咽和呼吸肌的进行性无力,以至不能排除分泌物和维持足够的换气功能的严重呼吸困难状态,应立即气管切开,用人工呼吸器辅助呼吸,并依不同类型的危象采用不同处理方法。

(1) 肌无力危象:最常见,约 1% MG 患者出现,常因抗胆碱酯酶药量不足引起,注射依酚氯铵后症状减轻可证实。有构音障碍、吞咽困难和呼吸肌无力的患者有可能出现肌无力危象,可能由于这些患者易吸入口腔分泌物;危象也常发生在肺部感染或大手术(包括胸腺切除术)后的患者。气管插管和正压呼吸开始后应停用胆碱能药物,避免刺激呼吸道分泌物增加。维持呼吸功能、预防及控制感染直到患者从危象中自然康复。无呼吸道并发症者不需用辅助呼吸。

(2) 胆碱能危象：抗胆碱酯酶药过量所致。患者肌无力加重，出现肌束震颤及毒蕈碱样反应。静脉注射依酚氯铵 2 mg，如症状加重则立即停用抗胆碱酯酶药物，待药物排出后应重新调整剂量，或改用其他疗法。

在危象的处理过程中应保证气管切开护理的无菌操作、雾化吸入、及时吸痰。保持呼吸道通畅，防止肺不张、肺部感染等并发症是抢救成功的关键。

三、中医治疗

辨证论治

1. 肺热津伤

证候：发病急，病起发热，或热后突然出现肢体软弱无力，可较快发生肌肉瘦削，皮肤干燥，心烦口渴，咳呛少痰，咽干不利，小便黄赤或热痛，大便干结，舌质红，苔黄，脉细数。

治法：清热润燥，养阴生津。

方药：清燥救肺汤加减。

药用桑叶、石膏、杏仁、甘草、麦冬、人参、阿胶、炒胡麻仁、炙枇杷叶等。若身热未退，高热，口渴有汗，可重用生石膏，加银花、连翘、知母以清气分之热，解毒祛邪；咳嗽痰多加瓜蒌、桑白皮、川贝母宣肺清热化痰；咳呛少痰，咽喉干燥，加桑白皮、天花粉、芦根以润肺清热。若身热已退，兼见食欲减退，口干咽干较甚，此胃阴亦伤，宜用益胃汤加石斛、薏苡仁、山药、麦芽。

2. 湿热浸淫

证候：起病较缓，逐渐出现肢体困重，痿软无力，尤以下肢或两足痿弱为甚，兼见微肿，手足麻木，扪及微热，喜凉恶热，或有发热，胸脘痞闷，小便黄赤、热痛，舌质红，舌苔黄腻，脉濡数或滑数。

治法：清热利湿，通利经脉。

方药：加味二妙散加减。

药用黄柏、当归、苍术、牛膝、防己、萆薢、龟板等。若湿邪偏盛，胸脘痞闷，肢重且肿，加厚朴、茯苓、枳壳、陈皮以理气化湿；夏令季节加藿香、佩兰芳香化浊，健脾祛湿；热邪偏盛，身热肢重，小便赤涩热痛，加忍冬藤、连翘、蒲公英、赤小豆清热解毒利湿；湿热伤阴，兼见两足心发热，心烦口干，舌质红，苔中剥，脉细数，可去苍术，重用龟板，加元参、山药、生地；若病史较久，兼有瘀血阻滞者，肌肉顽痹不仁，关节活动不利或有痛感，舌质紫黯，脉涩，加丹参、鸡血藤、赤芍、当归、桃仁。

3. 脾胃虚弱

证候：起病缓慢，肢体软弱无力逐渐加重，神疲肢倦，肌肉萎缩，少气懒言，纳呆便溏，面色㿠白或萎黄无华，面浮，舌淡，苔薄白，脉细弱。

治法：补中益气，健脾升清。

方药：参苓白术散合补中益气汤加减。

药用人参、白术、茯苓、山药、莲肉、扁豆、砂仁、薏苡仁、桔梗、陈皮、甘草等。脾胃虚者，易兼夹食积不运，当健脾助运，导其食滞，酌佐麦芽、山楂、神曲；气血虚甚者重用黄芪、人参，加阿胶；气血不足兼有血瘀，唇舌紫黯，脉兼涩象者，加丹参、川芎、川牛膝；肥人痰多或脾虚湿盛，可用二陈汤或六君子汤加减。

4. 肝肾亏损

证候：起病缓慢，渐见肢体痿软无力，下肢尤甚，腰膝酸软，不能久立，甚至步履全废，腿胫大肉渐脱，或伴有眩晕耳鸣，舌咽干燥，遗精或遗尿，或妇女月经不调，舌红少苔，脉细。

治法：补益肝肾，滋阴清热。

方药：虎潜丸加减。

药用龟板、黄柏、知母、熟地黄、白芍药、锁阳、陈皮、干姜等。若病久阴损及阳，阴阳两虚，兼有神疲，怯寒怕冷，阳痿早泄，尿频而清，妇女月经不调，脉沉细无力，不可过用寒凉以伐生气，去黄柏、知母，加仙灵脾、鹿角霜、紫河车、附子、肉桂，或服用鹿角胶丸、加味四斤丸；若症见面色无华或萎黄，头昏心悸，加黄芪、党参、首乌、龙眼肉、当归以补气养血；腰脊酸软加续断、补骨脂、狗脊补肾壮腰；热甚者，可去锁阳、干姜，或服用六味地黄丸加牛骨髓、鹿角胶、枸杞子滋阴补肾，以去虚火；阳虚畏寒，脉沉弱，加右归丸加减。

5. 脉络瘀阻

证候：久病体虚，四肢痿弱，肌肉瘦削，手足麻木不适，四肢青筋显露，舌痿不能伸缩，舌质暗淡或有瘀点、瘀斑，脉细涩。

治法：益气养营，活血行瘀。

方药：圣愈汤合补阳还五汤加减。

药用人参、黄芪、当归、白芍药、熟地黄、川芎、桃仁、地龙、赤芍、红花等。若手足麻木，舌苔厚腻者，加橘络、木瓜；下肢痿软无力加杜仲、锁阳、桑寄生；若见肌肤甲错，形体消瘦，手足痿弱，为瘀血久留，可用圣愈汤送服大黄䗪虫丸，补虚活血。

【转归、预防与调护】

重症肌无力患者的转归与临床类型有关，单纯眼肌型，病情始终局限于眼肌和四肢肌无力者预后好；全身型肌无力和病情进一步发展出现危象者则预后不好。对抗胆碱酯酶制剂、激素等药物不敏感又不能手术者预后不好。合并感染（如肺部感染）和呼吸衰竭者预后不好。胸腺瘤有浸润性生长，或有转移者预后不好。病程短、药物治疗敏感者疗效好，预后好；病程长、药物不敏感者预后不好。

重症肌无力患者常因肌肉无力，影响肢体功能活动，坐卧少动，气血运行不畅，加重肌肉萎缩等症状。因此，应提倡患者进行适当锻炼，对生活自理者，可打太极拳，做五禽戏。病情较重者，可经常用手轻轻拍打患肢，以促进肢体气血运行，有利于康复。

病情危重，卧床不起，吞咽呛咳，呼吸困难者，要常翻身拍背，鼓励患者排痰，以防止痰湿壅肺和发生褥疮。对瘫痪者，应注意患肢保暖，保持肢体功能体位，防止肢体挛缩和关节僵硬，有利于日后功能恢复。由于肌肤麻木，知觉障碍，在日常生活与护理中，应避免冻伤或烫伤。

注意精神饮食调养。《素问·痿论》说："思想无穷，所愿不得，意淫于外，入房太甚，宗筋弛纵，发为筋痿。"因此，注意精神调养，清心寡欲，避免过劳，生活规律，饮食宜清淡富有营养，忌油腻辛辣，对促进康复亦具重要意义。

（白　雪）

第十篇 理化因素所致疾病

中西医结合内科学

第五十三章 急性中毒概述

进入人体的化学物质达到中毒量产生组织和器官损害引起的全身性疾病称为中毒(intoxication)。引起中毒的化学物质称毒物(poison)。毒物根据其来源和用途可分为：① 工业性毒物；② 药物；③ 农药；④ 有毒动植物。

根据接触毒物的毒性、剂量和时间，通常将中毒分为急性中毒和慢性中毒两类。急性中毒是由短时间内吸收大量毒物引起，发病急，症状严重，变化迅速，如不积极治疗，可危及生命；慢性中毒是由长时间小量毒物进入人体蓄积引起，起病缓慢，病程较长，缺乏特异性中毒诊断指标，容易误诊和漏诊。

【病因和发病机制】

一、病因

1. 职业中毒 在生产过程中，接触有毒的原料、中间产物或成品，若不注意劳动保护，就会发生中毒。在保管、使用和运输方面，如不遵循安全防护制度，也会发生中毒。

2. 生活中毒 误食、意外接触毒物、用药过量、自杀或谋害等情况下，过量毒物进入人体都可引起中毒。

二、发病机制

1. 体内毒物代谢

（1）毒物侵入途径：毒物对机体产生毒性作用的快慢、强度和表现与毒物侵入途径和吸收速度有关。通常，毒物可经消化道、呼吸道或皮肤黏膜等途径进入人体引起中毒。

1）消化道：是生活中毒的常见途径，如有毒食物和镇静安眠药等常经口摄入中毒。毒物主要由小肠吸收，经过小肠液和酶作用后，毒物性质部分发生改变，然后进入血液循环，经肝脏解毒后分布到全身组织、器官。

2）呼吸道：因肺泡表面积较大和肺毛细血管丰富，经呼吸道吸入的毒物能迅速进入血液循环而发生中毒，较经消化道吸收入血的速度快20倍。因此，患者中毒症状严重，病情发展快。职业中毒时，毒物常以粉尘、烟雾、蒸气或气体状态经呼吸道吸入。生活中毒的常见病是一氧化碳中毒。

3）皮肤黏膜：健康皮肤表面有一层类脂质层，能防止水溶性毒物侵入机体。对少数脂溶性毒物（如苯、苯胺、硝基苯、乙醚、氯仿或有机磷化合物等），皮肤即失去其屏障作用，可经皮脂腺或黏膜吸收中毒。能损伤皮肤的毒物（如砷化物、芥子气等）也可通过皮肤吸收中毒。在皮肤多汗或有损伤时，都可加速毒物吸收。有的毒物也可经球结膜吸收中毒。毒蛇咬伤时，毒液可经伤口入血中毒。

（2）毒物代谢：毒物吸收入血后，与红细胞或血浆中某些成分相结合，分布于全身的组织和细胞。脂溶性较大的非电解质毒物在脂肪和部分神经组织中分布量大；不溶于脂类的非电解质毒物，穿透细胞膜的能力差。电解质毒物（如铅、汞、锰、砷和氟等）在体内分布不均匀。毒物主要在肝脏通过氧化、还原、水解和结合等作用进行代谢，然后与组织和细胞内的化学物质作用，分解或合成不同化合物。例如，乙醇氧化成二氧化碳和水；乙二醇氧化成乙二酸；苯氧化成酚等。大多数毒物代谢后毒性降低，此为解毒过程。少数代谢后毒性反而增强，如对硫磷氧化为毒性更强的对氧磷。

（3）毒物的排泄：进入体内的多数毒物经过代谢后排出体外。毒物排泄速度与其在组织中溶解度、挥发度、排泄和循环器官功能状态有关。肾脏是毒物排出的主要器官，水溶性毒物经肾脏排泄较快，使用利尿药可加速肾脏毒物排泄。重金属（如铅、汞和锰）及生物碱主要由消化道排出；一些易挥发毒物（如氯仿、乙醚、乙醇和硫化氢等）可以原形经呼吸道排出，潮气量越大，排泄毒物作用越强；一些脂溶性毒物可由皮肤皮脂腺及乳腺排出，少数毒物经皮肤汗液排出时常引起皮炎。此外，铅、汞和砷等毒物可由乳汁排出，易引起哺乳婴儿中毒。有些毒物蓄积在体内一些器官或组织内，排出缓慢，当再次释放时又可产生中毒。

2. **中毒机制** 毒物种类繁多,其中毒机制不一。

(1) 局部刺激和腐蚀作用:强酸或强碱吸收组织中水分,与蛋白质或脂肪结合,使细胞变性和坏死。

(2) 引起机体组织和器官缺氧:如CO、硫化氢或氰化物等毒物阻碍氧的吸收、转运或利用。对缺氧敏感的脑和心肌,易发生中毒损伤。

(3) 对机体的麻醉作用:亲脂性强的毒物(如过量的有机溶剂和吸入性麻醉药)易通过血脑屏障进入含脂量高的脑组织,抑制其功能。

(4) 抑制酶的活力:有些毒物及其代谢物通过抑制酶活力产生毒性作用。例如,氰化物抑制细胞色素氧化酶,含金属离子的毒物能抑制含巯基的酶等。

(5) 干扰细胞或细胞器的功能:在体内,四氯化碳经酶催化形成三氯甲烷自由基,后者作用于肝细胞膜中不饱和脂肪酸,引起脂质过氧化,使线粒体及内质网变性和肝细胞坏死。酚类如二硝基酚、五氯酚和棉酚等可使线粒体内氧化磷酸化作用解偶联,阻碍腺苷三磷酸形成和贮存。

(6) 竞争相关受体:如阿托品过量时通过竞争性阻断毒蕈碱受体产生毒性作用。

3. **影响毒物作用的因素** ① 毒物的状态;② 机体的状态;③ 毒物之间的相互作用。

【临床表现】

不同化学物质急性中毒表现不完全相同,严重中毒时共同表现有发绀、昏迷、惊厥、呼吸困难、休克和少尿等。

一、皮肤黏膜表现

1. **皮肤及口腔黏膜灼伤** 见于强酸、强碱、甲醛、苯酚、甲酚皂溶液(来苏儿)等腐蚀性毒物灼伤。硝酸灼伤皮肤黏膜痂皮呈黄色,盐酸痂皮呈棕色,硫酸痂皮呈黑色。

2. **发绀** 引起血液氧合血红蛋白减少的毒物中毒可出现发绀。亚硝酸盐、苯胺或硝基苯等中毒时,血高铁血红蛋白含量增加出现发绀。

3. **黄疸** 毒蕈、鱼胆或四氯化碳中毒损害肝脏会出现黄疸。

二、眼球表现

瞳孔扩大见于阿托品、莨菪碱类中毒;瞳孔缩小见于有机磷杀虫剂(OPI)、氨基甲酸酯类杀虫药中毒;视神经炎见于甲醇中毒。

三、神经系统表现

1. **昏迷** 见于催眠、镇静或麻醉药中毒;有机溶剂中毒;窒息性毒物(如CO、硫化氢、氰化物)中毒;高铁血红蛋白生成性毒物中毒;农药(如OPI、有机汞杀虫药、拟除虫菊酯杀虫药、溴甲烷)中毒。

2. **谵妄** 见于阿托品、乙醇或抗组胺药中毒。

3. **肌纤维颤动** 见于OPI、氨基甲酸酯类杀虫药中毒。

4. **惊厥** 见于窒息性毒物或异烟肼中毒,有机氯或拟除虫菊酯类杀虫药等中毒。

5. **瘫痪** 见于蛇毒、三氧化二砷、可溶性钡盐或磷酸三邻甲苯酯等中毒。

6. **精神失常** 见于CO、乙醇、阿托品、二硫化碳、有机溶剂、抗组胺药等中毒,成瘾药物戒断综合征等。

四、呼吸系统表现

1. **呼出特殊气味** 乙醇中毒呼出气有酒味;氰化物有苦杏仁味;OPI、黄磷、铊等有蒜味;苯酚、甲酚皂溶液有苯酚味。

2. **呼吸加快** 水杨酸类、甲醇等兴奋呼吸中枢,中毒后呼吸加快;刺激性气体中毒引起脑水肿时,呼吸加快。

3. **呼吸减慢** 催眠药或吗啡中毒时过度抑制呼吸中枢导致呼吸麻痹,使呼吸减慢。

4. **肺水肿** 刺激性气体、OPI或百草枯等中毒常发生肺水肿。

五、循环系统表现

1. **心律失常** 洋地黄、夹竹桃、蟾蜍等中毒时兴奋迷走神经,拟肾上腺素药、三环类抗抑郁药等中毒时兴奋交感神经和氨茶碱中毒等通过不同机制引起心律失常。

2. **心搏骤停** ① 心肌毒性作用:见于洋地黄、奎尼丁、锑剂或依米丁(吐根碱)等中毒;② 缺氧:见于窒息性气体毒物(如甲烷、丙烷和二氧化碳等)中毒;③ 严重低钾血症:见于可溶性钡盐、棉酚或排钾利尿药中毒等。

3. **休克** 三氧化二砷中毒引起剧烈呕吐和腹泻;强酸和强碱引起严重化学灼伤致血浆渗出;严重巴比妥类中毒抑制血管中枢,引起外周血管扩张。以上因素都可通过不同途径引起有效循环血容量相对或绝对减少而发生休克。

六、泌尿系统表现

中毒后肾脏损害有肾小管堵塞(如砷化氢中毒产生大量红细胞破坏物堵塞肾小管)、肾缺血或肾小管坏死(如头孢菌素类、氨基糖苷类抗生素、毒蕈和蛇毒等中毒)导致急性肾衰竭,出现少尿或无尿。

七、血液系统表现

如砷化氢中毒、苯胺或硝基苯等中毒可引起溶血性贫血和黄疸;水杨酸类、肝素或双香豆素过量、敌鼠和蛇毒咬伤中毒等引起止凝血障碍致出血;氯霉素、抗肿瘤药或苯等中毒可引起白细胞减少。

八、发热

见于阿托品、二硝基酚或棉酚等中毒。

【实验室及其他检查】

一、毒物鉴定

将呕吐物、洗胃液、尿、粪、血液等进行毒物分析。

二、临床检查

根据病情需要进行血液生化,血气分析,肝、肾功能,脑脊液,X线,心电图,脑电图等检查。

【诊断与鉴别诊断】

一、诊断

1. 毒物接触史

(1) 毒物种类或名称,进入的剂量、途径、时间,出现中毒症状的时间或发现患者的时间及经过。

(2) 发病的现场情况,有无残余可疑毒物。

(3) 有服毒可能者,应了解患者的生活情况、精神状态、经常服用药物的种类、身边有无药瓶、家中的药物有无缺少及服药剂量的估计。

(4) 可疑为食物中毒者,应调查同餐进食者有无同样症状发生。

(5) 对可疑CO气体中毒者,应了解室内炉火、烟囱及同室其他人的情况。

2. 临床表现

(1) 神志朦胧、谵妄,甚至昏迷。表情痛苦,烦躁。

(2) 生命体征:血压、脉搏、心率与心律、呼吸等生命体征异常,呼出气体的特殊气味,如有机磷中毒有蒜臭味,乙醇中毒有酒味,硫化氢类中毒有蛋臭味等。

(3) 瞳孔见于阿托品、苯丙胺等中毒;缩小见于有机磷、吗啡、麻醉剂等中毒。

(4) 皮肤、口唇颜色(发绀、樱红、苍白或灰白)、口唇周围及口腔内或有腐蚀痕迹,或有药渍及气味,皮肤或有炎性损害。

(5) 肌肉抽搐及痉挛,腹部有压痛。

(6) 呕吐物及排泄物(尿、粪)的颜色异常、有特殊气味。

(7) 急性中毒伴有下列表现时,提示病情危重:① 深昏迷;② 休克或血压不稳定;③ 高热或体温不升;④ 呼吸衰竭;⑤ 心力衰竭或严重心律失常;⑥ 惊厥持续状态;⑦ 肾衰竭;⑧ DIC;⑨ 血钠高于150 mmol/L或低于120 mmol/L。对于这些患者,应常规监测肝、肾等各脏器功能,为病情判断和支持处理提供依据。

二、鉴别诊断

本病应与下列疾病进行鉴别,对诊断一时不明确且伴昏迷者:① 低血糖;② 酮症酸中毒;③ 颅内出血;④ 中枢感染;⑤ 肝性脑病;⑥ 尿毒症;⑦ 电解质紊乱。

【中医病因病机】

中医学认为凡是有毒物质从食道、呼吸道、皮肤、脉管等进入人体,损伤人体正气,造成脏腑气血功能紊乱,甚至阴阳离决者,称为中毒,为临床急、重、危证。

误食不洁或有毒之品,或误服外用药、炮制不当的药物及过期霉变的药物,或长期过量服用,致毒物壅于胃腑,累及肠道,损及脾运,滋生湿浊,气机升降失常,气血逆乱,或痰浊蒙闭清窍,流窜经络而生诸证。

误吸秽浊有毒之气,使毒物由鼻而入闭阻肺气,扰乱气机,迫及心神;或为毒蛇虫兽所伤,使毒物从皮毛而入,由浅入深而生诸证。

毒物毒液由血道进入体内,致毒物直入血脉,燔于脏腑而迭生诸证。

以上诸多因素均可导致毒邪内陷心包,闭阻清窍,动血动风,出现内闭外脱之危候,甚则出现阴阳离决之厥脱证。若救治不及时或治疗不当,常致死亡。

【治疗】

一、治疗思路

① 立即脱离中毒现场;② 清除进入人体内已被吸收或尚未被吸收的毒物;③ 如有可能,选用特效解毒药;④ 对症支持治疗。

二、西医治疗

1. 立即脱离中毒现场

(1) 如为接触或吸入性中毒,应立即将中毒者迁离中毒场所,脱去污染衣服,以温开水洗净皮肤表面的毒物。

(2) 如有创面,应将创面洗净,敷药、包扎。

2. 清除体内尚未被吸收的毒物

(1) 清除胃肠道尚未被吸收的毒物

1) 催吐

A. 适应证:神志清楚而能合作者。

B. 禁忌证:昏迷、惊厥、进食强腐蚀剂、煤油、汽油等患者忌用;年老体弱、妊娠、高血压、心脏病、门脉高压等患者慎用。

C. 方法:用手指或压舌板或用 500 ml 凉开水加食盐 60 g,灌服,连服 3~4 次,服后用干净鸡、鹅毛管等刺激咽后壁,使患者呕吐,反复多次。亦可用急救稀涎散(白矾 10 g、皂角 9 g)煎水至 250 ml,口服;或用 0.2%~0.5% 硫酸铜溶液 100~200 ml,口服。

2) 洗胃

A. 适应证:昏迷和不合作者,应尽早进行,一般服毒后 6 小时内有效。

B. 禁忌证:腐蚀性毒物(如强酸或强碱)中毒者忌用。

C. 方法:有胃管法、注射器法和洗胃机洗胃法。

洗胃液可用绿豆(打碎)150 g、甘草 60 g,煎水至 1 000 ml,加凉开水至 2 000 ml,亦可以用温开水、0.02%~0.05% 高锰酸钾溶液(有机磷农药 1605 中毒者忌用)、生理盐水、茶叶水、1% 碳酸氢钠[美曲膦酯(敌百虫)中毒不宜用]。如毒物不清,多用清水洗胃。洗胃液应反复洗出至液体清亮、无味为止。

3) 导泻

A. 适应证:适用于服毒超过 4 小时,洗胃后。

B. 方法:导泻可用明矾(先煎)6 g、大黄(后下)6 g 煎水 250 ml,冲服风化硝 6 g 或番泻叶 30 g 泡水冲服。亦可用芒硝或硫酸镁 20~30 g,溶于温开水中顿服,或洗胃后从胃管灌入。一般禁用油类导泻,以免促进脂溶性毒物的吸收。

4) 灌肠

A. 适应证:除腐蚀性毒物中毒外,适用于口服中毒超过 6 小时以上、导泻无效者及抑制肠蠕动的药物(如巴比妥类、颠茄类、阿片类)。

B. 方法:用 1% 的肥皂水 5 000 ml,高位连续多次灌肠。

(2) 清除皮肤、眼内及伤口的毒物:清洗皮肤和毛发;毒物溅入眼内,立即用清水冲洗;毒蛇咬伤者,应迅速捆扎伤口近心端,并彻底冲洗伤口及周围皮肤,清除伤口内可能存留的毒牙,反复冲洗,挤出伤口中残存的毒液。

3. 促进已吸收毒物的排出

(1) 利尿:大量饮水或静脉输液(用 5% 葡萄糖盐水和 5% 葡萄糖液交替使用,每小时 200~400 ml)可稀释毒物的浓度,增加尿量,加速毒物的排出。同时亦可用渗透性利尿剂如 20% 的甘露醇 125~250 ml,快速静脉点滴,或呋塞米 20~40 mg,静脉注射。

(2) 吸氧:一氧化碳中毒时,吸氧可促使碳氧血红蛋白离解,加速 CO 排出。高压氧治疗是一氧化碳中毒的特效疗法。

(3) 透析疗法

1) 腹膜透析：可用于清除血液中的苯巴比妥、水杨酸盐类、甲醇、茶碱、乙二醇、锂等。

2) 血液透析：透析指征同腹膜透析,氯酸盐、重铬酸盐能损害肾脏引起急性肾衰竭,是血液透析的首选指征。

(4) 血液灌流：血液流过装有活性炭或树脂的灌流柱,毒物被吸附后,血液再输回患者体内。此法能吸附脂溶性或与蛋白质结合的化学物,能清除血液中巴比妥类、百草枯等。应注意,血液在灌流中,其正常成分如血小板、白细胞、凝血因子、葡萄糖、二价阳离子也能被吸附排出,因而需要监测和补充。

三、中医治疗

辨证论治

1. 毒蕴脾胃

证候：恶心呕吐,脘腹胀痛,腹泻或便秘,甚则呕血、便血,午后潮热,舌质深红,苔黄腻,脉弦数。

治法：和中解毒,健脾和胃。

方药：甘草泻心汤加减。

药用生甘草、半夏、黄芩、干姜、人参、黄连、大枣、绿豆。

2. 毒聚肝胆

证候：两胁胀痛,恶心呕吐苦水,咽干口燥,食欲不振,头目眩晕,甚至出现黄疸,四肢抽搐,舌质红,苔黄微黑,脉弦数。

治法：疏肝理气,滋阴养血。

方药：一贯煎合四逆散加减。

药用柴胡、白芍、枳实、生甘草、生地黄、沙参、麦冬、当归、枸杞、川楝子。

3. 毒犯肺肾

证候：咳嗽气急,不能平卧,小便短赤,或有浮肿,甚则尿闭尿血,舌质红,苔薄白,脉沉细。

治法：清宣降浊。

方药：陈氏四虎饮合五苓散加减。

药用水牛角、大黄、生石膏、黄连、生地黄、知母、玄参、马勃、藏红花、茯苓、猪苓、桂枝、白术、泽泻。

4. 毒陷心脑

证候：心悸气短,心烦,夜不能寐,或时清时寐,表情淡漠,嗜睡,甚则昏迷,谵语,舌质红绛,脉数疾。

治法：解毒开窍醒脑。

方药：玳瑁郁金汤加减送服玉枢丹。

药用玳瑁、木通、竹茹、郁金、连翘、牡丹皮、生姜、石菖蒲、竹叶。

【转归、预防与调护】

(1) 对护理人员的要求：具备较高的业务素质及娴熟的操作,接诊迅速,诊断快速,医护配合默契,抢救有条不紊,忙而不乱,积极有效的进行各项工作,提高抢救成功率。

(2) 饮食护理：有机磷农药中毒患者经洗胃后需禁食1~2天,选择低糖、低脂饮食由少到多,从流质过渡到普食。

(3) 关心患者：多和其交流,让他珍惜生命,树立正确的人生观。积极配合治疗,早日康复。

(张 锁)

第五十四章 中 毒

第一节 有机磷杀虫剂中毒

有机磷杀虫剂包括家庭用和农田用的各种制品。农田用的为剧毒类,家庭用的为高毒和低毒。作为农药的有甲拌磷(3911)、内吸磷(1059)和对硫磷(1605)。家用(包括园艺)的有敌敌畏、乐果和美曲膦酯。有机磷制剂可经皮肤吸收或误服中毒。

【病因和发病机制】

常见原因有：① 生产中毒；② 使用中毒；③ 生活中毒。

有机磷杀虫剂中毒主要与胆碱能神经系统有关。胆碱能神经系统的神经元之间(突触)、神经末梢与效应器(如肌肉)之间(神经肌肉接头)并不完全相连,其中有一极窄的突触间隙,神经冲动的传递是靠神经递质乙酰胆碱(ACh)来完成的。当神经冲动传到神经末梢后,末梢内储有 ACh 的囊泡移向突触前膜,并向间隙释放 ACh,ACh 迅速到达突触后膜与受体结合,并引起一系列膜电位改变和生化传导,最后产生受体效应。接着 ACh 迅速从受体上脱下,被突触后膜上及附近的乙酰胆碱酯酶(AChE)水解成胆碱和乙酸。游离出的受体又可立即被第二次 ACh 所激动。上述过程1秒钟内重复数百次,以维持正常神经冲动传递功能。胆碱能神经包括两大部分,即运动神经与自主神经。运动神经(骨骼肌神经)自中枢发出后一直到达骨骼肌,中途不交换神经元。自主神经包括交感神经和副交感神经,它们自中枢发出后先经过神经节交换神经元,后到达所支配的效应器官(心脏、平滑肌、腺体等)。因此,交感神经和副交感神经又分节前纤维和节后纤维。自主神经中属于胆碱能神经的有交感、副交感神经节前纤维,全部副交感神经节后纤维,及小部分交感神经节后纤维(支配汗腺、肌肉内的血管舒张神经)。有机磷杀虫剂被吸收后,很快分布到胆碱能神经的神经突触和神经-肌肉接头部位,与 AChE 结合形成磷酰化酶(中毒酶)。被抑制的胆碱酯酶(磷酰化酶)失去水解 ACh 的能力,导致 ACh 在突触间隙大量积聚。积聚的 ACh 对胆碱受体产生过度的激动,导致中枢和外周强烈的胆碱能效应,即有机磷的中毒症状与体征：多数平滑肌收缩增强,多数腺体分泌增加,心脏收缩先增强后减弱,心率先增快后减慢,皮肤、内脏、肌肉内的血管舒张,胃肠道及膀胱的括约肌松弛,肾上腺髓质分泌增加,骨骼肌兴奋性增高等。有机磷化合物(包括有机磷杀虫剂)的作用机制,除上述酶抑制学说外,尚有有机磷直接作用于胆碱能受体；直接损害神经元,造成中枢神经细胞死亡；抑制神经靶酯酶,造成退行性多神经病等机制理论。

【临床表现】

一、轻度中毒

短时间内接触大量有机磷杀虫剂后,出现头晕,头痛,乏力,恶心,呕吐,看东西模糊,多汗,胸闷,瞳孔缩小。

二、中度中毒

在轻度中毒的基础上,出现肌束震颤等症状。

三、重度中毒

除上述表现外,出现昏迷或肺水肿、呼吸衰竭、脑水肿等征象。

四、急性中毒

发病时间与毒物中毒、剂量、侵入途径和机体状态(如空腹或进餐)密切相关。中毒后,出现急性胆碱能危象,表现为：① 毒蕈碱样症状,又称 M 样症状,主要是副交感神经过度兴奋所引起的全身表现；② 烟碱样症状,又称 N 样症状,主要是与 ACh 蓄积过多引起的全身表现；③ 中枢神经系统症状,由过多的 Ach 刺激所致；④ 局部损害：如过敏性皮炎、皮肤水疱等症状。

五、迟发性多发神经病

中毒患者症状消失后2~3周出现迟发性神经损害,表现为感觉、运动型多发性神经病变,主要累及肢体末端,如下肢瘫痪、四肢肌肉萎缩等。目前认为可能是由于OPI抑制神经靶酯酶,使其老化所致。神经-肌电图检查提示神经源性损害。

六、中间型综合征

其发病机制与ChE长期受抑制,影响神经肌肉接头处突触后功能有关,突然出现屈颈肌、四肢近端肌无力和第Ⅲ、Ⅶ、Ⅸ、Ⅹ对脑神经支配的肌肉无力,进而引起呼吸困难或衰竭,可导致死亡。

【实验室及其他检查】

一、血ChE活力测定

血ChE活力是诊断OPI中毒的特异性实验指标,对判断中毒程度、疗效和预后极为重要。以正常人血ChE活力值作为100%,急性OPI中毒时,ChE活力值在70%~50%为轻度中毒;50%~30%为中度中毒;30%以下为重度中毒。对长期OPI接触者,血ChE活力值测定可作为生化监测指标。

二、尿中OPI代谢物测定

在体内,对硫磷和甲基对硫磷氧化分解为对硝基酚,美曲膦酯代谢为三氯乙醇。尿中测出对硝基酚或三氯乙醇有助于诊断上述毒物中毒。

【诊断与鉴别诊断】

一、诊断

(1)有机磷杀虫剂接触史:生产中接触史,如制造和使用有机磷杀虫剂又无严密防护者。非生产性中毒接触史,如自杀、他杀、误服者;有的间接接触或食入;还有因内衣喷洒有机磷农药灭虱而中毒,等等。

(2)特征性的中毒症状和体征。

(3)实验室检查:如前所述。根据患者OPI接触史、呼出气大蒜味、瞳孔缩小、多汗、肌纤维颤动和意识障碍等,一般不难诊断。对于不明原因的意识障碍、瞳孔缩小,并伴有肺水肿患者,也要考虑到OPI中毒。如监测血ChE活力降低,可确诊。

二、鉴别诊断

1. 食物中毒　发病前不洁饮食史,有急性胃肠道反应,但无肉跳、瞳孔缩小、肺水肿等症状。
2. 乙型脑炎　发热,多见于秋季,无腹泻、呕吐、瞳孔缩小等表现,脑脊液及补体结合试验阳性。

【中医病因病机】

本病为农药入侵机体所致。可从肌肤而入,致毒热炽盛,肌肤失养;或从中焦脾胃而入,以致中焦受阻,气机逆乱,痰浊内生,脾胃虚弱;亦可毒邪犯肝,肝风内动;还可邪陷心包,蒙蔽清窍。日久则伤及肝肾之阴,而致阴虚火旺。

总之,本病初发时多为邪实,日久则伤正,而发展为本虚标实。

【治疗】

一、治疗思路

根据病情,要早期、足量、联合和重复应用解毒药,并且选用合理给药途径及择期停药。中毒早期即联合应用抗胆碱能药与ChE复能药才能取得更好疗效。本病实证乃邪毒内侵,脏腑气血逆乱,清阳受扰所致,治疗以解毒,祛邪为法。

二、西医治疗

(一)迅速清除毒物

立即将患者撤离中毒现场。彻底清除未被机体吸收进入血的毒物,如迅速脱去污染衣服,用肥皂水清洗污染皮肤、毛发和指甲;眼部污染时,用清水、生理盐水、2%碳酸氢钠溶液或3%硼酸溶液冲洗;口服中毒者,用清水、2%碳酸氢钠溶液(美曲膦酯忌用)或1:5 000高锰酸钾溶液(对硫磷忌用)反复洗胃,即首次洗胃后保留胃管,间隔3~4小时重复洗胃,直至洗出液清亮为止,然后用硫酸钠20~40 g溶于20 ml水,口服,观察30分钟,无导泻作用时,再口服或经鼻胃管注入水500 ml。

（二）紧急复苏

OPI 中毒常死于肺水肿、呼吸肌麻痹、呼吸中枢衰竭。对上述患者,要紧急采取复苏措施:清除呼吸道分泌物,保持呼吸道通畅,给氧,据病情应用机械通气。肺水肿应用阿托品,不能应用氨茶碱和吗啡。心脏停搏时,行体外心脏按压复苏等。

（三）解毒药

在清除毒物过程中,同时应用 ChE 复能药和胆碱受体阻断药治疗。

1. ChE 复能药 肟类化合物能使被抑制的 ChE 恢复活性。其原理是肟类化合物吡啶环中季铵氮带正电荷,能被磷酰化胆碱酯酶的阴离子部位吸引,其肟基与磷酰化胆碱酯酶中的磷形成结合物,使其与 ChE 酯解部位分离,恢复真性 ChE 活性,ChE 复能药尚能作用于外周 N2 受体,对抗外周 N 胆碱受体活性,能有效解除烟碱样毒性作用,对 M 样症状和中枢性呼吸抑制作用无明显影响。所用药物如下。

（1）氯解磷定（氯磷定）:复能作用强,毒性小,水溶性大,可供静脉或肌内注射,是临床上首选的解毒药。首次给药要足量,指征为外周 N 样症状（如肌颤）消失,血液 ChE 活性恢复 50%~60% 及以上。如洗胃彻底,轻度中毒无需重复给药;中度中毒首次足量给药后一般重复 1~2 次即可;重度中毒首次给药后 30~60 分钟未出现药物足量指征时,应重复给药。如口服大量乐果中毒、昏迷时间长、对 ChE 复能药疗效差及血 ChE 活性低者,解毒药维持剂量要大,时间可长达 5~7 天。通常,中毒表现消失,血 ChE 活性在 50%~60% 及以上,即可停药。

（2）碘解磷定（解磷定）:复能作用较差,毒性小,水溶性小,仅能静脉注射,是临床上次选的解毒药。

（3）双复磷（DMO4）:重活化作用强,毒性较大,水溶性大,能静脉或肌内注射。ChE 复能药对甲拌磷、内吸磷、对硫磷、甲胺磷、乙硫磷和肟硫磷等中毒疗效好,对敌敌畏、美曲膦酯中毒疗效差,对乐果和马拉硫磷中毒疗效不明显。双复磷对敌敌畏及美曲膦酯中毒疗效较碘解磷定为好。ChE 复能药对中毒 24~48 小时后已老化的 ChE 无复活作用。对 ChE 复能药疗效不佳者,以胆碱受体阻断药治疗为主。ChE 复能药不良反应有短暂眩晕、视力模糊、复视、血压升高等。用量过大能引起癫痫样发作和抑制 ChE 活力。碘解磷定剂量较大时,尚有口苦、咽干、恶心。注射速度过快可导致暂时性呼吸抑制;双复磷不良反应较明显,有口周、四肢及全身麻木和灼热感,恶心、呕吐和颜面潮红,剂量过大可引起室性期前收缩和传导阻滞,有的发生中毒性肝病。

2. 胆碱受体阻断药 胆碱受体分为 M 和 N 两类。M 有 3 个亚型:M_1、M_2 和 M_3。肺组织有 M_1 受体,心肌为 M_2 受体,平滑肌和腺体上主要有 M_3 受体。N 受体有 N_1 和 N_2 两个亚型,神经节和节后神经元为 N_1 受体,骨骼肌上为 N_2 受体。

由于 OPI 中毒时,积聚的 ACh 首先兴奋中枢 N 受体,使 N 受体迅速发生脱敏反应,对 ACh 刺激不再发生作用,并且脱敏的 N 受体还能改变 M 受体构型,使 M 受体对 ACh 更加敏感,对 M 受体阻断药（如阿托品）疗效降低。因此,外周性与中枢性抗胆碱能药具有协同作用。

（1）M 胆碱受体阻断药:又称外周性抗胆碱能药。阿托品和山莨菪碱等主要作用于外周 M 受体,能缓解 M 样症状,对 N 受体无明显作用。根据病情,阿托品每 10~30 分钟或 1~2 小时给药 1 次,直到患者 M 样症状消失或出现"阿托品化"。阿托品化指征为瞳孔较前扩大、口干、皮肤干燥、心率增快（90~100 次/分）和肺湿啰音消失。此时,应减少阿托品剂量或停用。如出现瞳孔明显扩大、神志模糊、烦躁不安、抽搐、昏迷和尿潴留等为阿托品中毒,立即停用阿托品。

（2）N 胆碱受体阻断药:又称中枢性抗胆碱能药,如东莨菪碱、苯那辛、苯扎托品、丙环定等,对中枢 M 和 N 受体作用强,对外周 M 受体作用弱。盐酸戊乙奎醚（长托宁）对外周 M 受体和中枢 M、N 受体均有作用,但选择性作用于 M_1、M_3 受体亚型,对 M_2 受体作用极弱,对心率无明显影响;较阿托品作用强,有效剂量小,作用时间（半衰期为 6~8 小时）长,不良反应少;首次用药需与氯解磷定合用。根据 OPI 中毒程度,可采用胆碱酯酶复活剂与阿托品联合用药。轻度中毒可单用胆碱酯酶复能药。两药合用时,应减少阿托品用量,以免发生阿托品中毒。

3. 复方制剂 是将生理性拮抗剂与中毒酶复能药组成的复方制剂。国内有解磷注射液（每支含阿托品 3 mg、苯那辛 3 mg 和氯解磷定 400 mg）。首次剂量:轻度中毒 0.5~1 支肌内注射;中度中毒 1~2 支;重度中毒 2~3 支。但尚需分别另加氯解磷定,轻度中毒 0~0.5 g,中度中毒 0.5~1.0 g,重度中毒 1.0~1.5 g。对重度患者,症状缓解后逐渐减少解毒药用量,待症状基本消失,全血胆碱酯酶活力升至正常的 50%~60% 后停药观察,通常至少观察 3~7 天再出院。

（四）对症治疗

重度 OPI 中毒患者常伴有多种并发症,如酸中毒、低钾血症、严重心律失常、脑水肿等。特别是合并严重呼吸和循环衰竭时如处理不及时,应用的解毒药尚未发挥作用患者即已死亡。

（五）中间型综合征治疗

立即给予人工机械通气。同时应用氯解磷定，每次1.0g，肌内注射，酌情选择给药间隔时间，连用2~3天。积极对症治疗。

三、中医治疗

辨证论治

1. 湿毒壅结肠胃

证候：腹痛腹胀，恶心呕吐，流涎清涎，肢冷汗出，面色青紫，四肢震颤，或有精神委靡不振，甚至神志不清，舌质淡红或紫黯，苔白腻或黄腻，脉细或细数。

治法：峻下湿毒，清解肠毒。

方药：承气绿豆汤加减。

药用大黄、芒硝、绿豆、甘草。

2. 湿浊阻滞胸脘

证候：胸闷不适，头昏乏力，心悸阵作，周身汗出，纳谷呆滞，恶心呕吐，腹中隐痛，双瞳孔略见缩小，舌质淡红，苔白腻，脉细。

治法：理气健中，驱毒泄浊。

方药：二陈汤合甘草绿豆汤加减。

药用陈皮、制半夏、茯苓、瓜蒌、薏苡仁、车前子、厚朴、生甘草、绿豆。

3. 火热内扰阳明

证候：高热口干，皮肤干燥，神昏谵语，手足震颤，颜面潮红，呼吸气粗，脘腹胀满，舌红干，苔燥，脉洪数。

治法：清热通腑，养阴生津。

方药：白虎汤加减。

药用石膏、知母、麦冬、竹叶、大黄、甘草。

4. 湿毒内淫脾胃

证候：神志尚清，精神委靡，恶心呕吐，头昏乏力，四肢痿软无力，双瞳略为缩小，舌红，苔白厚腻，脉弦而细。

治法：芳香化浊，和胃止吐。

方药：藿香正气散加减。

药用大腹皮、白芷、紫苏、半夏、白术、陈皮、厚朴、桔梗、藿香、甘草、大枣。

5. 气血不足，筋脉瘀阻

证候：面色淡白，精神不振，语声低微，四肢弛缓无力，双瞳尚属正常，舌淡红，苔薄白，脉细而涩。

治法：补气活血，养血通络。

方药：补阳还五汤加减。

药用黄芪、赤芍、川芎、当归、杜仲、桃仁、牛膝、地龙、僵蚕、炙甘草。

【转归、预防与调护】

对生产和使用OPI人员要进行宣传普及防治中毒常识；在生产和加工OPI的过程中，严格执行安全生产制度和操作规程；搬运和应用农药时应做好安全防护。对于慢性接触者，定期体检和测定全血胆碱酯酶活力。

第二节 急性一氧化碳中毒

在生产和生活环境中，含碳物质不完全燃烧可产生CO。CO是无色、无臭、无味气体，比重0.967。空气中CO浓度达到12.5%时，有爆炸危险。吸入过量CO引起的中毒称急性一氧化碳中毒（acute carbonmonoxide poisoning），俗称煤气中毒。急性一氧化碳中毒是较为常见的生活中毒和职业中毒。

【病因和发病机制】

CO在自然界极为稳定，不自行分解，也不被氧化，进入人体，可引起中毒。在生产和建筑过程中，采矿、隧道的放炮、铜铁冶炼、化肥生产制造等都可产生大量的CO。在日常生活中，如生煤炉；烟筒堵塞漏气等；家用管道煤气，如煮沸液体溢出熄火，造成泄漏煤气时间较长；煤气热水器在浴室内的不当安装等，常在室内门窗紧闭、通风不良，产生大量的

CO 浓度很高而导致中毒。CO 经呼吸道进入人体血液后,与血红蛋白、碳氧血红蛋白二者的亲和力约比氧和血红蛋白的亲和力大 240 倍,其解离又比氧合血红蛋白慢 3 600 倍。故 CO 一经吸入,即与氧争夺血红蛋白,使大部分血红蛋白变成碳氧血红蛋白,不但使血红蛋白丧失携带氧的能力和作用,同时还能阻碍氧合血红蛋白的解离,更加重组织缺氧。高浓度的 CO 还能与细胞色素氧化酶中的二价铁离子相结合,直接抑制细胞内呼吸造成内窒息。由于中枢神经系统和心肌对缺氧特别敏感,在受 CO 损害时也表现得最严重。

【病理】

急性一氧化碳中毒在 24 小时内死亡者,血呈樱桃红色;各器官充血、水肿和点状出血。昏迷数日后死亡者,脑明显充血、水肿;苍白球出现软化灶;大脑皮质可有坏死灶,海马区因血管供应少,受累明显;小脑有细胞变性;有少数患者大脑半球白质可发生散在性、局灶性脱髓鞘病变;心肌可见缺血性损害或心内膜下多发性梗死。

【临床表现】

急性一氧化碳中毒的症状轻重与空气中的 CO 浓度,接触时间长短、患者的健康情况有关,通常分为三度:

轻度中毒:头痛、头晕、头胀、耳鸣、恶心、呕吐、心悸、站立不稳,有短暂的意识模糊。

中度中毒:除上述症状加重外,颜面潮红,口唇呈樱桃红色,脉快多汗,步态蹒跚,嗜睡,甚至昏迷。

重度中毒:除昏迷外,主要表现有各种反射明显减弱或消失,大小便失禁,四肢厥冷,口唇苍白或发绀,大汗,体温升高,血压下降,瞳孔缩小、不等大或扩大;呼吸浅表或出现潮式呼吸。可发生严重并发症,如脑水肿、肺水肿、心肌损害、休克、酸中毒及肾功能不全等。

昏迷时间的长短,常表示缺氧的严重程度及急性一氧化碳中毒的预后及后遗症的严重程度。

【实验室及其他检查】

一、血液碳氧血红蛋白（COHb）测定

可采用简易测定方法,如:① 加碱法:取患者血液 1~2 滴,用蒸馏水 3~4 ml 稀释后,加 10% 氢氧化钠溶液 1~2 滴,混匀。血液中 COHb 增多时,加碱后血液仍保持淡红色不变,正常血液则呈绿色。本实验在 COHb 浓度高达 50% 时才呈阳性反应。② 分光镜检查法:取血数滴,加入蒸馏水 10 ml,用分光镜检查可见特殊的吸收带。监测血中 COHb 浓度,不仅能明确诊断,而且有助于分型和估计预后。

二、脑电图检查

脑电图可见弥漫性低波幅慢波,与缺氧性脑病进展相平行。

三、头部 CT 检查

脑水肿时,头部 CT 可见脑部有病理性密度减低区。

【诊断与鉴别诊断】

根据吸入较高浓度 CO 的接触史,急性发生的中枢神经损害的症状和体征,结合及时血液 COHb 测定的结果,按照国家诊断标准（GB8781-88）,可作出急性一氧化碳中毒诊断。职业性一氧化碳中毒多为意外事故,接触史比较明确。疑有生活性中毒者,应询问发病时的环境情况,如炉火烟囱有无通风不良或外漏现象及同室人有无同样症状等。血液 COHb 测定是有价值的诊断指标,但采取血标本要求在脱离中毒现场 8 小时以内尽早抽取静脉血,因为脱离现场数小时后 COHb 即逐渐消失。

急性一氧化碳中毒应与脑血管意外、脑震荡、脑膜炎、糖尿病酮症酸中毒以及其他中毒引起的昏迷相鉴别。既往史、体检、实验室检查有助于鉴别诊断。

【中医病因病机】

CO 属外来之邪,均为毒物,邪性属火。火毒易上窜入脑,扰乱神明。"脑为髓之海",髓海不足则头昏头晕,甚则不省人事;火毒之邪滞于体内,极易伤阴耗液,而致肝阴不足,筋脉失养,虚风内动;或热极风动,出现肢体抽搐,肌肉颤动;火毒之邪,损伤阴液。阴亏则阳无以依附,气脱阳亡。临床表现为肢体痿软,多汗烦躁,气短息微;肝肾阴虚,经脉失养。疾病后期,肝肾阴虚,阴血不足则经脉失于濡养,以致肢麻不仁,瘫软不用;气虚血瘀"久病必虚,久病必瘀"。疾病后期,亦可气虚无力运行血脉,以致血运不畅,瘀血内阻,经脉失养,而致肢体麻木疼痛等。

【治疗】

一、治疗思路

迅速将患者搬离中毒现场,积极纠正缺氧,防治脑水肿,促进脑细胞恢复,对症治疗。

二、西医治疗

(一)终止 CO 吸入

迅速将患者转移到空气新鲜处,终止 CO 继续吸入。卧床休息,保暖,保持呼吸道畅通。

(二)氧疗

给予氧疗,迅速纠正缺氧状态。

1. 吸氧　中毒者给予吸氧治疗,如鼻导管和面罩吸氧。吸入新鲜空气时,CO 由 COHb 释放出半量约需 4 小时;吸入纯氧时可缩短至 30~40 分钟;吸入 3 个大气压的纯氧可缩短至 20 分钟。

2. 高压氧舱治疗　能增加血液中物理溶解氧,提高总体氧含量,促进氧释放和加速 CO 排出,可迅速纠正组织缺氧,缩短昏迷时间和病程,预防一氧化碳中毒引发的迟发性脑病。

(三)机械通气

呼吸停止时,应行气管内插管,吸入 100% 氧,进行机械通气。危重患者可考虑血浆置换。

(四)防治脑水肿

严重中毒后,脑水肿可在 24~48 小时发展到高峰。在积极纠正缺氧同时给予脱水治疗,20% 甘露醇 1~2 g/kg 静脉快速滴注(10 ml/min)。待 2~3 天后颅内压增高现象好转,可减量。也可注射呋塞米脱水。腺苷三磷酸、糖皮质激素(如地塞米松)也有助于缓解脑水肿。如有频繁抽搐者,首选地西泮,10~20 mg 静脉注射,抽搐停止后再静脉滴注苯妥英钠 0.5~1 g,剂量可在 4~6 小时内重复应用,亦可实施人工冬眠疗法。

(五)促进脑细胞代谢

应用能量合剂,常用药物有腺苷三磷酸、辅酶 A、细胞色素 C 和大量维生素 C 及甲氯芬酯(氯酯醒)250~500 mg 肌内注射;胞磷胆碱(胞二磷胆碱)500~1 000 mg 加入 5% 葡萄糖液 250 ml 中静脉滴注,每天 1 次。

(六)防治并发症

昏迷期间护理工作非常重要。保持呼吸道通畅,必要时行气管切开。定时翻身以防发生压疮和肺炎。注意营养,必要时鼻饲。高热能影响脑功能,可采用物理降温方法,如头部用冰帽,体表用冰袋,使体温保持在 37℃ 左右。如降温过程中出现寒战或体温下降困难时,可用冬眠药物。急性一氧化碳中毒患者从昏迷中苏醒后,应作咽拭子、血、尿培养。

三、中医治疗

辨证论治

1. 火毒上扰

证候:头痛头晕,恶心呕吐,烦躁多汗,神疲乏力,甚至昏迷抽搐,舌红,脉数。主要见于轻度至中度中毒。

治法:解毒泻火,开窍醒神。

方药:龙胆泻肝汤加减。

药用龙胆草、黄芩、栀子、柴胡、当归、生地黄、车前子、泽泻、木通、生甘草。头痛甚者加天麻、石决明;抽搐明显者加地龙、全蝎;呕吐甚者加服玉枢丹。如同时合并有谵语,痰涎壅盛等痰火上扰时,应涤痰泄热,可用涤痰汤加减。

2. 肝风内动

证候:神志不清,肌肉颤动,或抽搐,或强直,舌红,脉弦数或弦细。主要见于中度至重度中毒。

治法:平肝息风。

方药:镇肝熄风汤加减。

药用怀牛膝、生赭石、生龙骨、生牡蛎、白芍、生龟甲、玄参、川楝子、钩藤、甘草。抽搐明显者加服止痉散;昏迷者可鼻饲安宫牛黄丸;或用醒脑静注射液稀释后静脉滴注。

3. 阴竭阳脱

证候:不省人事,面色由红变为苍白,大汗淋漓,二便失禁,气短息微,脉微欲绝。

治法:回阳固脱,益气敛阴。

方药:参附汤、四逆汤或生脉散加减。

药用人参、附片、干姜、麦冬、五味子。大汗淋漓者加煅龙骨、煅牡蛎。

4. 肝肾阴虚

证候：腰膝酸软，四肢麻木，或四肢软瘫不用，舌红，脉细数。

治法：滋补肝肾。

方药：一贯煎加减。

药用沙参、麦冬、当归、生地黄、枸杞子、川楝子。头晕，虚烦，失眠者，加淡竹叶、夜交藤；纳呆，腹满者，加砂仁、鸡内金。

5. 气虚血瘀

证候：头痛肢痛或肢麻，四肢不用，唇甲青紫，舌紫黯有瘀斑，脉细涩。

治法：补气活血。

方药：补阳还五汤加减。

药用生黄芪、当归尾、赤芍、地龙、川芎、红花、桃仁。肢痿不仁者加用白术、党参以健脾益气；妇人月经不调者加牛膝、杜仲补益肝肾，调节冲任。

【转归、预防与调护】

轻度 CO 中毒可完全恢复，昏迷时间过长者预后严重。迟发脑病恢复较慢，少数可留有永久性症状。加强预防一氧化碳中毒的宣传。居室内火炉要安装烟筒管道，防止管道漏气。厂矿工作人员应认真执行安全操作规程。煤气发生炉和管道要经常检修以防漏气。有 CO 的车间和场所要加强通风。加强矿井下空气中 CO 浓度的监测和报警。进入高浓度 CO 环境时，要戴好防毒面具。要经常监测工作环境空气中 CO 浓度，我国规定车间空气中 CO 最高容许浓度为 30 mg/m^3。

（张 锁）